Bausteine zur Geschichte
der Edition

Band 6

Herausgegeben von
Rüdiger Nutt-Kofoth und Bodo Plachta

Geschichte der altgermanistischen Edition

Herausgegeben von
Judith Lange und Martin Schubert

De Gruyter

ISBN 978-3-11-162481-5
e-ISBN (PDF) 978-3-11-078642-2
ISSN 1860-1820

Library of Congress Control Number: 2022948146

Bibliografische Information der Deutschen Nationalbibliothek
Die Deutsche Nationalbibliothek verzeichnet diese Publikation in der Deutschen Nationalbibliografie; detaillierte bibliografische Daten sind im Internet über http://dnb.dnb.de abrufbar.

Dieser Band ist text- und seitenidentisch mit der 2023 erschienenen gebundenen Ausgabe.

www.degruyter.com

Inhalt

Vorwort

Der vorliegende Band, der die Geschichte der Altgermanistischen Editionswissenschaft seit ihren Anfängen in den Blick nimmt, geht zurück auf einen Workshop, der am 5. und 6. September 2019 an der Universität Duisburg-Essen stattfand. Die Veranstaltung widmete sich den wichtigsten Vertretern der Altgermanistik des 19. und frühen 20. Jahrhunderts und betrachtete deren editorische Arbeitsweise anhand von Studien zu maßgeblichen Textausgaben der Zeit.

Besonderer Dank gilt der *Arbeitsgemeinschaft für germanistische Edition*, welche den vorbereitenden Workshop gefördert hat, sowie Bodo Plachta und Rüdiger Nutt-Kofoth, den Herausgebern der Reihe *Bausteine zur Geschichte der Edition*, die das Unterfangen angeregt haben, es von Anfang an unterstützten und förderten. Wir danken für die wesentliche Hilfe bei der Organisation des Workshops Eva Rothenberger, Dorothee Jungschlaeger und Christopher Tölle. Für vielfältige Hilfen bei der Banderstellung danken wir Linda Komm, Nora Thiem und Anastasia Danielzick. Zuvorkommend und kompetent betreut wurde das Buch seitens des Verlags Walter de Gruyter von Robert Forke, André Horn und Eva Locher. Vor allem aber wäre die Publikation des vorliegenden Sammelbands ohne die Forschungsarbeiten der beteiligten Beiträgerinnen und Beiträger nicht möglich gewesen; für ihre Referate und Diskussionen sowie für die Ausarbeitung der Druckfassungen sind wir zu großem Dank verpflichtet.

J. L. und M. S.

https://doi.org/10.1515/9783110786422-001

Judith Lange, Martin Schubert

Einleitung

Für die Herausbildung des Faches Germanistik im frühen 19. Jahrhundert spielen die germanistischen Editionen und die Entwicklung der Editionsmethodik eine wesentliche Rolle. Vor allem bei der Verfügbarmachung mittelalterlicher und frühneuzeitlicher Texte, also dem Gegenstand der heutigen Altgermanistik, werden Editionsformen erprobt und entwickelt, vornehmlich nach dem Vorbild der Altphilologie, sowie hinsichtlich ihrer Angemessenheit und Rechtfertigung diskutiert. Es versteht sich, dass eine solche Neuentwicklung ein komplexer Prozess ist, bei dem man keine Geradlinigkeit und vor allem keine Einhelligkeit erwarten kann.

Die Fortschritte sind jeweils an markante Editionen gebunden – damit auch an deren Editoren, welche ihre Konzepte im diskursiven Austausch der Fachdebatten vertreten und teils geradezu verkörpern. Die Einstellung zur Frage, wie im Rahmen des Faches ediert werden solle, wurde offenbar als ein wesentliches Charaktermerkmal verstanden; die Bereiche von Arbeit und Methodik, fachlicher Eignung und charakterlicher Disposition wurden als eng verknüpft angesehen. Dieser Zusammenhang regte dazu an, im vorliegenden Band nicht nur die Editionen, sondern auch die dahinterstehenden Persönlichkeiten und ihre wissenschaftlichen Verflechtungen in den Blick zu nehmen.

Daher folgt dieser Band einer Aufteilung nach Personen und stellt wichtige Editoren mit ihrem Beitrag zum Fach und zur Methodenbildung vor. Auch für den begrenzten betrachteten Zeitraum der ersten rund hundert Jahre war nur eine Auswahl möglich. Die Reihenfolge der Beiträge entspricht weitgehend der chronologischen Folge der besprochenen Editionen. Im Vordergrund stand dabei die Frage nach der Editionspraxis, also nach den in den vorgelegten Editionen vor allem demonstrierten, nur zum Teil in methodischen Überlegungen erläuterten Praktiken und Vorgehensweisen.

Auf dem vorbereitenden Workshop im Jahr 2019[1] wurde rasch deutlich, wie dieser Band zu gestalten sei. Es lag uns daran, den Verlauf in seiner Vielstimmigkeit zu zeigen. Das bedeutet, dass nicht nur die vorbildhaften und Schule machenden Editionen besprochen werden sollten, sondern ebenso die Nebenwege und gelegentlichen Umwege des Diskurses, dass also auch glückliche Handschriftenentdecker und begeisterte Amateure zu ihrem Recht kommen sollten, sofern ihr Beitrag zur Geschichte es rechtfertigt. Aus dieser Breite sowie aus der Weise, in der die Fachdiskussionen der frühen Zeit geführt wurden, ergab

1 Siehe Christopher Tölle: Editionspraxis der Altgermanistik. Tagung an der Universität Duisburg-Essen, Essen, 5./6. September 2019. In: editio 34, 2020, S. 225–229.

https://doi.org/10.1515/9783110786422-002

sich zudem ein Augenmerk für die jeweiligen wissenschaftssoziologischen Aspekte. Dass viele inhaltliche Auseinandersetzungen auch mit Hingabe ad personam geführt wurden und sich ganze Lagerkämpfe an der Frage des ‚richtigen' Edierens entzündeten, mag in der Rückschau verwundern, kann aber nicht beiseite bleiben. Für die einzelnen Beiträge wurde keine formale Klammer vorgegeben (außer, dass jeder Beitrag separat rezipierbar sein möge); entsprechend setzen sie verschiedene Akzente und bieten unterschiedliche Ergänzungen.

In der Gesamtheit der Beiträge und verschiedenen Ausblicke werden zum einen die großen Themen der editorischen Methodengeschichte deutlich: die Divergenz von Handschriftentext und Editionstext, die Bedeutung von Reimsprache und Metrik, der Normalisierung und Kommentierung und vieles mehr. Zum anderen wird der gesellschaftliche Ort der Editoren im Fach deutlich; zu erkennen ist die große Spannweite zwischen frühen Wissenschaftlern und begabten Amateuren – und die Schwierigkeit, beides zuverlässig zu unterscheiden.

Kontext

Da der Band mit der methodischen Selbstvergewisserung und der Etablierung der Germanistik als Fach anhebt, wird die Vorgeschichte des Fachs nicht eigens behandelt. Damit sollen nicht die zahlreichen früheren Abdrucke und Ausgaben mittelalterlicher Texte pauschal als vorwissenschaftlich abgewertet werden; sie stehen allein noch vor dem institutionellen Rahmen, wie er sich mit der Universitätsreform im frühen 19. Jahrhundert herausbildet.[2] Die Pioniere des Fachs konnten auf zahlreiche ältere Ausgaben zurückgreifen:[3] so auf Otfrids *Evangelienbuch* durch Matthias Flacius Illyricus (1571),[4] die Abdrucke mittelhochdeutscher Lyrik in Melchior Goldasts *Paraeneticorum veterum* (1604), Martin Opitz' *Annolied* (1639) oder Johann Schilters *Thesaurus antiquitatum Teutonicarum* (1728, mit Strickers *Karl* und anderem).[5] Im Zeichen einer vorromantischen

2 Siehe Rainer Kolk: Berlin oder Leipzig? Eine Studie zur sozialen Organisation der Germanistik im „Nibelungenstreit". Tübingen 1990 (Studien und Texte zur Sozialgeschichte der Literatur. 30), S. 3.

3 Siehe hierzu den Abriss bei Horst Brunner: Zur Geschichte der Edition mittelalterlicher deutscher Texte. Ulrich Müller als Herausgeber. In: Mediävistische Perspektiven im 21. Jahrhundert. Festschrift für Ingrid Bennewitz zum 65. Geburtstag. Hrsg. von Andrea Schindler unter Mitarbeit von Detlef Goller und Sabrina Hufnagel. Wiesbaden 2021, S. 355–365, hier S. 356; Rüdiger Krohn: „… *daß Alles Allen verständlich sey* …" Die Altgermanistik des 19. Jahrhunderts und ihre Wege in die Öffentlichkeit. In: Wissenschaftsgeschichte der Germanistik im 19. Jahrhundert. Hrsg. von Jürgen Fohrmann und Wilhelm Voßkamp. Stuttgart, Weimar 1994, S. 264–333, hier S. 270–278.

4 Vgl. die ausführliche Geschichte der Otfrid-Abdrucke von Johannes Trithemius (1494) über Matthias Flacius bis zu Lachmann bei Norbert Kössinger: Otfrids Evangelienbuch in der frühen Neuzeit. Studien zu den Anfängen der deutschen Philologie. Tübingen 2009 (Frühe Neuzeit. 135).

5 Siehe zu Matthias Flacius, Schilter und Graff den Beitrag von Rolf Bergmann und Stefanie Stricker in diesem Band.

Wendung zur alten Zeit standen etwa Johann Jacob Bodmers und Johann Jacob Breitingers *Sammlung von Minnesingern aus dem schwæbischen Zeitpuncte* (1758/59)[6] oder Ausgaben wie Christoph Heinrich Myllers *Parzival* (1782), mit dem sich Karl Lachmann für seine Wolfram-Reise wappnete.[7] Auch August Wilhelm Schlegel trug sich seit 1798 mit dem Gedanken an eine *Nibelungenlied*-Ausgabe, die allerdings nicht zustande kam.[8]

Hinsichtlich des Anfangs der Fachgeschichte ist zu erwähnen, dass der Band nur mittelbar auf die editorischen Leistungen Georg Friedrich Beneckes (1762–1844) eingeht,[9] der die altdeutsche Sprache und Literatur wohl als Erster in den universitären Unterricht einführte und sowohl historische deutsche Grammatik als auch Interpretation hochmittelalterlicher deutscher Texte lehrte. Am wichtigsten für das Fach bleibt seine lexikographische Grundlagenforschung, die den Grundstock für das später von Wilhelm Müller und Friedrich Zarncke vollendete *Mittelhochdeutsche Wörterbuch* (1854–1866) bildete. Beneckes Projekt einer Edition von Hartmanns *Iwein* wurde erst von Karl Lachmann, der von 1809 bis 1815 in Göttingen bei ihm studiert hatte,[10] zu Ende geführt; es wird hier unter Lachmanns Editionen behandelt.[11] Unter den von Benecke zum Druck gebrachten Texten ist weiter der Abdruck der Riedegger Neidhart-Handschrift R (Berlin, SBB-PK, mgf 1062) von 1832 hervorzuheben,[12] der seine editorische Arbeitsweise belegt.[13]

---

6 Siehe den Beitrag von Simone Loleit in diesem Band.

7 Siehe die Verweise auf Myllers Abdrucke in den Beiträgen von Kurt Gärtner und Michael Stolz in diesem Band.

8 Kolk 1990 (Anm. 2), S. 6.

9 Siehe Lothar Bluhm und Red.: Benecke, Georg Friedrich. In: Internationales Germanistenlexikon 1800–1950. Hrsg. und eingeleitet von Christoph König. Berlin, New York 2003, Bd. 1, S. 131–133; Birgit Wägenbaur: Georg Friedrich Benecke (1762–1844). In: Wissenschaftsgeschichte der Germanistik in Porträts. Hrsg. von Christoph König, Hans-Harald Müller und Werner Röcke. Berlin, New York 2000, S. 1–10.

10 Siehe Magdalene Lutz-Hensel: Prinzipien der ersten textkritischen Editionen mittelhochdeutscher Dichtung. Brüder Grimm – Benecke – Lachmann. Eine methodenkritische Analyse. Berlin 1975 (Philologische Studien und Quellen. 77), S. 12.

11 Siehe den Beitrag von Kurt Gärtner in diesem Band. Krohn 1994 (Anm. 3), S. 291, betont, dass Benecke den Schritt zur historisch-kritischen Methode noch nicht vollzogen habe.

12 Georg Friederich Benecke: Beyträge zur Kenntniss der altdeutschen Sprache und Literatur. Zweite Hälfte. Göttingen 1832, S. 289–454. Vgl. dazu Krohn 1994 (Anm. 3), S. 287–301 und Hoppe (in der folgenden Anmerkung).

13 Annette Hoppe: Überlieferung, Edition und Interpretation: Ein Blick auf die Editionsgeschichte der Neidhart-Lieder. In: Neidhart und die Neidhart-Lieder. Ein Handbuch. Hrsg. von Margarete Springeth und Franz Viktor Spechtler. Unter Mitarbeit von Katharina Zeppezauer-Wachauer. Berlin, Boston 2018, S. 61–76, hier S. 62f.: Benecke hat Alter und Bedeutung der Handschrift erkannt, der er weitgehend folgt; er gliedert die Texte durch Zeilenumbrüche und Interpunktion und er bessert nur zurückhaltend nach anderen Handschriften und älteren Abdrucken.

Benecke, Karl Lachmann und die Brüder Grimm[14] waren vornehmlich an Sprache und Text interessiert; sie betrieben die Professionalisierung und Philologisierung des Fachs, zu der Arbeiten zur Grammatik, zur Lexikographie und die wesentlich mit Lachmanns Namen verbundene historisch-kritische Edition gehörten. Ein anderer Ansatz, wie Friedrich Heinrich von der Hagens Verfahren der zügigen Bereitstellung alter Texte als Zeugnisse mittelalterlicher Lebensweise, wurde von den Genannten geradezu zwangsläufig als antagonistisch attackiert, muss aber doch in seinem Wert für die Fachgeschichte gewürdigt werden.[15]

Im Band nicht separat behandelt, aber als wissenschaftssoziologischer Hintergrund vorhanden, ist die nach Lachmanns Tod 1851 entstandene Kontroverse, die gern auf den Begriff des ‚Nibelungenstreits' vereindeutigt wird und die in der Tat „ein Mosaik aus persönlichen Streitigkeiten und inhaltlichen Differenzen zwischen den beteiligten Forschern" bildete, wie Rainer Kolk formuliert.[16] Die ursprüngliche Streitfrage, ob das *Nibelungenlied* aus nachweisbaren früheren Einzelliedern bestehe, wie Lachmann meinte,[17] ging rasch verloren. Als Variante des Themas erscheint immerhin der Folgediskurs, ob sich aus Lachmanns Erkenntnissen eine verbindliche Verpflichtung auf die historisch-kritische Methode ableiten lasse und ob die Gefolgschaft gegenüber Lachmanns Modell etwas über die individuelle wissenschaftliche Integrität aussage.[18] Thema und Variation allerdings wurden überdeckt durch eine gigantische Kakophonie, eine innerwissenschaftliche Prügelfuge, die heutzutage vor allem durch ihre Attacken und Sottisen beeindruckt, die sich bereits in den 1860er Jahren „längst aus der Diskussion inhaltlicher Probleme zu einer grenzenlosen Polemik gegen jeden tatsächlichen oder vermeintlichen Gegner entwickelt hat"[19] und die vor allem um die Vorherrschaft im Fach geführt wurde.

Zwar verlief der Disput offensiv anhand von Fragen des ‚richtigen' Edierens (und damit der ‚richtigen' Wissenschaft), doch kamen die methodischen Impulse nicht wesentlich über ein Insistieren auf der historisch-kritischen Methode und die Details ihrer Anwendung hinaus. Die an Lachmann anknüpfende Seite lässt sich durchaus als ‚Berliner Schule' bezeichnen, während ein analoger Begriff für die Gegengruppe fehlt,[20] da diese nicht so deutlich an einen Ort gebunden war wie die Lachmann-Tradition an die Berliner Universität und die auf Lachmann

---

14 Siehe die Beiträge von Thomas Bein, Kurt Gärtner, Michael Stolz und Holger Ehrhardt in diesem Band.

15 Siehe zu von der Hagen den Beitrag von Horst Brunner in diesem Band.

16 Kolk 1990 (Anm. 2), S. 1.

17 Ebd., S. 8, zu Adolf Holtzmanns (1810–1870) *Untersuchungen über das Nibelungenlied* (1854) als erster inhaltlicher Attacke gegen Lachmann.

18 Ebd., S. 9, zum „*sittlichen Anspruch* an wissenschaftliche Arbeit", wie ihn Moriz Haupt und Karl Müllenhoff vertraten.

19 Ebd., S. 31.

20 Der Begriff einer ‚Leipziger Schule' (nach Zarnckes Universität) ist eher aus Verlegenheit gewählt, um die Gruppe der Gegenüberstehenden auf einen Begriff zu bringen; siehe Kolk 1990 (Anm. 2), S. 42.

folgenden Lehrstuhlinhaber: zuallererst sein Nachfolger Moriz Haupt, dann Karl Müllenhoff (s. u.). Über Müllenhoffs Schüler Wilhelm Scherer (ab 1877 in Berlin) und dessen Schüler – zu denen unter anderem Anton E. Schönbach, Franz Lichtenstein, Erich Schmidt und Gustav Roethe gehörten[21] – setzte sich die Gruppierung bis ins 20. Jahrhundert fort. Das gegenüberliegende Lager ist geprägt durch Franz Pfeiffer in Wien (s. u.), durch den überaus produktiven Karl Bartsch in Heidelberg[22] und Friedrich Zarncke in Leipzig.

Der erste Vertreter der Berliner Gruppe ist Moriz Haupt (1808–1874), Altphilologe und Germanist, der Nachfolger auf Lachmanns Professur. Seine Beziehung zu dem Freund und Vorgänger ist als geradezu symbiotisch zu beschreiben.[23] Als früher Lachmannianer führte er die von diesem begonnene Ausgabe von *Des Minnesangs Frühling* zu Ende (1857) und betreute sowohl die Neuauflagen von dessen *Nibelungen*-Edition (1852, 1867) als auch der Walther-Ausgabe (1853, 1864). Seine rührige altgermanistische Editionstätigkeit umfasst unter anderem Hartmanns *Erec* (1839),[24] den *Guten Gerhart* Rudolfs von Ems (1840), den *Engelhard* Konrads von Würzburg (1844) und den *Moriz von Crâun* (1871). Zu seinen Schülern gehören unter den Altphilologen Ulrich von Wilamowitz-Moellendorff und unter den Germanisten Friedrich Zarncke. Als wichtiger Wissenschaftsorganisator gründete er die *Zeitschrift für deutsches Altertum* (1841).

Prägend für die weitere Forschung wurde Haupts Neidhart-Ausgabe (1858).[25] Wie die meisten Zeitgenossen macht er nicht eigens Angaben zu den Editionsprinzipien; das Streben nach Wiederherstellung eines ursprünglichen Textzustands ist aber deutlich erkennbar. Besondere Bedeutung hat dabei nicht nur die Rekonstruktion der Einzeltexte, sondern des Œuvres als integraler Einheit. Mit der Unterscheidung zwischen ‚echten' und ‚unechten' Liedern hat Haupt die Vorstellung von ‚Neidhart' auf lange Zeit bestimmt; Edition und Interpretation haben sich in diesem Fall wechselseitig bedingt.[26] Heutzutage muss man feststellen, dass eine solch klare Abgrenzung zwischen ‚echt' und ‚unecht' „in vielen Fällen schlechterdings unmöglich" ist.[27] Argumente für seine Athetesen bildete Haupt teils aufgrund inhaltlicher und stilistischer Merkmale – so schied er einen

---

[21] Siehe zu diesen die Beiträge von Norbert Kössinger, Andrea Hofmeister-Winter und Martin Schubert in diesem Band.

[22] Siehe den Beitrag von Holger Runow in diesem Band.

[23] Wilhelm Scherer: Haupt, Moriz. In: Allgemeine Deutsche Biographie (ADB). Bd. 11. Leipzig 1880, S. 72–80, hier S. 74, schätzte an Haupt, „daß Lachmann gleichsam zweimal erschien".

[24] Siehe den Beitrag von Holger Runow in diesem Band.

[25] Siehe zum Folgenden vor allem Ingrid Bennewitz: Die Überlieferung der Neidhart-Lieder. In: Springeth/Spechtler 2018 (Anm. 13), S. 55–60.

[26] Siehe Hoppe 2018 (Anm. 13), S. 66–70. Ingrid Bennewitz: Neidhart. Ein Autor und seine Geschichte(n). In: Springeth/Spechtler 2018 (Anm. 13), S. 31–41, hier S. 39, spricht hier durchaus vom „*circulus vitiosus* zwischen Edition und Interpretation".

[27] Bennewitz 2018 (Anm. 25), S. 56.

großen Teil der erotischen Lieder aufgrund von Vorbehalten aus (man beachte die Bemerkung im Erläuterungsapparat: „dieser schmuz ist ziemlich albern …“[28]). Ein wichtiges Argument war ihm zudem die Überlieferung in der Neidhart-Handschrift R (Berlin, SBB-PK, mgf 1062). Er vertraute dieser Handschrift, da „sich in ihr nur selten willkürliche änderungen erkennen lassen“:[29]

> Auch in der meist richtigen strophenfolge steht diese handschrift den andern voran, und noch mehr darin dass in sie nur weniges unechte aufgenommen ist […] was in R nicht steht das hat keine äussere gewähr der echtheit […] deshalb muste die gestaltung des textes auf diese handschrift gegründet werden.[30]

Haupt nahm allerdings auch ‚unechte‘ Lieder in seine Edition auf und verzeichnete sorgfältig die jeweilige Parallelüberlieferung. Bei der Textkonstruktion arbeitete Haupt stark verkürzend und mischte verschiedene Überlieferungsstufen;[31] gerne griff er auch zur Divination.[32] Er nutzte also, bei relativer Freiheit in der Konstitution der Einzeltexte, ein handschriftengebundenes Korpussystem; es ist daher folgerichtig, die genannte Handschrift als „Haupts ‚Leithandschrift‘ R“[33] zu bezeichnen. Indem Haupt die Lieder thematisch in Sommer- und Winterlieder unterschied und diese jeweils chronologisch anhand der vermuteten Biographie des Sängers anordnete, konstruierte er erst jene Autor- und Werkeinheit, die Ziel seines editorischen Vorgehens ist.[34] Er verfolgte strikt die Textrekonstruktion Lachmann'scher Prägung, verwendete aber wenig Mühe darauf, seine Entscheidungen zu dokumentieren.[35]

Der andere wichtigste Exponent dieser Gruppe ist Karl Müllenhoff (1818–1884),[36] ab 1858 an der Berliner Universität. Er beschäftigte sich intensiv mit Germanen- und Sagenforschung;[37] auch seine editorischen Arbeiten sind vom Blick auf die Frühzeit geprägt. Neben den Heldenepen *Kudrun* (1845) und *Laurin* (1874) edierte er in den *Denkmälern deutscher Poesie und Prosa aus dem VIII.–XII. Jahrhundert* eine große Sammlung von althochdeutschen und früh-

[28] Neidhart von Reuenthal. Hrsg. von Moriz Haupt. Leipzig 1858, S. XXXVII.

[29] Ebd., S. VIII.

[30] Ebd.

[31] Hoppe 2018 (Anm. 13), S. 69.

[32] An anderen Texten rügt Karl Bartsch bissig Haupts Nachdichtungen von verlorenen Versen der *Margarethenlegende* und seine althochdeutsche Restitution eines nur lateinisch überlieferten Spielmannsverses; Karl Bartsch: Kritische Glossen zu einem unkritischen Texte. In: Germania 27, 1882, S. 359–367, hier S. 362f.

[33] Bennewitz 2018 (Anm. 26), S. 38; der Begriff auch – und ebenfalls mit distanzierenden Anführungszeichen – bei Hoppe 2018 (Anm. 13), S. 68f.

[34] Vgl. Hoppe 2018 (Anm. 13), S. 67.

[35] Siehe Edith Wenzel: Moriz Haupt (1808–1875). In: König u. a. 2000 (Anm. 9), S. 41–46, hier S. 43: „In der Begründung seines wissenschaftlichen Urteils blieb Haupt in der Regel jedoch wortkarg und begnügte sich mit eher lakonischen Feststellungen für Verständige, die seine Entscheidungen auch ohne ausführliche Begründung teilen sollen.“

[36] Wolfgang Höppner: Müllenhoff, Karl Victor. In: König 2003 (Anm. 9), Bd. 2, S. 1276–1278.

[37] Siehe den Beitrag von Judith Lange in diesem Band.

mittelhochdeutschen Kleintexten aller Gattungen sowie lateinische Parallel- und Vergleichstexte. Die Hauptlast der Edition trug wohl der erst 23-jährige Wilhelm Scherer (1841–1886), der sich mit dieser frühen editorischen Arbeit profilierte.[38] Die „von den Rezensenten nahezu einhellig gelobten *Denkmäler*“[39] wurden vereinzelt – aus der Gegengruppe – für die Art der Konjekturen attackiert; Friedrich Zarncke kritisierte hier „Hrn. Müllenhoff's althochdeutsche Dichtungsversuche“.[40]

Eine ähnliche Zentralposition wie Haupt bildete für die Gegengruppe Franz Pfeiffer (1815–1868), seit 1857 Professor in Wien.[41] Aus seiner reichen Editionstätigkeit seien, neben den Ausgaben deutscher Mystiker,[42] auch Rudolfs von Ems *Barlaam und Josaphat* (1843), Ulrich Boners *Edelstein* (1844), Wirnts von Gravenberg *Wigalois* (1847), Konrads von Megenberg *Buch der Natur* (1861) und die Predigten Bertholds von Regensburg (1862) genannt.[43] Pfeiffer strebte mit Bedacht danach, die wissenschaftlichen Erkenntnisse an einen weiteren Kreis der Gebildeten zu vermitteln, ohne aufgrund von Popularität Konzessionen an den wissenschaftlichen Anspruch zuzulassen; ebenso bemühte sich sein Mitstreiter Karl Bartsch, seine Editionen durch Lese- und Übersetzungshilfen sowie Wörterlisten zu erhellen und die textkritischen Entscheidungen offenzulegen.[44] Auf diese Weise setzten sich beide vom Elitismus der Lachmannianer ab.[45] Im Umgang mit diesen konnte Pfeiffer höchst schroff sein; er sah auf deren Seite eine „Clique und Claque“ am Werk und wünschte, „den Garten unsrer Wissenschaft von schädlichem Gewürm und von Schmarotzerpflanzen zu säubern“.[46]

[38] Scherer wurde der wohl bedeutendste Germanist seiner Zeit, mit breitem Ansatz über die Teilfächer hinweg, mit seinen Beiträgen zu empirischer Poetik und literaturwissenschaftlichem Positivismus. Siehe Hans Harald Müller: Wilhelm Scherer. In: König u. a. 2000 (Anm. 9), S. 80–94; Wolfgang Höppner: Scherer, Wilhelm. In: König 2003 (Anm. 9), Bd. 3, S. 1582–1585. Zu seinem Einfluss auf Erich Schmidt, Franz Lichtenstein, Gustav Roethe, A. E. Schönbach u. a. siehe die Beiträge von Norbert Kössinger, Martin Schubert und Andrea Hofmeister-Winter in diesem Band.

[39] Siehe Müller 2000 (Anm. 38), S. 83.

[40] Friedrich Zarncke: [Rez.] Denkmäler deutscher Poesie und Prosa aus dem VIII.–XII. Jahrhundert: Hrsg. von Karl Müllenhoff und Wilhelm Scherer. In: Literarisches Centralblatt für Deutschland, 1864, Sp. 233. Vgl. Kolk 1990 (Anm. 2), S. 76; vgl. oben Anm. 32 zu Bartschs ähnlicher Attacke auf Haupt.

[41] Robert Pichl: Pfeiffer, Franz Viktor. In: König 2003 (Anm. 9), Bd. 2, S. 1398–1401.

[42] Siehe den Beitrag von Freimut Löser in diesem Band.

[43] Zu seiner Walther-Ausgabe (1864) siehe den Beitrag von Thomas Bein in diesem Band.

[44] Siehe den Beitrag von Holger Runow in diesem Band. Vgl. Dieter Seitz: Karl Bartsch (1832–1888). In: König u. a. 2000 (Anm. 9), S. 47–52, hier S. 49.

[45] Vgl.: Eine Wissenschaft etabliert sich. 1810–1870. Hrsg. von Johannes Janota. Tübingen 1980 (Deutsche Texte. Texte zur Wissenschaftsgeschichte der Germanistik. 3), S. 43–45.

[46] Franz Pfeiffer: Erwiderung an Herrn Herman Grimm, Grabenstraße 21 in Berlin. In: Literarisches Centralblatt für Deutschland, 1866, Sp. 493f.; zit. nach Kolk 1990 (Anm. 2), S. 27.

Für Pfeiffer, Bartsch und Wilhelm Müller[47] war offenbar die Gegenüberstellung zur ‚Berliner Schule' ein wesentlicher Grund, die Zeitschrift *Germania* als Publikationsorgan zu gründen, die gegen den Arkangestus von Haupts *Zeitschrift für deutsches Altertum* auf Interpretationen und Erläuterungen zu edierten Texten setzte.[48] Friedrich Zarncke (1825–1891),[49] den man als Vollender des Benecke'schen Wörterbuchs und als Student von Moriz Haupt eigentlich auf der Berliner Seite vermuten würde, hatte sich allerdings durch eine Rezension den ewigen Zorn Moriz Haupts zugezogen; er erlitt gewissermaßen die „Exkommunikation".[50] Zarncke edierte Sebastian Brants *Narrenschiff* (1854) und brachte eine Ausgabe des *Nibelungenlieds* in die Diskussion ein (1856, Schulausgabe 1875).

Inhalt des Bandes

Karl Lachmann, als wesentlicher Grundpfeiler der Entwicklung, wird in drei Beiträgen beleuchtet, in denen seine Editionen zu Walther, *Iwein* und *Parzival* im Zentrum stehen.[51] Thomas Bein zeigt die immense Wirkmacht der Walther-Ausgabe (1827) und analysiert Lachmanns Anordnung des Korpus, seine energischen Athetesen sowie, am Beispiel des *Lindenlieds,* die vorgenommenen Normalisierungen, die Textabsetzung und die Konjekturalkritik. Er weist aber auch auf die bereits während der Entstehung erwachte Skepsis Lachmanns gegen die Möglichkeit einer kompletten Wiederherstellung des Urtexts hin.

Kurt Gärtner entfaltet anhand der gemeinsam mit G. F. Benecke erstellten *Iwein*-Ausgabe (1827) Lachmanns Umgang mit der geteilten Überlieferung sowie mit der Normalisierung. Die Rolle dieser Edition bei der Ausprägung und Verbreitung des sog. ‚Normal-Mittelhochdeutschen' wird anerkannt und im Zusammenhang mit den Studien zur Reimsprache, die Lachmann, Benecke und Jacob Grimm vornahmen, dargestellt.

---

47 Wilhelm Müller (1812–1890), seit 1845 Professor in Göttingen, hat neben niedersächsischen Märchen eine Schulausgabe von Hartmanns *Armem Heinrich* (1842) herausgegeben; sein wesentliches Verdienst liegt in der Lexikographie in der Vollendung von Beneckes Wörterbuch; siehe Ulrich Hunger: Müller, Wilhelm Konrad Hermann. In: König 2003 (Anm. 9), Bd. 2, S. 1288f.

48 Siehe Kolk 1990 (Anm. 2), S. 9, 22–29; Janota 1980 (Anm. 45), S. 43.

49 (Red.:) Zarncke, Friedrich Carl Theodor. In: König 2003 (Anm. 9), Bd. 3, S. 2083–2086.

50 Rainer Kolk: Liebhaber, Gelehrte, Experten. Das Sozialsystem der Germanistik bis zum Beginn des 20. Jahrhunderts. In: Fohrmann/Voßkamp 1994 (Anm. 3), S. 48–114, hier S. 92; vgl. Kolk 1990 (Anm. 2), S. 10.

51 Die Edition des *Nibelungenlieds* ist nicht separat erfasst. Zum einen ist der *Iwein* ein vorzuziehendes Beispiel, da sich die Überlieferung besser für ein historisch-kritisches Verfahren eignete (vgl. Lutz-Hensel 1975 [Anm. 10], S. 15); zum anderen ist die fachgeschichtliche Nachwirkung der Ausgabe deutlich geringer (siehe den Beitrag von Thomas Bein in diesem Band, Abschnitt 3).

Michael Stolz zeigt anhand der *Parzival*-Ausgabe (1833), dass Lachmann auch hier nicht verbissen die Wiederherstellung eines archetypischen Urtextes versucht, sondern relativ pragmatisch einer der von ihm identifizierten Überlieferungsgruppen folgt (*D-Fassung). Anhand von Lachmanns Handexemplar, dem ‚Reise-*Parzival*', werden die Genese der Ausgabe und Lachmanns Verfahren der Textgliederung, der Normalisierung sowie der metrischen Regulierung nachgezeichnet.

Dass Lachmann als Fachmann der Altphilologie und der Bibel-Textkritik Verfahren aus diesen Bereichen in die Altgermanistik übertrug, hat die textkritische Arbeit der Altgermanistik lange Zeit wesentlich geprägt. Zu erwähnen ist noch, dass der Gestus des Fachmanns, der Lachmann eignete, sich auch in einer Abneigung gegen durchgängige Kommentierung und Verständnishilfen sowie als unterkomplex erachtete Editionsweisen äußerte.[52] Festhalten kann man, dass sich seit Lachmann eine Schere öffnet „zwischen Kennern und Liebhabern im Umgang mit der (altdeutschen) Literatur"[53] – die mit Lachmanns Namen verknüpfte Professionalisierung im Bereich der Verfahren führt zu einer impliziten und später auch expliziten Ausgrenzung anderer Umgänge mit alten Texten.

Horst Brunner legt die Editionen Friedrich Heinrich von der Hagens dar, der in der Fachgeschichte oft als Antipode zur Gruppe um Lachmann, Benecke und die Brüder Grimm gesehen wird, da er sich nicht deren textkritischem Vorgehen angeschlossen hat und sich um populärere Verbreitung bemühte.[54] Sein Ansatz zügiger handschriftennaher Ausgaben wird erhellt und gewürdigt; aus der immensen Produktion wird die epochale *Minnesinger*-Sammlung (1838) eingehender dargestellt, aus der besonders die Melodieeditionen hervorgehoben werden.

Holger Ehrhardt stellt die editionsphilologischen Positionen der Brüder Grimm dar. Im Überblick über verschiedene Editionen zwischen 1812 und 1841 zeigt sich eine enorme Spannweite editorischer Verfahren von diplomatischen Texten mit ausführlichen Erläuterungen bis zu kritischen Textrezensionen, mit oder ohne Normalisierung, von Leithandschrifteneditionen bis zum Einsatz der Stemmatologie. Das Editionsverfahren wird jeweils der vorhandenen Überlieferungssituation angepasst. Im Vorwort der Freidank-Ausgabe (1834) räumt Wilhelm Grimm die unüberbrückbare Distanz des hergestellten Archetyps zum vermuteten Urtext ein; auch bei ihm ist kein methodischer Rigorismus festzustellen.

Jürgen Wolf beschreibt die reiche Editionstätigkeit Hans Ferdinand Maßmanns, in der sich ein Fortgang vom puristischen Handschriftenabdruck (z. B. *Leben der heiligen Elisabeth*) über handschriftennahe, aber bereits normalisierte Texte (*König Rother*) bis zur restituierten Sprachform im Sinne des Normal-Mittelhochdeutschen (Ottes *Eraclius*) findet. Maßmanns Textarbeit und sein In-

---

52 Krohn 1994 (Anm. 3), S. 299f., S. 309–319.

53 Ebd., S. 264; vgl. Kolk 1994 (Anm. 50).

54 Siehe Brunner 2021 (Anm. 3), S. 358f.: Dass von der Hagen „noch aus der Zeit vor der Philologisierung der Germanistik" stammte, hat seine Position im Methodenstreit geschwächt.

teresse an historischer nationaler Selbstvergewisserung kulminieren in der *Kaiserchronik*-Edition (1849–1854), wobei er allerdings, in der Kontamination mit dem Text des *Annolieds*, völlig aus dem Überlieferten heraustritt. Der heftigen Kritik, die Maßmann erfuhr, ist gegenüberzustellen, dass in seinen teils erratisch überbordenden Kommentierungen auch zahlreiche Anregungen und Überraschungsfunde geborgen sind.

Freimut Löser untersucht die Editionsmethode Franz Pfeiffers am Beispiel der Eckhart-Ausgabe (1857). Pfeiffer setzt mit einem breiten Gattungsspektrum an (Predigten, Traktate, Sprüche) und präsentiert, als Resultat jahrzehntelanger Handschriftenrecherche, einen möglichst umfassenden Eckhart, der im Wesentlichen nach Leithandschriftenprinzip ediert wird. Die Setzung von ‚Echtheit', die Pfeiffer teils aus Namensnennungen der Handschriften ableitet, teils schlicht den Texten entnimmt, wird heutzutage nicht mehr so nachvollzogen; doch räumt Löser der Ausgabe ein, dass sie durch ihre Überlieferungsorientierung, das Einbeziehen der Eckhartrezeption und die behutsame Normalisierung bereits auf neuere Standards vorausweist.

Wernfried Hofmeister betrachtet mit Joseph Diemer einen „edierenden Bibliothekar" und deutet so bereits im Titel die oben erwähnte Spannung zwischen Kennern und Liebhabern an. Dass der weitgehende Autodidakt Diemer die Vorauer Sammelhandschrift entdeckte und ihre Bedeutung erkannte, wurde allseits gewürdigt. Bleibende Bedeutung erhielt er durch diesen sensationellen Fund und die darauf aufbauenden handschriftennahen Textabdrucke (1849–1867). Die von ihm angestrebte ausführliche Kommentierung und sein Versuch eines kritischen Textes des *Ezzolieds* (1867) wurden allerdings von der Kritik nicht angenommen. Diemers Vita weist auf den Anteil des enthusiastischen Amateurs (im positiven Sinne des Liebhabers) an der Fachgeschichte.

Holger Runow wendet sich Karl Bartsch als einem höchst produktiven und kreativen Editor zu. Am Beispiel der Edition von *Partonopier und Meliur* (1871) wird gezeigt, wie Bartsch nicht nur den angenommenen Sprachstand und Stil Konrads von Würzburg gegen die handschriftliche Überlieferung herstellt, sondern auch beim Streben nach dem ‚Echten' divinatorisch eingreift und etwa rund 180 Fehlverse ergänzt, die durchaus als gelungen einzustufen sind. Bei den *Metamorphosen* Albrechts von Halberstadt (1861) ist das Wagnis anzuerkennen, den überlieferten Textzustand um mehr als vier Jahrhunderte zurückzustellen, allerdings muss das Ergebnis nach aktueller Überlieferungslage und in heutiger Terminologie als Nach- oder Neudichtung gelten. Anzuerkennen ist Bartschs besondere Einfühlung in die alten Texte, die er in erstaunliche Produktivität zu wenden vermochte.

Norbert Kössinger zeigt, wie Franz Lichtenstein in der Edition von Eilharts *Tristrant* (1877) mit der schwierigen Überlieferung umgeht. Lichtenstein nimmt in seiner verdienstvollen Einleitung (die in Teilen auf seine Dissertationsschrift zurückgeht) an, dass fast die ganze Überlieferung auf eine Bearbeitung zurückgreift. Er ediert die alten Fragmente separat und zielt ansonsten auf den archetypischen Text einer Bearbeitungsstufe, in einer Form von Normal-Mitteldeutsch, das er für Eilhart ansetzt. Dass nicht im Einzelnen zu klären ist, welche Überlieferungsschicht sein Text repräsentiert, war ihm bewusst. Dieses Vorgehen wurde vor allem von Karl Bartsch angefeindet, der vermeinte, einen Urtext aus der Prosaüberlieferung und wenigen alten Fragmenten destillieren zu können.

Rolf Bergmann und Stefanie Stricker gehen aus von den *Althochdeutschen Glossen* von Elias Steinmeyer und Eduard Sievers (ab 1879) und bieten einen Gesamtüberblick der Editionen althochdeutscher Texte. In diesem Bereich, der auf die vollständige Erfassung des althochdeutschen Schrifttums angelegt war, waren Steinmeyers Verfahren, die von Anfang an auf buchstabengetreue Wiedergabe und den Verzicht auf Konjekturen setzten, lange prägend. Dieser Bezirk der Altgermanistik war entsprechend stärker auf diplomatische Dokumentation ausgerichtet und blieb von undiplomatischen Querelen über wiederherzustellende Textzustände weitgehend verschont. Bergmann und Stricker besprechen, was die älteren Editionen nicht bieten – wie die Wiedergabe des handschriftlichen Befunds und damit des Textstatus, etwa der Glossen – und wie dadurch Desiderate für weitere Editionen entstehen. Sie inkludieren einen bibliographischen Abriss der Althochdeutsch- und Glossen-Editionen bis in die heutige Zeit.

Andrea Hofmeister-Winter nimmt Anton Emanuel Schönbachs *Altdeutsche Predigten* (1886–1891) in den Blick. Dass Schönbach zuvor Adalbert Jeitteles' Ausgabe der *St. Pauler Predigten* (1878) scharf attackiert hatte, ist wohl vor allem als Statuskampf zu deuten, deutet aber auch auf Schönbachs methodische Vorstellungen hin. Für seine eigene Predigtausgabe wählte er jeweils Exemplare von Predigtsammlungen als Leithandschriften und bemerkte, dass kritische Rekonstruktion angesichts vielfältiger Fassungen unmöglich sei. Den sehr handschriftengetreuen Editionen wurden allerdings auch mangelnde Normalisierung und verfehlte Konjekturalkritik vorgeworfen, ironischerweise Dinge, die Schönbach zuvor bei Jeitteles bemängelt hatte. Schönbach hat einen Meilenstein der Predigtedition hinterlassen, der allerdings letztlich, durch den fehlenden Untersuchungsband, noch nicht abgerundet ist.

Martin Schubert schaut auf zwei recht verschiedene Leistungen Gustav Roethes. Die Edition zu Reinmar von Zweter (1887) kondensiert Verfahren der Lachmann-Schule auf hohem Niveau (genaue Handschriftenanalyse, Textrekonstruktion, Normalisierung, literaturhistorische Einordnung und Kommentierung). Roethe gelingt es aber, sich Freiheiten zur Erstellung eines idealisierten Komposittexts zu reservieren. Dagegen wird in der Editionsreihe *Deutsche Texte des Mittelalters* (ab 1904) der Rekonstruktionismus verlassen: Hier werden, mit pragmatischer Begründung, Leithandschriftentexte erstellt, die zwar korrigierende Eingriffe enthalten, aber sehr überlieferungsnah sein sollen.

Lydia Wegener untersucht Philipp Strauchs Traktate-Edition *Schriften aus der Gottesfreund-Literatur* (1927). Zunächst wird die ausführliche Forschungsdebatte über die Gottesfreund-Literatur und die Rolle von Rulman Merswin sowie Nikolaus von Löwen, in die sich Strauchs Publikation einfügt, nachgezeichnet. Besonderes Augenmerk gewinnen Strauchs vermutlich forschungsstrategische Auslassungen, etwa was die Buchgestalt der Leithandschrift (des *Großen Deut-*

schen Memorials) oder deren Strukturierung betrifft. Wegener erschließt die Editionskriterien aus der Arbeit (weitgehend handschriftengetreuer Abdruck), diskutiert Strauchs Texteingriffe sowie den Wert der Kommentare und gibt eine Errata-Liste bei.

Elisabeth Lienert zeigt, wie Victor Junk in seiner Ausgabe von Rudolfs von Ems *Alexander* (1928) einen kritisch rekonstruierten Autortext anstrebt, wobei er mit der Überlieferungsschikane umgehen musste, dass nur etwa 1 % des umfangreichen Werks in alter Überlieferung vorliegt. Junk strebt nach größtmöglicher Vollständigkeit, indem er die Handschriftentexte kompiliert. Nicht selten rekombiniert Junk Verse aus verschiedenen Handschriften und konjiziert energisch, wo ihm die Überlieferung nichts Altes zu bieten scheint. In Einzelversen und bei der Einrichtung einer tanzleich-artigen Passage kommt Junk bereits einer Neudichtung nahe.

Außerhalb der chronologischen Reihe folgen zwei Beiträge zu Verfahren der Verarbeitung und Verbreitung mittelhochdeutscher Texte, die auf älteren Ausgaben fußen und die bei einem weiteren Publikum, über die engere Fachwissenschaft hinaus, Interesse an mittelhochdeutscher Sprache und Literatur wecken wollten. Simone Loleit zeigt an Ludwig Tiecks Anthologie *Minnelieder aus dem Schwäbischen Zeitalter* (1803), wie dieser die Texte seiner Vorlage in eine artifizielle Mischsprache aus Mittel- und Neuhochdeutsch bringt, die sich syntaktisch und lexikographisch am Mittelhochdeutschen orientiert. Loleit versucht in ihrem Beitrag, den editorischen Anteilen in Tiecks Arbeit nachzuspüren, da er zugleich textaufbereitend, übersetzerisch und dichtend tätig wurde. Aufschlussreich ist hier der genaue Blick auf die Details von Tiecks Vorgehensweise und seinen oftmals sehr gelungenen Umgang mit den mittelalterlichen Vorlagen.

Judith Lange demonstriert an Karl Weinholds *Mittelhochdeutschem Lesebuch* (1850) das Zustandekommen einer Anthologie ohne eigenen textkritischen Einsatz. Weinhold behält den mittelhochdeutschen Text seiner Vorlagen – der etablierten Editionen – generell bei, greift allerdings häufiger in das Versmaß (Herstellung von Alternation) sowie in die vorhandene Interpunktion ein – beides wohl mit Blick auf den Rezipientenkreis aus Schülern und Lehrern. Besonderen Wert legt er mit Blick auf diese Gruppe auch auf die im *Lesebuch* enthaltene Kurzgrammatik, das Glossar sowie den ausführlichen Kommentar- und Worterläuterungsapparat – zum kultursoziologischen Zweck, Schülern die mittelhochdeutsche Sprache und Literatur nahezubringen und somit ihr nationales Selbstverständnis zu verstärken.

Ausblick

Unter den zahlreichen Editionen der frühen Fachgeschichte, die wichtige und umfangreiche Texte in den Druck gebracht haben, gäbe es weitere Beispiele, die als vorbildlich, besonders oder ausgefallen zu würdigen gewesen wären. Zu denken ist etwa an Joseph Freiherrn von Laßberg (1770–1855), der eine bedeutende Kollektion von Manuskripten zusammenbrachte und seine Abdrucke, so den *Liedersaal* (1820–1825), im Gestus des Privatgelehrten und begeisterten Dilettanten herausbrachte.[55] Heinrich Hoffmann von Fallersleben (1798–1874) edierte einige althochdeutsche Werke, das *Hohelied* des Williram von Ebersberg (1827) sowie in den *Fundgruben* (1830 und 1837) eine Reihe früh- und hochmittelalterlicher Texte.[56] Karl August Hahn (1807–1857), der die Bücher I und II des *Passionals* 1845 in den Druck brachte,[57] verzichtete dabei auf Normalisierungen, Lesehilfen, Erläuterungen und die Konsultation der Parallelüberlieferung, was ihm harsche Kritik etwa durch Franz Pfeiffer einbrachte.[58] Nur wenig später erschien die glückhaftere Ausgabe von *Passional* Buch III durch Friedrich Karl Köpke[59] (1852), der die 66000 Verse in einem kritischen, interpunktierten Text bot und den Wortschatz des Werks durch ein über 120 Seiten starkes Glossar vorbildlich erschloss.[60] Wilhelm Wackernagel (1806–1869),[61] Professor in Basel, wandte sich mit dem Kommentar zu Karl Simrocks Walther-Übersetzung (1833), mit zahlreichen Anthologien und Lesebüchern dezidiert an ein breiteres Publikum. Sein Bruder Philipp Wackernagel (1800–1877),[62] Gymnasiallehrer für Deutsch, Mineralogie und Geometrie, hat in den fünf Bänden *Das deutsche Kirchenlied von der ältesten Zeit bis zu Anfang des 17. Jahrhunderts* (1864–1877) einen unübertroffenen Gattungsquerschnitt in den Druck gebracht.

---

55 Dazu zählt die Selbststilisierung als „Maister Sepp von Eppishusen“ in den Widmungen der Ausgaben; siehe insgesamt (Red.:) Laßberg, Joseph Maria Christoph Freiherr von. In: König 2003 (Anm. 9), Bd. 2, S. 1063–1065. – Nicht eingegangen wird hier auf die Popularisierungen durch auf den breiteren Markt gerichtete Übersetzungen, wie sie der Bonner Germanist Karl Simrock (1802–1876) vorlegte oder die „von begeisterten Dilettanten wie etwa dem Dessauer Juristen und Vielschreiber Karl Pannier [1854–1931] publiziert wurden und in den Bücherschränken des deutschen Bildungsbürgertums einen festen Platz hatten“; Krohn 1994 (Anm. 3), S. 327; vgl. Janota 1980 (Anm. 45), S. 41f.

56 Uwe Meves: Hoffmann von Fallersleben, August Heinrich. In: König 2003 (Anm. 9), Bd. 2, S. 772–776. Vgl. Hans-Joachim Behr: Eilige Philologie. Hoffmann von Fallersleben als Editor mittelalterlicher Texte. In: August Heinrich Hoffmann von Fallersleben 1798–1998. Festschrift zum 200. Geburtstag. Hrsg. von Hans-Joachim Behr, Herbert Blume und Eberhard Rohse. Bielefeld 1999 (Braunschweiger Beiträge zur deutschen Sprache und Literatur. 1), S. 169–181.

57 Peter Wengel: Art. Hahn, Karl August. In: König 2003 (Anm. 9), Bd. 2, S. 650f.

58 Marienlegenden. Stuttgart 1846 (wieder als: Marienlegenden. Dichtungen des dreizehnten Jahrhunderts mit erläuternden Sach- und Wort-Erklärungen. Hrsg. von Franz Pfeiffer. 2. Auflage. Wien 1863), S. VI; siehe Passional. Buch I: Marienleben. Hrsg. von Annegret Haase, Martin Schubert und Jürgen Wolf. Berlin 2013 (Deutsche Texte des Mittelalters. 91/1), S. XIIf.

59 Peter K. Stein: Köpke, Friedrich Karl. In: Neue Deutsche Biographie 12, 1980, S. 368.

60 Vgl. Haase u. a. 2013 (Anm. 58), S. XIII.

61 Cathrin Rollberg: Wackernagel, Karl Heinrich Wilhelm. In: König 2003 (Anm. 9), Bd. 3, S. 1965–1967.

62 Susanne Kiewitz: Wackernagel, Karl Eduard Philipp. In: König 2003 (Anm. 9), Bd. 3, S. 1964f.

Hermann Paul (1846–1921), der als der erste Junggrammatiker, also als Begründer der modernen germanistischen Linguistik gilt,[63] hatte in Leipzig unter anderem bei Zarncke studiert und stand damit bereits in Opposition zu Scherer. Er edierte Hartmanns *Gregorius* (1873) und den *Armen Heinrich* (1882), vor allem prägte er das Fach als Herausgeber der *Altdeutschen Textbibliothek* 40 Jahre lang und eröffnete die Reihe mit seiner Walther-Ausgabe (1882).[64] Edward Schröder (1858–1942) wiederum, Roethes Schwager und ab 1902 sein Nachfolger in Göttingen, war fast ein halbes Jahrhundert lang Herausgeber der *Zeitschrift für deutsches Altertum* (1891–1938); unter seinen Editionen ist die Kaiserchronik hervorzuheben.[65] Als auffälliger später Vertreter des Rekonstruktionismus wäre auch Carl von Kraus (1868–1952) zu nennen:[66] Seine „stupende sprachhistorische Kompetenz diente ebenso wie die Handschriftenkritik und Metrik der philologischen Texterschließung".[67] Er konzentrierte sich auf die Lyrik des Hochmittelalters und legte vielbeachtete Bearbeitungen von Lachmanns Walther-Ausgabe (1907) und von *Des Minnesangs Frühling* (1940) vor, die jeweils durch monographische Arbeiten vorbereitet und erläutert wurden. Hierin und in den *Deutschen Liederdichtern des 13. Jahrhunderts* (1952) zielte er, ganz im Lachmann'schen Sinne, auf die „Sprache und Art des Dichters"[68] – wobei er teils mit „waghalsigen und heute nicht mehr nachvollziehbaren Textkonstitutionen" arbeitete, wodurch er „selbst zum Dichter, zum Künstler wird", wie Johannes Janota formuliert.[69] Ein Hang zum „Nachdichten"[70] wurde ihm bereits

[63] Ulrike Hass-Zumkehr: Hermann Paul (1846–1921). In: König u. a. 2000 (Anm. 9), S. 95–106; Ulrike Hass: Paul, Hermann. In: König 2003 (Anm. 9), Bd. 2, S. 1371–1373.

[64] Siehe Christian Kiening: Die Altdeutsche Textbibliothek. In: Deutsche Texte des Mittelalters zwischen Handschriftennähe und Rekonstruktion. Hrsg. von Martin J. Schubert. Tübingen 2005 (Beihefte zu editio. 23), S. 67–93, hier S. 69–81.

[65] Siehe den Beitrag von Jürgen Wolf in diesem Band.

[66] Johannes Janota: Carl von Kraus (1868–1952). In: König u. a. 2000 (Anm. 9), S. 141–151; Hans Irler: Kraus, Carl von. In: König 2003 (Anm. 9), Bd. 2, S. 1014–1016.

[67] Janota 2000 (Anm. 66), S. 141. Ebd. S. 145f. verfolgt Janota Kraus' Handlungen und Kontakte während der Zeit des Nationalsozialismus und resümiert S. 146: „Bei all diesen Vorgängen paarte sich […] philologischer Scharfblick mit politischer Blindheit."

[68] Der heilige Georg Reinbots von Durne. Nach sämtlichen Handschriften hrsg. von Carl von Kraus. Heidelberg 1907 (Germanische Bibliothek. 3, Abt. 1), S. VIII.

[69] Beide Zitate Janota 2000 (Anm. 66), S. 148 und 149.

[70] Regesten zum Briefwechsel zwischen Gustav Roethe und Edward Schröder. Zwei Teilbände. Bearbeitet von Dorothea Ruprecht und Karl Stackmann. Göttingen 2000 (Abhandlungen der Akademie der Wissenschaften in Göttingen. Phil.-hist. Klasse, 3. Folge. 237), Nr. 4493; zitiert bei: Karl Stackmann: Autor – Überlieferung – Editor. In: Das Mittelalter und die Germanisten. Zur neueren Methodengeschichte der Germanischen Philologie. Freiburger Colloquium 1997. Hrsg. von Eckart Conrad Lutz. Freiburg/Schweiz 1998 (Scrinium Friburgense. 11), S. 11–32, hier S. 23f.

von den Zeitgenossen vorgeworfen; heute formuliert Horst Brunner: „er zeigte mit seinen Konjekturen den alten Dichtern nicht selten, was sie eigentlich hatten sagen wollen".[71]

Im Überblick über die Beiträge ist zu erkennen, wie in der Frühzeit der altgermanistischen Edition nacheinander verschiedene Dichotomien erprobt und verhandelt werden. Das dem kritischen Verfahren inhärente Misstrauen gegenüber der Leistung der mittelalterlichen Schreiber hat oft dazu geführt, dass sich Editoren gegen und über die Überlieferung stellen. Jede Edition ordnet sich ein auf den Skalen von größter Handschriftennähe einerseits, mutiger Rekonstruktion und Normalisierung andererseits; von elitärem Wissenschaftsbetrieb über Wendung zum Publikum bis zur Popularisierung; von karger bis zu reichlicher Kommentierung. Die Positionen, die Editoren jeweils einnehmen, vertreten sie energisch und mit Hingabe.

Es entsteht zwar in dieser Zeit kein Regelwerk für die ‚richtige' Edition, aber vielfache professionelle Verfahren, so in der Handschriftenheuristik, der Evaluation und Beschreibung der Handschriften, in der Transkription, in der Auswahl eines anzustrebenden Textzustands, in Normalisierung, Techniken der Emendation und ihrer Markierung, in der Erstellung der Begleittexte (textkritische Apparate, Kommentare, Quellenbeschreibungen, kontextualisierende Einleitungen u. a.). Mit dieser Entwicklung entsteht ein gewisses Verständnis für Methodenvielfalt und für den Umstand, dass editorische Verfahren jeweils anhand der Überlieferungslage gewählt werden müssen.

71 Brunner 2021 (Anm. 3), S. 361.

Thomas Bein

Karl Lachmann als Grundleger textkritischer Verfahren

Zu Lachmanns Walther-Ausgabe(n)

1. Biografische Notiz

Karl (Konrad Friedrich Wilhelm) Lachmann wird 1793 in Braunschweig geboren; er stirbt 1851 in Berlin. Von 1809 bis 1814 studiert er (zunächst in Leipzig, dann in Göttingen) Theologie und klassische Philologie, promoviert 1814 mit 22 Jahren über Tibull und habilitiert ein Jahr darauf in Göttingen mit einer textkritischen Arbeit zu römischen Dichtern. Nach Ablegung der Oberlehrerprüfung nimmt er eine Stelle an einem Gymnasium an. 1816 folgt in Berlin eine zweite Habilitation mit einer Properz-Edition und der Studie *Über die ursprüngliche Gestalt des Gedichts von der Nibelungen Noth.* Nach weiterer Tätigkeit als Oberlehrer in Königsberg wird er 1818 zum außerordentlichen Professor ernannt. Er lässt sich 1824 beurlauben und tritt eine Handschriftenreise an, während der er viele Materialien für seine folgenden Editionen sammelt. Von 1825 bis 1827 ist Lachmann außerordentlicher Professor für klassische Philologie und Germanistik in Berlin; 1827 wird die Professur zu einer ordentlichen. In der Folgezeit besetzt er mehrere herausragende Positionen in akademischen und universitären Institutionen.[1]

Lachmanns Erbe besteht vor allem in zahlreichen Editionen,[2] denen er sich seit 1816 bis zu seinem Lebensende widmete und die nicht nur die Geschichte

---

1 Vgl. zur Biografie Lachmanns Jürgen Kühnel: Lachmann, Karl. In: Neue Deutsche Biographie 13. Berlin 1982, S. 371–374. Vgl. ferner die in Anm. 2 genannten Publikationen.

2 Vgl. dazu grundsätzlich und insbesondere auch zu Lachmanns – nie explizit formulierter – Editionstheorie oder -methode die folgenden Beiträge: Magdalene Lutz-Hensel: Lachmanns textkritische Wahrscheinlichkeitsregeln. In: Zeitschrift für deutsche Philologie 90, 1971, S. 394–408; Sebastiano Timpanaro: Die Entstehung der Lachmannschen Methode. 2., erweiterte und überarbeitete Auflage. Autorisierte Übertragung aus dem Italienischen von Dieter Irmer. Hamburg 1971; Magdalene Lutz-Hensel: Prinzipien der ersten textkritischen Editionen mittelhochdeutscher Dichtung. Brüder Grimm – Benecke – Lachmann. Berlin 1975. – Harald Weigel: „Nur was du nie gesehn wird ewig dauern“. Carl Lachmann und die Entstehung der wissenschaftlichen Edition. Freiburg/Br. 1989;

https://doi.org/10.1515/9783110786422-003

der (Alt-)Germanistik prägten, sondern auch die Editionsphilologien in anderen europäischen Ländern beeinflussten. Unter seinen Editionen ragen die folgenden germanistisch-mediävistischen heraus:[3]

1820: Auswahl aus den hochdeutschen Dichtern[4]
1826: *Nibelungenlied*[5]
1827: *Iwein* (zusammen mit G. F. Benecke)[6]
1827: Walther von der Vogelweide[7] (2. Ausgabe 1843[8])
1833: Wolfram von Eschenbach[9]
1838: Hartmann von Aue, *Gregorius*[10]
1840: Zwanzig alte Lieder von den Nibelungen[11]
1841: Ulrich von Lichtenstein (mit Anmerkungen von Theodor von Karajan)[12]
1841: Bruchstücke aus den *Nibelungen*[13]
1857: *Des Minnesangs Frühling* (mit Moriz Haupt), nach Lachmanns Tod erschienen.[14]

Winfried Ziegler: Die „wahre strenghistorische Kritik". Leben und Werk Carl Lachmanns und sein Beitrag zur neutestamentlichen Wissenschaft. Hamburg 2000; Uwe Meves: Karl Lachmann (1793–1851). In: Wissenschaftsgeschichte der Germanistik in Porträts. Hrsg. von Christoph König, Hans-Harald Müller und Werner Röcke. Berlin 2000, S. 20–32; Thomas Bein: Karl Lachmann – Ethos und Ideologie der frühen Editionswissenschaft. In: Neugermanistische Editoren im Wissenschaftskontext. Biografische, institutionelle, intellektuelle Rahmen in der Geschichte wissenschaftlicher Ausgaben neuerer deutschsprachiger Autoren. Hrsg. von Roland S. Kamzelak, Rüdiger Nutt-Kofoth und Bodo Plachta. Berlin 2011 (Bausteine zur Geschichte der Edition. 3), S. 1–15. – Vgl. aktuell: Lachmanns Erbe. Editionsmethoden in klassischer Philologie und germanistischer Mediävistik. Hrsg. von Anna Kathrin Bleuler und Oliver Primavesi. Berlin 2022 (Beiheft der Zeitschrift für deutsche Philologie. 19).

3 Daneben entstanden altphilologische Editionen zu Properz, Tibull, Catull, Terenz, Lucrez; ferner das Novum Testamentum Graece et Latine sowie neugermanistische Ausgaben, besonders zu nennen ist Lachmanns Lessing-Gesamtausgabe.

4 Auswahl aus den hochdeutschen Dichtern des 13. Jahrhunderts. Hrsg. von Karl Lachmann. Berlin 1820.

5 Der Nibelunge Noth und die Klage. In der ältesten Gestalt mit den Abweichungen der gemeinen Lesart hrsg. von Karl Lachmann. Berlin 1826.

6 Iwein. Der Ritter mit dem Lewen. Getihtet von dem Hern Hartman Dienstman ze Ouwe. Hrsg. von Georg Friedrich Benecke und Karl Lachmann. Berlin 1827.

7 Die Gedichte Walthers von der Vogelweide. Hrsg. von Karl Lachmann. Berlin 1827.

8 Die Gedichte Walthers von der Vogelweide. Zweite Ausgabe. Von Karl Lachmann. Berlin 1843.

9 Wolfram von Eschenbach. Hrsg. von Karl Lachmann. Berlin 1833.

10 Gregorius. Eine Erzählung von Hartmann von Aue. Hrsg. von Karl Lachmann. Berlin 1838.

11 Zwanzig alte Lieder von den Nibelungen. Hrsg. von Karl Lachmann. Berlin 1840.

12 Ulrich von Lichtenstein. Mit Anmerkungen von Theodor von Karajan. Hrsg. von Karl Lachmann. Berlin 1841.

13 Karl Lachmann: Bruchstücke aus den Nibelungen. In: Zeitschrift für deutsches Altertum 1, 1841, S. 111–116.

14 Des Minnesangs Frühling. Hrsg. von Karl Lachmann und Moriz Haupt. Leipzig 1857.

2. Die Walther-Ausgabe(n)

2.1. Zur Genese

Den dringenden Wunsch nach einer kritischen Ausgabe der Texte Walthers von der Vogelweide[15] äußert bereits 1809 Friedrich Heinrich von der Hagen: „Da mehre alte Handschriften uns diese Gedichte [Walthers] in abweichender Folge und Zahl überliefert haben, so dürfen wir hoffen einst eine ächt kritische Ausgabe derselben zu erhalten.“[16] 18 Jahre später ist es soweit: Karl Lachmann – bekanntlich kein Freund von der Hagens – gibt 1827 die erste Auflage seiner Walther-Edition heraus. Vorarbeiten gehen aber deutlich weiter zurück. Bereits zehn Jahre zuvor hat Lachmann Grundsätze für seine editorischen Arbeiten formuliert. So schreibt er 1817: „Wir sollen und wollen aus einer hinreichenden Menge von guten Handschriften einen allen diesen zum Grunde liegenden Text darstellen, der entweder der ursprüngliche selbst seyn oder ihm doch sehr nahe kommen muss [...].“[17] Drei Jahre später heißt es in einer für den Unterricht gedachten Anthologie: „und ganz offenbar ist, daß aus einer hinlänglichen Anzahl von Handschriften, deren Verwandtschaft und Eigenthümlichkeiten der Kritiker genau erforscht hat, ein Text sich ergeben muß, der im Kleinen und Großen dem ursprünglichen des Dichters selbst oder seines Schreibers sehr nah kommen wird.“[18] Die gegenüber 1817 etwas veränderte Formulierung mag andeuten, dass es Lachmann, je länger er sich mit den Handschriften befasste, umso deutlicher wurde, ein ‚Dichter-Original‘ niemals rekonstruieren oder restituieren zu können. Die Grimm-Brüder vertreten grundsätzlich ähnliche Ansichten. Jacob formuliert 1822 in seiner Grammatik:

15 Vgl. zu den Walther-Ausgaben Anm. 7 und 8. – Vgl. mit weiteren Hinweisen Thomas Bein: ‚echt kritisch‘: Zwei Jahrhunderte Klassiker-Geschichte: Zum Wandel des Textkritik-Begriffs in der Walther von der Vogelweide-Philologie. In: editio 18, 2004, S. 69–88; ders.: Alles auf Anfang? Bewegungen in der Walther von der Vogelweide-Editorik. In: ‚In vriuntschaft als es was gedâht‘. Freundschaftsschrift für Hans-Joachim Solms. Hrsg. von Jessica Ammer, Gerhard Meiser und Heike Link. Berlin 2020, S. 203–230 (diese Beiträge weisen einige Berührungen mit dem vorliegenden auf, gehen indes, anders als hier, weit über Lachmann hinaus).

16 Friedrich Heinrich von der Hagen: Versuch einer vollständigen Literatur der älteren Deutschen Poesie, von den frühesten Zeiten bis zu Anfange des XVI. Jahrhunderts [...]. In: Museum für altdeutsche Literatur und Kunst. Hrsg. von Dr. F. H. v. d. Hagen, B. J. Docen und Dr. J. G. Buesching. Berlin 1809, S. 126–237, hier S. 216 (https://digi.ub.uni-heidelberg.de/diglit/malk1809/0233 [alle hier und im Folgenden genannten Internet-Links wurden zuletzt am 3.6.2022 abgerufen]).

17 Karl Lachmann: [Rezension der Nibelungenausgabe von Friedrich Heinrich von der Hagen von 1816]. In: Jenaische allgemeine Literatur-Zeitung 132–135, 1817, zitiert nach dem Wiederabdruck in: Karl Lachmann: Kleinere Schriften zur Deutschen Philologie. Hrsg. von Karl Müllenhoff. Berlin 1876, S. 81–114, hier S. 82.

18 Auswahl aus den Hochdeutschen Dichtern des dreizehnten Jahrhunderts von Karl Lachmann, außerordentlichem Professor zu Königsberg. Für Vorlesungen und zum Schulgebrauch. Berlin 1820, S. X.

> Wir fordern also critische ausgaben, keine willkürliche critik, eine durch grammatik, eigenthümlichkeit des dichters und vergleichung der handschriften geleitete. Es ist uns weniger zu thun um die schreibweise eines noch so ausgezeichneten copisten, als darum, allerwärts die ächte lesart des gedichtes zu haben und bisher kennt man wohl verschiedene handschriften mit vorzüglich gutem texte, keine, die einen tadellosen lieferte.[19]

Das sind bekannte Prämissen der frühen Germanistik, die sich gegen andere Konzepte, besser Praktiken, etwa Friedrich Heinrich von der Hagens[20] durchsetzen und die altgermanistische Editorik bis mindestens in die erste Hälfte des 20. Jahrhunderts dominieren – wenn auch zunehmend nicht konkurrenzlos, man denke z. B. an die Auffassungen Hermann Pauls oder Franz Pfeiffers,[21] die den Handschriften und ihren Schreibern deutlich mehr vertrauen als Lachmann und seine Nachfolger und die den Weg hin zu einer Leithandschriften-Editorik vorbereiten.

Zusammen mit Friedrich Karl Köpke[22] stellt Lachmann um 1817/1818 erste Überlegungen zu einer Walther-Ausgabe an. Die Zusammenarbeit hat indes keine Zukunft.[23] Lachmann hingegen ediert 1820 – einer Fingerübung vergleichbar – erstmals eine Reihe von Walther-Texten in seiner *Auswahl aus den hochdeutschen Dichtern,* die er seinem Lehrer Georg Friedrich Benecke widmet.[24] Angeregt durch die Walther-Monografie von Ludwig Uhland (1822)[25] arbeitet Lachmann intensiv an Walther weiter und veröffentlicht fünf Jahre später seine Edition – die erste und bis heute wirkungsmächtigste. Sie stößt schon früh auf ein großes Echo. Ausführlich rezensieren beide Grimm-Brüder die Ausgabe. Einige ihrer kritischen Überlegungen setzt Lachmann 16 Jahre später in der zweiten Auflage von 1843 um.

Um Lachmanns editorische Leistung mit Blick auf Walther einschätzen zu können, sollte man wissen, über welche Quellenkenntnisse er verfügt, nach wel-

---

19 Jacob Grimm: Deutsche Grammatik. Erster Theil. Zweite Ausgabe. Berlin 1822, S. IX. Vgl. dazu den Beitrag von Holger Ehrhardt in diesem Band.

20 Vgl. dazu den Beitrag von Horst Brunner in diesem Band.

21 Vgl. Die Gedichte Walthers von der Vogelweide. Hrsg. von Hermann Paul. Halle/S. 1882; Walther von der Vogelweide. Hrsg. von Franz Pfeiffer. Leipzig 1864.

22 Vgl. Peter K. Stein: Köpke, Friedrich Karl. In: Neue Deutsche Biographie 12, 1980, S. 368.

23 Lachmann schreibt im Vorwort seiner Ausgabe von 1827 (S. III), dass Köpke in „Büschings wöchentlichen nachrichten 4, 12–18 (1818)“ Editionsproben zu Walther veröffentlicht habe. Ich habe dort allerdings keine wirklichen *Editions*proben finden können – lediglich Sacherläuterungen zu einigen Texten unter dem Titel „Geschichtliche Erläuterungen einiger Lieder Walthers von der Vogelweide, als eine Probe meiner neuen Ausgabe sämmtlicher Gedichte desselben“ (in: Der Deutschen Leben, Kunst und Wissen im Mittelalter. Eine Sammlung einzelner Aufsätze hrsg. von Dr. Johann Gustav Büsching. Zweiter Band. Breslau 1819 [datiert ist der Beitrag auf 1817], S. 12–18).

24 Das Vorwort der „Auswahl“ ist überschrieben mit: „An Herrn Professor Benecke in Göttingen“ und beginnt mit dem Satz: „Mit inniger Freude eigne ich Ihnen, mein verehrter Lehrer, diese Sammlung Mittelhochdeutscher Gedichte zu“ (S. III).

25 Vgl. Ludwig Uhland: Walther von der Vogelweide, ein altdeutscher Dichter. Stuttgart, Tübingen 1822.

chem Prinzip er Töne (Lieder und Sangsprüche) anordnet, welche sprachlichen Normalisierungen er durchführt (Graphie und Metrik betreffend) und wie er es schließlich mit der Konjekturalkritik hält.[26]

2.2. Quellen und editorische Ordnung

Neben einigen kleineren Fragmenten kennt Lachmann aus eigener Anschauung die Handschriften A, D, E und F.[27] B liegt ihm nur als Abschrift von Ludwig Uhland (1787–1862) vor, und C, die bedeutende Große Heidelberger Liederhandschrift (Codex Manesse), lernt er lediglich durch Abschriften von Melchior Goldast (1578–1635) und Johann Jacob Bodmer (1698–1783) sowie verschiedene Anmerkungen dazu kennen, so von Georg Friedrich Benecke (1762–1844) und August Raßmann (1817–1891).[28] Lachmann vergleicht die Handschriften, versucht, Verwandtschaften zu ermitteln, und spart nicht mit Werturteilen über die Handschriften resp. die Leistungen ihrer Schreiber.

Jeder Lyrik-Editor steht vor der nicht leicht zu beantwortenden Frage, wie er die Töne anordnen soll – zumindest dann, wenn es mehrere Überlieferungszeugen gibt, die jeweils andere Ordnungen aufweisen. Gedanken über eine mögliche Abfolge der Walther-Texte in einer Edition macht sich bereits 1822 Ludwig Uhland:

> Fuer eine Ausgabe der Lieder aber wuerde nicht die Zusammenstellung nach der Zeitfolge, welche bei einem großen Theile derselben ohnehin nicht bestimmbar ist, oder nach der Verwandtschaft der Gegenstände, sondern vielmehr die Anordnung nach den Toenen die schicklichste seyn.[29]

Lachmann aber geht einen anderen Weg. Die Erkenntnisse, die er aus der ihm bekannten Überlieferung ziehen zu können glaubt, führen dazu, die Texte in vier Büchern anzuordnen. In den Büchern I und II finden sich 43 Töne aus der Quelle *BC, die darüber hinaus oft auch durch die Handschriften A, E und andere bezeugt sind. In den Büchern III und IV sind die Töne 44 bis 97 enthalten, die aus der Quelle *AC, aus C allein und darüber hinaus aus *EC stammen. Grob vereinfacht gesagt, folgt die Anordnung der Texte einem Prinzip von für einiger-

---

26 Vgl. zu solchen Fragen in größerem Kontext die Beiträge von Lutz-Hensel (Anm. 2).

27 Zu den Siglen und Beschreibungen der Handschriften vgl. Walther von der Vogelweide. Leich, Lieder, Sangsprüche. 15., veränderte und um Fassungseditionen erweiterte Auflage der Ausgabe Karl Lachmanns, aufgrund der 14., von Christoph Cormeau bearbeiteten Ausgabe neu hrsg., mit Erschließungshilfen und textkritischen Kommentaren versehen von Thomas Bein. Edition der Melodien von Horst Brunner. Berlin 2013, S. XXV–XLV. (Eine 16. Auflage, verbessert und aktualisiert, ist in Vorbereitung und soll voraussichtlich in der zweiten Hälfte 2023 erscheinen; in Arbeit ist ferner – als separater Band – eine neuhochdeutsche Übersetzung aller Texte der 16. Auflage.)

28 Vgl. dazu die Vorbemerkungen Lachmanns zu den Editionen von 1827 und 1843 (Anm. 7 und 8).

29 Uhland (Anm. 25), S. VIII.

maßen verlässlich angesehener Überlieferungs*qualität* und *-dichte*.[30] Bis zur 15. Auflage ist das Buchprinzip beibehalten worden, wenn es auch aufgrund von Handschriftenfunden, die Lachmann noch nicht kannte, inzwischen nicht mehr ganz seiner Idee entspricht.

Nach wie vor ist es eine große Herausforderung, ein Konzept für die Anordnung der Walther-Texte in einer Edition zu finden. Es gibt zahlreiche Alternativen zu Lachmann, die strittigste ist sicherlich die von Friedrich Maurer, der die Texte zunächst in Lyrik-Typen (Leich, Liebeslieder, religiöse und politische Lieder) gliedert und diese dann in eine – zumindest bei den Liebesliedern oft sehr spekulative – relative Chronologie überführt.[31]

2.3. Sprachliche Rekonstruktionen und Vereinheitlichungen: das Problem der Normalisierung

Bereits 1820 lässt sich Lachmann grundsätzlich über Prinzipien der Normalisierung aus, ohne freilich dieses Wort zu verwenden. Ihm geht es um eine sprachliche (vor allem lautliche und damit in Zusammenhang stehende graphematische) Rekonstruktion, die ihm nötig erscheint, weil die Schreiber der Handschriften die einstmals vollkommene Sprache der Dichter korrumpiert hätten.

> Denn wir sind doch eins, daß die Dichter des dreizehnten Jahrhunderts, bis auf wenig mundartliche Einzelheiten, ein bestimmtes unwandelbares Hochdeutsch redeten, während ungebildete Schreiber sich andere Formen der gemeinen Sprache, theils ältere, theils verderbte, erlaubten.[32]

Daher gehe sein „Hauptbestreben" darauf, „eine alterthümliche, aber genaue Rechtschreibung einzuführen."[33] Methodisch setzt er auf Studien zur Prosodie und zu den Reimen:

> Sichere Regeln über das Verbeißen der Endvokale und andere Verkürzungen der Wörter bei jedem einzelnen Dichter ergeben sich für den, der das allgemeine kennt, aus vollständigen prosodischen und Reimverzeichnissen, deren man für jeden besondere nöthig hat. Eine mühselige Arbeit, der sich ein Herausgeber, mit hinreichenden Hülfsmitteln ausgerüstet, nicht entziehen darf.[34]

---

[30] Vgl. dazu ausführlich Christoph Cormeau in: Walther von der Vogelweide. Leich, Lieder, Sangsprüche. 14., völlig neubearbeitete Auflage der Ausgabe Karl Lachmanns. Mit Beiträgen von Thomas Bein und Horst Brunner. Berlin, New York 1996, S. XXI–XXIII.

[31] Vgl. Die Lieder Walthers von der Vogelweide. Unter Beifügung erhaltener und erschlossener Melodien neu hrsg. von Friedrich Maurer. Erstes Bändchen: Die religiösen und die politischen Lieder. Tübingen 1955. Zweites Bändchen: Die Liebeslieder. Tübingen 1956.

[32] Lachmann: Auswahl (Anm. 4), S. VIII.

[33] Ebd., S. XI.

[34] Ebd., S. XII. – Vgl. auch H[endricus] Sparnaay: Karl Lachmann als Germanist. Bern 1948, bes. S. 35–37.

Bei all diesen Arbeiten ist Lachmann indes nur zu bewusst, welche methodischen Probleme sich ergeben:

> Füge ich noch hinzu, daß der Herausgeber mit allen Rede- und Versgebräuchen seines Dichters sich erst vollkommen vertraut machen soll, so sieht man zwar, daß die Arbeit in einen Kreis geht: aber in diesem Kreise sich geschickt zu bewegen, das ist des Kritikers Aufgabe und erhebt sein Geschäft über Handarbeit.[35]

Die zirkuläre Argumentation, die wir heute den alten Vorvätern häufig vorwerfen, ist diesen (zumindest Lachmann) bewusst – nur, so könnte man sagen, ziehen sie daraus andere Konsequenzen mit Blick auf das eigene philologische Selbstverständnis.[36]

Um ins Detail zu gehen und Lachmanns „alterthümliche, aber genaue Rechtschreibung" und andere editorische Operationen konkret in Augenschein zu nehmen, sei ein Blick auf das ‚Lindenlied' in den Handschriften B und C sowie in Lachmanns „Auswahl" (1820) und in den beiden Auflagen der Ausgabe (1827/1843) geworfen.

---

35 Lachmann: Auswahl (Anm. 4), S. IXf.

36 Lachmanns Vorstellung von einem „unwandelbaren Hochdeutsch" wird seit vielen Jahrzehnten sowohl in der Sprachgeschichtsforschung als auch in der Editionswissenschaft kontrovers diskutiert. Von der Vorstellung einer ‚einstmals' in sich lautlich und morphologisch einheitlichen mittelhochdeutschen Sprache hat man sich grundsätzlich verabschiedet. Allenfalls ist noch von einem „gruppengebundenen Funktiolekt" überregionaler Art die Rede; vgl. z. B. Hermann Paul: Mittelhochdeutsche Grammatik. 25. Auflage neu bearbeitet von Thomas Klein, Hans-Joachim Solms und Klaus-Peter Wegera. Mit einer Syntax von Ingeborg Schröbler, neubearbeitet und erweitert von Heinz-Peter Prell. Tübingen 2007, S. 11–16, hier S. 16. Die sprachhistorische Tatsache, dass wir nicht von einem „unwandelbaren Hochdeutsch" in Lachmanns Sinne ausgehen können, hat indes nicht dazu geführt, sich nicht weiterhin Gedanken zur sprachlichen (vor allem lautlichen und damit graphematischen) Normalisierung von zu edierenden Texten zu machen. Vgl. dazu mit zahlreichen Hinweisen den Roundtable: Normalisierung und Modernisierung der historischen Graphie. In: Vom Nutzen der Editionen. Zur Bedeutung moderner Editorik für die Erforschung von Literatur- und Kulturgeschichte. Hrsg. von Thomas Bein. Berlin 2015 (Beihefte zu editio. 39), S. 419–460. – Eine neue theoretische Diskussion der Problematik hat Florian Kragl mit seinem Beitrag Normalmittelhochdeutsch. Theorieentwurf einer gelebten Praxis. In: Zeitschrift für deutsches Altertum 144, 2015, S. 1–27 angestoßen. Er resümiert: „Die Lautgestalt, die Karl Lachmann [...] und viele andere neben und nach ihnen ihren Texten gegeben haben, ist keine freihändige Erfindung des 19. Jh.s, kein philologisches Pendant der Neugotik, sondern hat seinen guten Grund in einer überschaubaren, aber textkritisch höchst bedeutsamen Gruppe von oberdeutschen Texten und – noch wichtiger wohl – Hss. des späteren 12. bis früheren 14. Jh.s" (S. 19). Kragl möchte daher von einem „Normalmittel*ober*deutsch" sprechen (S. 23). Sein Fazit geht dahin, auch in modernen Editionen durchaus zu normalisieren – allerdings mit Augenmaß und nur dann, wenn die Handschriften entsprechende Wege weisen und keineswegs aus Gründen der leichteren Rezipierbarkeit für Studierende.

2.4. Die editorische Genese von Walthers ‚Lindenlied'

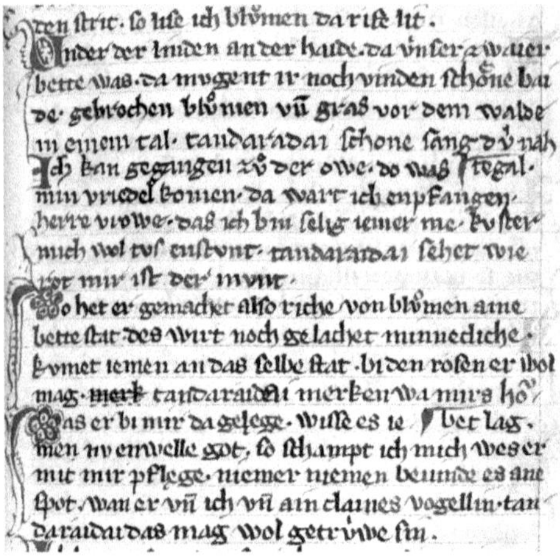

Abb. 1: B, Württembergische Landesbibliothek, HB XIII 1, S. 153 – Weingartner Liederhandschrift

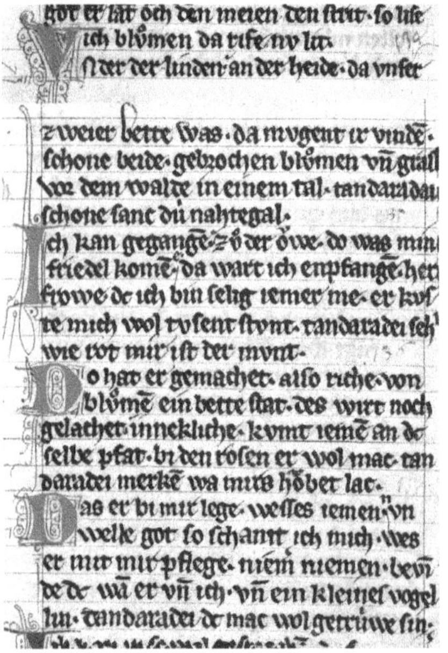

Abb. 2: C, Universitätsbibliothek Heidelberg, cpg 848, fol. 130v – Große Heidelberger Liederhandschrift (Codex Manesse)

1. Under der linden An der heide, 113 b
Da unser zweier bette was,
Da muget ir vinden Schone beide
Gebrochen blůmen unde gras.
Vor dem walde in einem tál —
Tandaradei — Schone sank diu nahtegal.
2. Ich kam gegangen Zů der ouwe;
Da was min friedel komen e.
Do wart ich enpfangen, Here frouwe,
Daz ich bin sálik iemer me.
Er kuste mich wol tusentstunt: —
Tandaradei — Seht wie rot mir ist der munt.
3. Do hat er gemachet Also riche
Von blůmen eine bettestat.
Des wirt noch gelachet Innekliche,
Kumt iemen an daz selbe pfat;
Bi den rosen er wol mak —
Tandaradei — Merken wa mirz houbet lak.
4. Daz er bi mir láge Wess' ez iemen;
Und welle Got, so schamt' ich mich.
Wes er mit mir pflége Niemer niemen
Bevinde daz wan er und ich

Und ein kleinez vogellin; —
Tandaradei — Daz mak wol getriuwe sin.

Abb. 3: Lachmann, Auswahl (Anm. 4), S. 184f.

Under der linden
an der heide,
dâ unser zweier bette was,
dâ mugent ir vinden
schône beide
gebrochen bluomen unde gras.
vor dem walde in einem tal,
tandaradei,
schône sanc diu nahtegal.
Ich kam gegangen
zuo der ouwe:
dô was mîn friedel komen ê.
dâ wart ich enpfangen,
hêre frouwe,
daz ich bin sælic iemer mê.
kuster mich? wol tûsentstunt:
tandaradei,
seht wie rôt mir ist der munt.

Dô het er gemachet
alsô rîche
von bluomen eine bettestat.
des wirt noch gelachet
innecliche,
kumt iemen an daz selbe pfat.
bî den rôsen er wol mac,
tandaradei,
merken wâ mirz houbet lac.
Daz er bî mir gelæge,
wessez iemen
(nu enwelle got!), sô schamt ich mich.
wes er mit mir pflæge,
niemer niemen
bevinde daz, wan er unt ich,
und ein kleinez vogellîn:
tandaradei,
daz mac wol getriuwe sîn.

Abb. 4: Lachmann, Ausgabe 1827 (Anm. 7), S. 39f.

'Under der linden
an der heide,
dâ unser zweier bette was,
dâ mugent ir vinden
schône beide
gebrochen bluomen unde gras.
vor dem walde in einem tal,
tandaradei,
schône sanc diu nahtegal.
Ich kam gegangen
zuo der ouwe:
dô was mîn friedel komen ê.
dâ wart ich enpfangen
hêre frouwe,
daz ich bin sælic iemer mê.
kuster mich? wol tûsentstunt:
tandaradei,
seht wie rôt mir ist der munt.
Dô het er gemachet
alsô rîche
von bluomen eine bettestat.
des wirt noch gelachet
inneclîche,
kumt iemen an daz selbe pfat.
bî den rôsen er wol mac,
tandaradei,
merken wâ mirz houbet lac.
Daz er bî mir læge,
wessez iemen
(nu enwelle got!), sô schamt ich mich.
wes er mit mir pflæge,
niemer niemen
bevinde daz, wan er unt ich,
und ein kleinez vogellîn:
tandaradei,
daz mac wol getriuwe sîn.'

Abb. 5: Lachmann, Ausgabe 1843 (Anm. 8), S. 39f.

In der folgenden Synopse sind die Differenzen zwischen den Handschriften und Editionen markiert. Diese Differenzen werden im Anschluss näher erläutert.

B	C	Lachmann 1820	Lachmann 1827	Lachmann 1843
Under der linden an der haide .	Vnder der linden an der heide .	1. [1]Under der linden An der heide,	Under der linden / an der heide,	[1]Under der linden / an der heide,
da v́nſer zwaier bette was .	da vnſer zweier bette was .	Da unſer ʒweier bette was,	dâ unser zweier bette was,	dâ unser zweier bette was,
da mvgent ir noch vinden ſchȏne baide .	da mvgent ir vindẽ . ſchone beide .	Da muget ir vinden Schone beide	dâ mugent ir vinden / schône beide	dâ mugent ir vinden / schône beide
gebrochen blv̊men vñ gras	gebrochen blv̊men vñ graſ .	Gebrochen blůmen unde gras.	gebrochen bluomen unde gras.	gebrochen bluomen unde gras.
vor dem walde in einem tal .	vor dem walde in einem tal .	Vor dem walde in einem tal -	vor dem walde in einem tal,	vor dem walde in einem tal,
tandaradai ſchone ſang dv́ nahtegal .	tandaradai ſchone ſang dú nahtegal .	Tandaradei – Schone ſank diu nahtegal.	tandaradei, / [2]schône sanc diu nahtegal.	tandaradei, / [3]schône sanc diu nahtegal.
Ich kan gegangen zv̊ der owe .	Ich kan gegangẽ . zv̊ der ȯwe .	2. Ich kam gegangen ʒů der ouwe;	Ich kam gegangen / zuo der ouwe:	[4]Ich kam gegangen / zuo der ouwe:
do was min vriedel komen .	do was min friedel komẽ ^{e} .	Da was min friedel komen e.	dô was mîn friedel komen ê.	dô was mîn friedel komen ê.
da wart ich enpfangen .	da wart ich enpfangẽ .	Do wart ich enpfangen, Here frouwe,	dâ wart ich enpfangen, / hêre frouwe,	dâ wart ich enpfangen / hêre frouwe,
herre vrowe.	her^{e} frowe.			
das ich bin ſelig iemer me .	dc ich bin ſelig iemer me .	Daʒ ich bin ſâlik iemer me.	daz ich bin sælic iemer mê.	daz ich bin sælic iemer mê.
kvster mich wol tvſ enſtvnt .	er kvſte mich wol tvſent ſtvnt .	Er kuſte mich wol tuſentſtunt: -	kuster mich? wol tûsentstunt:	kuster mich? wol tûsentstunt:
tandaraidai ſehet wie rot mir iſt der mvnt .	tandaradei ſeh^{t} wie rot mir iſt der mvnt .	Tandaradei – Seht wie rot mir iſt der munt.	tandaradei, / seht wie rôt mir ist der munt.	tandaradei, / seht wie rôt mir ist der munt.

[1] Die zäsurierten Langverse sind jeweils nach rechts eingerückt: 1.1, 1.3, 1.5 usw.
[2] Die jeweils letzte Zeile ist nach rechts eingerückt.
[3] Die jeweils letzte Zeile ist nach rechts eingerückt.
[4] Die erste Zeile der Strophen 2–4 ist nach rechts eingerückt.

Abb. 6: Synopse, Seite 1

B	C	Lachmann 1820	Lachmann 1827	Lachmann 1843
D[5]o het er gemachet alſo riche	Do hat er gemachet . alſo riche .	3. Do hat er gemachet Alſo riche	Dô het er gemachet / alsô rîche	Dô het er gemachet / alsô rîche
von blůmen aine bette ſtat .	von blůmē ein bette ſtat .	Von blůmen eine betteſtat.	von bluomen eine bettestat.	von bluomen eine bettestat.
des wirt noch gelachet minnecliche .	des wirt noch gelachet . innekliche .	Des wirt noch gelachet Innekliche,	des wirt noch gelachet / inneclîche,	des wirt noch gelachet / inneclîche,
kvmet iemen an das ſelbe ſtat .	kvmt iemē an dc ſelbe pfat .	Kumt iemen an daʒ ſelbe pfat;	kumt iemen an daz selbe pfat.	kumt iemen an daz selbe pfat.
bi den roſen er wol mag . ~~merk~~	bi den roſen er wol mac .	Bi den roſen er wol mak -	bî den rôsen er wol mac,	bî den rôsen er wol mac,
tandaraidai merken wa mirs hőbet lag .	tandaradei merkē wa mirs hőbet lac .	Tandaradei – Merken wa mirʒ houbet lak.	tandaradei, / merken wâ mirz houbet lac.	tandaradei, / merken wâ mirz houbet lac.
D[6]as er bi mir da gelege .	Das er bi mir lege .	4. Daʒ er bi mir låge Weſſ' eʒ iemen,	Daz er bî gelæge, / wessez iemen	Daz er bî mir læge, / wessez iemen
wiſſe es iemen nv enwelle got .	weſſes iemen . ⁿvn welle got	Und welle Got, ſo ſchamt' ich mich.	(nu enwelle got!), sô schamt ich mich.	(nu enwelle got!), sô schamt ich mich.
ſo ſchampt ich mich	ſo ſchamt ich mich .			
wes er mit mir pflęge .	wes er mit mir pflege .	Wes er mit mir pflåge Niemer niemen	wes er mit mir pflæge, / niemer niemen	wes er mit mir pflæge, / niemer niemen
niemer niemen beuinde es ane ſpot .	niem^s niemen . bevīde dc	Bevinde daʒ wan er und ich	bevinde daz, wan er unt ich,	bevinde daz, wan er unt ich,
wan er vñ ich vñ ain claines vogellin .	wā er vñ ich . vñ ein kleineſ vogellin .	Und ein kleineʒ vogellin;	und ein kleinez vogellîn:	und ein kleinez vogellîn:
tandaraidai das mag wol getrv́we ſin .	tandaradei dc mac wol getrúwe ſin .	Tandaradei – Daz mak wol getriuwe ſin.	tandaradei, / daz mac wol getriuwe sîn.	tandaradei, / daz mac wol getriuwe sîn.

[5] Das ‚D' wird in der Hs. durch eine Blüte mit fünf Blättern ersetzt.

[6] Das ‚D' wird in der Hs. durch eine Blüte mit fünf Blättern ersetzt.

Abb. 6: Synopse, Seite 2

2.4.1. Umgang mit Vers- und Stropheneinheiten

Die Handschriften B und C markieren bekanntlich neue Strophen mit farbigen Lombarden, setzen die Verse aber nicht nach Reimwörtern ab, sondern operieren mit Reimpunkten. Während B augenscheinlich von binnengereimten Langzeilen ausgeht, setzt C Reimpunkte nach jedem Kurzvers. In seiner „Auswahl" von 1820 scheint Lachmann B zu folgen, denn er druckt sechs Verse pro Strophe ab, wobei die Verse 1 und 3 zäsurierte Langzeilen darstellen. Die Strophen trennt Lachmann durch Hinzufügung von arabischen Ziffern. In den Ausgaben von 1827 und 1843 fehlt diese Strophenmarkierung, stattdessen werden jeweils am linken Rand (für jede Seite neu) in Fünferschritten die Zeilen durchgezählt.[37] Ein neuer Strophenbeginn wird nun lediglich durch Einzug der ersten Zeile signalisiert; darüber hinaus ist auch der jeweils letzte Vers einer Strophe eingerückt. Im Unterschied zur „Auswahl" ordnet Lachmann die Verse nun anders, er teilt sie in Kurzverse auf (wie auch in C).

2.4.2. Interpunktion

In allen Editionen Lachmanns spielt die Interpunktion eine wichtige Rolle, wobei er – was in anderen Zusammenhängen für ihn keine Rolle spielte – den „heutigen leser"[38] im Blick hat, dem er das Verständnis der mittelhochdeutschen Texte erleichtern möchte. Seine Interpunktionen orientieren sich vor allem an prosodischen Überlegungen.[39]

Schauen wir auf das ‚Lindenlied': Bereits 1820 fügt Lachmann eine Interpunktion in seiner „Auswahl"-Ausgabe ein: Komma, Punkt, Semikolon und Gedankenstrich. Darüber hinaus operiert er typographisch mit Spatien zur Markierung einer Langzeilenzäsur. Der Gedankenstrich dient ihm 1820 als eine Art Parenthese zur Isolierung des onomatopoetischen Refrainwortes *tandaradei*. In den Ausgaben 1827 und 1843 ersetzt er den Gedankenstrich durch ein Komma. 1827 und 1843 kommen noch Frage- und Ausrufezeichen sowie eine runde Klammer hinzu. Zwischen diesen beiden Ausgaben findet sich nur *eine* wirkliche Interpunktionsvariante und zwar in Strophe II, Vers 4/5. Es handelt sich um

[37] Diese Praxis hat ein Fortleben bis in die Gegenwart, denn es hat sich durchgesetzt, einzelne Lieder und Strophen Walthers nach Seite und Zeile in Lachmanns Ausgabe zu zitieren bzw. für die Community verbindlich zu markieren.

[38] Karl Lachmann: Vorrede. In: Wolfram von Eschenbach. Hrsg. von Karl Lachmann. Berlin 1833, S. VIII.

[39] Vgl. Kurt Gärtner: Zur Interpunktion in den Ausgaben mittelhochdeutscher Texte. In: editio 2, 1988, S. 86–89. Vgl. auch Peter Kern: Das Problem der Satzgrenze in mittelhochdeutschen Texten. In: Deutsche Handschriften 1100–1400. Oxforder Kolloquium. Hrsg. von Volker Honemann und Nigel F. Palmer. Tübingen 1988, S. 342–351. Vgl. ferner mit besonderem Blick auch auf die Praxis im 19. Jahrhundert Martin Schubert: Interpunktion mittelalterlicher deutscher Texte durch die Herausgeber. In: editio 27, 2013, S. 38–55.

eine Textstelle, die bis heute kontroverse Interpretationen erfahren hat. Es stellt sich nämlich die Frage, worauf sich die Formulierung *hêre frouwe* bezieht: Ist es eine adverbiale Ergänzung zum Verb *enpfangen*? Oder handelt es sich um eine Art Interjektion aus der Perspektive der sprechenden Frau (‚Heilige Jungfrau Maria!'‚)? Lachmanns Interpunktion von 1827 (*hêre frouwe* in zwei Kommata eingeschlossen) legt Letzteres nahe. 1843 streicht er das Komma vor *hêre* und versteht Vers 5 wohl als adverbiale Ergänzung (‚... empfangen wie eine vornehme Dame').

Eine besondere Funktion übt das einfach Anführungszeichen aus. Erstmals 1846 schließt Lachmann das gesamte vierstrophige Lied in diese Zeichen ein und kennzeichnet damit Frauenrede. Diese editorische Praxis hat sich bis in unsere Zeit in den allermeisten Fällen durchgesetzt.[40]

2.4.3. Groß-/Kleinschreibung

Die Handschriften verwenden mit Ausnahme des ersten Buchstabens einer neuen Strophe ausschließlich Kleinbuchstaben. In der „Auswahl" markiert Lachmann den Beginn eines jeden Kurzverses einschließlich des Refrainwortes mit einem Großbuchstaben. Diese Praxis gibt er in den Editionen wieder auf und orientiert sich an den Handschriften: Nur das erste Wort einer jeden Strophe beginnt mit einer Majuskel, wobei der Anfangsbuchstabe des gesamten Liedes die doppelte Druckgröße einnimmt. Selbst das Nomen Sacrum *got* wird hier nicht mit einer Majuskel versehen, wie es sonst in Editionen häufig geschieht.

2.4.4. Lautliche/graphematische Praxis

Abkürzungszeichen wie etwa der Nasalstrich oder die *er*-Abkürzung werden schon 1820 aufgelöst. Ebenso reguliert Lachmann schon von Anfang an die Verteilung der ⟨u⟩-⟨v⟩-Grapheme, je nachdem, ob sie für den Vokal /u/ oder für den Reibelaut /f/ stehen. Die Handschriften differenzieren nicht konsequent zwischen einem ererbten /s/-Laut und einem durch die zweite Lautverschiebung entstandenen. Dies aber markiert Lachmann. Während B und C *mirs* schreiben (für: *mir daz* < *mir dat*), ediert er *mirz*. Schaft-⟨s⟩ und geschwänztes ⟨z⟩ verwendet er noch 1820, gibt dies aber ab 1827 zugunsten des runden ⟨s⟩ und des normalen ⟨z⟩ auf. Stehen Medien in den Handschriften im Auslaut, so verändert er sie seit 1820 zu Tenues, im Falle von /k/ schreibt er 1820 ⟨k⟩, ab 1827 ⟨c⟩. Die Schreibweise der Konjunktion *und* variiert: Einmal findet sich, auch vor vokalisch anlautendem Folgewort, *und* mit ⟨d⟩ (1820), einmal *unt* mit ⟨t⟩ (1827/1843). Superskripte gibt es 1820 noch (im Falle des Diphthongs /uo/ und des langen

---

[40] Zu bedenken ist allerdings, dass die Entscheidung, ob Mann oder Frau spricht, nicht immer eindeutig vom Text her gestützt wird. Die editorische Markierung von Rollenrede sollte also stets kritisch hinterfragt werden.

Umlautes /ae/), ab 1827 werden diese aufgelöst. Über Umgang und Funktion des Apostrophs lässt sich Lachmann verschiedentlich in Briefen aus.[41] Handschriftlich (C) *weſſes* setzt Lachmann 1820 als *weſſ 'eȝ* um, ab 1827 als *wessez*. 1820 findet sich der Apostroph häufiger, ab 1827 kaum noch. Handschriftlich (C) *ſchamt ich* ediert Lachmann 1820 als *ſchamt' ich*, ab 1827 als *schamt ich*.

Die Handschriften weisen nur in Ausnahmefällen und meist sekundär hinzugefügt Zirkumflexe als diakritisches Zeichen für Langvokale auf. Ab 1827 fügt Lachmann das Zeichen bei sprachhistorisch anzunehmender Vokallänge hinzu.[42]

Wilhelm Grimm hat die Ausgabe von 1827 rezensiert und sich auch intensiv mit der „Orthographie“ befasst, die ihm grundsätzlich zu uneinheitlich ausfällt. Er schreibt:

> Der Verfasser [Lachmann], allem pedantischen Gleichmachen entgegen, glaubt wohl nur die lebendige, der Natur gemässe Verschiedenheit zu erhalten oder will nicht entscheiden, was für Walther das Richtige sei, wenn er aus den Handschriften beides jâmerlich und jaemerlich, werlt und welt [...] beibehält. [...] Rec. [W. Grimm] würde hier, ohne Gewissensbisse zu empfinden, das, wofür sich die Grammatik entscheidet, vorgezogen haben, freilich auch ohne zu glauben, etwas Besonderes gethan zu haben. L. wagt es, nicht das -ent der 2da pl. praes. in -et zu ändern [...].[43]

Auch hier zeigt sich also, dass so manche Vorwürfe, die man Lachmann gemacht hat und macht, nicht oder nicht ganz zutreffen. Er war skrupulöser, vorsichtiger – und weniger konsequent.

---

41 Karl Lachmann an Jacob Grimm (12.3.1820): „*Spracher* mit kurzem tonlosem *e* ist schwerlich gesagt, nur *sprach èr, saz èr*. Danach wäre nicht *sagtim* zu schreiben, sondern *sagt' ìm*; denn man findet doch nicht *sagtem* mit tonlos kurzem *e*? wohl aber *gàbem* neben *gàb ìm* und *gàp ìm*. Wohl nur *sagẹ ĭch* und *sag ĭch*, nicht *sagịch*. *Sag' ich* mißfällt mir, sonst müssen wir auch statt *Got*, wenn es Dativ ist, *Got'* schreiben. Ich setze keinen Apostrof, wo nicht durch die Auslassung eine Sylbe weniger wird; *sàg ĭch* und *sàge ĭch* sind jedes zwei Sylben. Es soll nicht mehr geschrieben werden, als gesprochen wird.“ In: Briefwechsel der Brüder Jacob und Wilhelm Grimm mit Karl Lachmann. Band I. Hrsg. von Albert Leitzmann. Jena 1927, S. 65. Vgl. auch Lachmanns Brief an Jacob Grimm vom 18.4.1832 im 2. Band des Briefwechsels (S. 584), wo Lachmann seine Apostroph-Praxis weiter rechtfertigt und aber auch Inkonsequenzen frei einräumt.

42 In einzelnen Fällen (aber nicht bei dem hier zitierten Lied) verzichtet Lachmann auf die Längenmarkierung, wenn sich das entsprechende Wort in Auftaktposition oder in unbetonter Stellung befindet.

43 Wilhelm Grimm: [Rezension zu: Die Gedichte Walthers von der Vogelweide. Hrsg. von Karl Lachmann. Berlin 1827.] In: Kleinere Schriften von Wilhelm Grimm. Hrsg. von Gustav Hinrichs. Zweiter Band. Berlin 1882, S. 385–395, hier S. 389.

2.4.5. Konjekturalkritik (einschließlich Athetesen)

Seit den 1970er Jahren ist Karl Lachmann in vielen Publikationen wegen seiner Konjekturalkritik sehr kritisiert, zuweilen geschmäht worden.[44] Zumindest mit Blick auf Walther von der Vogelweide tut man ihm damit Unrecht. Er ist natürlich Kind seiner Zeit und seiner philologischen Ausbildung. Das Erreichen einer originalnahen Textstufe ist das erklärte Ziel, aber doch nicht auf Kosten wilder Vermutungen. Die Problematik, in den Wortlaut von Handschriften einzugreifen, ist Lachmann durchaus bewusst. Und er hat auch einmal bemerkenswert modern klingende Überlegungen zum mittelalterlichen Textbegriff geäußert, die sehr viel später unter der Chiffre des ‚Offenen Textes' Furore machten: „Die Liederabtheilungen halte ich für ziemlich willkürlich: man sang gewiß manchmahl mehr, dann weniger Strophen: so kann ein Lied zwei unvereinbare Endstrophen haben, deren jede aber, wenn man nur die andre wegläßt, an die vorhergehende paßt."[45] Allein: Aus solchen Einsichten sind nicht die editorischen Konsequenzen gezogen worden, über die wir heute nachdenken.

Was Lachmanns Eingriffe im Detail angeht, so hat Wilhelm Grimm in seiner Rezension das Wesentliche gut auf den Punkt gebracht:

> L. [verschmäht] jede Verbesserung, selbst die glänzendste, von der nicht zu erweisen steht, dass sie zugleich die wahre ist, und bloss wahrscheinliche Vermuthungen haben niemals im Text selbst, nur in den Anmerkungen einen Platz erhalten; er lässt lieber das Unverständliche und Verderbte stehen, bis sich einmal bessere Auskunft findet. [...] Auf der anderen Seite setzt er entschieden durch, was er als sichere Regel erkannt hat, er ändert die Orthographie, um Gleichheit im Auftakt zu erlangen, führt z. B. deich ein, wo die Handschriften daz ich haben [...].[46]

---

44 Recht häufig finden sich entsprechende Bemerkungen bei Günther Schweikle und Ulrich Müller. Hier spielen besondere fach- und wissenschaftsgeschichtliche Situationen eine Rolle. In den 1970er Jahren hatten es Kolleginnen und Kollegen enorm schwer, eine handschriftenorientierte Editorik zu vertreten. Die Macht vieler ‚Lachmannianer' war innerhalb der Germanistik sehr groß. Polemische, extrem zugespitzte und z. T. sachlich nicht zutreffende Auseinandersetzungen waren nicht selten. Fachgeschichtlich ergiebig sind z. B. textkritische Auseinandersetzungen Werner Schröders (der sich als Lachmannianer bezeichnete) mit Editionen von Fachgenossen seit den 1970er Jahren. Vgl. die Verzeichnisse der Schriften Schröders von Lydia Tschakert in: Kritische Bewahrung. Beiträge zur deutschen Philologie. Festschrift für Werner Schröder zum 60. Geburtstag. Hrsg. von Ernst-Joachim Schmidt. Berlin 1974, S. 494–508; Studien zu Wolfram von Eschenbach. Festschrift für Werner Schröder zum 75. Geburtstag. Hrsg. von Kurt Gärtner und Joachim Heinzle. Tübingen 1989, S. 569–580; Zur Überlieferung, Kritik und Edition alter und neuerer Texte. Beiträge des Colloquiums zum 85. Geburtstag von Werner Schröder am 12. und 13. März 1999 in Mainz. Hrsg. von Kurt Gärtner und Hans-Henrik Krummacher. Stuttgart 2000, S. 295–305.

45 Karl Lachmann: Brief an Georg Friedrich Benecke vom 22. Januar 1828. In: Briefe aus der Frühzeit der deutschen Philologie an Georg Friedrich Benecke. Mit Anmerkungen begleitet und hrsg. von Rudolf Baier. Leipzig 1901, S. 74.

46 Wilhelm Grimm (Anm. 43), hier S. 388.

Ähnlich sieht das auch Jacob Grimm, der ebenfalls 1828 die Ausgabe rezensiert. Wohl mit Blick auf seine ‚Deutsche Grammatik', in der er viele Grammatik-Freiheiten einräumt, stimmt er Lachmann darin zu, bei der Grammatik anders als bei der Metrik verfahren zu sein:

> was nun endlich die behandlung der versfüsze angeht, so hat Lachmann die deutlichste sorgfalt hierauf gewendet, hält aber seine regeln noch zu versteckt [... Man könnte meinen,] die keckheit seiner metrischen eingriffe widerspreche seiner sonstigen nachgiebigkeit gegen die handschriften, oder fragen, warum nicht auch grammatisch geregelt werden dürfe, was metrisch zu regeln gewagt wird?[47]

Jacob Grimm scheint seine eigene Philologen-Zeit geradezu modernistisch vorzukommen, denn er schreibt (womöglich mit einem Kopfschütteln): „[M]an hat vor dem geschriebenen text mehr scheu, als fünf, sechs jahre früher."[48] Eine solche Aussage könnte, etwas variiert, auch in unseren Zeiten vor dem Hintergrund der New Philology und der aktuellen handschriftenorientierten Editionspraxis formuliert werden.

Was die Echtheitsfrage angeht, so verfährt Lachmann allerdings rigoroser. Er hat eine recht klare Vorstellung von Walthers Textkunst und traut sich Echtheits- bzw. Unechtheitsurteile zu. Zu den Tönen im IV. Buch schreibt er: „Daß nur Eine strophe dieses buches von Walther sei, ist wenigstens äußerlich nicht zu beweisen",[49] wobei nicht deutlich ist, was er mit ‚äußerlich' meint. Sicher spielt hier die häufig unikale und späte Überlieferung eine Rolle, denn seine Argumentation läuft darauf hinaus, dass „die alten sammlungen AB (D) [...] nichts davon [haben], kein anderer dichter erwähnt irgend eine stelle daraus".[50] Dem ist zu entnehmen, dass Lachmann neben einem subjektiven ‚Wissen' um Walthers Autorschaft auch Überlieferungsdaten zu berücksichtigen versucht.[51]

Die Echtheitsdiskussion sieht heute anders aus, man ist grundsätzlich vorsichtiger als Lachmann.[52] Aber verglichen mit der Praxis zum Beispiel eines Friedrich Maurer handelt Lachmann auch in dieser Hinsicht noch sehr zurückhaltend.[53]

---

47 Jacob Grimm: [Rezension zu: Die Gedichte Walther's von der Vogelweide. Hrsg. von Karl Lachmann. Berlin 1827]. In: Kritische Bibliothek für das Schul- und Unterrichtswesen. NF I, 1828, S. 33–36, hier S. 34.

48 Ebd.

49 Lachmann, Ausgabe 1827 (Anm. 7), S. 206.

50 Ebd.

51 Die Erwähnung von Texten durch andere Dichter stellt für ihn ein weiteres Kriterium dar, das allerdings kaum Aussagekraft besitzt, denn es gibt nur wenige Walther-Zitate in Texten anderer Autoren – und diese sind mehrheitlich nicht namentlich signiert. Vgl. Günther Schweikle: Dichter über Dichter in mittelhochdeutscher Literatur. Hrsg. von Günther Schweikle. Tübingen 1970.

52 Vgl. Thomas Bein: „Mit fremden Pegasusen pflügen". Untersuchungen zu Authentizitätsproblemen in mittelhochdeutscher Lyrik und Lyrikphilologie. Berlin 1998.

53 Vgl. ebd., S. 388.

3. Ausblick

Ganz zu Beginn seiner altgermanistischen Editionstätigkeiten nimmt sich Lachmann innerhalb weniger Jahre gleich drei wahre Schwergewichte vor: das *Nibelungenlied*, den *Iwein* und Walther von der Vogelweide sowie bald darauf – als könnte Lachmann die nächste Herausforderung kaum abwarten – den gesamten Wolfram. Zu Lachmanns Lebzeiten hatte die Nibelungenausgabe einen starken fachgeschichtlichen Stand, doch wurden schon im späteren 19. Jahrhundert viele Fragwürdigkeiten deutlich (Liedertheorie, Bevorzugung der Hohenems-Münchner Hs. A, Unmengen von athetierten Strophen u. a.),[54] so dass seine Ausgabe heute keine wissenschaftliche Rolle mehr spielt. Anders aber steht es um den *Iwein*;[55] Lachmanns und Beneckes Ausgabe, auf Hs. A fußend, wird auch heute noch zitiert. Und den *Parzival* lesen wir auch 188 Jahre nach der Erstausgabe noch weitgehend so, wie Lachmann ihn herausgegeben und vor allem gegliedert hatte.[56]

Deutlich anders hat sich die Walther-von-der-Vogelweide-Philologie entwickelt. An Lachmann-Konkurrenten hat es bis heute nicht gemangelt. Ich nenne nur die wichtigsten ‚Gesamtausgaben': Friedrich Heinrich von der Hagen (1838, als Teil der *Minnesinger*), Franz Pfeiffer (1864), Wilhelm Wilmanns (1869), Hermann Paul (1882), (Wilmanns)/Victor Michels (1924), (Lachmann)/Carl von Kraus (1936), (Paul)/Albert Leitzmann (1945), Friedrich Maurer (1955/56), Günther Schweikle (1994/98), (Lachmann)/Christoph Cormeau (1996), (Paul)/Silvia Ranawake (1997), (Lachmann/Cormeau)/Bein (2013). Aber keine andere Edition hat diejenige von Lachmann wirklich verdrängt. Lachmanns Spuren ziehen sich wie ein roter Faden durch die Philologiegeschichte: Carl von Kraus verhilft ihm in der ersten Hälfte des 20. Jahrhunderts zu neuer Bedeutung. Christoph Cormeau müht sich mit von Kraus' Überformungen Lachmanns ab, tilgt diese weitgehend und legt wieder einen Lachmann-Text frei, der im Detail noch weiter an die Überlieferung herangeführt wird. Und Thomas Bein setzt Cormeaus Ansatz fort, erweitert die Ausgabe – dies nun ein deutlicher Unterschied zu Lachmann – um zahlreiche Fassungseditionen, behält aber im Grundsatz die Textanordnung von Lachmann und auch dessen sprachliche Normalisierungen bei. Insofern hat Lachmanns ‚Walther' fast zwei Jahrhunderte überlebt.

Es wird spannend sein zu schauen, was die nächsten Jahrzehnte bringen werden.

---

54 Vgl. Werner Hoffmann: Das Nibelungenlied. 5., überarbeitete und erweiterte Auflage des Bandes Nibelungenlied von Gottfried Weber und Werner Hoffmann. Stuttgart 1982, S. 9.

55 Vgl. den Beitrag von Kurt Gärtner in diesem Band.

56 Das wird sich ändern, wenn das ‚Parzival'-Projekt von Michael Stolz abgeschlossen sein wird. Vgl. auch seinen Beitrag in diesem Band.

Kurt Gärtner

Karl Lachmann als Grundleger textkritischer Verfahren

Die *Iwein*-Ausgabe

Die von Georg Friedrich Benecke und Karl Lachmann erstellte Ausgabe von Hartmanns *Iwein* erschien 1827,[1] doch die Arbeiten daran waren von Lachmanns Seite aus gesehen bereits 1825 weitgehend abgeschlossen.[2] Das Vorwort der beiden Herausgeber ist von Benecke „Göttingen, Oct. 29. 1826" gezeichnet und von Lachmann „Berlin, Jan. 20. 1827", dem Erscheinungsjahr der 1. Ausgabe. Auf die Jahreszahlen, die die Entstehungsgeschichte der Ausgabe betreffen, werde ich im Folgenden noch näher eingehen.

In ihrem *Vorwort* (S. III) schreiben die beiden Herausgeber: „Hartmans Iwein ist eines der ältesten *)[3] und eines der lieblichsten gedichte der mittelhochdeutschen sprache. auch hat es glücklicher zufall gewollt, dass sich nicht wenige handschriften desselben erhalten haben, worunter eine (A) mehr dem zwölften als dem dreyzehnten jahrhundert anzugehören scheint, und eine zweyte (B) mit auſserordentlicher sorgfalt und nettigkeit geschrieben ist." Sie beklagen, dass sie für die Erklärungen nur „die wenigen gedruckten zeilen" des *Erec* zur Verfügung hatten, und ihnen vom *Gregorius* eine „bessere abschrift" fehlte (ebd.). Auch von Hartmanns Quelle, dem *Yvain* des Chrétien de Troyes, kannten sie nur ein paar gedruckte Auszüge, obwohl ihnen einer ihrer „gelehrten freunde in Frankreich" eine Abschrift versprochen hatte (S. IV). Am Schluss des gemeinsamen Vorworts heißt es (S. IV):

---

1 Iwein. Der Riter mit dem Lewen. Getihtet von dem Hern Hartman, Dienstman ze Ouwe. Hrsg. von G. F. Benecke und K. Lachmann. Berlin 1827. Die 2. Ausgabe unter dem Titel: Iwein. Eine Erzählung von Hartmann von Aue. Mit Anmerkungen von G. F. Benecke und K. Lachmann. Zweite Ausgabe. Berlin 1843; Iwein. Eine Erzählung von Hartmann von Aue. Siebente Ausgabe. Neu bearb. von Ludwig Wolff. Bd. 1: Text, Bd. 2: Handschriftenübersicht, Anmerkungen und Lesarten. Berlin 1968. – Siehe zur Biographie Lachmanns den voranstehenden Beitrag von Thomas Bein.

2 Iwein 1827 (Anm. 1), S. 8 am Ende der Einleitung zum edierten Text: „Berlin d. 31. Merz 1825. K. L.".

3 Die Fußnote: „*)" lautet „S. die anmerkung zu z. 6943, s. 407." Die Anmerkung zu v. 6943 umfasst eine ausführliche Darstellung der Chronologie der Werke Hartmanns im Zusammenhang mit der relativen Datierung der Werke von Hartmanns Zeitgenossen und seiner Erwähnung bei späteren Dichtern.

https://doi.org/10.1515/9783110786422-004

> Ein vollständiges register aller im Iwein vorkommenden wörter und ihrer verbindungen, das wir angefertigt haben, werden wir der gegenwärtigen ausgabe folgen lassen, so bald wir versichert sind, dafs mühe und kosten nicht vergebens darauf verwendet werden.

Das *Iwein*-Wörterbuch von Benecke erschien 1833. Wir benutzen es heute in der 3. Auflage, die von Conrad Borchling bearbeitet wurde und in der sich die Referenzen nicht auf Seite/Zeile, sondern auf die Verszahlen der Ausgabe beziehen.[4]

Die *Einleitung* zur Ausgabe (S. 3–8) hatte Lachmann bereits im März 1825 abgeschlossen.[5] In der Zusammenstellung der benutzten Handschriften geht er auf die Handschriftenverhältnisse ein (S. 4):

> Unter diesen handschriften ist d [das Ambraser Heldenbuch], etwas besser als man erwartet; sie ist wenigstens bis ungefähr z. 6238 aus einer guten handschrift geflossen. B und b setzen eine gemeinschaftliche quelle voraus, in der das gedicht schon stark verändert war; aber der schreiber von B hat die bearbeitung fortgeführt durch einzelne besserungen und durch erweiterung ganzer abschnitte.[6] die älteste handschrift A ist mit keiner der andern näher verwandt: veränderungen, die erkennbar absichtlich sind, hat sie niemahls gemein mit einer andern.[7] so ergab sich von selbst die regel, ihr zu folgen wo sie nicht alleine steht. die regel konnte nur dann nicht gelten, wenn A nur durch zufall mit einer andern stimmt, oder wenn sich die echte lesart in keiner andern als A erhalten hat. in diesen beiden fällen geben die anmerkungen auskunft.

Mehr als ein einfaches Stemma mit A auf der einen Seite und *Bb und den übrigen Handschriften auf der andern lässt sich aus diesen Angaben nicht gewinnen (Abb. 1).[8]

Ausführlich geht er dann auf die Orthographie von A und B ein, er verteidigt die Polygraphien, allerdings sind seine textkritischen Entscheidungen, schon in der ersten Ausgabe von 1827, von seinen metrischen Vorstellungen bestimmt (S. 7): „überhaupt habe ich nicht leicht etwas gegen beide handschriften [scil. A und B] stillschweigend aufgenommen, wozu nicht die regeln des versbaus zwangen.“ Die Einleitung schließt Lachmann mit folgendem Hinweis (S. 8):

---

4 Wörterbuch zu Hartmanns Iwein von G. F. Benecke. Dritte Ausgabe besorgt von C. Borchling. Leipzig 1901.

5 S. 8: „Berlin d. 31. merz 1825. K. L.“

6 Erst in der 2. Ausgabe von 1843 werden die Plusverse von B in den Anmerkungen dokumentiert und in den Lesarten wird darauf verwiesen.

7 Vgl. dazu Henrici: Hartmann von Aue: Iwein der Ritter mit dem Löwen. Hrsg. von Emil Henrici. 2 Bde. Halle/S. 1891–1893 (Germanistische Handbibliothek. 8,1–2), Bd. 2, 1893, S. XXXI: Diese Feststellung Lachmanns „lässt sich nicht aufrecht erhalten.“

8 Stemma nach Peter Ganz: Lachmann as an Editor of Middle High German Texts. In: Probleme mittelalterlicher Überlieferung und Textkritik. Oxforder Colloquium 1966. Hrsg. von Peter F. Ganz und Werner Schröder. Berlin 1966, S. 12–30, hier S. 23. Hier und im Folgenden bedeutet A – Heidelberg, UB, Cpg 397; a – Dresden Landesbibl., Mscr. M 175; B – Gießen, UB, Hs. 97; b – Heidelberg, UB, Cpg 391; C – München, BSB, Cgm 191; c – Heidelberg, UB, Cpg 316; D – Florenz, NB, Cod. B. R. 226; d – Wien, ÖNB, Cod. Ser. nova 2663; E – Berlin, SBB-PK, mgf 1062.

> bei diesem ersten versuch, ein altdeutsches gedicht kritisch zu behandeln, sollte dem leser recht fühlbar gemacht werden, daſs jede kritik sich bestreben muſs in worten und wortformen das ursprüngliche herzustellen, ohne hoffnung vollkommenes gelingens.

Die Erstausgabe des *Iwein* ist eine von Benecke und Lachmann gemeinsam getragene Arbeit. Benecke hatte seit längerem eine *Iwein*-Ausgabe geplant und dafür Abschriften von allen nicht im Druck vorliegenden *Iwein*-Handschriften besorgt und Lachmann zur Verfügung gestellt:[9] Dieser stellte einen Text her nach seinen in der *Auswahl aus den Hochdeutschen Dichtern des 13. Jahrhunderts* von 1820[10] dargestellten Grundsätzen und den mit Jacob Grimm und Benecke eruierten Regelungen der Orthographie. Nachdem 1825 Benecke Lachmanns *Iwein*-Text erhalten hatte, schrieb er diesen mit eigener Hand ab, versah ihn vermutlich mit Korrekturen und bereitete ihn zum Druck vor; von Oktober 1825 bis August 1826 wurden die Fahnen der Erstausgabe gedruckt und den Korrekturen Beneckes, Jacob Grimms und Lachmanns unterworfen.[11] Der Text stammte im Wesentlichen von Lachmann, die Anmerkungen sind eine Gemeinschaftsarbeit, deren Anteile nicht klar zu unterscheiden sind. Letzte Korrekturen wurden im August 1826 bei einem Besuch Lachmanns in Göttingen besorgt, die Ausgabe erschien dann Anfang 1827.

In der von Lachmann 1825 gezeichneten *Vorrede* wird zunächst ein Überblick über alle damals bekannten Handschriften gegeben, die zum ersten Mal sämtlich für die Konstituierung eines mhd. Textes herangezogen wurden (Recensio). Dann bestimmt er – soweit möglich – die Handschriftenverhältnisse sowie die textkritische Relevanz der Textzeugen. Ausführlich geht Lachmann schließlich auf die „kritische regelung" der handschriftlichen Varianz ein, er charakterisiert die Schreibsprache seiner beiden Haupthandschriften A und B und wie er sich zu

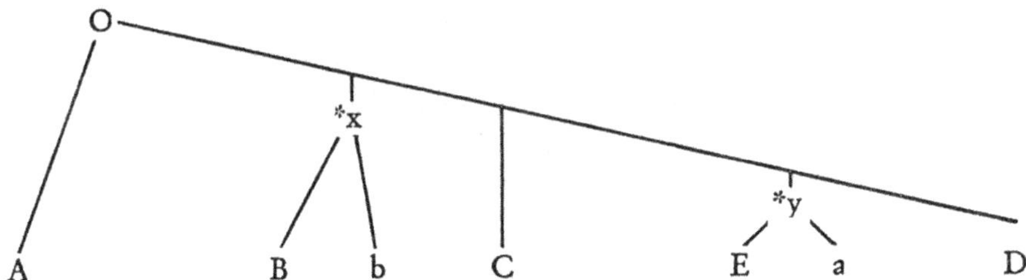

Abb. 1: Stemma nach Ganz 1966 (Anm. 8), S. 23

[9] Magdalene Lutz-Hensel: Prinzipien der ersten textkritischen Editionen mittelhochdeutscher Dichtung. Brüder Grimm – Benecke – Lachmann. Berlin 1975 (Philologische Studien und Quellen. 77), S. 338f.

[10] Karl Lachmann: Auswahl aus den Hochdeutschen Dichtern des 13. Jahrhunderts. Für Vorlesungen und zum Schulgebrauch. Berlin 1820.

[11] Lutz-Hensel 1975 (Anm. 9), S. 339.

ihnen verhält. Er verteidigt die Polygraphien mit dem Hinweis auf ihre dokumentarische Verankerung. Schon in seiner *Auswahl* von 1820 bedauert er in der Widmung an Benecke, dass ihm im Hinblick auf den Benutzerkreis „für dies Mahl mehr an lesbaren als an urkundlichen Texten" lag.[12]

Lachmanns Inkonsequenzen in der Orthographie waren umstritten und wurden im Briefwechsel mit den Brüdern Grimm immer wieder thematisiert.[13] Die *Normalisierung* eines Textes, wie wir sie heute kennen und diskutieren, hatte eine Vorgeschichte, die für Lachmann im Jahre 1818 mit der Anlage eines umfassenden Reimwörterbuchs zu allen ihm erreichbaren mhd. Texten beginnt. Den *Iwein* kannte er zunächst nur aus Myllers Abdruck der Florentiner Handschrift (D),[14] später noch aus Michaelers Abdruck aus dem Ambraser Heldenbuch (d).[15]

Obwohl Lachmann die Normalisierung aus Reimgründen verfochten hatte, verteidigt er seine Polygraphien zugunsten der Variabilität der dokumentarischen Überlieferung. Die Sprachformen von Lachmanns *Iwein*-Text repräsentieren also mit einer gewissen, durch seine metrischen Vorstellungen bedingten Einschränkung das sog. Normalmittelhochdeutsche, das auf der Grundlage der Reimstudien geschaffen und für die Editionen der Folgezeit wie auch für Lachmanns Walther- und Wolfram-Ausgabe maßgebend wurde. Auf die Geschichte dieser zuerst im *Iwein* manifestierten Praxis möchte ich nun genauer eingehen.[16]

Das *Normalmittelhochdeutsche*, wie es im *Iwein*-Text realisiert wird, ist eine in den Jahren 1818 bis 1822 von Jacob Grimm, Lachmann und Benecke eruierte Sprachform. Das System ist Teil des Editionsprinzips, das in den Einführungen und Einleitungen zu Klassikereditionen als „Lachmann'sches System" bezeichnet wird. Meist nur in Fußnoten oder nebenbei wird auf die Reimgrammatik verwiesen, die eine Schlüsselrolle spielte für die Eruierung des Teilsystems, das die Wiedergabe der Laute und Formen des edierten Textes betrifft. Zitiert werden in diesem Zusammenhang die immer wieder in Frage gestellten Äußerungen

---

[12] Auswahl (Anm. 10), S. XI.

[13] Briefwechsel der Brüder Jacob und Wilhelm Grimm mit Karl Lachmann. Hrsg. von Albert Leitzmann, mit einer Einleitung von Konrad Burdach. 2 Bde. Jena 1927, Bd. 2, S. 987 unter dem Stichwort „orthographie, mhd."

[14] Christoph Heinrich Myller: Samlung deutscher Gedichte aus dem XII. XIII. und XIV. Jahrhundert. Zweyter Band. Berlin 1785, darunter der *Iwein* nach einer Abschrift unter dem verballhornten Titel *Twein.*

[15] Iwain, ein Heldengedicht vom Ritter Hartmann, der nächst um die Zeiten K. Friedrichs des Rothbartes lebte, zur Seite nach heutiger Mundart erkläret, mit Vorberichten, Anmerkungen und einem Glossarium versehen von Karl Michaeler, k. k. Custos auf der wienerischen Universitätsbibliothek. Erster Band. Wien 1786; Zweyter Band. Wien 1787. Im 1. Bd., S. 82 beginnt (nach einem langen Vorbericht) der Abdruck des *Iwein* nach dem Ambraser Heldenbuch (Hs. d). Linke Seite: Text von d, rechte Seite: Übersetzung. Unter den beiden Seiten die Anmerkungen zum Text: Erläuterungen, Etymologien usw. Das Glossar im 2. Bd., S. 533–634.

[16] Zu Lachmanns Normalisierungspraxis im *Parzival* vgl. den Beitrag von Michael Stolz in diesem Band. Lachmanns Polygraphien sind charakteristisch für seine Tendenz zur Bewahrung der handschriftlichen Bezeugung, wie der Vergleich mit Leitzmanns Ausgabe mit ihrer strikten Normalisierung zeigt.

Karl Lachmanns und Jacob Grimms. Karl Lachmann traf 1820 in seiner *Auswahl* folgende Feststellung:

> Denn wir sind doch eins, daß die Dichter des dreizehnten Jahrhunderts, bis auf wenig mundartliche Einzelheiten, ein bestimmtes unwandelbares Hochdeutsch redeten, während ungebildete Schreiber sich andere Formen der gemeinen Sprache, theils ältere, theils verderbte, erlaubten.[17]

Der gleichen Ansicht waren auch Georg August Benecke, Lachmanns Lehrer in Göttingen, und vor allem Jacob Grimm in der Einleitung zur zweiten, 1822 (zwei Jahre nach Lachmanns *Auswahl*) erschienenen Ausgabe des 1. Bandes seiner *Deutschen Grammatik*, die im Unterschied zur ersten Ausgabe[18] um eine 600 Seiten umfassende Lautlehre ergänzt worden war:

> Im zwölften, dreizehnten jahrh[undert] waltet am Rhein und an der Donau, von Tyrol bis nach Hessen schon eine allgemeine sprache, deren sich alle dichter bedienen.[19]

Lachmann verweist in der Vorrede zur *Auswahl* ausdrücklich auf Jacob Grimm im Hinblick auf die von ihm vorgenommene Normalisierung:

> Die Vocallaute hätt' ich gern im ganzen Buche so wie jetzt nur im Glossarium bezeichnet: aber vieles ist mir erst spät klar geworden, zum Theil durch neue Entdeckungen Jacob Grimms, die er mir freundschaftlich mitgetheilt hat. Ihm bleib' es überlassen, das einzelne künftig zu entwickeln.[20]

Und wenig später heißt es weiter, nach der Anführung von zahlreichen Beispielen über seine Wiedergabe des Vokalismus, d. h. der normalisierten Schreibweise der Vokale in den edierten Texten der *Auswahl*:

> Diese wenigen Bemerkungen über die Mittelhochdeutsche Lautlehre mögen hier genügen, als vorläufiger Versuch und als ein Vorspiel *genauerer Orthografie,* zugleich zur Berichtigung vieler Stellen dieses Buchs. Das Ganze, wie man die einzelnen Laute erkenne, wie weit ihr Einfluß auf Reim- und Versbau sich erstrecke, worin der Gebrauch schwanke [...], werden wir erst von Grimm vollständig lernen.[21]

Die Darstellung der lautlichen Struktur des Mittelhochdeutschen, die bis heute die Basis für die Normalisierung bildet, hat Jacob Grimm in der zweiten Ausgabe des ersten Bandes seiner *Deutschen Grammatik* geliefert, dessen Ausarbeitung von einem regen brieflichen Austausch mit den Freunden Lachmann und Benecke begleitet war. Dabei spielten die *reimgrammatischen Arbeiten* der drei Gelehrten eine Schlüsselrolle; über die Bedeutung der Reime äußert sich Jacob

[17] Auswahl (Anm. 10), S. VIII.

[18] Jacob Grimm: Deutsche Grammatik. Erster Theil; Erste Ausgabe. Göttingen 1819. Sie enthält nur eine Formenlehre, aber keine Lautlehre der germanischen Sprachen.

[19] Jacob Grimm: Deutsche Grammatik. Erster Theil; Zweite Ausgabe. Göttingen 1822, S. XIIf.

[20] Auswahl (Anm. 10), S. XII.

[21] Ebd., S. XV. Hervorhebung im Original durch Fettdruck.

Grimm in der Vorrede, aus der das Zitat über die „allgemeine Sprache, deren sich alle dichter bedienen," stammt: „Ohne den reim wäre fast keine geschichte unserer sprache auszuführen."[22]

In der aktuellen Diskussion über das Normalmittelhochdeutsche und die Normalisierung der Texte aus der Zeit der klassischen mhd. Literatur wird kaum die Frage gestellt, wie es überhaupt dazu kam, dass die Herausgeber sich nicht mit dem Abdruck von Handschriften beschieden haben, warum es zur Etablierung eines Verfahrens wie der Normalisierung und zu einer Eruierung des grammatischen Systems des Mittelhochdeutschen gekommen ist, von dem sich die Normalisierung ableitet und auf das sich auch die Sprachbeschreibungen vieler Ausgaben beziehen, ganz abgesehen davon, dass es auch das Bezugssystem der Erforschung der rezenten Mundarten bildet.

Jacob Grimm, der maßgebende Mitschöpfer des grammatischen Systems des Mittelhochdeutschen, war in seiner *vorgrammatischen Zeit*, d. h. vor der Etablierung der durch ihn begründeten Methode der historisch-vergleichenden Sprachwissenschaft in seiner *Deutschen Grammatik*, ein radikaler Gegner jeglicher Normalisierung:[23] Er forderte genaue Handschriftenabdrucke, die die Individualität der Überlieferung bewahrten; von den *Nibelungen* wollte er minutiöse Abdrucke von A, B, C und D haben, eine Forderung, der Michael Batts[24] später einmal nachkommen sollte. Er war ein entschiedener Vorläufer der ‚New Philology' oder der ‚wilden Philologie', wie sie Ulrich Wyss nannte,[25] das Lob der Variante[26] teilte er uneingeschränkt, selbst evidenten Schreibfehlern konnte er noch etwas abgewinnen.

Wie aber kam es bei Jacob Grimm zu der *„grammatischen Wende"*, von der radikalen Ablehnung jeder Normalisierung zur Formierung des Normalmittelhochdeutschen? Ein repräsentatives Beispiel für die vorgrammatische Periode Jacob Grimms bieten die drei Bände der von den Brüdern 1813–1816 herausgegebenen Zeitschrift *Altdeutsche Wälder.*[27] Darin sind die sprachwissenschaftlichen Beiträge Jacob Grimms nicht auf der Höhe der Zeit und der strengen wissenschaftlichen Methodik, die Friedrich Schlegel bereits 1808 gefordert hatte.[28] Jacob etymologisiert noch ganz in der seit der Antike bekannten Art und

---

22 Grimm 1822 (Anm. 19), S. VII.

23 Vgl. Gudrun Ginschel: Der junge Jacob Grimm 1805–1819. 2., um den Aufsatz „Der Märchenstil Jacob Grimms" und ein Register erweiterte Auflage. Stuttgart 1989, S. 208.

24 Das Nibelungenlied. Paralleldruck der Handschriften A, B und C nebst Lesarten der übrigen Handschriften. Hrsg. von Michael S. Batts. Tübingen 1971.

25 Ulrich Wyss: Die Wilde Philologie: Jacob Grimm und der Historismus. München 1979.

26 Vgl. Bernard Cerquiglini: Éloge de la variante. Paris 1989.

27 Altdeutsche Wälder. Hrsg. durch die Brüder Grimm. Bd. 1: Cassel 1813. Bd. 2–3: Frankfurt/M. 1815–1816. Vgl. hierzu den Beitrag von Holger Ehrhardt in diesem Band.

28 Friedrich Schlegel: Ueber die Sprache und Weisheit der Indier. Ein Beitrag zur Begründung der Alterthumskunde. Nebst metrischen Uebersetzungen indischer Gedichte. Heidelberg 1808.

Weise. Alle möglichen Ausdrücke aus den ihm bekannten Sprachen zieht er heran nach dem Prinzip, dass der Name das Wesen einer Sache offenbare. Er stellt Formvarianten zusammen, die sich inhaltlich oder lautlich berühren; dabei führt er nie eine jüngere Variante auf eine ältere ihm sehr wohl bekannte zurück, sondern stellt sie bestenfalls gleichrangig nebeneinander.[29] Aufgrund lautlicher oder semantischer Gemeinsamkeiten werden *ad hoc* Assoziationen hergestellt, ähnlich wie die dekonstruktivistisch verfahrende ‚New Philology' vorschlägt, die ganz in den Bahnen Jacob Grimms das freie assoziative Spiel der im Computer gespeicherten Varianten propagiert,[30] oder wie die Herausgeber der neuen *Ereck*-Ausgabe den aus Schreibfehlern entstandenen Varianten einen Sinn abzugewinnen suchen.[31]

Gerade dieses „enthusiastisch wüste Etymologisiren"[32] nahm August Wilhelm Schlegel in seiner Rezension des ersten Bandes der *Altdeutschen Wälder* aufs Korn.[33] Er nennt Jacob einen „etymologischen Heraklitus" und noch unerfahren in den einfachsten Prinzipien der Sprachvergleichung.[34] Es war vor allem die Kritik Schlegels, die Jacob Grimm zu einer Wende in seinen Sprachstudien veranlasste und zur Ausarbeitung der umfangreichen Lautlehre in der zweiten Ausgabe seiner *Deutschen Grammatik* führte, die 1822 erschien und für Lachmann die Grundlage für die Normalisierung der Erstausgabe des *Iwein* von 1827 bildete.

Jacob Grimms Arbeiten an der Lautlehre des Mittelhochdeutschen war ein intensiver Austausch vorausgegangen, zunächst mit Georg August Benecke, dem er 1816 seine für die historische Lautlehre wie die Reimstudien wichtige Entdeckung des i-Umlauts mitteilte,[35] und ab Dezember 1819 mit Karl Lachmann. Lachmann hatte als erster seit 1818 umfangreiche Reimregister angelegt, Benecke und Jacob Grimm zogen nach; alle drei teilten die Ergebnisse ihrer Reimuntersuchungen einander mit; Jacob Grimm und Benecke arbeiteten gemeinsam an einem Register, das sie hin- und herschickten, um es zu vervollständigen. Wer

29 Ginschel 1989 (Anm. 23), S. 335.

30 Cerquiglini 1989 (Anm. 26), S. 114: „Car l'ordinateur, par son écran dialogique et multidimensionnel, simule la mobilité incessante et joyeuse de l'écriture mediévale."

31 Vgl. Kurt Gärtner: Der Ambraser *Erec* – eine Kompilation? Zu einer Ausgabe des *Erec* von Hans Ried. In: Kaiser Maximilian I. und das Ambraser Heldenbuch. Hrsg. von Mario Klarer. Wien, Köln, Weimar 2019, S. 74–87, zu mehreren Beispielen in der Ausgabe: Hartmann von Aue: Ereck. Textgeschichtliche Ausgabe mit Abdruck sämtlicher Fragmente und der Bruchstücke des mitteldeutschen ‚Erek'. Hrsg. von Andreas Hammer, Victor Millet und Timo Reuvekamp-Felber. Berlin, Boston 2017.

32 Wilhelm Scherer: Jacob Grimm. In: Allgemeine Deutsche Biographie. Bd. 9. Leipzig 1879, S. 678–688, hier S. 682.

33 August Wilhelm Schlegel: Sämtliche Werke. Hrsg. von Eduard Böcking. Bd. 12. Leipzig 1847, S. 383–426.

34 Ebd., S. 403.

35 Briefe der Brüder Jacob und Wilhelm Grimm an Georg Friedrich Benecke aus den Jahren 1808–1829. Mit Anmerkungen hrsg. von Wilhelm Müller. Göttingen 1889, S. 91.

der zuverlässigste Reimer war, der für die Eruierung des grammatischen Systems und für die Normalisierungsprinzipien am verlässlichsten war, stellte sich erst allmählich heraus. Lachmann hatte sein Reimregister mit Wolfram begonnen, der aber ein ungenauer Reimer war, nicht nur die zahlreichen Reime von Kurzvokal auf Langvokal wie die Hunderte von Reimen von kurzem *a* auf langes *â* finden sich bei ihm, sogar konsonantisch unreine Reime wie *gesâhen* : *pflâgen, ougen* : *rouben, künec* : *frümec* usw.[36]

In einem der ersten Briefe aus Königsberg nach Kassel schreibt Lachmann im Dezember 1819 an Jacob Grimm zur Frage der falschen Reime:

> Mein Register ist dafür schlecht eingerichtet, weil ich mit dem Parzival anfing, und vieles erst spät bemerkt habe. Auf Konrad von Würzburg kann man sich verlassen; auf welche sonst noch weiß ich nicht bestimmt, doch halt' ich Hartmann, Gottfried, Rudolf, Stricker für genau. Nicht ists Eschenbach, Wirnt, Walther.[37]

Immer wieder werden Fragen nach den für das System geeigneten Lautzeichen erörtert. Jacob Grimm mag nicht, dass Lachmann zur Kennzeichnung der Auslautverhärtung finales *-k* schreibt, weil den guten Handschriften *-c* „gemäßer" sei: „Jeder Reim von *c* auf *ch* ist falsch, *tac* ist *Tag*, aber *tach* ist *Dach*."[38]

In einem Brief vom 23. Dezember 1819 an Benecke[39] stimmt Jacob Grimm Lachmann zu, dass Konrad von Würzburg „der richtigste Reimer" sei. Er schreibt u. a., er habe von Oktober bis November 1819 „beinahe nichts getan als Reime ausgezogen und mit Ihnen adversariirt. Nunmehr habe ich angefangen, meine Auszüge in ein förmliches alphabetisches Reimregister einzutragen, es ist ganz weitläufig und genau angelegt, der Gewinn ungemein einleuchtend." Das gemeinsam mit Benecke erarbeitete Reimregister wird als „ein zu allen künftigen Arbeiten und Editionen unerläßliches Fundament" bezeichnet. Am Anfang des Briefes stellt er fest:

> Die genaue und sorgfältigste Benutzung der Reimquelle ist unerläßlich. Sie gewährt Dinge, woran wir noch nicht dachten, vielleicht noch nicht einmal denken. Es ist im Ernste der Fall, daß die mittelhochdeutsche Sprache auf diese Weise Aufschlüße über die althochdt. und gothische sogar gewährt, weil diese die Reimprobe nicht zulaßen. Ob die mittelh. Gedichte mit Lautzeichen herausgegeben werden müßen? Ohne Zweifel, es ist keine Rettung.

Es gibt „keine Rettung", d. h. vor nicht normalisierten Editionen. Im März 1820 ist Jacob Grimms Reimregister fertig,[40] und er beginnt mit der Ausarbeitung der Lautlehre für die zweite Ausgabe des ersten Bandes der *Deutschen Grammatik*, deren Druck „endlich" im Oktober 1820 beginnt.[41]

---

36 Reimregister zu den Werken Wolframs von Eschenbach von Dr. A. Schulz (San-Marte). Quedlinburg, Leipzig 1867, S. 113.

37 Briefwechsel Grimm/Lachmann (Anm. 13), S. 17.

38 Ebd., S. 20.

39 Briefe an Benecke (Anm. 35), S. 124f.

40 Lutz-Hensel 1975 (Anm. 9), S. 113.

41 Briefwechsel Grimm/Lachmann (Anm. 13), S. 208, Jacob an Lachmann vom 24. Oktober 1820.

Ich kann auf die hochinteressanten Einzelheiten im Hinblick auf die reimgrammatischen Arbeiten der drei Gelehrten nicht weiter eingehen, sondern nur so viel bemerken, dass es ohne sie kein Normalmittelhochdeutsch gäbe und keine Diskussion über die Normalisierung.

Die reimgrammatischen Studien sind stets eng verflochten mit orthographischen Fragen: Dabei spielt das Zeugnis der „guten Handschriften" wie des Gießener *Iwein*, von Benecke ‚Aristarchus' genannt, und des Sangallensis 857 eine dominante Rolle. Und man muss immer bedenken, dass die umfangreichen Reimregister nicht anhand von Editionen, sondern anhand von Abdrucken, in der Regel aber von sorgfältigen Abschriften von Handschriften erstellt wurden.[42]

Für Lachmann wurde das Dokumentarische, d. h. das handschriftliche Zeugnis, immer wichtiger. Die Achtung vor dem geschriebenen Zeichen nimmt zu, und er bekennt bereits im April 1820 gegenüber Jacob Grimm: „Ich weiß nicht, ob es Ihnen auch so geht, lieber Freund: mir grauset es zuweilen daß wir so frisch einhauen und nicht leicht dem geschriebenen Buchstaben trauen wollen."[43] Er findet es auch „bedenklich mehr Zeichen zu setzen als die Zeit selbst brauchte",[44] er möchte z. B. für den Umlaut des kurzen *o* lieber das hsl. *oͤ* beibehalten statt des von Grimm vorgeschlagenen *ö*.[45] Doch geht er in der *Iwein*-Ausgabe 1827 ganz zu Grimm über, dessen Lautlehre in der zweiten Ausgabe des ersten Bandes der *Grammatik* längst zur Richtschnur für die Normalisierung geworden war.

In der aktuellen Diskussion zum Normalmittelhochdeutschen ist von der Rolle, die der Reim bei der Eruierung des Systems des Mittelhochdeutschen spielte, kaum die Rede. Dieses System wird in unseren Grammatiken und Einführungen dargestellt.[46] In Lachmanns *Iwein*-Ausgabe von 1827 dient es zum ersten Mal als orthographische Basis der Edition eines mittelhochdeutschen Klassikers. Erst in jüngster Zeit haben sich u. a. Joachim Heinzle, Florian Kragl und Nathanael

[42] Die Brüder Grimm trauten z. B. Myllers Druck der Straßburger Handschrift des *Armen Heinrich* nicht und fertigten selbst eine Abschrift der heute verlorenen Handschrift an. Lachmann, dem es nicht um den umfangreichen sagengeschichtlichen Hintergrund ging, in den die Grimm'sche Ausgabe eingehüllt ist, benutzte Myllers Abdruck für sein ganz auf die Rekonstruktion eines ursprünglichen Textes ausgerichtetes Interesse, für dessen Repräsentation ein orthographisches System zu finden war, das die korrekte Aussprache des literarischen Textes ermöglichte. Zum ökonomischen Verfahren Lachmanns, der den Druck Myllers handschriftlich verbesserte und als Satzvorlage verwendete, vgl. den Beitrag von Michael Stolz in diesem Band.

[43] Briefwechsel Grimm/Lachmann (Anm. 13), S. 137.

[44] Ebd., S. 106.

[45] Ebd., S. 84.

[46] So in den zahlreichen Auflagen der *Mittelhochdeutschen Grammatik* von Hermann Paul, siehe Anm. 50 und 51.

Busch[47] zum Normalmittelhochdeutschen und zur Normalisierung ausführlicher geäußert. Dazu Busch:

> Die Nützlichkeit der Normalisierung zeigt sich außerdem [*scil.* neben „der besseren Lesbarkeit eines Textes"] im Vergleich verschiedener Handschriften [...]. Ohne die Festlegung einer ‚Normalität' würde insgesamt eine Verständigung über *die* Sprache und folglich die Produktion von Wörterbüchern und Grammatiken schwierig oder gar unmöglich. Für die Germanistik würde der Verzicht auf ein Normalmittelhochdeutsch ein[en] Rückfall in vorlachmannsche Zeiten bedeuten. [...] Soll der *Erec* am Anfang der Artusromane stehen oder gemeinsam mit dem *Theuerdank* gelesen werden?[48]

„Vorlachmannsche Zeiten" ist wissenschaftsgeschichtlich ungenau und wiederholt nur die in die späteren Auflagen der Mittelhochdeutschen Grammatik von Hermann Paul eingegangene Sicht, dass Karl Lachmann der Urheber des „Regelsystems" sei.[49] Noch in der aktuellen Auflage dieser Standard-Grammatik wird das Normalmittelhochdeutsche, das auf Jacob Grimms Lautlehre beruht und die Basis für die Mhd. Grammatik bildet, Karl Lachmann zugeschrieben und als das „nivellierende Normalmhd. Lachmann'scher Prägung" bezeichnet.[50] Dagegen heißt es in der von Hermann Paul verfassten Vorrede zur 2. Auflage von 1884: „Dieser abriss gründet sich natürlich in erster linie auf Grimms grammatik, demnächst auf das mittelhochdeutsche wörterbuch."[51]

Florian Kragl stellt in seinem differenzierten Plädoyer für das Normalmittelhochdeutsche die Frage, wie die Dichter selbst bei der Präsentation ihrer Werke gesprochen haben, und meint: Walther von der Vogelweide, ein Baier, „hat aller Wahrscheinlichkeit nicht *mîn lîp*, sondern *main laib* gesungen".[52] Walther hätte demnach auch bei seinen Aufenthalten am Thüringer Hof in breitem Bairisch „gesungen", in einem für die mitteldeutsche Hofgesellschaft ungewohnten Dialekt. Vielleicht könnte es ihm damit so ergangen sein wie Friedrich Schiller in Mannheim, als er im September 1782 auf der Flucht vor seinem Herzog ein Fiasko mit seinem *Fiesko* erlebte. Von dem fast fertigen Stück *Die Verschwö-*

---

47 Joachim Heinzle: Zur Logik mediävistischer Editionen. Einige Grundbegriffe. In: editio 17, 2003, S. 1–15, hier S. 4–7: Reproduktion und Repräsentation; Florian Kragl: Normalmittelhochdeutsch. Theorieentwurf einer gelebten Praxis. In: Zeitschrift für deutsches Altertum 144, 2015, S. 1–27; Nathanael Busch: „lumpenpapierhandschriften". Zum editorischen Umgang mit unikal, spät und schlecht überlieferten mittelhochdeutschen Texten. In: editio 24, 2010, S. 96–116, hier bes. S. 107–114.

48 Busch 2010 (Anm. 47), S. 110f.

49 So auch von Heinzle 2003 (Anm. 47), S. 5f. übernommen.

50 Hermann Paul: Mittelhochdeutsche Grammatik. 25. Auflage, neu bearbeitet von Thomas Klein, Hans-Joachim Solms und Klaus-Peter Wegera. Mit einer Syntax von Ingeborg Sch[r]öbler, neu bearbeitet und erweitert von Heinz-Peter Prell. Tübingen 2007 (Sammlung kurzer Grammatiken germanischer Dialekte A. Hauptreihe. 2), § E 11, S. 17f.

51 Mittelhochdeutsche Grammatik von Hermann Paul. Zweite Auflage. Halle/S. 1884 (Sammlung kurzer Grammatiken germanischer Dialekte. II. Mittelhochdeutsche Grammatik), S. I.

52 Kragl 2015 (Anm. 47), S. 18.

rung des Fiesko zu Genua deklamierte er den ersten und den Anfang des zweiten Aktes mit übertriebenem Pathos und vor allem in breitestem Schwäbisch, und das vor Iffland und anderen Schauspielern des berühmten Mannheimer Theaters. Die Zuhörer wurden zunehmend unaufmerksam und verloren schließlich ganz das Interesse an Schillers Darbietung, gerade auch wegen seines penetranten Schwäbelns; Schillers Stück erschien ihnen deswegen völlig misslungen.[53] – Wir wissen, dass unsere beiden großen Nationaldichter sogar in den Reimen ihrer Dichtungen ihre Mundart verwirklicht haben, aber viel krasser als Wolfram und Walther, die Lachmann und Jacob Grimm für ungenaue Reimer hielten. Goethe hat gefrankfurtert („Ach neische, du Schmerzensreische," Gretchens Gebet an Maria), sogar noch auf dem Totenbett, wie man sich erzählt: „Mehr Licht!" sollen seine letzten Worte gewesen sein, aber sagen wollte er eigentlich „mer lischt hier so schlescht".[54] Über Schillers Schwäbeln hat sich der Hannoveraner August Wilhelm Schlegel noch 1832 in einem epigrammatischen Vierzeiler unter dem Titel „Kennzeichen" lustig gemacht:

Wenn jemand „Schooße" reimt auf „Rose"
Auf „Menschen" „wünschen", und in Prose
Und Versen schillert: Freunde wißt,
Daß seine Heimat Schwaben ist.[55]

Wie hat Walther am Hof von Thüringen gesungen, vor den Literaturkennern der Hofgesellschaft? In der höfischen Dichtersprache, der Bühnenaussprache des Normalmitteldeutschen oder in seinem bairischen Heimatdialekt? Haben Lachmann und Grimm mit ihrem „unwandelbaren Hochdeutsch" bzw. der „allgemeinen Sprache, derer sich die dichter bedienten" eine Sprachform gemeint, die auch gesungen oder gesprochen wurde? Also *mîn lîp*, wie wir es heute laut lesen, mit langem monophthongischem *î*, wie wir es von den Schöpfern des Normalmittelhochdeutschen gelernt haben?

Auch Joachim Heinzle argumentiert überzeugend für das Normalmittelhochdeutsche.[56] Doch ich verstehe nicht, warum er die Umlaute der Langvokale *â* und *ô* in diphthongischer Schreibung *ae* und *oe* in seinen Editionen wiedergibt, obwohl die Ligaturen *æ* und *œ* seit Jacob Grimms Lautlehre zur „gelebten Praxis" (Florian Kragl) des Normalisierens gehören und für unsere Wörterbücher maßgebend sind, die *æ* und *œ* ebenso wie die Umlaute der Kurzvokale *ä* und *ö* als Unterbuchstaben zu *a* und *o* alphabetisieren.

---

53 Vgl. den Bericht seines Jugendfreundes und Fluchtbegleiters Andreas Streicher: Schillers Flucht. Neu hrsg. von Paul Raabe. Stuttgart 1959, bes. S. 96, 103.

54 https://beruhmte-zitate.de/zitate/128062-johann-wolfgang-von-goethe-mehr-licht (alle hier und im Folgenden genannten Internet-Links wurden zuletzt am 3.6.2022 abgerufen).

55 August Wilhelm Schlegel: Sämtliche Werke. Hrsg. von Eduard Böcking. Bd. 2. Leipzig 1846, S. 210.

56 Heinzle 2003 (Anm. 47), S. 7: Die Normalisierung ist „nicht nur ein praktisches, sie ist auch ein historisch korrektes Verfahren."

Doch nun wieder zurück zum *Iwein*, dem klassischen Fall der Textkritik, dessen erste Ausgabe 1827 erschien. „Ihre richtungsweisende Bedeutung wurde bereits von den Zeitgenossen erkannt und ist von der späteren Forschung bestätigt worden."[57] Vor allem die zweite Ausgabe von 1843, in der allerdings Lachmann zu sehr nach metrischen Regeln von der Überlieferung abwich, „galt jahrzehntelang für das Muster einer kritischen Ausgabe, das als unerreichtes Vorbild auf die Entwicklung der Editionstechnik den allergrößten Einfluß gehabt hat."[58] Lachmanns Ausgabe, die so lange als Muster einer kritischen Edition gegolten hat, fußt wohl auf der Handschrift A, weil sie mit keiner andern Handschrift verwandt sei. Doch hat Lachmann A wegen ihrer merkwürdigen Sprachformen und Willkürlichkeiten immer wieder zugunsten von B mit seiner genauen Orthographie verlassen. Der *Iwein*-Text ist daher praktisch eine Mischung aus A und B mit einem deutlichen Übergewicht von A.[59] Gleichwohl hatte die ausgezeichnete Ausgabe von Emil Henrici von 1891 mit der Bevorzugung von B dagegen keine Chance.[60]

Henricis Untersuchung der Handschriftenverhältnisse führten ihn zu der Annahme, „dass es mehrere echte *Iweine* gab".[61] Entscheidend für diese Annahme war die nur in B und den nicht mit B verwandten Handschriften a (thür., um 1390)[62] und d (Ambraser Heldenbuch, südbair., 1504–1516/17)[63] überlieferte

---

57 Joachim Bumke: Die vier Fassungen der Nibelungenklage. Untersuchungen zur Überlieferungsgeschichte und Textkritik der höfischen Epik im 13. Jahrhundert. Berlin, New York 1996 (Quellen und Forschungen zur Literatur- und Kulturgeschichte. 8 [242]), S. 32.

58 Hendrikus Spaarnay: Karl Lachmann als Germanist. Bern 1948, S. 79. Zitiert nach Bumke 1996 (Anm. 57), S. 5.

59 Bumke 1996 (Anm. 57), S. 85.

60 Henrici, Iwein-Ausgabe Bd. 2 (Anm. 7).

61 Ebd., S. XXXII.

62 Dresden Landesbibl., Mscr. M 65. Vgl. Werner J. Hoffmann: Die ‚Iwein'-Hs. a (Mscr. Dresd. M.175) – ein Zeugnis jüdischer Rezeption der mhd. Artusepik? In: Mittelhochdeutsch. Beiträge zur Überlieferung, Sprache und Literatur. Festschrift für Kurt Gärtner zum 75. Geburtstag. Hrsg. von Ralf Plate und Martin Schubert in Zusammenarbeit mit Michael Embach, Martin Przybilski und Michael Trauth. Berlin 2011, S. 66–82; Albrecht Hausmann: Die ‚Iwein'-Handschrift a (Mscr. Dresd. M.175) – doch für jüdische Rezipienten geschrieben? In: Hartmann von Aue 1230–1517. Kulturgeschichtliche Perspektiven der handschriftlichen Überlieferung. Hrsg. von Margreth Egidi, Markus Greulich und Marie-Sophie Masse. Stuttgart 2020 (Zeitschrift für deutsches Altertum und deutsche Literatur – Beihefte. 34), S. 169–178. Zu den Verwandtschaftsbeziehungen von a vgl. Ludwig Wolff: Die Iwein-Handschriften in ihrem Verhältnis zueinander. In: Festschrift Helmut de Boor zum 75. Geburtstag am 24. März 1966. Hrsg. von den Direktoren des Germanistischen Seminars der Freien Universität Berlin. Tübingen 1966, S. 111–135. Wieder in: Ludwig Wolff: Kleinere Schriften zur altdeutschen Philologie. Berlin 1967, S. 165–184 (zit.), hier S. 171–173.

63 Die Vorlagen Rieds dürften Handschriften des 13. Jahrhunderts gewesen sein, vgl. Kurt Gärtner: Hartmann von Aue im *Ambraser Heldenbuch*. In: *cristallîn wort.* Hartmann-Studien 1, 2007, S. 199–212, hier S. 203. Die Zuverlässigkeit des in d überlieferten *Iwein*-Textes „bis 6238" hat bereits Lachmann in seinen oben zitierten Feststellungen zu

Szene vom Kniefall Laudines v. 8121–36.[64] Von diesen Versen sind 8121–32 in Bad und 8133–36 in Ba überliefert. Benecke und Lachmann hatten die Verse für ursprünglich gehalten im Gegensatz zu den nur in B erhaltenen Plusversen in B nach 6854, 6876, 6904 und 8158, die sie Hartmann absprachen.[65]

Die Überlieferung der für die Textgeschichte aufschlussreichen Verse lauten in der Ausgabe von Ludwig Wolff, von dem sich die übrigen Ausgaben kaum unterscheiden:

Iwein 1968 (Wolff, Anm. 1)	*B = Gießen, Hs. 97, 158$^{r/v}$*
Dô sprach diu künegîn	**D**o sprach div kvnegin.
,her Îwein, lieber herre mîn,	her Jwêin lieber herre min.
tuot genædiclîchen an mir.	tv̊t gnædecliche an mir.
grôzen kumber habet ir	Grozzen chv̊mber habt ir.
von mînen schulden erliten:	Von minen schvlden erliten.
des wil ich iuch durch got biten	Des wil ich ivch dvrch got biten.
daz ir ruochet mir vergeben,	Daz ir rv̊chet mir vergebn.
wand er mich, unz ich hân daz leben,	Vvander mich vnz ich han daz lebn.
von herzen iemer riuwen muoz.'	Von hercen iemer rǐwen mv̊z.
dâ mite viel si an sînen vuoz	Da mit viel si an sinen fv̊z.
und bat in harte verre.	Vnde bat in harte verre.
,stât ûf,' sprach der herre,	Stet vf sprach der herre.
,irn habt deheine schulde:	Irn habt dehêine schvlde.
wan ich het iuwer hulde	Vvan ich het ǐwer hvlde.
niuwan durch mînen muot verlorn.'	Nǐwan dvrch minen mv̊t verlorn.
sus wart versüenet der zorn.	Svs wart versvͤnet der zorn.

a = Mscr. Dresd. M. 175, 158^{r}	*d = Ambraser Heldenbuch, 22^{rc}*
[D]o sprach dy gute kunigin	**D**a sprach die gut kunigin
Lyber man her yveyn	traut mein herre Ywain
Nu begont gnoden on myr	nu beget gnaden an mir

den Handschriftenverhältnissen hervorgehoben, in dem Teil danach muss sie „nach einer anderen Vorlage geschrieben" sein, Wolff 1967 (Anm. 62), S. 179. – Die Forschung zum *Ambraser Heldenbuch* wird erheblich gefördert werden durch die Volltexttranskription der gesamten Handschrift, die bidirektional verlinkt ist mit dem Digitalfaksimile des Kodex in dem von Mario Klarer geleiteten Projekt „Ambraser Heldenbuch: Transkription und wissenschaftliches Datenset" der Österreichischen Akademie der Wissenschaften: https://www.uibk.ac.at/projects/ahb/index.html.de; vgl. auch Mario Klarer, Aaron Tratter und Hubert Alisade: Ambraser Heldenbuch: Allographische Transkription und wissenschaftliches Datenset. In: Das Mittelalter 24, 2019, Heft 1, S. 244–246 (Open Access: https://www.degruyter.com/document/doi/10.1515/mial-2019-0021/html).

64 Werner Schröder: Laudines Kniefall und der Schluss von Hartmanns ‚Iwein'. Stuttgart 1997 (Akademie der Wissenschaften und der Literatur. Abhandlungen der Geistes- und Sozialwissenschaftlichen Klasse); Christoph Gerhardt: „Iwein"-Schlüsse. In: Literaturwissenschaftliches Jahrbuch N. F. 13, 1972, S. 13–39.

65 Iwein 1827 (Anm. 1), S. 419; Iwein 1843 (Anm. 1), S. 357f.; Iwein 1968 (Anm. 1), Bd. 2, S. 219f. und Wolff 1967 (Anm. 62), S. 183.

Von mynen schuldin habit yr	von meinen schulden habt ir
Großin kumer erlitin	grossen kumber erliten
Nu will ich úch durch got bitin	nu wilich euch durch got biten
Daz yr myr wolt vergebein	das ir das růchet mir vergeben
Wenn ez myr biz ich hon daz lebin	Wann er mich vncz ich han das leben
Vmmer me rúwin musz	ymmer mer reẅen muß
Hy vyl sy ym vff synen fuz	hie viel sy auf seinen fůß
Vnd weynt vil sere	vnd mante in vil verre
Stet vff sprach der herre	stet auf sprach der herre
Ir enhabt do keyne schulde	
Wenn ich hatt úwer hulde	
Nuwert durch mynen mut verlorn	
Sus wart versúnet der zorn	

Werner Schröder hat in seiner ausführlichen Auseinandersetzung mit der Forschung den sogenannten ‚weichen' Schluss mit den Versen 8121–36 für das Werk eines Redaktors *B gehalten, der auch die nur in B bezeugten übrigen Plusverse verfasst habe, in denen Bumke Reflexe von Chrétiens *Yvain* wahrscheinlich macht; die Verse 8121–8136 gehören Schröders Auffassung nach „nicht in eine Ausgabe von Hartmanns *Iwein*".[66] Ihre Überlieferung in a und z. T. in d, die mit B nicht verwandt ist, kann er jedoch nicht erklären. Volker Mertens stellt im Kommentar zu seiner Ausgabe im Anschluss an Bumke fest: „Es handelt sich bei diesen Versen um den einschneidendsten Unterschied der Fassungen A und B".[67]

Henricis Entscheidung für B war schließlich auch dadurch begründet, „dass für die laut- und formlehre des gedichtes nur die hs. B einen sicheren anhalt gibt: auf jeden fall ist, was sie bietet, sprache der zeit, der gegend und der höfischen gesellschaft gewesen, in welcher der dichter lebte, für die er schrieb."[68]

Die 7. Ausgabe von Ludwig Wolff von 1968[69] weicht wohl in vieler Hinsicht ab von der Lachmann'schen Ausgabe, aber in ihr finden sich im Apparat nicht einmal mehr die Plusverse von B wieder, die wohl seit Benecke für unecht gehalten wurden, aber im Apparat Lachmanns seit der Ausgabe von 1843 immer mitabgedruckt waren. Joachim Bumke hat in seiner ausführlichen Darstellung der Positionen der Textkritik am Beispiel des *Iwein* dafür plädiert, die in A und B überlieferten Fassungen als eigenständige Textredaktionen anzusehen, weil die Klärung der Handschriftenverhältnisse vor Entstehung der beiden Fassungen nicht möglich sei. Die Herstellung der kritischen Fassungstexte dagegen sei mit den Methoden der klassischen Textkritik (Lachmanns) durchaus möglich. Eine Ausgabe der Fassung nach der Hs. B, dem Gießener *Iwein*, hat dann Volker

66 Schröder 1997 (Anm. 64), S. 30.

67 Hartmann von Aue: Gregorius. Der arme Heinrich. Iwein. Hrsg. und übersetzt von Volker Mertens. Frankfurt/M. 2004 (Bibliothek des Mittelalters. 6 [Bibliothek deutscher Klassiker. 189]), S. 1049.

68 Henrici, Iwein-Ausgabe (Anm. 7), Bd. 2, S. XXXIIIf.

69 Iwein 1968 (Anm. 1).

Mertens 2004 vorgelegt.[70] Weitere Ausgaben nach B folgten, darunter die von Cyril Edwards mit einer Übersetzung ins Englische[71] und von Patrick del Duca ins Französische.[72] Eine Ausgabe nach der Hs. A bleibt damit weiterhin ein Desiderat.[73]

Doch die *Iwein*-Forschung ist außerordentlich aktiv. Das zeigen im Rahmen der Hartmann-Forschung das seit langem etablierte *Hartmann-Portal* von Roy A. Boggs (Florida Gulf Cost University)[74] und die als Ergänzung dazu gedachte Hartmann-Seite des *Gottfried-Portals*[75] von Peter Andersen (Universität Straßburg). Große Erwartungen weckt schließlich das angelaufene Projekt *Iwein digital*, das gemeinsam betrieben wird von Florian Kragl (Friedrich-Alexander-Universität Erlangen-Nürnberg) und Victor Millet (Universität Santiago de Compostela) in Zusammenarbeit mit der UB Heidelberg.[76] Fertiggestellt wurde zunächst die virtuelle Handschriftenbibliothek mit digitalen Abbildungen möglichst aller Handschriften und Fragmente, flankiert von Emil Henricis Kollationen, die er für seine Edition von 1891 vorgenommen hatte und die Ludwig Wolff für die Vorbereitung der 7. Ausgabe von Benecke/Lachmann benutzt hat. Wünschenswert wäre, wenn im Rahmen dieses Projekts auch bidirektionale Verlinkungen von Handschriftendigitalisaten und Transkriptionen sowie vollständige zeilensynoptische Kollationen realisiert werden könnten, wie im Berner Parzival-Projekt, über das Michael Stolz in diesem Band berichtet.

---

70 Siehe Anm. 67.

71 Hartmann von Aue: Iwein or The Knight with the Lion. Edited from Manuscript B, Gießen, Universitätsbibliothek Codex Nr. 97, and translated by Cyril Edwards. Woodbridge (Suffolk) 2007 (Arthurian Archives. XVI. German Romance. III).

72 Hartmann von Aue: Iwein. Texte présenté, établi, traduit et annoté par Patrick del Duca. Édition établie d'après le manuscrit 97 de Giessen (version B). Turnhout 2014 (Textes Vernaculaires du Moyen Âge. 13).

73 Eine Transkription hat Evelyn Meyer erstellt, die im Hartmann-Portal veröffentlicht ist: http://hvauep.uni-trier.de/resources/iwein/transcriptions/IweinA.pdf.

74 http://hvauep.uni-trier.de; vgl. Roy A. Boggs und Kurt Gärtner: Das Hartmann von Aue-Portal. Eine Internet-Plattform als Forschungsinstrument. In: Zeitschrift für deutsches Altertum 134, 2005, S. 134–137.

75 http://gottfried.unistra.fr/hartmann-von-aue.

76 https://digi.ub.uni-heidelberg.de/iwd.

Michael Stolz

Karl Lachmann als Grundleger textkritischer Verfahren

Die *Parzival*-Ausgabe

Nach den Ausführungen zu Walther von der Vogelweide und zu Hartmanns *Iwein* soll nun noch Lachmanns Wolfram-Ausgabe vorgestellt werden, dies am Beispiel des *Parzival*.[1] Die Wolfram-Edition erschien (nach Vorbereitungen der Drucklegung seit 1831) im Jahre 1833 im Berliner Verlag Georg Reimer.[2] Doch hatte Lachmann bereits seit etwa 1820, also noch zu seiner Königsberger Zeit, Vorarbeiten dazu angestellt.[3] Im Jahre 1824, also ein Jahr vor seiner Versetzung

1 Der Titel der Ausgabe lautet lakonisch: Wolfram von Eschenbach. Hrsg. von Karl Lachmann. Berlin 1833. Sie enthält Wolframs *Parzival*, *Titurel* und *Willehalm*; vorangestellt sind die lyrischen Texte. Ein Online-Exemplar ist auf dem Server der Bayerischen Staatsbibliothek München verfügbar: https://opacplus.bsb-muenchen.de/title/BV004198654 (alle hier und im Folgenden genannten Internet-Links wurden zuletzt am 24.4.2022 abgerufen). – Siehe zur Biographie Lachmanns den voranstehenden Beitrag von Thomas Bein.

2 Vgl. Doris Reimer: Passion & Kalkül. Der Verleger Georg Andreas Reimer (1776–1842). Berlin, New York 1999.

3 Die Vorbereitungen der Wolfram-Ausgabe reichen zurück bis in die Zeit vor der Teilausgabe in Karl Lachmann: Auswahl aus den Hochdeutschen Dichtern des dreizehnten Jahrhunderts. Für Vorlesungen und zum Schulgebrauch. Berlin 1820. Vgl. Bernd Schirok: Einführung zum Text der Lachmannschen Ausgabe. In: Wolfram von Eschenbach: Parzival. Studienausgabe. Mittelhochdeutscher Text nach der sechsten Ausgabe von Karl Lachmann. Übersetzung von Peter Knecht. Mit Einführungen zum Text der Lachmannschen Ausgabe und in Probleme der *Parzival*-Interpretation von Bernd Schirok. 2. Auflage. Berlin, New York 2003, S. LXIII–XCVII, hier S. LXIX. Vgl. zu Lachmanns Wolfram-Ausgabe H[endricus] Sparnaay: Karl Lachmann als Germanist. Bern 1948, S. 108–123; Peter F. Ganz: Lachmann as an Editor of Middle High German Texts. In: Probleme mittelalterlicher Überlieferung und Textkritik. Oxforder Colloquium 1966. Hrsg. von Peter F. Ganz und Werner Schröder. Berlin 1968, S. 12–30, Nachdruck in: Altgermanistische Editionswissenschaft. Hrsg. von Thomas Bein. Frankfurt/M. u. a. 1995 (Dokumentation germanistischer Forschung. 1), S. 106–125, hier S. 121f.; Harald Weigel: „Nur was du nie gesehn wird ewig dauern". Carl Lachmann und die Entstehung der wissenschaftlichen Edition. Freiburg/Br. 1989 (Rombach Wissenschaft. Reihe Litterae), S. 172–175 u. ö.; Uwe Meves: Karl Lachmann (1793–1851). In: Wissenschaftsgeschichte der Germanistik in Portraits. Hrsg. von Christoph König, Hans-Harald Müller und Werner Röcke. Berlin, New York 2000, S. 20–32, bes. S. 29–31; Marina Münkler: „durch unverdrossene tüchtige Arbeit": Karl Lachmann (1793–1851)

https://doi.org/10.1515/9783110786422-005

von Königsberg nach Berlin, unternahm Lachmann die berühmte ,Wolfram(s)reise'. Auf diesen Begriff brachte Jacob Grimm eine Autopsieexkursion, die Lachmann zunächst nach Wolfenbüttel und Kassel sowie anschließend südwärts in die Bibliotheken von Heidelberg, München und St. Gallen führte.[4]

Die Grundzüge der auf dieser Basis erarbeiteten *Parzival*-Ausgabe seien im Folgenden dargelegt. Wie Lachmann in der Vorrede der Ausgabe von 1833 betont, sei es ihm zuallererst darum gegangen, „die echte lesart aus den quellen zu holen".[5] Diese programmatische Aussage erinnert an das Credo der Anhänger der sogenannten Lachmann'schen Methode, die mithilfe der Schritte von Recensio, Examinatio und Emendatio einen an der Spitze der Überlieferung stehenden Archetypus zu rekonstruieren suchen.[6] Lachmann selbst gab sich freilich

als Philologe. In: Zeitschrift für Germanistik 20, 2010, S. 104–122, hier S. 118; Volker Mertens: Die Wiederentdeckung Wolframs und die Anfänge der Forschung. In: Wolfram von Eschenbach. Ein Handbuch. Hrsg. von Joachim Heinzle. 2 Bde. Studienausgabe in einem Band. Berlin, Boston 2014, S. 703–741, hier S. 724–730.

4 Vgl. Friedrich Neumann: Karl Lachmanns ,Wolframreise'. Eine Erinnerung an seine Königsberger Zeit. In: Jahrbuch der Albertus-Universität zu Königsberg/Pr., Bd. 2. Freiburg/Br., Frankfurt/M. 1952, S. 138–158, überarbeiteter Nachdruck in: Wolfram von Eschenbach. Hrsg. von Heinz Rupp. Darmstadt 1966 (Wege der Forschung. 57), S. 6–37 (im Folgenden zitiert); Bernd Schirok: Der Aufbau von Wolframs *Parzival*. Untersuchungen zur Handschriftengliederung, zur Handlungsführung und Erzähltechnik sowie zur Zahlenkomposition. Diss. phil. Freiburg/Br. 1972, S. 591–627; Wolfram von Eschenbach, *Parzival*. Abbildungen und Transkriptionen zur gesamten handschriftlichen Überlieferung des Prologs. Hrsg. von Uta Ulzen. Göppingen 1974 (Litterae. 34), S. 60–66 (mit Abbildungen); Mark R. McCulloh: Myller's *Parcival* and Lachmann's Critical Method. The ,Wolfram-Reise' Revisited. In: Modern Language Notes 98, 1983, S. 484–491; Meves 2000 (Anm. 3), S. 26f. – Der Begriff „Wolframsreise" fällt im Brief von Jacob Grimm an Karl Lachmann vom 8. März 1824; vgl. Briefwechsel der Brüder Jacob und Wilhelm Grimm mit Karl Lachmann. Hrsg. von Albert Leitzmann, mit einer Einleitung von Konrad Burdach. 2 Bände. Jena 1927, Bd. 1, S. 439–441, hier S. 439; dazu auch Neumann 1952/1966, S. 11–13.

5 Vorrede in der Wolfram-Ausgabe 1833 (Anm. 1), S. VI; die für den *Parzival* relevanten Teile der Vorrede sind wieder abgedruckt in der Studienausgabe 2003 (Anm. 3), S. XI–XXVI, hier S. XII (im Folgenden werden jeweils beide Stellenangaben zur Vorrede vermerkt).

6 Vgl. Paul Maas: Textkritik. 4. Auflage. Leipzig 1960; Sebastiano Timpanaro: La genesi del metodo del Lachmann. Firenze 1963 (Bibliotechina del Saggiatore. 18), überarbeitete und erweiterte Auflage Padova 1981 (Biblioteca di cultura); deutsche Übersetzung der italienischen Erstauflage von Dieter Irmer: Die Entstehung der Lachmannschen Methode. 2., erweiterte und überarbeitete Auflage. Hamburg 1971. Kritische Würdigungen bei Karl Stackmann: Mittelalterliche Texte als Aufgabe. In: Festschrift für Jost Trier zum 70. Geburtstag. Hrsg. von William Foerste und Karl Heinz Borck. Köln, Graz 1964, S. 240–267, Nachdruck in: ders.: Mittelalterliche Texte als Aufgabe. Kleine Schriften I. Hrsg. von Jens Haustein. Göttingen 1997, S. 1–25 (im Folgenden zitiert), hier S. 4–7; Paul Oskar Kristeller: The Lachmann Method. Merits and Limitations. In: Text. Transactions of the Society for Textual Scholarship 1, 1981, S. 11–20; sowie im Kontext jüngerer textkritischer Ansätze bei Paolo Trovato: Everything You Always Wanted to Know about Lachmann's Method. A Non-Standard Handbook of Genealogical Textual Criticism in the Age of Post-Structuralism, Cladistics, and Copy-Text. 2., überarbeitete Auflage. Padova 2017, S. 49–75.

in seiner Wolfram-Ausgabe von 1833 recht zurückhaltend, ja geradezu pragmatisch. In der Vorrede ist nicht von der Rekonstruktion eines Archetypus die Rede, wie sie die nach Lachmann benannte Methode später zu praktizieren suchte. Vielmehr bescheidet sich Lachmann mit dem Ziel, es seinem Publikum zu ermöglichen, „Eschenbachs gedichte so zu lesen wie sie ein guter vorleser in der gebildetsten gesellschaft des dreizehnten jahrhunderts aus der besten handschrift vorgetragen hätte".[7] ‚Best text editing' möchte man dieses Verfahren nennen, wie denn auch im englischen Sprachraum das sogenannte Leithandschriftenprinzip bezeichnet wird.[8] In der Tat hat Lachmanns Vorgehen bei der Edition des *Parzival* einiges mit der unter dem Namen Joseph Bédiers bekannt gewordenen, gegen die Lachmann'sche Schule gerichteten Praxis gemein, einen kritischen Text auf der Grundlage einer Leithandschrift herzustellen.[9]

In diesem Zusammenhang verdient Lachmanns Arbeitsweise bei den Vorbereitungen seiner *Parzival*-Ausgabe genauere Betrachtung: Für die erwähnte ‚Wolframreise' von 1824 benutzte er einen Druck des *Parzival*-Textes, den der Schweizer Christoph Heinrich Myller (Müller), ein Schüler Johann Jakob Bodmers, im Jahr 1784 im Berliner Verlag Spener vorgelegt hatte.[10] Myllers dreispaltig angelegter, durch eine Verszählung ergänzter Abdruck basierte auf Abschriften aus dem Codex 857 der Stiftsbibliothek St. Gallen, der berühmten sogenannten St. Galler Epenhandschrift.[11] In ein Exemplar von Myllers Druck trug Lachmann anlässlich seines Münchener Aufenthalts vom 5. bis 27. Juli 1824 die Varianten des Cgm 19 der damaligen Königlichen Bibliothek ein.[12] Am

---

7 Vorrede in der Wolfram-Ausgabe 1833 (Anm. 1), S. VI, Nachdruck in der Studienausgabe 2003 (Anm. 3), S. XII.

8 Vgl. stellvertretend Ralph Hanna III: Problems of ‚Best Text' Editing and the Hengwrt Manuscript of *The Canterbury Tales*. In: Manuscripts and Texts. Editorial Problems in Later Middle English Literature. Essays from the 1985 Conference at the University of York. Hrsg. von Derek Pearsall. Cambridge 1987, S. 87–94.

9 Dazu grundlegend Joseph Bédier: La Tradition manuscrite du *Lai de l'ombre*. Réflexions sur l'art d'éditer les anciens textes. In: Romania 54, 1928, S. 161–196, 321–356. Zu Bédiers Methode stellvertretend Stackmann 1964/1997 (Anm. 6), S. 6f.; Alain Corbellari: Joseph Bédier. Écrivain et philologue. Genève 1997 (Publications romanes et françaises. 220), S. 528–559; Trovato 2017 (Anm. 6), S. 77–104.

10 Vgl. Samlung [sic] Deutscher Gedichte aus dem XII. XIII. und XIV. Iahrhundert [Hrsg. von Christoph Heinrich Myller (Müller)]. Bd. 1. Abt. 4: Parcival. Ein Ritter-Gedicht aus dem dreizehnten Iahrhundert von Wolfram von Eschilbach. Zum zweiten Male aus der Handschrift abgedruckt, weil der erste Anno 1477 gemachte Abdruck so selten wie Manuscript ist. [Berlin] 1784, S. 1–196.

11 Stellenangaben tragen im Folgenden die Seitenzahl, ggf. ergänzt durch die Spalte (z. B.: S. 59^{c}). Wie aus einer Angabe in Myllers Druck, S. 196 unten, hervorgeht, stammen die Abschriften bis Vers 10040 (bei Lachmann: 336,30) von einem Unbekannten und danach von Bodmer; vgl. zur Handschrift St. Gallen, Stiftsbibliothek, Cod. 857, zuletzt Michael Stolz: Parzival im Manuskript. Profile der Parzival-Überlieferung am Beispiel von fünf Handschriften des 13. bis 15. Jahrhunderts. Mit einem Beitrag von Richard F. Fasching. Basel 2020, S. 17–76 (mit weiterer Literatur).

12 Vgl. zur Handschrift München, Bayerische Staatsbibliothek, Cgm 19, zuletzt ebd., S. 77–143 (mit weiterer Literatur).

11. Oktober desselben Jahres schloss er eine Autopsie des St. Galler Codex 857 ab, bei der er Fehllesungen des Drucks berichtigte, Fehlverse nachtrug und Myllers zahlreiche Standardisierungen gegenüber dem handschriftlichen Wortlaut verbesserte.[13] Dieses Exemplar hat sich erhalten und wird heute in der Universitätsbibliothek Kassel, Landesbibliothek und Murhardsche Bibliothek der Stadt Kassel, unter der Signatur 4° Ms. philol. 124 aufbewahrt. Üblicherweise wird es als Lachmanns ‚Reise-*Parzival*' bezeichnet.[14]

Die erste Seite weist mit Stempeln die „Gottholdsche Bibliothek" und die „Bibliotheca Regiomontana" (Königsberger Bibliothek, ab 1828 Königliche und Universitätsbibliothek) als Besitzer aus (Abb. 1).[15] Die zahlreichen handschriftlichen Notizen lassen erkennen, wie Lachmann gearbeitet hat: Die an dem Münchener Cgm 19 orientierten Varianten trug er zwischen den Zeilen in schwarzer Tinte ein. Verbesserungen zum Wortlaut des St. Galler Codex 857 erfolgten anfangs zumeist am Spaltenrand in brauner Tinte und altdeutscher Schrift; später ersetzte Lachmann dieses wenig differenzierte Verfahren beim St. Galler Codex durch Einträge in roter Tinte. Dieses sodann konsequent durchgehaltene Prinzip lässt sich bereits bei einigen Nachträgen auf der ersten Seite erkennen. Es findet aber auch bei den Angaben zu den Bibliotheksaufenthalten Anwendung: Oberhalb der Zierleiste der ersten Seite steht der auf den Cgm 19 bezogene Eintrag: „München, 5–27 Juli 1824" – es folgt eine Handschriftenbeschreibung, deren Angaben Lachmann später auch in die Vorrede seiner Wolfram-Ausgabe übernahm. Unterhalb der Zierleiste steht nunmehr in roter Tinte ein Vermerk (wohl) zum Abschluss der Autopsie in „SGallen, 11 Oct 1824" – ebenfalls gefolgt von einigen wenigen kodikologischen Angaben zum St. Galler Codex 857. Zahlreiche weitere Notate auf der ersten Seite enthalten Verweise auf Vergleichsstellen zum *Parzival*-Prolog in anderen mittelhochdeutschen Texten, die Lachmann spä-

13 Dass Lachmann bei weitem nicht alle der von Myller gegenüber dem St. Galler Codex 857 vorgenommenen Standardisierungen rückgängig gemacht hat, weist McCulloh 1983 (Anm. 4), S. 485–490, detailliert nach. Die korrekten Lesarten sind erst verzeichnet in: Wolfram von Eschenbach. 6. Ausgabe von Karl Lachmann. Hrsg. von Eduard Hartl. Berlin, Leipzig 1926.

14 So seit Neumann 1952/1966 (Anm. 4), S. 19 u. ö. Ein Digitalisat findet sich online unter: https://orka.bibliothek.uni-kassel.de/viewer/image/1495451339399/1/.

15 Vgl. zu den Stempeln Neumann 1952/1966 (Anm. 4), S. 19. Stationen der Besitzgeschichte: Lachmann könnte das noch unbeschriebene Exemplar des Myller'schen Drucks aus dem Besitz von Friedrich August Gotthold (1778–1858) erhalten haben, ehe dieser es, mit den Notizen versehen, wohl nach Lachmanns Tod 1851 wiedererlangt hat; Gotthold war Rektor am Königsberger Collegium Fridericianum, seine reichhaltige Büchersammlung ging nach dem Tod an die Königsberger Bibliothek. In der Zeit nach dem Zweiten Weltkrieg befand sich der ‚Reise'-*Parzival* durch Vermittlung des ehemaligen Königsberger Professors und Bibliotheksrats Götz von Selle in Göttingen (vgl. Neumann 1952/1966 [Anm. 4], S. 35). Friedrich Neumann hat ihn später 1966 der Landesbibliothek und Murhardschen Bibliothek Kassel übergeben (vgl. den handschriftlichen Bandkatalog der Handschriften der Kasseler Bibliothek, Abteilung: Manuscripta Philologica, S. 17 [199], Nr. 124, online: https://orka.bibliothek.uni-kassel.de/viewer/image/1399894497667/39/, sowie Ulzen 1974 [Anm. 4], S. 61).

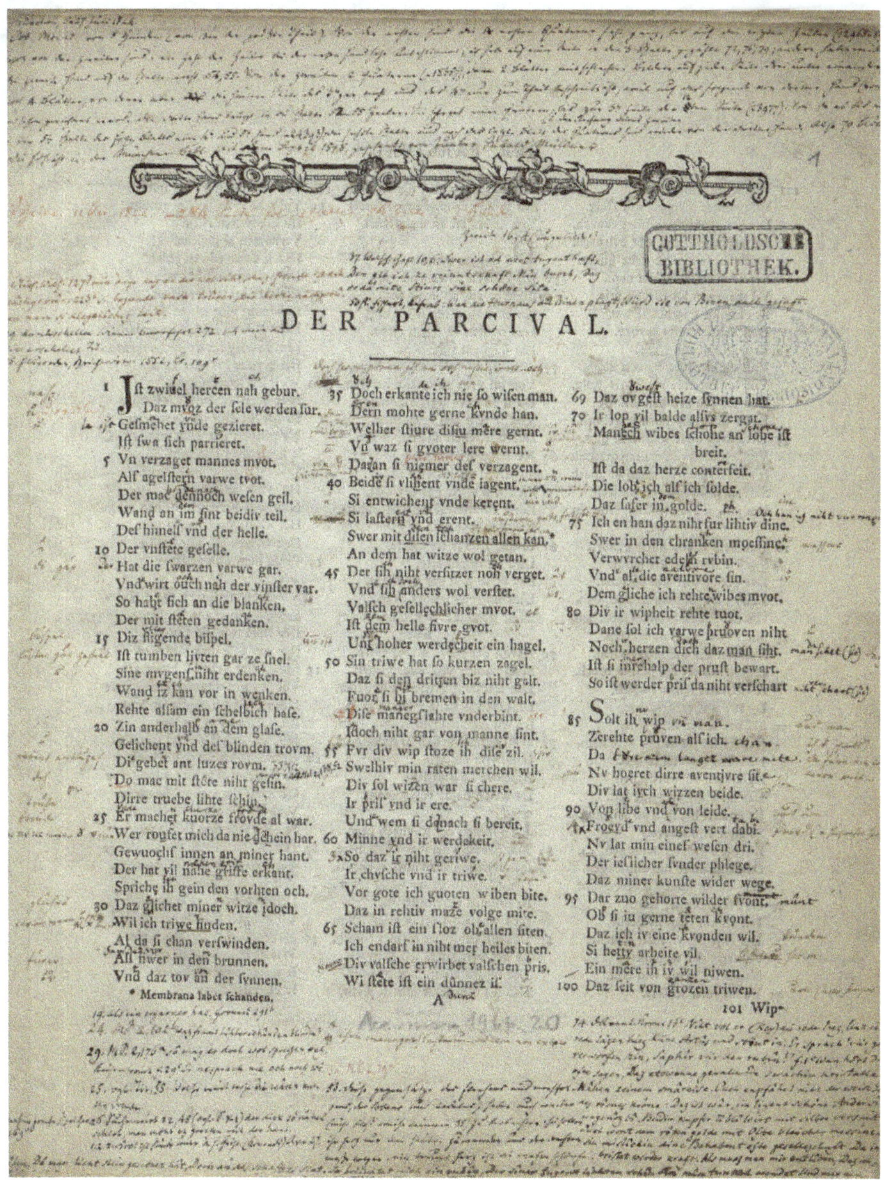

DER PARCIVAL.

Iſt zwiuel hercen nah gebur.
Daz mvoz der ſele werden ſur.
Geſmehet vnde gezieret.
Iſt ſwa ſich parrieret.
Vn verzaget mannes mvot,
Alſ agelſtern varwe tvot.
Der mac dennoch weſen geil,
Wand an im ſint beidiv teil.
Deſ himelſ vnd der helle.
Der vnſtete geſelle.
Hat die ſwarzen varwe gar.
Vnd wirt ouch nah der vinſter var.
So habt ſich an die blanken,
Der mit ſteten gedanken.
Diz fligende biſpel.
Iſt tumben livten gar ze ſnel.
Sine mvgenſ, niht erdenken.
Wand iz kan vor in wenken.
Rehte alſam ein ſchelbich haſe.
Zin anderhalb an dem glaſe.
Gelichent vnd deſ blinden trovm.
Di gebet ant luzes rovm.
Do mac mit ſtete niht geſin.
Dirre truebe lihte ſchin.
Er machet kuorze frovde al war.
Wer roufet mich da nie dehein har.
Gewuochſ innen an miner hant.
Der hat vil nahe griffe erkant.
Spriche ih gein den vorhten och.
Daz gichet miner witze idoch.
Wil ich triwe finden.
Al da ſi chan verſwinden.
Als fiwer in den brunnen.
Vnd daz tov an der ſvnnen.

Doch erkante ich nie ſo wiſen man.
Dern mohte gerne kvnde han.
Welher ſtiure diſiu mere gernt.
Vn waz ſi gvoter lere wernt.
Dagan ſi niemer deſ verzagent.
Beide ſi vlihent vnde iagent.
Si entwichent vnde kerent.
Si laſtern vnd erent.
Swer mit diſen ſchanzen allen kan.*
An dem hat witze wol getan.
Der ſih niht verſitzet noh verget.
Vnd ſih anders wol verſtet.
Valſch geſellechlicher mvot.
Iſt dem helle fivre gvot.
Unt hoher werdecheit ein hagel.
Sin triwe hat ſo kurzen zagel.
Daz ſi den dritten biz niht galt.
Fuor ſi bi bremen in den walt.
Diſe manegſlahte vnderbint.
Idoch niht gar von manne ſint.
Fvr div wip ſtoze ih diſe zil.
Swelhiv min raten merchen wil.
Div ſol wizzen war ſi chere.
Ir priſ vnd ir ere.
Und wem ſi danach ſi bereit,
Minne vnd ir werdekeit.
So daz ir niht geriwe.
Ir chvſche vnd ir triwe.
Vor gote ich guoten wiben bite.
Daz in rehtiv maze volge mite.
Scham iſt ein ſloz ob allen ſiten.
Ich endarf in niht mer heiles biten.
Div valſche erwirbet valſchen pris.
Wi ſtete iſt ein dunnez iſ.

Daz ovgeſt heize ſvnnen hat.
Ir lop vil balde alſvs zergat.
Manech wibes ſchone an lobe iſt breit.
Iſt da daz herze conterfeit.
Die lob ich alſ ich ſolde.
Daz ſafer in golde.
Ich en han daz niht fur lihtiv dinc.
Swer in den chranken moeſſinc
Verwvrchet edel rvbin.
Vnd all die aventivre ſin.
Dem gliche ich rehte wibes mvot,
Div ir wipheit rehte tuot.
Dane ſol ich varwe pruoven niht
Noch herzen dach daz man ſiht.
Iſt ſi inrehalp der pruſt bewart.
So iſt werder priſ da niht verſchart
Solt ih wip
Zerehte pruven alſ ich.
Da
Nv hoeret dirre aventivre ſit.
Div lat iych wizzen beide.
Von libe vnd von leide.
Froeyd vnd angeſt vert dabi.
Nv lat min einer weſen dri.
Der ieſlicher ſvnder phlege.
Daz miner kunſte wider wege.
Dar zuo gehorte wilder ſvont.
Ob ſi iu gerne teten kvont.
Daz ich iv eine kvonden wil.
Si hetty arbeite vil.
Ein mere ih iv wil niwen.
Daz ſeit von grozen triwen.

* Membrana habet ſchanden.

A

Wip-

Abb. 1: Parcival. Ein Ritter-Gedicht aus dem dreizehnten Iahrhundert von Wolfram von Eschilbach. [Hrsg. von Christoph Heinrich Myller. Berlin] 1784. Exemplar Universitätsbibliothek Kassel, Landesbibliothek und Murhardsche Bibliothek der Stadt Kassel, 4° Ms. philol. 124 (Lachmanns ‚Reise-*Parzival*‘), S. 1

ter in einem Vortrag an der Berliner Akademie der Wissenschaften (15. Oktober 1835) aufgegriffen hat.[16]

Anhand des Beginns der zweiten Sigune-Szene, die unmittelbar auf Parzivals ersten Besuch auf der Gralburg Munsalvaesche folgt, können Lachmanns Verfahrensweisen bei den Eintragungen im ‚Reise-*Parzival*' exemplarisch nachvollzogen werden (Myllers Druck, S. 59[c], vgl. Abb. 2): Der Abschnitt beginnt in Myllers Zählung mit Vers 7398 (in Lachmanns Ausgabe wird daraus Vers 249,1);[17] eingeleitet durch eine *D*-Initiale findet sich dort die anstelle von Parzivals Namen stehende Antonomasie in Genitivkonstruktion *Der valscheite widr sazz* (etwa: ‚Aller Falschheit Gegensatz'). Davor trägt Lachmann handschriftlich in schwarzer Tinte ein in der St. Galler Handschrift (und damit auch in Myllers Druck) fehlendes, jedoch in der Münchener Handschrift vorhandenes Verspaar nach, das eine unmittelbar vor der erwähnten Antonomasie stehende Gedankenrede Parzivals beschließt (*ungedient ich daz trage.* | *ſi wanent lihte ich ſi ein zage.*). In roter Tinte finden sich Angaben zur St. Galler Handschrift: So präzisiert Lachmann, dass die in Myllers Druck aufgenommene Initiale ein „Großer Anfangsbůchſt(abe)" sei.[18] Im folgenden Vers wird auf dem *v* der Präposition *vf* ein Zirkumflex nachgetragen, einige Zeilen weiter die Konjunktion *Da* zu *Do* verbessert (wobei die Änderung zu *o* hier einmal in roter und einmal in schwarzer Tinte steht, was zusätzlich eine Graphie aus dem Cgm 19 dokumentiert). Mit Blick auf den Münchener Cgm 19 trägt Lachmann beim ersten Verspaar der Sigune-Szene verschiedene Varianten ein. Den in Myllers Vers 7398f. enthaltenen Wortlaut *Der valſcheite widr sazz.* | *Cherte vf der hvofflege chrazz* ersetzt er dabei mit diversen Eingriffen durch: *ſich hŏp der valſcheit wider ſatz* | *vaſte vf der hvofflege chraz.* Die verschiedenen graphischen Maßnahmen beinhalten eine Wortergänzung (*ſich hŏp* am linken Spaltenrand) und eine Wortersetzung (*Cherte* überschrieben durch *vaſte*); ebenso werden Wortteile durch Unterpunkten getilgt (das finale *e* in *valſcheite*), es werden Buchstaben eingefügt (das *e* in *wider*) bzw. ersetzt (etwa bei *sazz* mit der Überschreibung des ersten *z* durch *t*). Der auf diese Weise für den Cgm 19 dokumentierte Wortlaut *ſich hŏp … vaſte* zeigt an, dass es Parzival in dieser Version eilig hat, als er vor der Begegnung mit Sigune von der Gralsburg wegreitet. Allerdings findet sich wenige Verse davor im Zusammenhang mit der Spur, welcher Parzival folgt, ein nahezu gleich lautendes Syntagma (in Myllers Zählung Vers 7386f.; in Lachmanns Ausgabe dann Vers 248,17f.): *Parzival der hvop sich nach.* | *Vaſte …*, wobei das Adverb *vaste* in Cgm 19 fehlt, was Lachmann durch Unterpunkten vermerkt. An späteren Stellen

16 Vgl. Karl Lachmann: Über den Eingang des Parzivals. In: Abhandlungen der Königlichen Akademie der Wissenschaften zu Berlin. Aus dem Jahre 1835. Philosophisch-historische Klasse. Berlin 1837, S. 227–266, Nachdruck in: ders.: Kleinere Schriften zur Deutschen Philologie. Hrsg. von Karl Müllenhoff. Berlin 1876 (Kleinere Schriften von Karl Lachmann. 1), S. 480–518; dazu Neumann 1952/1966 (Anm. 4), S. 20; Ulzen 1974 (Anm. 4), S. 60f.

17 Vgl. zu Lachmanns Verszählung unten bei Anm. 26.

18 Vgl. zu den daraus resultierenden Gliederungsprinzipien unten.

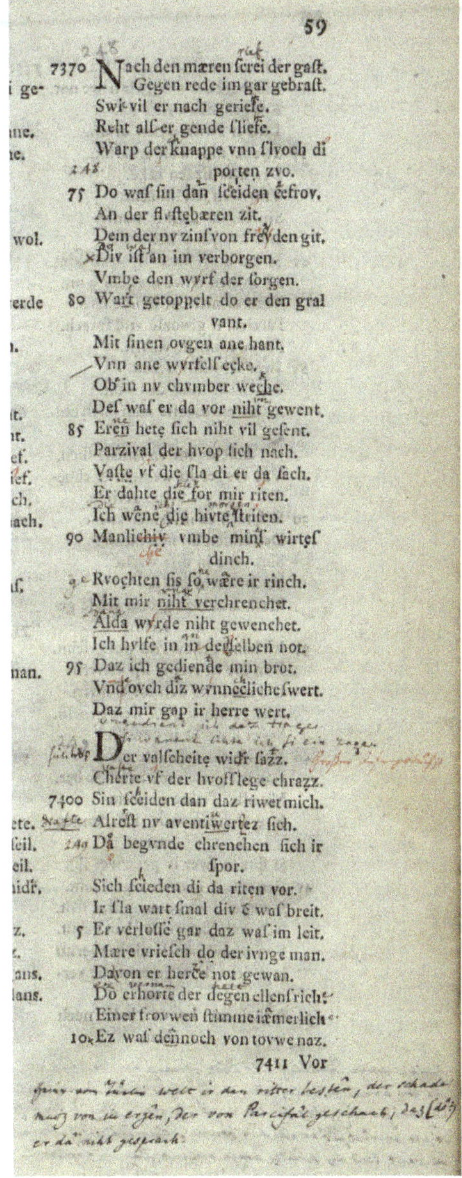

59

Nach den mæren ſcrei der gaſt.
Gegen rede im gar gebraſt.
Swi vil er nach geriefe.
Reht alſ er gende ſliefe.
Warp der knappe vnn ſlvoch di
porten zvo.
Do waſ ſin dan ſceiden ſefrov.
An der fleſtebæren zit.
Dem der nv zinſ von freyden git.
Div iſt an im verborgen.
Vmbe den wvrf der ſorgen.
Warſ getoppelt do er den gral
vant.
Mit ſinen ovgen ane hant.
Vnn ane wvrfelſ ecke.
Ob in nv chvmber wecke.
Deſ waſ er da vor niht gewent.
Eren hete ſich niht vil geſent.
Parzival der hvop ſich nach.
Vaſte vf die ſla di er da ſach.
Er dahte die for mir riten.
Ich wene die hivte ſtriten.
Manlichiv vmbe minſ wirteſ
dinch.
Rvochten ſis ſo wære ir rinch.
Mit mir niht verchrenchet.
Alda wvrde niht gewenchet.
Ich hvlfe in in deſſelben not.
Daz ich gediende min brot.
Vnd ovch diz wvnneclicheſwert.
Daz mir gap ir herre wert.

Der valſcheite widr ſazz.
Cherte vf der hvofſlege chrazz.
Sin ſceiden dan daz riwet mich.
Alreſt nv aventiwertez ſich.
Da begvnde chrenchen ſich ir
ſpor.
Sich ſcieden di da riten vor.
Ir ſla wart ſmal div ē waſ breit.
Er verloſſe gar daz waſ im leit.
Mære vrieſch do der ivnge man.
Davon er herce not gewan.
Do erhorte der degen ellenſrich.
Einer frovwen ſtimme iæmerlich
Ez waſ dennoch von tovwe naz.
Vor

Abb. 2: Parcival. Ein Ritter-Gedicht aus dem dreizehnten Iahrhundert von Wolfram von Eschilbach. [Hrsg. von Christoph Heinrich Myller. Berlin] 1784. Exemplar Universitätsbibliothek Kassel, Landesbibliothek und Murhardsche Bibliothek der Stadt Kassel, 4° Ms. philol. 124 (Lachmanns ‚Reise-*Parzival*'), S. 59[c]

lassen sich weitere am Cgm 19 orientierte Varianten erkennen, etwa in Vers 7408 mit dem Austausch des Syntagmas *Do erhorte* durch *ez vernam* oder mit der Ersetzung des Heldenworts *degen* durch *helt*. Am unteren Seitenrand findet sich der Verweis auf eine Parallelstelle in der *Crône* Heinrichs von dem Türlin.[19]

In einem nächsten Schritt sollen die behandelten Einträge des ‚Reise-*Parzival*' mit dem entsprechenden Abschnitt in Lachmanns Edition von 1833 verglichen werden. Im Apparat zu Vers 1 und 2 des Dreißigers 249 (Abb. 3) stehen die Angaben zum Wortlaut der beiden Handschriften aus St. Gallen und aus München; der St. Galler Codex 857 ist dabei durch die Sigle D, der Cgm 19 durch die Sigle G bezeichnet. Weitere Textzeugen, die Lachmann in seiner *Parzival*-Edition diesen beiden Haupthandschriften zugeordnet, aber im Apparat nicht weiter spezifiziert hat, tragen die Siglen d bzw. g (sie sind in der Übersicht in Anhang 1 aufgelistet). Die Siglenbezeichnungen unterscheiden somit handschriftliche Gruppierungen von D und d einerseits, G und g andererseits; Lachmann spricht in der Vorrede von den „klassen" D und G.[20] Wie sich zeigt, ist die Zuordnung nicht immer ganz einheitlich, denn im Wortlaut der ersten D-Gruppe ist auch ein Textzeuge g vertreten (es handelt sich um den Straßburger Druck von 1477, der, wie neuere Forschungen zeigen konnten, einer Sondergruppe angehört).[21] Die G-Gruppe enthält, wie die teilweise verschachtelten Klammereinträge zeigen, mehrere Binnenvarianten. Hinzuweisen ist dabei auf die Tatsache, dass in den Handschriften der G-Gruppe das von Lachmann im Apparat der Ausgabe von 1833 verzeichnete Substantiv *valscheit* gar nicht vertreten ist. Dies zeigt sich an einer digitalen Verssynopse, die heute auf der Basis von digitalen Transkriptionen hergestellt werden kann (Abb. 4).[22] In den mit dem Syntagma *sich huop* beginnenden G-Lesarten begegnen anstelle der Genitivform *der valscheit* (gefolgt von *widersaz*) die Varianten: *der valsche* (also wohl die ober-

19 Vgl. auch Neumann 1952/1966 (Anm. 4), S. 28.

20 Vorrede in der Wolfram-Ausgabe 1833 (Anm. 1), S. XVIII, Nachdruck in der Studienausgabe 2003 (Anm. 3), S. XVIIIf. Ebd. auch der Hinweis, „daß im achten und den drei folgenden büchern (398–582) der gegensatz fast ganz verschwindet" (S. XV bzw. XVI); zur Einteilung in Bücher unten bei Anm. 32.

21 Das Parzival-Projekt (www.parzival.unibe.ch), in dem eine neue digitale Ausgabe der Dichtung erarbeitet wird, unterscheidet anstelle der bei Lachmann angeführten „klassen" D und G sogenannte ‚Fassungen' (dazu unten bei Anm. 45), wobei zu Fassung *D noch eine Fassung *m und zu Fassung *G noch eine Fassung *T hinzutritt. Der erwähnte Druck von 1477 (Textzeuge W) gehört im vorliegenden Abschnitt zu Fassung *T. Bereits Lachmann hatte bezüglich der Zuordnung zu den „klassen" D und G beobachtet, dass „in verschiedenen theilen des gedichtes die verhältnisse verschieden" seien (Vorrede in der Wolfram-Ausgabe 1833 [Anm. 1], S. XVIII, Nachdruck in der Studienausgabe 2003 [Anm. 3], S. XVIII). Vgl. zur Zuordnung des Drucks W auch Michael Stolz: Von den Fassungen zur Eintextedition. Eine neue Leseausgabe von Wolframs Parzival. In: Überlieferungsgeschichte transdisziplinär. Neue Perspektiven auf ein germanistisches Forschungsparadigma. In Verbindung mit Horst Brunner und Freimut Löser hrsg. von Dorothea Klein. Wiesbaden 2016 (Wissensliteratur im Mittelalter. 52), S. 353–388, hier S. 370–372.

22 Abrufbar unter: http://www.parzival.unibe.ch/parzDB/index.php → Verssynopse.

124 **PARZIVAL.** *s*.59^{c},*z*.7394.

ich hulfe in an der selben nôt,
daz ich gediende mîn brôt
und ouch diz wünneclîche swert,
daz mir gap ir hèrre wert.
ungedient ich daz trage.
si wænent lîhte, ich sî ein zage.’

249 Der valscheite widersaz
kêrt ûf der huofslege kraz.
sîn scheiden dan daz riwet mich.
alrêrst nu âventiurt ez sich.
do begunde krenken sich ir spor:
sich schieden die dâ riten vor.
ir slâ wart smal, diu ê was breit:
er verlôs se gar: daz was im leit.
mær vriesch dô der junge man,
dâ von er herzenôt gewan.
do erhôrte der degen ellens rîch
einer frouwen stimme jæmerlîch.
ez was dennoch von touwe naz.
vor im ûf einer linden saz
ein magt, der fuogte ir triwe nôt.
ein gebalsemt ritter tôt
lent ir zwischenn armen.
swenz niht wolt erbarmen,
der si sô sitzen sæhe,
untriwen ich im jæhe.
sîn ors dô gein ir wante
der wênic si bekante:
si was doch sîner muomen kint.
al irdisch triwe was ein wint,
wan die man an ir lîbe sach.
Parzivâl si gruozte unde sprach
‘frouwe, mir ist vil leit
iwer senelîchiu arebeit.
bedurft ir mînes dienstes iht,
in iwerem dienste man mich siht.’

250 Si danct im ûz jâmers siten
und vrâgt in wanne er kœme geriten.
si sprach ‘ez [ist] widerzæme
daz iemen an sich næme
sîne reise in dise waste.
unkundem gaste
mac hie wol grôzer schade geschehn.
ich hânz gehôrt und gesehn
daz hie vil liute ir lîp verlurn,
die werlîche'n tôt erkurn.
kêrt hinnen, ob ir welt genesn.
saget ê, wâ sît ir hînt gewesn?’
‘dar ist ein mîle oder mêr,
daz ich gesach nie burc sô hêr
mit aller slahte rîchheit.
in kurzer wîle ich dannen reit.’
si sprach ‘swer iu getrûwet iht,
den sult ir gerne triegen niht.
ir traget doch einen gastes schilt.
iuch möht des waldes hân bevilt,
von erbûwenem lande her geritn.
inre drîzec mîln wart nie versnitn
ze keinem bûwe holz noch stein:
wan ein burc, diu stêt al ein.
diu ist erden wunsches rîche.
swer die suochet flîzeclîche,
leider der envint ir niht.
vil liute manz doch werben siht.
ez muoz unwizzende geschehen,
swer immer sol die burc gesehen.

25. in inder *D*. 27. daz *Gdgg*. 29. 30. *fehlen D*.

249, 1. 2. Der valscheite widr sazz. cherte *Ddg*, Sich huop der valscheit (der valsche *g*, der (des *gg*) valsches *gg*) wider satz. Vaste (*so Gg*, *fehlt gg*) *Ggg*. 4. alrest nu aventiwertez sich *D*. 9. mære *DG*. dô *fehlt Ggg*. 11. Ez *Gg*. vernam *Ggg*. = der helt *Ggg*. riche *G*. 12. iamerliche *G*. 15. vuoget *G*. 16. gebalsemet *G*, gebalsenter *g*. 17. zwischen den *alle*, zwischen ir *g*. 18. Den ez *Ggg*, Dem ez *gg*. 19. also *Gg*. 20. iches im *G*. 24. irdesch *G*. 26. und *D*. 27. = Nu wizet (Vil selig *g*) frouwe mir ist leit *Ggg*. vil *D*, sere *d*. 28. senlichiu arbeit *D*. 29. Geruocht *G*. mins diens *D*.

250, 1. nach *Gg*. 2. Si *G*. vraget *D*, fragte *G*. wanne *gg*, wannen *D*, wanen *G*. 5. Sin *dgg*. 7. groz *G*. 8. gehoret *G*. unde wol *D*. 10. = werliche den *Dd*. ende *Ggg*. churen *Ggg*. 11. Chert hinnen welt ir genesen *Gg*. 12. hint *fehlt D*. 16. inre churzen *D*. zit *Ggg*. 17. der *Ggg*. getrwet *D*. 21. erbwenem *D*, erbouweme *g*, erbuwem *d*, unerbuwenem *G*, unerbuwem *g*. 22. Inner *gg*, In *Gdgg*. milen *DG*. 23. deh. *G*. buowe *Dg*. 24. Niwan *Ggg*, Neur *g*. 25. ist in erden *G*. 27. der invint *g*, dern vindet *D*, der envindet *G*. 30. Der *G*. immer die burc sol *g*, die burch imer sol *G*, die burc sol (wil) *gg*.

Abb. 3: Wolfram von Eschenbach. Hrsg. von Karl Lachmann. Berlin 1833, S. 124

deutsch nicht umgelautete Genitivform *der velsche*, von einem starken Femininum *diu valsche*), *des valsches* bzw. *der valsches* (Genitivform von dem starken Maskulinum *der valsch*, ‚Unredlichkeit, Betrug' – in der Fügung *der valsches* gehört der Artikel *der* zu dem folgenden Substantiv *widersaz*, während *valsches* artikellos bleibt) und *der falsche* (wiederum Genitiv des Femininums *diu valsche* oder missverstanden als Adjektiv zu *widersaz*).[23] Eben diese Formen finden sich in den Klammereinträgen von Lachmanns Apparat; allerdings ist die Lesart des Cgm 19 (G) nicht eigens aufgenommen.[24]

Blickt man von hier aus zurück zu Lachmanns ‚Reise-*Parzival*', so lässt sich zweierlei folgern: Zum einen zeigt sich dort an dem stehen gebliebenen Substantiv *der valscheit*, dass Lachmann die Lesarten der G-Handschrift Cgm 19 nicht immer konsequent verzeichnet, sei es aus Flüchtigkeit, sei es, weil er für die G-Klasse einen über der handschriftlichen Überlieferung stehenden, dort nicht bezeugten Wortlaut annimmt (so würde es zumindest der Eintrag im Variantenapparat der Ausgabe von 1833 suggerieren). Zum anderen legt der Eintrag nahe, dass Lachmann die Überlieferungsvarianten der mit d und g bezeichneten Textzeugen offenbar in Verzeichnissen gesammelt hat, die sich außerhalb des ‚Reise-*Parzival*' befunden und vermutlich nicht erhalten haben.[25]

Erhalten hat sich jedoch ein weiteres, bislang wenig bekanntes Exemplar von Myllers *Parzival*-Druck mit Eintragungen Lachmanns, die hauptsächlich der Konstitution des kritisch edierten Textes dienten.[26] Ehe darauf näher einzugehen ist, sei am Beispiel des sogenannten ‚Reise-*Parzival*' aus Kassel darauf verwiesen, wie Lachmann anhand von Myllers Druck an der Einrichtung einer Abschnittsgliederung gearbeitet hat (vgl. Abb. 2). Es handelt sich um die berühmten und durchaus nicht unumstrittenen Dreißiger. Die Zählung des dann auch in die Edition übernommenen Dreißigers 249 findet sich dort an zwei Stellen: einmal (mit Bleistift) neben der *D*-Initiale (Myllers Vers 7398), sodann nochmals vier Verse unterhalb davon (in brauner Tinte) neben der zu *Do* verbesserten Konjunk-

[23] Vgl. zum Adjektiv und zum starken Maskulinum *valsch* jeweils Matthias Lexer: Mittelhochdeutsches Handwörterbuch. Zugleich als Supplement und alphabetischer Index zum Mittelhochdeutschen Wörterbuche von Benecke-Müller-Zarncke. 3 Bände. Leipzig 1872–1878, Bd. 3, Sp. 12f. Ein starkes Femininum *diu valsche* ist bei Lexer nicht verzeichnet, lässt sich aber über die beiden wichtigen und frühen Handschriften der G-Gruppe Cgm 19 (G) und Cgm 61 (I) – beide um die Mitte des 13. Jh.s – belegen.

[24] Sie ist (mit Majuskel-*G*) erst seit der von Eduard Hartl besorgten sechsten Ausgabe 1926 (Anm. 13) und in der danach eingerichteten Studienausgabe 2003 (Anm. 3) aufgenommen.

[25] Neumann 1952/1966 (Anm. 4), S. 27, vermutet, dass Lachmann noch vor seiner ‚Wolframreise' vom Jahr 1824 „(i)n ein Exemplar des Myllerschen *Parzival*-Textes […] die Lesarten einer Heidelberger Handschrift und des Druckes [von 1477, M. St.] […] eingefügt" habe.

[26] Bereits Neumann 1952/1966 (Anm. 4), S. 27, geht davon aus, dass Lachmann den „Reise-*Parzival* […] später nicht als Unterlage für den Druck der Wolfram-Ausgabe verwenden (konnte). Denn der Reise-*Parzival* war durch die in den Text eingetragenen Lesarten und durch zusätzliche Anmerkungen beladen".

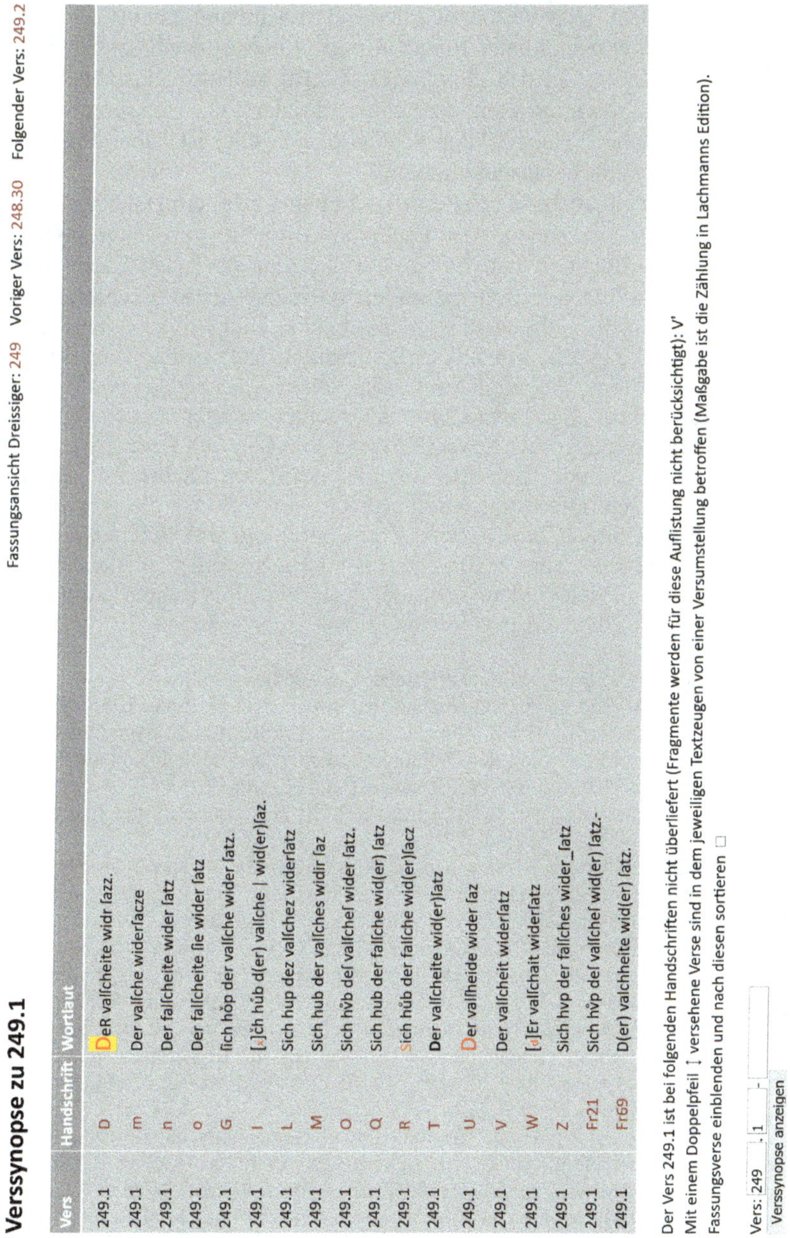

Verssynopse zu 249.1

Fassungsansicht Dreissiger: 249 Voriger Vers: 248.30 Folgender Vers: 249.2

Vers	Handschrift	Wortlaut
249.1	D	DeR valſcheite widr ſazz.
249.1	m	Der valſche widerſacze
249.1	n	Der falſcheite wider ſatz
249.1	o	Der falſcheite ſie wider ſatz
249.1	G	ſich hŏp der valſche wider ſatz.
249.1	I	[x]čh hůb d(er) valſche | wid(er)ſaz.
249.1	L	Sich hup dez valſchez widerſatz
249.1	M	Sich hub der valſches widir ſaz
249.1	O	Sich hv̊b deſ valſcheſ wider ſatz.
249.1	Q	Sich hub der falſche wid(er) ſatz
249.1	R	Sich hůb der falſche wid(er)ſacz
249.1	T	Der valſcheite wid(er)ſatz
249.1	U	Der valſheide wider ſaz
249.1	V	Der valſcheit widerſatz
249.1	W	[d]Er valſchait widerſatz
249.1	Z	Sich hvp der falſches wider_ſatz
249.1	Fr21	Sich hv̊p deſ valſcheſ wid(er) ſatz.-
249.1	Fr69	D(er) valchheite wid(er) ſatz.

Der Vers 249.1 ist bei folgenden Handschriften nicht überliefert (Fragmente werden für diese Auflistung nicht berücksichtigt): V'
Mit einem Doppelpfeil ↕ versehene Verse sind in dem jeweiligen Textzeugen von einer Versumstellung betroffen (Maßgabe ist die Zählung in Lachmanns Edition).
Fassungsverse einblenden und nach diesen sortieren ☐

Vers: 249 . 1 -
Verssynopse anzeigen

Abb. 4: Verssynopse 249,1, Parzival-Projekt (http://www.parzival.unibe.ch/parzDB/index.php → Verssynopse)

tion (Myllers Vers 7402). Hier wird ersichtlich, wie Lachmann tentativ an einer Abschnittsgliederung gearbeitet hat.[27] In der Vorrede zur Ausgabe betont er, dass er sich bei der Einrichtung an den „herausgerückte(n) anfangsbuchstaben" der St. Galler Handschrift sowie an den „gemahlten initialen" der „besseren handschriften" orientiert habe.[28] Ein wirklich schlüssiges System ist dabei bekanntlich für den *Parzival* nicht herausgekommen.[29]

Der Blick auf die entsprechende Seite in Lachmanns zweitem Handexemplar von Myllers Druck lässt erkennen, dass Lachmann offenbar mit weiteren Gliederungsoptionen experimentiert hat: Es handelt sich um das (nach Lachmanns erfolgter Nutzung am unteren Seitenrand leicht beschnittene) Exemplar der Staatsbibliothek zu Berlin – Preußischer Kulturbesitz, Libr. impr. c. not. mss. quart. 150 (Abb. 5).[30] Zumeist am linken Spaltenrand stehen hier Bleistifteinträge in arabischen Ziffern mit einem kommaähnlichen Zeichen, so etwa bei der rechten Spalte die Ziffern „243" und „244"; am rechten Spaltenrand finden sich schwarze Tinteneinträge in römischen Ziffern, so „ccxlviii" und „ccxlix". Über die dreispaltige Seite erstreckt sich allerdings auch die von Lachmann schließlich eingeführte Dreißigergliederung in roter Tinte, so z. B. für die Abschnitte 247 (in der mittleren Spalte bei Myllers Vers 7340) und 248 (in der rechten Spalte zuoberst bei Myllers Vers 7370). Sie scheint ein System von Bleistiftzahlen in Klammern abzulösen, indem etwa der rotfarbig eingetragene Abschnitt 248 einen Abschnitt „(241)" ersetzt.[31]

---

27 Die im Kasseler ‚Reise-*Parzival*' anzutreffenden Systematisierungsversuche weisen Bleistiftzahlen, braune und schwarze Tintenzahlen sowie diverse Zeichen am Versanfang bzw. -ende (u. a. +, –, =) auf. Eine detaillierte Rekonstruktion von Lachmanns Arbeitsprozess bei der Einrichtung der Dreißigergliederung bieten Neumann 1952/1966 (Anm. 4), S. 21f., und v. a. Schirok 1972 (Anm. 4), S. 593–619.

28 Vorrede in der Wolfram-Ausgabe 1833 (Anm. 1), S. IX, Nachdruck in der Studienausgabe 2003 (Anm. 3), S. XIV.

29 Vgl. zu Lachmanns Gliederungsversuchen bereits die Briefe an Jacob Grimm vom 2. Juli 1823. In: Briefwechsel Grimm/Lachmann (Anm. 4), Bd. 1, S. 407–410, hier S. 408f., und vom 18. April 1832. In: ebd., Bd. 2, S. 582–588, hier S. 584f. – Schirok verweist in der Studienausgabe 2003 (Anm. 3), S. LXXXVf., darauf, dass Lachmanns Dreißigergliederung erst „ab 224,1 handschriftlich gesichert" sei und dass für die Abschnitte davor (die Bücher I–IV) eine „Übergeneralisierung Lachmanns" vorliege, bei der auch punktuelle „Denkfehler" nicht auszuschließen seien; vgl. zur Dreißigergliederung auch den Überblick bei Joachim Bumke: Wolfram von Eschenbach. 8. Auflage. Stuttgart, Weimar 2004 (Sammlung Metzler. 36), S. 198f.; und Mertens 2014 (Anm. 3), S. 729.

30 Das Berliner Handexemplar gelangte zusammen mit Lachmanns Nachlass in den Besitz der Berliner Universitätsbibliothek, aus welcher der Nachlass 1893 in die damals Königliche Bibliothek überging; ein Großteil davon ist seit dem Zweiten Weltkrieg verloren (freundliche Mitteilung von Kurt Heydeck, Staatsbibliothek zu Berlin – Preußischer Kulturbesitz, Handschriftenabteilung, vom 4.1.2021). Ich danke der Staatsbibliothek zu Berlin für die Bereitstellung von Digitalisaten.

31 Unweit von dieser Stelle findet sich das von Lachmann im Berliner Handexemplar mit eckigen Klammern in roter Tinte eingefasste Verspaar *Nantes ieman vilan.* | *Der het ir vnreht getan.* (S. 62a, Myllers Verse 7660f., die Lachmann als Verse 257,23f. führt). Dieses

Nur bei dem eben besprochenen Abschnitt (Myllers Vers 7398, bei Lachmann 249,1) fehlt ein entsprechender Eintrag. Auffällig ist hier ein großes in roter Tinte eingetragenes „D“, das wohl für die an entsprechender Stelle positionierte, auf Goldgrund aufgetragene Zierinitiale der St. Galler Handschrift, S. 73b, stehen soll. Lachmann hat den Buchstaben vermutlich im Zuge der angestrebten Großgliederung nach Büchern eingetragen. In der Vorrede von 1833 hält er fest: „auch die eintheilung in bücher [...] habe ich überliefert gefunden, in der handschrift zu Sanct Gallen mit vergoldeten buchstaben“; insgesamt sei er auf 16 solcher buchartiger Einheiten gekommen.[32] Allerdings sei es ihm „unpassend [erschienen] die abtheilungen [an bestimmten Stellen] beizubehalten“ – und dazu gehört eben auch die Zierinitiale am Beginn des Dreißigers 249.[33] – Die Entscheidung gegen einen Bucheinschnitt an dieser Stelle scheint sich in dem im Berliner Handexemplar durchgestrichenen Majuskel-D zu dokumentieren.[34]

Neben dieser Suche nach den rechten Gliederungsmöglichkeiten dokumentiert das Berliner Exemplar vor allem die Einrichtung des kritisch edierten Textes. Am Anfang des Berliner Handexemplars hat Lachmann auf den Seiten 1 bis 12 offenbar die Einrichtung eines normalisierten G-Textes mit Eintragungen in schwarzer Tinte erprobt, wie zahlreiche Normalisierungen und Abänderungen

---

„alberne wortspiel mit ‚vilân‘ und ‚vil an‘“ (Vorrede in der Wolfram-Ausgabe 1833 [Anm. 1], S. IX, Nachdruck in der Studienausgabe 2003 [Anm. 3], S. XIV) athetiert Lachmann, um auch in diesem Abschnitt die Dreißigerzählung aufrechterhalten zu können. Auch in der Edition steht das Verspaar 257,23f. in eckigen Klammern, doch zählt der Dreißiger 257 insgesamt 32 Verse. – Die in Lachmanns *Parzival*-Ausgabe vorgenommene Umstellung einer Versgruppe (nach Lachmanns Zählung 69,29–70,6 – sie steht in allen Handschriften erst hinter Vers 71,6) ist dagegen in den Notizen des Berliner Handexemplars allenfalls ansatzweise erkennbar (vgl. dort S. 17b, Myllers Verse 2092–2099, neben dem letzten Vers ein Querstrich). Im Kassler ‚Reise-*Parzival*‘ erfolgt an der entsprechenden Stelle neben Myllers Vers 2092 ein treffender Verweis auf die Verse 12,3–14, der unterhalb der Spalte b folgendermaßen erläutert wird: „Um dieſe abſchweifûng zû be|greifen, mûß man ſich an 12,3–14 erinnern“. Tatsächlich stehen beide Textstellen in Zusammenhang mit Gahmurets Geliebter Ampflise. Vgl. zu 69,29–70,6 auch Wolfram von Eschenbach: Parzival. Nach der Ausgabe Karl Lachmanns revidiert und kommentiert von Eberhard Nellmann. Übertragen von Dieter Kühn. 2 Bde. Frankfurt/M. 1994 (Bibliothek des Mittelalters. 8,1/2 [Bibliothek deutscher Klassiker. 110]), Kommentar, Bd. 2, S. 494.

32 Vorrede in der Wolfram-Ausgabe 1833 (Anm. 1), S. IX, Nachdruck in der Studienausgabe 2003 (Anm. 3), S. XIV.

33 Ebd.; vgl. zur Einteilung in Bücher auch Neumann 1952/1966 (Anm. 4), 35–37; Bumke 2004 (Anm. 29), S. 195–198; Mertens 2014 (Anm. 3), S. 728.

34 Im Kasseler ‚Reise-*Parzival*‘ sind unter diversen Notizen auf dem vorderen Außen- und Innendeckel auch Entwürfe zur Bucheinteilung eingetragen. Vgl. dazu Neumann 1952/1966 (Anm. 4), S. 22f.; Schirok 1972 (Anm. 4), S. 620–627; Schirok 2003 (Anm. 3), S. LXXXIVf.

60 DER PARCIVAL.

Vor im vf einer linden ſaz,
Ein magt der fvogte ir triwe not.
Ein gebalſemt rittr tot.
Lent ir zwiſcen den armn.
Swenz niht wolt erbarmn,
Der ſi ſo ſitzen ſæhe,
Vntriwen ich im iæhe.
Sin orſ do gein ir wante.
Der wenich ſi bechante:
Si waſ doch ſiner mvomen kint.
Al irdiſch triwe waſ ein wint,
Wan di man an ir libe ſach.
Parzival ſi grvozte vnd ſprach.
Frovwe mir iſt vil leit.
Iwer ſenlichiv arbeit.
Bedvrft ir minſ dienſ iht,
In iwerem dienſte man mich ſiht.

Si danchte im vz jamerſ ſiten,
Vnt vraget in wannen er choe-
me geriten.
Si ſprach ez iſt wider zæme.
Daz iemen an ſich næme.
Sine reiſe in diſe waſte.
Vnchvndem gaſte.
Mach hie wol grozer ſcade ge-
ſcehn.
Ich hanz gehort vnd wol geſehn.
Daz hie vil lvte ir lip verlvrn,
Die werliche den tot erchivrn.
Chert hinnen ob ir welt geneſn.
Saget ê wa ſit ir geweſn.
Dar iſt ein mile odr mer,
Daz ich geſach nie bvrch ſo her,
Mit aller ſlahte richheit.
Inre chivrzen wile ich dannen
reit.
Si ſprach ſwer iv getrvwet iht,
Den ſvlt ir gerne triegen niht.
Ir traget doch einen gaſtes ſcilt.
Ivch moht deſ waldeſ han bevilt,
Von erbowenem lande her geritn.
Inre drizech milen wart nie ver-
ſnitn.
Zecheinem bovwe holz noch
ſtein.

Wan ein bvrch div ſtet al ein,
Div iſt erden wvnſces riche.
Swer die ſvochet ſlizecliche,
Leider dern vindet ir niht.
Vil livte manz doch werbn ſiht.
Ez mvoz vnwizzende geſcehen,
Swer immer ſol die bvrch geſehen.

Ich wæne, herre, div iſt iv niht
bechant.
MVNSALVÆSCE iſt ſi genant.
Der bvrge wirteſ royam,
Terre de ſalvæſce iſt ſin nam.
Ez brahte der alte tytvrel.
An ſinen ſvn der kvnec frimvtel,
Svs hiez der werde wigant.
Manegen priſ erwarp ſin hant.
Der lach von einer tjoſte tot,
Alſ im div minne dar gebot.
Der ſelbe liez fier werdiv kint.
Bi richeit driv in jamer ſint:
Der vierde hat armvot,
Dvrch got fvr ſvnde er daz tvot.
Derſelbe heizet trevrizent.
Anfortas ſin brvoder lent.
Der mach geriten noch gegen.
Noch geligen noch geſten:
Der iſt vf mvnſalvæſce wirt.
Vngenade in niht verbirt.
Si ſprach herre, wæret ir chomn
dar,
Zvo der jæmerlichen ſcar,
So wære dem wirte worden rat.
Vil chvmberſ den er lange hat.
Der waleis zvo der meide ſprach.
Grozlich wvndr ich da ſach,
Vnt manege frovwen wolgetan.
Bi der ſtimme erchante ſi den man.

Do ſprach ſi dv biſt parzival.
Nv ſage et, ſæhe dv den gral.
Vnt den wirt frevden lære.
La hoeren liebiv mære,
Ob wendech iſt ſin freiſe.
Wol dich der ſælden reiſe.
Wan ſwaz die lvfte han beſlagen,

Dar ob mvoſtv hoehe tragen:
Dir dienſt zam vnde wilt,
Ce richeit iſt dir wvnſc gezilt.
Parzival der wigant.
Sprach wa von habt ir mich er-
chant:
Si ſprach da bin ichz div magt,
Div dir ê chlvmber gechlagt.
Vnd div dir ſagete dinen namn.
Dvne darft dich niht der ſippe
ſcamn,
Daz din mvoter iſt min mvome.
Wiplicher chivſce ein blvome.
Iſt ſi gelivtert ane tov.
Got lone dir daz dich do ſo rov,
Min friwent, der mir zer tjoſt
lach tot.
Ich han in al hie nv prveue not,
Die mir got hat an im gegebn,
Daz er niht langer ſolde lebn.
Er pflach manlicher gvete.
Sin ſterbn mich do mvete.
Ovch han ich iſt von tage ze tage,
Fvrbaz erchenne niwe chlage.
Owe war chom din roter mvnt.
Biſtvz ſigvne div mir chvnt.
Tet wer ich waſ an allen var.
Din reideleht lanch prvnez har,

Deſ iſt din hovbet bloz getan.
Zem foreſt in prizlian.
Sah ich dich do vil minneclich,
Swie dv wæreſt jamerſ rich.
Dv haſt verlorn varwe vnd chraft.
Diner herten geſelleſcaft.
Verdrvzze mich, ſolt ich di haben,
Wir ſvlen diſen toten man be-
graben.
Do nazzten dir ovgen ir die wat.
Ovch wal frovn lunetten rat.
Ninder da bi ir geweſen.
Div riet ir frovwen lat geneſen.
Diſen man der den iweren ſlvoch:
Er mag ergezzen ivch genvoch.
Sigvne gerte ergezzenſ niht,
Als wip die man bi wanche ſiht,

7534 Ma-

Abb. 5: Parcival. Ein Ritter-Gedicht aus dem dreizehnten Iahrhundert von Wolfram von Eschilbach. [Hrsg. von Christoph Heinrich Myller. Berlin] 1784. Exemplar Universitätsbibliothek Kassel, Landesbibliothek und Murhardsche Bibliothek der Stadt Kassel, 4° Ms. philol. 124 (Lachmanns Berliner Handexemplar), S. 59

des in Myllers Druck vorgefundenen Textes belegen.[35] Ab Seite 13 nehmen die Eintragungen merkbar ab, doch stehen auch hier G-Lesarten, die Lachmann entgegen dem St. Galler Codex (Hs. D) in den kritischen Text aufnimmt, in normalisierter Gestalt neben den Spalten oder zwischen den Zeilen (dies bei Markierung des Myller'schen Textes durch Unter- oder Durchstreichung).[36] Fehlverse der St. Galler Handschrift, die entsprechend in Myllers Druck ausgespart sind, sowie gelegentliche zusätzliche Auslassungen dort, trägt Lachmann gemäß anderen Textzeugen (zumeist gemäß dem Cgm 19, Hs. G) in schwarzer Tinte nach, so etwa das in der Ausgabe als 248,29f. aufgenommene Verspaar, welches wie schon im ‚Reise-*Parzival*', so auch im Berliner Handexemplar auf Seite 59 vor Myllers Vers 7398 eingetragen ist.

Dass das Berliner Handexemplar ansonsten der Normalisierung des in Myllers Druck vorgefundenen Textes der St. Galler Handschrift gedient hat, lässt sich an den von Lachmann auf den Seiten 49 bis 106 sowie 196 mit roter Tinte vorgenommenen Einträgen beobachten.[37] Exemplarisch sei wiederum das erste Verspaar des Dreißigers 249 (Myllers Druck, S. 59^{c}, Vers 7398f., Abb. 5) mit den entsprechenden Eingangsversen in der Edition von 1833 (Abb. 3) verglichen: Das Kompositum *widr sazz* wird im ersten Glied um ein *e* in der Endsilbe erweitert, im zweiten Glied bei der graphischen Doppelkonsonanz um ein *z* gekürzt, beide Wortteile werden durch einen Bindestrich dezent miteinander verbunden. Im folgenden Vers werden die schreibsprachlich verschobenen Formen *Cherte* und *chrazz* zu den unverschobenen Entsprechungen *kert* und *kraz* normalisiert, dies im Verbund mit weiteren Maßnahmen wie der Apokope in *kert* vor Vokal und der (dem Eingriff beim vorausgehenden Reimwort entsprechenden) Vereinfachung der Doppelkonsonanz in *kraz*. Auffällig ist dabei die graphische Eigenart, mit der Lachmann nach der Streichung des *c* jeweils durch einen Schrägstrich aus dem verbleibenden Buchstaben *h* ein *k* kreiert.

Bei den Namen lässt sich der normierende Eingriff beispielhaft an der Form *Parzivâl* zu Anfang von Vers 7386 von Myllers Druck (ebenfalls S. 59^{c}, Abb. 5) erkennen: Lachmann setzt hier in roter Tinte einen Zirkumflex über der Schlusssilbe *-vâl* und übernimmt diese Markierung auch konsequent in seiner Ausgabe

---

35 Am unteren Rand der Seiten 1 bis 12 sind ergänzend vollständige Verse in schwarzer Tinte eingetragen, die Lachmann offenbar der durch den Cgm 19 und andere Textzeugen vertretenen G-Klasse zuordnet (in seiner Zählung bis Vers 52,8, dieser abgeschnitten). So finden sich etwa unterhalb von S. 1a die G-Verse 1,11, 1,17, 1,23, 1,25, 1,28, 1,30, 2,3. Dass dabei ein über dem Cgm 19 (Hs. G) stehender G-Text rekonstruiert wird, belegen neben den Normalisierungen u. a. Vers 1,23 (der in G fehlt) und der Beginn von Vers 1,25 (*Der machet* …, in G dagegen: *vnde machent* …). Die in den genannten Versen begegnenden Varianten stehen umkreist bzw. umrahmt auch links neben der ersten Spalte von S. 1.

36 So z. B. *dâ ſigenunft* auf S. 14a unten links neben Myllers Vers 1704 (Lachmanns Vers 58,2, Hs. D: *die gvnst*) oder *rois de franze* auf S. 17b oben vor Myllers Vers 2092 (Lachmanns Vers 69,29, Hs. D: *der kvnech von Vranchrihe*).

37 Sie umfassen damit Lachmanns Verse 203,3 bis 441,9 sowie 826,9 bis 827,30. Außerhalb davon finden sich nur sehr sporadisch Eintragungen in roter Tinte.

(dort Vers 248,17). Die auf diese Weise bezeichnete Länge ist hier wie auch sonst handschriftlich weder durch den St. Galler Codex noch durch den Cgm 19 gestützt. Es handelt sich um das „nivellierende[.] Normalmhd. Lachmann'scher Prägung", das Lachmann selbst nie explizit erläutert hat.[38] Wie ein Blick auf den Reimgebrauch des ostfränkischen Dichters Wolfram von Eschenbach zeigt, finden sich zwar Reimkonstellationen von *Parzivâl* mit Wörtern, die einen gedehnten Stammvokal haben (z. B. *mâl, grâl*), daneben stehen aber auch Reime mit Wörtern, welche diese Dehnung im klassischen Mittelhochdeutschen nicht aufweisen (so *schal, tal, wal, zal*).[39]

Die beobachtbare Normalisierungspraxis ist auch aufschlussreich für Lachmanns metrische Regulierungen. In Vers 249,4 (bei Myller 7401) ändert er das hier gemäß der St. Galler Handschrift mit enklitisch angehängtem Pronomen *ez* geschriebene viersilbige Verbum *awentiuwert* – bekanntlich ein Wolfram'scher Neologismus.[40] Entgegen dem handschriftlichen Wortlaut gestaltet er den Bau des Verbums so um, dass es synkopisch verkürzt in das vierhebige, regelmäßig alternierende Versschema passt: *Alre〉r〈st nv âventiurt ez sich*, lautet das Resultat im Berliner Handexemplar.[41] Eine ähnliche von Lachmann zugunsten metrischer

---

[38] Vgl. Hermann Paul: Mittelhochdeutsche Grammatik. 25. Auflage, neu bearbeitet von Thomas Klein, Hans-Joachim Solms und Klaus-Peter Wegera. Mit einer Syntax von Ingeborg Sch[r]öbler, neu bearbeitet und erweitert von Heinz-Peter Prell. Tübingen 2007 (Sammlung kurzer Grammatiken germanischer Dialekte A. Hauptreihe. 2), § E 11, S. 17f. (Zitat S. 17).

[39] Nachweise für *schal*: 193,18, 222,14, 242,4; für *tal*: 195,10; für *wal* (‚Kampfplatz'): 182,8, 207,11, 210,28; für *wal* (‚Wahl'): 198,14, 778,6; für *zal*: 370,17, 446,3. – Vgl. zu Wolframs ostfränkischer Sprache allgemein Kurt Gärtner: Grundlinien einer literarischen Sprachgeschichte des deutschen Mittelalters. In: Sprachgeschichte. Ein Handbuch zur Geschichte der deutschen Sprache und ihrer Erforschung. Hrsg. von Werner Besch, Anne Betten, Oskar Reichmann und Stefan Sonderegger. 2. Auflage. Bd. 4, Berlin, New York 2004 (Handbücher zur Sprach- und Kommunikationswissenschaft. 2.4), Sp. 3018–3042, hier S. 3032f.

[40] Vgl. Nellmann 1994 (Anm. 31), Kommentar, Bd. 2, S. 589.

[41] Das von Lachmann handschriftlich eingefügte *r* ist hier durch „〉*r*〈" bezeichnet. Die in Myllers Druck gemäß der Schreibweise des St. Galler Codex vorgefundene Verbform *aventiuwertez* erhält durch Lachmann einen Zirkumflex auf dem *a*, die Buchstabenfolge *we* wird durch *u* ersetzt, das Pronomen *ez* durch ein schleifenartiges Zeichen abgetrennt. – Unter dem Lemma *âventiuren* erscheint das Wort mit Verweis auf Vers 249,4 auch in [Wilhelm Müller:] Erster entwurf eines wörterbuchs zu Wolframs von Eschenbach werken, aufbewahrt in der Universitätsbibliothek Bern unter der Signatur MUE Singer VI.424, hier Bl. 50v (Manuskript von 356 Blättern, in der Regel auf der Rückseite beschrieben, gelegentlich auf die folgende Rectoseite überlaufend, so auch bei Bl. 356, dessen Rückseite leer ist; auf Bl. 357r bis 394v schließt sich ein Verzeichnis von Satzkonstruktionen wie Relativsätzen und von Präpositionen an). Bei dem „entwurf" handelte es sich de facto um ein unvollendetes *Parzival*-Wörterbuch (zu den Buchstaben A–F[V]), das der Germanist Wilhelm Müller (1812–1890) ca. zwischen 1839 und 1844 angelegt hatte und offenbar aufgab, als er das Projekt eines mittelhochdeutschen Wörterbuchs von dem 1844 verstorbenen Georg Friedrich Benecke übernahm (Mittelhochdeutsches Wörterbuch. Mit Benutzung des Nachlasses von Georg Friedrich Benecke ausgearbeitet von Wilhelm Müller und Friedrich Zarncke. 3 Bände. Leipzig 1854–

60

Vor im vf einer linden ſaz.
Ein magt der ſvogte ir triwe not.
Ein gebalſemt ritter tot.
Lent ir zwiſcen den armn.
Swenz niht wolt erbarmn,
Der ſi ſo ſitzen ſæhe,
Vntriwen ich im iæhe.
Sin orſ do gein ir wante.
Der wenich ſi bechante:
Si waſ doch ſiner mvomen kint.
Al irdiſch triwe waſ ein wint,
Wan die man an ir libe ſach.
Parzival ſi grvozte vnde ſprach.
Frovwe mir iſt vil leit.
Iwer ſenlichiv arbeit.
Bedvrft ir minſ dienſ iht,
In iwerem dienſte man mich ſiht.

Abb. 6: Parcival. Ein Ritter-Gedicht aus dem dreizehnten Iahrhundert von Wolfram von Eschilbach. Hrsg. von Christoph Heinrich Myller [Berlin] 1784. Exemplar Universitätsbibliothek Kassel, Landesbibliothek und Murhardsche Bibliothek der Stadt Kassel, 4° Ms. philol. 124 (Lachmanns Berliner Handexemplar), S. 60a (Ausschnitt)

Regulierung vorgenommene Zusammenziehung findet sich auf der folgenden Seite 60a des Berliner Handexemplars bei Myllers Vers 7414 (Abb. 6), wo der bestimmte Artikel *den* durch Streichung der Buchstaben *de* auf ein *n* reduziert und enklitisch an die vorangehende Präposition *zwiscen* (normalisiert zu: *zwischen*) angehängt wird: *Lent ir zwischenn armen* lautet entsprechend Vers 249,17 in der Edition.[42]

An den Versen 7411–7416 zuoberst von Seite 60a des Berliner Handexemplars lässt sich auch zeigen, wie Lachmann die in Myllers Druck jeweils mit Reimpunkten abgeschlossenen Verse nach modernen Maßstäben interpungiert hat: In Vers 7411 und 7413 wird der Reimpunkt gestrichen, in Vers 7412 und 7414 bleibt er als Satzschlusszeichen erhalten, in Vers 7415 und 7416 wird er

---

1866). Das Manuskript stammt aus dem Nachlass von Johannes Stosch, der es 1891 in Marburg erworben hatte (vgl. den Besitzvermerk auf Bl. 1r, Vorbesitzer war Edward Schröder). Später gelangte es in den Besitz des Berner Germanisten Samuel Singer (1860–1948), dessen Nachlass seinerseits in der Universitätsbibliothek Bern aufbewahrt wird. Vgl. zu Müllers *Parzival*-Wörterbuch Kurt Gärtner: Das Wörterbuch zu Wolframs *Parzival* von Wilhelm Müller. In: Studien zu Wolfram von Eschenbach. Festschrift für Werner Schröder zum 75. Geburtstag. Hrsg. von Kurt Gärtner und Joachim Heinzle. Tübingen 1989, S. 225–241.

42 Vgl. zur Kritik an solchen zugunsten metrischer Glättungen hergestellten ‚Schrumpfformen' Nellmann 1994 (Anm. 31), Bd. 2, S. 427f.; Schirok 2003 (Anm. 3), S. LXXXIIf.; Mertens 2014 (Anm. 3), S. 727f.

zum Komma verlängert. Wie Lachmann in der Vorrede betont, habe er auf die „interpunction [...] den dankenswerthesten fleiß verwandt“: Obwohl ihn und den Setzer der Edition „die reimpunkte am ende der verse [...] wie sie in Müllers Parzival stehn [...] fast zur verzweiflung gebracht“ hätten, „wollte [er] heutigen lesern das verständniß des dichters so erleichtern wie sie es in gedruckten büchern aller sprachen gewohnt“ seien.[43] Das Anliegen, den handschriftlich überlieferten Text einem zeitgenössischen Publikum zugänglich zu machen, wird hier sehr deutlich. Bei der Interpunktion bringt Lachmann ein elaboriertes System zur Anwendung, das sich vom schwächsten zum stärksten syntaktischen Einschnitt erstreckt: Komma, Semikolon, Kolon (d. h. Doppelpunkt) und Punkt.[44] Von der heutigen Gewohnheit weicht dabei die Verwendung des Doppelpunkts ab, da dieser in Lachmanns Gebrauch nicht (zwingend) auf Folgendes verweist, auch wenn es Grenzfälle gibt. Dies zeigt sich etwa an Myllers Vers 7419, dessen Reimpunkt Lachmann zu einem Doppelpunkt erweitert. In der Edition werden auf diese Weise die Aussage, dass Parzival seine Cousine (bei der zweiten Begegnung) so gut wie nicht kannte, und die unmittelbar darauffolgende Erwähnung der gegenseitigen Verwandtschaft durch den erwähnten Doppelpunkt abgetrennt: *der wênic si bekante: | si was doch sîner muomen kint* (249,22f.).

Abschließend ist auf die erwähnten Klassen D und G zurückzukommen, die Lachmann für die Überlieferungsverhältnisse des *Parzival* angesetzt hat. Wie Lachmann in der Vorrede einräumt, erachtet er es als „eine schwäche [s]eines textes, daß er im ganzen der ersten klasse folgt“ (d. h.: D).[45] Dieser Sachverhalt ist zweifellos auch der pragmatischen Vorgehensweise geschuldet, gemäß der sich Lachmann auf die in den Handexemplaren von Myllers Druck verfügbare Textgestalt der St. Galler Handschrift gestützt hat. Das Berliner Exemplar lässt dabei besonders auf den Anfangsseiten 1 bis 12 durchaus eine Erprobung der Textgestalt der G-Klasse erkennen. Lachmann selbst hat die beiden Klassen D und G in der Vorrede als „von gleichem werth“ erachtet.[46] An dieser Stelle

43 Vorrede in der Wolfram-Ausgabe 1833 (Anm. 1), S. VIII, Nachdruck in der Studienausgabe 2003 (Anm. 3), S. XIII. Der Vorläufigkeit moderner Interpunktion sowie den verbleibenden Interpretationsspielräumen gegenüber dem mittelhochdeutschen Text und seiner handschriftlichen Überlieferung trägt Lachmann dadurch Rechnung, dass er zum „nachbessern“ und „ändern“ der von ihm vorgenommenen Zeichensetzung regelrecht ermuntert (ebd. in der Ausgabe 1833, S. VIIIf., Studienausgabe 2003, S. XIV).

44 Im Vorwort der *Iwein*-Ausgabe von 1827 erfolgt der explizite Hinweis, „daß das semikolon ein großes komma und das kolon einen kleineren punkt bezeichnet“; zitiert nach Schirok 2003 (Anm. 3), S. LXXXIII, im Kontext weiterer Ausführungen zu Lachmanns Interpunktionsverfahren.

45 Vorrede in der Wolfram-Ausgabe 1833 (Anm. 1), S. XVIII, Nachdruck in der Studienausgabe 2003 (Anm. 3), S. XIX; ebd. auch die folgenden Zitate.

46 Im Brief an Jacob Grimm vom 25. Mai 1823 vertritt Lachmann sogar die später allerdings revidierte Ansicht, dass die St. Galler Handschrift im Hinblick auf den Archetypus wohl „das meiste Eigene und den am wenigsten echten Text“ biete (Briefwechsel Grimm/Lachmann [Anm. 4], Bd. 1, S. 392–399, hier S. 393); vgl. auch McCulloh 1983 (Anm. 4), S. 490; Schirok 2003 (Anm. 3), S. LXX.

kommt nun erneut die Leserschaft ins Spiel, wenn Lachmann betont, er habe „es dem leser erleichtern wollen auch die [sc. Lesarten, M. St.] der klasse *Ggg* [Sammelbegriff für die Gruppe der *G*-Handschriften, M. St.] zu erkennen"; zur Anzeige solcher gleichwertiger Lesarten, durch die sich die Klassen D und G unterscheiden, habe er im Apparat ein Gleichheitszeichen gesetzt.[47] Ein Beispiel findet sich im Apparat zu Vers 249,11, wo die G-Lesart *der helt* mittels des Gleichheitszeichens als gleichwertig gegenüber der Version *der degen* im kritischen Text deklariert wird (vgl. Abb. 3).

In seinem Aufsatz über „Mittelalterliche Texte als Aufgabe" von 1964 hat Karl Stackmann „[v]ollkommen gleichwertige Lesarten" dieses Typs als „Präsumtivvarianten" bezeichnet. Er hat dafür Beispiele aus dem *Parzival* herangezogen und sich ausdrücklich auf Karl Lachmanns Konzept der Überlieferungsklassen „von gleichem werth" berufen.[48] Im Hinblick auf Einzellesarten übergreifende Textformen spricht Stackmann auch von „gleichwertigen Parallelversionen".[49] Eben diesen Begriff hat seinerseits Joachim Bumke beim Versuch einer Definition von Fassungen in der höfischen Epik der Zeit um 1200 aufgegriffen: Fassungen sind nach Bumke „gleichwertige Parallelversionen", die sich unter den semi-oralen Kommunikationsbedingungen der höfischen Gesellschaft in einem frühen Stadium der Überlieferungsgeschichte ausgeprägt haben und sich damit gerade jener „stemmatologischen Bestimmung widersetz[en]", welche die Post-Lachmann'sche Textkritik zum methodischen Prinzip erhoben hat.[50]

---

47 Vgl. zur Apparatgestaltung bereits den Brief an Jacob Grimm vom 18. April 1832. In: Briefwechsel Grimm/Lachmann (Anm. 4), Bd. 2, S. 582–588, hier S. 584f.; dazu auch Schirok 2003 (Anm. 3), S. LXXIII.

48 Stackmann 1964/1997 (Anm. 6), S. 21f. Später hat Stackmann „Präsumtivvarianten" als „Varianten von gleichem Wert mit der Lesung des kritischen Textes" definiert (Karl Stackmann: Neue Philologie? In: Modernes Mittelalter. Neue Bilder einer populären Epoche. Hrsg. von Joachim Heinzle. Frankfurt/M., Leipzig 1994, S. 398–427, Nachdruck in: ders.: Philologie und Lexikographie. Kleine Schriften II. Hrsg. von Jens Haustein. Göttingen 1998, S. 20–41, hier S. 35). In der mit Lachmanns Namen verbundenen Textkritik bezeichnet der Begriff der ‚Präsumptivvarianten' (dort konsequent mit ‚p' geschrieben) „konkurrierende Varianten, die nach erfolgter Recensio als präsumptive Lesungen des Archetypus übrigbleiben" (so resümierend J. Heinzle); Stackmanns Auslassung des ‚p' dürfte der Duden-Schreibweise folgen: „präsumtiv (mutmaßlich)". Dazu ausführlicher (mit detaillierten Nachweisen) Michael Stolz: Der ‚lebende Text'. Mutationen in der *Parzival*-Überlieferung am Beispiel von Vorlage und Kopie (Handschriften V und V'). In: Lachmanns Erbe. Editionsmethoden in klassischer Philologie und germanistischer Mediävistik. Hrsg. von Anna Kathrin Bleuler und Oliver Primavesi. Berlin 2022 (Beiheft der Zeitschrift für deutsche Philologie. 19), S. 585–614, hier S. 589.

49 Stackmann 1964/1997 (Anm. 6), S. 22.

50 Joachim Bumke: Die vier Fassungen der Nibelungenklage. Untersuchungen zur Überlieferungsgeschichte und Textkritik der höfischen Epik im 13. Jahrhundert. Berlin, New York 1996 (Quellen und Forschungen zur Literatur- und Kulturgeschichte. 8 [242]) S. 32, in Absetzung von Maas 1960, Timpanaro 1963ff. (Anm. 6) und anderen; zu den mündlich geprägten Kommunikationsbedingungen (Vortrag, Vorlesen) ebd., S. 60–68.

So lässt sich hier eine Kontinuität erkennen, die sich von Lachmanns Beobachtung der Gleichwertigkeit zweier Überlieferungsklassen über Stackmanns Begriff der „Präsumtivvarianten“ bis hin zu Bumkes Fassungskonzept erstreckt. Die jetzt neu zu erarbeitende *Parzival*-Edition ist Lachmanns in der Vorrede von 1833 angestellten Überlegungen in vielerlei Hinsicht verpflichtet. Selbst die Tatsache, dass wir heute glauben, von vier Fassungen anstatt von den beiden in der Vorrede festgestellten Überlieferungsklassen D und G ausgehen zu können, lässt sich bereits auf vereinzelte Beobachtungen Lachmanns zurückführen.

Wie sich mehrere Fassungen simultan darstellen lassen, zeigt die Editionsprobe des Dreißigers 249 (Anhang 2): Der kritische Text basiert wie bei Lachmann auf der durch den St. Galler Codex 857 repräsentierten Fassung *D. Davon abweichende Textversionen zweier weiterer Fassungen und ausgewählter Überlieferungszeugen werden in einem Fassungsapparat am rechten Rand in normalisierter Form geboten: Fassungen *G und *T, Textzeugen L und Z. Unterhalb des kritischen Textes befinden sich drei Apparatetagen. Davon listet die erste die Auswahl der Textzeugen auf, die bei der Angabe der Fassungsvarianten mitberücksichtigt werden. Die zweite beinhaltet Angaben zur materiellen Gestalt der ausgewählten Textzeugen (Initialen, Majuskeln, gegebenenfalls Überschriften und Illustrationen). Die dritte nimmt (bei Platzproblemen: Pfeilsymbol im Fassungsapparat) Anteile der Fassungen *G und *T auf, sie dokumentiert die Varianten der als sekundär zu erachtenden Fassung *m (fassbar nur in Fragment 69 aus der ersten Hälfte des 14. Jh.s und in Handschriften des 15 Jh.s), sie verzeichnet weitere Einzellesarten (etwa *gerv̊cht*, korrigiert aus *berv̊cht*, in G, 249,29) sowie Abweichungen der Leithandschrift D gegenüber dem konstituierten Text *D (letzteres in Dreißiger 249 nicht relevant), und sie enthält in Ausnahmefällen einen überlieferungsgeschichtlichen Kommentar (Buchsymbol, Verweis auf die Position der Sigune ‚unter einer Linde‘ in den *Parzival*-Handschriften L und R, 249,14, analog zu Chrétiens *Conte du Graal*, Vers 3431: ‚unter einer Eiche‘). Dieses Editionskonzept ist andernorts ausführlicher vorgestellt.[51]

[51] Vgl. die Hinweise oben, Anm. 21. Zu den Editionsprinzipien zuletzt Stolz 2016 (Anm. 21); Elke Brüggen und Michael Stolz: Fassungen, Übersetzung und Kommentar. Profile einer neuen Ausgabe von Wolframs ‚Parzival‘. In: Walther von der Vogelweide. Düsseldorfer Kolloquium 2018. Hrsg. von Ricarda Bauschke und Veronika Hassel in Verbindung mit Franz-Josef Holznagel und Susanne Köbele. Berlin 2020 (Wolfram-Studien. 26), S. 469–491, hier S. 471–478; Stolz 2022 (Anm. 48), S. 597f.

Anhang 1: Siglenverzeichnis – *Parzival*-Handschriften und -Druck in Lachmanns Ausgabe von 1833

Die Siglen folgen dem jüngeren in der *Parzival*-Philologie gebräuchlichen System.[52] In eckigen Klammern sind die im Apparat von Lachmanns Ausgabe (Wolfram von Eschenbach, Berlin 1833, Anm. 1) verwendeten Siglen angegeben; einzelne der ‚Klasse' G zugeordneten Fragmente (hier mit „Fr" + Ziffer bezeichnet) tragen bei Lachmann Siglen aus der alphabetischen Umgebung von ‚G'.[53] Im Apparat des im vorliegenden Beitrag exemplarisch behandelten Dreißigers 249 sind die erwähnten Fragmente allerdings nicht vertreten, da sie andere Textstellen überliefern.

D	[D]	St. Gallen, Stiftsbibliothek, Cod. 857 (südostalemannisch-südwestbairischer Raum, vielleicht Südtirol, zweites Drittel des 13. Jh.s)
n	[d]	Heidelberg, Universitätsbibliothek, Cpg 339 (elsässische Lauberwerkstatt, um 1443–1446) [von Lachmann wegen ihrer schlechten Qualität „aus Verachtung" mit der Sigle Y bedacht][54]
Fr7	[d]	Berlin, Staatsbibliothek Preußischer Kulturbesitz, Ms. germ. fol. 923 Nr. 39 (ostalemannisch-bairisch, mit mitteldeutschen Merkmalen, Ende des 13., Anfang des 14. Jh.s)
Fr8	[d]	Göttingen, Niedersächsische Staats- und Universitätsbibliothek, 4° Cod. Ms. philol. 184:Ia (mitteldeutsch, vermutlich nordrheinfränkisch nach oberdeutscher Vorlage, Anfang des 14. Jh.s)
G	[G]	München, Bayerische Staatsbibliothek, Cgm 19 (bairisch-ostalemannisch, Mitte des 13. Jh.s)
I	[g]	München, Bayerische Staatsbibliothek, Cgm 61 (mittelbairisch, zweites Viertel des 13. Jh.s)
L	[g]	Hamburg, Staats- und Universitätsbibliothek, Cod. germ. 6 (rheinfränkisch, 1451)
O	[g]	München, Bayerische Staatsbibliothek, Cgm 18 (bairisch, letztes Viertel des 13. Jh.s)

52 Vgl. zuletzt Klaus Klein: Beschreibendes Verzeichnis der Handschriften (Wolfram und Wolfram-Fortsetzer). In: Wolfram von Eschenbach. Ein Handbuch. Hrsg. von Joachim Heinzle. Studienausgabe Berlin, Boston 2014, S. 941–1002, hier S. 942–959; sowie die Webseiten des Parzival-Projekts und des Handschriftencensus: http://www.parzival.unibe.ch/hsverz.html und http://www.handschriftencensus.de/werke/437.

53 Vgl. zu den von Lachmann herangezogenen Textzeugen auch die Wolfram-Ausgabe 1833, S. XV–XVIII, Nachdruck in der Studienausgabe 2003, S. XVI–XVIII; zu den Fragmenten auch Gesa Bonath und Helmut Lomnitzer: Verzeichnis der Fragment-Überlieferung von Wolframs *Parzival*. In: Studien zu Wolfram von Eschenbach. Festschrift für Werner Schröder zum 75. Geburtstag. Hrsg. von Kurt Gärtner und Joachim Heinzle. Tübingen 1989, S. 87–149.

54 Vgl. den Brief von Karl Lachmann an Jacob Grimm vom 2. Juli 1823. In: Briefwechsel der Brüder Jacob und Wilhelm Grimm mit Karl Lachmann. Hrsg. von Albert Leitzmann, mit einer Einleitung von Konrad Burdach. 2 Bände. Jena 1927, Bd. 1, S. 407–410, hier S. 408.

W [d/g] Druck (Johann Mentelin, Straßburg 1477) [Druck W ordnet Lachmann mehrheitlich der ‚Klasse' G zu, daneben gibt es abschnittweise Anteile der ‚Klasse' D]

Z [g] Heidelberg, Universitätsbibliothek, Cpg 364 (ostfränkisch, erstes Viertel des 14. Jh.s)

Fr17 [E] München, Bayerische Staatsbibliothek, Cgm 194/III (bairisch-ostalemannisch, Mitte des 13. Jh.s, aus demselben Skriptorium wie Hs. G)

Fr18B [F] Berlin, Staatsbibliothek Preußischer Kulturbesitz, Ms. germ. fol. 734 Nr. 2 (oberdeutsch: bairisch, zweite Hälfte des 13. Jh.s)

Fr19 [G^{a}] Berlin, Staatsbibliothek Preußischer Kulturbesitz, Ms. germ. fol. 734 Nr. 1 (oberdeutsch: bairisch, Mitte des 13. Jh.s)

Fr20 [G^{b}] Berlin, Staatsbibliothek Preußischer Kulturbesitz, Ms. germ. fol. 734 Nr. 4 (oberdeutsch: wohl ostalemannisch, Mitte des 13. Jh.s)

Fr43 [g] Göttingen, Niedersächsische Staats- und Universitätsbibliothek, 4° Cod. Ms. philol. 184:Ib (vielleicht südwestdeutsch, erste Hälfte des 14. Jh.s)

Fr45B [g] Münster, Landschaftsverband Westfalen-Lippe-Museum für Kunst und Kultur, Westfälisches Landesmuseum, Ms. 459 (westmitteldeutsch eingefärbte Schreibsprache eines nach einer oberdeutschen, vielleicht bairischen Vorlage kopierenden niederdeutschen Schreibers, Mitte des 14. Jh.s)

Fr47A [g] Berlin, Staatsbibliothek Preußischer Kulturbesitz, Ms. germ. fol. 734 Nr. 5 (bairisch, Mitte des 14. Jh.s)

Fr48C [g] Berlin, Staatsbibliothek Preußischer Kulturbesitz, Ms. germ. fol. 923 Nr. 41 (bairisch, drittes Viertel des 14. Jh.s)

Fr50B [g] München, Bayerische Staatsbibliothek, Cgm 194/IV (niederösterreichisch, Ende des 13. Jh.s)

Anhang 2: Editionsprobe des Dreißigers 249

Text	Varianten
249 **D**er valscheite widersaz	sich huop der velsche w. ↓**G*
kêrte ûf der huofslege kraz.	vaste ûf der h. kr. ↓**G*
sîn scheiden dan, daz riwet mich.	
alrêst nû âventiwert ez sich.	Nû êrst **T*
dô begunde krenken sich ir spor.	
sich schieden, die dâ riten vor.	
ir slâ wart smal, diu ê was breit.	
er verlôs si gar, daz was im leit.	die v. er **T L*
mære vriesch dô der junge man,	dô *om. *G (nur GI) *T*
dâ von er herzenôt gewan.	
Dô erhôrte der degen ellens rîch	ez (Da *O* [*L*] *Z Fr21*) vernam **G* · der helt **G *T*
einer vrouwen stimme jæmerlîch.	
ez was dennoch von touwe naz.	
vor im ûf einer linden saz	vnder e. l. *L* 📖
ein magt, der vuogte ir triwe nôt.	
ein gebalsemt ritter tôt	
lent ir zwischen den armen.	lac an ir a. **T*
swenz niht wolt erbarmen,	↓**G *T*
der si sô sitzen sæhe,	alsô **T*
untriwen ich im jæhe.	
Sîn ors dô gein ir wante,	sîn ôre (ors *V*) er g. ir w. (wende *U*) **T*
der wênic si bekante.	erkande (erkende *U*) **T Z*
si was doch sîner muomen kint.	
al irdisch triwe was ein wint,	
wan die man an ir lîbe sach.	wan dier an ([W*]: W. die man an *V*) **T (nur TU)*
Parzival si gruozte und sprach:	
»vrouwe, mir ist vil leit	↓**G *T*
iwer senlîchiu arbeit.	
bedurft ir mînes dienstes iht,	geruocht (vnd bedurft *I*) ↓**G (nur G)*
in iwerem dienste man mich siht.«	

***D**: D* ***m**: m Fr69 (249.1–2 und 20–27)* ***G**: G I O L Z Fr21 Fr23 (249.15–17)* ***T**: T U V*

1 *Großinitiale D · Initiale I U · Majuskel T* **4** *Majuskel T* **5** *Überschrift:* Aventiwer wie Parzifal bedwanch Orillus sunder twal vnd frowen Iescutten hulde gewan *I · Initiale I* **9** *Illustration mit Überschrift:* Wie parcifal Sigunen vff einer linden vant *m · Initiale m L Z Fr21 T* **11** *Majuskel D* **13** *Initiale O* **21** *Überschrift:* Hie kam parzifal zv̊m anderen male zv̊ sinre nv́ftelen sigvnen *V · Initiale V · Majuskel D* **27** *Initiale I*

1 sich (÷c̆h *I*) huop der (des *O* [*L*] *Fr21*) velsche (valsche *G I* valsches *O* [*L Z*] *Fr21*) widersaz **G* **2** vaste] *om. O L Fr21* **3** sîn scheiden] si schieden **m* **9** Nû vriesch der junge süeze man **m* · Nv vernam der iunge man *V* **10** mære dâ von er nôt gewan **m (V [auf Rasur])* **13** ez] er **m* **14** 📖 vnder e. l. *(auch in R, vgl. ›Conte du Graal‹, V. 3431: soz .i. chaisne)* **18** swenz] den (dem *I* [*O*]) ez (daz *L*) **G* den si ([D*]: Swen ez *V*) **T* **21** dô gein ir] gegen ir dô **m* **22** bekante] erkante *Fr69* **27** vrouwe] nû wizzet vrouwe **G* er sprach (sagete *U V*) vrouwe **T* · vil] sêre **m om. *G *T* **29** bedurft] [berŏ̌cht]: gerŏ̌cht *G*

Horst Brunner

Verpasste Möglichkeiten

Überlegungen zu von der Hagens *Minnesingern*

Johannes Rettelbach gewidmet

Von der Hagen zählt, anders als seine Zeitgenossen Benecke, die Brüder Grimm und Lachmann, nicht zu den Heroen der Frühgeschichte der Germanistik.[1] Vielzahl und Qualität seiner Editionen mittelalterlicher Texte waren von Anfang an umstritten. Ich zitiere nur wenige Stellen aus den von Eckhard Grunewald zusammengestellten Meinungsäußerungen: W. Grimm (1810): „Hagen hat eine gewisse Noth, alles geschwind ans Licht zu bringen, als könnte es ihm genommen werden“; Görres (1812): „[...] es ist eine wahre Besessenheit in dem Menschen herauszugeben“; W. Grimm (1827): „[...] sein Mangel an eigentlich wissenschaftlichem Geist, diese verwünschte Fabrikarbeit [...]“; J. Grimm (1856): „Hagen hat sein lebenlang fleißig und eifrig, oft aber oberflächlich und immer vorlaut und großsprecherisch, nie bescheiden gearbeitet [...]“;[2] W. Scherer (1865): „[...] das Urbild der heutigen altdeutschen Philologen für's große Publikum [...] Ein literarischer Geschäftsmann im Großen [...] Er war kein treuer Arbeiter im Kleinen und Einzelnen [...] ein höchst ungetreuer Genoß im Ganzen der Wissenschaft.“[3]

Friedrich Heinrich von der Hagen, geboren am 19. Februar 1780 in Schmiedeberg in der Uckermark als unehelicher, jedoch legitimierter Sohn eines Freiherrn aus altem brandenburgischem Adel, aufgewachsen bei Verwandten des

---

1 Grundlegend ist die Monographie von Eckhard Grunewald: Friedrich Heinrich von der Hagen 1780–1856. Ein Beitrag zur Frühgeschichte der Germanistik. Berlin, New York 1988 (Studia linguistica Germanica. 23); weiterführend ist die Rezension von Uwe Meves in Zeitschrift für deutsches Altertum 119, 1990, S. 116–121, außerdem Jens Haustein in Beiträge zur Geschichte der deutschen Sprache und Literatur 112, 1990, S. 127–130. Vgl. ferner Werner Röcke: ‚Erneuung‘ des Mittelalters oder Dilettantismus? F. H. von der Hagen (1780–1856) und die Anfänge der Berliner Germanistik. In: Zeitschrift für Germanistik N. F. 1, 2010, S. 48–63; Internationales Germanistenlexikon 1800–1950. Hrsg. von Christoph König. 3 Bde. Berlin, New York 2003, hier Bd. 2, S. 647–650; zur frühen Germanistik überhaupt vgl.: Eine Wissenschaft etabliert sich. 1810–1870. Hrsg. von Johannes Janota. Tübingen 1980 (Deutsche Texte. 53), S. 1–60.

2 Alle Zitate Grunewald 1988 (Anm. 1), S. 3.

3 Ebd., S. 1.

https://doi.org/10.1515/9783110786422-006

Vaters in Prenzlau, hatte seit 1798 in Halle Jura studiert, danach absolvierte er 1802–1806 in Berlin das Referendariat, das ihn wenig befriedigte. Entscheidend für seine weitere Laufbahn wurden im Winter 1803/04 die Berliner Vorlesungen August Wilhelm Schlegels „über schöne Literatur und Kunst". Die Neigungen des seit jeher literarisch interessierten jungen Mannes, der vor allem Jean Paul und Winckelmann verehrte, richteten sich nunmehr ganz auf die altdeutsche Dichtung, insbesondere auf das *Nibelungenlied.* Bereits 1805 veröffentlichte er in einer Zeitschrift die „Probe" einer neuen Ausgabe des Epos, in der er versuchte, die Donauepisode in der Form einer sogenannten „Erneuung" dem zeitgenössischen Publikum nahezubringen – d. h. in den mhd. Text wird im Allgemeinen nur dort eingegriffen, wo er mittlerweile unverständlich geworden war, doch blieben auch manche „schönen" mhd. Wörter stehen, die in Fußnoten erklärt wurden, z. B. *buhurt* oder *recke.* Von der Hagen erregte damit Aufsehen, er trat mit vielen wichtigen Persönlichkeiten der damaligen Literaturszene, auch mit Goethe, in Verbindung. Bereits im Herbst 1807 legte er die „Erneuung" des gesamten *Nibelungenliedes* im Druck vor. Das ganze Unternehmen wurde zwar von Wilhelm Grimm für völlig misslungen erklärt: „Es ist eine Modernisirung, die schlechter ist als das Original, und doch nicht modern",[4] das Selbstbewusstsein des ‚Erneuerers' litt jedoch darunter nicht. Er gab die Juristerei 1807 auf und lebte zunächst als Privatgelehrter. Von der Hagen publizierte fleißig weiter, oft zusammen mit seinem Freund Johann Gustav Gottlieb Büsching (1793–1829), er bewarb sich 1808 an der eben gegründeten Berliner Universität um eine neu zu errichtende Professur für „Deutsche Alterthums-Wissenschaft".[5] Durch hartnäckiges Insistieren und gute Verbindungen hatte er damit auch Erfolg: am 21.9.1810 wurde er zum außerordentlichen Professor, freilich ohne Gehaltsanspruch, ernannt – der erste Inhaber einer ausdrücklich der deutschen Sprache gewidmeten Professur überhaupt. Bereits Ende 1811 wechselte von der Hagen dann nach Breslau, wo er außer der nach wie vor unbesoldeten Professur auch eine besoldete Bibliothekarsstelle antreten konnte. In Breslau gelang es ihm 1817, auf das so lange angestrebte Ordinariat befördert zu werden – wiederum als erster ordentlicher Professor für germanische Philologie. Seit 1824 wirkte er dann bis zu seinem Tod am 11.6.1856 wieder an der Berliner Universität. Seit 1825 lehrte dort der dreizehn Jahre jüngere Karl Lachmann (1793–1851), der

4 Ebd., S. 57.

5 Vgl. Uwe Meves: Zur Einrichtung der ersten Professur für deutsche Sprache an der Berliner Universität (1810). Zuerst 1985, wieder in ders.: Ausgewählte Beiträge zur Geschichte der Germanistik und des Deutschunterrichts im 19. und 20. Jahrhundert. Hildesheim 2004 (Spolia Berolinensia. 24), S. 79–103; vgl. auch: Deutsche Philologie an den preußischen Universitäten im 19. Jahrhundert. Dokumente zum Institutionalisierungsprozess. Hrsg. von Uwe Meves. 2 Bde. Berlin, New York 2011 – darin auch zahlreiche auf von der Hagen sich beziehende bzw. von ihm selbst vorgelegte Dokumente.

von ihm wenig geschätzte Kollege, den er überlebte. Dieser war auch schon seit 1830 Mitglied der Akademie der Wissenschaften, in die von der Hagen erst 1841 aufgenommen wurde.[6]

Von der Hagen war erfüllt, geradezu besessen von Sammel- und Publikationsdrang. Sein von Eckard Grunewald zusammengestelltes Schriftenverzeichnis bucht zwischen 1807 und 1856 nicht weniger als 55 oft mehrbändige Buchpublikationen, dazu 230 Aufsätze, ferner die Herausgeberschaft bei Zeitschriften (*Museum* 1809–1811, *Germania* 1836–1853).[7] Bei den Buchpublikationen handelt es sich fast ausschließlich um Editionen hoch- und spätmittelalterlicher deutscher, altnordischer, vereinzelt auch französischer und englischer Texte, viele davon Erstausgaben, die teilweise erst viel später durch neuere Editionen überholt wurden, zu einem kleinen Teil aber noch immer nicht ersetzt sind. Voraussetzung dafür waren ein dichtes Netzwerk zuarbeitender Autoritäten, Freunde und Helfer, dessen sich von der Hagen zu versichern wusste, dazu (teilweise staatlich geförderte) Bibliotheksreisen, der kostspielige Erwerb von Handschriften und alten Drucken und fertigen oder in Auftrag gegebenen Abschriften sowie eigenhändig erstellte Kopien.[8] In einer Zeit wie der unseren, in der der Zugang zu den Quellen denkbar einfach ist, muss man sich die damalige Mühsal der Quellensammlung vor Augen halten. Es war eine völlig richtige Einsicht, in der Frühzeit des Faches zunächst einmal möglichst alle einschlägigen alten Texte zu sammeln und zum Druck zu befördern. Von der Hagen setzte hier fort, was für die *Manessische Handschrift* 1758/59 durch Johann Jacob Bodmer (1698–1783) und Johann Jacob Breitinger (1701–1776) mit ihrer allerdings unvollständigen Ausgabe geleistet worden war und was dann vor allem Bodmers Schüler Christoph Heinrich Myller (1740–1807) mit seinen zwischen 1782 und 1785 erschienenen Ausgaben des *Nibelungenliedes,* des *Parzival* und anderer epischer und lyrischer Texte fortgesetzt hatte.[9] Von der Hagen brachte unterschiedliche Ausgaben des *Nibelungenliedes* zum Druck (1807, 1810, 1816, 1820, 1824, 1842, 1852 die *Klage*), sammelte und edierte die übrigen mhd. Heldendichtungen (1811, 1820, 1825, 1855), darunter auch erstmals die *Kudrun* (1820),[10] lieferte Übersetzungen einschlägiger altnordischer Texte (1812, 1813,

[6] Vgl. Uwe Meves: Wahlvorschläge für und von Germanisten an der preussischen Akademie der Wissenschaften (1826–1900). Von Jacob Grimm bis Eduard Sievers. Stuttgart 2014 (Zeitschrift für deutsches Altertum Beihefte. 21), Nr. 14 und 16; zu Lachmann vgl. König 2003 (Anm. 1), Bd. 2, S. 1046–1049, ferner Uwe Meves: Karl Lachmann. In: Wissenschaftsgeschichte der Germanistik in Porträts. Hrsg. von Christoph König, Hans-Harald Müller und Werner Röcke. Berlin, New York 2000, S. 20–32.

[7] Grunewald 1988 (Anm. 1), S. 371–394.

[8] Vgl. hierzu Karl Stackmann: Das Interesse an den deutschen Handschriften des Mittelalters. In: Die Jenaer Liederhandschrift. Codex – Geschichte – Umfeld. Hrsg. von Jens Haustein und Franz Körndle. Berlin, New York 2010, S. 181–203, zu von der Hagen insbesondere S. 185f., 188–190.

[9] Vgl. König 2003 (Anm. 1), Bd. 2, S. 1278–1280.

[10] Vgl. Jens Haustein: Der Helden Buch. Zur Erforschung deutscher Dietrichepik im 18. und frühen 19. Jahrhundert. Tübingen 1989 (Hermaea N. F. 58), S. 37–67.

1814, 1815, 1855), publizierte Gottfrieds von Straßburg *Tristan* zusammen mit den beiden Fortsetzungen, dazu Thomas von Bretagne, den mittelenglischen *Sir Tristrem,* Eilhart von Oberg (teilweise), Marie de France mit weiteren Texten (1823). Zusammen mit Büsching herausgebracht wurden, durchweg als Erstausgaben: *König Rother,* der *Herzog Ernst D, Wigamur,* Reinbots von Durne *Heiliger Georg*, das epische Gedicht und das Spruchgedicht von *Salomon und Markolf* (1808), ferner Sammlungen deutscher Volkslieder (1807) und sogenannter Volksbücher (*Buch der Liebe* 1809), die *Lebensbeschreibung des Götz von Berlichingen* (1813), ohne Mitwirkung Büschings *Narrenbuch* (1811) und *Der Ackermann aus Böhmen* (1824). Von der Hagens größte editorische Leistungen schließlich waren die *Minnesinger* (1838) und das *Gesammtabenteuer* (1850), die dreibändige Sammlung von hundert kürzeren Erzählungen, die erst in der Gegenwart vollständig ersetzt wurde.[11] Unverkennbar ist der Drang, alle Textbereiche möglichst vollständig zu erfassen: alle Fassungen des *Nibelungenliedes* und des *Tristan*, möglichst alle mittelalterlichen Lieder, Volksbücher, Kurzerzählungen usw.

Als der Dreißigjährige 1810 zum Berliner Professor ernannt wurde, war er zweifellos der damals beste Kenner der deutschen mittelalterlichen Literatur in ihrer Gesamtheit. Dies bewies er nicht zuletzt durch ein zusammen mit Büsching erarbeitetes Werk, das 1812 herauskam: *Literarischer Grundriß zur Geschichte der Deutschen Poesie von der ältesten Zeit bis in das sechzehnte Jahrhundert.* Das umfangreiche Buch (XXXII+578 Seiten) war von der Hagens einzige Publikation, die von der Kritik uneingeschränkt begrüßt wurde. Es handelt sich um eine für die Frühzeit der Germanistik geradezu staunenswerte, grundlegende Zusammenstellung der Überlieferung sämtlicher damals bekannten mittelalterlichen poetischen Texte (die Prosa ist ausgeschlossen) – ein Nachweis, mit welcher Übersicht und mit welchem Fleiß hier grundlegende Erschließungsarbeit geleistet worden war. Unübersehbar ist auch, wie dicht das Netzwerk gesponnen war, in dem andere, die namentlich genannt werden, zur Vervollständigung beigetragen hatten, und wie umsichtig die damals verfügbare Forschungsliteratur erfasst ist. Selbst Lachmann lobte 1823 das Buch: „Und was hat er [v. d. Hagen] Gutes gemacht? Seinen Grundriß, wo er fleißig gewesen ist und sich seiner geistreichen Trägheit entschlagen hat.“[12]

Das Problem war und ist: Von der Hagen setzte das im großem Stil fort, was die Editoren des 18. Jahrhunderts begonnen hatten. Er edierte mit unermüdlichem Fleiß eine Fülle von Texten nach den Handschriften, unterließ es aber, die Texte „kritisch“ zu bearbeiten. Zwar sind seine Editionen sehr oft keine schlichten Handschriftenabdrucke, sondern er besserte nach der Parallelüberlieferung und lieferte Lesartenverzeichnisse und Erläuterungen. Er ignorierte aber fort-

---

11 Deutsche Versnovellistik des 13. bis 15. Jahrhunderts. Hrsg. von Klaus Ridder und Hans-Joachim Ziegeler. 6 Bde. Basel, Berlin 2018.

12 Grunewald 1988 (Anm. 1), S. 321.

während – sicher ganz bewusst – das, was auf dem Gebiet der Editionsphilologie mittelalterlicher Texte um ihn herum vor allem durch Georg Friedrich Benecke (1762–1844) und Lachmann, „treuen Arbeitern im Kleinen und Einzelnen" (Scherer, s. o.), unternommen wurde: der Schritt vom Handschriftenabdruck zur penibel bearbeiteten „kritischen" Ausgabe. Die Ausgaben des *Iwein* (gemeinsam von Benecke und Lachmann 1827 herausgegeben, ein Wörterbuch dazu von Benecke allein 1833), Lachmanns *Walther von der Vogelweide* (1827), sein *Wolfram von Eschenbach* (1833),[13] später (postum zusammen mit Moriz Haupt [1808–1874][14]) *Des Minnesangs Frühling* (1857), Haupts *Neidhart von Reuenthal* (1858) begnügten sich nicht mit dem Abdruck einer einzelnen, notfalls durch Rückgriff auf die Parallelüberlieferung verbesserten Quelle. Sie versuchten vielmehr, durch kritisches Vorgehen (d. h. wo es nötig schien, auch durch Konjekturen) auf der Basis der gesamten Überlieferung, doch hinter dieser, dem Original des Autors möglichst nahezukommen, wenigstens einen ihm nahestehenden sogenannten Archetyp zu erschließen, der das nicht mehr greifbare Original ersetzen musste. Grundlage war die – durchaus zeitgebundene – Ansicht, vom Autor sei stets nur eine ganz bestimmte, fest umrissene, einmalige Textgestalt ausgegangen, eine Ansicht, die heute, insbesondere im Bereich des Liedes und der Kurzerzählung, als weitgehend überholt gilt. Auch orthographisch wurde eingegriffen, sozusagen eine „Reinschrift" hergestellt: durch Lachmann wurde das sogenannte Normalmittelhochdeutsch zur üblichen Schreibnorm, bei der man voraussetzte, dass es so etwas wie eine mittelhochdeutsche Dichtersprache gegeben habe. Die Graphien einzelner, auch der besten Handschriften waren dabei weitgehend zu vernachlässigen.[15] Es blieb im Übrigen nicht aus – das muss angemerkt werden –, dass diese Art Rekonstruktionsphilologie auch zu unerfreulichen Ergebnissen führen konnte, denn mit ihr war – entgegen der Theorie – dem Urteil, dem *iudicium*, schlimmstenfalls auch der Willkür des Herausgebers ein breiter Spielraum eingeräumt, nicht selten fühlte der Editor sich wohl gleichsam als Mitautor, der wusste, wie der Text „wirklich" lauten musste – das galt besonders für das Gebiet des Minnesangs, in dem man immer wieder Lieder oder einzelne Strophen, die nicht in das vorgefasste Bild eines Dichters passten oder zu passen schienen, in den Ausgaben für unecht erklärte; ein prominenter Name in diesem Zusammenhang war, bei aller Wertschätzung, die er durchaus verdient, Carl von Kraus (1868–1952).[16] Erst seit der zweiten Hälfte des 20. Jahrhunderts wurden die Schwächen des Konzepts der

13 Vergleiche zu den genannten Editionen und Lachmanns editorischem Vorgehen die Beiträge von Thomas Bein (zu Walther), Michael Stolz (*Parzival*) und Kurt Gärtner (*Iwein*) in diesem Band.

14 Vgl. zu ihm König 2003 (Anm. 1), Bd. 2, S. 682–684; Edith Wenzel: Moriz Haupt. In: König u. a. 2000 (Anm. 6), S. 41–46.

15 Vgl. dazu auch Meves 2000 (Anm. 6), S. 24f.

16 Vgl. dazu Johannes Janota: Carl von Kraus. In: König u. a. 2000 (Anm. 6), S. 141–151.

Editionsphilologie à la Lachmann häufiger thematisiert.[17] Heute ist, bei aller berechtigten Anerkennung für das damals Geleistete, ihr gegenüber Skepsis verbreitet.

Vor dem Hintergrund der, wie man es sah, „Verwissenschaftlichung" der Editionsphilologie – die sich an der klassischen Philologie orientierte, Lachmann und Haupt waren bedeutende Editoren auch auf diesem Feld – erschienen von der Hagens Ausgaben bei allem Fleiß, den er aufwandte, als purer Dilettantismus. Das (meist wohl vergebliche) Schielen nach einem breiten Publikum, die ungenügend erscheinende Aufbereitung der Texte, auch die von ihm bewusst gewählten gotisierenden Drucktypen, die sich von der schlichten lateinischen Schrift der „modernen" Ausgaben unterschieden, ja selbst das Quartformat, in dem die Bücher vielfach herauskamen, stießen bei vielen Fachkollegen oft auf entschiedene Ablehnung: Ettmüller: „die mannigfachen Verschnörkelungen, besonders der großen Buchstaben, beleidigen das an edle Einfachheit gewöhnte Auge"; Lachmann: „Wer aber wird gern den Walther oder den Nithart in solchen großen Wälzern von Bänden lesen."[18] Dennoch: heute, in einer völlig anderen Zeit, kann man von der Hagens Mut, mit dem er auch schwierige und viel Ausdauer und Fleiß erfordernde Aufgaben unternahm, die Anerkennung, ja Bewunderung nicht versagen. Meine Bewunderung gilt vor allem dem großen Unternehmen der vierbändigen, insgesamt XLVI+2590 Seiten[19] umfassenden *Minnesinger*, die nichts Geringeres sind als die vollständigste Sammlung mittelhochdeutscher Lieddichtung, die es je gegeben hat. Sie wurden meiner Meinung nach, im Zusammenhang der allgemeinen Missachtung, mit der man von der Hagen strafte, nicht in dem Ausmaß von der Forschung gewürdigt, wie es angebracht gewesen wäre – und damit verpasste man, wie ich meine, sehr lange Zeit wichtige Möglichkeiten zu weiterführender Erkenntnis und Forschung auf dem Gebiet des mittelalterlichen Liedes.

Die Entstehung der *Minnesinger*, die die gesamte aus der Zeit zwischen etwa 1150 und etwa 1350 überlieferte Liedlyrik enthalten – seither ist nur noch wenig hinzugekommen, etwa das *Münstersche* (Z) und das *Budapester* (Bu) *Fragment* –, zog sich über einen langen Zeitraum hin.[20] Den Plan zu einer vollständigen Sammlung, verbunden mit bio-bibliographischen Anmerkungen, hatte von der Hagen bereits 1805/06 gefasst. Seit 1810 begannen Vorarbeiten und Bemühungen um Abzeichnungen der Miniaturen in Handschrift C, die sich damals in

---

[17] Vgl. etwa den bekannten Aufsatz von Karl Stackmann: Mittelalterliche Texte als Aufgabe. Zuerst 1964, Wiederabdruck in ders.: Mittelalterliche Texte als Aufgabe. Kleine Schriften I. Hrsg. von Jens Haustein. Göttingen 1997, S. 1–25; vgl. auch Stackmann 2010 (Anm. 8), S. 193–196.

[18] Zitate nach Grunewald 1988 (Anm. 1), S. 206.

[19] Zu den fortlaufend nummerierten Seiten kommt noch der 32-seitige Einschub Bd. 3, nach S. 468.

[20] Das Folgende nach Grunewald 1988 (Anm. 1), S. 185–192.

Paris befand. Ab 1816/17 wurden die Anstrengungen verstärkt wieder aufgenommen, nicht zuletzt auf Reisen wurden Lieder aus Handschriften abgeschrieben, wurde die Neidhart-Handschrift c erworben, eine Studienreise nach Paris zur Manessischen Handschrift unternommen. Der Plan einer Ausgabe von C mit den Miniaturen als Kupfer- oder Steinstiche scheiterte an den Kosten. Schließlich gewann von der Hagen den Leipziger Verleger Johann Ambrosius Barth. Ein Verlagsvertrag wurde 1823 geschlossen, der Druck sollte 1825 beginnen. Beabsichtigt war nunmehr die Edition des gesamten erhaltenen Liedcorpus *ohne* die Miniaturen. Der Druckbeginn verzögerte sich, 1826 musste von der Hagen schließlich das Manuskript von Bd. 1/2 aus der Hand geben. Zu diesem Zeitpunkt kannte er die *Weingartner Handschrift* B nur aus Teildrucken, die *Weimarer Handschrift* F noch gar nicht. 1829 war Bd. 3 bis auf die 1. Nachlese (S. 451–468[hh]) gedruckt, die 2. Nachlese konnte erst 1836 abgeschlossen werden. Beendet war der Druck des unter der Jahreszahl 1838 erschienenen Werkes tatsächlich erst Ende 1839. Am 1. Weihnachtsfeiertag hielt von der Hagen sein Werk in Händen. Am Ende des Vorberichts hatte er am 8. Juni 1838 bemerkt:

> Bei dem allerdings erst in einer ziemlichen Reihe von Jahren zu Stande gebrachten Werke, in welches ich so manches meiner besten Jahre hineingearbeitet habe, ist, wie ich geziemend bitte, wohl zu erwägen, daß ein Tag den andern lehrt, und zumal auf diesem frisch angebauten Felde über Nacht allerlei nachwächst; wie man denn verschiedene Zeiten in den einzelen Theilen dieses Buches wohl erkennen wird, da das Meiste schon manches Jahr gedruckt oder geschrieben zum Druck da lag und eigentlich nur auf den letzten Bogen sich noch der Zeit nachkommen ließ (Bd. 1, S. XLVI).

Der korrekte, reichlich barock anmutende Titel des Werkes lautet: *Minnesinger. Deutsche Liederdichter des zwölften, dreizehnten und vierzehnten Jahrhunderts, aus allen bekannten Handschriften und frühen Drucken gesammelt und berichtigt, mit den Lesarten derselben, Geschichte des Lebens der Dichter und ihrer Werke, Sangweisen der Lieder, Reimverzeichnis, der Anfänge, und Abbildungen sämmtlicher Handschriften, von Friedrich Heinrich von der Hagen.* Zu Beginn steht die Widmung an König Friedrich Wilhelm III. von Preußen mit Dank für die Förderung, die er Herausgeber und Werk hatte zuteilwerden lassen. Dann folgt ein ausführlicher *Vorbericht:* Berichtet wird zunächst über die jahrelange mühsame Eruierung der Quellen, dann folgen Angaben zur Einrichtung der Texte, die nicht einen bloßen Handschriftenabdruck bieten, sondern eine „verglichene und berichtigte Ausgabe“ (S. XXII). Die Orthographie ist vereinheitlicht, offensichtliche Fehler sind korrigiert, lückenhaft überlieferte Texte werden nach der Parallelüberlieferung vervollständigt. Metrik, Strophenformen, die Form des Leichs, die Melodien werden ausführlich behandelt. Es wird in diesem Zusammenhang darauf aufmerksam gemacht, dass eine „unzertrennliche Verbindung der Sangweise und des Strophenbaus“ (S. XXXVIII) bestehe. Der Editor äußert sich schließlich zu den beigegebenen Biographien der Dichter und den dabei beachteten Prinzipien und weist abschließend auf die in den Handschriften enthaltenen Dichterbilder hin – sie konnten in die *Minnesinger* nicht aufgenommen werden, jedoch gelang es von der Hagen, sie 1856, seinem Todesjahr, in einem *Bildersaal Altdeutscher Dichter* doch noch zu publizieren, womit die Präsentation der gesamten Überlieferung erfolgreich abgeschlossen war.[21]

Die Bände 1 und 2 der *Minnesinger* enthalten – zweispaltig gedruckt – die vollständige Sammlung der Texte in Handschrift C in der dortigen Reihenfolge der Dichter. Hinzu tritt die Parallelüberlieferung in weiteren Handschriften, wobei die Texte in C durch in der Parallelüberlieferung vorhandene, hier durch Asterisk markierte Zusatzstrophen ergänzt werden. Im Einzelnen verfuhr von der Hagen dort, wo die Überlieferung es gebot, durchaus flexibel. So gewährte er etwa bei Reinmar von Zweter der Autorhandschrift D den Vorrang vor C (vgl. Bd. 3, S. 685). Anzumerken ist, dass das Neidhartcorpus in den Bänden 2 und 3 und die Neidhartbiographie in Band 4 großenteils von Wilhelm Wackernagel (1806–1869) bearbeitet wurden, der damals als Amanuensis von der Hagens fungierte, nach seiner Berufung nach Basel 1835 dann zu einem maßgeblichen Altgermanisten aufstieg (vgl. dazu Bd. 4, S. 436).[22] Der reichhaltige Band 3 enthält sämtliche Strophen aus J, soweit sie nicht bereits in Bd. 1/2 enthalten waren (S. 3–182), ferner die Neidhartlieder der Handschrift c, ebenfalls soweit nicht schon in Band 2 gedruckt, dazu 13 Lieder aus dem Druck des *Neithart Fuchs* (S. 183–313), außerdem Lieder bekannter Dichter in der Reihenfolge von C, die sich nicht schon in früheren Abteilungen fanden, vor allem solche aus D, E und F – hier auch das umfangreiche restliche Frauenlobcorpus (S. 315–414), dann Lieder ungenannter Autoren nach verschiedenen Handschriften und Fragmenten, unter anderen nach den *Carmina burana* (S. 415–448), schließlich noch zwei Nachlesen (S. 449–468, 468^{a}–468^{hh}). Beschlossen wird der Band von einem Verzeichnis aller in den drei Bänden enthaltenen Dichter (S. 469–471), einem sehr umfangreichen Strophenregister, geordnet nach den Reimsilben (S. 472–582), und den ebenfalls umfangreichen Lesarten (S. 583–824, Lesarten zur Nachlese II S. 842–844). Angehängt ist schließlich noch ein Verzeichnis der Druckfehler in den älteren Abdrucken von Bodmer, Myller und anderen (S. 825–841) – eine zusätzliche Fleißarbeit, die vermutlich in den vergangenen 180 Jahren von niemandem benutzt wurde.

Schließlich der mächtige 4. Band, 938 Seiten. Er enthält zunächst die vom Herausgeber verfassten Dichterbiographien in der Reihenfolge der Handschrift C, anschließend die nur in J vertretenen Autoren (S. 3–764). Sämtliche Dichter werden unter Herbeiziehung aller damals greifbaren archivalischen und literarischen Zeugnisse und durch Eingehen auf ihre Texte so ausführlich, wie das damals möglich war, gelegentlich auch etwas weitschweifig, gewürdigt; Walther z. B. auf 31, Wolfram auf 41, Gottfried von Straßburg gar auf 65 großformatigen Seiten! Auf diese Weise erstellte der Herausgeber mit bewundernswürdigem Fleiß eine Art Verfasserlexikon, auf dem alle weiterführende monographische

[21] Vgl. zum *Bildersaal* Grunewald 1988 (Anm. 1), S. 209–216.

[22] Vgl. Eckehard Simon: Neidhart von Reuental. Geschichte der Forschung und Biographie. Den Haag, Paris 1968 (Harvard Germanic Studies. 4), S. 18–20.

Forschung aufbauen konnte. Jacob Grimm bemängelte zwar, von der Hagen habe „eine menge unnöthiges und ungehöriges“ versammelt,[23] auch sonst gab es viel Kritik – eine auch nur ansatzweise ebenso vollständige Würdigung der einzelnen Dichterpersönlichkeiten gab es indes bis zu den beiden Auflagen des *Verfasserlexikons* im 20. Jahrhundert nicht. Jens Haustein spricht vom „sicherlich bedeutendsten Beitrag zur biographischen Forschung, zur Überlieferung, aber auch zu den literarischen Ausdrucksmöglichkeit der Sangspruchdichter.“[24] An diesen Teil schließen sich vor allem Faksimiles an, nachgezeichnet großenteils von dem befreundeten Johann Daniel Ferdinand Sotzmann (1781–1866), Sohn des berühmten Kartographen Daniel Friedrich Sotzmann, die einen Einblick in die Schriftgestalt der wichtigsten Handschriften bieten (S. 765–768). Zunächst finden sich winzige farbige Ausschnitte aus C, J, E, A, D, der Leipziger Handschrift n, den *Möserschen Bruchstücken* m (damals im Besitz von der Hagens), der *Wiener Leichhandschrift* W, der *Weimarer Handschrift* F und dem *Naglerschen Bruchstück* C^b. Dann folgen Faksimiles von Handschriften mit Melodieaufzeichnungen: das *Frankfurter Neidhartfragment* O, das *Schreibersche Winterstetten-Fragment* S, das *Magdeburger Liedfragment* Mb, die *Titurel*-Melodie aus der Wiener Handschrift Cod. 2675, das Lied KLD VI des Wilden Alexander nach W, sämtliche Melodien von J, gezeichnet von dem ebenfalls befreundeten Berliner Kunsthistoriker und -schriftsteller Franz Kugler (1808–1858, vgl. Bd. 1, S. XVII),[25] und, wieder von Sotzmann, die Melodien der Neidharthandschrift c (S. 768–852). Im Anschluss steht ein Aufsatz *Ueber die Musik der Minnesinger* (S. 853–862) eines weiteren Freundes, des Professors für Mathematik und Gesang am Berliner Gymnasium zum Grauen Kloster Gottfried Emil Fischer (1791–1841);[26] von ihm stammt auch die schlichte Klavierbegleitung, die zwei Melodien Wizlavs und einer des Unverzagten aus J beigegeben ist (Beilage nach S. 860). Doch das ist noch nicht alles!

Es schließen sich literarische Zeugnisse über die altdeutschen Liederdichter an vom Literaturexkurs in Gottfrieds *Tristan* über Rudolf von Ems, die *Crone,* Konrad von Stoffeln, Reinbot von Durne, Spruchstrophen mehrerer Autoren, Hugo von Trimberg, Ottokar von Steier, Johannes Rothe, Lupold Hornburg usw. bis zu Meisterliedern des 16./17. Jahrhunderts und schließlich zu Wolfhart Spangenbergs Theaterstück *Singschul* (1613) – auch hier ist von der Hagens Streben nach Vollständigkeit unübersehbar (S. 863–894). Es folgt das gründliche Ver-

---

23 Zitiert nach Grunewald 1988 (Anm. 1), S. 207.

24 Jens Haustein: Forschungsgeschichte. In: Sangspruch/Spruchsang. Ein Handbuch. Hrsg. von Dorothea Klein, Jens Haustein und Horst Brunner. Berlin, Boston 2019, S. 27–37, hier S. 33.

25 Die *Jenaer Liederhandschrift* war durch Vermittlung und – in Jena sehr umstrittene – dienstliche Anordnung Goethes 1827 für einige Monate nach Berlin ausgeliehen; vgl. dazu im Detail Jens Haustein: J und seine frühen Editionen. In: Haustein/Körndle 2010 (Anm. 8), S. 205–235, hier S. 212f.

26 Vgl. zu ihm: Christoph Hust: Fischer, Gottfried Emil. In: Die Musik in Geschichte und Gegenwart (MGG). 2. Auflage, Personenteil Bd. 6 (2001), S. 1243f.

zeichnis der Handschriften, Abdrucke, Ausgaben, vorhandener Kommentare und „Erneuungen“, d. h. Übersetzungen (S. 895–910 in *petit*). Bei den Handschriften bleibt es nicht bei einer bloßen Liste, sondern es werden auch kurze Beschreibungen und Hinweise auf die jeweilige Geschichte der Überlieferungsträger gegeben. Mehrere weitere Verzeichnisse schließen sich an: ein chronologisches Verzeichnis der Dichter (S. 911f.), ein Register der in den Liedern vorkommenden Personen- und der wichtigsten Ortsnamen (S. 913–917), ein alphabetisches Register der Autoren und der „übrigen mit ihnen in Berührung stehenden Altdeutschen Dichter“, d. h. jener Namen, die in der Sammlung literarischer Zeugnisse vorkommen (S. 917–920). Und zum Schluss dann eine Überraschung: 21 Melodien zu Spruchdichtern des 13. Jahrhunderts, entnommen der Überlieferung der Meistersinger der Zeit um 1600 bzw. aus Johann Christoph Wagenseils *Buch von der Meister-Singer Holdseligen Kunst* (Altdorf 1697), nachgezeichnet wohl wieder von Franz Kugler (S. 921–935). Bei den als Quellen angegebenen „Berliner Handschriften“ handelt es sich um die Codices der heutigen Staatsbibliothek zu Berlin – Preußischer Kulturbesitz Mgf 24 (bei von der Hagen Hs. III) und Mgf 25 (Hs. IV), beide um 1600 in der Hauptsache von dem Nürnberger Meistersinger Benedict von Watt (1569–1616) geschrieben.[27] Zum guten Schluss folgt noch das Tannhäuserlied in einer Schweizer Volksliedfassung zum Klavier zu singen (S. 936).

Obwohl die Fachwelt bei Erscheinen des Werkes sich überwiegend kritisch, ja abschätzig äußerte – begeistert waren allerdings Literaten wie Tieck und Bechstein[28] –, nahmen die *Minnesinger* doch sehr lange, wiewohl methodisch als völlig veraltet angesehen, die Rolle eines germanistischen Standardwerkes ein, auf das nicht verzichtet werden konnte: um 1923 erschienen ein (undatierter) anastatischer, 1962/63 ein fotomechanischer Nachdruck.[29] Meiner Ansicht nach führten die missgünstige Aufnahme des Werkes und der fortwährend gepflegte schlechte Ruf seines Bearbeiters dazu, dass viele wissenschaftliche Möglichkeiten und Anregungen, die sich aus dem Werk hätten ergeben können, zum Schaden der weiterführenden Forschung nicht genutzt wurden. Diese verpassten Möglichkeiten betreffen zwei Gebiete: Einmal das Feld der Edition der mittelalterlichen Liedüberlieferung, das nach von der Hagen niemals mehr ähnlich systematisch bestellt wurde, es blieb vielmehr bis in die jüngere Zeit zum Teil weitgehend dem Zufall überlassen, was da und dort neu ediert wurde. Zum zweiten wurde der musikalischen Überlieferung des mittelalterlichen Liedes mehr als hundert Jahre lang mit fast völligem Desinteresse begegnet; kaum je

---

[27] Beschreibungen: Repertorium der Sangsprüche und Meisterlieder des 12. bis 15. Jahrhunderts (RSM). Hrsg. von Horst Brunner und Burghart Wachinger. Bd. 1. Tübingen 1994, S. 78–80; vgl. auch Dieter Merzbacher: Meistergesang in Nürnberg um 1600. Untersuchungen zu den Texten und Sammlungen des Benedict von Watt (1569–1616). Nürnberg 1987 (Nürnberger Werkstücke. 39).

[28] Vgl. Grunewald 1988 (Anm. 1), S. 206.

[29] Vgl. ebd., S. 208.

einmal geriet es in den Blick der Literarhistoriker und der Interpreten, dass es sich hier – wie von der Hagen ja schon herausgestellt hatte – um Texte handelt, die ausnahmslos gesungen vorgetragen wurden. Zu beiden Gebieten gebe ich einen kurzen Blick in die jüngere Forschungsgeschichte.

Zunächst zu den Editionen. Bereits vor dem Erscheinen der *Minnesinger* hatte Lachmann 1827 mit seinem *Walther von der Vogelweide* eine Ausgabe vorgelegt, die zeigte, wie man solche Texte auf fester methodischer Grundlage, der Lachmann'schen Grundlage eben, ediert. Diese Ausgabe setzte sich – trotz zahlreicher anderer Waltherausgaben auf teilweise anderer methodischer Basis (z. B. Hermann Paul 1882, ^{10}1965) – dauerhaft durch, sie wurde in der Folgezeit mehrfach revidiert; seit 2013 liegt sie – seit der 14. Auflage (hrsg. von Christoph Cormeau) mit den wenigen verfügbaren Melodien – in der 15. Auflage vor, neu bearbeitet von Thomas Bein. Freilich hat Beins Bearbeitung kaum mehr etwas mit Lachmanns Vorgaben gemein. Ebenso bis heute gehalten hat sich im Lehr- und Forschungsbetrieb eine zweite, 1857 unter dem Titel *Des Minnesangs Frühling* herausgekommene Edition der Minnesänger des 12. und frühen 13. Jahrhunderts vom Kürenberger bis zu Reinmar dem Alten; sie war von Lachmann begonnen, von seinem Schüler und Nachfolger Moriz Haupt abgeschlossen worden.[30] Derzeit, nach mehrfachen Revisionen (Friedrich Vogt, Carl von Kraus), gibt es sie in der 38. Auflage von 1988, bearbeitet von Hugo Moser und Helmut Tervooren (im schmalen Kommentarband sind einige von Helmut Lomnitzer bearbeitete Melodien abgedruckt); auch die jetzige Auflage entfernt sich weit von Lachmann, sie ist meiner Ansicht nach mittlerweile, da methodisch längst nicht mehr auf dem heutigen Stand, erneut revisionsbedürftig.[31] Die revidierten Ausgaben repräsentierten zur Zeit ihres Erscheinens die jeweils aktuellen methodischen Erkenntnisse, sie sind preiswert, handlich und kamen stets dem entgegen, was im akademischen Lehr- und Forschungsbetrieb gebraucht wurde, sind also das, was man Standardwerke nennt.[32] Die Folge dieser Dominanz war allerdings eine bedauerliche Verengung: Als mittelalterliches Lied wurde viele Jahrzehnte lang in Forschung und Lehre mehr oder weniger nur das wahrgenom-

[30] Im Strophenverzeichnis sind die von Lachmann textkritisch bearbeiteten Strophen mit Asterisk versehen; vgl. Des Minnesangs Frühling. Hrsg. von Karl Lachmann und Moriz Haupt. Leipzig 1857, S. V.

[31] Vgl. Horst Brunner: Brauchen wir eine Neuausgabe von ‚Des Minnesangs Frühling'? In: Edition und Interpretation. Neue Forschungsparadigmen zur mittelhochdeutschen Lyrik. Festschrift Helmut Tervooren. Hrsg. von Johannes Spicker u. a. Stuttgart 2000, S. 33–43. Vgl. auch: Früheste deutsche Lieddichtung. Mhd./Nhd. Hrsg. von Horst Brunner. Stuttgart 2005.

[32] Wenigstens hinzuweisen ist an dieser Stelle auf den ambitionierten Versuch Günther Schweikles, beide Editionen durch Ausgaben nach dem strikt eingehaltenen Leithandschriftenprinzip zu ersetzen, vgl. Günther Schweikle: Die mittelhochdeutsche Minnelyrik I. Die frühe Minnelyrik. Darmstadt 1977, Stuttgart, Weimar ^{2}1993; ders.: Reinmar. Lieder. Stuttgart 1986; Walther von der Vogelweide. Werke. 2 Bde. Hrsg., übersetzt und kommentiert von Günter Schweikle. Stuttgart 1994/1998; Stuttgart ^{3}2009/2011 (Kommentar neu bearbeitet von Ricarda Bauschke-Hartung).

men, was in diesen beiden Bänden ediert war, also Walther und der Minnesang um 1200. Eine kritische Edition des Liedcorpus *Neidharts* hatte Haupt bereits 1851 vorgelegt, sie erfuhr allerdings erst 1923, bearbeitet durch Edmund Wießner (1875–1956), eine Neuauflage, die 1955 in die Altdeutsche Textbibliothek übernommen wurde (5. Auflage 1999, zuletzt bearbeitet durch Paul Sappler mit einem Melodieanhang von Helmut Lomnitzer). Im Gefolge der ATB-Ausgabe kam es unübersehbar zu einer kleinen Blüte der Neidhartforschung.[33]

Die Reihe der Liededitionen im Verlauf des 19. und frühen 20. Jahrhunderts blieb sehr lückenhaft. Von der Hagens Streben nach Vollständigkeit wurde, wie bereits erwähnt, nirgends mehr aufgenommen, für viele der Dichter blieben die *Minnesinger* weiterhin die einzige verfügbare Edition, sie sind auch heute, nach 180 Jahren, noch nicht vollständig ersetzt (s. u.). Bereits 1842 veröffentlichte allerdings Ludwig Ettmüller (1803–1877) seine schätzenswerte Ausgabe *Frauenlobs*, vorausgegangen war 1840 *Hadlaub*, 1852 folgte *Wizlav* (*von Rügen*), dieser allerdings in Rückübersetzung ins Mittelniederdeutsche. Mehr als alle anderen nach von der Hagen war Karl Bartsch (1832–1888)[34] darum bemüht, den Textkanon durch Neueditionen zu vergrößern: 1862 legte er mit den *Meisterliedern der Kolmarer Handschrift* eine umfangreiche Auswahl aus dieser Handschrift (t, oft auch k) vor, zu der von der Hagen, da sie lange Zeit verschollen war und erst 1857 von der Münchener Staatsbibliothek erworben werden konnte, keinen Zugang gehabt hatte. Es folgte 1864 eine umfangreiche Anthologie: *Deutsche Liederdichter des zwölften bis vierzehnten Jahrhunderts*, die nicht nur ausgewählte Lieder jener Autoren enthielt, die auch in *Des Minnesangs Frühling* zu finden sind, sondern darüber hinaus Texte zahlreicher Lied- und Spruchdichter des 13. und 14. Jahrhunderts bis zu Heinrich von Mügeln; das Buch konnte sich mehrere Jahrzehnte lang auf dem Buchmarkt und im Seminarbetrieb halten (mir liegt ein 1906 erschienener Nachdruck der 4. Auflage von 1904 vor). Schließlich edierte Bartsch 1886 mit den *Schweizer Minnesängern* insgesamt 32 Autoren, die bis dahin nur in den *Minnesingern* greifbar gewesen waren; eine Neubearbeitung (mit einem Melodieanhang) wurde 1990 von Max Schiendorfer publiziert.[35]

Bis kurz nach 1900 erschienen nur noch fünf relevante Liededitionen (mit zwei Ausnahmen alle ohne Berücksichtigung der Melodien): 1876 die Ausgabe des *Marner* von Philipp Strauch (1852–1934), die in Straßburg bei Scherer an-

33 Vgl. zu den Neidharteditionen ausführlich Annette Hoppe: Überlieferung, Edition und Interpretation. Ein Blick auf die Editionsgeschichte der Neidhart-Lieder. In: Neidhart und die Neidhart-Lieder. Ein Handbuch. Hrsg. von Margarethe Springeth und Franz Viktor Spechtler. Berlin, Boston 2018, S. 61–76.

34 Vgl. Dieter Seitz: Karl Bartsch. In: König u. a. (Anm. 6), S. 47–52. Vgl. zu den editorischen Prinzipien Bartschs den Beitrag Holger Runows in diesem Band.

35 Vgl. auch Johannes Hadlaub. Die Gedichte des Zürcher Minnesängers. Hrsg. von Max Schiendorfer. Zürich, München 1986; ferner Johannes Hadlaub: Lieder und Leichs. Hrsg. von Rena Leppin. Stuttgart 1995.

gefertigte Dissertation des späteren Hallenser Ordinarius.[36] 1887 kam dann der *Reinmar von Zweter* Gustav Roethes (1859–1926), eine Göttinger Habilitationsschrift, heraus, eines der bedeutendsten altgermanistischen Werke des 19. Jahrhunderts; es enthält nicht nur die Edition des Leichs und der Sangsprüche (wobei auch die Melodien berücksichtigt werden), sondern Roethe – später Ordinarius in Göttingen und Berlin – schuf in einer fast vierhundert Seiten langen Einleitung nichts weniger als die noch heute gültigen Grundlagen für die Erforschung des Spruchsangs.[37] 1892 erschien die Leipziger Dissertation von Wolfgang Seydel, in der das unter *Stolle* überlieferte Strophencorpus aus J neu herausgegeben wurde; 1894 publizierte Georg Tolle die Strophen *Boppes* nach J und C an einer einigermaßen abgelegenen Stelle, nämlich in einem Schulprogramm der Realschule zu Sondershausen (mit einem Abdruck der Melodie des Tons I nach J); schließlich edierte und kommentierte Anton Emanuel Schönbach (1848–1911) in den Wiener Sitzungsberichten 1904/05 die Sprüche des *Bruders Wernher*.

In den folgenden Jahrzehnten erschienen lediglich punktuell editorische Erneuerungen der in den *Minnesingern* vertretenen Autoren. 1913 kamen drei Dissertationen heraus: Paul Schlupkoten edierte die Gedichte *Herman Damens* (Diss. Marburg), Ludwig Pfannmüller Frauenlobs *Marienleich* (Diss. Berlin), Heinrich Peter Brodt das kleine Œuvre des *Meisters Sigeher* (Diss. Marburg). 1926 veröffentlichte Edward Schröder (1858–1942) die Lieddichtungen *Konrads von Würzburg,* 1934 Johannes Siebert die Dichtungen *Tannhäusers.* Einen entschiedenen Schritt über die bis dahin noch immer für den Minnesang unentbehrlichen *Minnesinger* hinaus bedeutete schließlich 1954 das Alterswerk Carl von Kraus': *Deutsche Liederdichter des 13. Jahrhunderts* (der Kommentarband folgte 1958), das neben einer Anzahl Anonyma die Lieder von 67 Dichtern enthält, womit dann außer den von Bartsch in den *Schweizer Minnesängern* bereits neu edierten Texten (fast) alle in der *Manessischen Handschrift* und der zugehörigen Parallelüberlieferung enthaltenen Minnesänger in Neuausgaben verfügbar waren. Allerdings wurde inzwischen mehrfach die Erneuerung der Kraus'schen Ausgabe gefordert, da – wie oben schon angedeutet – der Herausgeber oftmals und oft ohne Not in die Texte eingegriffen hat.

Im Bereich des Spruchsangs bestanden jedoch weiterhin sehr große Lücken, die *Minnesinger* waren hier nach wie vor unentbehrlich. Das änderte sich erst ab den 1970er Jahren, immerhin 130 Jahre nach von der Hagens Edition. Seit da-

[36] Nach ihrem Muster verfuhr Oswald Zingerle (1855–1927), später Professor in Czernowitz, in seiner 1878 herausgekommenen Ausgabe *Friedrichs von Sonnenburg*, einer Erlanger Dissertation bei Steinmeyer, die so unzuverlässig ist, dass sie bei der zeitgenössischen Kritik restlos durchfiel – unter die relevanten Editionen ist sie nicht zu zählen. Die Rezensionen sind zusammengestellt in: Die Sprüche Friedrichs von Sonnenburg. Hrsg. von Achim Masser. Tübingen 1979 (Altdeutsche Textbibliothek. 86), S. VII, Anm. 1.

[37] Vgl. auch Jens Haustein: Forschungs- und Editionsgeschichte. In: Klein/Haustein/Brunner 2019 (Anm. 24), S. 27–41, hier S. 34f., sowie den Beitrag Martin Schuberts in diesem Band.

mals erschienen folgende Ausgaben: *Kelin, Fegfeuer* (Wolfgang von Wangenheim 1972; mit den Melodien), der *Meißner* (Georg Objartel 1977), *Friedrich von Sonnenburg* (Masser 1979; mit den Melodien), *Frauenlob* (Karl Stackmann/Karl Bertau 1981; mit den Melodien zu den Leichs), *Der junge Meißner* (Günter Peperkorn 1982), *Boppe* (Heidrun Alex 1998). *Sangsprüche in Tönen Frauenlobs* (Karl Stackmann/Jens Haustein 2000), *Hardegger, Höllefeuer, Litschauer, Singauf, Unverzagter* (Esther Collmann-Weiß 2005), *Marner* (Eva Willms 2008; mit den Melodien), *Stolle* (Volker Zapf 2010), *Rumelant von Sachsen* (Holger Runow 2011, Peter Kern 2014, diese Ausgabe mit den Melodien), *Bruder Wernher* (Ulrike Zuckschwerdt 2015; die Melodien als Faksimileseiten aus J im Anhang), die erstmals vollständige Ausgabe aller Texte des *Wartburgkriegs* (Jan Hallmann 2015). Die Fülle der „echten" und „unechten" Neidharttexte in von der Hagens Werk – in Haupts Ausgabe stark reduziert – wurde erst 2007 durch die dreibändige *Salzburger Neidhartausgabe* (Ulrich Müller/Ingrid Bennewitz/Franz Viktor Spechtler; mit den Melodien) ersetzt. Die Neuedition der Texte und Melodien *Wizlavs von Rügen* von Horst Brunner und Dorothea Klein erschien 2021.

Indes gibt es noch heute editorische Lücken. Für einige „kleinere" Autoren sind die *Minnesinger* weiterhin die relevante Edition. Derzeit noch nicht neu ediert sind, nach meiner Durchsicht, aus C: *Albrecht von Haigerloch, Jan von Brabant, Regenbogen, Der alte Meißner*; aus J: *Zilies von Seyne, Rubin, Rüdiger, Der Urenheimer, Der Henneberger, Reinolt von der Lippe, Guter, Goldener, Gervelin, Rumelant von Schwaben.*[38]

Das Fach hat erst seit den 1970er Jahren – nachdem durch Bartsch und von Kraus der Minnesang weitgehend vollständig neu ediert war – die Notwendigkeit gesehen, nach dem Vorbild von der Hagens die Sangspruchdichtung des 12. bis frühen 14. Jahrhunderts einigermaßen vollständig durch in der Regel umfangreich kommentierte Neuausgaben zu erschließen und durch Interpretationen für die Literaturgeschichte fruchtbar zu machen.[39] Einen schon relativ weit ge-

[38] Eine gute, jedoch nur als Privatdruck erschienene Ausgabe von Shao-Ji Yao (Taipeh 2013) enthält *Gervelin, Guter* und *Reinolt von der Lippe* (mit den Melodien).

[39] Vgl. die folgenden, großenteils auf Tagungsbeiträgen basierenden Sammelbände: Neue Forschungen zur mittelhochdeutschen Sangspruchdichtung. Hrsg. von Horst Brunner und Helmut Tervooren. Berlin 2000 (Sonderheft der Zeitschrift für deutsche Philologie. 119); Studien zu Frauenlob und Heinrich von Mügeln. Festschrift für Karl Stackmann zum 80. Geburtstag. Hrsg. von Jens Haustein und Ralf-Henning Steinmetz. Freiburg/Schweiz 2002 (Scrinium Friburgense. 15); Sangspruchtradition. Aufführung – Geltungsstrategien – Spannungsfelder. Hrsg. von Margreth Egidi, Volker Mertens und Nine Miedema. Frankfurt/M. u. a. 2004 (Beiträge zur Mittelalterforschung. 5; Tagung in Münster); Sangspruchdichtung. Gattungskonstitution und Gattungsinterferenzen im europäischen Kontext. Hrsg. von Dorothea Klein, Trude Ehlert und Elisabeth Schmid. Tübingen 2007 (Tagung in Würzburg); Haustein/Körndle 2010 (Anm. 8; Tagung in Jena); Sangspruchdichtung um 1300. Hrsg. von Gert Hübner und Dorothea Klein. Hildesheim 2015 (Spolia Berolinensia. 33; Tagung in Basel); Sangspruchdichtung zwischen Reinmar von Zweter, Oswald von Wolkenstein und Michel Beheim. Hrsg. von

diehenen Ansatz zur systematischen Neuedition sämtlicher Liedtexte unternehmen derzeit Manuel Braun, Sonja Glauch und Florian Kragl mit ihrer elektronischen Edition der deutschen Lyrik des hohen Mittelalters (www.ldm-digital.de).

Ein zweites durch die *Minnesinger* eröffnetes Forschungsfeld, das von der Altgermanistik lange Zeit verpasst wurde, ist der Zusammenhang von Text und Melodie in der mittelalterlichen Liedkunst. Freilich gibt es in der Überlieferung große Lücken, die Musik zu den Minneliedern ist fast ganz verloren (s. u.), erhalten haben sich jedoch zahlreiche Melodien zu den Spruchtönen, zu den Leichs (s. u.) und zu Neidhart-Liedern. Was ihm verfügbar war, teilte von der Hagen im vierten Band mit; nicht zugänglich war ihm, wie erwähnt, die *Kolmarer Liederhandschrift* t. Ferner wies er durch Abdrucke darauf hin, dass noch in Meistersingerhandschriften um 1600 Melodien zu Spruchtönen mittelalterlicher Autoren überliefert sind – dem hätte man nachgehen können, ja müssen. Doch zunächst interessierte sich kaum ein Germanist für die Melodien.[40] Editionen wichtiger Musikhandschriften erschienen um 1900: 1896 wurden durch Paul Runge die Melodien der *Kolmarer Liederhandschrift* t, der wichtigsten einschlägigen Melodiequelle des 15. Jahrhunderts, herausgegeben (ein bisweilen fehlerhafter diplomatischer Abdruck), 1901 erschien eine Ausgabe der *Jenaer Liederhandschrift* J durch Georg Holz, Eduard Bernoulli und Franz Saran (diplomatischer Abdruck, außerdem Melodietranskriptionen), 1906 eine (viel zu schmale und wenig professionelle) Auswahl aus dem *Singebuch* des Adam Puschman (1532–1600), der umfangreichsten Melodiehandschrift des Meistergesangs aus dem 16. Jahrhundert (Breslau, Stadtbibliothek, seit 1945 verschollen), durch Georg Münzer, 1913 die Edition der *Wiener Leichhandschrift* W von Heinrich Rietsch (Faksimile und Transkriptionen), erst 1930 folgte die erste wissenschaftliche Ausgabe der Melodien *Neidhart*s durch Wolfgang Schmieder.

Eine Sensation war das 1912 veröffentlichte *Münstersche Fragment* Z, das neben der vollständigen Melodie zum *Palästinalied* auch Melodiefragmente von Walthers *König-Friedrichs-* und *Zweitem Philippston* bietet – dem Notstand der mangelnden Melodieüberlieferung Walthers war damit wenigstens rudimentär aufgeholfen. Kurz zuvor, 1910, hatte der Musikwissenschaftler Rudolf Wustmann bereits die *Hof- oder Wendelweise* Walthers in t als den *Wiener Hofton* Walthers und den *Feinen Ton* bei Puschman als den *Ottenton* identifiziert. Bei der weiteren Beschäftigung mit den Melodien, die sich stark auf Walther konzentrierte – Welche im Meistersingerrepertoire ihm zugeschriebenen Töne könn-

Horst Brunner und Freimut Löser unter redaktioneller Mitarbeit von Janina Franzke. Wiesbaden 2017 (Jahrbuch der Oswald von Wolkenstein-Gesellschaft. 21; Tagung in Brixen); Klein/Haustein/Brunner 2019 (Anm. 24).

40 Die Ausnahme ist Gustav Roethe, der seinem *Reinmar von Zweter*, Leipzig 1887, einen Anhang mit fünf Melodien anfügte: Nr. I der Leich nach W; Nr. II *Frau-Ehren-Ton* nach t; Nr. III *Spiegelweise* nach t; Nr. IV *Frau-Ehren-Ton* nach Berlin, Mgf 25; Nr. V *Spiegelweise* nach Berlin Mgf 25. Zu den Melodien vgl. ebd. S. 368–374.

ten sonst noch als echt gelten? Kann man davon ausgehen, dass er für seine Minnelieder auch erhaltene Trobador- und Trouvèremelodien verwendete? –, blieben seit den 1920er Jahren die Musikwissenschaftler Hans Joachim Moser (1889–1967) und vor allem Friedrich Gennrich (1883–1967) zunächst weitgehend unter sich.[41]

Erst in den 1950er Jahren erwachte das Interesse wenigstens einiger Germanisten. Seiner unter dem Titel *Minnesang des 13. Jahrhunderts* 1953 erschienenen Auswahl aus den *Deutschen Liederdichtern* von Carl von Kraus fügte Hugo Kuhn (1909–1978) als „wichtige Ergänzung“ (S. VI) zur großen Ausgabe einen Melodieanhang (von Georg Reichert) an mit Melodien des Wilden Alexander nach J, zu zwei namenlosen Liedern, zum Ton IV Reinmars von Brennenberg nach t und dem (Schreiberschen) Fragment von Winterstettens Leich IV. 1955/56 folgte Friedrich Maurer (1898–1984), der in seine Ausgabe der Lieder und Sangsprüche Walthers von der Vogelweide (in der Altdeutschen Textbibliothek) verfügbare Melodien aufnahm („unter Beifügung erhaltener und erschlossener Melodien“), darunter freilich auch mehrere, die die jüngere Forschung dem Dichter wieder absprechen musste; da man damals von den Eigenheiten der Töneüberlieferung der Meistersinger so gut wie gar nichts wusste, galten einige unter Walthers Namen tradierte Melodien (*Langer Ton*, *Kreuzton*, *Goldener Ton*), obwohl sie im Strophenbau zu keinem seiner Töne passten, als vermutlich doch echt – sie wurden durch teilweise massive strukturelle Eingriffe (vor allem durch Bützler und Gennrich) eben passend gemacht. 1956 veröffentlichte Ursula Aarburg (1924–1967) *Singweisen zur Liebeslyrik der deutschen Frühe*, Beiheft zu einer Minneliedauswahl von Hennig Brinkmann, eine Auswahl von Trobador- und Trouvèremelodien, die deutsche Autoren des späten 12. Jahrhunderts mit Sicherheit, wahrscheinlich oder möglicherweise für eigene Lieder kontrafaziert haben.[42] 1958 kam eine handliche Ausgabe der Melodien zu 17 (von Haupt für echt gehaltenen) Neidhartliedern von A. T. Hatto (1910–2010) und Ronald J. Taylor heraus (zu den Melodien ist jeweils nur eine Textstrophe, dazu eine Übersetzung ins Englische abgedruckt).[43]

---

41 Zu erwähnen ist auch die Kölner Dissertation von Carl Bützler: Untersuchungen zu den Melodien Walthers von der Vogelweide. Jena 1940 (Deutsche Arbeiten der Universität Köln. 12). – Vgl. meine detaillierte Darstellung der Forschungsgeschichte in: Walther von der Vogelweide. Die gesamte Überlieferung der Texte und Melodien. Hrsg. von Horst Brunner, Ulrich Müller und Franz Viktor Spechtler. Göppingen 1977 (Litterae. 7), S. 49–77*.

42 Vgl. dazu Ursula Aarburg: Melodien zum frühen deutschen Minnesang. 1956/57. Neufassung in: Der deutsche Minnesang. Hrsg. von Hans Fromm. Darmstadt 1961 (Wege der Forschung. 15), S. 378–423; neuerdings etwas kritisch dazu Rüdiger Schnell: Minnesang II. Der deutsche Minnesang von Friedrich von Hausen bis Heinrich von Morungen. In: Germania Litteraria Medievalis Francigena. Bd. 3. Hrsg. von Volker Mertens und Anton Touber. Berlin, Boston 2012, S. 83–182.

43 Neidhartmelodien wurden in der Folge mehrfach ediert, vgl. die ausgezeichnete kommentierte Übersicht von Marc Lewon: Die Melodieüberlieferung zu Neidhart. In: Springeth/Spechtler 2018 (Anm. 33), S. 169–240, hier S. 226f. – Vgl. auch von Ronald

In den 1960er Jahren folgten zwei Anthologien: 1963 veröffentlichte Ewald Jammers (1897–1981) unter dem Titel *Ausgewählte Melodien des Minnesangs* eine ausführlich kommentierte Sammlung von 130 Melodien von der (erschlossenen) Weise des ahd. *Petrusliedes* bis zu einigen Beispielen aus dem Meistergesang des 15. und frühen 16. Jahrhunderts. 1968 erschien das Buch *Deutsche Lieder des Mittelalters, von Walther von der Vogelweide bis zum Lochamer Liederbuch*, herausgegeben von Hugo Moser (1909–1989) und Joseph Müller-Blattau (1895–1976); aus dem hochhöfischen Bereich finden sich hier Kontrafakte zu romanischen Melodien, Melodien Walthers, Neidharts und aus Handschrift J. Das Buch wurde begleitet von (auf mich etwas lahm wirkenden) Schallplattenaufnahmen (Wendelin Müller-Blattau: *Goldene Lieder des Mittelalters*). Mittlerweile, seit etwa 1960, hatten Musiker mittelalterliche Lieder in ihre Repertoires aufgenommen, hervorzuheben ist zunächst das Internationale Studio der frühen Musik unter Thomas Binkley, dessen 1966 herausgekommene Schallplatte *Minnesang und Spruchdichtung um 1200–1320*, bei der die Gesangsvorträge teilweise von einem großen Instrumentarium umgeben waren, gewissermaßen „stilbildend“ wirkte; weitere Gruppen und einzelne Sänger folgten bis in die Gegenwart.[44] 1969 fasste Siegfried Beyschlag (1905–1996) die Ergebnisse der Bemühungen um den Zusammenhang zwischen Text und Musik – hierzu gehören auch die Melodien zur strophischen Epik[45] – in der 6. Auflage seines verbreiteten Lehrbuchs *Metrik der mhd. Blütezeit in Grundzügen* zusammen, das nunmehr, völlig umgearbeitet, unter dem Titel *Altdeutsche Verskunst in Grundzügen* erschien; zu diesem Buch gehört auch ein Heft mit Melodien, deren Strukturen beispielhaft analysiert werden. Wie wenig auch damals noch manche

---

J. Taylor: Die Melodien der weltlichen Lieder des Mittelalters. 2 Bde. Stuttgart 1964 (Sammlung Metzler. 34/35); ders.: The Art of the Minnesinger. Songs of the 13th Century Transcribed and Edited with Textual and Musical Commentaries. 2 Bde. Cardiff 1968. Taylor interpretierte die Melodien entsprechend der (aus der Romanistik stammenden) Theorie der Modalrhythmik, die vor allem von Gennrich auf die deutschen Melodien angewandt worden war. Zur Zeit des Erscheinens der Ausgaben Taylors galt die Anwendung dieser Theorie auf einstimmige Melodien bereits als überholt, vgl. dazu vor allem Burkhard Kippenberg: Der Rhythmus im Minnesang. Eine Kritik der literar- und musikhistorischen Forschung. München 1962 (MTU. 3).

44 Vgl. Martin Schubert: Moderne Einspielungen von Neidhart-Liedern. In: Springeth/Spechtler 2018 (Anm. 33), S. 241–255. – Bereits im Winter 1960/61 hatte Siegfried Beyschlag am Deutschen Seminar der Universität Erlangen zusammen mit dem Musiker Josef Ulsamer (1923–2008), damals am Studio Nürnberg des Bayerischen Rundfunks tätig, zahlreiche Tonaufnahmen erarbeitet; die geplante Veröffentlichung in der Archivproduktion der Deutschen Grammophon kam allerdings nicht zustande. Ulsamer, später Professor an der Musikhochschule Würzburg, hielt die Ergebnisse 2003 in zwei privat verbreiteten CDs fest, die ich besitze.

45 Vgl. dazu Siegfried Beyschlag: Langzeilen-Melodien. In: Zeitschrift für deutsches Altertum 93, 1964, S. 157–176; Horst Brunner: Epenmelodien. In: Formen mittelalterlicher Literatur. Siegfried Beyschlag zu seinem 65. Geburtstag von Kollegen, Freunden und Schülern. Hrsg. von Otmar Werner und Bernd Naumann. Göppingen 1970 (Göppinger Arbeiten zur Germanistik. 25), S. 149–178.

Fachkollegen von der obligaten Verbindung von Text und Melodie überzeugt waren, mag ein von Beyschlag überliefertes Zitat belegen. Bei einer Tagung in den sechziger Jahren äußerte nach seinem einschlägigen Vortrag Ulrich Pretzel (1898–1981), Ordinarius in Hamburg, der letzte Vertreter der Berliner „Schule“: „Sie glauben doch nicht im Ernst, Herr Kollege, dass derartige Subtilitäten [wie im Minnesang] mit Melodie vorgetragen wurden!“

Es ist nicht meine Absicht, hier einen vollständigen Forschungsbericht über all das zu liefern, was seither, d. h. nach 1970, auf diesem Gebiet publiziert und geforscht worden ist. Wenige Hinweise müssen an dieser Stelle genügen. Zu erwähnen ist zunächst Ulrich Müller (1940–2012),[46] dessen Neigung, ja Lust zur Sammlung und systematischen Herausgabe der Quellen mittelalterlicher Dichtung 1971 zur Begründung der Reihe *Litterae* führte, in der mittelalterliche Handschriften und alte Drucke, aber auch Autorenœuvres in sehr guten Schwarz-Weiß-Faksimiles, mehr oder weniger ausführlich kommentiert, erschienen. Die Reihe konnte sich ohne weiteres neben anderwärts veröffentlichten kostspieligen Vollfaksimiles einzelner Handschriften behaupten, die mehr eine Sache der Handschriftenabteilungen in den Bibliotheken waren und nur ausnahmsweise den Weg auf den Schreibtisch der Forscher und in den Lehrbetrieb fanden. Hintergrund der Bemühungen Müllers war die damalige erneute Hinwendung vieler Altgermanisten zur materiellen Überlieferung „ihrer“ Texte. Erst die zunehmende Digitalisierung von Handschriften seit den 1990er Jahren ließ dann gedruckte Faksimiles überholt erscheinen, nützlich sind sie gleichwohl nach wie vor. Aus dem Bereich der musikalischen Überlieferung erschienen in den *Litterae*: *Die Jenaer Liederhandschrift* (zusammen mit den Basler und Wolfenbüttler Fragmenten; hrsg. von H. Tervooren/U. Müller 1972); *Tannhäuser* (hrsg. von Helmut Lomnitzer/U. Müller 1973; mit Melodietranskriptionen); die *Neidharthandschriften* (I: Hrsg. von Gerd Fritz 1973; II: Hrsg. von E. Wenzel 1976); Wagenseil, *Buch von der Meister-Singer Holdseligen Kunst* (hrsg. von H. Brunner 1975; enthält die Melodien der *Langen Töne* Frauenlobs, Regenbogens, Mügelns und Marners, die nach dieser Quelle auch in den *Minnesingern* abgedruckt sind); *Die Kolmarer Liederhandschrift* (hrsg. von U. Müller/F. V. Spechtler/H. Brunner 1976); *Walther von der Vogelweide* (hrsg. von H. Brunner/U. Müller/F. V. Spechtler 1977; mit Melodietranskriptionen); *Die Töne der Meistersinger* (fünf Melodiehandschriften der Stadtbibliothek Nürnberg aus der Zeit um 1700; hrsg. von H. Brunner/J. Rettelbach 1980).

Nicht ganz außer Acht lassen kann ich – dafür bitte ich um Nachsicht – an dieser Stelle meine eigenen Arbeiten auf dem Gebiet der Musiküberlieferung. Als ich 1967/68 den Plan fasste, eine Formgeschichte der Sangspruchdichtung

[46] Vgl. Horst Brunner: Zur Geschichte der Edition mittelalterlicher Texte. Ulrich Müller als Herausgeber. In: Mediävistische Perspektiven im 21. Jahrhundert. Festschrift für Ingrid Bennewitz zum 65. Geburtstag. Hrsg. von Andrea Schindler unter Mitarbeit von Detlef Goller und Sabrina Hufnagel. Wiesbaden 2021, S. 355–365.

zu erarbeiten, merkte ich bald – da in diesem Zusammenhang die Sammlung und Analyse sämtlicher erhaltenen Melodien unumgänglich war –, dass ich mich über J und t hinaus systematisch auch mit der Überlieferung alter Spruchtöne im Meistergesang ab dem 16. Jahrhundert befassen musste. In den *Minnesingern* waren 21 Melodien aus der Zeit um 1600 abgedruckt – aber das genügte bei weitem nicht, es zeigte sich bald, dass die Überlieferung weitaus umfangreicher war. Ich begann mit Hilfe der Stadtbibliothek Nürnberg die gesamte Text- und Melodieüberlieferung des Meistergesangs in einer umfangreichen Kopiensammlung zu erfassen,[47] ferner erstellte ich eine Edition sämtlicher Melodien in synoptischer Zusammenstellung aller Fassungen.[48] Es erwies sich, dass der geplanten Formgeschichte unbedingt die Untersuchung der meistersingerlichen Rezeptionsusançen und ihrer Geschichte vorausgehen musste, denn die alten Töne unterlagen im Lauf der Jahrhunderte erheblichen strukturellen und melodischen Veränderungen, und nicht alle „alten" Töne gingen wirklich auf die in den Tonnamen angegebenen Urheber zurück (die sog. „unechten" Töne).[49] (Hinweisen muss ich darauf, dass gleichzeitig zu meinen 1971 im Manuskript abgeschlossenen und als Habilitationsschrift angenommenen Untersuchungen der Sachverhalt in einer Göttinger Dissertation von Eva Schumann ohne gegenseitige Kenntnis ebenfalls erforscht worden war.[50]) Erst 2013 konnte ich dann, nach einigen Vorstudien in Aufsatzform, die so lange geplante Formgeschichte vorlegen.[51] Es erwies sich, dass ohne die systematische Einbeziehung der Melodieanalysen in vielen Fällen die tatsächliche Struktur vieler Spruchtöne nicht hätte ermittelt werden können. Die weitere Erforschung der Spruchmelodien, etwa die Frage

[47] Vgl. Horst Brunner: Die Meistersinger-Sammlung der Stadtbibliothek und das ‚Repertorium der Sangsprüche und Meisterlieder des 12. bis 18. Jahrhunderts'. In: 642 Jahre Stadtbibliothek Nürnberg. Hrsg. von Christine Sauer. Wiesbaden 2013 (Beiträge zur Geschichte und Kultur der Stadt Nürnberg/Stadtbibliothek Nürnberg. 26), S. 197–204. – Auf der Grundlage dieser Sammlung entstand dann ab 1974 in Zusammenarbeit mit Burghart Wachinger und den wissenschaftlichen Mitarbeitern Eva Klesatschke, Dieter Merzbacher, Johannes Rettelbach, Frieder Schanze sowie Paul Sappler und Christian Naser als Fachleuten für die EDV das Repertorium der Sangsprüche und Meisterlieder des 12. bis 18. Jahrhunderts (16 Bde. Tübingen 1986–2009).

[48] Sie konnte erst viele Jahre später im Druck erscheinen: Spruchsang. Die Melodien der Sangspruchdichter des 12. bis 15. Jahrhunderts. Hrsg. von Horst Brunner und Karl-Günther Hartmann. Kassel u. a. 2010 [recte 2011] (Monumenta monodica medii aevi. 6).

[49] Vgl. Horst Brunner: Die alten Meister. Studien zu Überlieferung und Rezeption der mittelhochdeutschen Sangspruchdichter im Spätmittelalter und in der frühen Neuzeit. München 1975 (Münchener Texte und Untersuchungen. 54).

[50] Eva Schumann: Stilwandel und Gestaltveränderung im Meistersang. Vergleichende Untersuchungen zur Musik der Meistersinger Göttingen 1972 [recte 1973] (Göttinger musikwissenschaftliche Arbeiten. 3).

[51] Horst Brunner: Formgeschichte der Sangspruchdichtung des 12. bis 15. Jahrhunderts. Wiesbaden 2013 (Imagines medii aevi. 34).

nach ihrer „Semantik" („gibt es einen inhaltlichen Zusammenhang zwischen Text und Melodie?"), die jüngst aufgeworfen wurde, ist zu erhoffen.[52]

Zu Minneliedern haben sich nur sehr wenige Melodien erhalten: die Melodie zum Minnelied KLD VI des Wilden Alexander (JW), zwölf, d. h. sämtliche Melodien zu den Minneliedern Wizlavs,[53] eine Melodie zu Tannhäusers Lied ed. Siebert IX (t) und die Melodie zu dem unvollständigen Frühlingsreigen KLD 38 Mb im Magdeburger Fragment (Berlin Mgq 981), dazu kommen mit mehr oder weniger Sicherheit, wie oben schon erwähnt, Kontrafakturen romanischer Melodien. Die erhaltenen Weisen sind für Formbestimmungen nützlich, eine Formgeschichte des Minnesangs in der Weise, wie ich sie für den Spruchsang versucht habe, ist angesichts dieser überaus schmalen Überlieferung ausgeschlossen.[54]

Erheblicher Forschungsrückstand besteht derzeit noch im Bereich der Leichs. Aus dem hier zur Debatte stehenden Zeitraum haben sich ca. 40 Texte dieser Art erhalten. Zu immerhin zehn davon sind Melodien überliefert: zu Reinmar von Zweter (überliefert in W), zum Leich IV Tannhäusers (als Kontrafaktur erhalten in München, BSB, Clm 5539), zum Leich IV Ulrichs von Winterstetten (*Schreibersches Fragment*), ferner zum Wilden Alexander (J W), zu Herman Damen (J), zu Frauenlobs *Marienleich* (W t und Fragmente anderer Hss.), *Minneleich* (W) und *Kreuzleich* (W t), zum *Hort* Peters von Reichenbach (t) und zum anonymen *Tougenhort* (t). In jüngerer Zeit neu ediert wurden davon nur die drei Leichs Frauenlobs.[55] Die dringendste Aufgabe auf diesem Gebiet ist eine umfassende Ausgabe aller mit Melodie erhaltenen Texte als Grundlage unter anderem für formanalytische Untersuchungen.[56]

---

52 Vgl. Henry Hope: Zur Performanz von Frauenlobs Spruchmelodien. Der Versuch eines Neuansatzes. In: Brunner/Löser (Anm. 39), S. 261–278. Vgl. zur weiterführenden Forschung auch Hana Vlhová-Wörner: Die Spruchsang-Melodien im Kontext spätmittelalterlichen einstimmigen Komponierens in Mitteleuropa. In: Hübner/Klein 2015 (Anm. 39), S. 275–292.

53 Vgl. dazu oben Anm. 38.

54 Vgl. dazu meinen Beitrag: Melodien zu Minneliedern. In: Handbuch Minnesang. Hrsg. von Beate Kellner, Susanne Reichlin und Alexander Rudolph. Berlin, Boston 2021, S. 218–232.

55 In der Frauenlobausgabe von Stackmann/Bertau durch Bertau; der Marienleich auch in: Geistliche Gesänge des deutschen Mittelalters. Hrsg. von Max Lütolf. Bd. 2. Kassel u. a. 2004, Nr. 220–225. – Vgl. hierzu insbesondere Christoph März: Frauenlobs *Marienleich.* Untersuchungen zur spätmittelalterlichen Monodie. Erlangen 1987 (Erlanger Studien. 69); ferner Horst Brunner: Metrische Schemata und Melodien. In: Handbuch Frauenlob. Hrsg. von Claudia Lauer und Uta Störmer-Caysa. Heidelberg 2018, S. 13–26.

56 Eine grundlegende Untersuchung wurde von Karl Heinrich Bertau schon vor fast 60 Jahren vorgelegt: K. H. B.: Sangverslyrik. Über Gestalt und Geschichtlichkeit mittelhochdeutscher Lyrik am Beispiel des Leichs. Göttingen 1964 (Palaestra. 240). Die Arbeit wurde von den Rezensenten zu Recht gelobt, wurde aber sehr wenig rezipiert, meines Erachtens deshalb, weil ohne die Ausgabe der Texte und Melodien vieles einigermaßen ungreifbar blieb.

Die Zurückhaltung, mit der die Altgermanisten im späteren 19. und in der ersten Hälfte des 20. Jahrhunderts auf die durch von der Hagen vor nunmehr 180 Jahren gewiesenen Wege geblickt haben, hängt sicherlich nicht nur mit dem schlechten Ruf zusammen, den der Großeditor im Fach genoss. Es kamen andere, vielleicht maßgeblichere Einschätzungen hinzu, nämlich: Dass der Minnesang über die von Lachmann und Haupt edierten „klassischen" Autoren hinaus es nicht wert war, größere editorische Mühen zu investieren. Gleiches galt über Spervogel und Walther hinaus für den Spruchsang – Roethe eröffnete das Vorwort zu seiner Ausgabe Reinmars von Zweter mit den bezeichnenden Worten: „Es ist kein Dichter ersten Ranges, dessen Werke diese Blätter in möglichst reiner Gestalt darbieten [...]."[57] Da genügte es wohl, wenn die meisten der wenig geschätzten Autoren bei von der Hagen zugänglich waren; allenfalls als Dissertationsthema kam der eine oder andere von ihnen (mit nicht zu großem Œuvre!) in Frage. Erst neuerdings hat sich dies gründlich geändert. Der gesungene Charakter mittelalterlicher Lyrik blieb lange Zeit ebenfalls weitgehend außer Betracht. Zwar las man 1927 im 2. Band von Andreas Heuslers *Deutscher Versgeschichte*: „Lied, Spruch und Leich waren für Gesang bestimmt. Die Dichtung entstand als Musiktext: *wort* und *wîse* (*dôn, gedoene*) hatten in der Regel denselben Urheber; der Dichter war zugleich Tonsetzer und Sänger seiner Gedichte. Text und Melodie standen in dem Bündnis, das unsrer neueren Kunstlyrik fremd geworden ist."[58] Aber die großenteils ja schon seit den *Minnesingern* greifbaren Melodien wurden doch lange Zeit als bloße Randerscheinungen wahrgenommen oder auch gänzlich negiert. Das hat sich glücklicherweise mittlerweile geändert, die meisten neuen Liededitionen enthalten heutzutage, wo immer dies aufgrund der Überlieferung möglich ist, auch Abdrucke der Melodien.[59]

[57] Reinmar von Zweter (Anm. 40), S. V.

[58] Andreas Heusler: Deutsche Versgeschichte. Bd. 2, Berlin 1927, S. 163.

[59] Für die freundliche kritische Lektüre des Manuskripts danke ich Dorothea Klein, Johannes Janota (†) und Uwe Meves.

Holger Ehrhardt

Zu den editionsphilologischen Positionen der Brüder Grimm

Über die Verdienste der Brüder Grimm in der Gründungsphase unseres Faches besteht kein wesentlicher Dissens; ihre grundlegenden Arbeiten auf den Gebieten der literarischen Volkskunde, der historischen Sprachwissenschaft, der germanischen wie der nordischen Literaturgeschichte, der Rechtsgeschichte, der Mythologie, der Runologie u. a. sind allgemein anerkannt, auch wenn ihre Ansichten vielfältige Revisionen erfahren haben. Hingegen wird der Name Grimm seltener erwähnt, wenn es um die Entwicklung der germanistischen Textkritik geht. Wie viele ihrer germanistischen Zeitgenossen waren die Brüder Grimm seit Beginn ihrer wissenschaftlichen Tätigkeit mit der Tatsache konfrontiert, dass zahlreiche altdeutsche Texte nicht oder nur in unzureichender Form vorlagen. In der wissenschaftlichen Auseinandersetzung mit Karl Lachmann, Georg Friedrich Benecke, Friedrich Carl von Savigny, aber auch Achim von Arnim wurden dabei zwei Auffassungen diskutiert, wie handschriftliche Textzeugen in eine angemessene druckschriftliche Form zu transformieren seien. Am einen Ende des Spektrums stand Lachmann mit seiner historisch-kritischen Methode, die sich an den Überlieferungsgegebenheiten der klassischen Philologie orientierte und einer Archetypenrekonstruktion verpflichtet war,[1] am anderen Ende Jacob Grimm mit einer „vergleichenden Zusammenstellung aller erreichbaren Überlieferung“,[2] die der Überlieferung ein Primat vor dem Archetypus einräumte.

In ihrer grundlegenden Studie zu dieser frühen editionsphilologischen Position Jacob Grimms destillierte Gunhild Ginschel (1967, [2]1989) dessen Theoreme aus den Briefwechseln mit seinen Mitforschern, aus Rezensionen und seinen eigenen Arbeiten. Im Wesentlichen lassen sich drei Auffassungen Jacob Grimms festhalten: Er plädierte in dieser Phase zwischen 1805 und 1819 für Editionen, denen (a) lediglich eine Handschrift zugrunde lag, für eine stillschweigende Korrektur offensichtlicher Fehler, die Einführung moderner Interpunktion, die Wiederherstellung des ursprünglichen Versmaßes sowie die Emendation und Erklärung dunkler bzw. verderbter Stellen.[3] Deutlicher aber setzten sich seine Positionen von der Lachmann'schen kritischen Methode ab, wenn bei Editionen wie beim Nibelungenlied (b) mehrere gleichrangige Handschriften zugrunde lagen: Während jener den ursprünglichen Text auf Grund von Abhängigkeitsver-

1 Vgl. die Beiträge von Thomas Bein, Kurt Gärtner und Michael Stolz in diesem Band.
2 Gunhild Ginschel: Der junge Jacob Grimm 1805–1819. 2. Auflage. Berlin 1989, S. 172.
3 Vgl. ebd., S. 174–176.

https://doi.org/10.1515/9783110786422-007

hältnissen rekonstruieren wollte, trat Grimm für den berichtigten Abdruck der besten Handschrift ein. Eine Mitteilung von abweichenden Lesarten hatte dabei für Jacob Grimm kein textkritisches, sondern ein literaturhistorisches Interesse, d. h. um zu sehen, „wie dasselbe gedicht in dem fortgang der zeit modificiert und verändert wurde“.[4] Schließlich sind davon die frühen Auffassungen Jacob Grimms in Bezug auf (c) die Kunstpoesie zu unterscheiden, für deren Edition er eine Differenzierung zwischen dem authentischen Werk des Dichters und späteren Zusätzen forderte. Dabei habe der Abdruck der besten und ältesten Handschrift ohne textkritische Vermischung mit anderen Lesarten zu erfolgen; Varianten seien zu trennen und im Lesartenverzeichnis wiederzugeben.[5]

1812 erscheint unter dem Namen der Brüder Grimm *Die beiden ältesten deutschen Gedichte aus dem achten Jahrhundert: das Lied von Hildebrand und Hadubrand und das Wessobrunner Gebet*,[6] wie im vollständigen Titel und im Vorwort angemerkt, zum ersten Mal als Gedichte herausgegeben. In dieser frühen Edition drucken sie für jedes Werk nacheinander den urkundlichen (diplomatisch wiedergegebenen) Text, seine (berichtigte) Wiederherstellung, eine wörtliche Übersetzung ins Neuhochdeutsche, eine Prosa-Umschreibung und im Apparat sprachliche Anmerkungen zur Übersetzung, eine Beschreibung der Handschrift, Untersuchungen über Sprache und Alter des Textes sowie die poetische Form. Beim *Hildebrandslied* folgen ausführliche Darlegungen zum Fortleben des Liedes; beim *Wessobrunner Gebet* eine knappe Darstellung der „Bedeutung des Gedichts“.[7] Im Übrigen wird hier nach dem Prinzip der berichtigten Textwiedergabe unter Herstellung des angenommenen ursprünglichen Versmaßes verfahren. Seinem Lehrer Savigny gegenüber bekennt Jacob Grimm selbstkritisch, dass die Abhandlung zur Edition unter der Ausarbeitung immer mehr anwuchs, dabei jedoch genauer ausgearbeitet, weniger weitläufig und klarer formuliert werden müsse.[8] Die später (1830) erfolgte Neuausgabe des Textes durch Wilhelm Grimm erfolgt dann als Faksimile mit lateinischem Titel und kurzer lateinischer „Praefatio“.[9] Durch den Umgang mit Handschriften sensibilisiert für Schrifteigentümlichkeiten, gelingt ihm hier die Feststellung, dass „[...] der größ-

---

4 Jacob Grimm: Über das Nibelungen Liet [1807]. In: ders.: Kleinere Schriften. Bd. 4: Recensionen und vermischte Aufsätze. Erster Theil. Berlin 1869, S. 1–6, hier S. 6; auch bei Ginschel 1989 (Anm. 2), S. 180.

5 Vgl. Ginschel 1989 (Anm. 2), S. 191f.

6 Die beiden ältesten deutschen Gedichte aus dem achten Jahrhundert: Das Lied von Hildebrand und Hadubrand und das Weißenbrunner Gebet zum erstenmal in ihrem Metrum dargestellt und herausgegeben durch die Brüder Grimm. Kassel 1812.

7 Ebd. S. 43–79 und 87f.

8 Vgl. Briefe der Brüder Grimm an Savigny. Hrsg. von Ingeborg Schnack und Wilhelm Schoof. Berlin 1953, S. 139.

9 De Hildebrando antiquissimi carminis Teutonici fragmentum edidit Guilelmus Grimm. Göttingen 1830.

te Teil [des Trägercodex, H. E.] von ein und derselben schönen Hand geschrieben worden ist und wenige Blätter von einer anderen gleichen Alters.“[10]

Doch zunächst verfolgen die Brüder Grimm das Projekt der *Altdeutschen Wälder* (3 Bde., 1813–1816), das vornehmlich dem „Überfluß an beiläufigen Nebenarbeiten“[11] gilt, aber gleichzeitig ein editorisches Versuchsfeld darstellt, wie Jacob Grimm gegenüber Benecke bemerkt: „überhaupt müßen wir erst ins Herausgeben ein wenig hineinkommen“.[12] Von Jacob Grimm findet sich hier die Edition von Ruprechts von Würzburg *Die Treueprobe* (unter dem Titel „Von zwein Kaufmann“),[13] dem nur eine einzige Gothaer Papierhandschrift des 15. Jahrhunderts zu Grunde liegt,[14] im Band 2 das *Traugemundslied*, „wiederholt und hergestellt [...] aus dem sogenannten dritten Theil der Müllerischen Sammlung“,[15] und noch andere Gedichte, meist von Wilhelm herausgegeben. Über die Prinzipien der Edition des *Traugemundslied* finden sich im Übrigen keine weiteren Mitteilungen. Anders in der von Wilhelm besorgten Edition der *Goldenen Schmiede* Konrads von Würzburg:[16] Hier teilt er mit, dass die zu Grunde liegende Gothaer Papierhandschrift (Gotha, Forschungsbibl. der Universität Erfurt, Cod. Memb. II 38) „nicht selten verderbt [sei] und ein bloser Abdruck derselben würde manche ganz unverständliche oder falsche Zeile liefern.“[17] Die zweite Gothaische Handschrift (Gotha, Forschungsbibl. der Universität Erfurt, Cod. Chart. B 271) habe „bedeutende Hilfe zur Herstellung und Berichtigung des Textes gewährt“,[18] aber auch noch weitere Handschriften wurden für einzelne Stellen verglichen, darunter die „Coloczer“,[19] so dass hier – wenn auch bedingt –

[10] Ebd. S. [4]: „maximam partem ab una eademque manu pulchre scriptus, folia pauca ab alia, coæva“ (Übersetzung H. E.). Wilhelm Grimm fährt zum *Hildebrandslied* fort: „octo lineas, ab initio scilicet vigesimæ quintæ usque ad vocem *inwit* in trigesima secunda, ab alio (totum codicem si spectes, tertio) exaratas esse, tum diversi inelegantioresque litterarum ductus probant, tum diversa orthographiæ ratio.“ – „Acht Zeilen, offenbar vom Anfang der 25. bis zu dem Wort *inwit* in der 32., sind von einem Anderen (wenn man den ganzen Kodex prüft, dem dritten [Schreiber]) aufgeschrieben worden, einmal zeigen dies die abweichenden und uneleganteren Züge der Handschrift, dann die abweichende Art der Rechtschreibung.“

[11] Briefe der Brüder Jacob und Wilhelm Grimm an Georg Friedrich Benecke aus den Jahren 1808–1829. Hrsg. von Wilhelm Müller. Göttingen 1889, S. 48.

[12] Ebd., S. 52.

[13] Altdeutsche Wälder. Hrsg. durch die Brüder Grimm. Bd. 1. Frankfurt/M. 1813, S. 35–71.

[14] Gotha, Forschungsbibl. der Universität Erfurt, Cod. Chart. A 216.

[15] [Jacob Grimm:] Tragemundeslied. In: Altdeutsche Wälder. Hrsg. durch die Brüder Grimm. Bd. 2. Frankfurt/M. 1815, S. 8–30, hier S. 17. Grimm verweist hier auf den Abdruck: Samlung Deutscher Gedichte aus dem XII. XIII. und XIV. Iahrhundert. [Hrsg. von Christoph Heinrich Myller (Müller)]. Bd. 3: Fragmente und kleinere Gedichte. Conrad von Wuerzburg: Vom trojanischen Kriege. Berlin [1787], S. XIVf.

[16] [Wilhelm Grimm:] Die goldene Schmiede von Conrad von Würzburg. In: Altdeutsche Wälder 2 (Anm. 15), S. 193–288.

[17] Ebd., S. 210.

[18] Ebd.

[19] Ebd.; gemeint ist Cologny-Genf, Bibl. Bodmeriana, Cod. Bodm. 72 (olim Kalocsa, Kathedralbibl., Ms. 1).

von einer kritischen Textrezension gesprochen werden muss. Unter anderem half Jacob Grimm während seines Aufenthaltes in Wien bei der Vergleichung mit einer dortigen Handschrift, worum Wilhelm ihn brieflich mehrmals gebeten hatte. Als Jacob die betreffenden Stellen schließlich im Februar 1815 nach Kassel sendet, bemerkt er zum Text: „Das ganze Gedicht ist eins der merkwürdigsten und schönsten seiner Art; ich könnte vielerlei dazu anmerken [...]. Die älteste und reinste Hs. liegt wohl zu München u. es ist Schade, daß wir sie nicht dazu gehabt. Aus der coloczer lege ich soviel ich habhaft geworden bei.“[20]

Lachmann geht diese Edition nicht weit genug: „Übrigens ist recht sehr zu wünschen, dass alle Handschriften der goldenen Schmiede genau verglichen, und daraus der ächte Text gewonnen werde“.[21] Die Neuherausgabe erfolgt schließlich im Jahr 1840 und in der Tat wurden nun acht Pergamentcodices und sieben Papierhandschriften in die Textkonstitution einbezogen, allerdings mussten immer noch einige Handschriften unbenutzt bleiben.[22] Der Wert der einzelnen Handschriften kann nicht sicher bestimmt werden, und so erklärt Wilhelm Grimm, dass er „bei der entscheidung grössere verantwortlichkeit übernehmen“[23] musste, was wohl so viel bedeuten soll, dass kein kritisch ermittelter Text auf Grund eines Stemmas hergestellt wurde.

Bemerkenswert ist noch der im Band 3 der *Altdeutschen Wälder* von Wilhelm edierte *Schwanritter* von Konrad von Würzburg,[24] bei dem die Schreibweise auf verschiedene Weise normalisiert wird; graphematische Differenzierungen werden, entweder „nach dem sichtbar Vorherschenden“ vereinheitlicht und sofern sie „aus einem feinen Gefühl entstanden“ scheinen, „daher fast ganz beibehalten“, oder sie werden, wo ihnen kein Sinn abzugewinnen ist, „aufgelöst oder getilgt“.[25]

Bei der 1815 gemeinsam von den Brüdern Grimm besorgten Herausgabe des *Armen Heinrich* wird lange um eine prinzipielle Editionsentscheidung gerungen. In einer Pränumeration der Ausgabe aus dem Jahr 1813/14 kündigen die Grimms nämlich an, dass „der fehlerhafte Originaltext, (auch mit Beyhülfe einer vor kurzem zu Rom gefundenen Handschrift) neu recensirt und kritisch erläutert“[26] werde. Im Lauf der Bearbeitung scheint ihnen aber die genannte römische Handschrift (heute Heidelberg, Universitätsbibl., Cpg 341; *Armer Heinrich* Ba)

---

[20] Briefwechsel der Brüder Jacob und Wilhelm Grimm. Kritische Ausgabe in Einzelbänden. Bd. 1.1: Briefwechsel zwischen Jacob und Wilhelm Grimm (Text). Hrsg. von Heinz Rölleke. Stuttgart 2001, S. 423.

[21] Karl Lachmann: [Rez. zu Wilhelm Grimms Ausgabe der Goldenen Schmiede von Konrad von Würzburg]. In: Jenaische Allgemeine Literatur-Zeitung 15, 1818, Nr. 57, Sp. 450.

[22] Vgl. Konrad von Würzburgs Goldene Schmiede von Wilhelm Grimm. Berlin 1840, S. Vf.

[23] Ebd., S. VII.

[24] [Wilhelm Grimm:] Der Schwan-Ritter von Conrad von Würzburg. In: Altdeutsche Wälder. Hrsg. durch die Brüder Grimm. Bd. 3. Frankfurt/M. 1816, S. 49–96.

[25] Ebd., S. 51 (alle vier Zitate).

[26] Jacob und Wilhelm Grimm: Das Buch vom armen Heinrich. In: Intelligenzblatt zur Wiener allgemeinen Literaturzeitung 15, April 1814, Sp. 120.

im Vergleich zur Straßburger Handschrift (Straßburg, Stadtbibl., Cod. A 94 [verbrannt], *Armer Heinrich* A) eine spätere Bearbeitung zu enthalten. Sie müssen feststellen, dass es „das allerunrathsamste Verfahren" sei, „beide Handschriften zusammenzuwerfen und aus ihrer Mitte herauszulesen",[27] also einen Kompositext aus verschiedenen Bearbeitungsstufen anzustreben. Vielmehr wird dem postulierten Editionsprinzip Jacob Grimms[28] gefolgt, die für besser erachtete Straßburger Handschrift abzudrucken und von der Heidelberger (bzw. Vatikanischen) nur wichtige Textvarianten mitzuteilen. Allerdings ist seither die von den Grimms als ‚überdichtet'[29] angesehene B-Fassung sehr viel differenzierter bewertet worden.[30]

Die Edition des Fragments einer hessischen Sage vom *Grave Ruodolf* aus dem 12. Jahrhundert erfolgt 1828 durch Wilhelm Grimm auf Grundlage zehn halbzerstörter Pergamentblätter, die ein und derselben Handschrift angehören. Die editorische Besonderheit besteht hier darin, dass im Abdruck das Original „so genau, als es die mittel gestatten",[31] dargestellt wird. Unsichere Stellen werden in Kursivschrift wiedergegeben, Fehlendes durch rote Schrift ergänzt. Nachdem weitere vier Blätter dieses Gedichtes aufgefunden werden, gibt Wilhelm Grimm das Gedicht 1844 neu heraus.

1834 erfolgt die erste Ausgabe von Freidanks *Bescheidenheit*. Mit der Wahl dieses Textes geht ein editorischer Paradigmenwechsel einher. Wilhelm Grimms Absicht geht nämlich jetzt dahin, „den Text aufzustellen, welcher nach den Zeugnissen der Handschriften die Wahrscheinlichkeit für sich hat, dem ursprünglichen am nächsten zu kommen."[32] Wilhelm Grimm sieht sich hier mit einer Vielzahl von Textzeugen, fünf Pergamenthandschriften und 16 Papierhandschriften,[33] konfrontiert, die er im Herausgeberbericht genau beschreibt und hinsichtlich ihres Nutzens für sein Editionsziel bewertet:

---

27 Der arme Heinrich von Hartmann von der Aue. Hrsg. durch die Brüder Grimm. Berlin 1815, S. 139 (beide Zitate).

28 Vgl. Ginschel 1989 (Anm. 2), S. 192.

29 Vgl. Der arme Heinrich (Anm. 27), S. 140: die Handschrift, die „durch Unflüßigkeit ihres Textes [und] durch häufige Spuren von Einschiebungen eine Ueberdichtung verräth."

30 Vgl. Ginschel 1989 (Anm. 2), S. 192, Anm. 5; Hans-Jochen Schiewer: Acht oder Zwölf. Die Rolle der Meierstochter im ‚Armen Heinrich' Hartmanns von Aue. In: Literarische Leben. Rollenentwürfe in der Literatur des Hoch- und Spätmittelalters (Festschrift Volker Mertens). Hrsg. von Matthias Meyer und Hans-Jochen Schiewer. Tübingen 2002, S. 649–665; Andreas Hammer, Norbert Kössinger: Die drei Erzählschlüsse des ‚Armen Heinrich' Hartmanns von Aue. In: Zeitschrift für deutsches Altertum 141, 2012, S. 141–163.

31 Wilhelm Grimm: Grave Ruodolf. Göttingen 1828, S. 2.

32 Wilhelm Grimm: Vridankes Bescheidenheit. Göttingen 1834, S. XXI.

33 Siehe zur heute bekannten Überlieferung https://handschriftencensus.de/werke/115; die im Folgenden genannten Siglen dort auf den verlinkten Seiten.

> Unter den aufgezählten Handschriften gewährt die älteste, nämlich A, den besten, und einen an sich guten, aber nicht vorzüglichen Text. Ihr schließt sich a, als Papierhandschrift lobenswerth, ziemlich nahe an. Beiden gegenüber stehen BCbcde, wozu auch die Bruchstücke DE gehören, in welchen einiges seltnere mit dem gewöhnlichern vertauscht, [...] einiges vorsätzlich geändert [...], einiges fälschlich [...] oder ohne Noth [...] verbessert ist, während sie in andern doch seltnern Fällen den Vorzug verdienen. Unter den Pergamenthandschriften dieser Klasse verdient, was Reinheit des Textes und der Sprachformen angeht, E den ersten Platz; das kleine Stück D erlaubt kein sicheres Urtheil, aber an Werth scheint es mir die Handschrift C nicht zu übertreffen, welche ihrerseits entschieden vor B den Vorzug verdient, wo der Sinn häufig entstellt, die Orthographie durchgängig schlecht ist.[34]

Das Verfahren entspricht einer klassischen recensio à la Lachmann, die mit einem umfangreichen Fundus von Leit- und Trennfehlern die Handschriften stemmatologisch hierarchisiert. Allerdings diskutiert Wilhelm Grimm darüber hinaus auch drei verschiedene – wie er es nennt: – „Ordnungen" der Handschriften, wobei er das Für und Wider einer jeden Ordnung auf 30 Seiten philologisch minutiös abwägt. Überraschend schließt er seinen Herausgeberbericht mit den Worten:

> Daß wir schon aus diesen Gründen mit den bisherigen Mitteln dem ursprünglichen Text sehr nahe zu rücken nicht hoffen dürfen leuchtet von selbst ein; bis zu welchem Punkt ich gelangt bin, werden andere mit mehr Sicherheit beurtheilen können.[35]

Dies ist mehr als ein finaler Topos der Bescheidenheit. Die gefühlte Entfernung seines mühsam rekonstruierten Archetypus vom ursprünglichen Text ist das Epitaph für die ‚Methode Lachmann' bei der komplizierten Überlieferungssituation des Freidank-Textes. Die Rekonstruktion des Archetypus bringt eine zu geringe Annäherung an das verschollene Original. Grimm verteidigt sein Verfahren in einem Brief vom 27. Mai 1832 gegenüber Lachmann:

> Vorigen Winter habe ich ihn [den Freidank] zu Ende gebracht und die Einleitung, die mühsam genug war, zusammen gekehrt. Sie wird Ihnen zu weitläuftig, der Text nicht gut genug seyn. Aber es fehlt an einer vorzüglichen Handschrift um einen so schönen Text zu liefern, wie in Ihrem Parzival. Sie müssen also zufrieden seyn und von einem ehrlichen Manne nicht mehr verlangen, als er hat.[36]

Eine weitere Differenz zur Lachmann'schen Methode wird hier auch deutlich, wenn Wilhelm Grimm sich für seine Weitläufigkeit des Herausgeberberichts entschuldigt: Während er seine Entscheidungen im Detail nachvollziehbar macht, vermeidet es Lachmann meistens, seine textkritischen Entscheidungen zu kommentieren. Er setzt vermutlich zu mannigfaltige Kenntnisse seiner Leser voraus, die so nicht an den komplizierten Gedankengängen seiner Textkritik

---

[34] Vridankes Bescheidenheit (Anm. 32), S. XII.

[35] Ebd., S. XXXIV.

[36] Briefwechsel der Brüder Jacob und Wilhelm Grimm mit Karl Lachmann. Hrsg. von Albert Leitzmann, mit einer Einleitung von Konrad Burdach. Bd. 2. Jena 1927, S. 861 (W. G. an K. L., 27.5.1832).

teilhaben können.[37] Daran ändert sich auch bei den akademischen Nachfolgern Lachmanns nichts. Seine Lehrsätze werden erst gegen Ende des 19. Jahrhunderts kodifiziert[38] und noch später zusammengestellt,[39] seine Methode selbst erst 1963 eingehend analysiert.[40]

Das Verhältnis der vier Handschriften, die dem *Rosengarten* zugrunde liegen, den Wilhelm Grimm schon seit 1820 bearbeitet hat,[41] ist sehr komplex. Die beiden Gruppen der Handschriften weichen hier so stark voneinander ab, dass man jede „als ein besonderes, für sich bestehendes Gedicht betrachten muß",[42] ein Verhältnis, das sich auch im Ausdruck zeigt, so dass die Textkritik von einer Sagenkritik ergänzt wird.

Vier Jahre nach dem *Freidank* erscheint das *Rolandslied* des Pfaffen Konrad unter dem Titel „Ruolandes liet" (1838). Die Ausgabe wird eröffnet durch ein Faksimile der Heidelberger Handschrift (UB, Cpg 112, hier „[die] pfälzische[.] Handschrift"[43] genannt), die Wilhelm Grimm noch dem 12. Jahrhundert zuordnet.[44] Nach eingehender Beschreibung der ihm bekannten vier Textzeugen[45] stellt Grimm gleich zu Beginn fest, dass „eine durchgreifende critische Behandlung des Textes nicht möglich" sei, weil „für die Hälfte des Textes die pfälzische Handschrift alleine" stehe sowie „die unvollkommenen Reime und die sonstige metrische Unbeholfenheit ein Hilfsmittel"[46] entzögen:

> Ich hätte die Interpunction einführen können, doch aber nur da, wo sie bei der einfachen Sprache leicht zu entbehren war, wo nämlich das Verständnis keine Schwierigkeit zeigt. Ein genauer Abdruck einer Handschrift aus dem zwölften Jh. führt eigenthümliche Vortheile mit sich, welche zu erhalten hier das beste schien. [...] Die Lesarten der anderen Handschriften habe ich so genau, als es unter den Umständen nöthig war, zugefügt, zugleich aber, da ich die eigenthümliche Orthographie einer jeden im Allgemeinen dargelegt habe, lästige Wiederholungen vermieden. Verbesserungen einzelner Stellen, und was ich überhaupt für die Berichtigung des Textes und das Verständnis des Inhalts [...] thun konnte, findet man in den Anmerkungen.[47]

37 Vgl. dazu Harald Weigel: „Nur was du nie gesehn wird ewig dauern". Carl Lachmann und die Entstehung der wissenschaftlichen Edition. Freiburg/Br. 1989, S. 160f.

38 Weigel 1989 (Anm. 37), S. 17. – Zu denken wäre etwa an: Otto Stählin: Editionstechnik. Ratschläge für die Anlage textkritischer Ausgaben. 2. Auflage. Leipzig, Berlin 1914.

39 Paul Maas: Textkritik. Leipzig 1927 (Einleitung in die Altertumswissenschaft. 1, Teil 7).

40 Sebastiano Timpanaro: La genesi del metodo del Lachmann. Florenz 1963 (dt.: Die Entstehung der Lachmannschen Methode. Hamburg 1971). Ergänzend: Magdalene Lutz-Hensel: Lachmanns textkritische Wahrscheinlichkeitsregeln. In: Zeitschrift für deutsche Philologie 90, 1971, S. 394–408.

41 Briefwechsel Grimm/Lachmann 2 (Anm. 36), S. 736.

42 Wilhelm Grimm: Der Rosegarte. Göttingen 1836, S. LVI.

43 Wilhelm Grimm: Ruolandes liet. Mit einem Facsimile und den Bildern der pfälzischen Handschrift. Göttingen 1838.

44 Ebd., S. I.

45 Ebd., S. I–XXIX.

46 Ebd., S. XXX.

47 Ebd.

Neben der Absage an die Textkritik negiert der Herausgeber auch die graphematische Angleichung im Sinne einer besseren Verständlichkeit, er nimmt also keine Normalisierung vor, sondern betont die Vorteile des Abdrucks der besten Handschrift. Die Zufügung einer Interpunktion scheint ihm, angesichts des einfachen Texts, ganz entbehrlich. Die Lesarten der anderen Handschriften werden am Fuße des edierten Textes angezeigt; dies dient der Dokumentation der Varianz, aber nicht der Rechtfertigung von Eingriffen gegen die oben gewählte Handschrift. Es handelt sich also bei der Ausgabe des *Rolandslieds* um eine Leithandschriftenedition, die so eng wie möglich der gewählten besten Handschrift folgt.

Für die Ausgaben von Wernhers vom Niederrhein *Die vier schîven* (1839) und Konrads von Würzburg *Silvester* (1841)[48] trifft das zu, was Ludwig Denecke über Wilhelm Grimms Editionsvorlieben bemerkte, nämlich dass er „den Abdruck von Texten, die nur in einer Handschrift überliefert sind",[49] bevorzugt. Fragen nach vorgängigen Textfassungen waren damit völlig, diejenigen nach Eingriffen gegen die Leithandschrift weitgehend ausgeschlossen. Dies trifft auch für die Neuausgabe des *Graf Rudolf* (1844) zu.[50] Der Herausgeberbericht thematisiert dementsprechend nicht die Textrekonstruktion, sondern die Text*transformation* von einem schreibschriftlichen in ein druckschriftliches System:

> Vorliegender abdruck soll das original so genau als es die mittel gestatten darstellen. das nicht völlig sichtbare ist durch dünnere schrift bezeichnet [...]. das fehlende und das ganz unleserliche habe ich ergänzt, aber durch rothe schrift völlig geschieden, so dass vermischung oder misverständnis dabei unmöglich ist. der schreiber fand in dem pergament [...] einige löcher, und gieng darüber hinaus, wie das öfter in den handschriften vorkommt: ich habe dies in dem abdruck durch weisse stellen in entsprechender grösse angezeigt; eine lücke in dem inhalt darf man dabei nicht annehmen.[51]

In Begriffen moderner Editionsphilologie würde man von einer ikonischen Transformation reden, die die Materialität des Textzeugen durch graphische Nachbildung bzw. Absetzung darzustellen versucht. Der Herausgebereingriff (die Konjektur bzw. Emendation) wird farblich abgesetzt. – Obwohl die singuläre Quelle eine Textkritik hier unnötig macht, ist dem Tagebuch Wilhelm Grimms zu entnehmen, dass er auch diesen Text mit Lachmann besprochen hatte.[52]

Das editorische Vorgehen Wilhelm Grimms, das sich in dieser parforcerittartigen Überschau zeigt, kann wie folgt zusammengefasst werden:

---

48 Wilhelm Grimm: Wernher vom Niederrhein. Göttingen 1839; ders.: Konrads von Würzburg Silvester. Göttingen 1841.

49 Ludwig Denecke: Jacob Grimm und sein Bruder Wilhelm. Stuttgart 1971, S. 191.

50 Wilhelm Grimm: Graf Rudolf. Zweite Ausgabe. Göttingen 1844.

51 Ebd., S. 2f.

52 Vgl. Staatsbibliothek zu Berlin – Preußischer Kulturbesitz, Nachlass Grimm 151 (Tagebucheintrag vom 19. Dezember 1842): „nachmittags bei Lachmann, den text zu dem gr. Rudolf besprochen".

1) Wilhelm Grimm passt sein jeweiliges Editionsverfahren der Überlieferungssituation an: So finden sich Archetyprekonstruktionen bei der *Goldenen Schmiede* und beim *Freidank*. Beim *Rosengarten* und beim *Rolandslied* versagt die Textkritik. Drei Editionen basieren auf Grundlage einer einzigen Handschrift.
2) Wenn die Textkritik ein unzureichendes Mittel ist, einen Archetypus zu rekonstruieren bzw. zu verdeutlichen, greift Wilhelm Grimm auf andere philologische Verfahren wie die „Critik der Sage“[53] zurück bzw. er unternimmt „einige Schritte weiter in das Gebiet der höhern Kritik“.[54]
3) Die frühe Präferenz Jacob Grimms für den Abdruck des jeweils besten Textzeugen spielt bei den Editionen Wilhelm Grimms eine untergeordnete Rolle. Lediglich beim *Rolandslied* wird dies als Möglichkeit erwogen.
4) Textkritische Entscheidungen des Herausgebers werden nachvollziehbar im Herausgeberbericht beschrieben.
5) Bei einigen Editionen gibt es normalisierende Eingriffe durch die Ersetzung von Zeichen durch andere und die Ersetzung von dialektalen Formen durch mittelhochdeutsche.[55]
6) Bei der Transformation vom handschriftlichen Zeugnis in den Druck wird um eine möglichst ikonische Editionsform gerungen, die die Materialität des Textzeugen betont. Bei einigen Editionen (*Graf Rudolf*, *Rolandslied* und *Wernher vom Niederrhein*) sind handschriftliche Besonderheiten möglichst genau nachgebildet. Das Faksimile soll hier als integraler Bestandteil der Edition die Materialität der Handschrift vermitteln.

Es ist nicht ganz uninteressant einen kurzen Seitenblick darauf zu werfen, wie sich die Editionstätigkeit Wilhelms auf die Bearbeitung der *Kinder- und Hausmärchen* ausgewirkt hat. Seit der Zweitauflage der Großen Ausgabe von 1819[56] ist er allein für die Herausgabe der Sammlung verantwortlich. Dabei lassen sich unterschiedliche Schwerpunkte seiner Textredaktion feststellen. Der ursprünglich mythologische Ansatz weicht in der Zweitausgabe an einigen Stellen den vorgetragenen pädagogischen Bedenken, während in den ‚Kleinen Ausgaben‘ der 1830er Jahre die Texte stilistisch stark überarbeitet wurden. Diese scheinbare Abkehr von der Überlieferungstreue lenkt die Aufmerksamkeit auf diejenigen Märchen, bei denen mehrere Quellen überliefert sind und somit das Verfahren der Textkonstitution nachvollzogen werden kann.

---

53 Der Rosegarte (Anm. 42), S. LXI.

54 Vridankes Bescheidenheit (Anm. 32), S. XXVIf.

55 Ob der edierte Text graphematisch normalisiert wird, kann nicht bei allen Editionen auf Grundlage des Herausgeberberichts bzw. des Apparates festgestellt werden. Dazu müssen Handschriftenvergleiche angestellt werden.

56 Brüder Grimm: Kinder- und Haus-Märchen. 2 Bde. Berlin 1819, im Folgenden: KHM 1819.

Das erste Beispiel stammt aus der Frühphase der Märchensammlung.[57] August von Haxthausen (1792–1866), ein aus Westfalen stammender Freund und ein wichtiger Märchenbeiträger, sendet den Brüdern Grimm ein Märchen zu, das von 1815 bis 1840 als KHM 107 zum Korpus der *Kinder- und Hausmärchen*[58] gehört und den Titel *Die Krähen* trägt. Im Manuskript findet sich zweimal die Formulierung „etc. wie oben", womit einmal der Spruch der Krähe „wenn die Menschen wüßten, was wir wißen!" gemeint ist. Ein anderes Mal, bei der Passage „Heute Nacht ist ein Tau gefallen, wenn etc. wie oben", ist diese Abkürzung jedoch problematisch, da die gemeinte Stelle von Haxthausen irrtümlich gestrichen wurde: „Heute Nacht ist ein Tau gefallen, wenn sich damit die Blinden die Augen bestreichen so werden sie sehen."

Bei dieser Stelle handelt es sich aus editionsphilologischer Sicht um eine Korruptele und Wilhelm Grimm verfährt hier textkritisch korrekt, indem er die Lesart einer anderen ihm vorliegenden Überlieferung, und zwar bemerkenswerter Weise einer literarischen Variante, einfügt: Die aus den Braunschweiger *Feen-Mährchen* (1801)[59] stammende Formulierung „wodurch jeder Blinde, der sich damit wäscht, sein Gesicht wieder erhalten wird"[60] geht so in die Erstausgabe der *Kinder- und Hausmärchen* (1815) ein: „wer blind ist und bestreicht seine Augen damit, der erhält sein Gesicht wieder".[61] Diese Anleihe auf die literarische Erzählung zurückzuführen erscheint auch deswegen plausibel, weil die Wiedergewinnung des Sehens im Manuskript (und auch in der Erstausgabe) an anderer Stelle anders ausgedrückt wird: „da wurde er gleich sehend" bzw. „Alsbald ward er wieder sehend".[62]

Das zweite Beispiel stammt aus dem Jahr 1840, der mittleren Phase der Märchenbearbeitung, und zeigt, wie KHM 171 *Der Zaunkönig* aus zwei mündlichen Überlieferungen, nämlich einer des aus Mecklenburg stammenden Volkskundlers und Pastors in Hanstorf bei Rostock, Johann Jacob Mussaeus, mit dem Titel *Königswahl unter den Vögeln* und einer im August 1838 von Karl Goedeke, einem Studenten von Jacob Grimm, aufgenommenen Variante, kontaminiert wird.[63] Die Art der Kontamination beider Märchenüberlieferungen legt da-

57 Vgl. hierzu Holger Ehrhardt: „3 Tage darauf wurde der Erzähler in den Treffen bei Kluvensiek grade hinter mir erschossen". Zur Identität des Beiträgers von KHM 107a. In: Fakten und Vorbehalte. Festschrift für Lothar Bluhm zum 60. Geburtstag. Hrsg. von Stephan Merten, Gabriela Scherer, Björn Hayer und Kathrin Heintz. Trier 2018, S. 65–77.

58 KHM 1819 (Anm. 56), Bd. 2, S. 120–124, Nr. 21.

59 Anonym: Feen-Mährchen zur Unterhaltung für Freunde und Freundinnen der Feenwelt. Braunschweig 1801.

60 Feen-Mährchen. Zur Unterhaltung für Freunde und Freundinnen der Feenwelt. Hrsg. von Ulricht Marzolph. Hildesheim, Zürich, New York 2000, S. 136.

61 KHM 1819 (Anm. 56), Bd. 2, S. 122.

62 Ehrhardt 2018 (Anm. 57), S. 77.

63 Vgl. hierzu Holger Ehrhardt: Eine bisher unbeachtete Beiträgerin von KHM 171 *Der Zaunkönig*. In: Über Nachtfliegen, Zaunkönige und Meisterdiebe. Neue Beiträge zur Grimm- und Märchenforschung. Hrsg. von Holger Ehrhardt, Johann Friedrich Lange, Marie-Louise Lange und Christopher F. Schütz. Kassel 2019, S. 197–230.

bei nahe, dass hier eine Archetypenrekonstruktion unternommen wird, also ein möglichst ursprünglicher Text hergestellt werden soll, der möglichst viele echte Lesarten bewahrt und spätere Zusätze ausgeschieden hat. Ein Vergleich der beiden Quelltexte und der kontaminierten KHM-Erzählung lässt erkennen, dass mehrere Passagen *beider* Fassungen in den KHM beibehalten und zu einer organischen Erzählung verbunden werden.[64]

Es finden sich nur drei gemeinsame Passagen in allen drei Fassungen (G: Goedeke 1838; M: Mussaeus 1840; KHM: Grimm 1840),[65] die einen ähnlichen oder gleichen Wortlaut haben: die Idee der Königswahl (G: „sik en König wählen“; M: „einen König unter sich zu wählen“; KHM: „einen unter sich zu ihrem König wählen“), die Bedingung für die Königswahl (G: „wer am högsten fleigen künne“; M: „der am höchsten zu fliegen vermöchte“; KHM: „der am höchsten fliegen könnte“) sowie die Eule als Wachtposten (G: „Do stellen se de Ule vor dat lok taun waken“; M: „und deshalb eine Wache davor zu stellen. Die Eule“; KHM: „Die Eule ward als Wache davor gestellt“).

Einige Züge werden ausgeschieden, mehrheitlich aus M: „Wann sie die Sprache verloren haben, wird nicht erzählt“; „Lange hatten die Vögel in einem Freistaate gelebt; aber der Wunsch, andern Geschöpfen gleich zu sein [...]“; „Auch mochten wohl die größern und stärkeren unter ihnen sich mit der Hoffnung schmeicheln, daß auf sie die Wahl fallen würde. Auf einer ihrer Versammlungen brachte die Gans die Sache ernsthaft in Vorschlag; alle billigten es“; „Der folgende Tag ward zum Probeflug angesetzt; alle zogen sich zurück, um ihre Kräfte zu stärken. Am folgenden Morgen, als kaum die Sonne über den Hügel aufgegangen war, fanden sich schon alle Vögel ein“; „[...] denn Kolibri waren noch nicht“ sowie „[...] dessen hohen Flug er oft vom Dornbusch aus bewundert hatte.“

Aus der kürzeren Fassung G wird nur Weniges nicht übernommen: „Sau harren se alle Tit genaug to fleigen sau hoch ans se men können“; „De Vogels mosten nu wol seggen dat he an’n högesten ekomen wörre“. In G finden sich allerdings keine Vogelrufe: diese rühren allesamt von Mussaeus her.

Ein abschließender Blick auf die Ansätze und Tendenzen der modernen Editionsphilologie verdeutlicht, dass sich die Brüder Grimm durchaus in keiner editorischen Außenseiterposition befanden; der handschriftengetreue Ansatz vor allem Wilhelm Grimms neigte jenem Ende des breiten Spektrums zu, das lange Zeit unter der Prävalenz der Lachmann’schen Schule wenig Beachtung fand. Erst in den zwanziger Jahren des 20. Jahrhunderts kommt dessen Methode langsam in die Kritik, beispielsweise durch Joseph Bédier, dem eine nicht begründbare Zweigliedrigkeit der meisten durch die Textkritik konstatierten Überliefe-

---

64 Vgl. ebd., S. 204–210.

65 G: Staatsbibliothek zu Berlin – Preußischer Kulturbesitz, Nachl. Grimm 1757, 12, fol. 22–23; M: [Johann Jacob Nathanael] Mussäus: Meklenburgische Volksmährchen. In: Jahrbuch des Vereins für meklenburgische Geschichte und Alterthumskunde 5, 1840, S. 74–77.

rungen auffällt.[66] Es dauert indes noch weitere Jahrzehnte, bis sich andere Editionsansätze erkobern und neue Editionsstandards durchsetzten.

Schaut man auf die Editionslandschaft des 21. Jahrhunderts, sind die restitutionsphilologischen Ansätze zurückgedrängt, es gibt kaum Archetypenrekonstruktionen und wenig Normalisierungen. Vor allem textgenetische oder Faksimileausgaben markieren höchste philologische Standards, nämlich:

- die Genauigkeit bei der Transformation von Schreib- in Druckschrift durch einen ikonischen Abdruck oder die Faksimilierung des Textzeugen,
- ein an der Materialität eines Textzeugen orientiertes Editionsethos des Herausgebers,
- die zunehmende Eliminierung des stillen Herausgebereingriffs sowie
- das Verschwinden der graphematischen Normalisierung.

Der in ihrer Zeit nicht gewürdigte Editionsansatz der Brüder Grimm nimmt einige dieser modernen Standards vorweg. Dabei muss es allerdings einer eingehenderen Untersuchung vorbehalten bleiben, diese ersten – thesenhaft formulierten – Erkenntnisse zur editorischen Rehabilitation der Grimms zur Gewissheit zu erhärten.

---

66 Joseph Bédier: La tradition manuscrite du lai de l'ombre. Réflexions sur l'art d'éditer les anciens textes. In: Romania 54, 1928, S. 321–356.

Jürgen Wolf

Hans Ferdinand Maßmann als Editor

Ein Leben zwischen Wissenschaft, Nationalidee und Turnerbund

1. Vorwort – Editorische Bruchstücke und ‚Polit-Germanistik'

Will man sich mit der editorischen Leistung Hans Ferdinand Maßmanns (1797–1874)[1] auseinandersetzen, kann dies nur in einem Dreischritt zwischen Wissenschaft, Nationalidee bzw. Politik und Turnerbund geschehen. Alle drei Elemente erweisen sich bei ihm aufs Engste vernetzt, bisweilen sogar so eng vernetzt, dass z. B. seine Editionen und wissenschaftlichen Analysen die Argumente für die Nationalidee liefern, wie diese den Antrieb für diverse Forschungsanstrengungen und die Richtung der Untersuchungen vorgeben, so etwa bei der Suche nach gotischen oder allg. germanischen Quellen.[2] Diese Leidenschaft teilte er übrigens mit den Grimms, denen er dazu schon in jungen Jahren, am 15. Januar 1818, einen schwärmerischen Brief in „locker, herzlich gemeinte[m] Ton" schreibt.[3]

Maßmann wird von der durch die Napoleonischen Kriege befeuerten nationalen Idee, d. h. der Sehnsucht nach einem freien, vereinten, demokratischen Deutschland, geprägt und schließt sich früh den ersten aktiven Turnern an. Noch in der Schulzeit wird seine Schulrede *Über den Werth der Leibesübungen* in der Zeitschrift *Schulrath an der Oder* gedruckt. Das Turnen ist ihm auch später oft wichtiger als die wissenschaftliche Quellenarbeit, so dass die Fertigstellung mancher Edition aus ‚Turngründen' länger dauert als geplant.

1 Vgl. zur Biographie grundlegend Joachim B. Richter: Hans Ferdinand Maßmann. Altdeutscher Patriotismus im 19. Jahrhundert. Berlin, Boston 1992, und fokussiert auf die editorische Tätigkeit (spez. die *Kaiserchronik*-Edition) Stephan Müller: Vom Annolied zur Kaiserchronik. Zu Text- und Forschungsgeschichte einer verlorenen deutschen Reimchronik. Heidelberg 1999 (Beiträge zur älteren Literaturgeschichte), bes. S. 17–40, passim.

2 Einen kursorischen Überblick bietet Hartmut Schmidt: Jacob Grimm, Hans Ferdinand Maßmann und die gotischen Handschriften der Ambrosiana. In: Brüder Grimm Gedenken 12, 1997, S. 137–146.

3 Schmidt 1997 (Anm. 2), S. 138, mit Abdruck des Briefs.

https://doi.org/10.1515/9783110786422-008

Maßmann nimmt 1815 an den Kämpfen gegen Napoleon teil, wird 1816 Mitglied der Urburschenschaft und ist selbstverständlich am Wartburgfest 1817 im Kampf gegen Reaktion und Restauration dabei. Die Restauration reagierte drastisch: Maßmann wird, wie viele andere, von der Jenaer Universität für die Teilnahme am Wartburgfest mit Karzerhaft bestraft,[4] was ihn aber nicht daran hindert, politisch aktiv zu bleiben und in den folgenden Jahren vor allem die Idee des Germanentums in das Zentrum seiner Arbeiten zu stellen. Richter spricht hier zu Recht von „Polit-Germanistik".[5] In diesem Sinn bezeichnend ist sein Gedicht *Gelübde*, wie es das *Allgemeine Deutsche Kommersbuch* unter der Jahreszahl 1820 überliefert:

Singw.: Wir hatten gebauet ec.

1. Ich hab mich ergeben mit Herz und mit Hand,
|: dir, Landvoll Lieb und Leben, mein deutsches Vaterland! :|
2. Mein Herz ist entglommen, dir treu zugewandt,
du Land der Frein und Frommen, du herrlich Hermannsland!
3. Will halten und glauben an Gott fromm und frei;
will Vaterland, dir bleiben auf ewig fest und treu!
4. Ach Gott, thu erheben mein jung Herzensblut
zum frischen, freudgen Leben, zum freien, frommen Mut!
5. Laß Kraft mich erwerben in Herz und in Hand,
zu leben und zu sterben fürs heilge Vaterland!

H. F. Maßmann. 1820.[6]

Fortan sucht Maßmann für „sein deutsches Vaterland" unermüdlich nach entsprechenden Quellen mit möglichst uralten germanischen Belegen. Zwischenzeitlich wird er 1821 Lehrer an der Dittmannschen Lehranstalt in Nürnberg. Die Fundamente für seine editorische und überlieferungskritische Grundlagenarbeit – mit dem skizzierten nationalen Fokus – werden drei Jahre später gelegt. 1824 unternimmt Maßmann von Berlin aus seine erste große Handschriftenreise „nach den wichtigsten deutschen Bibliotheken", darunter Berlin selbst sowie Wolfenbüttel, Mainz, Heidelberg, München, Straßburg, Karlsruhe, Wien und Innsbruck. Im selben Jahr erscheinen als ‚Beifund' seine Erläuterungen zum *Wessobrunner Gebet des 8. Jahrhunderts* (Berlin 1824). 1826 ist er Turnlehrer beim Kadettenkorps und Leiter der Schulturnanstalt in München. 1827 folgt die Habilitation ebenda, im selben Jahr wird er außerordentlicher Professor an der Universität München, wobei seine Verbindung zum bairischen Königshaus, ja seine Freundschaft zu Herzog Maximilian von Bayern, seine Forschungsausrichtung ent-

4 Weiter negative Folgen für seine Karriere skizziert Müller 1999 (Anm. 1), S. 17f.

5 Richter 1992 (Anm. 1), S. 47.

6 Schauenburgs Allgemeines Deutsches Kommersbuch. Ursprünglich hrsg. unter musikalischer Redaktion von Friedrich Silcher und Friedrich Erk. 55.–58. Auflage. Lahr o. J., S. 61, Nr. 64 (https://de.wikisource.org/wiki/Allgemeines_Deutsches_Kommersbuch:31#64 [alle hier und im Folgenden genannten Internet-Links wurden zuletzt am 24.4.2022 abgerufen]).

scheidend prägen wird. Umschreiben ließe sich dies mit „kulturelle[r] Deutschtümlichkeit und altdeutsche[r] Kunst.“[7] Die gotische Schriftlichkeit rückt in das Zentrum seiner Forschungen, sichtbar an seinen Publikationen zur *Auslegung des Evangelii Johannis in gothischer Sprache* (München 1834) und seinen *Gotischen Urkunden zu Neapel und Arezzo* (Wien 1834), ehe er 1835 Ordentlicher Professor für deutsche Sprache und Literatur wird. In schneller Folge erscheinen nun mehrere editorische Grundlagenwerke, die seinen Rang in der Altgermanistik begründen, so 1837 die *Deutschen Gedichte des 12. Jahrhunderts* in zwei Bänden,[8] was ihn aber nicht vom Turngeschehen abhält. 1838 ist *Die öffentliche Turnanstalt zu München* mit einem Fokus auf „der leiblich=geistig=sittlich=religiösen Jugendbildung“ das Zentrum seiner publizistischen Aktivitäten.[9] 1839 widmet Maßmann den in Arbeit befindlichen *Eraclius* „Sr. Hoheit dem Herrn Herzoge Maximilian in Bayern“. Die Widmung legt die unmittelbare Verquickung von Wissenschaft bzw. Germanistik auf der einen sowie von Politik und Germanenidee auf der anderen Seite offen. In der Verbindung mit Herzog Maximilian von Bayern wird Maßmanns germanozentrische Ursprungsidee weiter befeuert. Sie erreicht beinahe sprichwörtliche Dimensionen, was sich nicht zuletzt in seiner Begeisterung für den Bau der Walhalla bei Regensburg im Auftrag König Ludwigs I. von Bayern ausdrückt. Maßmann liefert für die Ausgestaltung denn auch wichtige ‚germanische Grundlagen‘. Heinrich Heine nimmt dies in seinem Gedicht *Verkehrte Welt* auf die Schippe. In diesen Walhalla-Spottversen wird der ‚Germanenbegeisterte‘ Maßmann neben dem Affen – das ist König Ludwig I. von Bayern – explizit herausgehoben:

Heinrich Heine: Verkehrte Welt (1844)

[…]
Ein Affe läßt ein Pantheon
Erbauen für deutsche Helden.
Der Maßmann hat sich jüngst gekämmt,
Wie deutsche Blätter melden.
Germanische Bären glauben nicht mehr
Und werden Atheisten;
Jedoch die französischen Papagei’n,
Die werden gute Christen.[10]

[7] Vgl. Richter 1992 (Anm. 1), S. 203–276 (Zitat S. 205).

[8] Deutsche Gedichte des zwœlften Jahrhunderts und der næchstverwandten Zeit. Hrsg. von Hans Ferdinand Massmann. Erster Theil: Die Strassburg-Molsheimische Handschrift, enthaltend den Glouben des Armen Hartmann, die Letanie, den Alexander des Pfaffen Lamprecht, den Pilatus. Zweiter Theil: Kunic Rother aus der Heidelberger Handschrift, Diu Buocher Mosis, Von tieren unde von fogilen, Heinrich von des todes gehugde. Quedlinburg, Leipzig 1837 (Bibliothek der gesammten deutschen National-Literatur von der ältesten bis auf die neuere Zeit. 3,1 und 3,2).

[9] Hans Ferdinand Maßmann: Die öffentliche Turnanstalt zu München. München 1838 (Zitat S. X).

[10] Zitiert nach https://de.wikisource.org/wiki/Verkehrte_Welt.

Die von Heine markant aufgespießte ‚Deutschtümelei' ist für Maßmann durchaus förderlich: Im administrativen Bereich wird Maßmanns Karriere 1843 bzw. 1846 mit der Berufung nach Berlin zum Professor für Altdeutsche Sprache und Literatur – gleichzeitig wurde ihm die Organisation des Turnunterrichts übertragen[11] – und 1847 mit der Mitgliedschaft in der Bayerischen Akademie der Wissenschaften gekrönt. Parallel schreiten die editorischen Arbeiten voran. 1843 erscheint *Tristan und Isolt von Gottfried von Straßburg* und 1849–1854 die *Kaiserchronik* in 3 Bänden. Warum es mit der Vollendung der *Kaiserchronik* so lange dauerte, erläutert Maßmann ausführlich: Er musste sich ausweislich seiner entschuldigenden Worte in der Vorrede des ersten Bandes der Edition (S. VIIIf.) um turnerische Angelegenheiten kümmern! Weiter gehen die Editionsarbeiten an zentralen Werken zur germanisch-deutschen Ursprungsgeschichte 1857 mit der Herausgabe des *Zeitbuchs des Eike von Repgow* in der Bibliothek des Litterarischen Vereins in Stuttgart[12] und 1860 mit dem *Buch der Könige* in den *Rechtsdenkmälern des Deutschen Mittelalters*,[13] ehe ein Schlaganfall im Jahr 1860 das noch lange nicht abgeschlossene Editionsprogramm abrupt beendet. Gleichsam als Reminiszenz an frühere Forschungen erscheinen 1868 *Die Turiner Blätter des Ulfila*.[14] Maßmann stirbt 1874 in Muskau.

2. Editionsarbeiten – auf der Suche nach den Ursprüngen

Im Jahr 1824 unternimmt Maßmann seine erste große Handschriftenreise zu den wichtigsten deutschen Bibliotheken. Er ist auf der Suche nach grundlegenden germanisch-deutschen (Geschichts-)Werken. „Bei Gelegenheit größerer Forschungen"[15] stößt er eher zufällig auf das *Wessobrunner Gebet* (München,

---

[11] Vgl. Müller 1999 (Anm. 1), S. 51f.

[12] Das Zeitbuch des Eike von Repgow in ursprünglich niederdeutscher Sprache und in früher lateinischer Übersetzung. Hrsg. von Hans Ferdinand Maßmann. Stuttgart 1857 (Bibliothek des Litterarischen Vereins in Stuttgart. 42).

[13] Buch der Könige [alter Ee und neuer Ee]. Hrsg. von Hans Ferdinand Maßmann. In: Alexander von Daniels: Land- und Lehenrechtbuch [...], Bd. 1. Berlin 1860 (Rechtsdenkmäler des deutschen Mittelalters. 3), Sp. XXI–CCXXIV.

[14] Die Turiner Blätter des Ulfila. Hrsg. von Hans Ferdinand Massmann. Wien 1868; zur vorausgehenden ersten Ulfila-Edition Massmanns vermerkt E. Müller in seiner Rezension zu Stamms Ulfila-Edition von 1858: „Für diese ist Massmann in einigen Theilen, wie besonders der Einleitung, zu ausführlich und gelehrt, in anderen, wie der Grammatik, zu dürftig und geradezu unvollständig, dazu in Folge vieler nicht angezeigter Druckfehler wenig zuverlässig" (in: Archiv für das Studium der neueren Sprachen und Literaturen, XIII 24, 1858, S. 187–190, hier S. 188).

[15] Hans Ferdinand Maßmann: Erläuterungen zum Wessobrunner Gebet des achten Jahrhunderts. Nebst zweien noch ungedruckten Gedichten des vierzehnten Jahrhunderts. Berlin 1824, S. III (die folgenden Nachweise im Fließtext). Die Verortung in eine germanisch-heidnische Vergangenheit wird heute zwar nicht mehr geteilt, aber das *Wessobrunner Gebet* gilt nach wie vor als eines der ältesten deutschen Textzeugnisse; es wird auf ‚um 814' datiert; vgl. www.handschriftencensus.de/7978 sowie aktuell Julia

Staatsbibl., Clm 22053, Bl. 65v–66r), ediert es mit beigefügter Übersetzung (S. 6f.) und bietet eine erste gründliche Untersuchung samt Editions- und Forschungsgeschichte (S. 1–5 und 8–29). Der Fokus seiner sprach-, aber vor allem seiner literatur- und kulturhistorischen Untersuchung gilt dabei der vermeintlich germanischen Dimension des Gebets. Unter Beiziehung der gesamten älteren und aktuellen Forschung (Docen, Kinderling, Pez, Petersen sowie vor allem Grimm) präpariert er heraus, dass im Gebet „heidnischer Nachklang zu uns den Enkeln überkommen sei" (S. 8). Es werden in enger Anlehnung an die Grimms und deren Forschungen zum *Hildebrandslied* Parallelen zur „ehrwürdigen Voluspa", zu eben jenem „Hildebrandlied" (S. 8ff.) sowie generell zu alten heidnischen Begriffen/Wörtern aufgemacht. Maßmann hebt die überragende Bedeutung des Werks hervor, „welches wie das Hildebrandlied noch immer besprochen sein will".[16] Neben der für die Zeit typischen Editionstechnik – es handelt sich um einen leicht normalisierten Abdruck – und der national germanozentrischen Analyse des Texts spiegelt diese kleine Arbeit Maßmanns grundsätzliche Entwicklungen der Zeit. Bedauernd weist er darauf hin, dass die von den Brüdern Grimm als germanistisches Basispublikationsorgan konzipierten *Altdeutschen Wälder* (erschienen von 1813–1816) ebenso wie das durch von der Hagen, Büsching und Docen herausgegebene *Museum für altdeutsche Literatur und Kunst* (erschienen 1809–1811) nicht „mehr offen stehen, wohinein ich solche Abhandlungen lieber thäte, um Anderer Meinungen über Ein' und denselben Gegenstand dort nach und nach vereint vernehmen zu können."[17] Das von Maßmann hier so deutlich formulierte Desiderat wird 1828 übrigens zur Begründung seiner eigenen Sammlung unter dem programmatischen Titel *Denkmäler dt. Sprache und Literatur aus Handschriften des 8ten bis 16ten Jahrhunderts* führen.

3. Maßmanns Idee der ‚richtigen' Herausgabe der altdeutschen Texte

Im ersten Heft besagter *Denkmäler dt. Sprache und Literatur aus Handschriften des 8ten bis 16ten Jahrhunderts* (1828) formuliert Maßmann seine Idee der ‚richtigen' Herausgabe der altdeutschen Texte, denn nach Maßmann ist jetzt die Zeit gekommen, da Sprache und Grammatik mittlerweile so gut erforscht sind, dass sie als „Richtscheid" und „Maaßstab" dienen können. Hier verweist er vor

---

Gold u. a.: Ein althochdeutscher ‚Spruch vom Weltanfang'. Anmerkungen zu Funktionsweise, Gattung und Überlieferungsverbund des sog. ‚Wessobrunner Gebets'. In: Beiträge zur Geschichte der deutschen Sprache und Literatur 140, 2018, S. 157–171 (jeweils ohne Verweis auf Maßmanns Forschungen).

16 Maßmann 1824 (Anm. 15), Vorwort S. III.

17 Ebd.

allem auf die Forschungen und Editionen Grimms sowie Lachmanns. Er scheint dabei auf die mahnenden Worte Jacob Grimms[18] aus seiner *Deutschen Grammatik* zu rekurrieren:

> Die forderungen, welche man jetzo an einen herausgeber mittelhochdeutscher gedichte zu machen hat, sind nach und nach gesteigert und verständigt worden; ich glaube, daß bald darüber kein zweifel mehr obwalten wird. Sorglose auflagen nach schlechten handschriften und mit halber sprachkenntnis fruchten nichts; diplomatisch-ängstliches wiedergeben guter handschriften reicht nicht aus und kann nur in seltnen fällen geboten seyn. Wir fordern also critische ausgaben, keine willkürliche critik, eine durch grammatik, eigenthümlichkeit des dichters und vergleichung der handschriften geleitete. Es ist uns weniger zu thun um die schreibweise eines noch so ausgezeichneten copisten, als darum, allerwärts die ächte lesart des gedichts zu haben und bisher kennt man wohl verschiedene handschriften mit vorzüglich gutem texte, keine, die einen tadellosen lieferte.[19]

Für die Beurteilung seines editorischen Schaffens wichtiger sind jedoch die folgenden Hinweise auf die Überlieferungs- und Handschriftenkunde (Paläographie und Kodikologie), die ebenfalls grundlegende Fortschritte gemacht habe. Intensive Handschriftenforschung ist an vielen Orten und in vielen Bibliotheken – nicht zuletzt durch ihn selbst – erfolgt. Programmatisch hebt er dazu explizit hervor, dass er selbst seit 1824 durch seine Handschriftenreisen „reiche Ausbeute gehalten" habe.[20] Was Maßmann damit sagen will, ist unmissverständlich: Nur mittels minutiöser Überlieferungsforschung kann es gute Editionen geben. Basiselemente einer ‚richtigen' Edition sind demnach:

- Sprache und Grammatik
- Überlieferung samt Paläographie und Kodikologie
- Heuristik (was durchaus auch Versuch und Irrtum einschließt)

Diese Parameter werden Zeit seines Lebens die Grundlage seiner Forschungs- und Editionspraxis sein, wobei er sie bei jedem Editionsprojekt je eigen interpretiert – gerne auch mit ins Chaos führender Verkürzung.

Exakt dieses Programm arbeitet Maßmann in den *Denkmäler*-Editionen ab, d. h. er bringt eine ganze Reihe entsprechender Proben. Exemplarisch vorgeführt seien die ersten vier Editionen: 1) *Vom Glauben*. 2) *Litanei aller Heiligen*. 3) *Lied vom Alexander*. 4) *Pilatus*[21] sowie das *Leben der Elisabeth* (heute: *Leben*

[18] Nach seiner ersten Kontaktaufnahme mit den ‚großen' Grimms stand er mit Jacob und Wilhelm Grimm seit den 1820er Jahren in regelmäßigem Austausch (vgl. Schmidt 1997 [Anm. 2], S. 143–146). Wie groß die gegenseitige Wertschätzung war, mag Jacob Grimms Widmung an „Massmann" im 4. Band seiner Grammatik unterstreichen (Jacob Grimm: Deutsche Grammatik. Vierter Theil. Göttingen 1837, S. III).

[19] Jacob Grimm: Deutsche Grammatik, Erster Theil, Zweite Ausgabe. Göttingen 1822, S. VIII.

[20] Denkmäler deutscher Sprache und Literatur aus Handschriften des 8ten bis 16ten Jahrhunderts zum ersten Male herausgegeben von Hans Ferdinand Massmann. Erstes Heft. München, London, Amsterdam 1828, S. III.

[21] Denkmäler 1828 (Anm. 20), S. 1–75.

der heiligen Elisabeth):[22] Die ersten vier Stücke findet er allesamt in der 1870/71 verbrannten Straßburger Handschrift „C. V. 16“ – in der Forschung bekannt als ‚Straßburg-Molsheimer Handschrift‘.[23] Nach dem skizzierten Prinzip beschreibt Maßmann unter Heranziehung der älteren Forschung zunächst die Überlieferungslage und das heißt die ‚Straßburg-Molsheimer Handschrift‘. In die minutiöse Beschreibung nach Autopsie flicht er immer wieder Forschungsergebnisse etwa zur Datierung, zur Provenienz und zu den einzelnen Texten ein, wobei er diese einerseits großflächig in die zeitgenössische Literatur einbettet und andererseits nach „mehr literarische[r] Ausbeute“[24] fahndet. Gemeint sind damit Quellenbezüge, Motivähnlichkeiten, literarische Muster, vage Anklänge, allg. Ursprungsideen, aber vor allem auch Bezüge zum „Volke“.[25] So eklektisch wie es sich anhört, erweist sich diese ‚Forschungssammlung‘ dann auch – auch das eines der Grundmuster aller Maßmann'schen Editionsarbeiten. Die Editionen selbst bleiben möglichst nahe am überlieferten Textbestand und sind damit letztlich genauso puristisch, wie er es in der Besprechung von Graffs *Diutiska* bereits als anzustrebendes Ziel formuliert hatte. Das Tableau der editorischen Eingriffe beschränkt sich auf eher technische Kleinigkeiten:

> Für den Abdruck bemerke ich, daß ich sowohl eigenthümliche Wörter als auch eigene Wortformen oder Schreibungen, so wie die Namen durch liegende Schrift hervorgehoben habe. Um des kleinen Druckes willen, den mir wegen des mehreren Stoffes Jeder danken wird, ist statt iͮ stets iv, statt vͦ stets vo, statt uͦ stets uo, statt oͮ ov u. s. w. gesetzt worden.[26]

Mit dem *Leben der Elisabeth* greift Maßmann ein weiteres bereits in seiner *Diutiska*-Rezension (S. 1169f.) formuliertes Editionsdesiderat auf. Erneut wird die Handschrift bzw. das Fragment minutiös beschrieben, die Forschungslage skizziert, ehe ein zeilen- und spaltengetreuer Abdruck (mit den bekannten technischen Vereinfachungen bei Superskripten etc.) folgt. Im Apparat sind verstreute Hinweise zu Besonderheiten der Handschrift, zu anderen *Elisabethleben* und vor allem zu einem zweiten *Elisabeth*-Fragment in derselben Handschrift eingetragen, wobei auf diese zweite Fassung nur hingewiesen wird; die Lesarten solle man sich selbst im entsprechenden Abdruck in den *Diutiska* heraussuchen.[27]

---

22 Denkmäler 1828 (Anm. 20), S. 113–120.

23 Vgl. mit kurzer Beschreibung und Skizze der Forschung www.handschriftencensus.de/3680. Maßmann hatte diese Handschrift bereits in seiner Besprechung zu Graffs *Diutiska* in den Heidelberger Jahrbüchern der Literatur 19 = NF 6, 1826, S. 1163–1217, angesprochen und eine ausführlichere Analyse angemahnt (hier bes. S. 1172).

24 Denkmäler 1828 (Anm. 20), S. 6.

25 Ebd., S. 7.

26 Ebd., S. 15.

27 Ebd., S. 116, Anm. **.

1837 erscheint Maßmanns erste Monumentaledition. Sie widmet sich in zwei Bänden unter dem Titel *Deutsche Gedichte des 12. Jahrhunderts*[28] der von ihm schon mehrfach untersuchten und teiledierten Straßburg-Molsheimer Handschrift (Straßburg, Seminarbibl., Cod. C. V. 16.6. 4° [verbrannt][29]) sowie dem Heidelberger *Rother* (Heidelberg, UB, Cpg 390[30]) und der Wiener *Genesis*-Sammlung (Wien, ÖNB, Cod. 2721[31]). Bei überwiegendem Lob kritisiert Jacob Grimm in seiner Rezension in den *Göttingischen Gelehrten Anzeigen*[32] u. a. die „höchst lästigen Irrthümer[ ] der Bezifferung" im Alexander (S. 554), die kryptische Zählung im *Pilatus* (S. 555), die als „Versehen der schlimmsten Art" gebrandmarkten 38 vergessenen Verse im „Gedicht von des todes gehugde" (S. 556) sowie generell das Konzept der *Bibliothek der gesammten deutschen National-Literatur von der ältesten bis auf die neuere Zeit* (S. 557–559) doch recht harsch.

Alle drei Handschriften werden komplett ediert. „Wunsch und Absicht des Herrn Verlegers wie des Unterzeichneten [war], theils noch gänzlich ungedruckte, theils in ihren schlechten bisherigen Abdrücken so gut wie gar nicht gedruckte Gedichte zu vereinigen."[33] Es werden einleitend nur kursorische Überlieferungsstudien (bei der Straßburg-Molsheimer Handschrift mit Verweis auf die bereits erfolgte Untersuchung an anderer Stelle), Verweise auf die Forschung und wenige Detailinformationen geboten. Das Hauptaugenmerk liegt auf den Editionsteilen, die sich zwar weiterhin unmittelbar an den Handschriften orientieren, aber im *Rother* erstmals deutlichere Normalisierungen im Sinne Grimms und Lachmanns bieten. Alle Lesarten werden im Apparat minutiös nachgewiesen. Bei den anderen Editionsteilen erfolgt der Abdruck nach dem bekannten Muster zeichengetreu. In den jeweiligen Apparaten werden vorzugsweise Schreib-, Einrichtungs- und Gestaltungsspezifika (d. h. paläographische und kodikologische Befunde) nachgewiesen – jedoch nicht regelmäßig und schon gar nicht exhaustiv.

4. Auf dem Weg zur *Kaiserchronik:* Ottes *Eraclius*

Nachdem sich Maßmann in den *Denkmälern* bereits den herausragenden Klassikern des 12. Jahrhunderts genähert hatte, folgte mit dem *Eraclius* [34] eine weitere Steigerung bei der Textprominenz – so jedenfalls darf man die auf das Jahr

---

28 Deutsche Gedichte 1837 (Anm. 8).

29 www.handschriftencensus.de/3680.

30 www.handschriftencensus.de/1293.

31 www.handschriftencensus.de/4222.

32 Jacob Grimm: Rezension zu *Deutsche Gedichte des zwölften Jahrhunderts und der nächstverwandten Zeit.* Herausgegeben von H. F. Maßmann. Theil I. II. In: Göttingische Gelehrte Anzeigen, Erster Band auf das Jahr 1838, Göttingen 1838, S. 553–559.

33 Deutsche Gedichte 1837 (Anm. 8), Theil 1, S. V.

34 Eraclius. Deutsches und französisches Gedicht des zwölften Jahrhunderts (jenes von Otte, dieses von Gautier von Arras) nach ihren je beiden einzigen Handschriften, nebst

1839 datierte Widmung Maßmanns an Herzog Maximilian in Bayern (Abdruck siehe oben) und noch mehr die bilanzierenden Aussagen in seinem Vorwort verstehen:

> Immer aber wird das deutsche Gedicht Eraklius fortan eine wesentliche Lücke deutscher Literaturgeschichte des zwölften Jahrhunderts so wie der Reimgeschichte vor Heinrich von Veldeck ausfüllen und sein Verfasser der „gelerte man Otte“ eine bedeutende Stelle vor Gottfried von Strassburg einnehmen.[35]

1842 liegt der *Eraclius* im Druck vor. Einiges spricht dafür, diese Edition als Test für die lange angekündigte[36] Monumentalausgabe der *Kaiserchronik* zu verstehen. So erprobt Maßmann im *Eraclius* erstmals komplexere Editionsverfahren. Nachdem er beim *Rother* schon stärker normalisierend eingegriffen hatte, geht er nun einen gleich in mehrfacher Hinsicht innovativen Weg: Grundlage seiner Edition ist die ins 14. Jh. datierte Münchner Handschrift Cgm 57,[37] die den *Eraclius* als einziger Textzeuge als separates Werk mit einer eigenen Werküberschrift: *Ditz bůch ist Eraclius gena(n)t. Sein gůte lere wirt ivch beka(n)t*, und eigenem Prolog überliefert, den Maßmann mit separater römischer Zählung der Edition voranstellt. In diesem eigenständigen Prolog wird *ein gelerter man hiez Otte* (V. CXXXVI) als Autor und Übersetzer aus dem *walhischen* (V. CXXXX) genannt. Maßmann identifiziert ihn mit Otto von Freising. Vergleichend hinzugezogen wird die ins ausgehende 13. Jh. datierte Wiener Handschrift 2693.[38] Dort ist der *Eraclius* – ohne Prolog – vollständig in die *Kaiserchronik* eingebettet. Wie beim *Rother* greift er deutlich normalisierend in den Text ein. Für seine Editionsidee besonders aussagekräftig ist dabei der nur in Cgm 57 überlieferte separate Prologteil. Cgm 57 scheint ihm von Datierung (zu jung) und Sprachstand (zu bairisch) so ‚suspekt‘, dass er den Text in die ‚gute alte Zeit‘, d. h. das ausgehende 12. Jh., zurücktransferiert: Die für Cgm 57 typischen modernen bair. Diphthongierungen ebenso wie die *ch*-Schreibungen werden im

---

mittelhochdeutschen, griechischen, lateinischen Anhängen und geschichtlicher Untersuchung. Zum ersten Male hrsg. von Hans Ferdinand Massmann. Quedlinburg, Leipzig 1842 (Bibliothek der gesammten deutschen National-Literatur. 6).

35 Eraclius 1842 (Anm. 34), S. XII.

36 Vgl. Müller 1999 (Anm. 1), S. 16f.

37 In der Münchner Handschrift folgt der *Eraclius*, deutlich als eigenständiges Werk markiert, *Mai und Beaflor* [Bl. 1r–52v] sowie Heinrichs von Veldeke *Eneas* [Bl. 53r–134v] auf Bl. 134v–165r; vgl. zur Datierung Karin Schneider: Gotische Schriften in deutscher Sprache, II. Die oberdeutschen Schriften von 1300 bis 1350, Text- und Tafelband. Wiesbaden 2009, hier Textband S. 103f., 114f. und Tafelband Abb. 90, 103, sowie allg. www.handschriftencensus.de/2250.

38 In der Wiener Handschrift 2693 ist der *Eraclius* fließend (Bl. 52vb–82rb) in die *Kaiserchronik* eingebettet, die nach Vers 11136f. gleichsam auf- und nach V. 11352 wieder zugeklappt wird; vgl. zur Datierung Karin Schneider: Gotische Schriften in deutscher Sprache. I. Vom späten 12. Jahrhundert bis um 1300. Textband. Wiesbaden 1987, S. 224–226, sowie allg. www.handschriftencensus.de/1215. In der Maßmann unbekannten Handschrift Gotha, Forschungsbibliothek, Cod. Chart. A 3 ist der *Eraclius* in Heinrichs von München *Weltchronik* inseriert; vgl. www.handschriftencensus.de/3901.

Zuge dieser Archaisierung komplett getilgt; z. B. *dein* → *din*; *mein* → *min*; *chnecht* → *knecht* ... Der Text wirkt so älter und erscheint der Idee des von Grimm und Lachmann propagierten ‚Normalmittelhochdeutschen' verpflichtet. Im Prolog-Apparat werden viele Lesarten – ebenfalls wie beim *Rother* – nachgewiesen, systematisch nicht nachgewiesen werden allerdings diese archaisierenden ‚Normalisierungen', die das Alter des Textes ‚zurückdrehen' und den bairischen Schreibdialekt ‚löschen'. Nachgewiesen werden nur – vermeintliche oder echte – Schreiberfehler hinsichtlich Wortwahl, Grammatik und Syntax.

Im eigentlichen *Eraclius*-Teil, den die Münchner und die Wiener Handschrift gemeinsam überliefern, folgt Maßmann dem Münchner Kodex als Leithandschrift und weist die abweichenden Lesarten von Wien (W.) sowie Korrekturen gegen München (M.) im Apparat nach, wobei ein Vergleich mit beiden Handschriften zeigt, dass Maßmann bisweilen recht zufällig auswählt und noch zufälliger nachweist. Wenigstens findet er in der Wiener Handschrift die ‚begehrten' Formen ohne bairische Diphthongierung und ohne *ch*-Graphien, was er bereitwillig übernimmt, jedoch nirgendwo nachweist oder auch nur erwähnt. Insgesamt ergibt sich damit ein Editionstext, den man als ‚Proto-Leithandschriftenprinzip' in ‚Fast-Normalmittelhochdeutsch' bezeichnen könnte.

Das Innovative bei dieser Edition sind die Beigaben, d. h. zunächst die Paralleledition der (vermeintlichen) altfranzösischen Vorlage, die er Gautier von Arras zuweist.[39] Die deutschen und die französischen Editionsteile (*Eraclius* = S. 3–112 + 113–220 und *Gautier* = S. 223–356) folgen unter der römischen Zählung I. und II. unmittelbar aufeinander, wobei der deutsche Text zusätzliche Beigaben bekommt, so ein „Reimbuch" (S. 113–133), zahllose Parallelstellen aus anderen deutschen, lateinischen, griechischen Werken, historische Hinweise und Erläuterungen (S. 137–220). Den allumfassenden Anspruch der Edition dokumentieren die als eigenständiger Werkteil „III. Geschichtliche Untersuchung über Kaiser Eraclius" (S. 359–624) weit darüber hinausweisenden Forschungspartien. Hier sammelt Maßmann alles, was es zur Überlieferung, zu den historischen Personen und Fakten, zu den Quellen und Vorlagen, zum Verfasser Otte – d. h. insbesondere zu Otto von Freising (S. 534–561) –, zur historischen Verortung von Text und Autor sowie zum Vergleich der deutschen und französischen Version zu berichten gibt bzw. geben könnte. Der Konjunktiv ist hier nur zu berechtigt, denn Maßmann verliert sich in jedem Einzelkapitel schnell in Sammelwut und Spekulationen, vor allem wenn es darum geht, historische Szenarien zur Werkentstehung zu entwerfen. Über die mitteleuropäischen Kaiser- und Fürstendynastien, die Kreuzzüge, Walther von der Vogelweide, Gottfried von Straßburg bis hin zum mittelalterlichen Schachspiel wird hier alles zusammengetragen, was zum Szenario passen könnte – oder auch nicht. Für Maßmann scheinen allein die Tatsachen ‚alt', ‚ursprünglich', ‚Mittelalter' für die Aufnahme ausreichend gewesen zu sein.

---

[39] Die Edition erfolgt auf der Grundlage von zwei Pariser Handschriften (A + B) ebenfalls nach dem ‚Proto-Leithandschriften-Prinzip', jeweils mit Nachweis der abweichenden Lesarten von A und B.

Was der Leser erhält, sind solide ‚Proto-Leithandschriften-Editionen', aber vor allem überbordende Sammlungen von allem, was Maßmann in den vergangenen Jahrzehnten zum Mittelalter zusammengetragen, gelesen, gehört hat – korrekt wäre hier wohl von einem ‚Sammelsurium' zu sprechen, in dem sich freilich unzählige Schätze wie Teileditionen kaum bekannter Werke, Teilabschriften aus diversen Handschriften, Quellenbelege, spannende Textstellen, Beobachtungen zu Sprache und Reim u. v. m. verbergen.

Das Urteil von Moriz Haupt zu dieser neuen Ausgabe war letztlich vernichtend. Er berichtet in seinem eigenen großen, auch bilanzierenden *Eraclius*-Artikel in der Zeitschrift für deutsches Altertum u. a. von „störungen des sinnes", „andere[n] irrthümer[n]", „grammatischen mängel[n]" sowie vor allem von Maßmanns „masslose[r] willkür" bei der Texterstellung „bald mit den handschriften bald gegen sie". Es sind so viele Monita, dass Haupt kapituliert: „dieses alles mit einiger vollständigkeit darzulegen fehlt mir die geduld."[40]

Damit ist gleich im doppelten Sinn die Matrix für die lange geplante *Kaiserchronik*-Edition bestimmt: Der *Eraclius* gehört einerseits unmittelbar in den Überlieferungskontext dieser in Maßmanns Augen wichtigsten deutschen Chronik, und andererseits wird er genau dieses vielschichtige Editions-Forschungs-Sammlungs-Verfahren (samt aller Unzulänglichkeiten!) für die *Kaiserchronik*-Edition verwenden.

Bevor er an das durch vielfältige Handschriftenstudien und Analysen seit 1824[41] vorbereitete Monumentalwerk herangeht, erscheinen neben einigen kleineren Abdrucken und Untersuchungen zunächst drei weitere Großeditionen: 1843 *Sanct Alexius Leben in acht gereimten mittelhochdeutschen Behandlungen,*[42] 1843 *Tristan und Isolt*[43] sowie 1847 *Partonopeus und Melior.*[44]

Tristan und Isolt ist eine erstmals voll durchnormalisierte Ausgabe von Gottfrieds *Tristan* samt der Fortsetzung Ulrichs von Türheim. Geradezu überraschend ist das diesmal schlanke, kaum 20 Seiten umfassende Einleitungsbeiwerk, in dem kursorisch Werk, Autor und Stoffgeschichte abgehandelt werden. Über die Editionsprinzipien und die Überlieferungslage (genannt sind 9 Handschriften)

40 Moriz Haupt: Zum Eraclius. In: Zeitschrift für deutsches Altertum 3, 1843, S. 158–182 (Zitate S. 181f.).

41 Müller 1999 (Anm. 1), S. 16–21, zu ersten Überlegungen und möglichen Anregungen Jacob Grimms im Jahr 1824 sowie dem mindestens bis 1825 schwelenden Streit mit Heinrich Hoffmann um die Edition bzw. das „Erstrecht an der Edition".

42 Sanct Alexius Leben in acht gereimten mittelhochdeutschen Behandlungen. Nebst geschichtlicher Einleitung so wie deutschen, griechischen und lateinischen Anhängen hrsg. von Hans Ferdinand Massmann. Quedlinburg, Leipzig 1843 (Bibliothek der gesammten deutschen National-Literatur. 9).

43 Tristan und Isolt von Gottfried von Strassburg. Hrsg. von Hans Ferdinand Massmann. Leipzig 1843.

44 Partonopeus und Melior. Altfranzösisches Gedicht des dreizehenten Jahrhunderts. In mittelniederländischen und mittelhochdeutschen Bruchstücken nebst begleitenden Auszügen des französischen Gedichtes, geschichtlichen Nachweisungen und Wörterverzeichnissen hrsg. von Hans Ferdinand Massmann. Berlin 1847.

gibt der Vorspann des Lesartenverzeichnisses Auskunft (S. 591f.). „Von disen Handschriften sind M H W aufs Neue sorgfältig verglichen worden.“[45] Sie erscheinen im auf den Seiten 592–664 nachgestellten Lesartenapparat.

Ganz dem *Eraclius*-Prinzip verpflichtet sind die *Alexius*- und die *Partonopeus und Melior*-Editionen. Beim *Alexius* werden insgesamt 8 Fassungen im bekannten Proto-Leithandschriften-Prinzip mit Normalisierung ediert (mit Nachweis der Lesarten jeweils in den Apparaten) und mit unzähligen Informationen zur Überlieferung, zu den Fassungen, zu den Texten, zu den Quellen, zur Alexius-Figur und dessen Verehrung, zur historischen Verortung sowie in zwei Anhängen auch mit Begleiteditionen lateinischer Quellen ergänzt. Analog ist die *Partonopeus und Melior*-Edition organisiert, wobei Maßmann hier weitgehend auf Normalisierungen verzichtet und im Apparat bei überlieferungsbedingten Lücken – es handelt sich um Fragmente – der altfranzösische Text zur Ergänzung geboten wird. Als Hilfe für das intendierte deutsche und niederländische Lesepublikum (gewidmet ist die Ausgabe seinem „Lieben Schmeller“ und verdankt sich ganz wesentlich ihren gemeinsamen niederländischen Freunden Jonckbloet und de Vries) sind das beigegebene Mittelniederländische (S. 209–294) und das Mittelhochdeutsche (S. 295–306) Glossar konzipiert, wobei sie wie das folgende Eigen- und Ortsnamenverzeichnis (S. 307–309) zugleich Registerfunktionen erfüllen.

5. Editorische Krönung: *Der keiser und der kunige buoch*[46]

In der bereits zum 17. Februar 1825 erstmals und dann wiederholt angekündigten,[47] aber letztlich erst 1849–1854 realisierten *Kaiserchronik*-Edition kulminieren die Forschungs- und Editionsanstrengungen Maßmanns. Idee ist es, nicht nur diesen aus seiner Sicht wichtigsten deutschen Text des 12. Jahrhunderts zu edieren, sondern zugleich d a s allumfassende Editions- und Forschungswerk zur *Kaiserchronik* sowie ein grundlegendes Quellenwerk zur deutschen Geschichte insgesamt vorzulegen. Und wieder geht es auch um ‚Polit-Germanistik‘, wie nicht zuletzt die Widmung an Alexander von Humboldt[48] und das gebetsartige Schlusswort der Einleitung erkennen lassen:

---

45 Tristan und Isolt 1843 (Anm. 43), S. 591.

46 Der keiser und der kunige buoch oder die sogenannte Kaiserchronik. Gedicht des zwölften Jahrhunderts. Erster bis Dritter Theil … zum ersten Male hrsg. von Hans Ferdinand Massmann. Quedlinburg, Leipzig 1849–1854 (Bibliothek der gesammten deutschen National-Literatur. 4,1–3).

47 Dazu ausführlich Maßmann selbst in der Vorrede (Kaiserchronik 1849 [Anm. 46], Theil 1, S. VIIIf.) und Müller 1999 (Anm. 1), S. 16–37, der alle relevanten Quellen zusammenträgt und bewertet.

48 Kaiserchronik 1849 (Anm. 46), Theil 1, S. V.

Gott segne, Gott einige das geliebte Vaterland!
Vil michel volc ze schanden gât,
sô sie der zwivel bestât.
Die wol sint einmuote,
die werdent dicke stæte.
(Kaiserchronik)
Hasenheide bei Berlin
Am Denktage der Schlacht bei Dennewitz 1848[49]

Maßmann geht die Aufgabe akribisch an. Seit der ersten Handschriftenreise 1824, bei der er schon systematisch in den wichtigsten deutschen Bibliotheken nach *Kaiserchroniken* suchte, sammelt er jede Forschungsnachricht, jeden Fundhinweis und sucht selbst beständig weiter nach Handschriften dieser Chronik,[50] wobei die zahlreichen Neufunde, aber fast mehr noch seine anderen Aktivitäten, wie das Turn- und Schulwesen, Forschungsreisen im Auftrag Herzogs Maximilians von Bayern nach Italien (auf der Suche nach gotischen Quellen) und von anderen ‚gewünschte' Editionsprojekte sowie administrative Verpflichtungen[51] ihn immer wieder zwingen, „einen früh gefassten Lieblingsgedanken auf länger zu vertagen oder zu verjären."[52] Johann Andreas Schmeller, sein „Freund", kommentiert dies in einem Brief an Jacob Grimm vom 20. April 1828 bezeichnend so: „Maßmann turnt munter fort u. vergißt darüber der Kaiser Chr. nicht."[53] Ende der 1840er Jahre, mittlerweile längst Ordinarius, geht er das Projekt dann doch an. Er konzentriert sich zunächst auf die reinen Editionsarbeiten, die mit „Theil 1 und 2" noch 1849 im Druck erscheinen. Die grundlegenden Arbeiten an der Überlieferung und dem für ihn unverzichtbaren Beiwerk werden zunächst ausgeblendet; diese sind:

- Hilfsquellen,
- Vorlagen,
- Prosaauflösungen,
- Rezeptionszeugnisse,
- Parallelstellen,
- Textkritik,
- Textbearbeitung,
- Datierung,
- Analyse des Inhalts,

49 Ebd., S. XXI.

50 Ebd., S. VIIf., IXf., XIV–XVII (noch als Arbeitsplan formuliert) sowie vollständig erfasst in Kaiserchronik 1854 (Anm. 46), Theil 3, S. 1–41 (Handschriftenverzeichnis) und S. 219–244 (Handschriftenverhältnisse).

51 Kaiserchronik 1849 (Anm. 46), Theil 1, S. VIIIf.

52 Ebd., S. IX.

53 Zitiert nach Müller 1999 (Anm. 1), S. 34, der ebenda S. 34–37 und 53 das längst nicht immer ungetrübte Verhältnis von Maßmann und seinem „Freund" Schmeller kommentiert.

- Sagenerörterungen
- und eine allgemeine historische Verortung.

Sie erscheinen im *3. Theil* nach zahlreichen weiteren Verzögerungen erst 1854 im Druck – das Tableau seiner Verpflichtung ist bekannt, hinzu kommen zahlreiche familiäre Todesfälle („ich verlor in fünf Jahren acht theure Häupter“[54]) und die sich beständig verkomplizierende Erkenntnissituation.

Blicken wir zunächst auf die Edition: Hier entscheidet sich Maßmann wieder für das bewährte System, einen mäßig normalisierten Editionstext auf Basis einer Leithandschrift zu erstellen und die Parallelüberlieferung mittels Lesarten einzublenden. Grundlagen sind Überlieferungskritik zur Feststellung von Handschriftengruppen, Textkritik mit Auswertung und Nachweis aller Lesarten (unter dem Text als Apparat). Die Texterstellung erfolgt auf Basis der ermittelten Leithandschrift. Nach intensiven Lesartenanalysen entscheidet sich Maßmann für die „schöne Heidelberger Handschrift“ (H; Heidelberg, UB, Cpg 361[55]), die er „von Anfang an […] zu Grunde gelegt“ und bei der er über alle Jahre der *Kaiserchronik*-Bearbeitung immer geblieben ist, und zwar auch nachdem ihm „die 1842 erst auftauchende rein oberdeutsche Vorauer Handschrift (V)“ durch Joseph Diemer bekannt und dann sukzessive in Abschrift auch zugänglich gemacht worden war. Zu V merkt er an, dass „V, im Vereine oft mit M [München, BSB, Cgm 37, JW] und A [*Annolied*, JW], oft mit ältern Bruchstücken, ja auch der jüngeren Recension, meist sicher an die Hand [gibt], wo und wie der ältere Text zu erkennen oder herzustellen war“.[56] Diesen „älteren Text“ hatte Maßmann ja in seiner Leithandschrift H ausgemacht. Generell scheint Maßmann doch einige Bedenken wegen des Diemer'schen Sensationsfundes gehabt zu haben, zumal die Vorauer Handschrift mittlerweile im gesamten Fach Furore gemacht hatte und als das Nonplusultra der Textüberlieferung des 12. Jahrhunderts identifiziert – besser: gehypt – worden war.[57]

[54] Kaiserchronik 1854 (Anm. 46), Theil 3, S. V–XII, hier S. V.

[55] Vgl. Digitalisat und Transkription in: Kaiserchronik digital (https://digi.ub.uni-heidelberg.de/diglit/cpg361?ui_lang=ger) sowie allg. Informationen mit Forschungsliteratur in www.handschriftencensus.de/4899.

[56] Kaiserchronik 1849 (Anm. 46), Theil 1, S. XII–XIV (Zitate S. XIIf.) und in diesem Sinn (d. h. H vor V) präzisierend zum Verhältnis von H und V Kaiserchronik 1854 (Anm. 46), Theil 3, S. 223–226.

[57] Diemers diplomatischer Abdruck der Vorauer Handschrift erschien ebenfalls 1849: Die Kaiserchronik nach der ältesten Handschrift des Stiftes Vorau hrsg. von Joseph Diemer. Wien 1849; von Maßmann wurde diese Ausgabe auch im 1854 erschienen Materialband seiner Edition nicht berücksichtigt. Wichtigen Forscherpersönlichkeiten, so natürlich auch Maßmann, hatte Diemer den Vorauer Text in Form von Abschriften und Teilabschriften jedoch bereits zuvor zugänglich gemacht. Über den Fund (und den Finder) berichtet Maßmann erstmals in einer von ihm unterzeichneten Anzeige, was in der Fachwelt einige Irritationen hervorgerufen hat, so dass er in seinem kleinen Bericht *Aus Straßburg* in der Zeitschrift für deutsches Altertum 2, 1842, S. 570f. präzisierend anmerken musste, dass natürlich Joseph Diemer der Finder der Vorauer Handschrift war (vgl. auch Müller 1999 [Anm. 1], S. 48f.). Die Irritationen waren schnell ausgeräumt,

In einem ersten „Theil“ folgen unter der Überschrift *Cronica daz ist der kunige buoch* die V. 1–9248 und in einem zweiten „Theil“ die V. 9249–18578 samt Fortsetzungen und Ausschnitten aus Handschriften der Rezensionen B und C. Den Text bietet Maßmann nach der Heidelberger Handschrift. Eingriffe im Sinn von Normalisierungen sind:

- Interpunktion nach modernen Gesichtspunkten,
- Auflösung von Abbreviaturen,
- *k-, z-, c-, u/v-* und *i/j*-Ausgleich,
- ‚vorsichtige‘ Normalisierung,
- ‚vorsichtige‘ dialektale Glättung (im Sinne des ‚Normalmittelhochdeutschen‘),
- ‚vorsichtige‘ metrische Glättung (z. B. Einfügung von Füllwörtern; ggf. Synkope, Apokope usw.),
- Markierung von Eigennamen (geregelte Groß- und Kleinschreibung),
- Verszählung,
- Verse abgesetzt (dies teilen viele Handschriften; auch die Heidelberger, aber nicht die Vorauer Handschrift).

Im Apparat werden die Lesarten der Handschriften (sie sind mit ihren jeweiligen Siglen aufgeführt) nachgewiesen. Als Problem erweist sich, dass Maßmann kein klares System für die Aufnahme von Lesarten im Apparat hat. Er entscheidet oft nach ‚Gefühl‘.

Soweit befinden wir uns im Rahmen seiner bis dahin erprobten Editionsmodi. Die *Kaiserchronik* war ihm aber ‚politisch‘ so wichtig, dass es nicht dabei bleiben konnte. Zu oft erkannte er die Unzulänglichkeiten des Textes, d. h. die vielen unreinen oder komplett fehlenden Reime, das unperfekte bzw. nicht vorhandene Metrum sowie nicht zuletzt inhaltliche Unzulänglichkeiten oder gar Fehler. Auf eine solche ‚Unzulänglichkeit‘ stieß Maßmann im sog. Danieltraum (V. 541 ff.). Durch seine Quellenstudien[58] wusste Maßmann, dass der Kaiserchronist hier das *Annolied* – eine für ihn besonders altehrwürdige Quelle von höchster Wertigkeit – als Vorlage genutzt hatte. Maßmann musste beim Textvergleich mit dem *Annolied* erkennen, dass der Kaiserchronist den Text massiv verändert und, wie Maßmann konstatiert, ‚missverstanden‘ und gleichsam ‚zerstört‘ hatte. Für Maßmann gab es nur eine Lösung, zumal seine Leithandschrift die zentrale Passage des Danieltraums (V. 526–589) gar nicht enthielt: Er ersetzte die Lücke seiner Leithandschrift H im Danieltraum (Maßmann V. 531–612) gegen fast alle Hand-

Diemer fertigte für Maßmann Abschriften aus V an, und im Vorwort der Edition (Kaiserchronik 1849 [Anm. 46], Theil 1, S. XIII) sowie im Handschriftenverzeichnis (Kaiserchronik 1854 [Anm. 46], Theil 3, S. 6f.) wird V ausführlich beschrieben. Vgl. zu Diemer und seinem Sensationsfund der Vorauer Handschrift auch den Beitrag von Wernfried Hofmeister in diesem Band.

58 Maßmann konnte sich hier auf eine langjährige, bis in die Anfänge der modernen Germanistik zu Beginn des 19. Jahrhunderts (u. a. von Docen und Aretin geführte) zurückreichende Fachdiskussion zum Verhältnis von *Annolied* und *Kaiserchronik* stützen; vgl. kursorisch Müller 1999 (Anm. 1), S. 12f. und 38–40.

schriften (außer H!) nahezu vollständig durch den ‚viel besseren, ursprünglicheren‘ Danieltraum des *Annolieds* (AL 12,1–17,14).[59] Im Apparat vermerkt er das mit dem lapidaren Lesartenhinweis „A knüpft hier 613 an wie H, dem der Traum Daniels (531–612) fehlt, während A ihn (als 175–260) [...] hat."[60] Über diesen Teil hinaus fügt er weitere Lesarten des *Annolieds* (gleichsam als ‚reguläre‘ Lesarten der *Kaiserchronik*) unter der Sigle A überall dort ein, wo das *Annolied* vom Kaiserchronisten als Quelle benutzt ist. Was herauskam, war eine Melange aus *Kaiserchronik* und *Annolied*, die von keiner Handschrift gedeckt ist. Auch fügt er die nur in Rezension C, d. h. gerade die nicht im „ältesten Text" überlieferten Fortsetzungen mit fortlaufender Zählung dem Gesamttext hinzu, wobei er im Apparat zumindest angibt, welche Handschriften die Fortsetzungen überliefern. Dass dies allesamt C-Handschriften sind, war ihm nicht präsent. Überhaupt wusste er nicht um die genauen Fassungszusammenhänge. Letztlich wird Maßmann damit zu einem neuen Kaiserchronisten; jedenfalls ist sein Text samt aller Beigaben seiner Ansicht nach ‚besser‘ und ‚umfassender‘ als das, was der Kaiserchronist vermeintlich ‚defizitär‘ lieferte.

5.1. Von Todsünden und anderen Editionsunfällen

Nachdem Diemer im Jahr 1849 parallel zu Maßmann seine Edition der *Vorauer Kaiserchronik* vorgelegt hatte (s. o.), verfügten Germanisten und Historiker über ein hervorragend aufbereitetes Editionspaket zur *Kaiserchronik* sowie erschöpfende Materialien rund um dieses Zentralwerk des 12. Jahrhunderts. Kaum ein mittelhochdeutscher Text war damals besser erschlossen. Dennoch dauerte es nur wenige Jahrzehnte, bis man erneut an die Edition der *Kaiserchronik* heranging.

In den *Monumenta Germaniae Historica* war in den 1860/70er Jahren die Idee gereift, in einer eigenen Serie die wichtigsten Deutschen Chroniken ‚richtig‘ zu edieren – egal, ob fast alle schon in älteren Ausgaben vorlagen, manche sogar in mehreren. Zum Auftaktband war selbstverständlich die bedeutendste aller deutschen Chroniken ausersehen: die *Kaiserchronik.* Nach einigen Irrungen und Wirrungen übernahm Edward Schröder die Aufgabe von Max Roediger; es dauerte allerdings bis in die 1890er Jahre, bis das Vorhaben realisiert war.[61]

Der Einleitung der MGH-Edition ist zwischen den Zeilen zu entnehmen, dass eine wesentliche Aufgabe darin bestand, vor dem Hintergrund der geschilderten,

[59] Das Annolied. In: Frühe deutsche Literatur und lateinische Literaturen in Deutschland 800–1150. Hrsg. von Walter Haug und Benedikt Konrad Vollmann. Frankfurt/M. 1991 (Bibliothek des Mittelalters. 1), S. 596–647, hier S. 606–610.

[60] Kaiserchronik 1849 (Anm. 46), Theil 1, S. 46, V. 531 App. Das Verfahren der *Annolied*-Interpolation wurde bereits von Adolf Holtzmann anlässlich seiner *Annolied*-Studien heftig kritisiert: Adolf Holtzmann: Der Dichter des Annoliedes. In: Germania NF 2, 1857, S. 1–48, bes. S. 12.

[61] Die Kaiserchronik eines Regensburger Geistlichen. Hrsg. von Edward Schröder. Berlin 1895, Neudruck Berlin, Zürich 1964 (MGH Deutsche Chroniken. I,1).

sehr komfortablen Editionslage überhaupt erst einmal die Notwendigkeit einer Neuedition zu begründen. Gegenüber der 1849 erschienenen Diemer-Edition war dies vergleichsweise leicht, handelte es sich dabei doch um einen ‚nackten' Abdruck der Vorauer Handschrift. Aber bei der Maßmann-Edition sah dies anders aus. Sie bot alles, d. h. einen umfassenden, aus breiter Überlieferungsbasis schöpfenden, auf dem Leithandschriftenprinzip beruhenden Editionstext mit allen relevanten Lesarten, samt aller Fortsetzungen, sowie ein umfangreiches Forschungspaket (s. o.). Nur das damals von Maßmann versprochene *Kaiserchronik*-Wörterbuch war nicht erschienen. Schröder verwendet denn auch gleich mehrere Seiten in seiner Einleitung darauf, die Maßmann'schen Arbeiten sowie vor allem die Editionsergebnisse – verpackt in reichlich vergiftetes Lob – infrage zu stellen.[62] Gleich mehrere Todsünden, Missgriffe, Fehler und Fehlstellen kann er mit dem pauschalen Hinweis „Massmanns fehler sind allbekannt"[63] identifizieren. Genannt werden ungenaue Angaben, die planlose Darstellung, falsche Ergebnisse zur Entstehungszeit und zur Autorheimat, die chaotische Textkritik, die vielfache Fehlbeurteilung der Überlieferung, in der Schröder letztlich „die völlige hilflosigkeit des herausgebers sieht".[64] Unverzeihliche ‚Todsünden' sind die Interpolation des *Annolieds* und die Entscheidung für die Heidelberger Handschrift als Leithandschrift gegen die von Diemer neu entdeckte Vorauer Handschrift.[65]

Schröder liefert in seiner MGH-Edition dagegen eine moderne Überlieferungskritik mit der vollständigen Erfassung der Überlieferung samt detaillierter Beschreibung aller Handschriften, eine genaue Scheidung der drei Textfassungen A B C (A = „kürzeste recension", S. 3ff.; B = „mittlere recension", S. 9ff.; C = „weiteste recension", S. 12ff.) sowie vor allem eine zuverlässige Textkritik mit Lesartenvergleich und Fassungsvergleich, stemmatologischen Untersuchungen, einer Analyse der Schreibsprachenverhältnisse, der Entstehungszeiten und Entstehungsräume sowie Studien zu Rezeption, Verbreitung und Nachwirkung. Die

62 Vgl. bes. Kaiserchronik 1895 (Anm. 61), S. 2f.

63 Kaiserchronik 1895 (Anm. 61), S. 3.

64 Ebd.

65 Kaiserchronik 1895 (Anm. 61), S. 3. Im Rahmen des Cambridger *Kaiserchronik*-Projekts (vgl. zusammenfassend Mark Chinca, Helen Hunter, Jürgen Wolf und Christopher Young: Kaiserchronik – digital. In: Zeitschrift für deutsches Altertum 148, 2019, S. 285–288) hat sich bei der Kollation aller Handschriften ergeben, dass die Heidelberger und die Vorauer Handschrift sich hinsichtlich der Textqualität kaum unterscheiden. Sie bieten jeweils einen hervorragenden Text mit jeweils wechselseitigen Vorzügen für die eine oder die andere Handschrift, d. h. Maßmanns Entscheidung für Heidelberg und gegen Vorau wäre textkritisch durchaus zu rechtfertigen und ist keinesfalls ein „fehlgriff", wie es Schröder (S. 3) lapidar konstatiert. Nur an einer Stelle zeigt die Heidelberger Handschrift ein Defizit: Ihr fehlt (ohne Blattverlust etc.) der Danieltraum, und damit genau die Passage, die Maßmann dann aus dem *Annolied* ersetzen ‚muss'. In seiner Logik war dies also durchaus eine ‚konsequente' Lösung – jedoch nur, wenn man die gesamte andere Überlieferung sowie vor allem die Vorauer Handschrift ‚ausblendet'; vgl. bilanzierend Müller 1999 (Anm. 1), S. 58–60.

MGH-Edition selbst erfolgt nach dem Leithandschriftenprinzip mit dem Vorauer Kodex als Leithandschrift. Alle übrigen Handschriften und teilweise auch die Fassungsspezifika sowie Vorlagen, Quellen und historische Hintergründe erschließen die Apparate.

Vergleicht man nun ohne den Zwang, eine Neuedition begründen zu müssen, Maßmann und Schröder, wird man Schröder unbedingt zustimmen müssen, wenn er en passant feststellt: „Der text selbst [Maßmanns Edition, JW] ist vielleicht besser als sein ruf, jedesfalls weit besser als der erwarten würde, der zuerst bei der erörterung des handschriftenverhältnisses die völlige hilflosigkeit des herausgebers sieht.“[66] Auch wird man die so vehement kritisierten Überlieferungsstudien Maßmanns, aber vor allem seine riesige Materialsammlung im dritten Teil seiner Edition positiver zu bewerten haben. Es ist zwar chaotisch, die ‚Sammelwut‘ ausufernd, vieles beliebig und manches unpassend, aber der riesige Materialberg hält wichtige Erkenntnisse, sonst kaum bekannte Texte, Quellenbelege und spannende Entdeckungen parat.

5.2. Editorisches Finale

Um das Tableau abzurunden, sei schlussendlich auf *Das Zeitbuch des Eike von Repgow*[67] (das ist die *Sächsische Weltchronik*) und das *Buch der Könige*[68] eingegangen. Beide Editionen entstehen Ende der 1850er Jahre kurz vor Maßmanns fatalem Schlaganfall.

Grundlage der Edition des sog. *Zeitbuchs des Eike von Repgow*[69] ist wieder eine umfängliche Überlieferungs-, Text- sowie eine Quellenuntersuchung. Maßmanns Entscheidungen für die Bremer Handschrift Br (Bremen, Staats- und Universitätsbibl., msa 0033[70]) als Leithandschrift der deutschen bzw. niederdeutschen und für die Leipziger Handschrift L (Leipzig, UB, Ms. 1308[71]) als Leithandschrift der lateinischen Paralleledition erweisen sich dabei einmal mehr als fatal. Die Bremer und die Leipziger Handschrift bieten zwar einen jeweils guten, bei Br sogar sehr alten Text der Rezension B, der ist aber seinerseits schon

66 Kaiserchronik 1895 (Anm. 61), S. 3.

67 Zeitbuch 1857 (Anm. 12).

68 Buch der Könige 1860 (Anm. 13).

69 Zur Begründung des Bezugs zu Eike vgl. ausführlich Maßmanns Ausführungen in Zeitbuch 1857 (Anm. 12), S. VI, sowie die diesbezügliche Analyse des Prologs S. 651–658, 665f.

70 Maßmann datiert sie in die 2. Hälfte des 13. Jahrhunderts (Zeitbuch 1857 [Anm. 12], S. 589); vgl. mit präzisierter Datierung („um 1300/1. Viertel 14. Jh.“) sowie Literaturübersicht www.handschriftencensus.de/3141.

71 Maßmann datiert sie in die Jahre 1418/1423 (Zeitbuch 1857 [Anm. 12], S. 618); bestätigend zur Datierung (1423) sowie zur Rezensionszuordnung (wie die Bremer Handschrift gehört L zu Rezension B) vgl. Jürgen Wolf: Die Sächsische Weltchronik im Spiegel ihrer Handschriften. Überlieferung, Textentwicklung, Rezeption. München 1997 (Münstersche Mittelalter-Schriften. 75), S. 91–93 (Hs. 15).

erheblich überarbeitet und durch norddeutsche Nachrichten aufgeschwellt. Erneut ist Maßmanns Text- und Überlieferungskritik defizitär. Er hatte die Handschriften nach den Schreibdialekten, den Fortsetzungen und dem Alter geordnet, aber nicht nach Fassungen.[72] Und leider decken sich seine äußeren Parameter oft gerade nicht mit den Fassungsspezifika und damit auch nicht mit dem sich daraus ergebenden mehrschichtigen Entstehungsszenario bzw. der Textgenese. Die genauen Zusammenhänge der einzelnen Rezensionen erkennt Maßmann nicht. Irritierend ist auch, dass er in sein Handschriftenverzeichnis mit „XXIII. Fritsche Closener" (*Straßburger Chronik*), „XXIV. Jakob Twinger von Königshofen" (*Straßburger Chronik*), „XXV. Chronicon Bothonis" (Konrad Bote), „XXVI. Cronecken der Sassen" (Druck 1492) und deren hochdeutschem Nachdruck von 1589 „XXVII. Johann Pomarius", „XXIX. Lohengrin" und „XXX. Heinrich von München" auch Rezeptionszeugnisse – oft mit nur geringen Passagen aus dem *Zeitbuch* – als reguläre Textzeugen aufnimmt.[73] Die Editionen selbst erfolgen nach dem Leithandschriftenprinzip mit Nachweis der Lesarten der acht „besten" von insgesamt 22 verzeichneten Handschriften. Sowohl beim niederdeutschen wie beim lateinischen Text verzichtet Maßmann, abgesehen von technischen Vereinfachungen (Auflösung von Abbreviaturen; Graphieausgleich), auf Normalisierungen und Korrekturen. Er begründet dies im Vorwort ausdrücklich damit, dass dies „zum anschaulichen Bilde des Standes und Alters unserer Handschriften" geschehe.[74] In den Anhängen folgen Editionen der Fortsetzungen nach jeweils eigenen Leithandschriften[75] sowie „Größere Einschaltungen der Handschrift G" (Gotha, Forschungsbibl. der Universität Erfurt, Cod. Memb. I 90) samt deren Begleittexten wie *Der Welfen Herkunft* und *Der Sachsen Herkunft*.[76] Ohne es zu wissen, hat Maßmann damit wesentliche Elemente der Rezension C offengelegt.

Eine Auftragsarbeit für die *Rechtsdenkmäler des Deutschen Mittelalters* ist die Edition des *Buchs der Könige*, weil es häufig als Einleitung für den *Schwabenspiegel* – den eigentlichen Gegenstand der Rechtsdenkmäler – überliefert ist. Da sich Maßmann im Zuge der *Kaiserchronik*-Edition bereits intensiv mit diesem Text als deren Rezeptionszeugnis befasst hatte – er ist in Teilen eine Prosafassung der *Kaiserchronik* –, verweist er statt seiner sonst üblichen, umfänglichen Überlieferungs- und Quellenanalysen kursorisch auf den dritten Teil seines Monumentalwerks.[77] Bei der Edition handelt es sich – dem intendierten juristischen Publikum geschuldet – um einen vollständig normalisierten Lesetext ohne Apparat.

72 Zeitbuch 1857 (Anm. 12), S. 618–622.

73 Ebd., S. 613–618; darin unter der Nr. XXVIII die lateinische Leipziger B-Handschrift.

74 Ebd., S. VIII.

75 Ebd., S. 495–522.

76 Ebd., S. 522–588.

77 Buch der Könige 1860 (Anm. 13), S. XXIX, mit Verweis auf Kaiserchronik 1854 (Anm. 46), Theil 3, S. 50–60.

6. Bilanz: An der *Kaiserchronik* gescheitert?

Der Nekrolog in *Unserer Zeit. Deutsche Revue der Gegenwart*[78] lässt keinen Zweifel daran, dass Hans Ferdinand Maßmann zu den großen Altgermanisten des 19. Jahrhunderts gehört; mehr noch, der Nekrolog bescheinigt ihm „echte patriotische Gesinnung“, einen „stets auf das Gemeinwohl gerichteten Sinn“ sowie nicht zuletzt „seine persönliche Liebenswürdigkeit“:

> Hans Ferdinand Maßmann, der bekannte Germanist und Förderer der Turnkunst, starb am 3. Aug. 1874 nach einem vielbewegten Leben zu Muskau im Alter von 77 Jahren. [...] Unter seinen vielen literarischen Arbeiten sind besonders erwähnenswerth seine Ausgaben älterer deutscher Sprachdenkmäler. Seine echt patriotische Gesinnung, sein mannhaftes Eintreten für die edle Turnkunst, die zu seiner Zeit noch verpönt war und durch ihn einen lebendigen Aufschwung nahm, sein stets auf das Gemeinwohl gerichteter Sinn, seine persönliche Liebenswürdigkeit machten ihn allen, die ihn kannten, lieb und werth.[79]

Und schier unglaublich mutet sein Editionsrepertoire an. Von 1824 bis 1868 edierte er weit über 100000 Verse diverser mittelhochdeutscher ‚Klassiker‘ und wichtige Prosawerke. Exemplarisch genannt seien unter den Verswerken der *König Rother*, Lamprechts *Alexander*, *Genesis*, Gottfrieds *Tristan*, *Alexius*, Ottes *Eraclius*, die *Kaiserchronik* sowie unter den Prosawerken das *Buch der Könige*, die *Sächsische Weltchronik*, aber auch diverse gotische, lateinische und griechische Texte. Er betreibt umfangreiche Handschriftenstudien mit ausgedehnten Bibliotheksreisen und ist damit einer der Pioniere der ‚modernen‘ Überlieferungsforschung. Streift man durch seine Editionen, wird auch deutlich, dass er alle Editionsverfahren ‚beherrschte‘: Er weiß um die Bedeutung von möglichst genauen Abdruck-Editionen, um die Vorteile des von ihm mitgeprägten Proto-Leithandschriften-Verfahrens,[80] aber auch um die Vorzüge von nach den Ideen Jacob Grimms und Karl Lachmanns normalisierten kritischen Editionen. Von zentraler Bedeutung sind ihm stets minutiöse Überlieferungsstudien bis hin zu Handschriftenuntersuchungen in Autopsie – so jedenfalls seine Selbstbekundungen. Tatsächlich erweisen genauere Lektüren aber genau hier deutliche Defizite, was bei der schier unglaublichen Handschriften- bzw. Textmenge letztlich auch nicht überrascht. Vieles wirkt zufällig, rätselhaft, lückenhaft, fehlerhaft oder gar laienhaft. Ob dies tatsächlich ‚nur‘ eine der Materialmasse geschuldete Kappung der Analysetiefe und eine manchmal zu locker interpretierte wissenschaftliche Sorgfalt ist?

---

78 Unserer Zeit. Deutsche Revue der Gegenwart. Monatsschrift zum Conversations-Lexikon. Hrsg. von Rudolf Gottschall. NF 10. Leipzig 1874, S. 352f.

79 Ebd., S. 352f.

80 Im weitesten Sinn könnte man hier von einem Vorläufer des Leithandschriften-Prinzips sprechen, wobei erstmals in der *Rother*-Edition von 1837 (s. o. Anm. 8 und Abschnitt 3) die korrigierenden und z. T. normalisierenden Eingriffe eine nennenswerte Dimension erreichen, d. h. sich die Edition von einem ‚reinen‘ Abdruck signifikant unterscheidet.

Kritisiert wird Maßmann insbesondere von Karl Lachmann, der ihn in einem Brief an Moriz Haupt 1838 in eine Reihe mit „Hagen“ und „Pischon“[81] stellt und zu diesen süffisant anmerkt: „die nichts mit Meisterschaft, d. h. ohne große Böcke machen können.“[82] Moriz Haupt äußert sich zu *Eraclius*, zu *S. Alexius* und generell zu Maßmanns unzuverlässigen Überlieferungshinweisen;[83] E. Müller zu Ulfila.[84] Und selbst Jacob sowie Wilhelm Grimm,[85] die bei aller Freundschaft doch die editorischen Unzulänglichkeiten erkennen, lassen in ihren bisweilen heftigen Maßmann-Kritiken keinen Zweifel an den gewichtigen Defiziten. Die hochmögenden Kreise um die *Monumenta Germaniae Historica* – fassbar in den Ausführungen von Edward Schröder (zur *Kaiserchronik*) und Ludwig Weiland (zum *Zeitbuch*)[86] – sprechen letztlich unverhohlen von Inkompetenz.

Auch seine Praxis der Polit-Germanistik stößt in Fachkreisen auf Ablehnung, insbesondere wenn Maßmann versucht, aus den Handschriften und Texten wortgewaltig Argumente für eine germanisch-nationaldeutsche Ursprungsidee herauszupräparieren bzw. eher: diese in sie hineinzuinterpretieren. Die Idee, seine Editionen zu allumfassenden Wissenskompendien auszuarbeiten, findet jedenfalls reichlich Kritiker. Bei der monumentalen *Kaiserchronik*-Edition sind es letztlich mehr Beigaben- als Editionsseiten. Unter diesen Beigabenpaketen finden sich zwar nützliche Glossare, Quellenstudien, Rezeptionszeugnisse, Parallelstellen, aber auch geradezu phantastisch anmutende historische ‚Begleiterzählungen‘ etwa zur Werkentstehung, zu Interpretationen der Werkinhalte, zu ‚germanischen Entdeckungen‘ u. v. m. Typisch ist eine überbordende Fülle gepaart mit einer chaotisch anmutenden Un-Ordnung, und zwar insbesondere dann, wenn Fakten und Phantasie (bei Maßmann nicht selten) zusammenfließen. Das verlangt vom Rezipienten höchste Aufmerksamkeit, lässt ihn nicht selten im Chaos zurück, entschädigt aber doch immer wieder mit reichen Zufallsfunden. Problematisch

---

81 Der Prediger und Consistorialrat Friedrich August Pischon (1785–1857) verfasste die Überblicksdarstellungen: Die geschichtliche Prosa. Handbuch der deutschen Prosa in Beispielen von der frühesten bis zur jetzigen Zeit. Berlin 1818; und: Leitfaden der Geschichte der Literatur. Denkmäler der deutschen Sprache von den frühesten Zeiten bis jetzt. 6 Teile. Berlin 1838–1851.

82 Karl Lachmanns Briefe an Moriz Haupt. Hrsg. von Johannes Vahlen. Berlin 1892, S. 44–46 (Zitat S. 46 im Brief vom 11.9.1838), ähnlich despektierlich äußert sich Lachmann über Maßmanns Arbeitsqualität auch im Brief vom 4.3.1843: „Ich hätte es gewiss sonst nie zu einer so gründlichen Verachtung Massmanns Hahns und des halb verrückten Roth gebracht“ (ebenda S. 96).

83 Vgl. exemplarisch Haupts schon beinahe verzweifelten Hinweis auf einen wieder einmal kryptischen Beleg Maßmanns: „Ich weiss davon nichts weiter, als was Massmann darüber, nicht eben auf die klarste Weise, mitteilt“ (Moritz Haupt: Bruder Bertholds Predigten. In: Altdeutsche Blätter 2, 1840, S. 160–163, Zitat S. 163).

84 Siehe oben Anm. 14.

85 Siehe exemplarisch z. B. die Rezension Jacob Grimms zu den *Deutschen Gedichte des zwölften Jahrhunderts und der nächstverwandten Zeit* (oben Anm. 32).

86 Vorreden in Kaiserchronik 1895 (Anm. 61), S. 2f., und Sächsische Weltchronik. Hrsg. von Ludwig Weiland. Hannover 1877 (MGH Deutsche Chroniken II), S. 1–384, hier S. 2f.

wird es allerdings, wenn die editorischen Grundprinzipien – und da vor allem die Handschriftennähe und die Handschriftentreue – über Bord geworfen werden. Hier sei exemplarisch auf die Todsünde[87] verwiesen, d. h. die Interpolation von *Annolied*-Teilen in die *Kaiserchronik*, aber auch auf zahlreiche Fehlentscheidungen bei der Auswahl der Leithandschriften. Hinzu kommen ungenaue Angaben, die gelegentlich planlose Verquickung von Darstellungs-, Untersuchungs-, Interpretations- und Phantasieelementen sowie die oft nur schwer nachzuvollziehenden Erträge seiner Textkritik. Dennoch bleiben seine handschriftennahen Ausgaben, seine Lesartensammlungen, seine im Sinn von Quellen- oder Rezeptionsnachweisen ergänzenden Teileditionen und eben jene bisweilen so heftig kritisierten Materialberge wahre Fundgruben. Und mit Schröder wäre generell anzumerken, dass die Qualität der Maßmann'schen Ausgaben nicht selten zu Unrecht geringgeschätzt wird. Doch wie bilanziert Scherer in der ADB Maßmanns Schaffen treffend:

> So scheute er als Gelehrter nirgends die äußere Mühe; es schreckte ihn keine Schwierigkeit, kein Umfang, keine Entfernung; er betrat willig die entlegensten Pfade; er setzte seine Zwecke durch wie auf einer anstrengenden Turnfahrt. Aber die Intelligenz des Urtheils hielt nicht gleichen Schritt mit dem Willen zur Arbeit. Selbst die äußere Genauigkeit ließ er vielfach vermissen, weil er sich allzusehr auf die, wie er glaubte, sicher erworbene Geschicklichkeit verließ. Man konnte ihn in hohem Alter auf der Berliner Bibliothek Handschriften abschreiben sehen mit unverwandt auf die Vorlage gerichteten Augen und ohne nur Einmal auf seine eigene Schrift hinzusehen; er sagte: „Ich hab's im Ductus."[88]

---

[87] Müller 1999 (Anm. 1), S. 40, spricht von einem „editionsphilologische[n] Amoklauf".

[88] Wilhelm Scherer: Hans Ferdinand Maßmann. In: Allgemeine Deutsche Biographie 20, 1884, S. 569–571, hier S. 570.

Freimut Löser

Der Vor-Quint'sche Eckhart heute

Eine Skizze zu den Editionsmethoden Franz Pfeiffers mit einem Ausblick auf Positionen Franz Jostes', Philipp Strauchs und Adolf Spamers

Heute gilt die Eckhart-Ausgabe Franz Pfeiffers, obwohl sie z. B. erheblich mehr Texte zur Lektüre anbietet als die kritische Ausgabe, als überholt; sie wird selten zitiert und kaum noch benutzt. Dabei könnte ein genauer Blick auf ihre Texte und Methoden auch heute helfen, sich über die Grundprobleme der Eckhart-Edition ein klares Bild zu verschaffen und eine Methodenreflexion anzustoßen. Denn schon beim Blick auf Franz Pfeiffers erste Eckhart-Predigt werden im Vergleich mit der neuen Eckhart-Ausgabe die Unterschiede deutlich. Da ist auf der einen Seite eben Pfeiffers Ausgabe;[1] auf der anderen die kritische Ausgabe, die Josef Quint 1953 begonnen hat[2] und die Georg Steer mit der Hilfe von Wolfgang Klimanek und mir fortgesetzt hat[3] und heute noch (mit Heidemarie Vogl) fortsetzt.[4] Pfeiffer bietet für seine Predigt I einen reinen Lesetext ohne jeden Apparat (siehe Anhang, Abb. 1). Die neue Ausgabe derselben Predigt bietet dagegen für denselben Text (hier Predigt 101) wenige Zeilen Text, umgeben von überbordenden Kommentaren und Apparaten (Abb. 2).

Dabei spielen die Apparate mit den Mitteilungen sämtlicher vollständiger Handschriftenlesarten noch die geringste Rolle; den meisten Platz nehmen zu Beginn Angaben zum liturgischen Kontext, dann zu den Quellen, zu besonders

1 Meister Eckhart. Hrsrg. von Franz Pfeiffer. 1. (einzige) Abteilung: Predigten, Traktate. Leipzig 1857, Neudruck Aalen 1962; im Folgenden zitiert als Pfeiffer, Eckhart.

2 Meister Eckhart. Die deutschen und lateinischen Werke. Hrsg. im Auftrag der Deutschen Forschungsgesellschaft. Die deutschen Werke. Hrsg. von Josef Quint. Bd. 1–3 und 5, Stuttgart 1958 bis 1976; im Folgenden zitiert als DW 1–3 und DW 5.

3 Meister Eckhart. Die deutschen und lateinischen Werke. Die deutschen Werke. Meister Eckharts Predigten. Hrsg. und übersetzt von Georg Steer unter Mitarbeit von Wolfgang Klimanek und Freimut Löser. Bd. 4,1. Stuttgart 1997–2002.

4 Meister Eckhart. Die deutschen und lateinischen Werke. Die deutschen Werke. Meister Eckharts Predigten. Hrsg. und übers. von Georg Steer unter Mitarbeit von Wolfgang Klimanek und Heidemarie Vogl. Bd. 4,2 (noch unabgeschlossen). Stuttgart 2003ff. Beide Bände im Folgenden zitiert als DW 4,1 und DW 4,2.

https://doi.org/10.1515/9783110786422-009

häufig und ausführlich zitierten Parallelen in anderen Werken Eckharts und andere erklärende Kommentare ein.

Pfeiffer vertraut für seinen Text im Wesentlichen auf eine Leithandschrift, die heute in Stuttgart befindliche St. 2 (Stuttgart, Württembergische Landesbibliothek, Cod. brev. 4° 88, fol. 13^{v}–17^{r}), wobei er sogar deren Zuweisung an Eckhart als Autor samt der herausgehobenen Stellung, die der Schreiber Meister Eckhart dadurch verleiht, in den Text aufnimmt: *DIZ IST MEISTER ECKEHART DEM GOT NIE NIHT VERBARC.* Die neue Ausgabe dagegen hat diese Zuschreibung zusammen mit anderen Nennungen Eckharts als Autor in den ersten petit gesetzten Einleitungskommentar verwiesen, wo sie freilich durch Leser schwer wahrzunehmen ist (vgl. Abb. 2, S. 334 oben).

Pfeiffer beginnt direkt mit dem Text der Predigt. In der neuen Ausgabe sind dem 55 Seiten Einleitung vorgeschaltet. Diese enthalten ausführliche Angaben zur handschriftlichen Überlieferung; dabei handelt es sich aber nicht um Angaben zu den Codices oder um überlieferungsgeschichtliche Fakten, sondern – wie hier zu Beginn, S. 279 (Abb. 3) – um die Wiedergabe kompletter Texte, dann wenn die Predigt stark bearbeitet in eigene Konglomerate einfloss.

Dem folgen Erläuterungen zur Filiation der Handschriften, inklusive einer graphischen Darstellung des Textbestandes („quantitative Kollation"), die den Überblick über Volltexte, Auszüge und Fragmente erleichtert (Abb. 4).

Dieser Überblick ist hilfreich und wichtig, da auf den ersten Blick zahlreiche Textzeugen den Text zu überliefern scheinen, aber nur 17 Handschriften und Frühdrucke (zum Teil direkt voneinander abhängig) den Text vollständig tradieren, andere nur Exzerpte in Traktaten und Mosaiken, die Eckharts Text in Teilen in neue Zusammenhänge integrieren. Es schließen sich ein Stemma und die Begründung der Textkonstituierung an.

Dazu kommen dann noch ca. 15-seitige Überlegungen zum Aufbau der Predigt und zu ihrer sogenannten „Echtheit" (= gesicherte Verfasserschaft Eckharts), eingebettet in den Versuch eines Nachweises auch der Echtheit eines insgesamt vier Predigten umfassenden Predigtzyklus, zu dem diese Einzelpredigt dem Herausgeber Steer zufolge gehört. In Pfeiffers Ausgabe handelt es sich um die erste Predigt, in der neuen Ausgabe ist es die Predigt 101: Die neue Ausgabe – und das wird zu besprechen sein – bietet die Predigten also in einer anderen Reihenfolge. Die Errungenschaften der neuen Ausgabe liegen dabei auf der Hand: Sie bietet – anders als Pfeiffer – sämtliche Handschriften, deren Lesarten, Filiation und Stemma, liturgische Informationen, umfängliche Kommentare, Vergleiche mit anderen Texten, Kontextbildung und ansatzweise auch eine Diskussion der entstehungs- und/oder überlieferungsbedingten Zusammenhänge (Predigtzyklus). Die Textunterschiede freilich sind, mindestens anfangs, gar nicht so groß, wie der Detailvergleich (Abb. 5) zeigt.

Das Zustandekommen der editorischen Unterschiede muss man sich nicht selbständig aus eigener Warte erklären oder erarbeiten, denn schon Pfeiffers

Vorwort gibt Auskunft, worin diese begründet sind;[5] und sie sind oft nicht einmal zufällig oder nur darin zu begründen, dass alte Ausgaben mit der Zeit eben überholt sind – es geht eher um methodisch bedingte Differenzen und damit um eine grundsätzliche Diskussion von Editionstheorie, -methodik und -pragmatik. Hier soll daher das Vorwort Pfeiffers zugrunde gelegt werden, um seine Methoden zu erläutern und mit den heute ausgeübten zu vergleichen; es beginnt so:

> Die unmöglichkeit, meine ausgabe des meister Eckhart so rasch zu vollenden, als es von verschiedenen seiten verlangt wird und mir selbst lieb wäre, sowie der wunsch, die schriften eines der tiefsten denker aller zeiten dem wissenschaftlichen gebrauch nicht länger zu entziehen, veranlasst mich, vorläufig die erste, den text enthaltende abtheilung auszugeben. Die zweite abtheilung mit literarhistorischer einleitung, anmerkungen, glossar und verschiedenen zugaben und anhängen wird nachfolgen, sobald meine vorerst durch neue berufspflichten in anspruch genommene zeit es erlaubt.[6]

Pfeiffer ist von seiner Zeit geprägt. Eckhart gilt dem deutschen Idealismus (u. a. Schelling las Eckhart im sogenannten Basler Taulerdruck) als einer der wichtigsten Philosophen des Mittelalters, wenn nicht als der wichtigste; Jakob Grimm etwa äußerte sich brieflich über dessen enorme Bedeutung. Man wollte vor allem schnell an die Texte dieses „ausgezeichnete[n] feine[n] Denker[s]" (J. Grimm)[7] gelangen. Pfeiffer hat die angestrebte Schnelligkeit verwirklicht; die neue Ausgabe begann mit ihren Vorarbeiten durch Quint in den 30er Jahren des 20. Jahrhunderts und ist noch ohne Abschluss. Aus Pfeiffers Schnelligkeit erklärt sich aber auch die bewusste Vorläufigkeit der Ausgabe; dass mit dieser ersten reinen ‚Textabteilung' die Arbeit nicht abgeschlossen war, war Pfeiffer mehr als klar. Die zweite sollte folgen (und die Vorarbeiten dazu existieren zum Teil noch im Nachlass in Wien, den die Forschung in dieser Hinsicht bis heute eher vernachlässigt hat).[8] Dazu zählt Pfeiffer übrigens ein „Glossar", wie es der großen kritischen Ausgabe im Falle des Herausgebers Quint nur Band für Band (DW 1–3 und 5) beigegeben ist, im Fall der Steer-Bände DW 4,1 und 4,2 bis heute fehlt. Pfeiffers Vertröstung ist kein Vorwand. Der Eckhart-Band ist der zweite in der Reihe der deutschen Mystiker, dem der Band mit Nikolaus von Straßburg, Herman von Fritzlar und David von Augsburg vorangegangen war. Im Jahr des Erscheinens des Eckhartbandes, also 1857, wurde, nachdem Joseph Diemer abgelehnt und sich für Franz Pfeiffer verwendet hatte, der bisherige Bibliothekar

5 Manche dieser Unterschiede liegen nur im Arrangement begründet: Pfeiffer bietet den zugrundeliegenden Schrifttext Sapientia 18,14 zu Beginn, DW 4,1 hingegen, ausführlich erläuternd, auf S. 334, Anm. 1 (s. Abb. 2). Zur Zuschreibung: s. o.

6 Pfeiffer, Eckhart (Anm. 1), S. VII.

7 Jakob Grimm brieflich an Pfeiffer am 10. 12. 1857. Zitiert in: Briefwechsel zwischen Joseph Freiherrn von Laßberg und Ludwig Uhland. Hrsg. von Franz Pfeiffer. Mit einer Biographie Franz Pfeiffers von Karl Bartsch. Wien 1870, S. LXI.

8 Siehe das Verzeichnis der Handschriften Pfeiffers in der Österreichischen Nationalbibliothek in Wien, das Eckhart Triebel mit einer Aufschlüsselung des jeweiligen Inhalts auf seiner Website veröffentlicht hat: eckhart.de/index.htm?pfeiffer.htm (eingesehen am 20. 5. 2022).

der Stuttgarter Hofbibliothek als Professor nach Wien berufen, nach eigenen Angaben von den neuen Arbeiten (die erste Professur mit Lehre) zum Teil übermannt, gesundheitlich geschwächt; schließlich starb er dann schon 11 Jahre später am 29.5.1868 in Wien.[9]

Das ohnehin enge Zeitkorsett war Pfeiffer immer klar: Er hatte schon vor der Ausgabe 1857 eine Reihe von Jahren in die Grundlegung einer Eckhart-Ausgabe investiert:

> Die vorliegende erste abtheilung enthält, mit ausnahme weniger, mir erst nach dem drucke zugekommener, kleinerer stücke und sprüche, die im anhang eine stelle finden werden, alles, was ich während achtzehn jahren unablässigen forschens und sammelns aus gedruckten büchern und handschriften von Eckhart erlangen konnte.[10]

Pfeiffer ging also überlieferungsbezogen vor und hat in Handschriften und Drucken nach Eckhart-Texten gesucht. Pfeiffer hat 18 Jahre lang Texte aus Handschriften gesammelt; Josef Quint hat 1932 – nach langen Studien sicherlich – seine Arbeit zur Überlieferung der Pfeiffer'schen Eckhartpredigten vorgelegt[11] und auf zeitbedingt oft schwierigen Handschriftenreisen seine Funde und kurze, nur auf die ihm ohnehin bekannten Eckharttexte beschränkte, Handschriftenbeschreibungen veröffentlicht.[12] Demgegenüber hat die Forschung nach Quint zwar eine Reihe von Handschriften- und Textfunden gemacht, die systematische Suche Pfeiffers und Quints aber nicht fortgeführt. Quint hat – kriegsbedingt – den ersten Band mit Predigten 1958 abgeschlossen; daraus wurden bis 1976 insgesamt vier dicke Bände mit den drei großen Traktaten und 86 Predigten. Von 1982, als Georg Steer (und ich damals mit ihm) die Arbeit begann, bis heute, also in 40 Jahren, folgten dem der Band IV,1 und IV,2 mit 31 Predigten, so dass jetzt insgesamt 117 erreicht sind. Sie stimmen, nach zahlreichen Neufunden und Echtheitsdebatten, nicht mit den 110 von Pfeiffer gedruckten Predigten überein. Etliche Pfeiffer-Predigttexte harren also noch einer neueren textkritischen Bearbeitung, nicht zu sprechen von den anderen Textsorten (Traktate, ‚Sprüche'), die Pfeiffer ebenfalls berücksichtigt hatte. Wenn Pfeiffer von „allem" spricht, was er „von Eckhart erlangen konnte", bezieht er sich dabei auf das Verzeichnis des Trithemius:

> Im verhältniss zu den noch von Trithemius gekannten schriften Eckharts, deren er in seinem buche ‚de scriptoribus eccles.' (s. Fabricii bibliotheca eccles. Hamb. 1718. fol. pag. 130) eine ziemliche reihe aufzählt, ist es wenig genug; das bisher bekannte und gedruckte dagegen übersteigt was ich hier biete um mindestens das dreifache, und die

---

9 Vgl. Bartsch (Anm. 7).

10 Pfeiffer, Eckhart (Anm. 1), S. VII.

11 Die Überlieferung der Deutschen Predigten Meister Eckharts. Textkritisch untersucht von Josef Quint. Bonn 1932.

12 Josef Quint: Neue Handschriftenfunde zur Überlieferung Meister Eckharts und seiner Schule. Stuttgart, Berlin 1940 (DW Untersuchungen. 1); vgl. später ders.: Fundbericht zur handschriftlichen Überlieferung der deutschen Werke Meister Eckharts und anderer Mystiktexte. Stuttgart u. a. 1969 (DW Untersuchungen. 2).

> lehre, das philosophische system des merkwürdigen mannes wird sich nun weit bestimmter und vollständiger, als es mit hülfe der bisherigen spärlichen und unzuverlässigen quellen möglich war, darstellen lassen.[13]

Pfeiffer ist also – mit Recht – stolz darauf, dass er die Kenntnis der Eckhart-Texte erheblich erweitert (verdreifacht) hat, was dem Bedürfnis seiner Zeit, den großen Philosophen zu erschließen und dessen System besser kennenzulernen, entgegenkommt.

‚Alles' heißt bei Pfeiffer eben auch weitaus mehr, als es bei Quint oder in der Edition Steers heißt. Zudem war Pfeiffer selbst klar, dass das, was er hier wiedergab, bei weitem noch nicht alles war, was zu finden sein würde: Er kündigte auch deshalb „verschiedene Zugaben und Anhänge" ebenso an wie einen Anhang ihm erst „nach dem Druck zugekommener, kleinerer stücke und sprüche".[14]

Es sind nun gerade auch diese kleineren Stücke und Sprüche, die Pfeiffers Anspruch auf „alles" von demjenigen Quints oder auch demjenigen unserer eigenen bisherigen neuen Edition unterscheiden. Oder um es so zu sagen: Die neue große Ausgabe hat sich unter den Traktaten auf die drei angeblich ‚sicher echten' in Quints Band V (die *Rede der underscheidunge*, das ‚Buch der göttlichen Tröstung' und *Von abegescheidenheit*) beschränkt; Pfeiffer hatte dagegen eine Einteilung in Predigten, Traktate und Sprüche vorgenommen:

> Über die innere einrichtung und anordnung des mir gebotenen stoffes möchte ich jetzt schon folgendes bemerken. Die eintheilung in grössere abschnitte: predigten, tractate, sprüche hat sich von selbst ergeben.[15]

Pfeiffer hat in seiner zweiten Abteilung insgesamt 18(!) Traktate gedruckt, von denen bisher längst nicht alle neu untersucht wurden und sich manche, wie der von mir in meiner Dissertation untersuchte Pfeiffer'sche Traktat III,[16] als spätere Kompilation eines namentlich identifizierten Redaktors nahezu ausschließlich aus Eckhart-Texten erweisen ließen.[17] Insgesamt ist dies ein Feld, das noch sehr groß und sehr offen und sehr untersuchenswert ist und neuerer Editionen harrt, die die einzelnen ‚Traktate' differenziert darstellen und dort, wo dies möglich ist, auch deren Kompilationsverfahren offenlegen – oder sie als eigenständige Werke erweisen. Genauso gilt das für Pfeiffers gesamten Teil III, die sogenannten ‚Sprüche', über die Pfeiffer sagt:

> Die sprüche tragen, bis auf wenige, die echtheit in sich selbst, und bedürfen keiner weiteren beglaubigung. Nur ein paar derselben kehren in den vollständig erhaltenen predigten und tractaten wieder, obgleich wohl die meisten nur bruchstücke und theile

---

13 Pfeiffer, Eckhart (Anm. 1), S. VII.

14 Ebd. (beide Zitate).

15 Ebd., S. X.

16 Ebd., S. 394–416.

17 Freimut Löser: Meister Eckhart in Melk. Studien zum Redaktor Lienhart Peuger. Mit einer Edition des Traktats ‚Von der sel wirdichait vnd aigenschafft'. Tübingen 1999 (Texte und Textgeschichte. 48).

> grösserer werke sind. Wir können daraus entnehmen, wie viel uns von Eckhart zur zeit noch verloren ist.[18]

Ob Texte die Echtheit in sich selbst tragen können, mag bezweifelt werden. Sicher aber hat Pfeiffer recht, wenn er annimmt, dass zumindest etliche dieser ‚Sprüche' Bruchstücke größerer Werke sind und Hinweise auf bisher unbekannte größere Werke liefern können. Denn die sogenannten ‚Sprüche' Pfeiffers, gezogen aus verschiedensten Handschriften, vereinen kurze Exzerpte aus Predigten, Notizen möglicherweise auch mündlicher Äußerungen, Auszüge aus Texten, die ihren wahren Sinnzusammenhang erst im Kontext (inzwischen teilweise aufgetauchter Predigten und Traktate) verraten, und einige der sogenannten ‚Eckhartlegenden', die Eckhart als Person auftreten lassen und die Michael Hopf in einer Augsburger Dissertation gerade als mystische Dialogtraktate erkannt, untersucht und neu herausgegeben hat.[19] Möglicherweise sind etliche dieser ‚Sprüche' Zeugnisse größerer Texte, die verloren oder bisher als solche nicht gefunden sind.

Daneben tritt Pfeiffers Teil IV, das sogenannte *Liber positionum*, dessen Einzeltexte u. a. auch zeigen, dass es scholastische Quaestionen in deutscher Sprache gibt, die Eckhart nahestehen können, egal, ob sie nun aus dem Lateinischen übersetzt, genuin deutsch formuliert gewesen oder von anderen entweder aus Eckhart'schen Thesen abgeleitet oder ganz eigenständig formuliert worden sein mögen; hier wäre sicher stark zu differenzieren und sorgfältig zu prüfen.

Dazu kommt weiter – in der sogenannten Nachtragspredigt[20] – auch die Textsorte des Eckhart zugeschriebenen Gebetes, von denen es auch außerhalb der Pfeiffer-Ausgabe etliche gibt, die länger sind als die kurzen Bitten am Ende der Predigten.[21] Pfeiffers Ausgabe der deutschen Werke bietet also auch heute noch einen etwas anderen Eckhart als die kritische Textausgabe, und sie bietet einen umfassenderen, gattungsübergreifenderen, insgesamt überhaupt weiter ausgreifenden Zugriff auf Eckharts deutsche Texte, als die im 20. Jahrhundert mehr und mehr erfolgte Beschränkung auf wenige Traktate und vor allem auf die deutschen Predigten ihn erahnen lässt. Pfeiffer hat damit eigentlich fast schon einen modernen, heutigen Ansatz eröffnet, der sich an der Überlieferung orientiert und die Eckhartrezeption umgreift. Er wendet dabei ein Leithandschriftenprinzip an,

---

18 Pfeiffer, Eckhart (Anm. 1), S. XII.

19 Michael Hopf: Mystische Kurzdialoge um Meister Eckhart. Editionen und Untersuchungen. Stuttgart 2019 (Meister-Eckhart-Jahrbuch. Beihefte. 6).

20 Pfeiffer, Eckhart (Anm. 1), S. 685–686.

21 Vgl. Freimut Löser: *Oratio est cum deo confabulatio*. Meister Eckharts Auffassung vom Beten und seine Gebetspraxis. In: Deutsche Mystik im abendländischen Zusammenhang. Neu erschlossene Texte, neue methodische Ansätze, neue theoretische Konzepte. Hrsg. von Walter Haug und Wolfram Schneider-Lastin. Tübingen 2000, S. 283–317; vgl. ders.: Meister Eckharts unbekannte Gebete. Überlegungen und neue Materialien zu einer in der Eckhartforschung zu wenig bekannten Gattung. In: Der unbekannte Eckhart. Hrsg. von Freimut Löser, Hans-Jochen Schiewer und Regina D. Schiewer. Stuttgart 2022 (Meister Eckhart Jahrbuch. 16, im Druck).

das eine überraschend treffende Auswahl zugrunde legt, übrigens ganz ähnlich wie Ferdinand Vetters Tauler-Ausgabe oder wie Pfeiffers eigene Megenberg-Ausgabe.[22] Trotz – oder vielleicht gerade wegen – dieser (klugen!) Beschränkung auf dieses Leithandschriftenprinzip war sich Pfeiffer der Handschriftenproblematik unbedingt bewusst:

> Um jetzt schon von den mir zu gebote stehenden hülfsmitteln rechenschaft abzulegen und um zugleich dem leser einen begriff von dem umfang und der schwierigkeit meiner arbeit zu geben, lasse ich ein kurzes verzeichniss der benützten handschriften und drucke mit angabe ihres inhalts nach den abtheilungen und nummern meiner ausgabe folgen. Vielleicht sieht sich, wer in der lage ist, dadurch angeregt, mich auf noch unbekannte handschriften aufmerksam zu machen.[23]

Pfeiffers Verzeichnis beginnt mit einer zweiseitigen Handschriftenliste (Abb. 6). Zunächst ist die schiere Zahl der Textzeugen schon einmal bemerkenswert. Dass Pfeiffer dabei aber nur ein derartiges Verzeichnis mit derart knappen Angaben vorgelegt hat, war bedingt durch die Vorläufigkeit des vorgelegten Bandes („erste abtheilung") und den Plan zur „zweiten abtheilung" seiner Ausgabe, hat nach seinem Tod die Weiterarbeit aber erschwert und dazu geführt, dass erst nach Quints akribischer Untersuchung der Überlieferung 1932[24] einige Klarheit geschaffen werden konnte. Dabei war Quint aber nicht auf Handschriften als solche, die Codices selbst oder gar überlieferungsgeschichtliche Zusammenhänge bedacht, sondern nur auf die Gestalt der Pfeiffer'schen Texte, die dort überliefert wurden. Die Ausgangsfrage Quints war dabei: Welcher Text war von Pfeiffer auf welcher Handschriftenbasis ediert worden, welche weiteren Handschriften gab es und in welchem Verhältnis standen sie zu Pfeiffers Text? Zur Erklärung: Die Überlieferung der Eckhart'schen Texte ist nicht geschlossen wie bei Tauler oder bei Seuses *Exemplar*, sondern die einzelnen Predigten, Traktate und Traktatteile sind verstreut und in unterschiedlichen Konstellationen in heute insgesamt ca. 200 Handschriften überliefert. Pfeiffer war sich aber exakt dieser Lage schon bewusst; er betont die Schwierigkeit der Arbeit und rechnet mit (zahlreichen) weiteren Handschriftenfunden. Auf eine ihm unzugängliche Handschrift weist er sogar hin.[25] Demnach müsste heute die Überlieferung der Texte selbst sehr viel stärker in den Mittelpunkt des Interesses rücken.

Eine weitere anders geartete, bis heute bestehende Schwierigkeit bringt Pfeiffer ebenfalls schon 1857 ins Wort: das Problem der Reihenfolge der deutschen Predigten. Zu seiner Lösung gibt es theoretisch mehrere Möglichkeiten; und auch diese werden von Pfeiffer benannt:

---

22 Die Predigten Taulers aus der Engelberger und der Freiburger Handschrift sowie aus Schmids Abschriften der ehemaligen Straßburger Handschriften. Hrsg. von Ferdinand Vetter. Berlin 1910 (Deutsche Texte des Mittelalters. 11); Das Buch der Natur von Konrad von Megenberg. Die erste Naturgeschichte in deutscher Sprache. Hrsg. von Franz Pfeiffer. Stuttgart 1861.

23 Pfeiffer, Eckhart (Anm. 1), S. VIIf.

24 Quint 1932 (Anm. 11).

25 Pfeiffer, Eckhart (Anm. 1), S. X.

> Schwierig war dagegen die frage, welche reihenfolge ich bei den predigten beobachten sollte. Eine anordnung in der weise, dass sich daraus die lehre Eckharts in logischer entwicklung hätte erkennen lassen, war unmöglich [...][26]

Nicht die logische *Entwicklung*, wohl aber die Darstellung der inneren Logik und des Zusammenhangs der Lehre hat etwa Adolf Lasson auf der Basis der Pfeiffer-Ausgabe im Jahr 1868, also im Todesjahr Pfeiffers, versucht; sein Buch bietet so auch eine Zusammenstellung aus Pfeiffers Texten, anhand derer man sich von Eckharts Seelenlehre bis hin zu seiner Sicht auf die letzten Dinge kundig machen kann.[27]

Eine Darstellung der Entwicklung von Eckharts Denken im Sinne einer Chronologie hat Kurt Ruh mehrfach als Desiderat der Forschung angemahnt,[28] selbst jedoch nur in rudimentären Ansätzen (Erfurter und Kölner Zeit) leisten können; sie wäre aber auch nur auf der Basis einer philologisch exakten(!) Chronologisierung der Werke möglich, was schwer zu erreichen (freilich nicht undenkbar) ist. Pfeiffer wählte 1857 aus verständlichen Gründen einen anderen Weg; denn für unmöglich hielt er damals im Blick auf Eckharts Predigttexte eben umgekehrt

> die anordnung nach dem alter, nach der zeit der entstehung, da es hierfür an allen anhaltspunkten gänzlich gebricht; denn es geschieht nur ausnahmsweise, dass Eckhart sich auf eine frühere Predigt beruft. Zu den frühesten, vielleicht während seines generalvicariats in Böhmen (um 1307) gehaltenen predigten rechne ich die unter nro. 105–110 aus der Melker handschrift L. 5. (Nro. 22) mitgetheilten. In den überschriften wird nämlich Eckhart hier stets meister Eckhart von Paris genannt, eine bezeichnung, welche auf die zeit hindeutet, wo die erinnerung an seine in Paris zugebrachten studienjahre noch lebendig war.[29]

Schon in diesem Detail täuscht sich Pfeiffer und die Forschung ist heute deutlich weiter. Pfeiffers Predigten 105 bis 110 stammen nicht aus Eckharts Pariser Studienjahren (1293/94), sondern sie erinnern eher an seine beiden Pariser Magisterien (1302/03 und 1311/12), und sie tun dies, weil der Schreiber der Handschrift, der Melker Laienbruder Lienhart Peuger, den ich in meiner Dissertation untersucht habe, Meister Eckharts Gelehrsamkeit ausstellen will und dessen Predigten mit solchen von Lehrern der Wiener Universität (Nikolaus von Dinkelsbühl und anderen) verbindet.[30] Auch in einem zweiten Punkt irrt Pfeiffer: Bezugnahmen der Predigten untereinander sind gar nicht so selten. Auf diese Weise hat schon Josef Koch einen ersten Zyklus von Kölner Predigten Eckharts kon-

---

26 Ebd., S. Xf.

27 Adolf Lasson: Meister Eckhart, der Mystiker. Zur Geschichte der religiösen Spekulation in Deutschland. Berlin 1868.

28 Vgl. etwa Kurt Ruh: Geschichte der abendländischen Mystik. Bd. III: Die Mystik des deutschen Predigerordens und ihre Grundlegung durch die Hochscholastik. München 1996, S. 324.

29 Pfeiffer, Eckhart (Anm. 1), S. XI.

30 Löser 1999 (Anm. 17), bes. S. 270–272.

stituieren können (und hat die neuere Forschung einen zweiten solchen Zyklus, der noch umfangreicher ist, benennen können).[31] Recht hatte Pfeiffer aber damit, die erwähnten Predigten 105–110 an das Ende seiner Edition zu stellen, denn in der Tat sind sie – von Peuger – stark bearbeitet worden. Dazu Pfeiffer:

> Ich habe sie nur aus dem grunde ans ende gestellt, weil sie mir, wie alles aus österreichischen handschriften entnommene, stark überarbeitet scheinen; im äussern, in der sprache sind sie es gewiss, ich glaube aber, dass auch ihre innere gestalt änderungen erlitten hat.[32]

Dieser Aussage gemäß stellte Pfeiffer Texte, deren Wortlaut er vertraute, an den Anfang, Texte, die in seinen Augen stark überarbeitet und verändert waren, ans Ende seiner Ausgabe. Pfeiffers Anordnungsprinzip der Predigten, das in der Forschung kaum die nötige Beachtung fand, ist also von einem abnehmenden Authentizitätsgrad der Textgestalt geprägt. Das ist aber nicht der Grund, warum Pfeiffers Predigt I heute zu Predigt 101 geworden ist (dazu gleich).

Überhaupt hätte es bei Predigten (!) ja eine gattungsgemäße Anordnungsmöglichkeit gegeben – und Pfeiffer war das durchaus bewusst:

> Als die einfachste hätte sich die anordnung nach den evangelien des kirchenjahres empfohlen; doch auch hier zeigten sich grosse schwierigkeiten, indem die predigten häufig freigewählten texten folgen und in der regel jede beziehung auf die sonn- und festtäglichen evangelien fehlt. Die betreffenden aufschriften im alten Baslerdruck sind meist willkürlich gesetzt.[33]

Dazu lässt sich heute sagen: Es gibt durchaus Texte Eckharts, die homilienartige thematische Predigten ohne jeglichen Bezug zum Kirchenjahr darstellen; das sind aber wenige; es gibt auch den einen oder anderen Text, der im eigentlichen Sinne gar keine Predigt ist, sondern eine deutschsprachige *quaestio disputata* darstellt, wie ausgerechnet jene berühmte Predigt Pfeiffer XV, in der Eckhart allen lebenden Lehrern in der Frage nach dem Wiederaufleben der im Zustand der Todsünde begangenen guten Werke widerspricht. Georg Steer hat den Text zwar – mit der Nr. 105 – unter den Predigten ediert,[34] ihn aber als „Quaestio disputata" bezeichnet und analysiert.[35] Solche Texte sind Ausnahmen, denn die weit überwiegende Zahl der Texte hat einen Bezug zu den liturgischen Texten des Jahres und lässt sich einem Datum zuordnen, als Heiligenpredigt bestimmen oder Ähnliches. Jedenfalls hat Loris Sturlese inzwischen einen ersten Teil der Texte als Jahrespredigten geordnet herausgegeben und dem ist eine englische

---

[31] Vgl. Freimut Löser: Welche deutschen Predigten hielt Eckhart wann in Köln? In: Meister Eckhart in Köln. Hrsg. von Freimut Löser, Regina D. Schiewer und Andreas Speer. Stuttgart 2021 (Meister-Eckhart-Jahrbuch. 14), S. 7–34; Nachweise zu Koch ebenfalls dort.

[32] Pfeiffer, Eckhart (Anm. 1), S. XI.

[33] Ebd.

[34] DW 4,1, S. 611–654.

[35] DW 4,1, S. 630.

Ausgabe der Jahres- und Heiligenpredigten gefolgt.[36] Erst die liturgische Anordnung der Texte offenbart ihre Zusammenhänge.

Umgekehrt war und ist(!) Pfeiffers Weg – auch heute noch – unbedingt sinnvoll. Er ist nämlich strikt an den Handschriften orientiert:

> Ich glaubte daher, mich lediglich an meine quellen und die reihenfolge, in welchen diese die einzelnen predigten mir darboten, halten zu sollen. Zu diesem ende wurden die handschriften, die sich durch alter und zuverlässigkeit des textes auszeichnen, und unter diesen wieder diejenigen vorangestellt, worin die stücke durch überschriften als Eckhardische bezeichnet sind.[37]

Pfeiffer folgt also der Reihenfolge der Texte in seinen Handschriften, er bevorzugt die ältesten (die nicht die ‚besten' sein müssen), er verlässt sich auf mittelalterliche Eckhartsammlungen und er vertraut sich den Zuschreibungen in den Handschriften an. Als Eckhart gedruckt hat Pfeiffer das, was im Mittelalter als Eckhart gelesen wurde. Heute wissen wir nach differenzierten und diffizilen Studien, dass diese Zuweisungen in den Handschriften (je nach Herkunft) unterschiedlichen Zeugnischarakter haben und dass eine dominikanische Quelle des frühen 14. Jahrhunderts, die Eckhart als Autor einer Predigt angibt, anders zu bewerten ist als die Einschätzungen des Sammlers Daniel Sudermann, der im 16. Jahrhundert einen Text nach seiner eigenen Mutmaßung für einen Text Eckharts hält oder erklärt. Dennoch: Das Zeugnis der Handschriften steht im Mittelpunkt, wie überhaupt bei Pfeiffer die Handschrift (nicht unähnlich dem, wie es heute mehr und mehr gesehen wird) die Zentralinstanz ist. Für Pfeiffer stehen die unzweifelhaft echten Predigten Eckharts am Beginn und sie sind für ihn zuerst einmal dann echt, wenn sie unter Eckharts Namen bezeugt sind:

> Den nämlichen weg habe ich bei der bearbeitung eingeschlagen und mit den unzweifelhaft echten, unter Eckharts namen überlieferten predigten, die weitaus die mehrzahl bilden, den anfang gemacht.[38]

Selbst bei den Eckhart nicht namentlich zugewiesenen Texten bleiben die Handschriften entscheidend, wenn anonym überlieferte Texte mitten unter den Eckhart namentlich zugewiesenen Texten stehen. Dazu kommt das divinatorische Gespür des Herausgebers als letzte(!) aller Möglichkeiten:

> Auf diese und nur auf diese weise war es mir möglich, in den geist, die art und eigenthümlichkeit Eckharts einzudringen und sichere kriterien für bestimmung derjenigen predigten zu gewinnen, die zwar mitten unter echten, aber ohne seinen namen stehen. Wie mit den predigten, so verhält es sich auch mit den tractaten: auch hier gehen die beglaubigten stücke voraus. Ich hoffe mir auf diesem wege die erforderliche übung und ver-

---

36 Meister Eckhart: Le 64 prediche sul tempo liturgico. Hrsg. von Loris Sturlese. Milano 2014; Meister Eckhart: The German Works. 64 Homilies for the Liturgical Year 1. De Tempore and 56 Homilies for the Liturgical Year 2. De Sanctis. Hrsg. von Loris Sturlese und Markus Vinzent. Leuven u. a. 2019 und 2020.

37 Pfeiffer, Eckhart (Anm. 1), S. XI.

38 Ebd.

trautheit mit Eckharts schriften erworben zu haben, und glaube nicht befürchten zu müssen, es werde sich irgend ein bedeutendes stück meiner sammlung später als uneckhardisch herausstellen.[39]

Josef Quint hat dieses Verfahren geändert. Für ihn ist der Zeugniswert des gegen Eckhart gerichteten Prozesses das entscheidende: Er vertraut letztlich auch einer Eckhartsammlung des Mittelalters, aber einer Sammlung der Eckhart-Gegner. Die Exzerptlisten der gegen Eckhart gerichteten Prozessunterlagen, deren Sätze Eckhart als seine anerkannt und verteidigt hat, bilden für Quint die Grundlage des Vergleiches mit den überlieferten deutschen Predigttexten. War eine Predigt im Prozess zitiert, so musste sie echt sein. Quint beginnt also mit den im Prozess gegen Eckhart verwendeten Predigten und konstituiert so einen ‚häretischen' Eckhart. Wenn aus Pfeiffers Predigt I in der neuen Edition Predigt 101 geworden ist, dann nicht deswegen, weil daran zu deuteln ist, dass sie von Eckhart stammt, sondern, weil sie im Prozess keine Rolle spielte.

Dass aber dieser Prozess gegen Eckhart auch für die Edition eine entscheidende Rolle würde spielen müssen, wusste, was in der Forschung gerne übersehen wird, schon Pfeiffer, wenn er sich, die seinerzeit virulenten politisch-konfessionellen Spannungen benennend, ausdrücklich bei den Vatikanischen Archiven in Rom bedankt und auf die künftige Rolle der Prozessunterlagen verweist:

[...] deren freundliche verwendung und seltene liberalität mich unlängst in den besitz der wichtigen, den meister Eckhart betreffenden actenstücke (s. Pertz, archiv 9 449) setzte, nach denen ich jahrelang vergeblich getrachtet hatte. Diese mir wider verhoffen zu theil gewordene vergünstigung darf ich um so höher anschlagen, als sich die pforten des vaticanischen archivs seit vielen jahren keinem deutschen gelehrten mehr geöffnet haben [...] Für das verhältniss meister Eckharts zur kirche, seine stellung zum erzbischof von Köln und dem von diesem gegen ihn eingesetzten inquisitionsgericht, sowie für die geschichte der gewaltigen geistigen bewegungen, die zu anfang des 14. Jahrhunderts am Rhein stattfanden, sind diese mir in abschrift vorliegenden urkunden von ungemeiner bedeutung. Ich würde aber, wollte ich sie hier schon veröffentlichen, der literarhistorischen einleitung das beste theil vorwegnehmen.[40]

Soweit zu den Grundsätzen der Eckhart-Edition Pfeiffers; kurz zu deren Details: Was den Textzustand und die sprachliche Form betrifft, weist Pfeiffer auf zwei Dinge hin; erstens die Frage der sprachlichen Form bzw. der ‚Normalisierung'; zweitens die beiden Hauptprobleme der Textkonstituierung. Erstens:

Was die in diesem bande beobachtete schreibweise betrifft, die ich indess mit strenger consequenz durchführen weder konnte noch wollte, so bin ich hierin den ältesten und besten handschriften gefolgt, die in übereinstimmung mit Eckharts heimats- und geburtsort, Strassburg, fast durchweg in alemannischer mundart geschrieben sind. Mitteldeutsche und kölnische sprachformen zeigen auffallender weise, trotz Eckharts längerem aufenthalt am Niederrhein, doch nur wenige junge handschriften.[41]

[39] Ebd., S. XIf.
[40] Ebd., S. XIIIf.
[41] Ebd., S. XIII.

Pfeiffer folgt der handschriftlichen Schreibweise der alemannischen Handschriften; und er täuscht sich dabei darin, dass Eckharts Heimats- und Geburtsort Straßburg sei, und geht so an den thüringischen Texten häufig vorbei, trifft aber etwas Richtiges insofern, als Eckhart ja lange wenigstens immer wieder einmal im Straßburger Raum wirkte; er tat dies zwischen 1313 und 1323 gerade gegen Ende seiner Laufbahn, vor seiner – kurzen – Kölner Zeit 1323–27. Pfeiffer folgt den Handschriften ohne große normalisierende Eingriffe. Der mhd. normalisierte Text, der in fast allen Texten Quints und Steers vorherrscht, landet letztlich ja auch im Alemannischen, ohne aber Handschriften zu folgen. Hier wäre Pfeiffers behutsam normierter handschriftennaher Text eigentlich moderner und uns Heutigen näher als die kritische Ausgabe.

Pfeiffer hat zweitens aber auch die beiden – bis heute bestehenden(!) – Hauptschwierigkeiten der Textkonstitution klar erkannt und benannt: a) die Veränderungen durch Schreiber, b) die Existenz differenter Fassungen. Zu a):

> Mein text ist, wie sich von selbst versteht, nicht überall von gleichem werthe und gleicher correctheit; wer könnte das auch von mir verlangen wollen? Bei den zahlreichen stücken, die nur einmal in späten und schlechten handschriften erhalten sind, war es häufig unmöglich, den durch die fahrlässigkeit der schreiber vielfach zerrütteten sinn und zusammenhang herzustellen: wie sollte ich ausgelassene wörter, ja ganze sätze ausfüllen und ersetzen? In den anmerkungen werde ich auf die mir verdorben scheinenden stellen hinweisen und dort die verbesserungen und conjecturen mittheilen, die ich schon im text anzubringen nicht für rathsam hielt.[42]

Da ist also, von Pfeiffer mit Recht festgestellt, zum ersten die Überlieferung mancher Predigten (wie z. B. der Melker), die z. B. nur in einer einzigen späten und stark bearbeiteten Handschrift tradiert sind. Pfeiffers Zurückhaltung bei Konjekturen ist da nur zu verständlich (und berechtigt).

Da ist zum zweiten, selbst bei gut überlieferten Texten, die enorme Textdifferenz zwischen oft unterschiedlichen Fassungen, die sich nur durch Synopsen bewältigen lässt (ein Problem, das Quint, wie vor ihm schon Pfeiffer, durch den Abdruck verschiedener Fassungen nacheinander zu bewältigen suchte und das wir später dann – technisch vorangeschritten – durch Synopsen zu lösen versuchten):

> Anderer art, aber nicht minder gross war die schwierigkeit bei denjenigen stücken, die mir zwar in mehreren der besseren, aber oft beträchtlich unter sich abweichenden handschriften vorlagen. Wie gewaltig diese verschiedenheiten oft sind, werden die lesarten zeigen. Hier das ursprüngliche echte von den unechten, spätern zusätzen oder veränderungen zu erkennen und zu scheiden, dürfte kaum je mit Sicherheit gelingen. Ich werde daher einigemal im falle sein, dieselben texte in ihren verschiedenen fassungen neben einander stellen zu müssen.[43]

[42] Ebd., S. XII.
[43] Ebd., S. XII.

Franz Pfeiffer hat 1857 insgesamt also (nahezu) alle auch heute noch relevanten Probleme einer Edition der deutschen Werke Eckharts erkannt und benannt: Die Konstitution des zu edierenden Korpus und die Fragen der ‚Echtheit'; die Erhebung überlieferungsrelevanter Daten, die Anordnung des Korpus, die Frage nach der Textqualität, die Existenz unterschiedlicher Fassungen und schwierig eindeutig zu rekonstruierender Texte. Er hat dabei letztlich durchgängig für Handschriftennähe votiert, dabei aber auch die ‚Fehlerhaftigkeit' einzelner Handschriften nicht unbemerkt gelassen.

Bei seinem Gesamturteil und seiner grundsätzlichen Handschriftennähe (trotz aller Skepsis und Kritik „schlechter Handschriften") steht Pfeiffer in seiner und in der folgenden Zeit keineswegs alleine: Die Problematik ‚schlechter' Handschriften hat Franz Jostes 1912 im Anschluss an Pfeiffer noch stärker betont und mit dem angeblichen Oralitäts- und Performanz-Charakter der Predigten verbunden:

> Was den Genuss der Predigten Eckharts uns am meisten verkümmert, ist der traurige Zustand, in dem sie uns überliefert sind, traurig nicht nur insofern, als sein gesprochenes Wort unvollständig wiedergegeben ist – das ist bei allen nachgeschriebenen Predigten gewiss der Fall – sondern besonders weil sie, schon von vornherein sehr dem Missverständnisse ausgesetzt, von den Händen der Abschreiber weit mehr als andere Texte verschlimmbessert worden sind.[44]

Die Ansicht, Eckharts Predigten seien vor allem HörerInnen-Mitschriften tatsächlich aktuell gehaltener, oraler Ansprachen, ist heute weitgehend und für die allermeisten Texte überwunden. Richtig bleibt Jostes' Urteil der „Verschlimmbesserung" durch ‚denkende Schreiber' und Redaktoren, auch wenn man darin heute nicht nur die Störung eines ‚Originals', sondern Zeugnisse eines Weiterlebens und der Wirkung Eckharts, Relektüren und Aneignungsprozesse sieht. Auch dieser Sicht haben aber Jostes (und schon Pfeiffer mit seiner Handschriftennähe) den Boden bereitet, Jostes etwa durch seinen Zweifel an den Möglichkeiten, einen authentischen Text überhaupt herzustellen:

> Auch dann, wenn noch zahlreichere Handschriften, als bislang benutzt sind, aufzufinden in Aussicht stünde, würde man kaum hoffen dürfen, einigermassen authentische Texte herstellen zu können. Und deshalb ist es höchst zweifelhaft, ob Pfeiffer so bald einen Nachfolger erhalten wird [...]. Vorläufig wird man sich damit begnügen müssen, das noch unbekannte Material nachzutragen.[45]

Der Weg für solche Nachträge ist die Bekanntmachung von neu entdecktem handschriftlichem Material, wobei sich das Interesse nun auf Eckhartsammlungen konzentriert. Jostes setzt Pfeiffers Arbeit im Grunde dort fort, wo sie begann: Nicht die kritische Edition, sondern der Abdruck von Handschriften wird zum Ziel, wenn Jostes seine Bemühungen so charakterisiert:

---

[44] Meister Eckhart und seine Jünger. Ungedruckte Texte zur Geschichte der deutschen Mystik. Hrsg. von Franz Jostes. Freiburg/Schweiz 1895; Photomechan. Nachdruck Berlin 1972, S. IX.

[45] Ebd. S. IX.

> sie [die folgenden Blätter] ziehen eine Eckharthandschrift ans Licht, die nicht nur zu den ältesten sondern auch zu den reichhaltigsten ihrer Art gehört. Ich fand sie in der Nürnberger Stadtbibliothek Cent. IV, 40. [...]
> Diese Sammlung ist aus kleineren Sammlungen zusammengesetzt, die man von verschiedenen Seiten her bekommen hatte; man sieht es der Sprache noch an, dass das eine in ziemlich weiten Umkreisen, anderes direkter aus Eckharts Heimat herübergekommen war.[46]

Jostes lässt, noch stärker als Pfeiffer, Handschriften sprechen. Dabei rückt die Sammlung als solche und als ganze in den Mittepunkt; die Diskussion um Echtheit und Authentizität der Texte verschiebt sich, es geht nicht mehr nur allein um Texte Eckharts, als dessen Heimat jetzt mit Recht Thüringen gilt, sondern um die Bewahrung der Sammlung, die auch Texte anderer, oft eckhartnaher Autoren enthält. Jostes fokussiert das Interesse demgemäß auf „Meister Eckhart und seine Jünger" (so der Titel seiner Ausgabe). Und so wie Jostes die Texte der bekannten Nürnberger Handschrift, so trug Philipp Strauch 1919 mit dem Band 30 der DTM die Oxforder Handschrift der Predigtsammlung des *Paradisus anime intelligentis* mit Texten Eckharts, aber auch der Lektoren der Ordensprovinz Saxonia nach. In beiden Fällen handelt es sich um ein handschriftennahes Verfahren, was bei Strauch besonders deutlich wird, der etwa auch betont, es handle sich um eine „vollständig zum Abdruck gebrachte Predigtensammlung" aus einer „Pergamenthandschrift mit 114 Blättern aus dem 14. Jahrhundert."[47]

Solche Nachträge haben seinerzeit etliche fortgesetzt, und einem solchen handschriftennahen Verfahren folgte auch, aber nun ausführlich theoretisch begründet, Adolf Spamer, der sich mit seiner Dissertation *Über die Zersetzung und Vererbung in den deutschen Mystikertexten* schon 1910 mit zwei sogenannten Mosaiktraktaten befasst und deren Einzelbestandteile nachgewiesen hatte; im Jahr 1912 veröffentlichte er die *Texte aus der deutschen Mystik des 14. und 15. Jahrhunderts*. Spamer, der damit (was oft übersehen wird) ein „Einlesebüchlein" für Seminarzwecke vorlegen wollte, votierte dabei für absolute Handschriftentreue:

> Jeweils die älteste der zur Verfügung stehenden Überlieferungen zugrunde zu legen, widerrieten pädagogische Erwägungen, die eine möglichste Vielheit von Proben nach Ort und Zeit verschiedener Sprachvarianten erwünschen ließen. So sind wiederholt jüngere und modernisierte Fassungen [...] in ihrer letzten Redaktion zum Abdruck gebracht, wobei jedoch im Fußnotenapparat stets nachträgliche Korrekturen als solche vermerkt und die durch sie ersetzten Formen, soweit sie noch erkenntlich waren, gebucht sind.[48]

---

46 Ebd., S. X.

47 Paradisus anime intelligentis (Paradis der fornuftigen sele). Aus der Oxforder Handschrift Cod. Laud. Misc. 479 nach E. Sievers Abschrift hrsg. von Philipp Strauch. Berlin 1919; zweite Auflage hrsg. und mit einem Nachwort versehen von Niklaus Largier und Gilbert Fournier. Hildesheim 1998, S. 7.

48 Texte aus der deutschen Mystik des 14. und 15. Jahrhunderts. Hrsg. von Adolf Spamer. Jena 1912, S. 197.

Spamer verzichtet dabei bewusst auf die „Konstruktion sogenannter kritischer Texte“[49] und bietet mit der Wiedergabe jüngerer Fassungen und älterer ersetzter Formen im Apparat in Ansätzen sogar schon ein textgeschichtliches Konzept, das sich im Folgenden den Handschriften als eigenen ‚Organismen‘ und der Rezeptionsgeschichte zuwendet:

> Wortlaut und Buchstabengefüge der zum Druck erwählten Texte sorgsam zu hüten, den ganzen Organismus der einzelnen Stücke, auch mit all seinen Gebrechen, die uns oft wertvollere Schlüsse an die Hand geben, wie seine Vorzüge, so neu aufzuzeichnen, wie er in dem betreffenden Kodex sein berechtigtes Eigenleben geführt und auf seine Leser gewirkt hat, schien dem Herausgeber verdienstvoller als sein eigenes Kombinationsvermögen an den „Fehlern“ der Textgebung zu üben, oder sie von ihren charakteristischen Eigenheiten und Eigenwilligkeiten zu „reinigen“.[50]

So ist es nur konsequent, dass Spamer „Reinigung und Normalisierung“ als „Akt philologischer Willkür“ bezeichnet, im neuzeitlichen Editor gut mittelalterlich einen „Kompilator von Traktatkonglomeraten und -mosaiken“ erkennt und von jeder „hypothetischen Konjektur“ Abstand nimmt.[51]

Für die Eckhart-Philologie heute kann es nach den stärker rekonstruierenden Ansätzen Quints gewiss nicht schaden, sich diese überraschende Handschriftennähe der frühen Eckhart-Ausgaben vor Augen zu halten; dies nicht nur wegen Fragen der Textgestalt und eventueller Eingriffe, sondern auch wegen Fragen der Korpusbildung und deren Reihenfolge. Für das Textkorpus bedarf es zudem – wie bei Pfeiffer und Spamer – der Berücksichtigung von Traktaten, Sprüchen, Gebeten etc. Vorrangig aber bedarf es immer noch einer Aufarbeitung derjenigen Predigten, die von Pfeiffer und seinen Nachfolgern schon gedruckt worden waren, die in der kritischen Eckhartausgabe aber bis heute fehlen.

Die Quint/Steer-Edition (die Georg Steer im Textbestand soeben für abgeschlossen erklärt hat), kam bis zur Predigt 117. Insgesamt wurden in der Forschung mindestens aber gut 80 Texte mehr für Eckhart in Anspruch genommen oder in seine Nähe gerückt. Sie lohnen neue Untersuchungen. Gerade die Methoden der Vor-Quint'schen Ausgaben könnten uns Heutigen ein Fingerzeig sein, wenn man dieser Texte zügig ‚habhaft‘ werden will.

---

[49] Ebd.

[50] Ebd. S. 198.

[51] Ebd. S. 198f.

I.

DIZ IST MEISTER ECKEHART DEM GOT NIE NIHT VERBARC.

Dum medium silentium tenerent omnia et nox in suo cursu medium iter haberet etc. (*Sap.* XVIII. 14.). Wir begên hie in der zît von der êwigen gebürte, die got der vater hât geborn unde gebirt âne underlâz in êwikeit, daz diu selbe geburt nû ist geborn in der zît in menschlîcher nâtûre. Ez sprichet sanctus Augustînus, daz disiu geburt iemer geschehe. Sô si aber in mir niht geschihet, waz hilfet mich daz? Aber daz si in mir geschehe, dâ lît ez allez an.

Nû süllen wir reden von dirre gebürte, wie diu in uns geschehe oder vollebrâht werde in der guoten sêle, wâ got der vater sîn êwic wort sprechende sî in der vollekomenen sêle. Wan daz ich alhie spriche, daz sol man verstân von eime vollekomenen menschen, der in den wegen gotes gewandelt hât unde noch wandelt, unde niht von eime nâtûrlîchen ungeüebeten menschen, wan der ist zemâle verre und unwizzende von dirre gebürte. Ein wort sprichet der wîse man 'dô alliu dinc wâren miten in eime swîgen, dô kam von oben her nider von dem küneclîchen stuole in mich ein verborgen wort.' Von disem worte sol sîn disiu bredie.

Driu dinc sint hie ze merken. Daz êrste ist: wâ got der vater spreche sîn wort in der sêle unde wâ dirre gebürte stat sî unde wâ si des werkes enpfenclich sî. wan daz muoz sîn in dem aller lûtersten und edelsten und subtilsten, daz diu sêle geleisten mac. In der wârheit, möhte got der vater mit aller sîner almehtikeit iht edelers der sêle gegeben haben in ir nâtûre unde möhte diu sêle iht edelers genomen haben von ime, des selben adels müeste got der vater beiten mit der gebürte. Dâ von muoz sich diu sêle, in der diu geburt sol geschehen, gar lûter haben unde gar adellîche leben unde gar einic

Abb. 1: Pfeiffer, Eckhart, S. 3

Dum medium silentium tenerent omnia[1].

Zuschreibungen: Diz ist meister Eckehart dem got nie nv́t verbarg. *St2*; Predig Doctor Joannis Taulerij *BT, KT (jeweils recto über der Seite)*; Meister Eckart sprach dz würken dz got würkt jn einer ledigen sele die Er luter vnd blosz vindet abgescheiden ... (= *Spr. 1, Pf., S. 597,4–29*) *Ba3* (*geschrieben in unmittelbarem Anschluß an Predigtfragment 101* [*Z. 2–22*]), *Bra3 und Pv* (*in Bra3* [*33*ᵛ: Maister Ekkhart spricht jn ainer predy] *und Pv* [*32*ʳ: MAister ekhart spricht in ainer predy] *geschrieben in unmittelbarem Anschluß an das Textende der Pr. 103*); *Daniel Sudermann*: Meister Eckhart *B33,6*ʳ

Überschriften: Her nach volgent vyer predigen von der ewygen gebort dye zitlich worden ist vnd noch tegelich geborin wirt in der selen grunde. amen *Mz1* (*vgl. Pr. 104, S. 565,5–566,7*); Sermo fundamentalis De Modo. Loco. et dignitate Spiritualis Natiuitatis jn anima rationali *Ba3*; Taul: fol: 3. *B4* (*134*ᵛ *am linken Rand von der Hand Daniel Sudermanns*; *vgl. BT*); Sermo primus. (*am rechten Rand*) Von der ewigen geburt wie sich got ym weszen der sele gebyret etc. *Dau*; ¶ Ein predig (sermon *B34*) vff den nåsten Sontag nach Wyhennachten. (Cerst dage *B34*) Wie sich got in der sele gebyrt (geboert ofte telet *B34*) vnd wie sich der mensch zů disem werck halten sol. [*3*ʳᵃ] Jtem von dem (*fehlt B34*) grossen nutz des himelschen worts / genommen vsz dem bůch der wyszheit .xviij. Capitel. Dum medium silentium tenerent omnia et nox in suo etc. *BT, B34*; Ein hohe lehr. Vnd jst ein Antwort aúff die Frage. wie Gott der Vatter von Ewigkeit her Seinen Sohn Gebere. Vnd wie sich Gott jn der Sele gebiert. vnd wie sich der Mensch zú diesem werck halten sol. (vnd wie sich der Mensch ... sol *am linken Rand nachgetragen*) Meister Eckhardt. *B33* (*vgl. BT*); Vff den nechsten (yersten *Kn4*) Suntag Nach Christmesz. (kersdage een sermoen Johannis taul. *B37, Kn4*) Wie sich der mensch halten soll / das Got in sein seel geboren werd. *KT, B37, Kn4*

1 Dum ... omnia *X6, Y3, fehlt Mz1, St2, X1, Dau, Y2*

[1] *Vgl. Sap. 18,14–15:* Cum enim quietum silentium contineret omnia, et nox in suo cursu medium iter haberet, *(15)* omnipotens sermo tuus de caelo, a regalibus sedibus, durus debellator in mediam exterminii terram prosilivit. *Der Schrifttext ist in seinem ersten Teil dem Introitus der Dominica infra Octavam Nativitatis Domini (Sonntag nach Weihnachten) entnommen, dessen Wortlaut von dem der Vulgata abweicht:* Dum medium silentium tenerent omnia, et nox in suo cursu medium iter haberet, omnipotens sermo tuus, Domine, de caelis a regalibus sedibus venit. *Eckhart kommt In Sap. n. 284, LW II, S. 616,5–8 auf diesen Unterschied zu sprechen:* Sciendum autem quod ecclesia in officio sic tenet: »dum medium silentium tenerent omnia«. Et secundum hoc sciendum quod in adventu filii in mentem oportet quod omne medium sileat. Natura enim medii repugnat unioni, quam anima appetit cum deo et in deo; *In Sap. n. 285, LW II, S. 618,3–9:* Adhuc autem quarto notandum quod contra rationem medii est quod in ipso aliquid sileat aut quiescat. Oportet ergo exuere, cedere, silere et quiescere ipsam rationem medii ad hoc, quod anima in deo quiescat. Et hoc est quod cantat ecclesia: »dum medium silentium tenerent omnia«, id est: dum omnia tenerent ipsum medium, et omne medium silentium, id est silens. Medium enim ut sic silentium est exuta iam ratione medii, sicut multa et omnia unum sunt in uno et in deo, Tob. 10 *(Tob. 10,5)*: 'omnia in te uno habentes', et apostolus ait: erit 'deus' unus 'in omnibus', Cor. 15 *(1 Cor. 15,28)*. *Vgl. auch Tauler, Pr. 1 (ed. Vetter S. 11,29–12,1):* Hievon sol man singen in dem nehsten sunnendage in dem anhebende der messen: dum medium silencium fieret, do daz mittel swigen wart und alle ding in dem hǒhsten swigende worent und die naht iren louf vollebroht hette, herre, do kam dine almehtige rede von dem kúniglichen stůle, das waz daz ewige wort von dem vetterlichen hertzen. In disem mittel swigende, in disem do alle ding sint in dem hǒhsten swigende und ein wor silencium ist, denne wurt man dis wort in der worheit hǒrende; wan sol Got sprechen, du můst swigen; sol Got ingon, alle ding můssent uzgon. *Der zweite Teil des Schriftwortes entspricht dem Anfang von Iob 4,12:*

334

Abb. 2a: DW 4,1, S. 334

Dum medium silentium tenerent omnia

3,3 Wir begân hie in der zît von der êwigen geburt[2], die got der vater hât geborn und gebirt âne underlâz in êwicheit, daz diu selbe geburt[3] nû ist geborn in der zît in menschlîcher natûre.

2 Wir begân ... 7 volkomenen sêle *XY*, *fehlt Mz1* 3 in [*1*] *X* / yn der *Y*; *Lücke Mz1*

Porro ad me dictum est verbum absconditum, et quasi furtive suscepit auris mea venas susurri eius. *Es ist nicht ausgeschlossen, daß das Schriftwort auch Luc. 1,35 und Iac. 1,17 mitzitiert: Luc. 1,35:* Spiritus sanctus superveniet in te; *Iac. 1,17:* Omne datum optimum ... est descendens a Patre luminum. *Vgl. dazu den Anfang der Pr. 22, DW I, S. 375,2–5:* Diz wort, daz ich gesprochen hân in latîne, daz stât geschriben in dem heiligen êwangeliô und sprichet als vil ze tiutsche: 'gegrüezet sîst dû, vol gnâde, der herre ist mit dir!' Der heilige geist sol von oben her nider komen von dem obersten trône und sol in dich komen von dem liehte des êwigen vaters. *Vgl. weiter In Ioh. n. 80, LW III, S. 68,8–69,2:* Augustinus IV Confessionum: »anima mea, obsurdesce in aure cordis a tumultu vanitatis tuae. Audi verbum«. Et l. IX sic ait deo loquens: »quid simile verbo tuo«, »si cui sileat tumultus carnis, sileant phantasiae«, »et ipsa sibi anima sileat et transeat se non ⟨se⟩ cogitando?« Sap. 18 *(Sap. 18,14)*: 'cum quietum silentium tenerent omnia' etc. Notavi de hoc ibidem *(In Sap. n. 280, LW II, S. 612,6–613,5)*; *In Ioh. n. 488, LW III, S. 420,10–12:* Restat tertio circa loquentem deum videre: quando loquitur, ubi loquitur, quid loquitur et qualiter loquitur? Primo: quando loquitur? Sap. 18 *(Sap. 18,14)*: 'dum quietum silentium tenerent omnia et nox in suo cursu' etc.; *Sermo XXIV,2 n. 244, LW IV, S. 224,6–9:* Secundo in hoc nota quietem animae; et est ratio, quia verbum, in quo et per quod et per cuius illapsum in anima pater operatur, est secundum Augustinum »sine strepitu«, Sap. 18 *(Sap. 18,14)*: 'dum medium silentium tenerent omnia', scilicet entia, viventia, intelligentia; *Pr. 73, DW III, S. 266,1–8:* Diu sêle, die got minnen sol und der er sich gemeinen sol, diu muoz sô gar entblœzet sîn von zîtlicheit und von allem gesmacke der crêatûren, daz got in ir smacke nâch sînem eigenen gesmacke. Diu geschrift sprichet, daz 'in mitter zît der naht, dô alliu dinc in einem swîgenne wâren, dô kam, herre, dîn wort her abe von den küniclîchen stüelen', daz ist: in der naht, sô kein crêatûre in die sêle enliuhtet noch enluoget, und in dem stilleswîgenne, dâ niht in die sêle ensprichet, dâ wirt daz wort gesprochen in die vernünfticheit. Daz wort ist ein eigen der vernunft und sprichet ‚verbum', als daz wort ist und stât in der vernunft. *Die Predigt 101 hat wie Predigt 76 (vgl. DW III, S. 310,3–312,5) eine* introductio *(Z. 1–10), in der das Thema der Predigt, die Geburt Gottes in der Seele, wie auch das Thema der nachfolgenden Predigten 102–104, mit denen sie zu einem Zyklus verbunden ist, angesprochen wird.* [2] *Vgl. In Eccli. n. 21, LW II, S. 249,1–3:* Hinc est sexto quod, ubi deus operatur in se ipso, si opus dici debeat, semper filium genuit et gignit, semper natus est, semper nascitur: flos est fructus, flos in fructu, fructus in flore; *In Eccli. n. 65, LW II, S. 295,7–9:* Ille vero felix est qui semper a deo nascitur; non enim dicam semel iustum ex deo natum, sed per singula virtutis opera semper ex deo nascitur; *In Sap. n. 45, LW II, S. 369,1–3:* Ad praemissa facit quod ... in divinis filius semper nascitur; et iterum quod in ipso Christo homine non est aliud esse praeter esse divinum quo est filius dei; *In Ioh. n. 8, LW III, S. 9,3f.:* Hinc est quod filius in divinis, verbum *in principio*, semper nascitur, semper natus est; *Pr. 91, DW IV, S. 96,105–97,106:* Dar umbe ist der sun êwiclîche geborn âne underlâz; *BgT, DW V, S. 43,28–44,2:* wan âne zwîvel: got enhæte sînen eingeborenen sun in der êwicheit nie geborn, enwære geborn niht gebern. Dar umbe sprechent die heiligen, daz der sun alsô êwiclîche geborn ist, daz er doch âne underlâz noch wirt geborn; *Pr. 46, DW II, S. 378,9–379,2:* Ir sult wol underscheiden sîn nâch lîplîcher geburt, aber in der êwigen geburt sult ir ein sîn, wan in gote enist niht wan éin natiurlîcher ursprunc; *Pr. 75, DW III, S. 300,2–5:* Dâ werden wir geminnet in dem sune von dem vater mit der minne, diu der heilige geist ist, diu dâ êwiclîche entsprungen ist und ûzgeblüejet ist ze sîner êwigen geburt – daz ist diu dritte persône – und ûzblüejende ist von dem sune ze dem vater als ir beider minne. [3] *Das Wort* geburt *in der Bedeutung von ‚Geborenes', ‚Sohn', ‚Kind' verwendet Eckhart öfter. Vgl. insbesondere Pr. 75, DW III, S. 299,1–9:* Diu dritte minne ⟨ist götlich⟩, dar ane wir lernen süln, wie got êwiclîche ûzgeborn hât sînen eingebornen sun und gebirt in nû und êwiclîche – sprichet ein meister –; und alsô liget er kindes als ein vrouwe, diu geborn hât, in einer ieglîchen guoten, ûzge-

335

Abb. 2b: DW 4,1, S. 335

PREDIGT 101 (Pf. Nr. I S. 3–10)

Handschriftliche Überlieferung:

AT Augsburger Taulerdruck von 1508, 3rb–6va.
Textbestand: vollständig.

B4 Berlin, Staatsbibl. zu Berlin – Preuß. Kulturbesitz Ms. germ. 4° 191, 134^{v}–138^{r}.
Textbestand: siehe unten S. 307.

B33 Berlin, Staatsbibl. zu Berlin – Preuß. Kulturbesitz Ms. germ. 2° 430 I, 6^{r}–6^{v}.
Textbestand: *Ein hohe lehr. Vnd jst ein Antwort aúff die Frage. wie Gott der Vatter von Ewigkeit her Seinen Sohn Gebere. Vnd wie sich Gott jn der Sele gebiert. vnd wie sich der Mensch zú diesem werck halten sol.* (*vnd wie sich der Mensch … sol* am linken Rand nachgetragen) *Meister Eckhardt. …* (6–7) *Nún wöllen wir reden von der Gebúrt die in vns sol gescheen vnd volbracht werden in der glaúbige Seele. Dan Gott der Vatter spricht sein Ewigs Wort auch in der volkommen Seele.* (19–22) *Darúmb múss sich die Seel. in der die Gebúrt geschehen sal. gar laúter vnd rein halten. vnd gar adelich leben. vnd gar einig. vnd gar inne. nit ausslaúffen. durch die fünff Sinn. in manigfeltigkeit der Creatúren. sonder gantz jnnerlich sein. vnd in dem laútersten. da jst sein statt. etc.* (54–55) *Niemande rüret den grund der Seele dan Gott allein. Die Creatúr mag nicht in den grúnd der Seele. sie muss hie aússen bleiben in den krefften. etc.* (82–92) *Gott wirckt in der Seele on alles mittel bilde. ader gleichnüss. Ja in dem grunde da nie bild einkam. dan Er selber mit seinem eigen wesen. das mag kein Creatúr gethún. Gott der Vatter. der gebieret seinen Sohn. in der Seele. nit als die Creatúren thún in bilden vnd in gleichnüss. sonder in aller weise. als Er Jhn Gebiert in Ewigkeit. weder minder noch mehr. Eya. wie gebüert Er da? das merck: Sehet. Gott der Vatter hat ein volkommen insehen in sich selber. vnd abgründigs dúrchkennen sich selbs. mit Jhm selber. vnd mit keinem Bilde. Vnd also gebiert Gott der Vatter seinen Sohn in wahrer einigung Göttlicher Natúr. Sehet. in der selben weise. vnd in keiner anderen gebiert Gott der Vatter seinen Sohn in der Seele grúnd vnd in ihrem Wesen. vnd vereiniget sich also mit ihr. Dan were da iecht Bilde. so were da nicht ware Einigúng. vnd an der waren Einigúnge. ligt alle ihr seligkeit.* (132–136) *Hievon spricht ein lehrer zú der Seele: Zeüch dich von der vnrúhe aússwendiger geschäffte. dar nach fleüch vnd verbirg dich vor dem gestürme aússwendiger wercke vnd inwendiger gedancke. dan sie vnfried machen. darümb sol Gott sein wort sprechen in die Seele. so múss sie in friede vnd in rúhe sein. vnd dan spricht Er seine wort. vnd sich selber in der Seele. vnd nicht ein Bilde. sonder sich selber etc.* (146–150) *Hierzú ermanet S. Dionysiús seinen Jünger Timotheúm. Dú solt mit vnbegerten Sinnen dich erschwingen vber dich selber. vnd vber alle kräffte. vber rede. vnd vber vernúnfft. vber werck vnd vber weise. vnd vber wesen. in die verborgen stille Finsternüss. aúff das dú kommest in ein Erkantnüss dess vnbekanten. Vber gúten Gottes. Es múss ein entziehen sein von allen dingen. Es verschmehet Gott zú wircken in Bilden etc.* (176–186) *Hievon sprach aúch ein heydnischer lehrer ein schön wort zu einem andern lehrer. Jch würd eins in mir gewahr. dz glantzte vor meiner vernünfft. das entpfind ich wol. das es etwas ist. aber was es sey. dz kan ich nicht verstehen. dan allein dúnckt mich das. kúnd ich es begreiffen. ich erkennte alle warheit. Da sprach der ander lehrer. Eya. dem volge nach. dan kündestú das begreiffen. so hettestú ein samblúng aller güter. vnd hettest das Ewig leben. Von diesem sinn spricht aúch S. Aúgústinus. Jch würd eins in mir gewar. das spielt vnd wacht in meiner Seele. würde das volbracht vnd bestättigt in mir. das müste Ewigs Leben sein. Es verbirget sich. vnd zeiget sich doch. es kompt aber in einer dieplicher* [6^{v}] *weise. vnd meint es wöl der Seele*

279

Abb. 3: DW 4,1, S. 279

Predigt 101

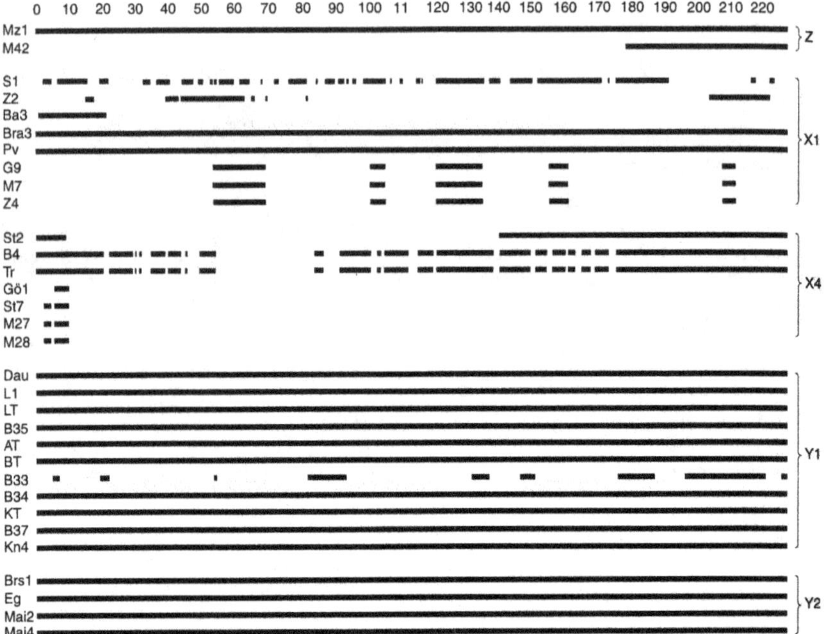

Graphische Darstellung des Textbestandes der Predigt 101

Filiation der Handschriften: Die Predigt 101 ist nach heutigem Kenntnisstand in 20 Handschriften und Fragmenten (B4, Ba3, Bra3, Brs1, Dau, Eg, Göl, L1, M27, M28, M42, Mai2, Mai4, Mz1, Pv, S1, St2, St7, Tr, Z2), in vier Drucken (LT, AT, BT, KT), in fünf Druckabschriften (B33, B34, B35, B37, Kn4) und im 'Lehrsystem der deutschen Mystik' ('Greiths Mosaiktraktat') mit fünf kleineren Exzerpten (Greith S. 111,16–27; 111,32–112,7; 142,8–26; 147,35–148,8; 161,36–162,4) erhalten. Eine erste Analyse der Überlieferung hat 1932 Josef Quint vorgenommen (Überlieferung S. 1–22). Obwohl er nur zehn Textzeugen kannte (B4, Ba3, Bra3, L1, St2, Tr, BT, KT, LT, 'Greiths Mosaiktraktat'), vermochte er doch wesentliche Züge der Texttradierung zu erkennen: die „scharfe Scheidung in zwei Gruppen" (S. 2) – die eine sei X (St2, B4, Tr), die andere sei Y (L1, LT, BT, KT) genannt – und die unterschiedliche Depravation des Textes innerhalb dieser beiden Gruppen. Seine Annahme, daß neben X und Y noch eine dritte Textform existiert, bezeugt von der Handschrift Bra3 und dem Fragment Ba3, die „zwischen den beiden Gruppen (vermittelt)"

290

Abb. 4: DW 4,1, S. 290

Pfeiffer:		**DIZ**	**IST**	**MEISTER**	**ECKEHART**	**DEM**	**GOT**	**NIE**	**NIHT**	**VERBARC.**
Quint/Steer:		(umgestellt)								

Dum	medium	silentium	tenerent	omnia	et	nox	in	suo	cursu	medium	iter
Dum	medium	silentium	tenerent	omnia	0	0	0	0	0	0	0

haberet	etc.	(Sap. XVIII 14).					
0	0	0	Zuschreibungen:	**Diz**	**ist**	**meister**	**Eckehart**

dem	**got**	**nie**	**nv̊t**	**verbarc.**	[...]

Wir	begên	hie	in	der	zît	von	der	êwigen	gebürte,
Wir	begân	hie	in	der	zît	von	der	êwigen	geburt,

die	got	der	vater	hât	geborn	unde	gebirt	âne	underlâz	in	êwikeit,
die	got	der	vater	hât	geborn	und	gebirt	âne	underlâz	in	êwicheit,

daz	diu	selbe	geburt	nû	ist	geborn	in	der	zît	in	menschlîcher	natûre.
daz	diu	selbe	geburt	nû	ist	geborn	in	der	zît	in	menschlîcher	natûre.

Ez	**sprichet**	**sanctus**	**Augustînus,**		daz	disiu	geburt	iemer	geschehe.
		Sant	**Augustînus**	**sprichet:**	daz	disiu	geburt	iemer	geschehe.

Sô	**si**	**aber**	in	mir	niht	geschihet,	waz	hilfet	mich	daz?
und		**aber**	in	mir	niht	engeschihet,	waz	hilfet	mich	daz?

Aber	daz	si	in	mir	geschehe,	dâ	lît	wz	allez	an.
Aber	daz	si	in	mir	geschehe,	dâ	liget	ez	allez	ane.

Nû	**süllen**	**wir**		**reden**	von	dirre	gebürte,	**wie**		**diu**	in	uns	geschehe
Nû	**gebürt**	**uns**	**ze**	**redenne**	von	dirre	geburt,	**wie**	**daz**	**si**	in	uns	geschehe

oder	vollebrâht	werde	in	der	guoten	sêle,	wâ	got	der	vater	sîn	êwic	wort
und	volbrâht	werde	in	der	guoten	sêle,	wâ	got	der	vater	sîn	êwic	wort

sprechende	sî	in	der	vollekomenen	sêle.
sprechende	sî	In	der	volkomenen	sêle.

Abb. 5: Vergleich Pfeiffer und Quint/Steer

VIII

mit angabe ihres inhalts nach den abtheilungen und nummern meiner ausgabe folgen. Vielleicht sieht sich, wer in der lage ist, dadurch angeregt, mich auf noch unbekannte handschriften aufmerksam zu machen.

I. PERGAMENTHANDSCHRIFTEN.

1. *A.* Strassburg, stadtbibliothek, A. 98. 14. jahrh. 4. (I, 16. 17. 26—28. 30—39. 41. 44. 46. 48. 50—53, II, 6).
2. *B.* Basel, universitätsbibliothek, B. XI, 10. 14. jahrh. 12. (I, 17—25. III, 6. 7. IV).
3. *C.* Einsiedeln, klosterbibliothek, nro. 277. 14. jahrh. 4. (I, 29. 40. 45. 49. 56. 59. 60. 88—90. II, 2. 11—14. 16. III, 21. IV).
4. *D.* Berlin, k. bibliothek, cod. germ. 8. nro. 12. 14. jahrh. (I, 7. 8. 10. 11. 13. 15. 16. 18. 20. 37. 101. III, 49—65. IV).
5. *E.* Berlin, ebendaselbst. cod. germ. 8. nro. 65. 14. jahrh. (I, 6. 10. 12. 14. 19. 34. 51. 76a. III, 1).
6. *F.* Stuttgart, k. öffentl. bibliothek, brev. 4. nro. 88. 14. jahrh. (I, 1—5. 7. 8. 15. 55. II, 6. III, 2. 70).
7. *G.* Einsiedeln, klosterbibliothek, nro. 278. 14. jahrh. 4. (I, 5. 11. 13. 15—18. 25. 42. 43. 51. 54. 57. 58. 73. 92. 93. 95. 99. III, 11. 12. 18. 20. 22. 25. 27. 28. 30. IV).
8. *H.* München, k. hof- und staatsbibliothek, cod. germ. 133. 14. jahrh. 12. (I, 45. 76a. 103. II, 6. 12. IV).
9. *I.* Kloster-Neuburg bei Wien, nro. 1141. 14. jahrh. 8. (I, 30. 33—35. 39. 72. 97. 98. 100. II, 2. 7. 10. 11. 13—16).
10. *K.* Wien, hofbibliothek, nro. 2728. 14. jahrh. 4. (I, 67. 68. II, 2).
11. *L.* Ebendaselbst, nro. 2739. 14. jahrh. 4. (II, 1).
12. *M.* Basel, universitätsbibliothek, B. IX, 15. 14. jahrh. 4. (I, 57. 61. 66. 71. 98. II, 5. III, 10—16).
13. *N.* Frankfurt, stadtbibliothek (ehmals dombibliothek nro. 167), 14. jahrh. 8. (II, 14. 15).
14. *O.* Karlsruhe, grossherzogliche bibliothek, cod. s. Petri,

Abb. 6a: Pfeiffer, Eckhart, S. VIII

IX

nro. 85. 14. jahrh. 4. (I, 8. 51. 70. 84. II, 12. III, 3. 15. 22. 25. 29).

15. *P*. Giessen, in privatbesitz, aus dem kloster Altenburg bei Wetzlar, stammend, 14. jahrh. (III, 31—48).

16. *Q*. Wien, hofbibliothek, nro. 2757. 14. jahrh. 4. (III, 4. 5).

II. PAPIERHANDSCHRIFTEN.

17. *a*. München, k. hof- und staatsbibliothek, cod. germ. 365. 15. jahrh. (I, 6. 7. 13. 14. 47. 55. 57. 58. 59. 63—66. 71. II, 7. III, 66).

18. *b*. Stuttgart, k. privatbibliothek, alte bezeichnung nro. I, 26. 15. jahrh. 4. (I, 4. 8. 9. 11. 12. 45. 54. 57. 61. 62. II, 2).

19. *c*. Berlin, k. bibliothek, cod. germ. 4. 125. 14. jahrh. (I, 6. 14).

20. *d*. Basel, der alte druck der Tauler'schen predigten durch Adam Petri 1521 und 1522. fol. (I, 6—8. 10—14. 17—23. 25. 34. 36. 37. 40—43. 45. 56—60. 65. 73—92. 98. 101. 102. III, 1. 15. 21. 66.).

21. *e*. Berlin, k. bibliothek, cod. germ. 4. 191. 14—15. jahrh. (I, 8. 15. II, 11. 12. III, 23. 24. IV).

22. *f*. Melk, klosterbibliothek, L. 5. 15. jahrh. fol. (I, 7. 76b. 105—110. II, 2. 11).

23. *g*. Ebendaselbst L. 27. 15. jahrh. 12. (II, 2. 3).

24. *h*. Coblenz, gymnasiumsbibliothek, nro. 43. 15. jahrh. 4. (I, 15. 57. II, 9. III, 8).

25. *i*. Stuttgart, in meinem besitz, 15. jahrh. 4. (I, 9. 40. 57).

26. *k*. Köln, der alte druck der Tauler'schen predigten durch Jaspar von Gennep, 1543. fol. (I, 69. II, 1. III, 70).

27. *l*. Leipzig, der alte druck der Tauler'schen predigten durch Cunrad Kachelouen, 1498. 4. (I, 1. 2. 3. 4).

28. *m*. Breslau, im besitz des † card. fürstbischofs Melchior v. Diepenbrock, 15. jahrh. fol. (enthält den im anhang mitzutheilenden tractat von der 'wirklichen und möglichen vernunft').

29. *n*. Stuttgart, k. öffentliche bibliothek, cod. theol. fol. nro. 155. 15. jahrh. (II, 4. 18).

Abb. 6b: Pfeiffer, Eckhart, S. IX

Wernfried Hofmeister

Joseph Diemer (1807–1869)

Der edierende Bibliothekar und sein Sensationsfund im Sommer 1841

1. Zum Einstieg eine Rückblende

1867 publizierte der Wiener Bibliotheksdirektor Joseph Diemer[1] seine letzte Edition als eine Neuausgabe von *EZZO'S SCHOLASTICUS IN BAMBERG REDE VON DEM REHTEN ANEGENGE ODER LIED VON DEN WUNDERN CHRISTI AUS DEM J[ahr]. 1065.*[2] Dazu erschien 1868 eine Rezension aus der Feder des erst knapp 27-jährigen Wilhelm Scherer, der sich in Wien bereits habilitiert hatte. Mit folgenden Worten ging er darin zu Anfang seiner Besprechung beinahe ehrfurchtsvoll auf Diemers Sensationsfund der *Vorauer Sammelhandschrift* ein, in der das *Ezzolied* mit enthalten war, das von Diemer bereits 1849 in einer kumulativen Edition[3] abgedruckt worden war:

> Jedermann weiß, dass mit Diemer's ‚Deutschen Gedichten' (1849) eine neue Epoche in unserer Kenntnis der altdeutschen Literatur des XI. und XII. Jhs. beginnt. Nicht bloß die glückliche Entdeckung der Vorauer Handschrift war Diemer's Verdienst, sondern auch,

---

[1] U. a. in Diemers Todesanzeige (Anm. 5) findet sich auch die Schreibung seines Vornamens mit ‚f', doch bestätigen seine maßgeblichen Publikationen die ‚ph'-Graphie. – Das Digitalisat eines repräsentativen zeitgenössischen Porträts von Joseph Diemer findet sich online im Bildarchiv Austria: http://www.bildarchivaustria.at/Pages/ImageDetail.aspx?p_iBildID=9180158 (alle hier und im Folgenden genannten Internet-Links wurden zuletzt am 3.6.2022 abgerufen).

[2] So lautet der volle Werktitel in der Publikation: Joseph Diemer: Beiträge zur Älteren Deutschen Sprache und Literatur. VI. Theil. Wien 1867, online: https://mdz-nbn-resolving.de/details:bsb10107300; vorher: Sitzungsberichte der Philosophisch-Historischen Classe der Kaiserlichen Akademie der Wissenschaften, Wien, 52, 1866, S. 183–202 und 427–469. Die in diesem Beitrag zitierten Sitzungsberichte sind online verfügbar auf der Webseite https://goobi.acdh.oeaw.ac.at/viewer/toc/AC00415498.

[3] Deutsche Gedichte des XI. und XII. Jahrhunderts. Aufgefunden im regulierten Chorherrenstifte zu Vorau in der Steiermark und zum ersten Male mit einer Einleitung und Anmerkungen hrsg. von Joseph Diemer. Wien 1849, S. 319–330 (= Nr. IX: *Die vier Evangelien*), im Folgenden zitiert als „1849a".

https://doi.org/10.1515/9783110786422-010

> was die Ausbeutung und Nutzbarmachung jenes unschätzbaren Fundes betrifft, werden wir seinen Namen stets in erster Linie dankbar zu nennen haben.[4]

Wie sich Scherers Editionsbesprechung nach diesem preishaften Einstieg weiterentwickelt, soll erst am Ende meines Beitrags referiert werden, um dann als Teil des editionshistorisch komplexen ‚Phänomens' Joseph Diemer besser verstanden werden zu können.

Hier zu Beginn aber seien noch andere Lobesworte Scherers zitiert, wenig später verfasst zum Ableben des 62-jährigen Joseph Diemer, der laut erhaltenem Partezettel[5] am 9. Juni 1869 um 21:30 Uhr verstorben war. Inzwischen zum Wiener Ordinarius aufgestiegen,[6] konnte Scherer aus diesem Anlass am 22. Juni 1869 ein wortgewaltiges *Feuilleton* auf der Titelseite(!) der Dienstagsausgabe der führenden österreichischen Tageszeitung *Die Presse* erscheinen lassen, um darin – weit über den aktuellen Anlass ausgreifend – dem hohen, in Österreich angeblich noch unterschätzten Stellenwert aller Wissenschaften das Wort zu reden.[7] Es ist nachgerade packend, wie dieser Text, der sich in der Zeitung umseitig fortsetzt und insgesamt fast eine komplette Seite füllt, zuerst die mutmaßlichen Entstehungsumstände des *Ezzoliedes* aus dem Dunkel einer reimaginierten Pilgerfahrt des Jahres 1064 auferstehen lässt, hernach die jüngste intensive Suche des germanistischen Faches nach all seinen historischen Überlieferungen schildert, um erst dann endlich und umso wirkungsvoller zu jenem Mann sowie Handschriftenentdecker überzuleiten, dem bereits der Untertitel des Feuilletons gegolten hatte und der einst[8] im fernen steirischen Raum u. a. das *Ezzolied* wieder ans Licht geholt habe:

---

4 Wilhelm Scherer: [Rez. zu Diemer 1867 (Anm. 2)]. In: Zeitschrift für die österreichischen Gymnasien 1868, S. 735–743, hier 735. Wertvolle Hilfe bei der Online-Einsichtnahme in diese und zahlreiche weitere historische Zeitschriften leistete die *Digitale Bibliothek* des Münchener Digitalisierungszentrums: https://www.digitale-sammlungen.de.

5 Die Uhrzeitangabe auf der Parte lautet „9 1/2 Uhr Abends". Für die elektronische Übermittlung der Parte zusammen mit allen weiteren im Archiv verfügbaren Materialien zu Joseph Diemer (siehe dazu in Anm. 46 den Hinweis auf die Fördertätigkeit der Wiener Kaiserlichen Akademie der Wissenschaften) danke ich Herrn Kollegen Johannes Seidl im Archiv der Universität Wien.

6 In der Nachfolge des 1868 verstorbenen Franz Pfeiffer, den einst Diemer für diesen Lehrstuhl empfohlen hatte (Anm. 51).

7 Diese sublime österreich-kritische Wissenschaftsskepsis spiegelt sich besonders deutlich in folgendem Zitat wider: „Das Ansehen der Wissenschaft ist in Oesterreich noch kein so festbegründetes wie anderwärts." Wilhelm Scherer: Feuilleton. Josef Diemer. In: Die Presse (Wien) Nr. 171 vom 22.6.1869, S. 1–2, hier 2[c]. Als Online-Rechercheportal der Österreichischen Nationalbibliothek für diese und viele weitere *Historische Zeitungen und Zeitschriften* aus Österreich sei folgende Website genannt: http://anno.onb.ac.at.

8 Joseph Diemer schreibt dazu in der *Vorrede* zu den *Deutschen Gedichten* präzisierend und wohl die Jahresmitte meinend: „Dahin [ins Chorherrenstift Vorau] wanderte ich in den ferien des jahres 1841." Diemer 1849a (Anm. 3), S. II.

In Oesterreich selbst war Karajan mit unermüdlichem Spürsinn thätig. Man durfte meinen, nichts Wichtiges sei mehr zurück. Und doch lag da in Steiermark ein kleines vergessenes Chorherrenstift [Vorau], das in einer dunklen Ecke seiner Handschriftensammlung eine Urkunde der geistlichen Poesie bewahrte, mit der sich nichts, was bis dahin aufgefunden war, an wissenschaftlicher Bedeutung messen konnte [...] und [diese] wartet[e] auf ihren Erlöser. Wer war dieser Erlöser? Es war der Mann, dessen Namen ich über die vorliegenden Zeilen gesetzt habe: Josef Diemer, der am 4. d. M. als Regierungsrath und Director der Wiener Universitäts-Bibliothek gestorben ist, der still und prunklos, wie er lebte, im größeren Publicum wenig gekannt war, der aber weit hinaus über Oesterreich in der Wissenschaft hoch geehrt und geachtet dastand.[9]

2. Editions-Biographisches zu Joseph Diemer I: Quellensichtung

Die modernen lexikographischen Quellen[10] zum Wiener Bibliotheksdirektor und Editor Joseph Diemer stützen sich außer auf historische Nachrichten über ihn offenbar auch auf seine Selbstaussagen in Diemers Publikationsvorwörtern. Da bis heute keine umfangreichere exklusive Studie zu Joseph Diemer vorliegt, geschweige denn eine zu seinen Editionsprinzipien, habe ich für diesen Beitrag versucht, dazu mittels einer kompletten Einbeziehung aller greifbaren Selbstaussagen Diemers[11] sowie mittels Nachforschungen an seinen ehemaligen Wirkungs- resp. Forschungsstätten in Graz,[12] Wien[13] sowie im Stift

[9] Scherer 1869 (Anm. 7), S. 1[c]. Für den innerwissenschaftlichen Kreis würdigte der Schweizer Großeditor Karl Bartsch (1832–1888) in der *Germania* Joseph Diemers editorische Verdienste: Es werde die „musterhafte, sorgfältige Arbeit Diemers die Grundlage bleiben, zu der man zurückkehren muss.“ Dass sich diese uneingeschränkte Würdigung in den *Miscellen* weniger auf Diemers Kommentare bezieht, deutet dieser Nachruf durch die relativierende Aussage an, wonach einiges mittlerweile überholt sei bzw. „nicht ohne Bedenken“: Karl Bartsch: Joseph Diemer. In: Germania 15, 1870, S. 460–462, hier S. 461.

[10] Stellvertretend für alle aktuell greifbaren Lexikonartikel über Joseph Diemer sei folgender profundester und fachnächster Artikel genannt: Johannes Seidl: Diemer, Joseph. In: Internationales Germanistenlexikon 1800–1950. Hrsg. und eingeleitet von Christoph König. Bd. 1: A–G. Berlin, New York 2003, S. 385f.

[11] Vgl. dazu allg. folgendes Plädoyer für eine aufmerksame Vorwort-Rezeption von Wernfried Hofmeister: Beim Vorwort genommen. Historisch-kritischer Blick auf explizite Nutzwert-Reflexionen in Vorworten und sonstigen Selbsterläuterungen altgermanistischer Textausgaben auf Basis eines Grazer editionswissenschaftlichen Seminars. In: editio 28, 2014, S. 68–81.

[12] Mit Dank für die prompte Unterstützung durch mündliche und/oder schriftliche Auskünfte darf ich folgende Institutionen nennen: Steiermärkische Landesbibliothek, Abteilung für Sondersammlungen der Universitätsbibliothek Graz, Archiv der Universität Graz, Steiermärkisches Landesarchiv.

[13] Mein Dank für die Entgegennahme bzw. Bearbeitung meiner Anfragen geht an das Archiv der Österreichischen Akademie der Wissenschaften resp. an das Wiener Universitätsarchiv, das Wiener Staatsarchiv sowie das Wiener Stadt- und Landesarchiv.

Vorau[14] ein möglichst vollständiges Bild zu gewinnen.[15] Vor den biographischen Details möge eine geraffte chronologische Liste zu Diemers editorischer Lebensleistung stehen:[16]

1849: *Deutsche Gedichte* aus der *Vorauer Sammelhandschrift Cod. 276* (384 S. Text, 118 S. Anmerkungen)[17]

1849: *Kaiserchronik* aus der *Vorauer Sammelhandschrift Cod. 276* (5 S. Einleitung, 530 S. Text)[18]

1851: Kleine Beiträge, I. Theil: (u. a.) Bruchstücke der *Kaiserchronik*, *Parzival*-Bruchstück, *Margaretenlegende* (Texte und Kommentare: 128 S.)[19]

1854: Kleine Beiträge, II. Theil: (u. a.) Bruchstücke aus Legenden, aus der *Krone* Heinrichs von dem Türlin, aus Wolframs *Willehalm* (Texte und Kommentare: 120 S.)[20]

1856: Kleine Beiträge, III. Theil: *Von des todes gehugde* (70 S. Analyse und ca. 33 S. Text)[21]

1858: Beiträge, IV. Theil: Abhandlungen zu Editionen (120 S.)[22]

---

14 Der Besuch in Vorau fand am 8.8.2019 statt: Dank der umfassenden Unterstützung durch Herrn Stiftsarchivar Mag. Stefan Reiter wurde klar, dass vor Ort zwar einige historische Aufzeichnungen über Joseph Diemer nach dessen Tod existieren, aber keine Briefkorrespondenzen mit ihm. Sehr wohl noch vorhanden sind zwei eigenhändige Publikations-Widmungen Diemers, darunter eine in einer Ausgabe der *Deutschen Gedichte* (Anm. 3) auf der Rückseite des Titelblattes: „Dem löblichen Stifte zu Vorau als ein geringes zeichen dankbarer hochachtung und freundlichen andenkens vom herausgeber. Wien 23. august 1849".

15 Um eine noch umfassendere Auswertung von Joseph Diemers editorischem Wirken zu ermöglichen, als dies im vorliegenden Beitrag leistbar ist, finden sich zahlreiche weiterführende Quellenzitate als annotierter Anhang am Beitragsende.

16 Joseph Diemer steht in Graz am Beginn einer Editionstradition, wie Andrea Hofmeister in ihrer Publikation: Editorische Leistungen am Grazer Institut für Germanistik (1851–1996). Katalog zur Ausstellung an der Universitätsbibliothek Graz. Hrsg. von Andrea Hofmeister. Graz 1996, online: https://resolver.obvsg.at/urn:nbn:at:at-ubg:2–22957, auf S. 18f. dokumentiert.

17 Diemer 1849a (Anm. 3).

18 Die Kaiserchronik nach der æltesten Handschrift des Stiftes Vorau. Aufgefunden mit einer Einleitung Anmerkungen und den Lesarten der Zunæchst stehenden Hss. hrsg. von Joseph Diemer. Theil 1 – Urtext. Wien 1849, im Folgenden zitiert als „1849b".

19 Kleine Beiträge zur Älteren Deutschen Sprache und Literatur. Hrsg. von Joseph Diemer. I. Theil. Wien 1851, online: http://mdz-nbn-resolving.de/urn:nbn:de:bvb:12-bsb10107296–5; vorher: Sitzungsberichte (Anm. 2) 6 und 7, 1851.

20 Kleine Beiträge zur Älteren Deutschen Sprache und Literatur. Hrsg. von Joseph Diemer. II. Theil. Wien 1854, online: http://mdz-nbn-resolving.de/urn:nbn:de:bvb:12-bsb10107297–0; vorher: Sitzungsberichte (Anm. 2) 11, 1853.

21 Kleine Beiträge zur Älteren Deutschen Sprache und Literatur. Hrsg. von Joseph Diemer. III. Theil. Wien 1856, online: http://mdz-nbn-resolving.de/urn:nbn:de:bvb:12-bsb10107298–5; vorher: Sitzungsberichte (Anm. 2) 18, 1855, S. 191–226 u. 271–304.

22 Beiträge zur Älteren Deutschen Sprache und Literatur. Hrsg. von Joseph Diemer. IV. Theil. Wien 1858, online: http://mdz-nbn-resolving.de/urn:nbn:de:bvb:12-bsb10107299–5; vorher: Sitzungsberichte (Anm. 2) 27, 1858, S. 337–348, und 28, 1858, S. 127–166 u. 201–356.

1862: *Genesis und Exodus* aus *Millstätter Sammelhandschrift Cod. GV 6/19*: Bd. I: Einleitung und Text (39 S. Einleitung, 168 S. Text),[23] Bd. II: Anmerkungen und Wörterbuch (292 S.)[24]

1865: Beiträge, V. Theil: *Joseph in Ägypten* aus *Vorauer Cod. 276* (10 S. Vorwort, 123 S. Text und Anmerkungen, 7 S. Wort- und Sachregister)[25]

1867: Beiträge, VI. Theil: *Ezzolied* aus *Vorauer Cod. 276* (71 S. Analyse, 63 S. Text und Anmerkungen)[26]

Joseph Diemer hat also in Summe neben (kaum in) seinem Bibliotheksberuf gemäß höchstem fachpublizistischem Anspruch knapp 1850 Seiten Editionstext (inkl. Apparate) veröffentlicht, meist als Erstausgaben. Hinzu kommen mehrere altgermanistische sowie bibliothekswissenschaftliche Beiträge. Das allein erklärt schon Diemers einst besonders hohen Stellenwert in germanistischen Fachkreisen und rechtfertigt seine Aufnahme in den vorliegenden Sammelband. Zu betonen ist dies, weil Joseph Diemer kein Mann aus der Fachmitte war, sondern vielmehr ein sog. ‚randständiger' Editor, der seinen beruflichen Lebensmittelpunkt im Bibliotheksbereich hatte – ein Umstand, der für mehrere Editoren der Frühzeit galt.[27] Was den beachtlichen editorischen Werdegang von Joseph Diemer darüber hinaus singulär machte, sei im nächsten Kapitel konturiert.

3. Editions-Biographisches zu Joseph Diemer II: Autodidaktisches Wirken zwischen Peripherie und Zentrum

Am 16. März 1807 im weststeirischen Stainz geboren, wurde Joseph Diemer früh zur Vollwaise und wuchs in ärmlichsten Verhältnissen auf, konnte sich aber dank seiner auffallend hohen Intelligenz und Lernbereitschaft Aufmerksamkeit sichern sowie ein bescheidenes Fortkommen. Aus eigenem Antrieb erwarb er sich eine breite Bildung und besuchte an der Grazer Universität juridisch-philosophische Lehrveranstaltungen,[28] erlangte aber – so weit dokumentiert ist[29] – keinen akademischen Studienabschluss. Bezüglich seiner germanistischen Aus-

[23] Genesis und Exodus. Nach der Milstäter [sic!] Handschrift hrsg. von Joseph Diemer. I. Band. Einleitung und Text. Wien 1862.

[24] Genesis und Exodus. Nach der Milstäter [sic!] Handschrift hrsg. von Joseph Diemer. II. Band. Anmerkungen und Wörterbuch. Wien 1862.

[25] Joseph Diemer: Beiträge zur Älteren Deutschen Sprache und Literatur. V. Theil. Wien 1865, online: http://mdz-nbn-resolving.de/urn:nbn:de:bvb:12-bsb10107301-0; vorher: Sitzungsberichte (Anm. 2) 47, 1864, S. 636–687, und 48, 1864, S. 339–423.

[26] Diemer 1867 (Anm. 2).

[27] Vgl. weiter unten den Hinweis auf Franz Pfeiffer oder den auf Adalbert Jeitteles im Beitrag von Andrea Hofmeister-Winter über Anton Emanuel Schönbach in diesem Band.

[28] Vgl. den Nachruf von Leopold Florian Meißner: † Dr. Joseph Diemer. In: Wiener Zeitung Nr. 163 vom Sonntag, den 18.7.1869, S. 215[a]–216[b], hier S. 215[a].

[29] Die überprüfende Durchsicht durch den Leiter des Archivs der Karl-Franzens-Universität Graz, Kollegen Alois Kernbauer, erbrachte in Hinblick auf gesonderte Materialien bzw. Studien(abschluss)vermerke zu Joseph Diemer keinerlei Indizien.

bildung in Graz, wo es ab 1851 und damit lange nach Diemers Graz-Aufenthalt mit Karl Weinhold einen Lehrstuhlinhaber gab,[30] liest man in Scherers schon erwähntem Nachruf, darin am Ende Diemer das Wort gebend: „Erst in den letzten Dreißiger-Jahren warf sich Diemer auf das Studium der altdeutschen Literatur. ‚Ohne alle Anleitung, ohne Lehrer schritt ich dazu,' so erzählte er selbst."[31]

Dank seiner umfangreichen – ebenfalls autodidaktisch angeeigneten – Sprachenkenntnisse und reisefreudigen Bildung qualifizierte sich Diemer schon ab 1825 für die Tätigkeit als Bibliotheksskriptor[32] in Graz und durchforstete nebenbei systematisch Stiftsbibliotheken im steirisch-kärntnerischen Raum. Dabei gelang ihm 1841 der unerwartete Fund in Vorau und damit die Entdeckung einer bis dahin unbekannt gewesenen sog. österreichischen Nationalliteratur, noch dazu auf dem Terrain der vermeintlich unergiebigen religiösen Dichtung der

---

30 Die Universität Graz richtete 1851 mit Karl Weinhold die erste germanistische Lehrkanzel ein; vgl. Beatrix Müller-Kampel: Vom Seminar für deutsche Philologie Universität Graz zum Institut für Germanistik Karl-Franzens-Universität Graz. Forschung am Institut für Germanistik. Lebensläufe und Werkverzeichnisse. Aktueller Personenstand und laufende Projekte. Graz 1994, Vorbemerkung. Vgl. zu Karl Weinhold auch den Beitrag von Judith Lange in diesem Band.

31 Scherer 1869 (Anm. 7), S. 2[a].

32 In keinem der relevanten amtlichen Verzeichnisse dokumentiert ist jene Skriptoren-Tätigkeit Diemers ab 1825 an der Grazer Joanneum Bibliothek (der Vorgängereinrichtung der heutigen Steiermärkischen Landesbibliothek), von der u. a. Diemers Schwiegersohn Leopold Florian Meißner in seinem Nachruf 1869 (Anm. 28), S. 215[b], lebhaft berichtet. Diese Diskrepanz könnte sich damit erklären lassen, dass Joseph Diemer vielleicht nur als eine Art Substitut arbeitete. (Mein Dank für die gründliche Nachschau an der Landesbibliothek und für die Übermittlung weiterführender Hinweise gilt Herrn Dr. Günther Perchtold.) Sehr wohl offiziell dokumentiert ist Diemers Skriptoren-Tätigkeit an der Universitätsbibliothek Graz ab 1834 bei Franz Krones: Die Geschichte der Karl-Franzens-Universität in Graz. Festgabe zur Feier ihres dreihundertjährigen Bestandes. Graz 1886, insbesondere auf S. 151[a], 157[b] und 528, wo es unter Bezugnahme auf Diemers Studien in Graz sowie auf die vorhin genannte (bloß substituierende bzw. noch nicht ‚definitive'?) Skriptorentätigkeit am Joanneum heißt: „1825, noch als Philosoph, Scriptor am Joanneum; 1834 definitiver Scriptor der Grazer Universitäts-Bibliothek; 1842 wurde er an der Wiener Universitäts-Bibliothek als Scriptor angestellt." Kurz vor seinem Wechsel von Graz nach Wien schloss Joseph Diemer am 26. Juli 1842 eine stenografische Abschrift des Codex 204 aus dem Zisterzienserstift Rein bei Graz ab. Die in dieser Handschrift enthaltene und von Diemer erstmals mitgeteilte Autorzuschreibung Heinrichs von Mügeln für den Psalmenkommentar-Teil wurde von der zeitgenössischen Editorenzunft anerkennend aufgegriffen, aber erst der jüngsten Forschung hat diese Entdeckung indirekt dabei geholfen, dem Österreichischen Bibelübersetzer auf die Spur zu kommen. Vgl. Hermann Menhardt: Verzeichnis der altdeutschen literarischen Handschriften der Österreichischen Nationalbibliothek. Bd. 3. Berlin 1961 (Veröffentlichungen des Instituts für deutsche Sprache und Literatur. 13), S. 1409, sowie Gisela Kornrumpf: Das Gesamtwerk des Österreichischen Bibelübersetzers. In: Akademie Aktuell. Zeitschrift der Bayerischen Akademie der Wissenschaften 2017, Heft 3, Ausgabe 62, S. 36–43, insbes. S. 41. (Für diese Hinweise gilt der Dank des Verfassers der Arbeitsstellenleiterin des Projekts „Der Österreichische Bibelübersetzer" an der Berlin-Brandenburgischen Akademie der Wissenschaften, Dr. Elke Zinsmeister.)

frühmittelhochdeutschen Epoche. Diemer hatte nie verhehlt, dass dieser Schatz (der die lateinischen *Gesta Friderici* mit umfasst)[33] schon zuvor gut katalogisiert vorgelegen hatte,[34] doch vor Diemer war anscheinend niemandem die Einzigartigkeit der deutschsprachigen Texte aufgefallen, angefangen bei der *Kaiserchronik* über das *Ezzolied* und die *Vorauer Sündenklagen* bis hin zu den Gedichten der Frau Ava sowie weiteren Verswerken.

Welche Sensation diese Entdeckung für das Fach, ja über es hinaus für eine breitere interessierte Öffentlichkeit war, verkündete Joseph Diemer bereits unmittelbar nach seinem Fund am 20.11.1841 in einem umfangreichen Artikel für die renommierte, in Österreich ‚staatstragende' *Wiener Zeitung*, und zwar unter der Rubrik *Literarische Nachrichten*; dort schließt er spürbar bewegt mit den Worten:

> Aus dem Ganzen ergibt sich, wie viele kostbare Werke noch in den alten Stiftungen und Archiven unbeachtet verborgen liegen, die für den Sprach- und Geschichtsforscher von hoher Wichtigkeit wären, und wohl manche dunkle Perioden der Vaterlandsgeschichte beleuchten, manche allgemein verbreitete Irrthümer und Vorurtheile beseitigen könnten, und durch deren Veröffentlichung es dann leichter möglich würde, ein wahres getreues Bild jener längstverklungenen Zeiten zu liefern, als dieses bisher der Fall war.[35]

Ab dieser Bekanntmachung scheint es, als habe die gesamte historische Altgermanistik gleichsam in Echtzeit an Diemers Fund Anteil gehabt, denn bereits am 23. April 1842 finalisierte Hans Ferdinand Massmann einen Artikel für die Zeitschrift für deutsches Altertum, in dem er über die epochale Entdeckung der *Gedichte des zwölften Jh. zu Vorau in der Steiermark*[36] berichtet:

> Herr Joseph Diemer, scriptor an der k. k. universitätsbibliothek zu Gräz fand jüngst in dem regulierten chorherrnstifte zu Vorau im codex N. xi eine anzahl zum theil ganz unbekannter deutscher gedichte des 12n, vielleicht auch des 11n jh.[37]

Massmanns erste, textkritisch vergleichende Textabdrucke bestätigen den historischen Wert der *Vorauer Sammelhandschrift*, und er weist auf eine von Diemer geplante Edition hin, allerdings nur für die *Judith*- und *Alexander*-Texte,[38] noch nicht für die *Kaiserchronik*, an der Massmann selbst bereits bekanntermaßen arbeitete. Wie hilfreich ihm, dem gegenüber Diemer um zehn Jahre älteren, aber im Fach bereits arrivierten Editor die Kenntnis dieser älteren Vorauer Fassung der *Kaiserchronik* war, geht später aus Massmanns *Vorrede* seiner *Kaiserchro-*

33 Vgl. http://www.handschriftencensus.de/1432.

34 Vgl. Diemers Ausführungen in der Vorrede zu den Deutschen Gedichten (Diemer 1849a, Anm. 3), S. III und dazu den Abdruck dieser Passage im Anhang.

35 Wiener Zeitung Nr. 321 vom 20.11.1841, S. 2378[c].

36 Hans Ferdinand Massmann: Gedichte des Zwölften Jh. zu Vorau in der Steiermark. In: Zeitschrift für deutsches Altertum 2, 1842, S. 223–227.

37 Ebd., S. 223.

38 Vgl. ebd., S. 226.

nik-Ausgabe (1849) hervor, wo es – mit ehrüberschießendem, vielleicht auch nur unwissendem Einsatz der damals auf Diemer noch nicht zutreffenden Begriffe „Bibliothekar" und „Dr." – heißt:

> Endlich habe ich noch ganz besonders Herrn Bibliothekar Dr. Joseph Diemer in Wien meinen herzlichsten Dank abzustatten, der, in Grätz früher schon ausnehmend gefällig gegen mich, nach seiner Auffindung der berühmten Vorauer Handschrift (sieh Haupts Zeitschrift für deutsches Alterthum II, 223) von dem darin enthaltenen Texte der Kaiserchronik im Jahre 1843 mir nicht nur baldigste Kunde gab, sondern auch länger fortgesetzt vollständige Abschrift zugehen ließ. Was dieser Handschrift für das Ganze zu verdanken sei, ist oben bereits angedeutet worden und in jeder Zeile unter dem alten Texte zu lesen.[39]

Hier blitzt m. E. eine Facette Diemers auf, die ihm im Fach für immer eine besondere kollegiale Anerkennung sichern sollte: Joseph Diemer besaß als gelehrter Bibliothekar einen hinreichenden literarhistorischen Sachverstand, um die Singularität der von ihm entdeckten Werke bzw. Fassungen einschätzen zu können, er wusste aber zugleich einerseits um die Grenzen seiner autodidaktisch erworbenen Expertise und er war sich andererseits von Beginn weg der epochalen, höchste Verantwortung verlangenden Bedeutung seines Fundes bewusst und vernetzte sich daher rasch mit den führenden altgermanistischen tonangebenden Persönlichkeiten seiner Zeit. Dies tat er, indem er nicht nur Massmann unverzüglich über die Textgestalt der *Vorauer Kaiserchronik* informierte, sondern weiteren renommierten Editoren Vorabdrucke jener anderen deutschsprachigen Dichtungen übermittelte, die in der *Vorauer Sammelhandschrift* mit enthalten sind und die Diemer in den *Deutschen Gedichten des 11. und 12. Jahrhunderts* 1849 fast vollständig veröffentlichte. Dieser bemerkenswerte Austauschprozess, der Diemer in gewünschter Promptheit viele wertvolle Klärungshinweise bescherte, sei durch ein längeres Zitat aus der Vorrede zu dieser seiner ersten und zugleich wichtigsten Edition verlebendigt:

> um jedoch den männern des fachs [...] die benützung dieser denkmäler möglich zu machen, sandte ich mehrern die aushängebogen des bereits vollendeten theiles und hatte, nach den darüber eingelangten briefen zu schließen, die genugthuung, sie mit freude aufgenommen und meinen wunsch auch bald erfüllt zu sehen. [...] und hier muss ich die freundliche unterstützung, welche mir die verfaßer der genannten werke, dann der unermüdet thätige Jac[ob] Grimm und F[ranz] Pfeiffer durch lösung so mancher zweifel und anstände, und mein freund Karajan durch die bereitwillig gestattete benützung seiner

[39] Der Kaiserchronik erster Theil. Der keiser und der kunige buoch oder die sogenannte Kaiserchronik, Gedicht des zwölften Jahrhunderts von 18,578 Reimzeilen. Nach 12 vollständigen und 17 unvollständigen Handschriften, so wie anderen Hülfsmitteln, mit genauen Nachweisungen über diese und Untersuchungen über Verfasser und Alter, nicht minder über die einzelnen Bestandtheile und Sagen, nebst ausführlichem Wörterbuche und Anhängen zum ersten Male hrsg. von Hans Ferd[inand] Massmann. Erster Theil. Quedlinburg, Leipzig 1849 (Bibliothek der gesammten deutschen National-Literatur von der ältesten bis auf die neuere Zeit. Vierten Bandes erste Abtheilung), S. XIX.

> altdeutschen bibliothek zu theil werden ließen, dankbar erwähnen. vorzüglich waren es aber Moriz Haupt in Leipzig und W[ilhelm] Müller in Göttingen, die mein buch durchsahen, und mir ihre schätzbaren noten mitzutheilen die güte hatten. ich habe sie so wie die der obgenannten meinen anmerkungen zum texte eingereiht, und fühle mich für diese aufopfernde freundschaft um so mehr zu innigstem danke verpflichtet, als dadurch der werth derselben bedeutend erhöht und ich auf vieles aufmerksam gemacht wurde, was mir sonst für lange zeit entgangen wäre.[40]

Der wahrlich staats- resp. kaiserreichstragende Wert dieser Textausgabe erhellt des Weiteren aus Diemers Widmung an das österreichische Herrscherhaus; namentlich hatte ihm Kaiser Franz Joseph I. diese Zueignung huldvoll gestattet und mit der Verleihung der Großen Goldenen Medaille für Wissenschaft und Kunst an den Ersuchenden gleichsam geadelt.[41] Noch aufschlussreicher scheint freilich, welche wechselseitige Fachbefruchtung dank Diemers offener und uneitler Kooperationsfreudigkeit in Gang gesetzt wurde, wertvoll insbesondere für die grundlegenden Nachschlagewerke der Altgermanistik; so darf er darüber bereits in seiner Vorrede zu den *Deutschen Gedichten* mit spürbarer Genugtuung berichten,

> daß dieses werk bereits in K[arl] A[ugust] Hahn's mittelhochdeutscher grammatik abth. II., in W[ilhelm] Wackernagel's geschichte der deutschen litteratur, Basel, 1848 heft 1, in, Benecke Müller's mittelhochdeutschem wörterbuche heft 2. u. m[anch] a[nderem] häufig angeführt wurde, obschon es unvollendet und nicht im buchhandel zu haben war.[42]

Zur Bestätigung von Diemers bemerkenswertem Einfluss auf die gesamte Altgermanistik sei die bald erfolgte Aufwertung des ‚Österreichischen' resp. der österreichischen religiösen Dichtung der Frühzeit etwa in der 5. Auflage der Referenz-Literaturgeschichte von Georg Gottfried Gervinus ins Treffen geführt: Ein (erst jüngst edierter) Briefwechsel zwischen Gervinus und Scherer bestätigt den Zusammenhang mit Diemers Handschriftenbekanntmachung.[43] – Dieses kollegiale, regelrecht begierige Aufsaugen von Neuem durch die Fachkollegenschaft ist ein Vorgang, den man schlicht mit dem enthusiastischen Pioniergeist unserer Fachgründungszeit erklären mag. Was einen dabei dennoch staunen

---

[40] Diemer 1849a (Anm. 3), Vorrede (ohne Seitenzählung)[, S. 4f.].

[41] Diemer 1849a (Anm. 3), Vorsatzblatt: „Seiner K. K. Apostolischen Majestaet Franz Joseph I. in tiefster Ehrfurcht gewidmet vom Herausgeber". Diese Widmungshintergründe erhellen aus dem Nachruf von Meißner 1869 (Anm. 28), S. 216[a]: „Se. Majestät der Kaiser Franz Joseph I. von Oesterreich geruhten die Widmung der deutschen Gedichte anzunehmen und den Herausgeber [Joseph Diemer] durch die Verleihung der großen goldenen Medaille für Wissenschaft und Kunst zu ehren."

[42] Diemer 1849a (Anm. 3), Vorrede (ohne Seitenzählung)[, S. 5].

[43] Mirko Nottscheid, Thorsten Ries: Edition des Briefwechsels zwischen Georg Gottfried Gervinus und Wilhelm Scherer 1869–1870. Ein Beitrag zur Wissenschaftsgeschichte der mediävistischen Literaturgeschichtsschreibung. In: Amsterdamer Beiträge zur Älteren Germanistik 78, 2018, S. 102–139, hier S. 107. Zu diesem Einfluss formulierte schon Diemers Schwiegersohn Meißner 1869 (Anm. 28), S. 215[c]: „Diemer hat also, und dies ist sein eigenstes Verdienst, eine Litteratur des 11. Jahrhunderts erst entdeckt, ‚in dieser dunklen Periode', wie Gervinus sagt, ‚erst Licht gezündet'".

lässt, sind die einstige Zielstrebigkeit, Intensität, Behändigkeit und Kollegialität dieses editorischen Austauschs.

4. Editions-Biographisches zu Joseph Diemer III: Am Zenit angelangt?

Welch fruchtbare Auswirkung der epochale Textfund schon zu Lebzeiten auf den Finder hatte, erschließt sich unschwer aus Diemers Aufstieg vom eher schlecht bezahlten unterprivilegierten Bibliotheksskriptor[44] zum wohlbestallten Direktor der Wiener Hofbibliothek, und dazu trugen die Gratulationen und Auszeichnungen führender Herrscherhäuser des deutschsprachigen Raums für Diemers Vorau-Fund gewiss maßgeblich bei, denn vor dem Hintergrund einer besonders nationalbewussten europäischen Staatsethik machten sie Diemer zu einer Art ‚Nationalhelden'.[45] Nicht vergessen sei in diesem Zusammenhang die besonders ehrenvolle und für Diemer in vieler Hinsicht ‚förderliche'[46] Mitgliedschaft in der (1847 gegründeten) Kaiserlichen Akademie der Wissenschaften:[47] Sie erfolgte bereits 1848, also ebenfalls schon vor seinen imposanten Textausgaben aus der *Vorauer Sammelhandschrift*; der Ruf in die Akademie konnte sich auf Diemers längst bekannt gewordene Textentdecker-Prominenz stützen sowie auf einige seiner früheren Studien, und zwar meist sprachkundlicher und österreich-zentrierter Natur. Dennoch mag man überrascht sein, dass der nicht promovierte Bibliotheksskriptor Diemer in solch einen überaus illustren Gelehrten- und Denkerkreis der philosophisch-historischen Klasse der Kaiserlichen Akademie be-

44 Der Skriptorenlohn (gemäß IX. Rangklasse) betrug um diese Zeit in Wien 1000 fl. (Gulden) Jahresgehalt – das sind nur ca. 45% eines Bibliothekarslohns – und umfasste keinerlei Vergünstigungen (wie etwa eine Dienstwohnung). Vgl. Friedrich Leithe: Die K. K. Universitäts-Bibliothek in Wien. Zur Säcularfeier ihrer Eröffnung am 13. Mai 1877. Wien 1877, S. 11 (zur Jährlichkeit dieser Summe) und S. 27 (Gehaltstabelle). Joseph Diemer wirkte nach seiner Grazer Skriptorentätigkeit ab 1842 als Skriptor an der Wiener Hofbibliothek (aus der nach dem 1. Weltkrieg die Österreichische Nationalbibliothek hervorging), deren Leitung er von 1851 bis zu seinem Tod innehatte.

45 Ergänzend zur oben (Anm. 41) schon zitierten Auszeichnung Joseph Diemers durch Kaiser Franz Joseph I. anlässlich der genehmigten Widmung für die Ausgabe der *Deutschen Gedichte* seien aus derselben Gewährsquelle, also aus dem Nachruf von Diemers Schwiegersohn Meißner, seines Zeichens k. k. Polizeidirections-Actuar (laut Parte, siehe Anm. 5) folgende Auszeichnungen genannt: „Die Könige von Sachsen und Württemberg nahmen huldvoll dieses Buch entgegen und zeichneten den Gelehrten mit goldenen Medaillen, die Könige von Preußen und Baiern mit Handbilletten aus." Meißner 1869 (Anm. 28), S. 216[a].

46 Von der Kaiserlichen Akademie der Wissenschaften erhielt Diemer eine namhafte Förderungssumme für die Edition der Vorauer *Kaiserchronik.* Für die Übermittlung eines Scans aller Korrespondenz-Unterlagen (inkl. der bereits mehrfach genannten Parte) danke ich dem Archiv der Österreichischen Akademie der Wissenschaften, namentlich Frau Jennifer Linninger.

47 Das ist die Vorläufereinrichtung der heutigen Österreichischen Akademie der Wissenschaften. Laut Seidl 2003 (Anm. 10), S. 386, wurde Diemer im „Febr. 1848 korrespond. Mitgl., Juni 1848 wirkliches Mitgl."

rufen wurde;[48] andererseits erklären gerade einige der darin vertretenen Namen seine ehrenvolle Aufnahme, denn besagtem Kollegium gehörten um die Mitte des 19. Jahrhunderts u. a. Diemers edierender „freund"[49] Theodor von Karajan an, ebenso die für die frühe Germanistik editions- bzw. literarhistorisch herausragenden Größen Joseph von Bergmann, Beda Weber, Friedrich Halm und Franz Grillparzer – wohl allesamt Persönlichkeiten, die Diemers Verdienste in besonderem Maße zu schätzen wussten.[50]

Noch etwas Bezeichnendes vermeldet das biographische Schrifttum über Joseph Diemer: 1857 schlug er eine germanistische Professur aus, die ihm von der Universität Wien angetragen worden war, und verwies dafür ersatzweise und erfolgreich auf den Schweizer germanistischen Bibliotheksskriptor und Editor Franz Pfeiffer.[51] Als Joseph Diemer diesem professoralen Karriereschritt in die germanistische Fachmitte entsagte, war er bereits Direktor der Wiener Hofbibliothek und lebte damit (denke ich) schon seinen eigentlichen Lebenstraum. Inwiefern seine universitäre Rufablehnung zusätzlich im Wissen um allfällige

[48] Eine zeitgenössische Darstellung der Akademiemitglieder unter Einschluss von Joseph Diemer findet sich im Bildarchiv Austria http://www.bildarchivaustria.at/Pages/ImageDetail.aspx?p_iBildID=7226209. Für eine nähere Erklärung dieses Gruppenporträts siehe das Archivinformationssystem der Universität Wien https://bibliothek.univie.ac.at/archiv/archivrecherche.html zum Eintrag 106.I.2145: Aus dem frühesten Todestag der auf dieser Lithographie porträtierten Persönlichkeiten, nämlich dem Ableben von Josef von Hammer-Purgstall am 23.11.1856, ergibt sich als grobe Ante-quem-Datierung die Zeit um 1850. Ironie oder Genugtuung der Geschichte: Karl Weinhold, ab 1851 der 1. Grazer Lehrstuhlinhaber (Anm. 30), wurde 1854 korrespondierendes Mitglied dieser Vereinigung, ab 1860 ihr wirkliches Mitglied und rangierte damit mehrere Jahre lang gewissermaßen *unter* seinem in Graz einst nur autodidaktisch groß gewordenen Germanistenkollegen Diemer. Vgl. Müller-Kampel 1994 (Anm. 30), S. 77.

[49] Diemer 1849a (Anm. 3), Vorrede (ohne Seitenzählung)[, S. 5].

[50] Für eine stetig wachsende wissenschaftliche Anerkennung von Joseph Diemer spricht seine Aufnahme in weitere, auch ausländische wissenschaftliche Vereinigungen. Seidl 2003 (Anm. 10), S. 386, führt dazu stichwortartig aus: „1853 Ehrenmitgl. der hist.-statistischen Section der mährisch-schlesischen Ackerbauges. zu Brünn • wirkliches Mitgl. des Gelehrtenausschusses des Germanischen Nationalmuseums in Nürnberg • korrespond. Mitgl. des Historischen Vereins für Steiermark in Graz • Ehrenmitgl. des Vereins für Geschichte und Landeskunde Kärntens in Klagenfurt • Ehrenmitgl. des Historischen Vereins für Oberfranken in Bamberg • Ehrenmitgl. des Vereins für Vaterländische Alterthümer in Zürich. […] • wirkliches Mitgl. der Maatschappij der Nederlandsche Letterkunde (Ges. für niederländische Literatur u. Literaturwiss.) Leiden."

[51] Dazu liest man im Nachruf von Meißner 1869 (Anm. 28), S. 216[a]: „Außerdem gebührt ihm [Diemer] noch das Verdienst, die Aufmerksamkeit des damaligen Unterrichtsministers Grafen Thun bei Besetzung der Lehrkanzel für deutsche Sprachwissenschaft auf F. Pfeiffer gelenkt zu haben, welcher auch in Folge dessen nach Wien berufen worden ist und die Empfehlung Diemers, der in seiner Bescheidenheit die ihm angetragene Professur dankend ablehnte, vollkommen rechtfertigte." Bartsch 1870 (Anm. 9), S. 460, schreibt darüber: „Daß er [Diemer] seinen Einfluß verwendete, um für Pfeiffers Berufung nach Wien (1857) zu wirken, gereicht ihm zu bleibender Ehre." Mutmaßlich derselben Fürsprache hatte es Franz Pfeiffer im Jahr 1860 zu verdanken, dass er ebenfalls Mitglied der Österreichischen Akademie der Wissenschaften wurde.

Kompetenzgrenzen geschah, wäre für den vorliegenden Beitrag belanglos, würde da nicht, wie es scheint, das selbstkritische und rollenverhaftete Bewusstsein des Editors Diemer mit hereinspielen. So hatte er kurz davor in den *Beiträgen V* von 1856 Folgendes über eine offenbar schmerzlich kritische Aufnahme seiner literarhistorischen Editions-Kommentare zur frühmhd. religiösen Literatur des österreichischen Raumes in aller Offenheit festgehalten:

> Ich habe es in der Einleitung zu meiner Ausgabe der „Deutschen Gedichte des 11. und 12. Jahrhunderts“ versucht darüber Einiges beizubringen. [...] Meine Ansicht die nur mehr auf den inneren Gründen, welche aus den Dichtungen selbst hervorgingen, beruhte, fand jedoch von ausgezeichneten Literatur-Historikern denen man vor Allen auf diesem Gebiete ein entscheidendes Urtheil zutraut, nicht die gehoffte Zustimmung und ihr Ausspruch war für alle andern mehr oder minder massgebend. Ich musste hiebei nur bedauern dass meine Vermuthung nirgend eine eingehende Besprechung erfuhr, sondern nur durch kurze Andeutungen oder auch durch unerwiesenes Gerede in Zweifel gezogen wurde. Ich sah mich daher genöthigt, die Einwendungen die man allenfalls mit Grund gegen sie erheben konnte, grossentheils selbst aufzusuchen, um sie wo möglich zu beseitigen. Nur W[ilhelm] Grimm untersuchte meine Ansicht nach dem Massstabe der mehr oder minder gleichartigen Reime gründlicher und meinte, indem er seine Bedenken dagegen aussprach zugleich, dass es „vielleicht meinen weiteren Forschungen gelingen dürfte, sie auf anderem Wege zu erweisen“.[52]

Damit war also genau jene kommentarbezogene Editionsleistung Diemers, welche dem Herausgeber offenbar ganz besonders am Herzen lag, auf nur verhaltene Gegenliebe gestoßen. Was hingegen gemäß dem zeitgenössischen Fachurteil von dauerhaftem Wert blieb, waren seine professionellen Textabdrucke; zu dieser seiner Fertigkeit merkte er, der geübte Handschriftenleser, in seiner Edition der *Deutschen Gedichte* allerdings bloß beiläufig an: „für die genauigkeit des abdrucks stehe ich im bewusstsein, dafür keine mühe gespart zu haben, gerne ein.“[53]

Meine dazu durchgeführten stichprobenartigen Überprüfungen haben die Verlässlichkeit von Diemers Texttransliterationen bestätigt,[54] zugleich aber in seiner editorischen Herangehensweise eine Entwicklung gezeigt, welche allem Anschein nach eine nicht geringe Prekarität in sich barg und Diemers Ablehnung des Wiener Lehrstuhls mit erklären könnte. Schauen wir daher etwas genauer hin, doch mit einem zu Anfang noch breiteren Blick.

---

[52] Diemer 1856 (Anm. 21), S. 3f. als Vorbemerkung zu seiner kritischen Edition Heinrichs von Melk. Die im Zitat erwähnte „Ansicht“ bzw. „Vermuthung“ bezieht sich auf literarhistorische Prozesse im österreichischen Literaturraum.

[53] Diemer 1849a (Anm. 3), Vorrede (ohne Seitenzählung)[, S. 6].

[54] Vgl. Rudolf von Raumer (Rez.): Josef Diemer. In: Gelehrte Anzeigen 32, 1851, Nr. 9 (vom 16. Jänner), Sp. 73–77. Gelobt wird Diemer für seinen „sehr sorgfältigen, mit Recht buchstabengetreuen Abdruck der Handschrift“ (Sp. 74, ähnlich Sp. 77). Zustimmung, aber auch (berechtigte) Kritik erntet Diemer für seine Übersetzung (Sp. 75) der *Schöpfung* (d. i. eine deutschsprachige Fassung der *Summa Theologiae* des Thomas von Aquin).

5. Vom Skriptor zum Editor: Alte und neue Grenzerfahrungen

Unser Fach weiß (mittlerweile wieder bewusster) um die Existenz seiner neuzeitlichen Abschreiber, welche bis zum Einsetzen der reprographischen Ära im 19. Jahrhundert im Auftrag namhaftester Editoren schwer erreichbare Überlieferungsträger durch exklusive Abschriften zugänglich machten.[55] Und wir wissen, dass im Zuge dieser ‚Kopieraufträge' mangels Kontrollmöglichkeiten seitens der Auftraggeber die erbetene Nähe zu den Handschriften nur auf Treu und Glauben gewährleistet werden konnte; Kopierfehler gerieten somit stillschweigend in den kritischen Editionstext und stellen heute einen der elementaren Gründe für Editionsrevisionen dar. Auf den sorgfältigst arbeitenden Joseph Diemer wäre freilich Verlass gewesen, doch das Fachwissen und Selbstbewusstsein dieses ungewöhnlichen Mannes waren anscheinend schon 1841 viel zu groß, um sich in die übliche Anonymität eines editorischen Zuarbeiters zu fügen. Zwar hätte der Skriptor Diemer mit Auftragsabschriften aus der *Vorauer Handschrift* gewiss gutes Geld verdienen können, aber durch seinen selbst gesuchten Kontakt zu Massmann sowie später zu den anderen Fachleuten begab er sich auf editorische Augenhöhe mit diesem Kreis. Damit stellte er erstens den fachkollegialen, unbezahlbaren Wert seiner editorischen Hilfsbereitschaft klar und machte zweitens deutlich, dass er nicht die üblichen faksimilierenden ‚Privatkopien' abliefern, sondern richtige Editionen selbst veröffentlichen werde. So schrieb sich der Skriptor Joseph Diemer selbstbewusst in die Editionsgeschichte mit ein.

Zur Gestalt von Diemers Editionen vermeldet im Rahmen ihrer Bestandsaufnahme der Grazer Editionstradition Andrea Hofmeister 1996 mit exemplarischem Blick auf Diemers Abdruck der *Bücher Mosis* in seinen *Deutschen Gedichten*, diese Ausgabe sei ein

> [s]treng diplomatischer Abdruck nach der Pergamenthandschrift 276 des Augustiner Chorherrenstiftes Vorau, 2. Hälfte des 12. Jhs, (45 : 32 cm) [...]. In dieser Edition versucht Diemer, dem Original möglichst nahe zu kommen, indem er die Gliederung der Handschrift und die Gestalt der originalen Schriftsymbole im Druck nachahmt: Abgestufte Größe bei Majuskeln, allerdings freie graphische Ausgestaltung der Initialen, Zeilentreue; langes s, geschwänztes z, Superskripte; Abbreviaturen werden nicht aufgelöst,

[55] Mit Blick auf die Heidelberger Bestände merkt der Bibliothekar und Forscher Armin Schlechter zu dieser manchmal doch ignorierten Editionspraxis an: „Die Erstellung einer Abschrift war zu dieser Zeit (neben der damals durchaus noch möglichen Ausleihe von Handschriften) Voraussetzung für jede editorische Arbeit, unabhängig davon, ob sie popularisierende oder wissenschaftliche Absichten hatte. Auch den Brüdern Grimm, in deren Nachlass sich eine nach einer Abschrift Lachmanns hergestellte Handschriftenkopie findet, war diese Arbeitsweise keineswegs fremd." Armin Schlechter: Populäre Fassungen oder wissenschaftliche Editionen? Ludwig Tieck, die Heidelberger Romantik, die Brüder Grimm und Ferdinand Glöckle. In: Wege zum Text. Überlegungen zur Verfügbarkeit mediävistischer Editionen im 21. Jahrhundert. Grazer Kolloquium 17.–19. September 2008. Hrsg. von Wernfried Hofmeister und Andrea Hofmeister-Winter. Tübingen 2009 (Beihefte zu editio. 30), S. 167–184, hier S. 184.

sondern durch Sonderzeichen dargestellt, Fehler der Handschrift werden ohne graphische Kennzeichnung korrigiert und nur im Apparat dokumentiert.[56]

Eine Editionsprobe, wie sie schon Andrea Hofmeister ihrem Katalog beigegeben und der Überlieferung synoptisch gegenübergestellt hatte, bestätigt ihre Expertise und damit eine Grundfertigkeit des hoch professionellen Handschriftenlesers und -abschreibers Diemer:[57]

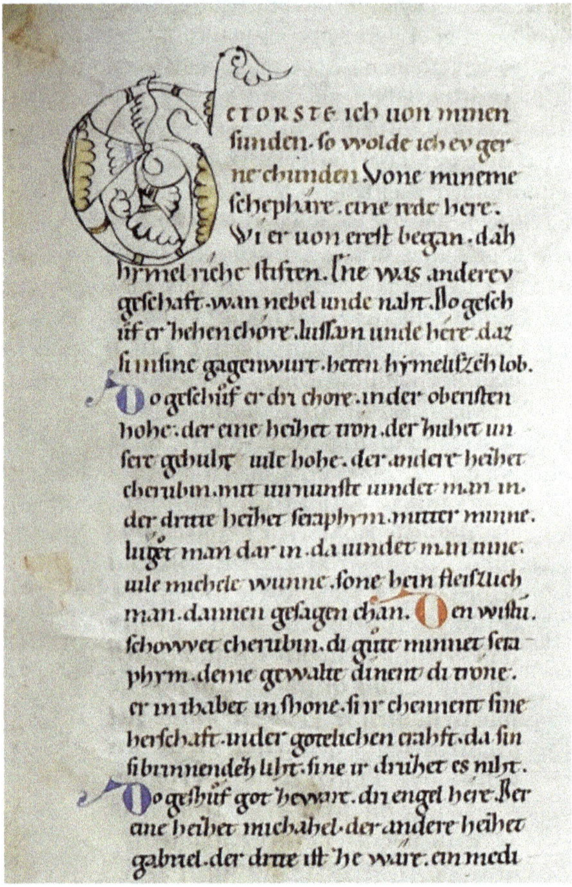

Abb. 1: Vorau, Ms. 276, fol. 74[r]

[56] Hofmeister 1996 (Anm. 16), S. 18[b].

[57] Zu Diemers selbst deklarierter Grenze bei seiner edierenden ‚Kodierungstiefe' vgl. im Anhang zu den Kleinen Beiträgen III (Anm. 21), S. 107, das Zitat im Abschnitt ‚Details zur Texteinrichtung mit Hinweis auf die i-Punkt-Behandlung'.

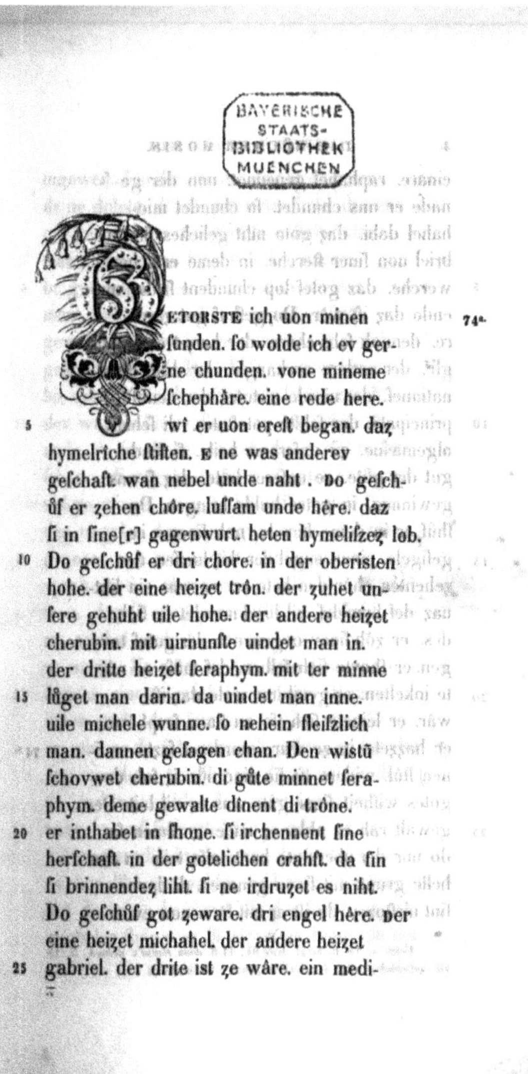

BETORSTE ich uon minen 74a.
ſunden. ſo wolde ich ev gerne chunden. vone mineme ſchephâre. eine rede here. wi er uon ereſt began. daʒ hymelriche ſtiften. E ne was anderev geſchaft. wan nebel unde naht. DO geſchûf er ʒehen chôre. luſſam unde hêre. daz ſi in ſine[r] gagenwurt. heten hymeliſceʒ lob. Do geſchûf er dri chore. in der oberiſten hohe. der eine heiʒet trôn. der ʒuhet unſere gehuht uile hohe. der andere heiʒet cherubin. mit uirnunſte uindet man in. der dritte heiʒet ſeraphym. mit ter minne lûget man darin. da uindet man inne. uile michele wunne. ſo nehein ſleiſzlich man. dannen geſagen chan. Den wiſtû ſchovwet cherubin. di gûte minnet ſeraphym. deme gewalte dinent di trône. er inthabet in ſhone. ſi irchennent ſine herſchaft. in der gotelichen crahft. da ſin ſi brinnendeʒ liht. ſi ne irdruʒet es niht. Do geſchûf got ʒeware. dri engel hêre. Der eine heiʒet michahel. der andere heiʒet gabriel. der drite iſt ʒe wâre. ein medi-

Abb. 2: Diemer 1849a (Anm. 3), S. 3: Bücher Mosis

Gerecht werden konnte Diemer seinen ehernen Exakt- und Korrektheitsmaximen nicht zuletzt deshalb, weil er – man glaubt es heute kaum![58] – die Ausgangsquelle, also den unschätzbar wertvollen *Vorauer Kodex*, gut zehn Jahre lang bei sich zu Hause verwahren und verwenden hatte dürfen. Heute bekommen nur mehr hohe Ehrengäste diese eindrucksvolle großformatige Stiftszimelie für einige Minuten vorgelegt und nur gelegentlich auch Forscher/innen, denen das hervorragende Online-Digitalisat[59] nachweislich nicht genügt, mich am 9. August 2019 von ca. 11:30–12:00 Uhr glücklich mit eingeschlossen.[60]

Für die nur wenig jüngere Edition der Vorauer *Kaiserchronik* war Diemer seinen graphetischen Richtlinien weiter gefolgt:

> Meine absicht bei dieser arbeit war, das original so genau als es ausführbar ist wieder zu geben, daher auch alle fehler, ja selbst die gleichzeitigen verbeßerungen [sprich, die historischen Sofortrevisionen] mit aufgenommen wurden.[61]

---

58 Vgl. dazu den Hinweis von Armin Schlechter in Anm. 55.

59 Eine interaktive Befassung mit dieser Handschrift ermöglicht der Link https://digi.ub.uni-heidelberg.de/diglit/stav_ms276. (Die Digitalisierung des Kodex erfolgte durch die Abteilung für Sondersammlungen an der Universitätsbibliothek Graz.)

60 Meine erweiterte Rechtfertigung bestand in der Autopsie einer nachträglichen Majuskel-Rubrizierung in Hinblick darauf, ob die dabei tangierte hochgestellte Einsetzung eines anderslautenden, korrekten Buchstabens schon vor oder – wofür mehr spricht – erst nach dieser Rubrizierung als Sofortrevision erfolgt war; Diemer hatte nämlich hierzu in seiner Textausgabe nichts angemerkt. Betroffen ist die siebtletzte Zeile auf fol. 78rb (Text der *Bücher Mosis*), wo man *Aine ſune* liest, doch mit einem rechts oben bei der roten A-Majuskel stehenden kleinen *s*, was offenbar die korrekte Lesung *Sine ſune* andeutet, sei es als ein vorab gesetzter Platzhalter (dessen Gebrauch sich im Kodex allerdings so bei den anderen Majuskel-Rubriken nicht wiederfindet) oder als nachträglich angebrachtes Korrektursignal; zu beachten scheint dabei, dass der für das *s* verwendete hellfärbige Schreibstoff anscheinend auch unterhalb der fraglichen Majuskel (in Form zweier schräger Striche) verwendet wurde. Es könnte sich daher – so schlussfolgere ich ohne letzte Gewissheit – um eine historische Sofortkorrektur handeln, bei der die noch feuchte falsche Rubrizierung durchgestrichen und um die korrekte Graphie ergänzt wurde, mit dem Effekt, dass die dabei überlagerte rote Tinte diese Revisionen später (durch eine chemische Reaktion) wieder freigegeben hat; dieser denkbare Effekt kommt im (hervorragenden!) Digitalisat nicht in derselben Plausibilität zum Vorschein wie am Original. Bei Diemer 1865 (Anm. 25, S. 1) bietet die kritische Textwiedergabe dieser Stelle (unter dem Texttitel *Geschichte Joseph's in Aegypten nach der Vorauer Handschrift*) den emendierten Wortlaut *Sine sune* und dazu im textkritischen Apparat den Hinweis auf den Vorauer Text sowie auf eine korrekte Parallelüberlieferung: *Aine sune. W. sine sune.* Die beredten Revisionsspuren im *Vorauer Kodex 276* bleiben somit unerwähnt. – Zu den vielfältigen historischen Revisionsprozessen vgl. allgemein das Online-Lexikon *Edlex* unter www.edlex.de, dort ausgehend vom übergeordneten Artikel *Revision*. – Für die kollegiale Öffnung des *Kodex 276* danke ich Herrn Stiftsbibliothekar Mag. Stefan Reiter.

61 Vorrede zur *Kaiserchronik* (Diemer 1849b, Anm. 18), S. III. Als erfolgreich bestätigt werden Diemers Bemühungen in der Rezension von Johann Andreas Schmeller in: Gelehrte Anzeigen 32, 1851, Nr. 38 vom 7. März, Sp. 305–308, und Nr. 39 vom 10. März, Sp. 318–320: Diese Besprechung gilt zugleich der Massmann- und der Diemer-Edition der *Kaiserchronik*, sie lobt Diemers uneigennützige Bekanntmachung seines

Anscheinend um das Einbetten seiner Fassung in die bereits bekannte Werktradition dieser reich überlieferten Geschichtsdichtung zu erleichtern, gab Diemer jedoch das Prinzip der Zeilentreue auf und wählte stattdessen eine versifizierte Darstellung. Mitgeplant war ein Kommentarband[62] zum *Kaiserchronik*-Textabdruck, doch blieb der aus. Das dürfte recht unglücklich mit der zeitgleich, also 1849, erschienenen *Kaiserchronik*-Edition von Massmann zusammenhängen, ebenfalls bestehend aus einem Text- und einem Kommentarband, noch dazu bereits unter voller Einbeziehung von Diemers bereitwillig zur Verfügung gestellter Vorauer *Kaiserchronik*-Abschrift: Wieviel an schon geleisteten Kommentierungs-Vorarbeiten Diemer deshalb gleichsam in den Wind hatte schreiben müssen, können wir nur erahnen.

Eine ganz ähnliche Editionstechnik, die aber zusätzlich um faksimileartige Elemente angereichert ist, zeigt 1862 Diemers Erstausgabe der reich illustrierten *Millstätter Genesis* aus der *Millstätter Sammelhandschrift* (Klagenfurt, Landesarchiv, Cod. GV 6/19); zu Vergleichszwecken ist dazu nachstehend links ein Farbfaksimile-Ausschnitt zu sehen und rechts Diemers Edition mit einer Nachzeichnung (Abb. 3 und 4, Folgeseite).[63]

Wieder haben wir einen graphetisch sehr genauen Abdruck vor uns, sogar sämtliche Rubrizierungen sind darin auszeichnungstechnisch markiert: die farbigen Überschriften durch Kursivierung, die ebenfalls roten Majuskeln durch Fettdruck. Zur Genese der ähnlich sorgfältig ausgeführten Illustrations-Nachzeichnungen vermeldet Diemer:

Vorauer Fundes gegenüber Massmann und betont den ungeschmälerten Wert von Diemers eigenem, buchstabengetreuem Textabdruck: „Den hier genau und buchstäblich nach der Handschrift gegebenen Vorauer [Text] aber wird niemand ohne manichfache Belehrung neben dem [Text von Massmann], der auch mit aus andern Quellen geschöpft ist, vor sich liegen haben." (Sp. 319)

62 Auf dem Titelblatt dieser kommentarfreien Edition liest man „Theil I – Urtext", was eben zwingend auf den festen Plan eines ergänzenden, bald folgenden Kommentarbandes schließen lässt. Dort wäre sicher u. a. eine Rechtfertigung der versifizierten Einrichtung des Editionstextes vorgesehen gewesen; in der nur zwei Seiten langen Vorrede zum Textband der *Kaiserchronik* findet sich nichts dazu.

63 Diemer 1862, Band I und Band II (Anm. 23f.). Da von diesem wichtigen Überlieferungsträger bis dato kein Digitalisat online erreichbar ist, sei die alte Schwarzweiß-Faksimile-Ausgabe, die immerhin acht beigelegte Farbreproduktionen enthält, zitiert: Millstätter Genesis und Physiologus Handschrift. Vollständige Facsimileausgabe der Sammelhandschrift 6/19 des Geschichtsvereines für Kärnten im Kärntner Landesarchiv, Klagenfurt. Einführung und Kodikologische Beschreibung von A. Kracher. Graz/Austria 1967.

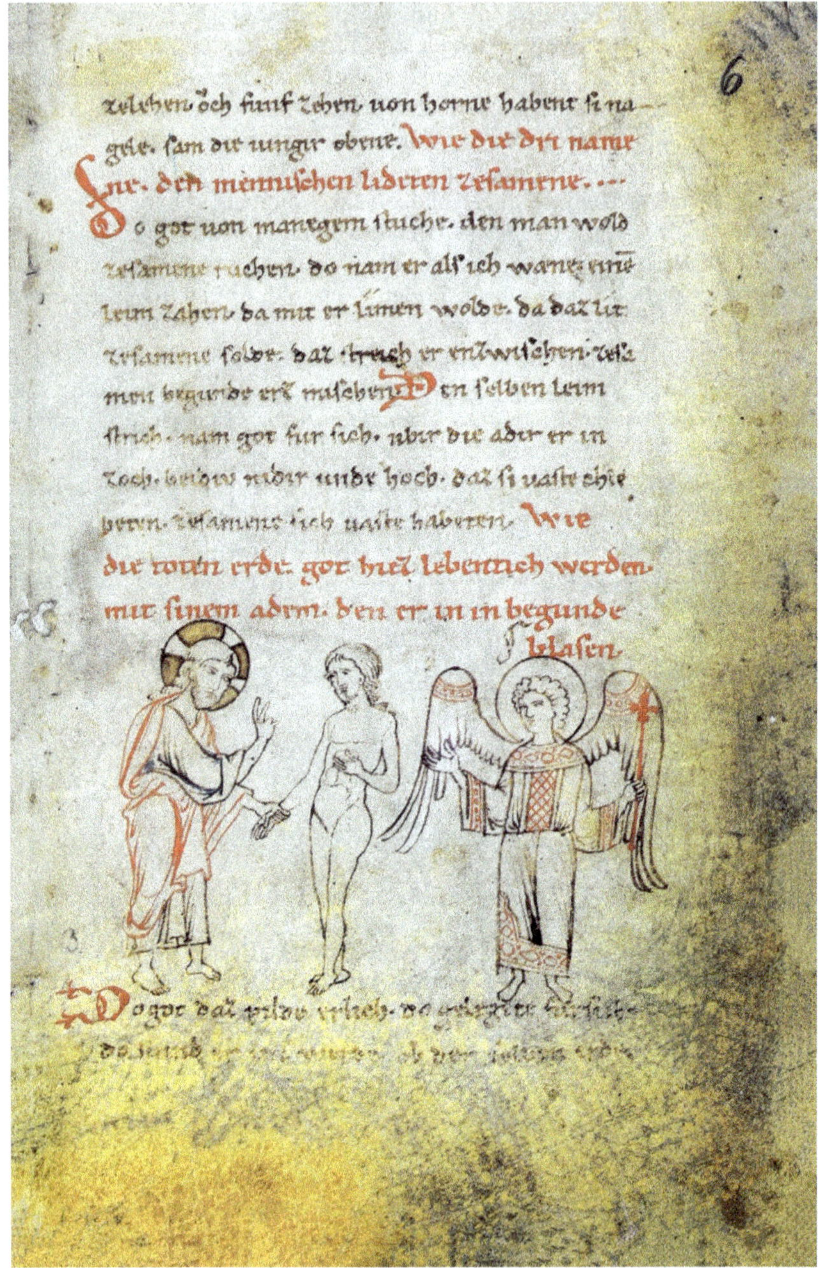

zelchen och finf zehen von horne habent si nagele. sam die vngir obene. Wie die dri name
fue. den mennischen lideren zesamene. ...
Do got von manegem stuche. den man wold
zesamene suchen. do nam er als ich wane eine
leim zahen. da mit er limen wolde. da daz lit
zesamene solde. daz strich er enzwischen. welchen begunde erz mischen. Den selben leim
strich. nam got fur sich. uber die ader er in
zoch. beidiu nidir unde hoch. daz si vaste chlebeten. zesamene sich vaste habeten. Wie
die toten erde. got hiez lebentich werden.
mit sinem adem. den er in in begunde
blasen.

Abb. 3: Kracher 1967 (Anm. 64), Anhang

ſwaz geſlindet der chrage, daz zime genimet der mage.
waz zimet daz zeſagene, daz nuzzist chumet uon dem ma-
MeR wil ich iv ſagen: nidirhalp deſ magen [gene.
gat ein wazzirſage in der plateren habe
enzwiſchen den hegirdrůſen, daz wir daz niht nennen můzzen,
da wir da mit chinden: daz machent unſ die ſchande und
Do worht er im die fůzze bede eben grǒzze, [ſunde.
den gap er | ze lehen ǒch funf zehen, bl. 6ª
uon horne habent ſi nagele ſam die uingir obene.
Wie die dri namene den menniſchen lideten zeſamene.
Do got uon manegem ſtuche den man wold zeſamene ru-
do nam er alſ ich wæne einen leim zachen, [chen,
da mit er lîmen wolde da daz lít zeſamene ſolde,
daz ſtreich er enzwiſchen, zeſamen begunde erz miſchen.
Den ſelben leim ſtrich nam got fur ſich,
ubir die adir er in zoch beidiv nidir unde hoch,
daz ſi uaste chlebeten, zeſamene ſich uaſte habeten.
Wie die roten erde got hiez lebentich werden
mit ſinem adem den er in in begunde blaſen.

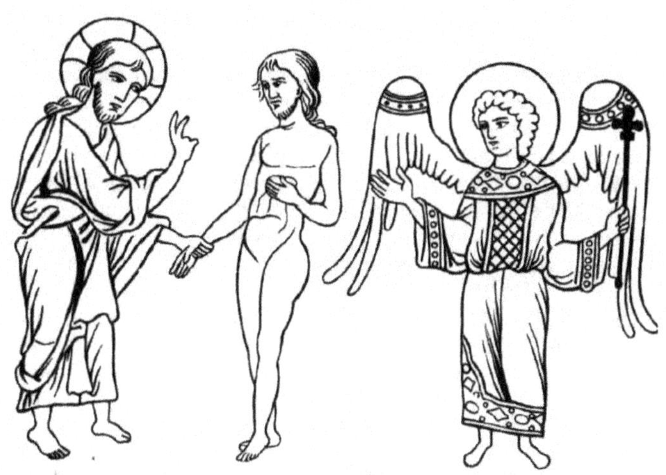

Do got daz pilde erlich do gelegete fur ſich,
do ſtund er im werde ob der ſelben erde, | bl. 6ᵇ
ſinen geiſt er im inblieſ, michilen ſin er im uerliez.

Abb. 4: Diemer, Genesis (Anm. 24), S. 7

> Die Zeichnungen für die vielen und interessanten Holzschnitte verfertigte mit zuvorkommender Güte und grosser Genauigkeit mein Freund Eduard Freiherr von Sacken, nun Custos am k. k. Münz- und Antiken-Cabinet.[64]

Ein zeitgleich erschienener Kommentarband (inkl. Wörterbuch) komplettiert den Textband[65] und erinnert uns daran, dass den Editor Diemer gemäß Eigenwahrnehmung nicht allein die Textabdrucke ausmachten, sondern auch bzw. sogar noch weit mehr die umfangreichen, literar- wie sprachhistorisch elaborierten Kommentare.

6. Editorischer Vollendungsversuch (zu) nahe an der Sonne

Unser letztes Editionsbeispiel führt zurück ganz an den Beginn der Ausführungen, wo im Zusammenhang mit Wilhelm Scherers Rezension schon von Diemers später *Ezzolied*-Neuedition die Rede war. Diese letzte Textausgabe Joseph Diemers im letzten Band seiner *Beiträge zur älteren deutschen Sprache und Literatur* tituliert den Herausgeber 1867 erstmals – und jetzt zurecht – als „Dr.“: Joseph Diemer hatte nämlich 1865 anlässlich der 500-jährigen Gründungsfeier der Wiener Universität[66] ein Ehrendoktorat verliehen bekommen. War Diemers publizistische Kundmachung seiner neuen akademischen Würde auf dem Titelblatt der *Beiträge* reine Verlagsroutine, oder wollte er damit bewusst die Qualität seines neuen editorischen Werks fachkollegial verbürgen? Was wir jedenfalls im Inneren des *Beiträge*-Heftes sehen, ist ein nachgerade verwegen agierender Editor Joseph Diemer:[67] Sein erster, noch streng überlieferungsnaher Textab-

---

64 Diemer 1862, Band I (Anm. 23), S. V. Für die Mitte des 19. Jahrhunderts bzw. die Spätromantik typisch sind die ‚modernisierten‘, gerichteten Augennachzeichnungen, in Vollblüte schon davor zu sehen in den ähnlich retuschierten Reprographien von Friedrich Heinrich von der Hagens *Bildersaal* (1856; https://reader.digitale-sammlungen.de/de/fs1/object/display/bsb10801202_00075.html?leftTab=toc). – Ähnlich wie Diemer hat jüngst Frank Schäfer seine neue Edition der *Millstätter Genesis* mit einer – allerdings reprographisch und in Farbe ausgeführten – Wiedergabe der Figurendarstellung aus der Handschrift im fortlaufenden Text ergänzt; vgl. Frank Schäfer: Die Millstätter Genesis. Edition und Studien zur Überlieferung. Teil 2: Untersuchungen. Mit 22 Abbildungen. Göttingen 2019, S. 117. Das editorische Wirken Diemers wird darin – trotz veränderter Editionsgrundsätze – mit einbezogen und anerkannt, und zwar sowohl in Hinblick auf seine Textkonstituierung als auch auf seine Kommentierungs- sowie Kontextualisierungsverdienste. Vgl. dazu den oben zitierten Editions- und Kommentarband Schäfers, darin z. B. S. 60 und vor allem das Kap. 3.3, S. 150–168.

65 Diemer 1862, Band II (Anm. 24).

66 Darüber berichtet Meißner 1869 (Anm. 28), S. 216[a]: „Die Universität Tübingen promovirte ihn zum Ehrendoctor und ihr folgte die Wiener alma mater, indem sie ihn bei ihrer 500jährigen Jubelfeier als Ehrendoctor der Philosophie proclamirte.“

67 Zu seinem schon kurz davor in den Beiträgen V (Anm. 25) unternommenen Versuch einer kritischen Ausgabe der *Geschichte Joseph's in Aegypten nach der Vorauer Handschrift* vgl. Anm. 60; damals hatte Diemer seine Texteingriffe allerdings noch nicht in die Textkonstituierung übernommen, sondern sie in den textkritischen Anmerkungen lediglich dokumentiert.

druck dieser Dichtung aus der *Vorauer Sammelhandschrift* war ja bereits 1849 in der Edition der *Deutschen Gedichte* unter dem Titel *Die vier Evangelien* erschienen und leistete dort für die Fachwelt dank Zeilentreue und hyperdiplomatischer Feingraphie nicht mehr, aber auch nicht weniger als eine verlässliche, höchst handschriftennahe Erschließung der *Vorauer Handschrift* (s. Folgeseite, Abb. 6). Jetzt, achtzehn Jahre später, macht Joseph Diemer aus derselben Vorauer Handschriftenquelle eine kritische Edition, die – so wirkt es zumindest aus der editionshistorischen Distanz – einerseits seinen herausgeberischen Werdegang krönen sollte, aber andererseits im ausladenden Kommentarteil auch einer neuerlichen, durchaus selbstkritischen, dennoch widerständigen Auseinandersetzung mit der vormals sehr skeptischen Aufnahme seiner literarhistorisch kommentierenden Überlegungen zu dieser religiösen Schlüsseldichtung des 11. Jahrhunderts dienen wollte. Dafür wählte Diemer die Form einer historisch-kritischen Ausgabe (vgl. Abb. 7).

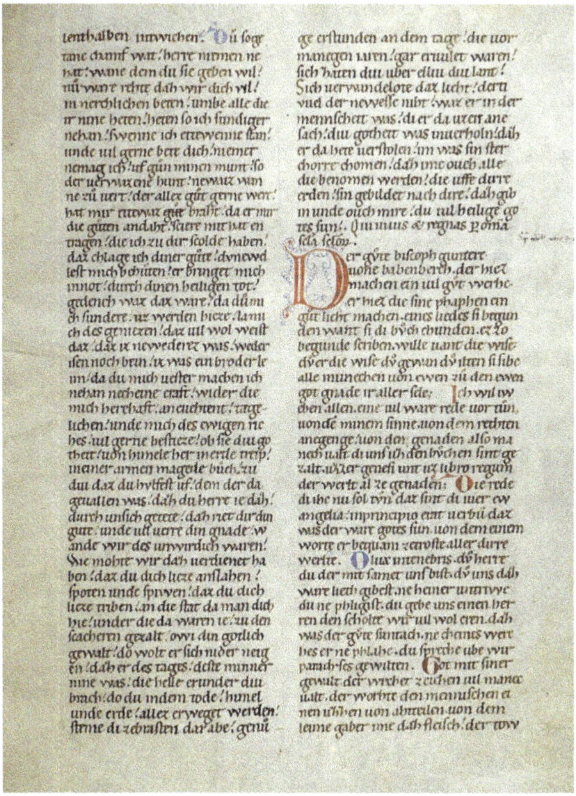

Abb. 5: Vorau, Ms. 276, fol. 128r

Was wir jetzt vor uns haben, ist ein sog. bereinigter, die Vorauer *Ezzolied*-Fassung mutig emendierender und metrisierender kritischer Text einschließlich textkritischem Apparat. Diese editorische Neufassung gehorcht Diemers Credo aus seiner Editions-Einleitung:

> Meine Verbesserungen und Ergänzungen des Textes machen nicht den Anspruch, die verderbten oder ausgefallenen Stellen überall richtig oder dem Originale gemäss wieder hergestellt zu haben, sondern sind eben nur Versuche hiezu und gleichen den Restaurationen alter Kunstwerke, von denen die Unbilden der Zeit und der Schmutz daran möglichst schonend entfernt werden sollten, um den Anblick und Genuss des Ganzen, wie es ursprünglich bestanden haben dürfte, wieder möglich zu machen.[68]

Indirekt stellt Diemers neuer Selbstanspruch eine ehrerbietige, metaphorisch zeitgeistig eingekleidete Reverenz an Karl Lachmann dar – den 1851 verstor-

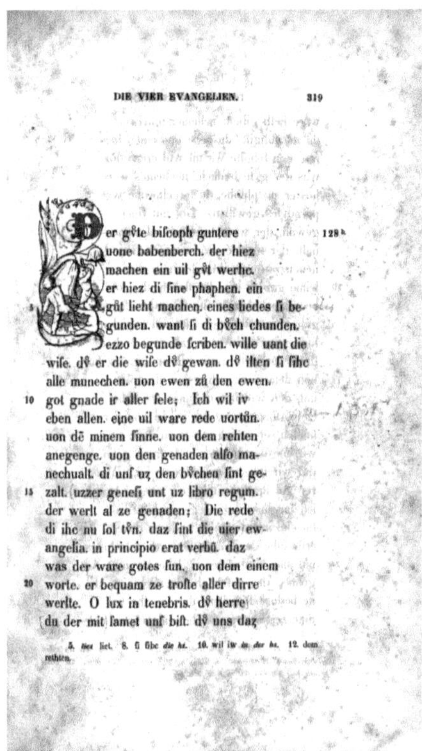

DIE VIER EVANGELJEN. 319

Der gv̊te biſcoph guntere 128 a
uone babenberch. der hiez
machen ein uil gv̊t werhc.
er hiez di ſine phaphen. ein
gůt lieht machen. eines liedes ſi begunden. want ſi di bv̊ch chunden.
ezzo begunde ſcriben. wille uant die
wiſe. dv̊ er die wiſe dv̊ gewan. dv̊ ilten ſi ſihc
alle munechen. uon ewen zů den ewen.
got gnade ir aller ſele; Ich wil iv
eben allen. eine uil ware rede uortůn.
uon dē minem ſinne. uon dem rehten
anegenge. uon den genaden alſo ma-
nechualt. di unſ uz den bv̊chen ſint ge-
zalt. uzzer geneſi unt uz libro regum.
der werlt al ze genaden; Die rede
di ihc nu ſol tv̊n. daz ſint die uier ew-
angelia. in principio erat verbū. daz
was der ware gotes ſun. uon dem einem
worte. er bequam ze troſte aller dirre
werlte. O lux in tenebris. dv̊ herre
du der mit ſamet unſ biſt. dv̊ uns daz

5. *liet* liet. 8. ſi ſihc *die hs.* 10. wil iw *in der hs.* 12. dem rethten.

Abb. 6: Diemer 1849a (Anm. 3), S. 319[69]

[68] Diemer 1867 (Anm. 2), S. LVII.

[69] Hier der Beginn des *Ezzoliedes*, bezeichnet als *Die vier Evangelien.*

benen, doch auf Joseph Diemers Editionsfirmament immer noch hell nachleuchtenden Fixstern.[70]

Nun sind wir ausreichend vorbereitet, um wie angekündigt Wilhelm Scherers weitere Reaktion auf Diemers so mutige, doch editionsideologisch einst rückwärtsgewandt erscheinende *Ezzolied*-Neuausgabe zu hören; bisher kannten wir ja nur den elogischen Einstieg dieser Rezension (s. o.), nicht jedoch den darin wenige Zeilen später eingeträufelten Wermutstropfen, und der liest sich kurz und bündig so:

> Auf die Herstellung des Textes hat der Herausgeber sichtlich große Mühe und wiederholte gewissenhafte Ueberlegung gewendet. Um so mehr bedaure ich sowol den Principien als den Resultaten nur zum geringen Theile beistimmen zu können.[71]

Die Einzelargumente Scherers – generaliter gestützt auf ein Plädoyer für die höhere Achtung des überlieferten Originalwortlauts – seien hier ausgespart, denn es genügt festzuhalten, dass Diemers erster und zugleich letzter großer textkri-

Ezzo's Lied von dem Anegenge aus dem J. 1065.

Vom dem w. M. Joseph Diemer.

I.

Der *vil* guote Gunt*hê*re — Bl. 128. b.
biscoph vone Babenberch,
der hiez die sîne phaphen
ein guot liet machen:
eines liedes sî begunden,
want sî diu buoch chunden.
Ezzo begunde scrîben,
Wille vant die wîse.
duo er die wîse duo gewan,
duo huoben sî ze got ir sanc
unt muncheten sihc in êwen:
got gnâde ir aller sêle.

I. 1 Der gͤte biscoph guntere uone Babenberch.
der hiez machen ein uil gͤt werhc.
4 lieht.
10 dͤ ilten si sibc alle munechen.
uon ewen zû den ewen.

1

Abb. 7: Diemer 1867 (Anm. 2), S. 1

70 Diemer 1858 (Anm. 22), S. 59: „Warum folgt man in der Bearbeitung unserer alten Dichtungen nicht den schönen Beispielen welche uns Lachmann in seiner Ausgabe des Iwein, Wilhelm Grimm in der des Freidank, Franz Pfeiffer in jener der Mystiker und Marienlegenden und Andere gegeben haben, die Alles in sich vereinigen, was zur richtigen Auffassung und Würdigung des behandelten Denkmals nöthig ist?"

71 Scherer 1868 (Anm. 4), S. 739.

tischer Editionsversuch keineswegs den erhofften krönenden, endlich Text *und* Kommentar würdigenden Effekt zeitigte, sondern den Herausgeber auf seine alten Verdienste als Entdecker und buchstabengenau wiedergebenden Skriptor der *Vorauer Sammelhandschrift* zurückwarf.

Wilhelm Scherer war wohl bewusst, dass er mit dieser negativen Wendung in seiner Rezension dem Wiener Bibliotheks-Kollegen Joseph Diemer[72] sehr schmerzlich die editionsphilologischen Grenzen aufgezeigt hatte, und da er den exzeptionellen Werdegang des Editors Diemer kannte, wählte er am Ende seiner messerscharfen Besprechung äußerst versöhnliche, möglichst alle Wunden wieder schließende Worte:

> Unter allen Fachgenossen hat keinen die Liebe zu der Poesie jener Uebergangszeit so mächtig ergriffen und keinen der Drang, darüber Licht zu verbreiten, so ausschließlich beherrscht, wie Diemer. Es wäre der schönste Lohn seiner Bemühungen, wenn dieselben nicht bloß Würdigung und Anerkennung, sondern auch Nacheiferung und Fortsetzung fänden.[73]

Übersetzt man Scherers ‚Licht'-Metapher ins Konkrete und gleicht sie mit der gegenwärtigen, fachwissenschaftlich bis heute rege anhaltenden Rezeption von Joseph Diemers Editionen ab,[74] kann man wohl nicht anders, als diesen ‚Selfmade Editor' der Frühzeit in der Tat zu den bemerkenswertesten und erkenntnisreichsten Vertretern unseres Faches zu zählen. – Der abschließend beigefügte Anhang möge dies im Geiste Diemers verdeutlichen helfen und detaillierte Einblicke in seine editorischen Grundsätze vermitteln.

---

72 Eine plastische Vorstellung von dieser Wertschätzung gibt folgender Bericht Scherers in seinem feuilletonistischen Nachruf auf Joseph Diemer, in dem er ihn zugleich apotheotisch und – mit Blick auf einen idealen ‚Wissenschaftler' – prototypisch in Erinnerung ruft: „Dabei war Diemer von reiner und makelloser wissenschaftlicher Gesinnung. Jeder Tadel, der ihn fördern konnte, war ihm willkommen. Es fiel ihm nicht ein, freimüthigen Widerspruch zu mißdeuten. Er warb förmlich um die Aeußerung und nähere Darlegung abweichender Meinungen. Ich habe ihn einmal eigens besuchen müssen, um seine letzte Schrift mit ihm eingehend zu discutieren …" Vgl. Anm. 7, S. 2[c].

73 Scherer 1868 (Anm. 4), S. 743.

74 Vgl. dazu in Anm. 64 den Hinweis auf die rezente konstruktive Auseinandersetzung mit Diemers Edition der *Millstätter Genesis* durch Frank Schäfer, und zwar sowohl für die Textkonstituierung als auch für die Kommentierung. Ferner hatte mich bereits auf der Fachtagung in Essen im September 2019 Kurt Gärtner auf den herausragenden Wert von Diemers verlässlichen, überlieferungsnahen Textausgaben speziell für den Bereich der Lexikographie hingewiesen. Beides hätte Diemer mit Recht gefreut.

Anhang

Chronologische annotierte Auswahl editionshistorisch aufschlussreicher Selbstaussagen in den Textausgaben von Joseph Diemer (unter Einschluss bzw. in Ergänzung der im Beitrag bereits zitierten Passagen)

Deutsche Gedichte (1849, wie Anm. 3)

Die denkwürdigen Fundumstände der Vorauer Sammelhandschrift im Stift Vorau im Jahr 1841:

> handschriften und bücher sind gleich ordentlich aufgestellt und in fleißig gearbeiteten catalogen verzeichnet. (Vorrede ohne Seitenzählung, [S. 2])
> Nachdem ich durch mehrere tage die handschriften durchsehen und was für meine zwecke wesentlich schien verzeichnet hatte, kam ich endlich auf nr. XI. aus welcher der gröste theil dieses buches besteht. man kannte sie im stifte sehr wohl, auch war sie im verzeichnisse der manuscripte aufgeführt, ließ sie aber in der voraussetzung daß ihr inhalt längst gedruckt sei, wozu die am anfange befindliche Kaiserchronik beitragen mochte, unbeachtet auf ihrem platze. wie groß war daher allgemein die freude als ich das gegentheil, und überhaupt das hohe alter und den werth der darin enthaltenen stücke darzuthun suchte! (Ebd., [S. 3])

Dank für Hilfestellungen durch altgermanistische Kollegen:

> um jedoch den männern des fachs [...] die benützung dieser denkmäler möglich zu machen, sandte ich mehrern die aushängebogen des bereits vollendeten theiles und hatte, nach den darüber eingelangten briefen zu schließen, die genugthuung, sie mit freude aufgenommen und meinen wunsch auch bald erfüllt zu sehen. daher kommt es, dass dieses werk bereits in K. A. Hahn's mittelhochdeutscher grammatik abth. II., in W. Wackernagel's geschichte der deutschen litteratur, Basel, 1848 heft 1, in Benecke-Müller's mittelhochdeutschem wörterbuche heft 2. u. m. a. häufig angeführt wurde, obschon es unvollendet und nicht im buchhandel zu haben war. während dieser viel bewegten zeit wurden die anmerkungen zum texte zusammengestellt, und hier muss ich die freundliche unterstützung, welche mir die verfaßer der genannten werke, dann der unermüdet thätige Jac[ob] Grimm und F[ranz] Pfeiffer durch lösung so mancher zweifel und anstände, und mein freund Karajan durch die bereitwillig gestattete benützung seiner altdeutschen bibliothek zu theil werden ließen, dankbar erwähnen. vorzüglich waren es aber Moriz Haupt in Leipzig und W[ilhelm] Müller in Göttingen, die mein buch durchsahen, und mir ihre schätzbaren noten mitzutheilen die güte hatten. ich habe sie so wie die der obgenannten meinen anmerkungen zum texte eingereiht, und fühle mich für diese aufopfernde freundschaft um so mehr zu innigstem danke verpflichtet, als dadurch der werth derselben bedeutend erhöht und ich auf vieles aufmerksam gemacht wurde, was mir sonst für lange zeit entgangen wäre. (Ebd., [S. 4f.])

Zur Textgestalt:

> für die genauigkeit des abdrucks stehe ich im bewusstsein, dafür keine mühe gespart zu haben, gerne ein. (Ebd., [S. 6])

Kaiserchronik (1849, wie Anm. 18)
Fachwidmung des Textes:

> Ich übergebe hier den freunden altdeutscher litteratur den text der kaiserchronik nach der fast gleichzeitigen hs. aus der mitte des 12. jh. (S. III)

Zur ‚Kodierungstiefe' des Abdrucks:

> Meine absicht bei dieser arbeit war, das original so genau als es ausführbar ist wieder zu geben, daher auch alle fehler, ja selbst die gleichzeitigen verbeßerungen mit aufgenommen wurden. ich habe mich bei der abschrift des heidelberger codex Nr. 361 überzeugt, wie wichtig diese dinge sind oder selbst für die geschichte der betreffenden dichtungen werden können. die druckfehler, welche bei solch einem buche ungeachtet der grösten sorgfalt sich einzufinden pflegen, stehen nebenan verzeichnet, die übrigen unebenheiten dürften wohl meistens auf rechnung der hs. kommen, und werden wie gewöhnlich in den anmerkungen berücksichtigt werden. ebenso muß ich erwähnen, daß die blätter 1 und 8 von einem spätern schreiber gegen ende des 12. jh. nachgetragen wurden, was natürlich auch auf den text, wie ich ein gleiches schon bei den gedichten des 11. und 12. jh. seite 73 und 89 nachgewiesen habe, nicht ganz ohne einfluß geblieben sein mag.
> Zum schlusse kann ich nicht umhin, schon jetzt der kaiserlichen academie der wissenschaften meinen dank öffentlich auszusprechen für die großmüthige bereitwilligkeit, mit welcher dieselbe die bestreitung der sämmtlichen kosten für die herausgabe dieses werkes übernommen hat.
> Wien, 13. August 1849. (S. IIIf.)

Kleine Beiträge I (1851, wie Anm. 19)
Für neue Abdrucke komme prinzipiell in Frage, was nicht schon in ‚Referenz-Ausgaben' bekannt gemacht sei, davon abweiche und im Original nicht gut erreichbar sei. Von den einschlägigen Forschungsinteressen bestimmter Personen habe Diemer eher zufällig erfahren und wolle diesen nun rasch mit seinen Textabdrucken dienen:

> Andere [dieser Beiträge] enthalten wieder kleinere Stücke oder Auszüge und Beschreibungen bisher wenig oder gar nicht bekannter Denkmäler und Handschriften, welche für den Forscher und Herausgeber von solchen, die damit in Verbindung stehen, einst willkommen sein dürften. Ich verweise nur auf die Gräzer Hs. von Mariae Himmelfahrt von Konrad von Fussesbrunnen, deren Mittheilung aus meiner Sammlung Herrn Bibliothekar Pfeiffer in Stuttgart für seine Ausgabe dieses Gedichtes in Haupt's Zeitschrift 8, 156 ff. sehr erwünscht war, dann auf die Göttweiger des lateinisch-deutschen, und die mit andern vermischten Denksprüche des echten Freidank, welche Wilhelm Grimm für seine jüngste Abhandlung über den letztern (vgl. Seite 22 u. 30) recht wohl verwenden konnte. Nur dadurch, dass ich zufällig von ihren Arbeiten in Kenntniss gesetzt wurde, war es möglich deren Benützung für die Wissenschaft so schnell herbeizuführen. So mögen denn auch die hier bezeichneten Hss. und Bruchstücke ihren rechten Mann suchen, der sie bearbeitet oder vielleicht mit andern zu einem Ganzen vereint.
> Wien, den 10. Februar 1851. (S. 1f.)

Zum Wolfram-Bruchstück

Neue Kooperation mit Moriz Haupt:

> Ein drittes, zwei Pergamentblätter, aus dem 13. Jahrhundert, das Herr Staatsarchivar Meyer von Knonau entdeckte, wird in der Züricher Stadtbibliothek aufbewahrt. Ettmüller sandte vor mehreren Jahren davon eine sorgfältige Abschrift an Moriz Haupt, welcher daraus in der Zeitschrift für deutsches Alterthum 7, 169 ff. nur die Abweichungen von Lachmann's Texte aufnahm. Dies mag da, wo das Original in einer öffentlichen Anstalt niedergelegt und gewahrt ist, hinreichen, sonst aber dürfte ein vollständiger Abdruck wohl vorzuziehen sein. (S. 99)

Ergänzung der Lachmann-Edition:

> Da alle diese Hss. bisher unbenützt sind, so ist ihre Berücksichtigung bei einer allfälligen Revision der Wolfram'schen Werke um so mehr zu erwarten, als sie selbe sowohl wegen ihres Alters als der mannigfachen Abweichungen vom Lachmann'schen Texte in vollem Masse verdienen. (S. 100)

Kleine Beiträge II (1854, wie Anm. 20)

Fragment zur Krone Heinrichs von dem Türlin als wertvolle, nicht leicht zugängliche/bekannte, daher voll abzudruckende Quelle:

> Da der grossentheils nach der einzigen so jungen Heidelberger Handschrift hergestellte gedruckte Text sehr viele mehr oder minder wesentliche Abweichungen von dem in unserem Bruchstücke befindlichen darbietet, so wird der vollständige Abdruck desselben um so mehr gerechtfertigt erscheinen, als das Fragment selbst vielleicht nicht allgemein zugänglich sein dürfte. Die etlichen Verse welche bei den Übergängen von einer Spalte zur andern fehlen, sind, so wie die einzelnen verwischten Wörter, aus Scholl's Ausgabe, Stuttgart, literar. Verein, 1852, nachgetragen und durch Einschlusszeichen kennbar gemacht. (S. 51)

Zum Willehalm – Wieder wichtiger Abdruck eines Fragments, da vom Lachmann-Text abweichend:

> Nur 6 Blätter im Klein-Quartformate aus der ersten Hälfte des 14. Jahrhunderts bieten einen weltlichen Stoff, nämlich die in der Überschrift genannten Fragmente von Wolfram's Wilhelm. Diese glaubte ich wegen des Interesses das sie finden dürften, hier zuerst und zwar ganz abdrucken zu müssen, weil eine blosse Mittheilung der vielen Abweichungen vom Lachmann'schen Texte bei einem so wichtigen Denkmale kaum rathsam schien. (S. 89)

Kleine Beiträge III (1856, wie Anm. 21)

„Von des todes gehugede" sei schlecht überliefert und bis dato unzureichend kommentierend ediert worden, was dem Wert der Dichtung nicht gerecht werde:

> Das Gedicht welches ich hier den Freunden der deutschen Literatur in einem neuen Abdrucke vorlege, hat durch die einzige Überlieferung der wir es verdanken, sehr viel gelitten. Der Schreiber ist nichts weniger als zuverlässig und genau. Sehr häufig hat er Worte offenbar falsch geschrieben, andere ganz ausgelassen, oder für solche die er nicht mehr verstanden zu haben scheint, eigene gesetzt die kaum einen Sinn geben; wie z. B.

bei *behêrete* V. 28, wofür er *bischerte*, bei *erworden* V. 56, wofür er *worden* schreibt. Zu diesen Fehlern gesellten sich noch andere die aus der Ungenauigkeit des bisherigen Abdruckes entstunden. Rechnet man hierzu noch, dass dem Texte weder Unterscheidungszeichen, noch irgend eine Anmerkung oder Verbesserung beigegeben wurden, so wird es begreiflich dass dadurch das richtige Verständniss und der volle Genuss dieser schönen Dichtung in vielen Stellen getrübt oder fast unmöglich werden musste. (S. 105)
[...]
Zu diesem Behufe suchte ich denn jene Unebenheiten möglichst zu entfernen, den urkundlichen Text der Handschrift genau fest zu stellen, ihn, wo er mir offenbar verderbt schien, zu verbessern und da, wo mich dessen Verständniss für den minder Geübten zu schwierig dünkte, durch kurze Anmerkungen zu erläutern. Ob und wie ferne mir die Lösung dieser Aufgabe gelungen sei, müssen Sachkundige entscheiden, und ich glaube um so mehr auf ihr billiges Urtheil rechnen zu dürfen, als ihnen die großen Schwierigkeiten welche eine solche Arbeit, besonders bei einer so jungen Handschrift, in der Regel begleiten, nicht unbekannt sind.
Was nun den gelieferten Text selbst anbetrifft, so dürften vielleicht Manche mit mir rechten, dass ich ihn nicht genau so, wie er in der Urschrift vorliegt, wieder gegeben, oder dass ich meine vorgeschlagenen Verbesserungen gleich dahin aufgenommen habe. Darauf muss ich erwiedern, dass ich mich aus vielfältiger Erfahrung überzeugte, wie sehr einem Jeden der ein Gedicht nur überhaupt lesen und nicht kritisch durchnehmen und bearbeiten will, der Genuss desselben durch das letztere Verfahren verleidet wird. Man müht sich bei solchen Texten oft lange vergeblich ab, den Sinn mancher dunklen Stelle zu enträthseln, bis man zu den Noten seine Zuflucht nimmt, und oft habe ich mir desshalb die vom Herausgeber gemachten Verbesserungen gleich an der betreffenden Stelle eingetragen, um bei der wiederholten Lesung nicht stets wieder unangenehm gestört zu werden. Darum glaubte ich auch meine Verbesserungsvorschläge, wenn sie mir nicht zu gewagt vorkamen, gleich in den Text selbst aufnehmen zu sollen. Der Mann des Faches der ihre Stichhältigkeit prüfen will, findet jede Abweichung von der Urschrift unten auf das Gewissenhafteste angemerkt und kann in jenen Fällen, in denen er mit meinen Vorschlägen nicht einverstanden ist, die ursprüngliche oder eine bessere Leseart leicht wieder im Texte herstellen oder eintragen. Dass ich bei diesem Verfahren auch von der geheimen Voraussetzung und dem Wunsche ausging, dass solcher Fälle doch nicht allzu viele sein dürften, wird man schon einigem Selbstvertrauen, vielleicht auch meiner Eigenliebe zu Gute halten müssen. (S. 105f.)

Details zur Texteinrichtung mit Hinweis auf die i-Punkt-Behandlung:

Dass ich die Striche welche im 13. Jahrhundert über dem i statt des jetzigen Punctes schon häufiger werden, nicht mit aufnahm, wird mir wohl Niemand zum Tadel anrechnen. (S. 107)

Kommentar-Aporien eines Editors:

Was nun meine versuchten Verbesserungen oder die hin und wieder beigegebene Übersetzung schwieriger Stellen anbetrifft, so bin ich weit entfernt sie irgend Jemand aufdrängen zu wollen oder zu glauben, überall das Rechte getroffen zu haben. Die besten unter den erstern dürften wohl die sein welche als ganz natürlich und von selbst verständlich erscheinen. Wer aber derlei Versuche jemals selbst gemacht hat, weiss davon zu erzählen, wie lange bei einer verdorbenen Stelle oft dieses Natürliche auf sich warten lässt und wird da gerne Nachsicht üben, wo ihm die Änderung nicht auch als Verbesserung erscheint. Auch muss ich für solche Fälle darauf aufmerksam machen, dass diese Vorschläge so wie die Anmerkungen nur erst während des Druckes gemacht worden sind und dass ich, durch die Zeit gedrängt, nicht erst alle Hilfsmittel zu Rathe ziehen konnte, um über jede einzelne gleiche Beruhigung zu erlangen. Wenn ich manchmal vielleicht zu kühn verfuhr, so mag dies in der Unzuverlässlichkeit der Handschrift oder wohl auch in dem lockenden Reiz, eine wesentliche Verbesserung anbringen zu können, seine Entschuldigung finden.

Sollte dieser mein Versuch die Feuerprobe sachkundiger Kritik bestehen und die Theilnahme für diese Dichtung einen weitern Umfang gewinnen, so wird es, da der urkundliche Text einmal genau vorliegt, an der Zeit sein, eine neue nach den Grundsätzen der Kritik ordentlich hergestellte Ausgabe mit Benützung der über meine Vorschläge allenfalls gemachten kritischen Bemerkungen und mit den noch etwa nöthigen Erläuterungen zu veranstalten. (S. 107f.)

Beiträge IV (1858, wie Anm. 22)

Reumütige Einsicht von Diemer, dass in der Vorauer Überlieferung zu „Von des todes gehugede" entgegen seinem Erstabdruck in den „Deutschen Gedichten" doch vieles richtig gewesen und einiges falsch Überliefertes von ihm übersehen worden sei:

In den Verbesserungsvorschlägen und Anmerkungen, welche ich meiner Ausgabe der Gehügde anschloss, habe ich, wie Jedermann aus der Vergleichung des alten mit dem neuen Texte sehen kann, eine bedeutende Anzahl von Stellen des Gedichtes hergestellt und erläutert. Ich konnte jedoch damals aus Mangel an Zeit nicht auf Alles eingehen, was einer Nachhilfe oder Erörterung bedurfte. Auch hat mich ein tiefer eingehendes Studium belehrt, dass Manches was im ersten Anlaufe als fehlerhaft geändert wurde, vollkommen berechtigt ist, während Vieles wieder sich als verderbt erwiesen hat, was mir früher entgangen war. Aus den wiederholten Versuchen das Mangelnde zu ergänzen und das Richtige wieder in sein altes Recht einzusetzen, sind allmählich die folgenden Anmerkungen und Verbesserungen hervorgegangen, welche ich hier zur leichtern Benützung mit den frühern, insoferne sie noch Geltung haben, vereinigt, dem gelehrten Publicum vorlege. (S. 55)

Vorzüglich suchte ich aber das Verständniss dieser schwierigen Dichtung zu vermitteln, so dass Jeder der selbe mit den gewöhnlichen Vorkenntnissen ausgerüstet liest, kaum etwas Wesentliches hierzu vermissen wird. – Sollten Männer des Faches darin Manches finden, was ihnen schon bekannt ist, so mögen sie berücksichtigen, wie schwer es fällt, hier die rechte Mitte zu treffen, und dass es, wie häufig die Erfahrung lehrt, wieder Andere gibt, denen die Sache entgangen oder gerade nicht im Gedächtnisse geblieben sein mag. (S. 56)

Credo Diemers, wonach das Fach durch kommentierte Editionen für alle erreichbar gemacht werden müsse, und Lob für das große Vorbild Karl Lachmann:

So lobenswerth und zur Hintanhaltung eines sich gern breit machenden Dilettantismus auch die eingeführte streng wissenschaftliche Form sein mag, so nachtheilig wirkt sie, wie die Erfahrung lehrt, wenn dieses Kleid gar zu knapp und steif ist, so dass eigentlich nur sehr wenige Gelehrte des Faches mit einer großen Bibliothek zur Seite sich darin bewegen können. – Mit Recht darf man aber die Zweckmässigkeit einer Methode bezweifeln, welche die Wissenschaft zum Privilegium Weniger machen will und die ihre

> Ergebnisse nur für den mündlichen Vortrag zurückhält, oder so kurz und dunkel, oder irgendwo halbversteckt mittheilt, dass alle Andern die nicht den Meister selbst hören, oder unbedingt seinem Banner folgen können, gewissermassen mit einem „Odi profanum vulgus et arceo“ hintangehalten oder verketzert werden. Man hat wahrhaftig nicht Noth, ihnen das Studium unserer alten Literatur und Sprache in ihren verschiedenen Perioden und Dialekten auf solche Weise zu erschweren und zu verleiden. Die Schwierigkeit desselben an und für sich schon ist gewiss mehr als hinreichend, um Jeden der nicht mit Liebe, Ernst und Ausdauer zu demselben herantritt, bald zu entfernen. Wenn aber selbst diese bei dem besten Willen oft nicht im Stande sind, sich zurecht zu finden, so ist dies ein Fehler in der Behandlung des Gegenstandes.
>
> An diesem Gebrechen leiden aber viele Ausgaben gerade unserer ersten Meister, durch welche, wie es heisst „die Schätze deutschen Geistes zugänglich und in reinlicher Gestalt einem grössern Leserkreise geniessbar gemacht sein sollen“. Wenn man derlei Äusserungen immer wieder findet, weiss man wahrlich nicht, was man darüber sagen oder denken soll. Glaubt man wirklich, dass solche Ausgaben für einen grössern Leserkreis geeignet und geniessbar seien die sich fast von aller Erklärung des Textes rein halten oder den Leser jeden Augenblick, wenn er ihn verstehen will, auf Bücher verweisen, von denen manche oft kaum in grossen Bibliotheken zu finden sind, so leidet man an einer grossartigen Selbsttäuschung. Glaubt man dies nicht, und erklärt, die Nothwendigkeit eines Commentars für jene Denkmäler einsehend, deren Ausgaben dennoch für allgemein zugänglich; so klingt dies fast wie ein loser Scherz, den man sich mit dem Publicum erlaubt.
>
> Warum folgt man in der Bearbeitung unserer alten Dichtungen nicht den schönen Beispielen welche uns Lachmann in seiner Ausgabe des Iwein, Wilhelm Grimm in der des Freidank, Franz Pfeiffer in jener der Mystiker und Marienlegenden und Andere gegeben haben, die Alles in sich vereinigen, was zur richtigen Auffassung und Würdigung des behandelten Denkmals nöthig ist? (S. 58f.)

Lob auf die Brüder Grimm:

> Und hier kann ich nicht umhin, vorzüglich des Gründers und Altmeisters der deutschen Philologie zu erwähnen, der wie Humboldt die Gesetze des Kosmos, jene des Logos in allen seinen Verzweigungen erforschte und darstellte. Ich brauche den Namen nicht auszusprechen, Alle wissen wen ich meine. Wer von uns hat ihm nicht seine Erstlingsversuche dargebracht und wer erhielt und bewahrt nicht von ihm ein aufmunterndes freundliches Wort, als heiliges Andenken und als Sporn zum Fortschritt auf der betretenen Bahn?
>
> Möge er und sein ebenbürtiger Bruder noch lange in ungeschwächter Geistes- und Jugendkraft zu Nutz und Frommen der deutschen Sprachwissenschaft fortwirken und auch das Werk glücklich vollenden, das als ein kostbares Denkmal deutschen Fleisses und deutscher Wissenschaft der Stolz unseres Volkes sein wird.
>
> Wien den 10. November 1858. (S. 59f.)

Genesis und Exodus I (1862, wie Anm. 23)

Dienstverpflichtungen des Bibliotheksdirektors Diemer hatten seine längst versprochene Edition erschwert und verzögert:

> Leider kommt dieser [Dank gegenüber dem Anreger Theodor von Karajan] etwas spät, denn nicht so schnell als ich dachte und wünschte, war es mir möglich der Verpflichtung nachzukommen, welche ich dem wissenschaftlichen Publikum gegenüber übernommen hatte. Zunächst beschäftigte mich die Veröffentlichung der deutschen Gedichte des 11. und 12. Jahrhunderts und jene der Kaiserchronik, dann traten dienstliche Verhältnisse ein, welche jede grössere wissenschaftliche Arbeit unmöglich machten. Ein Jahr um das andere verstrich und immer drückender lastete der Alp meiner Schuld auf mir, bis ich endlich den Entschluss fasste, wenigstens den Text allein drucken zu lassen. (S. IVf.)

Die Edition im Dienste des Text-Verständnisses, eine kleine Wörterbuchschelte gegenüber dem aus dem Nachlass von Georg Friedrich Benecke (1762–1844) durch Wilhelm Müller (1812–1890) und Friedrich Zarncke (1825–1891) herausgegebenen Werk mit impliziert:

> So kam denn bereits vor 6 Jahren der Druck des Textes zu Stande. Allein schon während der Besorgung desselben überzeugte ich mich immer mehr und mehr, dass mit der Ueberlieferung allein Niemanden recht gedient sei. Sie bedurfte, obwohl von einem sachkundigen Schreiber herrührend und für die Rechtschreibung damaliger Zeit fast massgebend, doch mannigfacher Nachhilfe und Verbesserung. Dann ist die Sprache des Denkmals selbst alterthümlich, der Zeit seiner Entstehung entsprechend, in ihren Lauten und Biegungen schwankend und von dem Mittelhochdeutschen häufig verschieden, daher für Jene, welche nur an dessen reine Formen gewohnt sind, oft irreleitend und schwer zu verstehen. Desshalb konnte ich es nicht über mich gewinnen, wie ich anfänglich beabsichtigte, diese anziehende Dichtung ohne alle Erläuterungen in die Welt hinauszuschicken; ich wollte wenigstens so viel zu deren Verständnisse beitragen, als es meine beschränkte Zeit und Kraft erlaubten, und ging denn auch an diese Arbeit, obgleich ich wohl wusste, dass daraus wenig Dank und Ehre zu hoffen sei. Dem Einen wird des Gegebenen zu viel, dem Andern wieder zu wenig scheinen. Hierin Allen gerecht zu werden, dürfte kaum Jemanden gelingen. Um jedoch den rechten Mittelweg zu treffen, musste ich die ersten Vorkenntnisse der alten biblischen Geschichte und der altdeutschen Sprache voraussetzen. Da wo diese nicht ausreichten und eine Erörterung nöthig schien, suchte ich theils durch Anmerkungen, theils durch Uebersetzung der schwierigern Stellen nachzuhelfen. Nebstdem habe ich auch ein Wörterbuch beigefügt, in welchem die einzelnen Wörter meist genau nach der Schreibweise des Denkmals alphabetisch und nicht nach der Abstammung und Lautlehre des Mittelhochdeutschen aufgeführt und daher leichter zu finden sind. Denn das neue mittelhochdeutsche Wörterbuch von W. Müller und Fr. Zarncke können wegen seiner Anordnung doch nur Fachkundige gebrauchen und selbst diese haben, wie die Erfahrung lehrt oft grosse Mühe, Worte die sie nicht schon früher halbwegs kennen, aufzufinden. (S. Vf.)

Behände Relativierung der o. g. Wörterbuchkritik:

> Damit soll jedoch seiner Vortrefflichkeit und dem grossen Verdienste seiner Herausgeber keineswegs zu nahe getreten werden. Niemand weiss eine solche Arbeit besser zu schätzen und zu würdigen, als der sie selbst versucht hat. Es wäre undankbar, wenn ich es

verschweigen wollte, dass ich ihm und später auch jenem W. Wackernagel's vielfache Belehrung schulde und gar manche Stellen des Gedichtes unrichtig aufgefasst hätte, wären mir beide nicht stets als treue Freunde und Rathgeber zur Seite gestanden. Dass in solchen Werken noch Manches zu verbessern und zu ergänzen ist, liegt in der Natur der Sache. (S. VI)

Beiträge V (1865, wie Anm. 25)

Diemer als Diener seines Faches durch einen editorischen Nachtrag aus der Vorauer Sammelhandschrift:

Der Aufforderung mehrerer Fachgenossen entsprechend, übergebe ich hier den Freunden altdeutscher Sprache und Literatur den Vorauer Text der Geschichte des aegyptischen Joseph's. (S. V)

Bekräftigung des Werts genauer Textabdrucke; Details zum verwendeten Auszeichnungssystem:

Hierbei durfte ich den Hauptzweck, nämlich die Überlieferung vollkommen getreu wiederzugeben, oder wo ich davon abwich, dies stets leicht ersichtlich zu machen, nicht aus dem Auge verlieren. Deshalb habe ich in den Text nur das, was nach der fast gleichzeitigen Wiener Handschrift vom Schreiber offenbar übersehen wurde, aufgenommen und in runde Klammern ( ), einiges das mir überflüssig schien, in [ ] eingeschlossen, meine Ergänzungen und Verbesserungen aber, welche ich für völlig sicher und nothwendig hielt, durch liegende Schrift ausgezeichnet. Dadurch sollte das Ganze lesbar und verständlich werden. Zu gleichem Behufe fügte ich noch manches Andere hinzu, was mir mittlerweile aufgestossen ist, und was als ein nicht unwichtiger Nachtrag zu meiner Ausgabe der Genesis und Exodus gelten kann. Auch erlaubte ich mir, bisher nicht oder wenig bekannte Wörter, Formen oder Redensarten, oder ähnliche Erscheinungen und Ausnahmen in Bezug auf die Grammatik und Sprache dieser älteren Zeit mitzutheilen, und glaube dass diese Zugaben für Manche nicht unwillkommen sein werden. (S. VI)

Beiträge VI (1867, wie Anm. 2)

Diemers neuerliche Übung in Selbsttadel sowie bescheidenem, doch beharrlichem Besserwissen als Einstimmung auf seine zweite, jetzt historisch kritische Edition des Ezzoliedes:

Meine Verbesserungen und Ergänzungen des Textes machen nicht den Anspruch, die verderbten oder ausgefallenen Stellen überall richtig oder dem Originale gemäss wieder hergestellt zu haben, sondern sind eben nur Versuche hiezu und gleichen den Restaurationen alter Kunstwerke, von denen die Unbilden der Zeit und der Schmutz daran möglichst schonend entfernt werden sollten, um den Anblick und Genuss des Ganzen, wie es ursprünglich bestanden haben dürfte, wieder möglich zu machen. Dass dieselben, obwohl meistens durch die offenbare Verstümmlung des Textes hervorgerufen, hin und wieder Manchen vielleicht unnöthig oder zu kühn erscheinen dürften, liegt in der Natur der Sache und in der individuellen Anschauung. Hierin Allen Recht zu thun, wird kaum jemand gelingen. Ich glaube jedoch, dass wenigstens ein guter Theil meiner Vorschläge allgemeine Annahme finden wird. Wo dies nicht der Fall ist, oder wo ich sonst gefehlt habe, wird es mir angenehm sein, wenn Fachkundige bessere liefern oder mich belehren, denn mir liegt nur an der Sache, nicht aber daran, überall Recht zu haben. An der

Schreibweise des Originals habe ich fast gar nichts geändert, so dass der Text als völlig authentisch gelten kann, deshalb sind auch meine Änderungen entweder durch liegende Schrift oder unmittelbar unter dem Texte ersichtlich gemacht, so dass sie mit dem Originale nicht verwechselt werden können.
Die beigefügten Anmerkungen sollen meine Vorschläge rechtfertigen und das volle Verständniss des Liedes vermitteln. Zu diesem Behufe habe ich auch, so weit es mir als Nichttheologen möglich war, die Quellen nachgewiesen, aus denen der Verfasser geschöpft haben dürfte, oder welche den Leser mit den religiösen Anschauungen jener Zeit bekannt machen. Manches wurde aus meiner ersten Ausgabe herüber genommen und das, was sich mittlerweile aus den neu eröffneten Quellen, wie aus Kelle's *Speculum ecclesiae* und Honorius Aug. ergab, hinzugefügt. Dass ich hierin durchaus selbständig arbeitete, glaube ich nicht erst versichern zu dürfen. Ein flüchtiger Blick in meine Anmerkungen wird zeigen, dass es mir gelungen ist, theils aus der heil. Schrift, theils aus den Kirchenvätern und namentlich aus Honorius gar manche Stellen beizubringen, welche bisher unbeachtet geblieben sind und zur Aufhellung des Liedes nicht wenig beitragen.
So glaube ich denn alles gethan zu haben, um meine Ausgabe sowohl für den Fachmann als für die Freunde unserer Wissenschaft bequem und brauchbar zu machen. Möge das Gute daran nicht übersehen, das wirklich Mangelhafte verbessert, aber nicht als Folie zur Aburtheilung des Ganzen ausgebeutet werden. (S. LVIIf.)

Holger Runow

„Tausendsassa" und „Hexenmeister"

Karl Bartsch als Editor von prekär und nicht überlieferten Texten

1. Ein Leben für die Philologie

Wer sich mit mittelalterlicher deutscher Literatur befasst, wird eher früher als später und dann immer wieder auf den Namen Karl Bartsch stoßen. Und wer sich etwas näher mit Karl Bartsch beschäftigt, merkt bald, dass man es bei ihm mit einem der produktivsten Philologen des 19. Jahrhunderts zu tun hat, der nicht nur, aber insbesondere auch als Editor einer Vielzahl von Texten aus dem deutschen Mittelalter in Erscheinung getreten ist und einen bleibenden Eindruck auf die germanistische Mediävistik – und zudem auch über die engen Fachgrenzen hinaus – hinterlassen hat. Die Anzahl der von ihm veranstalteten Ausgaben und der damit verbundenen philologischen Untersuchungen ist schlicht stupend, mehrere davon sind bis heute nicht ersetzt und werden in Nach- und Neudrucken bzw. in aktualisierter oder neubearbeiteter Auflage auf der Grundlage seiner Arbeiten weiterhin benutzt. Als prominente Beispiele können hier etwa die Heldenepen *Nibelungenlied* und *Kudrun* genannt werden,[1] aber auch z. B. Konrads von Würzburg Roman *Partonopier und Meliur*,[2] um den es im Folgenden ein wenig ausführlicher gehen wird.

---

1 Vgl. die jeweils jüngsten Ausgaben: Das Nibelungenlied. Mittelhochdeutsch/Neuhochdeutsch. Nach dem Text von Karl Bartsch und Helmut de Boor ins Neuhochdeutsche übersetzt und kommentiert von Siegfried Grosse. Durchgesehene und verbesserte Auflage. Stuttgart 2007 (Reclams Universalbibliothek. 644); Kudrun. Nach der Ausgabe von Karl Bartsch hrsg. von Karl Stackmann. Tübingen 2000 (Altdeutsche Textbibliothek. 115).

2 Konrads von Würzburg Partonopier und Meliur – Turnier von Nantheiz – Sant Nicolaus – Lieder und Sprüche. Aus dem Nachlasse von Franz Pfeiffer und Franz Roth hrsg. von Karl Bartsch. Wien 1871; vgl. auch den Neudruck: Konrads von Würzburg Partonopier und Meliur. Aus dem Nachlasse von Franz Pfeiffer und Franz Roth hrsg. von Karl Bartsch. Mit einem Nachwort von Rainer Gruenter in Verbindung mit Bruno Jöhnk, Raimund Kemper, Hans-Christian Wunderlich. Berlin 1970.

https://doi.org/10.1515/9783110786422-011

Um einen ersten Eindruck von der schieren Fülle seiner editorischen Arbeit zu geben, seien vorab die von Bartsch herausgebrachten germanistisch-mediävistischen Editionen einmal aufgelistet. Die Aufstellung erfolgt chronologisch nach dem (ersten) Erscheinen. Bei mehreren Auflagen zu Lebzeiten ist die jeweils letzte mit entsprechender Indexzahl angegeben. Die Liste vermerkt nur Kurztitel, einen vollständigen bibliographischen Nachweis hat Gustav Ehrismann zusammengestellt.[3]

> Der Stricker: Karl der Große (1857) – Die Erlösung mit einer Auswahl geistlicher Dichtungen (1858) – Berthold von Holle (1858) – Mitteldeutsche Gedichte (1860) – Albrecht von Halberstadt und Ovid im Mittelalter (1861) – Pleier: Meleranz (1861) – Meisterlieder der Kolmarer Handschrift (1862) – Deutsche Liederdichter des XII.–XIV. Jahrhunderts (1864; [2]1879) – Kudrun (1865; [4]1880) – Das Nibelungenlied (1866; [5]1879) – Herzog Ernst (1869) – Der Nibelunge Nôt mit den Abweichungen von der Nibelunge Liet, den Lesarten sämmtlicher Handschriften und einem Wörterbuch (1870/1876/1880) – Wolfram von Eschenbach: Parzival und Titurel (1870–71; [2]1875–77) – Reinfried von Braunschweig (1871) – Konrad von Würzburg: Partonopier und Meliur. Turnier von Nantheiz. Sant Nicolaus. Lieder und Sprüche (1871) – Das Rolandslied (1874) – Nibelungenlied. Schulausgabe mit einem Wörterbuche (1874; [2]1880) – Kudrun. Schulausgabe mit einem Wörterbuche (1875) – Walther von der Vogelweide. Schulausgabe mit einem Wörterbuche (1875, [2]1885) – Diu Klage mit den Lesarten sämmtlicher Handschriften (1875) – Berthold von Holle: Demantin (1875) – Hugo von Montfort (1879) – Die Schweizer Minnesänger. Mit Einleitung und Anmerkungen (1886)

Wenigstens einige der Titel weisen auch explizit darauf hin, dass Bartsch nie einen Text oder eine Textsammlung ohne reichhaltiges philologisches und literarhistorisches Beiwerk herausgegeben hat. Seine oft sehr umfangreichen Einleitungen bieten in ausführlicher Darstellung den aktuellen Stand der Forschung zum jeweiligen Gegenstand. Vielfach konnte er dazu nicht einmal auf eine breitere frühere Forschung zurückgreifen, sondern er leistet umfassende Grundlagenforschung von oft langanhaltender Wirkung. Als einschlägige Beispiele dafür wären etwa der breite Kommentar in der *Parzival-* und *Titurel-*Ausgabe[4] oder die Einleitung zur Auswahlausgabe der Meisterlieder aus der Kolmarer Handschrift[5] zu nennen, in welcher großflächig ein bis dahin noch wenig erschlossenes Überlieferungsfeld systematisch aufgearbeitet wird; insbesondere aber auch die Einleitung zur Ausgabe der *Metamorphosen* Albrechts von Halber-

---

3 Gustav Ehrismann: Verzeichniss der selbständig erschienenen germanistischen Schriften Karl Bartschs. In: Germania 33, 1888, S. 94–97. Hier sind nicht weniger als 46 Titel verzeichnet.

4 Wolfram von Eschenbach: Parzival und Titurel. Hrsg. von Karl Bartsch. 4. Auflage bearbeitet von Marta Marti. 3 Teile. Leipzig 1927–1929/1932 (Deutsche Klassiker des Mittelalters. 9–11).

5 Meisterlieder der Kolmarer Handschrift. Hrsg. von Karl Bartsch. Stuttgart 1862 (Bibliothek des Litterarischen Vereins in Stuttgart. 68), Nachdruck Hildesheim, Zürich, New York 1998.

stadt,[6] die mit ihrer kenntnisreichen Darstellung zu „Ovid im Mittelalter" auf der Grundlage einer beeindruckenden Materialsammlung bis heute uneingeholt ist. Auch auf diese Edition, die als Bartschs prekärstes – und aus modernerer Sicht jedenfalls gescheitertes – Unternehmen zu gelten hat, ist weiter unten noch einmal zurückzukommen.

Das allein dürfte, so möchte man meinen, genügen, um ein fleißiges Forscherleben auszufüllen. Doch weit gefehlt: Hinzu kommen mehrere große Untersuchungen, welche durchaus die ganze Breite des Faches abdecken, von der ungedruckten Dissertation über die Metrik bei Otfrid von Weißenburg über Monographien zum *Karlmeinet*[7] und natürlich zum *Nibelungenlied*[8] (Bartsch spielte bekanntermaßen eine maßgebliche Rolle im so genannten ‚Nibelungenstreit', auf den hier nicht einzugehen ist[9]), aber etwa auch ein Buch zu den lateinischen Sequenzen.[10] Zu nennen sind unter anderem große Fleißarbeiten wie der fehlende Apparatband zu Adelbert von Kellers[11] Ausgabe des *Trojanischen Krieges* von Konrad von Würzburg,[12] aber auch die Überarbeitungen der großen Literaturgeschichten von Gervinus und Koberstein[13] oder die bis heute immer wieder nachgedruckte gereimte Versübersetzung des *Nibelungenlieds*[14] und nicht zuletzt der Katalog der altdeutschen Handschriften der Universitätsbibliothek Heidelberg.[15] Eine vollständige Auflistung aller Monographien und Herausgeberschaften ist hier nicht möglich,[16] geschweige denn eine Aufstellung der unzähligen Zeitschriftenbeiträge, die Bartsch verfasst hat, insbesondere für die von Franz Pfeiffer 1856 begründete *Germania*, deren Herausgabe Bartsch nach dessen Tod 1868 übernahm.

---

6 Karl Bartsch: Albrecht von Halberstadt und Ovid im deutschen Mittelalter. Quedlinburg, Leipzig 1861 (Bibliothek der gesammten deutschen National-Literatur. 38), Nachdruck Amsterdam 1965.

7 Karl Bartsch: Über Karlmeinet. Ein Beitrag zur Karlssage. Nürnberg 1861.

8 Karl Bartsch: Untersuchungen über das Nibelungenlied. Wien 1865.

9 Vgl. zum fachgeschichtlichen und -soziologischen Überblick Rainer Kolk: Berlin oder Leipzig? Eine Studie zur sozialen Organisation der Germanistik im „Nibelungenstreit". Tübingen 1990 (Studien und Texte zur Sozialgeschichte der Literatur. 30).

10 Die lateinischen Sequenzen des Mittelalters in musikalischer und rhythmischer Beziehung dargestellt von Karl Bartsch. Rostock 1868.

11 Der trojanische Krieg von Konrad von Würzburg. Nach den Vorarbeiten K. Frommanns und F. Roths zum ersten Mal hrsg. durch Adelbert von Keller. Stuttgart 1858 (Bibliothek des Litterarischen Vereins in Stuttgart. 44).

12 Karl Bartsch: Anmerkungen zu Konrads Trojanerkrieg. Tübingen 1877 (Bibliothek des Litterarischen Vereins in Stuttgart. 133).

13 Georg Gottfried Gervinus: Geschichte der deutschen Dichtung. 5., völlig umgearbeitete Auflage. Hrsg. von Karl Bartsch. 5 Bde. (in 8). Leipzig 1871–1874; August Kobersteins Geschichte der deutschen Nationalliteratur bis zum Ende des 16. Jahrhunderts. 5., umgearbeitete Auflage von Karl Bartsch. 5 Bde. Leipzig 1872–1873 (Band I in 6. Auflage 1884).

14 Das Nibelungenlied. Übersetzt von Karl Bartsch. Leipzig 1867 (2. Auflage 1880).

15 Die altdeutschen Handschriften der Universitäts-Bibliothek in Heidelberg. Verzeichnet und beschrieben von Karl Bartsch. Heidelberg 1887 (Katalog der Handschriften der Universitäts-Bibliothek in Heidelberg. 1).

16 Vgl. die Übersicht bei Ehrismann 1888 (Anm. 3).

Was hier gar nicht berücksichtigt werden kann, zumindest aber Erwähnung verdient, ist, dass Bartsch nicht nur in der (Alt-)Germanistik Wesentliches geleistet hat, sondern auch in der Romanistik. Germanist*innen verbinden seinen Namen noch mit dem denkwürdigen Fall der *Aissi*-Kanzone, die er entdeckt (oder vielleicht erfunden?) und als Vorlage für Heinrichs von Morungen sogenanntes *Narzisslied* (MF 145,1) ausgemacht hat.[17] Seine Versübersetzung von Dantes *Göttlicher Komödie* wird auch heute noch gelesen.[18] – Und noch neben all dem äußert sich Bartschs enormer Schaffensdrang darin, dass er auch eigene Gedichte verfasste.[19] Alles in allem gehört Karl Bartsch zu den wohl interessantesten Gelehrtenpersönlichkeiten des 19. Jahrhunderts, die einmal eine umfassende biblio-biographische Aufarbeitung verdient hätte.[20] Hier hingegen können nur einige Schlaglichter gesetzt werden. Vorweg ein paar Notizen zu seinem akademischen Werdegang, der auch im Hinblick auf die Gelehrtennetzwerke seiner Zeit und damit im Zusammenhang mit weiteren in diesem Band behandelten Philologen von Interesse ist.[21]

Karl Friedrich Adolf Konrad Bartsch, am 25. Februar 1832 als Sohn eines Steuerbeamten im niederschlesischen Sprottau, dem heute polnischen Szprotawa, geboren, wuchs dort als eines unter sieben Kindern auf. Sein Abitur machte er 1849 in Breslau und studierte dann ebendort zunächst bei Karl Weinhold.[22] Als dieser 1850 nach Krakau ging, wollte Bartsch seine Studien bei Lachmann fortsetzen, doch der war, als der junge Student im Frühjahr 1851 nach Berlin

---

17 Vgl. Stephanie Seidl: Ein „kreatives Verbrechen"? Karl Bartsch, die *Aissi-Kanzone* und das *Narzisslied*. In: Das *Narzisslied* Heinrichs von Morungen. Zur mittelalterlichen Liebeslyrik und ihrer philologischen Erschließung. Hrsg. von Manfred Kern, Cyril Edwards und Christoph Huber unter Mitarbeit von Elisabeth Skardarasy und Barbara Strübler. Heidelberg 2015, S. 191–208.

18 Vgl. die 2010 im Marix Verlag erschienene großformatige und reich illustrierte Ausgabe: Dante Alighieri: Die göttliche Komödie. In der Übersetzung von Karl Bartsch. Neu gesetzte, korrigierte und überarbeitete Ausgabe, behutsam revidiert nach der Ausgabe F. E. W. Vogel, Leipzig 1877. Mit Illustrationen von Sandro Botticelli. Wiesbaden 2010.

19 Wanderung und Heimkehr. Gedichte von Karl Bartsch. Leipzig 1874. – Die enorme Produktivität wurde auch schon von seinen Zeitgenossen mit Bewunderung wahrgenommen, namentlich in den Briefen seines Freundes Franz Pfeiffer. Vgl. Franz Pfeiffer/Karl Bartsch: Briefwechsel. Mit unveröffentlichten Briefen der Gebrüder Grimm und weiteren Dokumenten zur Wissenschaftsgeschichte des 19. Jahrhunderts. Hrsg. von Hans-Joachim Koppitz. Köln 1969, hier z. B. S. 128 (Nr. 85 vom 27.12.1862): „Dein Fleiß und Deine Arbeitskraft sind wirklich staunenerregend: darin thut es Dir kein zweiter gleich" oder S. 132 (Nr. 87 vom 24.2.1863): „Du bist ein Tausendsassa, und in allen Sätteln gerecht!" Ein anderes Mal betitelt er ihn als „Hexenmeister Bartsch" (ebd., S. 148, Nr. 100 vom 7.12.1863).

20 Das einst von Lydia Jones angekündigte Promotionsvorhaben zu Karl Bartsch als Editor mittelhochdeutscher Texte wurde leider aufgegeben.

21 Zum Überblick vgl. Dieter Seitz: Karl Bartsch (1832–1888). In: Wissenschaftsgeschichte der Germanistik in Porträts. Hrsg. von Christoph König, Hans-Harald Müller und Werner Röcke. Berlin, New York 2000, S. 47–52.

22 Zu Weinhold vgl. den Beitrag von Judith Lange in diesem Band.

kam, kurz zuvor gestorben. Durch diese biographische Kontingenz wurde Bartsch kein ‚Lachmannianer' – jedenfalls nicht hinsichtlich seiner wissenschaftssoziologischen Zugehörigkeit; sehr wohl aber war und blieb er es zeitlebens im methodischen Denken.[23] Stattdessen hörte Bartsch (sporadisch) Vorlesungen bei Wilhelm Grimm, vor allem aber bei Hans Ferdinand Maßmann, der zuvor in München gewesen war, wo u. a. Franz Pfeiffer zu seinen Schülern gehört hatte, und der unter den Anhängern Lachmanns als verachtet galt.[24] Maßmann war es auch, der Bartsch seine erste Anstellung als Kustos am Germanischen Nationalmuseum in Nürnberg vermittelte, die er 1855 antrat.

Ganz besonders hervorzuheben ist die Verbindung Bartschs zum 17 Jahre älteren Wiener Ordinarius Franz Pfeiffer,[25] die um dieselbe Zeit als regelmäßige, bald freundschaftliche Briefkorrespondenz begann und sich nach einer ersten leibhaftigen Begegnung 1860 in Basel zu einer engen persönlichen Freundschaft entwickelte. Pfeiffer aber stand in strikter Opposition zur Berliner Lachmann-Schule (v. a. Moriz Haupt, Karl Müllenhoff und dessen Schüler Wilhelm Scherer). Nachdem Bartsch in engem Kontakt zu ihm stand und zu den Hauptlieferanten für Pfeiffers *Germania* zählte, musste auch er als Lachmann-Gegner wahrgenommen werden, obwohl er, darin ein anderer Charakter als Pfeiffer, zumeist um mehr Nüchternheit in der Sache und auch um ausgleichende Positionen bemüht war. – 1858 wurde Bartsch auf eine ordentliche Professur für germanische und romanische Philologie nach Rostock berufen, wo er das *Deutsch-philologische Seminar* ins Leben rief, das erste seiner Art, dem bald weitere folgen sollten. 1871 folgte er einem Ruf nach Heidelberg und blieb dort bis zu seinem frühen Tod am 19. Februar 1888, nur wenige Tage vor seinem 56. Geburtstag.

2. Rekonstruktion: Konrads von Würzburg *Partonopier und Meliur*

Um einen Eindruck von Karl Bartschs editorischer Praxis und seinem philologischen Selbstverständnis zu gewinnen, lohnt sich ein exemplarischer Blick auf zwei Editionen, in denen der Herausgeber Bartsch auf jeweils besondere Überlieferungsbedingungen zu reagieren hatte: diejenige von Konrads von Würzburg *Partonopier und Meliur* (1871) sowie jene bereits zehn Jahre zuvor erschienene von Albrechts von Halberstadt Übersetzung der *Metamorphosen* Ovids.

[23] Vgl. Seitz 2000 (Anm. 21), S. 50: „Als Textkritiker bewegte Bartsch sich durchaus in den Bahnen der Lachmannschen Methode." – Reinhold Bechstein bezeichnet ihn in seinem Nachruf (Germania 33, 1888, S. 65–94, hier S. 76) mit versöhnlichen Tönen als Lachmannianer par excellence: „In Einzelheiten mag er von Lachmann abgewichen sein, aber in seinem Wesen als Herausgeber, im Princip und in der Technik ist er Lachmanns treuester Schüler und Nachfolger. Ich wüßte nach Haupt Keinen zu nennen, der auf den Namen eines Vollblut-Lachmannianers mehr Anspruch hätte als gerade Bartsch."

[24] Zu Maßmann vgl. den Beitrag von Jürgen Wolf in diesem Band.

[25] Zu Pfeiffer vgl. den Beitrag von Freimut Löser in diesem Band.

Zunächst zu Konrads *Partonopier*. Den Text hatte Pfeiffer 1866 zwar nicht im eigentlichen Sinne ‚entdeckt', aber ihn doch zuerst als solchen aufgefunden,[26] und zwar in einer ehemals Riedegger Handschrift (heute: Berlin, SBB-PK, Mgf 1064), von der man schon seit 1829 bzw. 1838 Kenntnis haben konnte, deren Mitteilung an entlegenem Orte der Fachwelt indes entgangen war.[27] Von dem deutschen Gedicht über *Partonopier und Meliur* wusste man aber bereits aus zwei älteren Züricher Fragmenten (Zürich, Zentralbibliothek, Ms. 184 Nr. XXVI und Nr. XXVII), die zuerst Bodmer 1743 abgedruckt hatte.[28] Auch dass der in diesen Fragmenten bezeugte Text von Konrad von Würzburg stammen musste, war aufgrund seiner stilistischen Eigenheiten schon mit Bestimmtheit von Jacob Grimm und Karl Lachmann sowie unabhängig davon nochmals von Wilhelm Wackernagel angenommen worden;[29] doch erst die Riedegger Handschrift, eine saubere, aber insgesamt recht sorglos angefertigte bairisch-tirolische Abschrift aus dem Jahr 1471, machte diese Annahme zur Gewissheit, denn Konrad nennt sich im Prolog selbst.[30]

Pfeiffer gab in seinem Aufsatz den Prolog in einem „buchstäblich genauen" Abdruck, dem er einen ausdrücklich „vorläufigen Versuch einer kritischen Bearbeitung zur Seite" stellte.[31] Seinen Plan, nach diesen Proben den gesamten Text herauszugeben, konnte er jedoch nicht mehr verwirklichen, auch wenn er anscheinend bereits recht weit fortgeschritten war.[32] Am 29. Mai 1868, im Jahr nach der Publikation seiner Entdeckung, starb Pfeiffer nach längerer Krankheit und hinterließ Bartsch neben vielem anderem auch den *Partonopier*. Bartsch hat

---

26 Franz Pfeiffer: Über Konrad von Würzburg. In: Germania 12, 1867, S. 1–48.

27 Vgl. Pfeiffer 1867 (Anm. 26), S. 2.

28 Sammlung critischer, poetischer und anderer geistvoller Schriften zur Verbesserung des Urtheiles und des Witzes in den Werken der Wohlredenheit und der Poesie. Siebendes Stück. Hrsg. von Johann Jacob Bodmer. Zürich 1743, S. 36–46. Eine Ausgabe des altfranzösischen *Partonopeus de Blois* lag zudem seit 1834 vor (hrsg. von Georges Adrien Crapelet. 2 Bde. Paris 1834), die umfangreichen Fragmente einer niederländischen Bearbeitung seit 1847 (Partonopeus und Melior. Altfranzösisches Gedicht des dreizehnten Jahrhunderts. In mittelniederländischen und mittelhochdeutschen Bruchstücken nebst Auszügen des französischen Gedichts, geschichtlichen Nachweisungen und Wörterverzeichnissen. Hrsg. von H[ans] F[erdinand] Maßmann. Berlin 1847).

29 Vgl. dazu zuletzt Holger Runow: Konrads von Würzburg „Partonopier und Meliur". Prolegomena zu einer Neuausgabe. In: Lachmanns Erbe. Editionsmethoden in klassischer Philologie und germanistischer Mediävistik. Hrsg. von Anna Kathrin Bleuler und Oliver Primavesi. Berlin 2022 (Beihefte zur Zeitschrift für deutsche Philologie. 19), S. 363–398, hier S. 388f.

30 Zur Überlieferung des *Partonopier* vgl. Runow 2022 (Anm. 29), S. 366–368.

31 Pfeiffer 1867 (Anm. 26), S. 7.

32 In einem Brief Anfang 1867 (s. o., Anm. 19, Nr. 152 vom 3.1.) schrieb er an Bartsch, er habe bereits 13000 der rund 22000 Verse des *Partonopier* bearbeitet; und nach dessen Auskunft (Bartsch 1871 [Anm. 2], S. III) war sogar noch im Februar 1867 ein erster Durchgang abgeschlossen. Seitdem gibt es, so weit ich sehe, keine weitere Notiz über den Text.

sich dessen Bearbeitung aus Pfeiffers Nachlass konsequent angeeignet,[33] die Ausgabe erschien schließlich 1871. Die Textherstellung liegt zunächst ganz auf der Linie Pfeiffers, ein Vergleich der Ausgabe mit den Textpassagen, die jener in seinem Aufsatz abgedruckt hatte,[34] zeigt kaum nennenswerte Unterschiede. Die Apparateinträge jenseits dieser Passagen, in denen der Herausgeber mit den Siglen „B“ und „Pf“ für Bartsch bzw. Pfeiffer die Urheber von Texteingriffen ausweist, zeigen dann aber ein deutliches Übergewicht von „B“ gegenüber „Pf“ an. Das wird man, auch im Sinne von Bartschs Vorbemerkung zum Text, so deuten müssen, dass Pfeiffers Bearbeitung noch nicht so weit gediehen war bzw. dass Bartsch in seiner Kritik des Textes denn doch öfters über ihn hinausgeht, was insbesondere die morphologische, metrische und syntaktische Anpassung des Textes an die vermutete Konrad'sche Diktion gegenüber der jüngeren, frühneuhochdeutschen und zudem oftmals auch recht offensichtlich fehlerhaften Handschrift anbelangt.

Vor allem in einem wesentlichen Punkt geht Bartsch entschieden weiter als Pfeiffer, und dies scheint auch charakteristisch für seine Art der Philologie zu sein: In rund 180 Fällen fehlt in der Handschrift, jeweils ohne Lücke, ein Vers (nur selten auch erkennbar mehr), d. h. ein Reimpaar ist unvollständig, wodurch auch die Syntax und der Sinn des Textes sichtlich beeinträchtigt sind. Pfeiffer hatte an solchen Stellen die Lücke mit einem Asterisk markiert, und wie aus dem Apparat bei Bartsch zu ersehen ist, bot er auch in seinem Manuskript nur ganz selten Ergänzungsvorschläge. Bartsch hingegen war in dieser Hinsicht nicht zimperlich, an fast allen Stellen hat er die fehlenden Verse ergänzt. Dabei konnte er freilich nicht auf irgendeine Form der Parallelüberlieferung zum weitgehend unikal bezeugten Text zurückgreifen, sondern allein auf seine sehr genaue Kenntnis des gesamten Œuvres von Konrad von Würzburg, dessen Diktion, Metrik und typische Reimbindungen er sich zunutze machte. Das heißt aber nichts anderes, als dass Bartsch Lücken in der Überlieferung schloss, indem er Fehlendes sozusagen ‚im Geiste Konrads‘ nachdichtete. Irgendwelches Aufheben wird darum nicht gemacht; dass er konjiziert, hat Bartsch zwar jeweils im Apparat vermerkt, im Text selbst aber sind, wie es in älteren Editionen üblich ist, jegliche Eingriffe nicht als solche sichtbar gemacht.

Im Vergleich mit anderen Philologen, vor allem aber mit Pfeiffer, zeigt sich hier schon ein wesentlicher Unterschied in der Arbeitsweise, die vielleicht auch in den unterschiedlichen Charakteren dieser beiden Philologen begründet liegen mag. Wie oben bereits knapp angedeutet, ist Bartsch zumeist der nüchternanpackende Geist gegenüber dem oft leidenschaftlich-impulsiven Pfeiffer, der an

[33] Bei allem Respekt vor Pfeiffers Leistung betont Bartsch im Vorwort seiner Ausgabe (Bartsch 1871 [Anm. 2], S. III), „dass […] an eine Veröffentlichung ohne Weiteres nicht gedacht werden durfte, sondern dass dem Herausgeber eine vollständige kritische Durcharbeitung oblag.“

[34] Die bei Pfeiffer 1867 (Anm. 26) abgedruckten Textproben umfassen den Prolog, V. 1–235, sowie die Verse 2742–2751 und 7909–8292.

mancherlei Befindlichkeit und geradezu Verfolgungswahn gegenüber der Berliner Lachmann-Schule litt;[35] nüchterner zwar, aber zugleich kühner, tatkräftiger und risikobereiter. Für den *Partonopier* könnte man es, auf eine sehr überspitzte Formel gebracht, vielleicht so ausdrücken: Während Pfeiffer noch am defekten Text litt, hatte Bartsch ihn schon längst verbessert. Die mangelnde Qualität der Riedegger Handschrift hatte Pfeiffer mit harschen Worten abgeurteilt und ihrem Schreiber „grobe[ ] Nachlässigkeit und Unwissenheit“ attestiert: „Größerer Unsinn, und zwar an Stellen, die dem Verständnis nicht die geringste Schwierigkeit darbieten, ist niemals niedergeschrieben worden […].“[36] Bemerkenswert und noch bis heute folgenreich für die Datierung des Textes auf das Jahr 1277, das sich in der Handschrift auf fol. 54^{v} im rubrizierten *titulus* zum Text findet,[37] ist die Schlussfolgerung, die Pfeiffer aus diesem Befund zog. Dass der Schreiber Heinrich Wincklär, der sich im Kolophon (fol. 185^{r}) immerhin einen *baccalaurius artium* nennt, seine Vorlage vielfach nicht habe lesen können, erklärt er sich nämlich so:

> Die Vorlage war also wohl von eigenthümlicher Beschaffenheit und kaum mit den kräftigen deutlichen Zügen der uns bekannten Reinschriften des 13. oder 14. Jhds., sondern ohne Zweifel mit feiner, schwer leserlicher Schrift geschrieben, mit éinem Wort: es war das Autograph des Dichters selbst.[38]

Hier äußert sich also eine genieästhetische Vorstellung, nach der dem Dichter die Worte stürmisch aus dem Geiste zu Pergament geflogen sein müssen.[39] Bartsch

35 So beginnt auch sein Konrad-Aufsatz mit einer Reihe von kleineren Spitzen gegen Lachmann und die Seinen. Einen lebendigen Eindruck von Pfeiffers Wesen vermitteln u. a. die Briefe (Anm. 19); vgl. daneben auch Walter Kofler: Das Ende einer wunderbaren Freundschaft. Der Briefwechsel Holtzmann – Pfeiffer – Zarncke – Bartsch. In: Zeitschrift für deutsches Altertum 127, 1998, S. 247–270.

36 Pfeiffer 1867 (Anm. 26), S. 21; solches Urteil beschränkt sich bei ihm nicht auf diese spezielle Handschrift; vgl. ebd.: „An Handschriften aus dieser späten, aber auch noch aus früherer Zeit, worin uns alte Gedichte in verwahrloster, oft bis zur Sinnlosigkeit verderbter Gestalt überliefert werden, ist kein Mangel. Viele dieser Entstellungen beruhen natürlich auf der Fahrlässigkeit und dem Stumpfsinne der betreffenden Schreiber, aber eben so viele auch auf Missverständnissen und Willkür, die sich von Abschrift zu Abschrift fortpflanzen und vermehren.“

37 *Hie hebt ſich an ain hubſche / Abentewr von dem Edēln̄ Gra=/ffen vnd Ritter vnd Jungeling / Graffen Partonopier vnd / hat ſich ergangen Als man / zalt nach chriſti vnſers lie=/ben herren gepurde Tauſent / zwaÿ hundert vnd darnach / Jn dem Sibenvndſibentzig / Jaren̄* [*etc*].

38 Pfeiffer 1867 (Anm. 26), S. 22.

39 Das ist seinerseits ein genialischer Gedanke, der im Übrigen mit philologischen Argumenten schwerlich zu untermauern ist (zum Überlieferungsbefund und zur mutmaßlichen Beschaffenheit der Vorlage vgl. Runow 2022 [Anm. 29], bes. S. 373–375); ganz abgesehen davon, dass auch unklar bleibt, wie Pfeiffers Vorstellung zu vereinbaren wäre mit der Tatsache, dass es sich beim *Partonopier* gerade nicht um ein ‚genialisches‘ Originalstück, sondern um eine bearbeitende Übertragung einer altfranzösischen Vorlage handelt, zu deren Übersetzung Konrad sich nach eigener Auskunft im Prolog (V. 202–213) zudem Hilfe durch den Basler Patrizier Heinrich Marschant holen musste.

kommentiert das in seiner knappen Einleitung eher zurückhaltend und fast beiläufig: „Pfeiffers Vermuthung“, heißt es bei ihm bloß, habe „sehr viel Ansprechendes“.[40] Statt aber über solches weiter zu spekulieren, so scheint es, krempelt Bartsch die Ärmel hoch und macht sich an die Edition.

Bartsch stellt selbstverständlich, wie bereits Pfeiffer, einen Text in mittelhochdeutscher Lautgestalt her, zudem glättet er unbefangen metrisch, lexikalisch, stilistisch. Besonderes Augenmerk verdienen seine Ergänzungen von Textlücken, welche die Konjekturalkritik ja in besonderer Weise herausfordern. Das sei an einigen eng zusammenhängenden Beispielen illustriert, wofür die Textstellen jeweils in synoptischer Gegenüberstellung eines diplomatischen Abdrucks der Handschrift mit dem Text von Bartschs Ausgabe dargeboten und knapp in ihrem unmittelbaren inhaltlichen Kontext besprochen werden. Für die in der Handschrift fehlenden Verse steht ein Asterisk als Platzhalter, Bartschs Ergänzungen sind durch Fettdruck kenntlich gemacht.

Das erste Beispiel bezieht sich auf eine der wenigen Stellen, an denen nicht nur ein, sondern offenbar zwei Verse ausgefallen sind, nämlich V. 1548f. (bezogen auf Bartschs Verszählung). Hier bahnt sich die erste Liebesvereinigung zwischen Partonopier und Meliur an. Der jugendliche Protagonist ist, obwohl sie für ihn unsichtbar bleibt, überzeugt von der Tugend und Schönheit der (vermeintlich) feenhaften Frau. Dasselbe gilt auch umgekehrt:

Handschrift (fol. 63rb)	*Bartsch*
Si weſt auch jn irm̄ mute	si weste ouch in ir muote,
Daz chain junckher macht geſein	daz kein juncherre mohte sîn,
*	**an dem got solher tugende fîn**
*	**und solher zühte wart enein.**
Dañ von dÿ mīne gab jm czwain	dâ von diu minne gab in zwein
Geleichñ ſin vñ ainen muet	gelîchen sin und einen muot:
Sÿ wurdñ paide ſam ain gluet	si wurden beide sam ein gluot
Vnd alz ain feures zund^{s}r	und als ein viures zander
Enbrennet auff einander	erbrennet ûf ein ander.

Dass hier etwas fehlt, ist offensichtlich; die Syntax ist deutlich gestört. Der Grund für den Ausfall ist auch gut auszumachen: Die frühneuhochdeutsche Diphthongierung von mhd. *sîn* zu *(ge)sein* (V. 1547) begünstigt den Augensprung zum (dann jedenfalls) Reimwort *zwein* (V. 1550). So erklärt es auch Bartsch im Kommentar und füllt die Lücke. Zu seiner Ergänzung der beiden Verse bemerkt er dort, dass er sie „nach dem Zusammenhange mit ziemlicher Wahrscheinlichkeit ergänzt habe“.[41] – Nun darf man hier den Ausdruck ‚ziemliche Wahrscheinlichkeit‘ keineswegs im heutigen Sinne verstehen als ‚recht hohe Wahrscheinlichkeit‘, sondern muss es im zeitgenössischen Wortsinne fassen als ‚geziemende, gebührende Wahrscheinlichkeit‘: Bartsch hält seine Ergänzung eben nicht für

[40] Bartsch 1871 (Anm. 2), S. VIII.
[41] Bartsch 1871 (Anm. 2), S. 406.

‚wahrscheinlich richtig', sondern er hält es für wahrscheinlich, etwas Passendes ergänzt zu haben. Das ist ein nicht unerheblicher Unterschied, und tatsächlich wird man schwerlich dagegen argumentieren können, dass nach der einleitenden Konstruktion des Satzes, *daz kein juncherre mohte sîn*, sinngemäß kaum anderes anschließen kann als ‚[kein Jüngling,] der so gut gewesen wäre wie er'. Dem Kontext nach dürfte das zweifellos richtig sein, philologisch fraglich bleibt indes die präzise sprachliche Ausgestaltung einer solchen Aussage, wobei ihr durch Metrum und Reim immerhin enge Grenzen gesetzt sind.

Darin zeigt sich eine wesentliche und notwendige Differenzierung, was die Einschätzung von Bartschs editorischer Praxis anbelangt. Es ist eben nicht die überhebliche Sicherheit, sondern die mutige Entscheidung, mit welcher der Herausgeber doch keinen Anspruch auf letztgültige Wahrheit erhebt. Den heute viel geschmähten Rekonstruktionsoptimismus, die oft verpönte Konjekturfreudigkeit des 19. Jahrhunderts, muss man in diesem Lichte betrachten, und zwar auch unabhängig von der jeweiligen editorischen ‚Schule'. Man vergleiche schon Moriz Haupts, des Lachmann-Schülers, Bemerkung in der Vorrede zu seiner *Erec*-Ausgabe von 1839 (die Textkritik des *Erec* wird ja auch heute wieder lebhaft diskutiert[42]):

> Aus einer einzigen handschrift aus dem anfange des sechzehnten jahrhunderts, deren schreiber oft die redeweise seiner zeit eingemengt hat, wird niemand meinen ein mittelhochdeutsches gedicht dieses umfangs so wie es der dichter schrieb herstellen zu können; aber den versuch dem Erec zu erträglicher gestalt zu verhelfen durfte ich wagen.[43]

Das zweite Beispiel schließt unmittelbar an die soeben besprochene Stelle an. Auch in ihm dürfte der zu ergänzende Vers (V. 1568) auf recht fester Grundlage stehen. Partonopier entschließt sich zur Liebestat (vgl. V. 1562–65: *ich wil versuochen* […] *ob mir an disem wîbe / gelinge nâch dem willen mîn*):

---

42 Hartmann von Aue: Ereck. Textgeschichtliche Ausgabe mit Abdruck sämtlicher Fragmente und der Bruchstücke des mitteldeutschen ‚Erek'. Hrsg. von Andreas Hammer, Victor Millet und Timo Reuvekamp-Felber unter Mitarbeit von Lydia Merten, Katharina Münstermann und Hannah Rieger. Berlin, Boston 2017; vgl. dazu die Rezensionen von Stephan Müller (Arbitrium 36, 2018, S. 302–311) und Sonja Glauch (Beiträge zur Geschichte der deutschen Sprache und Literatur 141, 2019, S. 112–127); siehe auch Andreas Hammer: Hartmann von Aue oder Hans Ried? Zum Umgang mit der Text- und Stilkritik des ‚Ambraser Erec'. In: Literarischer Stil. Mittelalterliche Literatur zwischen Konvention und Innovation. Hrsg. von Elizabeth Andersen, Ricarda Bauschke-Hartung und Silvia Reuvekamp. Berlin, Boston 2014, S. 427–448; ders.: Der ‚Ereck' im Kontext der Überlieferung und in den Händen Hans Rieds. In: Hartmann von Aue 1230–1517. Kulturgeschichtliche Perspektiven der handschriftlichen Überlieferung. Hrsg. von Margreth Egidi, Markus Greulich und Marie-Sophie Masse. Stuttgart 2020 (Zeitschrift für deutsches Altertum Beihefte. 34), S. 259–280.

43 Erec. Eine Erzählung von Hartmann von Aue. Hrsg. von Moriz Haupt. Leipzig 1839, S. VIII.

Handschrift, fol. 63va		*Bartsch*
Sus graif er mit der hende ſein	1566	sus greif er mit der hende sîn
An dÿ frawen mit geluſt		an die frouwen mit gelust
*		**unde ruorte ir süezen brust,**
Die ſam ain apfl̄ waz gedrat		diu sam ein apfel was gedrât

Die Ergänzung scheint Bartsch so selbstverständlich zu sein, dass er sie nicht einmal kommentiert hat. Die Reimergänzung *lust* : *brust* leuchtet unmittelbar ein;[44] insbesondere aber gehört der Vergleich von schönen weiblichen Brüsten mit runden Äpfeln zu Konrads von Würzburg wiederkehrendem Beschreibungsinventar, und er findet sich sowohl in seinem *Engelhard*, hier bezogen auf die Protagonistin Engeltrut,[45] als auch im *Trojanerkrieg*, wo dieses Detail von Helenas Schönheit in Variation desselben Motivs beschrieben wird.[46] Die Wahrscheinlichkeit, *etwas* Richtiges getroffen zu haben, wenn auch vielleicht nicht *das* Richtige, das einzig Echte, wird hier, zumindest bezogen auf das Reimwort und den Handlungsablauf, schon geradezu zur Gewissheit.

Ähnlich verhält es sich mit dem nächsten ausgefallenen Vers (V. 1576), der sich ebenfalls noch auf derselben Seite innerhalb der Handschrift wie auch der Edition, nur wenige Zeilen später, findet. Über den Griff an die Brust ist Meliur innerlich erfreut, nach außen aber gibt sie gegenüber Partonopier die Empörte und tut so,

Handschrift, fol. 63va		*Bartsch*
Sam [‚*als ob*'] ſy laides reiche	1574	sam si leides rîche
Von diſer ſache ware		von dirre sache wære,
*		**daz der knabe mære**
An ſy gereckt het alſo		an si gerecket hæte alsô.

Auch hier sind die Möglichkeiten der rekonstruierenden Textkritik auf eine ganz eindeutige Stoßrichtung einzuschränken: Im ausgefallenen Vers muss das Subjekt zu *het an si gerecket* gestanden haben. Das kann in diesem Kontext ja nur Partonopier sein. Der Reim auf *wære* erfordert ein irgendwie auf diesen bezogenes Lexem; das Attribut *mære* ‚herrlich' ist hier eine treffende Vermutung. Ob dieses in Kollokation mit *knabe*, *juncherre*, *jüngelinc* o. Ä. steht, spielt für die ‚ziemliche Wahrscheinlichkeit' im oben dargestellten Sinne keine entscheidende Rolle.[47]

---

44 Eine Parallelstelle findet sich etwa in Konrads *Trojanerkrieg*; vgl. Konrad von Würzburg: Trojanerkrieg und die anonym überlieferte Fortsetzung. Kritische Ausgabe von Heinz Thoelen und Bianca Häberlein. Wiesbaden 2015, V. 14779f.

45 Konrad von Würzburg: Engelhard. Hrsg. von Ingo Reiffenstein. 3., neubearbeitete Auflage der Ausgabe von Paul Gereke. Tübingen 1982, V. 3044–3047: *man sach ir senften brüstelîn / an dem kleide reine / storzen harte kleine, / als ez zwên epfel wæren.*

46 Konrad von Würzburg, *Trojanerkrieg* (Anm. 44), V. 20214–20219: […] *ir brüste sinewel, / alsam zwei kügellîn gedrât, /* […] *als ob zwên epfel wunneclich / ir wæren dar gestecket.*

47 Auf direkte Parallelstellen, wo im Text vom *knabe[n] mære* o. Ä. die Rede ist, kann sich Bartsch dabei nicht berufen (die einzige, die so scheinen mag, V. 1532, beruht ebenfalls

In dieser Weise könnte man Bartschs *Partonopier*-Text weiter durchgehen.[48] Aus heutiger neo- und postneophilologischer Perspektive mag man sich über die Kühnheit und vermeintliche Unbedarftheit der Konjekturen wundern. Und natürlich muss man sie auch kritisieren. Insbesondere sollte man ihre suggestive Kraft nicht unterschätzen: Es gelingt Bartsch sehr oft, Konjekturen zu finden, die man nur allzu leicht für ‚Konradisch' zu halten geneigt ist. Dabei ist nicht jeder Eingriff auch ein Glücksgriff. Es sei nur daran erinnert,[49] wie er in einem grandiosen konjekturalen Fehlgriff das Wort *wongezimber* (‚Wohnzimmer') in den Text gemogelt hat (V. 522), obwohl der Begriff kein mittelalterlicher ist, sondern erst im 17. Jahrhundert aufkommt. Auf der Grundlage von Bartschs Ausgabe hat das Lemma *wongezimber* es denn auch geschafft, in Matthias Lexers *Mittelhochdeutsches Handwörterbuch* aufgenommen zu werden, was natürlich nicht angeht.

Insofern sind Revisionen durchaus angebracht. Gleichwohl sollte man das kritische Bemühen Bartschs um den ursprünglichen Text als solches anerkennen. Er verfährt mit großer Ernsthaftigkeit und tiefer Überzeugung, vor allem aber auf der Grundlage breitester Belesenheit und mit einem unvergleichlichen Gespür für Sprache und Stil des jeweiligen Autors und Einzeltextes, das auf enorm fleißigen und materialreichen Studien beruht. Zudem hatte er beim *Partonopier* noch eine vergleichsweise sehr solide Grundlage. Denn obwohl die Riedegger Handschrift etliche Mängel bietet, kann man ihr doch im Wesentlichen allenfalls Sorglosigkeit oder unbekümmerte Fahrlässigkeit in der Textwiedergabe einer an sich wohl zuverlässigen Vorlage vorwerfen, nicht aber Willkür im Sinne eines ganz eigenen Gestaltungswillens. Über die ergänzten Verse mag man heute anders denken, aber allein durch sprachliche Normalisierung und die Verbesserung offensichtlicher Fehler, die sich etwa aus dialektalen oder paläographischen Eigenheiten ergeben, und vor allem mit Hilfe des breiten Vergleichsmaterials, das die weiteren Werke Konrads von Würzburg bieten, oft auch in alter und sehr guter Überlieferung, lässt sich der Text in seiner wahrscheinlichen Gestalt des späten 13. Jahrhunderts recht verlässlich herstellen.

---

auf seiner Ergänzung!), das Attribut *mære* ist aber mehrfach auch in der Handschrift bezeugt.

48 Weitere Beispiele bei Runow 2022 (Anm. 29), S. 395f.

49 Vgl. Holger Runow: Edition als Revision zwischen ‚alter' und ‚neuer' Philologie. Zu einer Neuausgabe von Konrads von Würzburg *Partonopier und Meliur*. In: Textrevisionen. Beiträge der Internationalen Fachtagung der Arbeitsgemeinschaft für germanistische Edition, Graz, 17. bis 20. Februar 2016. Hrsg. von Wernfried Hofmeister und Andrea Hofmeister-Winter unter redaktioneller Mitarbeit von Astrid Böhm. Berlin, Boston 2017, S. 33–46, hier S. 45f., sowie Runow 2022 (Anm. 29), S. 396f.

3. Konstruktion: Die *Metamorphosen*-Übersetzung Albrechts von Halberstadt

Das Streben nach dem verlorenen Ursprungstext ist ja für viele Editoren des 19. Jahrhunderts nicht ungewöhnlich. Bartsch aber verfolgte dieses Ziel mit ganz besonderem Eifer, und zwar namentlich auch dort, wo die Voraussetzungen noch ungleich ungünstiger als etwa beim *Partonopier* sind. Das zeigt sich am eindrücklichsten in der wohl prekärsten aller Editionen von Bartsch, nämlich jener bereits zehn Jahre zuvor erschienenen (Teil-)Ausgabe der *Metamorphosen*-Übersetzung Albrechts von Halberstadt.[50] Der Text, um 1200 am Thüringer Landgrafenhof entstanden, ist nur in wenigen Bruchstücken überliefert,[51] von denen die ersten Germanistengenerationen noch keine Kenntnis hatten. Bezeugt war er bis dato in deutlich umgearbeiteter Form lediglich durch Jörg Wickram (Erstdruck 1545), der, weil er nicht hinreichend Latein konnte, anstelle des Ovid'schen Originals den mittelhochdeutschen Text Albrechts zur Grundlage seiner Nachdichtung machte.[52] Wickram hatte nur dessen Prolog in (einigermaßen) ursprünglicher Form dargeboten, um daran einmal die alte Sprachgestalt der mittelhochdeutschen Verse vorzuführen, die *doch mit solchem alten teütsch und kurtzen versen gemacht* [seien], *so daß sie mit keynem verstand gelesen moͤgen werden.* Den Rest des Textes hat er hingegen im Sinne der Verständlichkeit für seine Zeitgenossen schonungslos modernisiert. Wie Wickram in der Vorrede weiter bekennt, hat er die alten Verse *nit alleyn geendert oder corrigiert, sunder gantz von neüwem nach meinem vermoͤgen inn volgende ordnung brocht* [...],[53] d. h. er hat sie nicht allein normalisiert oder bloß sprachlich geglättet, sondern tatsächlich nach seinem Verständnis und Vermögen neu gedichtet. Im Hinblick auf die zugrundeliegende Dichtung Albrechts von Halberstadt musste ein solches Bekenntnis bedeuten, dass diese in ihrer ursprünglichen Gestalt unwiederbringlich verloren war. So sollte man jedenfalls meinen.

Den mittelhochdeutschen Prolog kannte man seit Haupts kritischem Abdruck 1843 in der von ihm zwei Jahre zuvor begründeten und herausgegebenen *Zeit-*

---

50 Bartsch 1861 (Anm. 6).

51 Zu Text und Autor vgl. Karl Stackmann: Albrecht von Halberstadt. In: Die deutsche Literatur des Mittelalters. Verfasserlexikon. Zweite, völlig neu bearbeitete Auflage unter Mitarbeit zahlreicher Fachgelehrter hrsg. von Kurt Ruh, Gundolf Keil, Werner Schröder, Burghart Wachinger und Franz Josef Worstbrock. Bd. 1. Berlin 1978, Sp. 187–191.

52 Georg Wickrams Werke. Bd. VII/VIII: Ovids Metamorphosen. Hrsg. von Johannes Bolte. Tübingen 1905/1906 (Bibliothek des Litterarischen Vereins in Stuttgart. 237, 241); Nachdruck Hildesheim, New York 1974. – Zu Wickrams *Metamorphosen*-Bearbeitung vgl. zuletzt Daniel Pachurka, Arne Schumacher: *Verenderung der Gestalten.* Das Buchkonzept von Jörg Wickrams Ausgabe der ‚Metamorphosen' Ovids (1545) im Spiegel der Götterdarstellung. In: Frühmittelalterliche Studien 53, 2019, S. 383–401 und Tafel XXVII–XXX.

53 Wickram, Werke Bd. VII (Anm. 52), S. 4 (beide Zitate).

schrift für deutsches Altertum.[54] In einer ersten Untersuchung hatte 1851 Jacob Grimm Überlegungen zur möglichen Gestalt von Wickrams mittelhochdeutscher Vorlage angestellt, dabei aber zugleich gewarnt: Es „würde ein versuch das ganze gedicht wieder herzustellen bei der groſsen unsicherheit in vielem einzelnen und wegen der masse, die dreifach stärker als im Engelhart zu bewältigen wäre, unfruchtbar und langweilig sein."[55] Und doch, so sagt er gleich im nächsten Satz, fehle nicht jede Perspektive, denn „einzelne stellen und verse sind mit einiger mühe noch einzurenken und das gedicht verdient auf jeden fall gröſsere aufmerksamkeit [...]."[56] – Ein Satz, der offenbar ganz geeignet war, einen Philologen wie Bartsch, der mit seinem Verständnis von Textkritik gerade solche Mühen nicht scheute, anzuregen, ja herauszufordern. In einem Brief an Jacob Grimm wird er sich später zur Gewagtheit seines Unternehmens bekennen, doch betont er durchaus stolz:

> es lag zugleich ein eigentümlicher Reiz in diesem Wagnisse. Und ich bereue es nicht, wenn ich die Freude in Anschlag bringe, die ich bei der Ausarbeitung des Buches empfand, wenn es mir gelang manchmal unter dem wickramschen Schmutz ein Goldkörnchen zu entdecken.[57]

Bartsch hatte spätestens um 1858 begonnen, sich mit Albrecht von Halberstadt zu befassen, aber wohl vornehmlich aus literar- und sprachhistorischem Interesse. Eine Ausgabe jedenfalls, so versicherte er Pfeiffer in einem Brief, plante er nicht.[58] 1859 zeigte dann aber Wilhelm Leverkus den ersten Fund eines alten Fragments aus einer Handschrift des späteren 13. Jahrhunderts von Albrechts Text an (heute: Fragment B).[59] Man möchte meinen, es wäre diese Entdeckung

---

54 Moriz Haupt: Die Vorrede Albrechts von Halberstadt. In: Zeitschrift für deutsches Altertum 3, 1843, S. 289–292.

55 Jacob Grimm: Albrecht von Halberstadt. In: Zeitschrift für deutsches Altertum 8, 1851, S. 397–422, hier S. 401. – Konrads von Würzburg *Engelhard* bildet deswegen einen wichtigen Referenzpunkt, weil er ebenfalls nur in frühneuhochdeutscher Sprache in einem Druck des 16. Jahrhunderts erhalten ist, allerdings in einem Zustand, der eher mit der Riedegger *Partonopier*-Handschrift vergleichbar ist und eine immerhin hinlängliche Grundlage zur Rekonstruktion des Textes bietet; vgl. dazu die Einleitung von Ingo Reiffenstein in der *Engelhard*-Ausgabe (Anm. 45), S. V–XII.

56 Grimm 1851 (Anm. 55), S. 401; es folgt der Vorschlag, man möge doch begabte Schüler zur Übung solche Wiederherstellungsversuche anstellen lassen.

57 Briefwechsel der Brüder Jacob und Wilhelm Grimm mit Karl Bartsch, Franz Pfeiffer und Gabriel Riedel. Hrsg. von Günter Breuer, Jürgen Jaehrling und Ulrich Schröter. Stuttgart 2002, hier S. 50f. (Nr. 26 vom 24. Mai 1861).

58 Vgl. den Hinweis in einem Brief an Pfeiffer vom 22. Februar 1859 (Anm. 19, S. 53, Nr. 32): „[...] ich stecke bis an die Ohren in einer Arbeit über – Albrecht von Halberstadt. Sie werden sich über diesen Stoff wundern, es ist in der That ein kühner Griff: aber fürchten Sie keine Ausgabe."

59 Wilhelm Leverkus: Aus Albrechts von Halberstadt Übersetzung der Metamorphosen Ovids. In: Zeitschrift für deutsches Altertum 11, 1859, S. 358–374. – Bis heute sind fünf Fragmente dieser Handschrift bekannt; Überblick bei Stackmann 1978 (Anm. 51), Sp. 189.

gewesen, die für Bartsch den entscheidenden Anstoß gab, die Rekonstruktion von großen Teilen der mittelhochdeutschen *Metamorphosen* doch in Angriff zu nehmen. Im Vorwort seiner 1861 erschienenen Ausgabe hingegen bekennt er, dass er den Entschluss schon davor gefasst habe. Das Vorwort gibt wichtige Einblicke in Bartschs methodisches Denken, und es ist ein wichtiger Baustein für das Verständnis seines philologischen Credos, das späterhin auch im *Partonopier* zu erkennen ist und weithin seine Arbeitsweise bestimmt. Dabei fällt gleich eingangs ein interessantes Paradox auf. Angesichts des frisch entdeckten alten Textfragments gibt Bartsch nämlich zu: „Das Bruchstück erhöhte die Schwierigkeiten statt sie zu mindern," – als wäre also die Textkritik besser beraten gewesen ohne die Altbezeugung?! – „denn es ergab die Vergleichung mit Wickrams Texte, dass nur etwa die Hälfte der alten Reime vom Bearbeiter beibehalten war, die übrigen aber so entstellt sind, dass auch die scharfsinnigste Kritik das Echte mit Sicherheit aufzufinden nicht im Stande wäre."[60] Für jeden anderen wäre dies eine klare Bankrotterklärung der Möglichkeiten der Textkritik gewesen. Nicht so für Bartsch, für den ein solcher Befund offenbar umso mehr Anlass und Ansporn ist, um im fleißigen Durchgraben des gesamten verfügbaren Materials nach jenen Gründen zu fragen, „aus welchen Wickram die Reime und Ausdrucksweise seines Vorbildes änderte",[61] um daraus gewissermaßen seinen *modus operandi* zu ermitteln, auf dessen Basis er dann die Beschaffenheit der Vorlage zu abstrahieren hoffte. So machen vergleichende Untersuchungen zu Sprache, Metrik und Stil einen guten Teil der Vorstudien aus, aus denen Bartsch Regeln oder Tendenzen ableiten kann, die Wickrams Umarbeitung bestimmen.[62] Auf dieser Grundlage formuliert er die Stoßrichtung seiner Art der Kritik: „Das Ziel, welches ich in meiner Herstellung zu erreichen trachtete, war nichts zu geben was der Mundart des Dichters widerstrebt, was Albrecht nicht hätte schreiben *können*." Aber weiter: „Dass er in jedem einzelnen Falle wirklich so geschrieben, dies mit Bestimmtheit behaupten zu wollen wäre thöricht."[63]

Ungeachtet der Kühnheit des Unternehmens hat er tatsächlich allein auf der Grundlage der knapp 380 erhaltenen mittelhochdeutschen Verse, die ihm zur Verfügung standen, zwar nicht den gesamten Wickram'schen Text, aber mit rund 10800 Versen etwas mehr als die Hälfte davon, in ein thüringisches Mitteldeutsch der Zeit um 1200 ‚zurückübersetzt', oder vielleicht sollte man besser sagen: retro-neugedichtet. Wie sehr er dabei vielleicht im Trüben fischte, ja zum Scheitern verurteilt war, das war ihm vollständig bewusst. Es trotzdem zu wagen, das ist das eigentlich Bemerkenswerte am Philologen Bartsch.

60 Bartsch 1861 (Anm. 6), S. V.

61 Ebd.

62 Vgl. Bartsch 1861 (Anm. 6), bes. S. CXXXIV–CXXXIX. – Dazu gehört im Ergebnis, das in vielem auch heute noch Gültigkeit beanspruchen kann, etwa, dass Wickram die thüringischen *n*-losen Infinitive meidet; dass er die Metrik dem Usus des 16. Jahrhunderts entsprechend nach dem silbenzählenden Prinzip umbildet und eine Vorliebe für stumpfe gegenüber klingenden Kadenzen hat (welche im alten Text deutlich zahlreicher sind); dass er wörtliche Rede und die Ich-Rede des Erzählers vermeidet usw.

63 Bartsch 1861 (Anm. 6), S. V (beide Zitate). Hervorhebung im Original durch Sperrung.

Der Nachweis des Scheiterns ließ nicht lange auf sich warten. Nur vier Jahre nach Erscheinen der Ausgabe veröffentlichte August Lübben[64] ein neu aufgefundenes zweites Fragment derselben alten Handschrift (heute: Fragment A), die somit einen Vergleich von Bartschs Rekonstruktionsversuchen mit Wickrams tatsächlicher Vorlage erlaubte. Dieser offenbart, was man eigentlich nur als Desaster bezeichnen kann. Das sei hier exemplarisch anhand einer Textpassage illustriert. Sie stammt aus der Philomela-Erzählung (Ovid, Metamorphosen 6,424–674): Tereus' Ehefrau Prokne bekommt Sehnsucht nach ihrer Schwester Philomela, die in der Ferne bei ihrem Vater Pandion ist. Tereus fährt los, um sie zu holen (später auf der Heimreise wird er sie vergewaltigen). Die Verse erzählen von Tereus' Ankunft beim Schwiegervater. Zunächst der Wickram'sche Text:

Wickram 6,928–949[65]
Sobald sein schweher nun vernam,
Das sein tochtermann gfaren kam
Und daß er in heymsuchen wolt,
Do thet er, als er billich solt,
Frӧlich empfieng er seine gest,
Grůst sie, so er mocht uff das best.
Tereus saumet sich nit lang
Und sagte gleich an dem anfang,
Was d ursach seiner zůkunfft wer,
Und sagt: ‚Her schweher, ich beger,
Wӧlt mich geweren meiner bett.
Mein weib mich zů euch gschicket hett,
Welche ist ewer eygen kindt,
Und bitt euch, das ir ihr vergünt,
Das Philomela mit mir far,
Ir schwester, (darum komm ich har)
Welche auch ewer tochter ist.
Drumb versprich ich euch sonder list,
Mit geschwornem eyd ich mich verpfent,
Das ich sie wider bring behendt
Alher inn ewer kӧnigrich.
Druff wil mein ehr verpfenden ich.‘

Die folgende Synopse stellt Bartschs Versuch der Rückübertragung dem dann aufgetauchten, tatsächlich überlieferten, Albrecht'schen Text aus Fragment A gegenüber. Das ermöglicht einerseits einen genauen vergleichenden Blick auf Bartschs mutig-prekäres Vorgehen, vor allem aber zeigt es eindrücklich, wie sehr er im Einzelnen dabei falsch lag, oder anders gesagt: wie wenig Wickrams

[64] August Lübben: Neues Bruchstück von Abrecht von Halberstadt. In: Germania 10, 1865, S. 237–245. Interessanterweise erwähnt Lübben Bartschs Ausgabe mit keinem Wort.

[65] Wickram, Werke VII (Anm. 52), S. 278f.

Nachdichtung als Grundlage für eine Rekonstruktion des mittelalterlichen Textes taugen konnte. Zur Verdeutlichung ist im Abdruck des Bartsch-Textes fett hervorgehoben, was so nicht bei Albrecht von Halberstadt steht (und auch bei Wickram nicht immer zu finden ist), unterpunktet sind einzelne Worte, die bei Albrecht zumindest in der Nähe zum betreffenden Vers wiederzufinden sind.

Bartsch XVI,25–42[66]	*Albrecht, Frgmt. A, 24–42*[67]
Dô der sweher **sîn** vernam,	Do] der sweher vernam,
daz sîn **tochterman** quam,	da]z sin eidem dare quam,
und in heimsûchen wolde,	Er] in gesehen wolde.
dô tete er als er solde,	do] tet er, als er solde;
und enphie die geste	Er] grůzte sine geste,
als er mochte beste.	di]e snoden vnde die beste,
Tereus **ensûmde** lange.	Mi]t sconem antfange.
sân nâch dem antvange	do] ne redete nicht lange
	Te]reus die krumbe,
	er] en sagete, war vmbe
seite er sînem swêre,	Er] dar komen were.
durch waz er komen wêre.	‚di]ch lazet biten sere
‚ûwer tochter, **mîn wîp,**	Di]n tochter uz der mazen,
gert daz ir swester **lîp**	d]az du sie wellest lazen
Philomêlâ mit mir var:	Ir swester gesehen.
des kumen ich selbe dar.	mach unser wille geschehn,
ich swer **û daz mit** eide,	Wiltu dar an genenden,
daz ich sie aber leide	daz wir sie heim senden
heim zu ûwerm lande:	In kurzen tagen beide,
des stê mîn êre zu phande.‘	daz swer ich bi dem eide.‘

Spätestens jetzt musste sich die Frage stellen, welchen Wert Bartschs Edition noch haben konnte.[68] Strengen philologischen Prinzipien konnte das Ergebnis nicht standhalten, diese Form der Textkritik – sofern man hier überhaupt noch davon sprechen kann – hatte sich als zu spekulativ und letztlich erfolglos erwiesen.

4. Philologie als Fähigkeit, sich ‚in die Texte hineinzuleben‘

Karriereschädigend war dieser Fehlgriff für Bartsch indes nicht. Und auch sein methodischer Umgang mit mittelalterlicher Textüberlieferung hat sich dadurch nicht etwa grundlegend geändert. Sein Verfahren mit Albrecht von Halberstadt

66 Bartsch 1861 (Anm. 6), S. 108; Schaft-*s* (ſ) ist aufgelöst zu rundem *s*.

67 Text nach Wickram, Werke VII (Anm. 52), S. 278f. im Apparat.

68 Er ist nicht in der Edition zu suchen. Der eigentliche Wert des Buches ist ein literaturgeschichtlicher, der unbedingt zu würdigen ist, nämlich die breite und unglaublich materialreiche Darstellung zu „Ovid im Mittelalter“, die der Buchtitel ankündigt. Auch die sprachlichen und stilistischen Untersuchungen behalten in methodischer Hinsicht durchaus ihren Wert.

ist im Gegenteil gerade deswegen so interessant, weil sich hier, vielleicht nicht zum ersten Mal, aber jedenfalls am deutlichsten beim jungen Bartsch – bei Abschluss der Arbeiten an seinem Albrecht von Halberstadt ist er erst 28 Jahre alt – zeigt, was für sein ganzes Forscherleben bestimmend bleibt, nämlich ein drängendes Streben, ja eine wahre Sehnsucht nach jenen Kategorien, welche die heutige Neophilologie so vehement in Frage gestellt hat: nach dem Echten, dem Originalen, eben nach dem *einen* ursprünglichen Text des Autors. Die wenigen, aber signifikanten Bemerkungen Bartschs zum unerreichbaren und letztlich in ihrem Bewusstsein der Fehlbarkeit doch wiederum bescheidenen Ziel seiner Ausgaben sind umso wertvoller, als er seine Methode zwar stets angewendet und vorgeführt, niemals aber als solche entwickelt und ausformuliert hat – wie ja auch die ‚Lachmann'sche Methode' immer schon als solche erkennbar war, erst durch Paul Maas oder Sebastiano Timpanaro aber eine zusammenhängende Darstellung fand.[69]

Ganz explizit und in besonders prägnanter Form hat Bartsch sein editorisches Selbstverständnis später und an eher entlegenem Ort zusammengefasst, nämlich in einer recht scharfen Rezension[70] zu Franz Lichtensteins *Tristrant*-Ausgabe.[71] Daraus seien abschließend einige einschlägige Passagen zitiert. Der Fokus soll hierbei ganz auf Bartschs eigenen methodischen Prinzipien liegen, nicht weiter eingegangen wird auf die Polemik gegen Lichtenstein. Die Sätze lesen sich dann umso mehr wie ein philologisches Credo, in dem Bartsch die leitenden Prinzipien zu erkennen gibt, denen seine Editionen wie auch seine kritischen Studien und Rezensionen stets verpflichtet waren:

> Es ist ein allgemeiner Grundsatz der Kritik, daß da, wo eine Textstelle aus sachlichen oder sprachlichen, stilistischen oder metrischen Gründen Anstoß oder Anlaß zum Verdacht bietet, das Recht der Besserung eintritt. Wo die vorhandenen Quellen und Hilfsmittel nicht ausreichen, sondern einen mangelhaften Text bieten, ist es Pflicht des Herausgebers ihn zu bessern. Die Auslassung und Entstellung von Worten durch die Schreiber nöthigt einer großen Zahl unserer alten Texte gegenüber zu Conjecturen. Je nach der Art des Falles wird das Richtige leichter oder schwerer zu finden sein. Die Thatsache, daß in Conjecturen [...] die Herausgeber und Kritiker sehr von einander abweichen, zeigt, wie schwer es oft ist, objectiv überzeugende und zwingende Resultate zu gewinnen. Dadurch soll und darf sich aber die Kritik nicht abschrecken lassen; sie muß überall, wo sie etwas als entstellt erkannt hat, Hand anlegen. Das Mangelhafte kann sich aber auch auf ganze Satztheile, halbe und ganze Verse erstrecken. Da wird Hr. L. [...] vom Standpunkte seiner ‚conservativen Textbehandlung' es vorziehen, lieber Lücken zu lassen als die Leser ‚mit Versen eigenen Fabrikates' zu beglücken. Ich denke

[69] Paul Maas: Textkritik. 4. Auflage. Leipzig 1960; Sebastiano Timpanaro: Die Entstehung der Lachmannschen Methode. Hamburg 1971.

[70] Karl Bartsch: Kritische Glossen zu einem unkritischen Texte. In: Germania 27, 1882, S. 359–367.

[71] Eilhart von Oberge. Hrsg. von Franz Lichtenstein. Straßburg 1877 (Quellen und Forschungen zur Sprach- und Culturgeschichte der germanischen Völker. 19).

darüber anders […].[72] Ich rühme mich dessen, und glaube, daß nicht jeder Philologe […] solch einen Text herzustellen vermocht hätte. Im Partonopier habe ich eine beträchtliche Anzahl vom Schreiber ausgelassener Verse ergänzt, und ich denke, bei den meisten werde ich das richtige getroffen haben. Es ist nun in der Sache gar kein Unterschied, ob etwas in einem Texte abgeschnitten, ausgelassen, oder durch Änderungen des Schreibers entstellt worden. Daß etwas weggeschnitten, sieht auch das blödeste Auge; Auslassungen erkennt schon nicht jeder; und ob ein Text entstellt und corrumpirt ist, noch weniger. In allen Fällen ist das Echte verloren; es zu finden, Aufgabe der Kritik.[73]

Bezeichnend ist hier, dass Bartsch bei Textverderbnissen unterschiedlichster Art – mechanischer Textverlust, Auslassungen, textkritische Korruptelen (also etwa Abschreibefehler, Interpolationen etc.) – keinen methodischen Unterschied sieht, wie er als Editor damit umzugehen hat: Immer steht das eine Ziel, die Wiedergewinnung des verlorenen ‚Echten', im Fokus seines Interesses. Auch die eigene Fehlbarkeit wird hier erneut reflektiert, die jedoch kein Hemmnis darstellt, sondern hinzunehmen sei angesichts des „Recht[s] der Besserung" und der „Pflicht" zur Konjektur. Zur Verdeutlichung bezieht Bartsch sich auf Moriz Haupts Bearbeitung der *Marter der Heiligen Margareta*,[74] bei der dieser angesichts „der argen entstellung" bekannt hatte: „zuweilen mögen meine vermutungen nicht kühn genug sein, öfter zu kühn". Bartsch nimmt das verallgemeinernd auf: „Daß in diese Lage jeder kommen wird und muß, liegt in der Natur der Sache, kann aber die Berechtigung solcher Versuche nicht in Frage stellen."[75] Und an späterer Stelle formuliert er geradezu sentenzhaft: „Die Schwierigkeit, die Verderbniß des Textes zu heben, kann die Richtigkeit des Princips nicht gefährden."[76]

Mit Bezug auf Jacob Grimms Versuche, „Ratperts [lat.] Leich auf den hl. Gallus in seine ahd. Urform zurückzuübertragen", äußert Bartsch schließlich eine bekenntnishaft sehnsüchtige Überzeugung, die man in den oben vorgestellten Editionen des *Partonopier* und von Albrechts *Metamorphosen* auch tatsächlich ins Werk gesetzt findet:

Gesetzt, es hätte sich ein Philologe so in unsere ahd. Sprache und deren dichterischen Stil hineingelebt, daß er im Stande wäre, unter Zugrundelegung des lat. Textes das Ahd. frei zu reproduciren – ich würde das nicht eine unwissenschaftliche Spielerei, ich würde es ein kleines philologisches Kunstwerk nennen.[77]

---

72 Es folgt ein knapper Hinweis auf Studien, in denen Bartsch entsprechend vorgegangen ist. – Vgl. u. a. seine Rezension zu Joseph Diemers *Genesis* und *Exodus* (Germania 8, 1863, S. 247–252).

73 Bartsch 1882 (Anm. 70), S. 359f. – Zu Lichtenstein vgl. den Beitrag von Norbert Kössinger in diesem Band; zu ebendieser Passage siehe dort bei Anm. 74.

74 Moriz Haupt: Die Marter der Heiligen Margareta. In: Zeitschrift für deutsches Altertum 1, 1841, S. 151–193, hier S. 152.

75 Bartsch 1882 (Anm. 70), S. 362.

76 Ebd., S. 365.

77 Ebd., S. 363.

Damit ist vielleicht am treffendsten Bartschs Antrieb benannt: Stets hat er daran gearbeitet, sich in die Texte ‚einzuleben'. Er verband dabei Philologie mit einem genuin dichterischen Gespür für die Texte und mit eigenem quasi künstlerischem Anspruch; philologisches Ursprungsstreben trifft sich hier mit dichterischer Kreativität.[78] So hatte es ihm auch Wilhelm Wackernagel in einem Dankesbrief für den Albrecht von Halberstadt bescheinigt, aus dem Bartsch, nun trotzig-stolz an Lichtenstein gerichtet, zitiert:

> [...] Ihr Albrecht setzt mich ganz eigentlich in Verwunderung durch die Kühnheit des Unternehmens und durch das schöne Gelingen, das Ihre Kühnheit gekrönt hat. [...] und bin jedesmal bis zum Jauchzen erstaunt gewesen, wie gut Sie es getroffen, gut wie es keiner getroffen, der bloß Grammatik oder bloß Belesenheit oder bloß dichterischen Sinn besessen hätte.[79]

Mit dieser Beobachtung zur seltenen Mischung von grundständigster philologischer Bewandtheit („Grammatik") auf der breitest möglichen Kenntnis der (nicht nur) mittelalterlichen Literatur („Belesenheit"), die mit genuin „dichterische[m] Sinn" glücklich gepaart ist, hat Wackernagel wohl tatsächlich eine treffende Formel zur Beschreibung für das Phänomen Karl Bartsch gefunden. Dessen besonderes Talent, sich gewissermaßen immersiv-philologisch in die Texte ‚hineinzuleben', gründet auf ebendieser besonderen Mischung. Eine Fähigkeit, die durchaus Blüten getrieben hat, welche man auch kritisch zu hinterfragen hat und denen sich mit allem Recht wissenschaftliche Bedenken entgegenstellen. Und doch ist es eben erst dieser kreative wie wagemutige Trieb, der Bartsch zu enormer Produktivität befähigte, und zwar nicht nur bei den hier speziell beleuchteten prekären Fällen, sondern insbesondere auch dort, wo er auf der Grundlage solider und breiter Überlieferungsbefunde arbeiten konnte und dabei oft Erkenntnisse von bleibendem Wert geschaffen hat. Das alles wird man zur Beurteilung des philologischen Werks unbedingt beherzigen müssen, wenn man heute die Editionen von Karl Barsch benutzt. Darin enthalten ist sicher auch eine Warnung, eine Ermahnung zur besonderen Aufmerksamkeit im Einzelfall. Aber insgesamt verdienen seine editorischen Leistungen höchsten Respekt, manchmal vielleicht auch einfach staunende Bewunderung.

---

78 Vgl. Karl Julius Schröer: Erinnerungen an Karl Bartsch. In: Germania 33, 1888, S. 59–64, hier S. 63: „Gewiß stand auch seinen textkritischen Arbeiten die nachschaffende Gabe des Dichters zur Seite." – Auch Reinhold Bechstein betont in seinem Nachruf auf Bartsch (s. o. Anm. 23, hier S. 75f.) den Stellenwert „der natürlichen Begabung, die der kritische Herausgeber für seine zum Theil künstlerische Aufgabe mitbringen muß. [...] Besonders kam ihm seine classisch-philologische Schule und sein eigenes Dichtertalent zu Gute."

79 Bartsch 1882 (Anm. 70), S. 360.

Norbert Kössinger

Franz Lichtensteins Ausgabe von Eilharts *Tristrant* (1877)

1. Vorbemerkung

Vorangestellt sei ein Zitat aus einer Rezension zu der 1878 erschienenen *Tristrant*-Ausgabe Franz Lichtensteins:

> Meine Ausgabe des Eilhart, deren Erscheinen Hr. L., wie er sagt, habe abwarten wollen, bevor er antwortete, wird ihm Gelegenheit geben, seine Kritik an mir zu üben. Vielleicht hat er bis dahin, da doch noch einige Jahre vergehen, etwas in Grammatik, Metrik und kritischer Methode gelernt. Ist es nicht ein Hohn, daß die Schule, aus welcher solche Früchte hervorgehen, sich nach dem Manne zu nennen wagt, der der Pfadfinder der kritischen Methode war – nach Lachmann?[1]

Diese Bemerkungen bilden einen der Höhepunkte – noch nicht den Endpunkt, wie wir sehen werden (s. dazu 4.) – der insgesamt mehr als fünf Jahre dauernden Auseinandersetzung um den Eilhart'schen *Tristrant* mit Franz Lichtenstein (1852–1884) auf der einen und Karl Bartsch (1832–1888) auf der anderen Seite als Protagonisten. Letzterer ist es, der sich in dem eben zitierten Ausschnitt, der auf den 1. Mai 1882 datiert ist und die letzten Sätze des Beitrags mit dem Titel *Kritische Glossen zu einem unkritischen Texte* bildet, bitterböse beschwert.[2] Bartsch verweist zum einen auf seinen eigenen Plan einer *Tristrant*-Ausgabe, den er zeitlebens nicht mehr realisieren sollte, und wirft dem zwei Jahrzehnte jüngeren Lichtenstein unverblümt fehlende Kompetenz in jeder für eine Edition (und auch sonst für philologisches Arbeiten) relevanten Hinsicht vor. Zum anderen und vor allem aber richtet sich sein Ärger gegen eine ganze „Schule", die sich auf den „Pfadfinder der kritischen Methode", also auf Karl Lachmann (1793–1851) beruft, der für das junge Fach methodisch maßgebliche Editionen herausgegeben hat.[3]

1 Karl Bartsch: Kritische Glossen zu einem unkritischen Texte. In: Germania 27, 1882, S. 359–367, hier S. 367. Bartsch verweist eingangs auf den vorangegangenen Schlagabtausch; siehe unten Abschnitt 4.

2 Zu Bartsch als Editor vgl. den Beitrag von Holger Runow in diesem Band.

3 Zu Lachmann und seinen Schülern vgl. mit weiterführenden Hinweisen Michael S. Batts: Lachmann, Karl. In: Internationales Germanistenlexikon 1800–1950. Hrsg. und eingeleitet von Christoph König. Bd. 2: H–Q. Berlin, New York 2003, S. 1046–1049. Die neueste Auseinandersetzung: Lachmanns Erbe. Editionsmethoden in klassischer Philologie und germanistischer Mediävistik. Hrsg. von Anna Kathrin Bleuler und Oliver Primavesi. Berlin 2022 (Beihefte zur Zeitschrift für deutsche Philologie. 19).

https://doi.org/10.1515/9783110786422-012

Der zu diesem Zeitpunkt akademisch noch nicht arrivierte Franz Lichtenstein gehört zum großen Kreis der Schüler um Wilhelm Scherer (1841–1886), so dass der Verdacht im Raum steht, dass hier auf dem Rücken eines frisch Habilitierten Konkurrenzkämpfe zwischen Heidelberg (Bartsch) und Berlin (Scherer) ausgetragen werden, die letztlich viel weiter reichen als die von Bartsch unterstellten grammatikalischen, metrischen und methodischen Unzulänglichkeiten Lichtensteins.

Doch gehen wir zunächst nochmals einen Schritt zurück und versuchen wir eine Antwort auf die Frage nach dem Auslöser für Bartschs emotionalen Ausbruch und Rundumschlag zu geben. Dazu möchte ich erstens die editorische Herangehensweise, die Ziele und ihre Umsetzung in der bereits 1877 fertiggestellten, zu Ostern 1878 erschienenen *editio princeps* des *Tristrant* Eilharts von Oberge durch Franz Lichtenstein skizzieren.[4] In einem zweiten Schritt rekonstruiere ich den bereits angedeuteten Streit um diese Ausgabe und ziehe daraus einige Schlüsse für die Editionspraxis und in einer etwas allgemeineren Perspektive für die Fachgeschichte. Die Frage nach jüngeren editorischen Lösungsvorschlägen und -möglichkeiten, ja grundsätzlich die Frage nach dem, was editorisch zu Eilharts *Tristrant* nach Lichtenstein und Bartsch im 20. Jahrhundert erarbeitet wurde (und was für die Zukunft noch zu tun wäre), bleibt dabei explizit ausgeklammert.[5]

2. Biographischer Steckbrief

Da Franz Lichtenstein nicht zu den weithin bekannten Figuren unseres Faches aus der zweiten Hälfte des 19. Jahrhunderts gehört, sei ein kleiner biographi-

---

4 Eilhart von Oberge. Hrsg. von Franz Lichtenstein. Straßburg 1877 [recte 1878] (Quellen und Forschungen zur Sprach- und Culturgeschichte der germanischen Völker. 19. Hrsg. von Bernhard Ten Brink, Wilhelm Scherer, Elias Steinmeyer). Die Ausgabe ist auch als Digitalisat greifbar, z. B. über den Link im https://handschriftencensus.de/werke/98 (alle hier und im Folgenden genannten Internet-Links wurden zuletzt am 3.6.2022 abgerufen).

5 Vgl. dazu Eilhart von Oberg: Tristrant. Synoptischer Druck der ergänzten Fragmente mit der gesamten Parallelüberlieferung. Hrsg. von Hadumod Bußmann. Tübingen 1969 (Altdeutsche Textbibliothek. 70) sowie die vielen editorischen Versuche von Danielle Buschinger zum *Tristrant*. Exemplarisch seien genannt: Eilhart von Oberg: Tristrant. Edition diplomatique des manuscrits et traduction en français moderne avec introduction, notes et index. Préface de Jean Fourquet. Hrsg. von Danielle Buschinger. Göppingen 1976 (Göppinger Arbeiten zur Germanistik. 202) sowie Eilhart von Oberg: Tristrant und Isalde (nach der Heidelberger Handschrift Cod. Pal. Germ. 346). Hrsg. von Danielle Buschinger. Berlin 2004 (Berliner Sprachwissenschaftliche Studien. 4). Ich selbst arbeite an einer digitalen Neuausgabe. Angekündigt ist: Eilhart von Oberg. Tristrant und Isalde. Text – Übersetzung – Kommentar. Hrsg. von Danielle Buschinger und Ronny F. Schulz. Berlin, Boston voraussichtlich 2023.

scher Steckbrief vorausgeschickt:[6] Der 1852 geborene Johann Franz Lichtenstein stammt aus einer Weimarer Kaufmannsfamilie mit durchaus höheren künstlerischen und literarischen Ambitionen,[7] die Franz nach der Gymnasialzeit und der Teilnahme am Krieg 1870/71 zum Studium der Deutschen Philologie wie der Musikwissenschaft zunächst nach Jena und Leipzig führen werden. Die Münchner Zeit 1873/74 beim Nachfolger Johann Andreas Schmellers, Konrad Hofmann (dem übrigens die Eilhart-Ausgabe zugeeignet ist[8]), bringt Lichtenstein endgültig zur Germanistik, 1874 geht er nach Straßburg zu Wilhelm Scherer und wird dort, wie es im Nachruf auf Lichtenstein von Erich Schmidt heißt, „bald ein Liebling Scherers, ein guter Kamerad im Kreise gleichstrebender Genossen."[9] Im Sommer 1875 wird er mit einer Arbeit zum Verhältnis von Eilhart und Heinrich von Veldeke promoviert.[10] Nach dem überraschenden Tod des Vaters und dem Suizid des Bruders im darauffolgenden Jahr ist Lichtenstein auf finanzielle Unterstützung durch Verwandte sowie ein vermutlich durch Scherer vermitteltes Staatsstipendium angewiesen.[11] 1877 habilitiert er sich in Breslau mit einer Arbeit zur *Tristrant*-Prosa, also einem eng mit der Promotionsarbeit verwandten Thema.[12] In den Jahren zwischen 1878 bis 1884 veröffentlicht er in der *Zeitschrift für deutsches Alterthum und deutsche Litteratur* und rezensiert vor allem fleißig im *Anzeiger*.[13] 1883 erscheint in der Bibliothek des Litterarischen Vereins in Stuttgart seine Ausgabe von Michael Lindeners *Rastbüchlein und Katzipori*,[14]

---

6 Vgl. zur Biographie Lichtensteins Edward Schröder: Lichtenstein, Franz. In: Allgemeine Deutsche Biographie (1906), S. 694f. [Onlinefassung]; URL: https://www.deutsche-biographie.de/pnd116985887.html; Erich Schmidt: Franz Lichtenstein. In: Goethe-Jahrbuch 6, 1885, S. 365–367; Red.: Lichtenstein Johann Franz. In: Internationales Germanistenlexikon 1800–1950. Hrsg. und eingeleitet von Christoph König. Bd. 2: H–Q. Berlin, New York 2003, S. 1089f.

7 Sein viel älterer Bruder Julius (1824–1876) veröffentlicht in Weimar 1876 (im Jahr seines Suizids) eine Gedichtsammlung, die Franz anonym mit einer Einleitung (ebd., S. III–X) versieht. So ist jedenfalls aus der Angabe im Lexikoneintrag des Internationalen Germanistenlexikons (Anm. 6), S. 1089, zu schließen. Oder handelt es sich um ein Versehen und mit Julius (gest. 1876, Kaufmann) ist der Vater von Franz gemeint?

8 Eilhart-Ausgabe 1878 (Anm. 4), S. V.

9 Schmidt 1885 (Anm. 6), S. 365.

10 Vgl. Eilhart-Ausgabe 1878 (Anm. 4), S. I–XLVII.

11 Vgl. Schmidt 1885 (Anm. 6), S. 365.

12 Franz Lichtenstein: Zur Kritik des Prosaromans Tristrant und Isalde. Dissertation zur Erlangung der venia legendi bei der philosophischen Facultät der Universität Breslau. Breslau 1877. Laut Schröder 1906 (Anm 6), S. 694, handelt es sich dabei um einen Teil der Vorarbeiten zur Eilhart-Ausgabe, die Lichtenstein bereits im Rahmen seiner Promotion betrieben hatte.

13 Eine genaue Auflistung bieten die bio-bibliographischen Hilfsmittel leider nicht. Ich zähle für die Jahre von 1877–1884 mehr als 20 Beiträge. Eine neue biographische Skizze müsste zudem den Nachlass und die Korrespondenz genau auszuwerten. Vgl. König 2003 (Anm. 6), S. 1090.

14 Michael Lindeners Rastbüchlein und Katzipori. Hrsg. von Franz Lichtenstein. Tübingen 1883 (Bibliothek des Litterarischen Vereins in Stuttgart. CLXIII).

1884 schließt er die Arbeit an der *Österreichischen Reimchronik* Ottokars[15] für die *Monumenta Germaniae Historica* ab, ebenso die Neubearbeitung von Max Müllers *German-Classics*-Anthologie[16] – kurz: ein hochaktiver junger Forscher mit den besten Aussichten. Den Rest zitiere ich aus dem bereits erwähnten Nachruf Erich Schmidts:

> Frei und thatkräftig schaute er in die Zukunft, als ihm der Sommer 1884 die Ernennung zum ausserordentlichen Professor brachte und ein junges Liebesglück ihn hold umfing. Nach Schluss der Vorlesungen eilte er zur Braut nach Binz auf Rügen. Seine Briefe waren voll Jubels. Am 7. August wollte er seine Mutter und seine Braut nach Weimar geleiten. Noch einmal sollten ihn die Wellen erfrischen; sie warfen ihn als Leiche auf den Sand. Er wurde in Weimar begraben.[17]

3. Zur *Tristrant*-Ausgabe

Eine vielversprechende Karriere also, die, kaum begonnen, im Alter von 32 Jahren endet. Die Idee zu einer Ausgabe des Eilhart'schen *Tristrant* ergibt sich für Lichtenstein erst als ein Nebenprodukt aus dem Promotionsvorhaben, in dem es – angeregt durch Wilhelm Scherer – um die Frage geht,

> ob man an Lachmanns Ausspruch zur Klage [...] dass Heinrich von Veldeke Eilharts Manieren voraussetze, und des letzteren Tristrant demnach nicht später als in den siebziger Jahren des XII. Jahrhunderts gedichtet sei, festhalten dürfe.[18]

Lichtensteins Ausgangspunkt ist also zunächst der Rückgriff auf eine These der Autorität im Fach schlechthin – Lachmann –, die im Rahmen der Untersuchung Lichtensteins verifiziert wird, natürlich, möchte man sagen. Aus heutiger Perspektive ist zu ergänzen, dass die Frage der Datierung von Eilharts *Tristrant* bis heute – zwischen einer Früh- und einer Spätdatierung schwankend – ungeklärt ist.[19] Die Forschung arbeitet sich auch bis in die Gegenwart an solchen häufig beiläufig gemachten ‚Lachmann'schen Bemerkungen' ab, ich nenne als Beispiel nur eine Bemerkung Lachmanns zu den exegetischen Quellen von Otfrids *Evangelienbuch*, durch die die Forschung in diese Richtung über viele Jahrzehnte regelrecht blockiert wurde, weil man sich von der autoritativen Geste Lach-

---

15 Ottokars Österreichische Reimchronik. Nach den Abschriften Franz Lichtensteins hrsg. von Joseph Seemüller. 2 Teile. Hannover 1890, 1893 (MGH. Deutsche Chroniken. V); Nachdruck Dublin u. a. 1974. Vgl. im ersten Teil die Vorrede Seemüllers mit Bemerkungen zu Lichtensteins Leben und Arbeit an der Edition.

16 Max Müller: The German Classics from the Fourth to the Nineteenth Century. 2 Bde. Neu hrsg. von Franz Lichtenstein. New York 1886.

17 Schmidt 1885 (Anm. 6), S. 367.

18 Eilhart-Ausgabe 1878 (Anm. 4), S. VII.

19 Vgl. Martina Backes: Aus der Feder eines Klerikers? Ein neuer Vorschlag zu Eilharts *Tristrant*. In: Literaturwissenschaftliches Jahrbuch N. F. 43, 2002, S. 373–380, mit Fazit auf S. 379.

manns nicht freimachen konnte.[20] Das im Kern der Frage literaturwissenschaftliche Anliegen Lichtensteins wuchs sich nun aber aus, wie er selbst hinzufügt, da sich bereits Lachmann „vermuthlich sein Urtheil über die Technik des Dichters“[21] aus der allein vollständigen jüngeren Überlieferung des *Tristrant* in Gestalt der Dresdner Handschrift gebildet hatte:

> Je weiter meine Untersuchung vorrückte, desto mehr fühlte ich mich gedrängt, ihrer Veröffentlichung zugleich das Material beizugeben, aus dem ich schöpfte, indem ich meinen ursprünglichen Plan zu dem einer Ausgabe erweiterte. Denn, wenn Bartsch in seinen Untersuchungen über das Nibelungenlied S. 61 die Hoffnung äussert, dass die beiden jüngeren Handschriften in Folge der Consequenz mit der sie bei der Umarbeitung des Urtextes, bald die eine, bald beide, Stellen und Reime des Originals herübergenommen, es ermöglichen dürften, fast überall Eilharts Text herzustellen, so war ich vielmehr zu dem Resultate gekommen, dass sich aus der Ueberlieferung des jüngeren Textes nur eine Bearbeitung des Originals (X) gewinnen lasse. Ich darf daher wohl annehmen, dass, wenn auch Bartsch an der beabsichtigten Veröffentlichung des Tristrant festhält, zwei Ausgaben mit so verschiedenen Zielen neben einander Platz haben werden.[22]

Nochmals mit anderen Worten: Äußerte sich Bartsch in einer Bemerkung seiner Nibelungenstudie,[23] auf die Lichtenstein verweist, optimistisch, den Autortext Eilharts wiederherstellen zu können, kapitulierte hingegen Lichtenstein angesichts des geringen Umfangs der alten Fragmente vor dieser seines Erachtens unlösbaren Aufgabe und zog sich darauf zurück, aus den jüngeren Handschriften lediglich eine Bearbeitung des Originals, die er mit der Sigle X versieht, zu rekonstruieren.[24] Die Argumente für diese Vorgehensweise breitet er ausführlich in der Einleitung zur Ausgabe aus, die insgesamt 205 Seiten umfasst und in die auch die nicht separat veröffentlichte Promotionsschrift[25] sowie Ergebnisse der Habilitation zum Prosaroman eingeflossen sind, die 1877 in Breslau im Druck erscheint.[26] Ich beschränke mich auf die wesentlichen Erkenntnisse Lichtensteins, seine Begründungen und Schlussfolgerungen.[27]

---

20 Vgl. dazu Ernst Hellgardt: Die exegetischen Quellen von Otfrids Evangelienbuch. Beiträge zu ihrer Ermittlung. Mit einem Kapitel über die Weißenburger Bibliothek des Mittelalters und der Otfridzeit. Tübingen 1981 (Hermaea N. F. 41), S. VIIf.

21 Eilhart-Ausgabe 1878 (Anm. 4), S. VII.

22 Eilhart-Ausgabe 1878 (Anm. 4), S. VIIf.

23 Vgl. Karl Bartsch: Untersuchungen über das Nibelungenlied. Wien 1865, S. 65: „Die beiden Handschriften von Eilharts Tristan zeigen uns […] umgearbeitete Texte, sie haben aber oft bald nur die eine, bald beide, Stellen und Reime des Originals herübergenommen, mit solcher Consequenz, dass es möglich sein dürfte, fast überall Eilharts Text wieder zu gewinnen.“

24 Eilhart-Ausgabe 1878 (Anm. 4), S. VIII.

25 Siehe oben Anm. 10.

26 Siehe oben Anm. 12.

27 Einen Eindruck von der Differenziertheit seiner Argumentation vermittelt bereits das Inhaltsverzeichnis auf den Seiten 473–475.

Zunächst drei Punkte zur Textkritik, denen ich zur besseren Nachvollziehbarkeit eine Übersicht zur Überlieferung von Eilharts *Tristrant* mit den entsprechenden Siglen voranstelle, soweit sie Lichtenstein 1877/78 bekannt war:[28]

Alte Fragmente (Sigle: A; Umfang: 611 Verse; pauschale Datierung Lichtensteins: „XII. Jahrhundert“[29])

M: Krakau, Bibl. Jagiellońska, Berol. mgq 661 [früher Berlin, Staatsbibl., mgq 661, davor Magdeburg]

R: Karlsruhe, Landesbibl., Cod. Donaueschingen 69; München, Staatsbibl., Cgm 5249/31; Regensburg, Bischöfl. Zentralbibl., Fragm. I.5.1

Jüngere Bearbeitung (Sigle: X, vollständiger Text)

H: Heidelberg, Universitätsbibl., Cpg 346 (um 1465)

D: Dresden, Landesbibl., Mscr. M 42 (1433)

B: Berlin, Staatsbibl., mgf 640 (1461, Text ab Vers 6103 als Fortsetzung zu Gottfrieds *Tristan*)

P: Prosaroman (Drucküberlieferung ab 1484)

1) Die zentrale These, dass die jüngere Bearbeitung in Gestalt der Dresdner und der Heidelberger Handschrift nicht direkt auf das Alte Gedicht A, sondern auf eine jüngere Bearbeitung X zurückgeht, wird belegt (1) durch fast identische Verse von ADH, (2) durch übereinstimmende Änderungen von DH, (3) durch gemeinsame Fehler von DH, (4) durch gemeinsame Beseitigung älterer Reimungenauigkeiten, und schließlich (5) durch selbständige Weiterentwicklung der Bearbeitungen DH von X aus.[30]

2) Das alte Fragment M bietet laut Lichtenstein bereits einen Text, der „wahrscheinlich an manchen Stellen schon eine leise Überarbeitung erfahren“[31] hat, da das Zustandekommen bestimmter Lesarten in D und H sonst nicht zu erklären sei.

3) Das Verhältnis der Lichtenstein erst 1877 nach Abschluss der Arbeit bekannt gewordenen (und für den Druck noch eingearbeiteten) Berliner Handschrift B,[32] die lediglich den Schluss ab V. 6103 als Fortsetzung von Gottfrieds *Tristan* bietet, bestimmt er dahingehend, dass aus der Übereinstimmung von D und B keine sicheren Rückschlüsse auf die Gestalt von X gezogen werden kön-

[28] Ich nenne dabei die heutigen aufbewahrenden Institutionen zuerst. Vgl. dazu die detaillierten Angaben in: https://handschriftencensus.de/werke/98. Noch nicht bekannt war Lichtenstein das Fragment aus St. Paul im Lavanttal (Stiftsbibl., Cod. 9/8). Zu dem mysteriösen Fragment in der Stiftsbibliothek in Fiecht-St. Georgenberg (Tirol), das Elias von Steinmeyer in einem kleinen Beitrag erwähnt (siehe Anm. 83), vgl. die späteren Aussagen Franz Lichtensteins: Zu den deutschen Dichtungen von Tristan und Isolde. In: Zeitschrift für deutsches Altertum 26, 1882, S. 1–18, hier S. 12f. sowie die Angaben in https://handschriftencensus.de/3015.

[29] Eilhart-Ausgabe 1878 (Anm. 4), S. IXf.

[30] Die Punkte (1) bis (5) entsprechen praktisch wörtlich den Gliederungspunkten Lichtensteins, vgl. Eilhart-Ausgabe 1878 (Anm. 4), S. XX–XXXVIII.

[31] Eilhart-Ausgabe 1878 (Anm. 4), S. XL (im Original gesperrt gedruckt).

[32] Vgl. ebd., S. VIII.

nen, bei Übereinstimmung von B und H hingegen X besser fassbar sei.[33] Ein Stemma wird bei Lichtenstein wohl ganz bewusst nicht aufgestellt, da er trotz oder gerade wegen seiner Entscheidungen an der folgenden Einsicht festhält:

> Die Uebereinstimmung der einen oder anderen jüngeren Hs. mit der einen oder anderen der älteren ist wohl nur ein Spiel des Zufalls, da ein bestimmtes Verwandtschaftsverhältniss nicht durchführbar ist.[34]

Das gilt am Ende auch für die Partien, in denen B ins Spiel kommt und bei denen „man mehr oder weniger auf's Rathen angewiesen ist".[35] Editorisch löst Lichtenstein die aus seiner Sicht dilemmatische Überlieferungssituation durch eine Ausgabe der wenigen Bruchstücke des alten Gedichts auf der Grundlage von M und R sowie – separiert davon – durch eine Ausgabe der jüngeren Bearbeitung X auf der Grundlage von D und H unter Berücksichtigung von B nach den dargestellten Leitlinien.[36] Das heißt, die Lesarten von D, H und B, aber auch von M und R werden für X im textkritischen Apparat nachgewiesen. Über Text und Apparat hinaus gibt Lichtenstein seiner Ausgabe Anmerkungen bei, die einzelne textkritische Entscheidungen rechtfertigen, aber in Einzelfällen auch stoffgeschichtliche Parallelen und vergleichende sprachliche und literarische Beispiele heranziehen.[37] Eine Seite mit Corrigenda sowie ein Verzeichnis der im Text vorkommenden Namen schließen den 475 Seiten starken Band ab.[38]

Neben der Frage nach den Handschriftenverhältnissen bildet die Frage der Sprache einen zweiten zentralen Aspekt, der von Lichtenstein ausführlich behandelt wird und der (aus heutiger Perspektive) erstaunlicherweise in der heftig geführten Debatte um den Text eine relativ marginale Rolle spielt:[39] Eilhart ist in Lichtensteins Augen Niedersachse, der – sein Vergleichsbeispiel ist natürlich Heinrich von Veldeke – nicht hochdeutsch und auch „nicht in dem in seiner Heimat gesprochenen, rein niederdeutschen Dialect" gedichtet hat, „sondern in einer Form des Mitteldeutschen, deren sich die Gebildeten Norddeutschlands vom XII.–XIV. Jahrhundert für ihre Betheiligung an der hochdeutschen Literatur oder im Verkehr mit Mittel- und Süddeutschen bedienten."[40] So konstruiert Lichtenstein vor allem auf der Grundlage der aus dem Grenzgebiet von mittel- und niederdeutschem Sprachraum stammenden Handschrift D ein – zumal heutigen Lesern – etwas gewöhnungsbedürftiges und vor allem in den Wörterbüchern nicht gut repräsentiertes ‚Normalmitteldeutsch', wenn man es so nennen darf, bei dem auch schon für Lichtenstein selbst eingestandenermaßen nicht in allen Fällen zu klären ist, ob hier letztlich dann die Sprache der jüngeren Bearbeitung X oder die Sprache Eilharts (das hieße dann von *A) rekonstruiert wird.

---

33 Vgl. ebd., S. XLIII–XLVII.
34 Ebd., S. XIX.
35 Ebd., S. XLVI.
36 Ebd., S. 1–23 (A) sowie S. 25–429 (X).
37 Ebd., S. 430–437 (A) sowie S. 437–468 (X).
38 Ebd., S. 468–471.
39 Ebd., S. LIII–LXXXVIII.
40 Ebd., S. LIV.

Die Ausgabe bietet im Rahmen der Einleitung aber nicht nur die skizzierte Darstellung der Überlieferungsverhältnisse und Sprache, sondern gemessen an vergleichbaren Dissertationsschriften der zweiten Hälfte des 19. Jahrhunderts eine als geradezu umfassend und monographisch erschöpfend zu bezeichnende Darstellung über Eilharts „Persönlichkeit und Leistung“,[41] Heimat und Alter seines Textes, seine französische Quelle, weitere Vorbildgeber der deutschsprachigen und nicht deutschsprachigen Literatur, seine literarhistorische, chronologische Einordnung mit der Entscheidung der Veldeke-Eilhart-Frage im Sinne Lachmanns.[42] Schließlich folgt eine umfangreiche Materialsammlung mit Zeugnissen zur Rezeption des (Eilhart'schen oder nicht Eilhart'schen) Tristanstoffes in der deutschsprachigen Literatur. Lichtenstein setzt dabei Eilhart nach Braunschweig an den Hof Heinrichs des Löwen und sieht in ihm wie bereits angedeutet einen „niedersächsischen Ministerialen“,[43] der zudem in enger Beziehung zum im Text genannten Dorf Michaelsstein im Kreis Blankenburg steht. In diesem Kontext, den Lichtenstein gut mit Quellen belegen kann, sei der *Tristrant* in den 1170er Jahren entstanden, zu einem Zeitpunkt, als Eilhart noch relativ jung gewesen sei:

> Wir können uns recht wohl denken, dass Eilhart sein Gedicht etwa mit 25 Jahren vollendete. War es doch ein Liebesstoff den er behandelte, ein gegebenes Thema, dessen Ausführung eine naive Lebensfreudigkeit aber keine tiefen Lebenserfahrungen des Dichters bekundet.[44]

Man merkt, wie sich das argumentative Niveau im Unterschied zur Darstellung der Textkritik zuvor verschiebt. Nur zwei weitere kleine Beispiele dafür seien angeführt: Lichtenstein stellt sich erstens den potentiellen Vortrag des *Tristrant* durch Eilhart im Kloster Michaelsstein wie folgt vor:

> Der Vortrag des gewiss nicht unschuldigen Liebesgedichtes [...] vor geistlichen Ohren, hat nichts Befremdendes mehr, wenn wir uns erinnern, wie sehr damals in Niedersachsen der streng kirchliche Sinn gesunken und von üppiger Genusssucht und Sinnlichkeit überwuchert war.[45]

Zweitens hält Lichtenstein – wie gesagt 1870/71 Kriegsteilnehmer – mit möglicherweise ironischem Unterton fest, dass Friedrich Heinrich von der Hagen und Johann Gustav Büsching ihre ursprüngliche These, bei Eilhart habe es sich um einen Franzosen gehandelt, wieder revidiert hätten: „Feierlich ward von ihnen Eilhart ‚dem deutschen Vaterlande und dem deutschen Dichterreihen‘, aus dem sie ihn fälschlich hatten verstossen wollen, wieder zugeeignet.“[46] Doch

---

41 Ebd., S. CLXXV.

42 Siehe dazu oben Anm. 18. Ich übergehe hier auch Lichtensteins Ausführungen zur Metrik. Vgl. dazu ebd., S. LXXXVIII–CXIV.

43 Ebd., S. XLIX.

44 Ebd., S. L.

45 Ebd., S. LII.

46 Ebd., S. XLVIII.

stark zeitgebundene Argumente oder Bemerkungen, wie die eben vorgetragenen, kommen nur sehr vereinzelt vor und belegen im Vergleich, wie sehr wir heute noch in editionsphilologischen Traditionen des 19. Jahrhunderts stehen – und um wie viel weniger offensichtlich in literarhistorisch/literaturwissenschaftlichen Traditionslinien.

Insgesamt kann man die editorische Leistung und das Ringen um einen angemessenen Text der ersten deutschsprachigen Bearbeitung des Tristanstoffes durch Franz Lichtenstein meines Erachtens nicht hoch genug einschätzen. Gerade der textkritische Kniff, nicht ein ‚Original', sondern unter Verwendung des gesamten Lachmann'schen Argumentationsinstrumentariums eine Bearbeitungsstufe editorisch einzufangen, halte ich für sehr ausgeklügelt, und man könnte im Nebeneinander von A und X, von altem Gedicht und jüngerer Bearbeitung, geradezu eine frühe Form von Textgeschichte und Fassungsdiskussion sehen, wie wir sie im Anschluss an Bumke und seine Untersuchung zur *Nibelungenklage* vor nicht allzu langer Zeit intensiv geführt haben und noch führen.[47]

4. Die Kritik an der *Tristrant*-Ausgabe

Jedoch: Nicht nur das Leben hat es nicht gut gemeint mit Franz Lichtenstein, sondern auch die Kritik an seiner „Erstlingsarbeit".[48] Namentlich der bereits zu Wort gekommene Karl Bartsch konnte sich nicht für den Eilhart Lichtensteins erwärmen, ein Drama in mindestens fünf Akten, das mir für die Editionspraxis des sich etablierenden Faches als in hohem Maße aufschlussreich erscheint.[49] Der erste Akt ist Bartschs kurz gehaltene Anzeige im *Literarischen Centralblatt* vom Juni 1878, also bereits wenige Wochen nach dem Erscheinen der Ausgabe:[50] Im Mittelpunkt der Kritik steht hier zunächst, dass Lichtenstein die an sich späte Druckprosa, die aber den alten Text inhaltlich repräsentiere, viel zu wenig als textkritisches Argument berücksichtigt habe. Zu diesem „Mangel kritischer Methode",[51] wie Bartsch es nennt, komme hinzu, dass Lichtenstein im Apparat „an nicht wenigen Stellen Verse von H ganz übergangen und weder in den Text aufgenommen noch bei den Lesarten erwähnt"[52] habe. Das abschließende Urteil, das ausführlicher in einer umfangreicheren Besprechung, die Bartsch ankündigt, begründet werden soll, fällt zumindest im Blick auf das Ganze noch zwiegespalten aus, zumindest die einleitenden Teile betreffend:

47 Vgl. dazu Joachim Bumke: Die vier Fassungen der „Nibelungenklage". Untersuchungen zur Überlieferungsgeschichte und Textkritik der höfischen Epik im 13. Jahrhundert. Berlin, New York 1996 (Quellen und Forschungen zur Literatur- und Kulturgeschichte. 242), zu Eilhart S. 31.

48 Eilhart-Ausgabe 1878 (Anm. 4), S. CCIV.

49 Zu Bartschs Rezension vgl. auch den Artikel von Holger Runow im vorliegenden Band.

50 Vgl. Karl Bartsch: Rez. zur Ausgabe. In: Literarisches Centralblatt 26, (29. Juni) 1878, Sp. 859f.

51 Ebd., Sp. 859.

52 Ebd.

> Die ausführliche Einleitung ist unzweifelhaft der beste Theil des Buches, namentlich diejenigen Partien, welche den eigentlichen Ausgangspunct der Arbeit bildeten, die stilistischen Untersuchungen über Eilhart und Heinrich von Veldeke; hier sind wirklich hübsche Ergebnisse erzielt; weniger befriedigt der sprachliche Theil, was mit den Mängeln des Textes zusammenhängt. Als Ausgabe aber ist das Buch wegen Mangels an kritischer Methode wie wegen der Unzuverlässigkeit des Apparates als verfehlt zu bezeichnen.[53]

Den Punkt, Lichtenstein habe die Prosa nicht ausreichend berücksichtigt, breitet Bartsch auch in der umfangreichen Besprechung auf nicht weniger als 16 Seiten aus und baut ihn als entscheidendes Element in seine übergeordnete Argumentation ein:[54] Eine Restitution von Eilharts Text sei nur mit Hilfe der Prosa möglich, die in der Vorstellung von Bartsch nicht durch einen Bearbeitungsprozess wie D, H oder B geprägt sei, sondern unmittelbar auf den alten Text (A) zurückzuführen sei.[55] Noch schwerer wiegt aus Bartschs Sicht sein Einwand gegen die Textkonstituierung der Bearbeitung:

> Vor allem bedenklich ist der Mangel an Genauigkeit in Benutzung des handschriftlichen Materials; dann der hervortretende Mangel an Sicherheit und Methode, so wie an Scharfsinn in Erkenntniss der gemeinsamen Vorlage.[56]

Im Kern ist es schlampiges Arbeiten, das Bartsch unterstellt und das ihn nach einer zehnseitigen Auflistung von Fehlern, Versehen etc. dazu führt, Lichtensteins Ausgabe „nur in sehr beschränktem Maße [zu attestieren,] wissenschaftlichen Anforderungen"[57] zu genügen. Den Plan einer eigenen Ausgabe erhält er ausdrücklich aufrecht.[58]

Der zweite Akt ist die Besprechung durch den Österreicher Joseph Strobl (1843–1924), seit 1878 Professor für deutsche Sprache und Literatur in Czernowitz, 1869/70 noch gemeinsamer Herausgeber der *Germania* mit Karl Bartsch.[59] Die 1879 im *Anzeiger* erschienene Rezension ist wohl das Ende der Männerfreundschaft; die Scherer'schen Bande über Wien werden stärker gewesen sein. Strobl sagt gleich einleitend, dass Lichtenstein seines Erachtens das Ziel „eine[r] kritische[n] ausgabe mit sorgfalt und unter beherrschung der philologischen methode [...] angestrebt und [...] wie selten eine andere, schwierige aufgabe in allen ehren gelöst"[60] habe. Auf den Text und dessen Konstituierung freilich geht Strobl nur recht sporadisch am Schluss ein:

---

53 Ebd., Sp. 860.
54 Vgl. Karl Bartsch: Rez. zur Ausgabe und zur Habilitationsschrift. In: Germania 23, 1878, S. 345–361.
55 Vgl. ebd., S. 346–350.
56 Ebd., S. 351.
57 Ebd., S. 360.
58 Ebd., S. 361.
59 Vgl. Kurt Ludwig Rein: Strobl, Joseph. In: Internationales Germanistenlexikon 1800–1950. Hrsg. und eingeleitet von Christoph König. Bd. 3: R–Z. Berlin, New York 2003, S. 1834f.
60 Joseph Strobl: Rez. zur Ausgabe und zur Habilitationsschrift. In: Anzeiger für deutsches Altertum 6, 1879, S. 227–238, hier S. 227.

> es ist aus der obigen erörterung des handschriftenverhältnisses hervorgegangen, dass der von Lichtenstein betretene weg, unter vorsichtigem anschluss an die überlieferung den text von X zu gewinnen, der einzig mögliche war. dass das von ihm gebotene keineswegs an allen stellen gleich sicher ist, hat L. selbst eingesehen und ausgesprochen. es ist kein zweifel dass da und dort besseres zu finden war, als wir jetzt im texte lesen, aber die gesammtleistung im auge behalten[d], müssen wir der sorgfalt L.s alle anerkennung zollen.[61]

Die Einschränkung Strobls kommt als „wunsch“ zum Schluss und ist eine deutliche Reaktion auf den nicht explizit genannten Bartsch:

> es möge L[ichtenstein] sich die mühe nicht verdriessen lassen, die handschriften nochmal zu collationieren und das resultat uns mitzuteilen. ich möchte dass die arbeit, der er so viel fleiss gewidmet hat, von dem einzigen mangel, der ihr mit recht vorgeworfen werden konnte, befreit werde. übrigens hat schon inzwischen Lichtenstein eine nachvergleichung seiner abschriften mit dem drucke vorgenommen und das resultat auf einem blatte mitgeteilt, das den besitzern der ausgabe gratis vom verleger nachgeliefert wird.[62]

Die nachlässige Arbeitsweise wird also explizit angesprochen, die spontane Reaktion von Herausgeber und Verleger auch. Nur nebenbei bemerkt: Bei dem „blatte“, das Strobl hier erwähnt, handelt es sich, wie Bartsch später richtig vermerkt, um zwei gesonderte Blätter mit Corrigenda, die ich in keinem alten Exemplar der Ausgabe nachweisen kann. Es findet sich jedoch im Nachdruck der *Tristrant*-Ausgabe von 1973 nach den Verbesserungen auf S. 468 als S. 468a–d.[63]

Dritter Akt ist der 1880 erschienene Aufsatz Bartschs zur Textgeschichte des *Tristrant*,[64] in dem Bartsch die Vorlage von B – er bezeichnet sie mit der Sigle Y – rekonstruiert, sie als „Handschrift des Originals“[65] bezeichnet und die Übereinstimmungen von B und Prosa so erklärt, dass diese nicht auf X, sondern eben auf das Original zurückgehen, letztlich eine konsequente Weiterentwicklung seiner bereits vorgetragenen These. Wieder folgt eine umfangreiche Liste mit Fehlern bei Lichtenstein. Bartschs letzter Satz lautet: „Das völlig ungenügende der Ausgabe auch nach Seiten der Genauigkeit muß daher, selbst wenn man von den höheren Anforderungen einer kritischen Bearbeitung absieht, jedem in die Augen springen.“[66]

Vierter Akt: Endlich – 1882, also vier Jahre später – meldet sich Lichtenstein selbst in einem Artikel der *Zeitschrift für deutsches Alterthum* zu Wort, dies aus verschiedenen Gründen, wie er darlegt:

---

61 Ebd., S. 237.
62 Ebd., S. 238.
63 Der Nachdruck der Ausgabe ist im Olms-Verlag erschienen.
64 Karl Bartsch: Zur Textgeschichte von Eilharts Tristrant. In: Germania 25, 1880, S. 365f.
65 Ebd., S. 375.
66 Ebd., S. 376.

> einmal hat Bartsch gegen einige namhafte gelehrte, welche meine arbeit in schutz genommen haben, die gehässigsten vorwürfe geschleudert, wodurch ich mich verpflichtet fühle, nunmehr selbst in den kampf einzutreten, der, in heftigster weise über meinen kopf hinweg geführt, bis in die spalten dieser zeitschrift sich erstreckte. dann aber gelingt es mir vielleicht doch, meinen gegner von einigen groben irrtümern zu überzeugen, welche bei ihrer principiellen bedeutung auf seine edition des Eilhart den verderblichsten einfluss zu nehmen drohen.[67]

Es folgt ein kurzes Resümee der Kritik Bartschs in der *Germania* und schließlich der Hinweis darauf, dass Bartsch

> seitdem zu widerholten malen seinem unwillen über meine arbeit in immer heftigeren ausdrücken luft gemacht [habe], indem er schliesslich das buch, welchem er noch in seiner recension [...] viele hübsche und feine bemerkungen sowie fleissige allseitige durcharbeitung des materials nachrühmte, als eine elende ‚pfuscherarbeit' bezeichnete. man erwarte von mir nicht dass ich in den ton dieser schimpfereien einstimme.[68]

Es wird nun also polemisch und Lichtenstein kann sich trotz gegenteiliger Behauptung einen bisweilen bis zum bitteren Sarkasmus reichenden Ton nicht verkneifen, wenn er Bartsch als „rührigen gelehrten"[69] oder als „den Heidelberger kritiker"[70] bezeichnet oder wenn er schreibt: „wer aber den kritischen besen so eifrig vor fremder türe führt, der sollte erst die eigene schwelle rein fegen",[71] wenn er Bartschs Ausgabe Albrechts von Halberstadt als „unwissenschaftliche spielerei"[72] bezeichnet und Punkt für Punkt die Kritik Bartschs an seiner Ausgabe widerlegt. Wichtig erscheint mir dabei sein methodisches Credo zu sein, das exemplarisch in folgender Stelle zum Ausdruck kommt:

> es schien mir methodischer, in so verzweifelten fällen (wie sie zuvor reichlich aufgezählt werden), die überlieferung, wie schlecht sie immer war, einfach wiederzugeben, als die benutzer einer kritischen ausgabe mit versen eigenen fabrikates zu behelligen.[73]

‚Textkritik' hat also bei Lichtenstein einen klar definierten Maßstab und eine Grenze, nämlich den überlieferten Text selbst. Das konnte Bartsch natürlich so nicht auf sich sitzen lassen und er reagiert mit den bereits eingangs zitierten *Kritischen Glossen zu einem unkritischen Texte*, die sich nun wie gesagt gegen eine ganze Schule wenden. Bartschs alternatives Credo lautet:

---

67 Franz Lichtenstein: Zu den deutschen Dichtungen von Tristan und Isolde. In: Zeitschrift für deutsches Altertum 26, 1882, S. 1–18 [darin S. 1–12: I Antikritische Bemerkungen zum Texte von Eilharts Tristrant, der gesamte Artikel ist datiert auf „Sommer 1881", S. 18], hier S. 1. Aus dem ersten Absatz geht hervor, dass Lichtenstein bereits auf Bartschs kurze Anzeige im *Litterarischen Centralblatt* (Anm. 50) eine Replik vorgelegt hatte, die aber nicht angenommen wurde.

68 Lichtenstein bezieht sich hier auf die in Anm. 50 und Anm. 54 genannten Rezensionen.

69 Lichtenstein 1882 (Anm. 67), S. 3.

70 Ebd., S. 4.

71 Ebd., S. 3.

72 Ebd., S. 3. Vgl. dazu ausführlich Holger Runow im vorliegenden Band.

73 Lichtenstein 1882 (Anm. 67), S. 9.

> Daß etwas weggeschnitten, sieht auch das blödeste Auge; Auslassungen erkennt schon nicht jeder; und ob ein Text entstellt und corrumpirt ist, noch weniger. In allen Fällen ist das Echte verloren; es zu finden, Aufgabe der Kritik. [...] Daß der Versuch, aus einem überarbeiteten Texte späterer Zeit einen älteren herzustellen, wie ich ihn wiederholt gemacht, nicht etwas von mir erfundenes ist, weiß jeder, der mit der Geschichte der Kritik auf germanistischem Gebiete bekannt ist.[74]

Bartsch versteht mithin das, was Lichtenstein als „unwissenschaftliche Spielerei"[75] geißelt, als „kleines philologisches Kunstwerk",[76] wobei die „Schwierigkeit, die Verderbniß des Textes zu heben, [...] die Richtigkeit des Princips nicht gefährden"[77] kann.

Der fünfte und letzte Akt ist schließlich die *Abwehr* Lichtensteins von 1882[78] und als letztes Wort in der Debatte die *Beleuchtung einer Abwehr* von Bartsch 1883,[79] beides im Grunde nur kurze Stücke voll persönlich gefärbter Polemik, aus denen leidenschaftliche gegenseitige Verachtung hervorgeht und die nichts mehr zur eigentlichen Sache beitragen.

5. Ein Fach – zwei Gesichter

Abschließend sei das meines Erachtens insgesamt ausgewogene und nicht zu stark verklärende Urteil über die Eilhart-Ausgabe Lichtensteins aus dem Nachruf Erich Schmidts zitiert, der natürlich zur Scherer-Schule gehört:[80]

> Nicht überall sind die Vorzüge der musterhaften, weit und tief greifenden Einleitung nach Verdienst anerkannt, die Versehen in der höchst schwierigen Textgestaltung billig beurtheilt worden [...] Die Kunst der Reproduction eines zertrümmerten und abgeleiteten Dichtwerks, die Gabe auch einer unsicheren Überlieferung das runde Bild einer dichterischen Individualität abzugewinnen, die Entwirrung der Filiation der Motive, die Verbindung von Poesie und Cultur, die ausgezeichnete Stilanalyse versprachen unserer Wissenschaft reiche Ernten.[81]

Es ist dies der paradigmatische Blick auf ein Fach, das schon in seiner ersten Konsolidierungsphase in den 1870er Jahren offensichtlich ein Stück weit auseinanderfällt. Am genauesten beobachten ließ sich dies im heftigen Ringen um einen angemessenen Begriff von Textkritik, der zwischen Überlieferungsgebundenheit und divinatorisch-künstlerischer Eingebung changiert. Das ausgefeilte textkritische Instrumentarium, das Lichtenstein in der Einleitung seiner Ausgabe

---

74 Bartsch 1882 (Anm. 1), S. 360f. Vgl. zur Passage den Beitrag von Holger Runow in diesem Band, bei Anm. 73.

75 Siehe o. Anm. 72.

76 Bartsch 1882 (Anm. 1), S. 363.

77 Ebd., S. 365.

78 Franz Lichtenstein: Abwehr. In: Anzeiger für deutsches Altertum 8, 1882, S. 374.

79 Karl Bartsch: Zur Beleuchtung einer ‚Abwehr'. In: Germania 28, 1883, S. 128.

80 Vgl. Volker Ufertingen: Erich Schmidt. In: König 2003 (Anm. 59), Bd. 3, S. 1618–1621.

81 Schmidt 1885 (Anm. 6), S. 366.

heranzieht, beeindruckt – bei aller durchaus berechtigten Kritik an der editorischen Umsetzung – durch die Reflektiertheit und Nachvollziehbarkeit der gut begründeten Einzelschritte. Wegweisend sind sicher die Teile der Ausgabe, die einen weiteren, zum Teil europäischen literaturgeschichtlichen Rahmen ausloten, ohne dabei jemals den Gegenstand aus dem Blick zu verlieren (wie etwa anderenorts durch vage stoffgeschichtliche Konstrukte zum Tristanstoff), und mit denen Bartsch, vermute ich, wenig anfangen konnte und die er allenfalls als „hübsch“[82] zu bewerten vermochte.

Aufschlussreich ist von daher auch der kleine Beitrag Elias von Steinmeyers mit dem Titel *Die Anfänge des höfischen Romans in Deutschland*. Steinmeyer hält sich als Reihenherausgeber der *Quellen und Forschungen*, in denen die Eilhart-Edition erschienen ist, zurück. Seine Position ist inhaltlich indes klar auf der Seite Lichtensteins und reagiert wohl noch nicht direkt auf Bartschs ausführliche Rezension (datiert auf 22. Mai 1878, erschienen sicher erst einige Monate später):

> Immerhin war auch diese Ausgabe schwierig genug bei der äußergewöhnlichen Verderbtheit der Ueberlieferung; sie darf aber als gelungen bezeichnet werden [...]. Wer sich eingelebt hat in die deutsche Poesie des 12. und 13. Jahrhunderts, wird gar häufig auf Stellen in der Bearbeitung treffen, die sich ihm sofort als Eigenthum des Bearbeiters ergeben; aber den ursprünglichen Verhalt wird er, wie die Dinge einmal liegen, niemals zu eruiren vermögen.[83]

In der Edition Franz Lichtensteins begegnen uns bereits, etwas vereinfachend gesagt, die zwei Gesichter unseres Faches, die auch heute häufig gegeneinander ausgespielt werden und deren produktives Zusammenspiel so wichtig für beiderseitige Erkenntnisgewinne sind: das eine Gesicht mit einem deutlichen philologisch-editorischen Schwerpunkt, das sich bis in die Gegenwart am Erbe Karl Lachmanns abarbeitet. Das andere Gesicht ist die „Scherer-Schule“, die ihren Fragehorizont und ihre methodischen Zugangsweisen radikal ausweitet, zu denen editorisches Arbeiten nur als ein Baustein gehört. Ich denke, es ist klar, wofür Franz Lichtenstein sich entschieden hätte, wäre ihm ein längeres Leben beschieden gewesen.

[82] Bartsch 1878a (Anm. 50), Sp. 860.

[83] E[lias] S[teinmeyer]: Die Anfänge des höfischen Romans in Deutschland. In: Augsburger Allgemeine Zeitung 1878 (Donnerstag 18. April), Nr. 108, Beilage, S. 1601f. Bartsch vermutet hinter der Autorsigle „ES“ im übrigen Erich Schmidt. Vgl. Bartsch 1878b (Anm. 54), S. 349.

Rolf Bergmann, Stefanie Stricker

Von Steinmeyer und Sievers zurück zu den Handschriften

1. Einleitung

Die editorische Bearbeitung der althochdeutschen Überlieferung konnte seit dem Ende des 19. Jahrhunderts, spätestens seit dem ersten Viertel des 20. Jahrhunderts als abgeschlossen gelten. Die ersten vier Bände der Glossenausgabe von Steinmeyer und Sievers waren von 1879 bis 1898 erschienen, Band V mit Nachträgen und Untersuchungen folgte 1922. Die sogenannten kleineren Sprachdenkmäler hatte Steinmeyer 1916 abschließend bearbeitet. Alle größeren Werke waren im 19. Jahrhundert, zum Teil mehrfach, ediert worden.

Die Editionsgeschichte der althochdeutschen Überlieferung endet mit diesem in den zwanziger Jahren des 20. Jahrhunderts erreichten Stand nicht. Ihre folgende knappe, überblicksartige Darstellung setzt bei den kleineren althochdeutschen Sprachdenkmälern und der großen Glossenedition von Steinmeyer und Sievers an, woran die Darstellung der neueren Editionen der althochdeutschen Glossen, der Interlinearversionen und der Bilinguen anschließt. Den Editionen der Werke der beiden großen Einzelpersönlichkeiten Otfrid von Weißenburg und am Ende des Althochdeutschen Notker III. von St. Gallen sind die darauf folgenden Abschnitte gewidmet. Der knappe Schlussabschnitt versucht eine zusammenfassende Charakterisierung.

Die im Althochdeutschen Wörterbuch (AWB) nach einer älteren Edition und zahlreichen Handschriften berücksichtigte *Hohelied-Paraphrase* von Williram von Ebersberg, die auch von Rudolf Schützeichel ab der 5. Auflage seines Althochdeutschen Wörterbuchs von 1995 nach der ältesten Überlieferung aufgenommen wurde, wird in die folgende Darstellung nicht einbezogen, da diese Überlieferung mit ihrer weiterreichenden Tradition insbesondere als Quelle des Mittelhochdeutschen angesehen werden kann.[1]

---

1 Kurt Gärtner: Die Williram-Überlieferung als Quellengrundlage für eine neue Grammatik des Mittelhochdeutschen. In: Zeitschrift für deutsche Philologie 110, 1991, Sonderheft ‚Mittelhochdeutsche Grammatik als Aufgabe'. Hrsg. von Klaus-Peter Wegera, S. 23–55.

https://doi.org/10.1515/9783110786422-013

2. Die kleineren althochdeutschen Sprachdenkmäler

Die 1916 erschienene Ausgabe der kleineren althochdeutschen Sprachdenkmäler von Elias von Steinmeyer[2] ist die bis heute maßgebliche Edition, auch wenn etliche Texte in der Folgezeit zum Teil mehrfach neu herausgegeben worden sind. Die Ausgabe enthält die folgenden Denkmäler, die „tunlichst in chronologischer Ordnung"[3] gereiht sind (von dieser Reihung ausgenommen sind die Beichten, Segen, kleinere Reimereien und Federproben):

1. *Hildebrandslied*
2. *Wessobrunner Gebet*
3. *Sächsisches Taufgelöbnis*
4. *Fränkisches Taufgelöbnis*
5. *Sangaller Paternoster und Credo*
6. *Weißenburger Katechismus*
7. *Basler Rezepte*
8. *Altbayrisches (Freisinger) Paternoster*
9. *Exhortatio ad plebem Christianam*[4]
10. Bruchstück der *Lex Salica*
11. *Fränkisches Gebet*
12. *Hammelburger Markbeschreibung*
13. *Priestereid*
14. *Muspilli*
15. *Strassburger Eide*
16. *Ludwigslied*
17. *Christus und die Samariterin*
18. *Rheinfränkisches (Augsburger) Gebet*
19. *Georgslied*
20. *Sigiharts Gebete*
21. *Bittgesang an Sanct Peter (Petruslied)*
22. *Psalm CXXXVIII* (Psalm 138)
23. *De Heinrico*
24. *Würzburger Markbeschreibungen*
25. *De definitione* (Bruchstück einer Logik)
26. *Sangaller Schularbeit*
27. *Physiologus*

Aus dem Wiener Notker und seiner Sippe

28. *Bamberger und erster Wessobrunner Glauben und Beichte*
29. *Himmel und Hölle*
30. *Predigtsammlung A*

---

2 Elias von Steinmeyer: Die kleineren althochdeutschen Sprachdenkmäler. 1. Auflage 1916. 2. Auflage 1963. 3. Auflage. Dublin, Zürich 1971 (Deutsche Neudrucke. Texte des Mittelalters).

3 Sprachdenkmäler [3]1971 (Anm. 2), S. V.

4 Zu diesem Denkmal siehe Kap. 6.1.

31. *Geistliche Ratschläge*
32. *Predigtsammlung B*
33. *Predigtsammlung C*
34. *Klosterneuburger Gebet*
35. *Otlohs Gebet*

Interlinearversionen
36. *Benediktinerregel*
37. *Carmen ad deum*
38. *Altalemannische Psalmenübersetzung*
39. *Rheinfränkische Psalmenübersetzung*
40. *Aus einem Capitulare*

Beichten
41. *Altbayrische Beichte*
42. *Altbayrisches (Sanct Emmeramer) Gebet*
43. *Jüngere bayrische Beichte*
44. *Würzburger Beichte*
45. *Sächsische Beichte*
46. *Lorscher Beichte*
47. *Bruchstück einer Beichte*
48. *Fuldaer Beichte*
49. *Mainzer Beichte*
50. *Pfälzer Beichte*
51. *Reichenauer Beichte*
52. *Benediktbeurer Glauben und Beichte II*
53. *Benediktbeurer Glauben und Beichte I*
54. *Sangaller Glauben und Beichte I*
55. *Sangaller Glauben und Beichte II*
56. *Süddeutscher (Münchner) Glauben und Beichte*
57. *Alemannischer Glauben und Beichte*
58. *Sangaller Glauben und Beichte III*
59. *Wessobrunner Glauben und Beichte II*
60. *Benediktbeurer Glauben und Beichte III*
61. *Niederdeutscher Glauben*

Beschwörungen und Segen
62. *Merseburger Sprüche*
63. *Trierer Spruch*
64. *Pferdesegen (Spurihalz)*
65. *De hoc qvod spvrihalz dicvnt*
66. *Gegen Pferdesteifheit und Würmer*
67. *Gegen Nessia*
68. *Strassburger Blutsegen*
69. *Bamberger Blutsegen*
70. *Gegen Fallsucht*
71. *Contra mallum malannum*
72. *Gegen Gicht*
73. *Augensegen*

74. *Gegen Halsentzündung*
75. *Hausbesegnung*
76. *Wiener Hundesegen*
77. *Lorscher Bienensegen*
78. *Weingartner Reisesegen*

Reimereien und andere Kleinigkeiten
79. *Hirsch und Hinde*
80. *Wider den Teufel*
81. *Reimspruch*
82. *Spottverse*
83. *Schreibervers*
84. *Gebetbruchstück*
85. *Rheinfränkische Grabschrift*
86. *Sprichwörter*
87. *Buchunterschrift*
88. *Federprobe*

Mit E. von Steinmeyers Ausgabe der kleineren althochdeutschen Sprachdenkmäler ist der Grundstein gelegt, der bis heute Bestand hat. Davon unbenommen bewegen sich einige Denkmäler im zeitlichen Grenzbereich des Althochdeutschen und werden zuweilen dem Mittelhochdeutschen zugeschlagen. So ediert E. von Steinmeyer den älteren *Physiologus* und Otlohs althochdeutsches Gebet, die von Rudolf Schützeichel erst 1989 mit der 4. Auflage seines Althochdeutschen Wörterbuchs in das Althochdeutsche einbezogen worden sind (Siglen Ph. und OG.).

Andere Denkmäler bewegen sich im Grenzbereich zu den Glossen. Das gilt beispielsweise für die *Kasseler Gespräche*, die Rudolf Schützeichel[5] zu den Texten zählt, E. von Steinmeyer dagegen in Band III seiner Glossen-Edition aufnimmt.[6] Zu den *Pariser Gesprächen* (auch *Altdeutsche Gespräche*) sagt E. von Steinmeyer im Vorwort seiner Ausgabe der kleineren Denkmäler: „Leider ist die von mir beabsichtigte, durch den bestimmten Artikel im Titel angedeutete Vollständigkeit nicht ganz erreicht; die sogenannten Altdeutschen Gespräche fehlen.“ Und weiter: „hoffentlich bin ich nach Friedensschluß in der Lage, die

5 Rudolf Schützeichel: Althochdeutsches Wörterbuch. 7. Auflage. Tübingen 2012, S. 15: KG.

6 *Kasseler Gespräche:* Elias Steinmeyer und Eduard Sievers: Die althochdeutschen Glossen. Bd. 1: Glossen zu biblischen Schriften, 1879; Bd. 2: Glossen zu nichtbiblischen Schriften, 1882; Bd. 3: Sachlich geordnete Glossare, 1895; Bd. 4: Alphabetisch geordnete Glossare. Adespota. Nachträge zu Bd. I–III. Handschriftenverzeichnis, 1898; Bd. 5: Ergänzungen und Untersuchungen, 1922. Berlin 1879–1922. Nachdruck Dublin, Zürich 1968–1969 (im Folgenden: StSG) III, S. 9–13 (Nr. DCCCCXXXII); Nachtrag S. 723.

Gespräche dem geplanten Ergänzungsband der Glossen beizufügen".[7] Diese Ergänzung hat E. von Steinmeyer tatsächlich auch vorgenommen.[8]

Bei der Textwiedergabe liefert E. von Steinmeyer einen handschriftennahen Abdruck und zeigt „größere Zurückhaltung Konjekturen gegenüber",[9] um „das äußere Bild der Überlieferung [...] treuer zu wahren".[10] Allerdings ist seine nicht auf der Überlieferung beruhende durchgehende Kennzeichnung von Eigennamen durch Majuskeln kritisch zu sehen. Die Kategorisierung eines Textbestandteils als Eigenname zieht gemäß entsprechender Prinzipien die Nichtaufnahme in Wörterbüchern nach sich, was dann problematisch ist, wenn diese Klassifizierung fragwürdig ist und es sich womöglich gar nicht um einen Namen handelt.[11]

E. von Steinmeyer hat zudem im Stile seiner Zeit Details wie die Zeilen- oder Seitenfüllung, die Worttrennung, die Zusammen- oder Getrenntschreibung kaum im Blick, weshalb Fragen dazu auch nicht anhand der Edition beantwortet werden können. Er bildet die Denkmäler aber in einer nicht konjizierten, buchstabengetreuen Form ab. Insofern ist seine Edition bis heute verlässlich, unersetzt und damit unverzichtbar.

In der in diesen Editionen gebotenen Form wurde die althochdeutsche Überlieferung grammatisch[12] und lexikologisch[13] ausgewertet. Das hier vermittelte

---

[7] Sprachdenkmäler ³1971 (Anm. 2), S. IV.

[8] *Pariser Gespräche:* StSG (Anm. 6) V, S. 517–524, Nr. 1–12; Wolfgang Haubrichs, Max Pfister: „In Francia fui". Studien zu den romanisch-germanischen Interferenzen und zur Grundsprache der althochdeutschen ‚Pariser (Altdeutschen) Gespräche' nebst einer Edition des Textes. Mainz 1989 (Akademie der Wissenschaften und der Literatur. Abhandlungen der Geistes- und Sozialwissenschaftlichen Klasse. Jahrgang 1989. Nr. 6), S. 85, Nr. 1–12.

[9] Sprachdenkmäler ³1971 (Anm. 2), S. V.

[10] Ebd.

[11] Zum Problem ausführlicher Rolf Bergmann, Stefanie Stricker: „Eigennamen sind nicht berücksichtigt." Zwei Statements zur Praxis der althochdeutschen Lexikographie. In: Namen und Wörter. Theoretische Grenzen – Übergänge im Sprachwandel. Hrsg. von Rolf Bergmann und Stefanie Stricker. Heidelberg 2018 (Germanistische Bibliothek. 64), S. 171–191, hier S. 172.

[12] Josef Schatz: Althochdeutsche Grammatik. Göttingen 1927 (Göttinger Sammlung indogermanischer Grammatiken und Wörterbücher); Josef Schatz: Altbairische Grammatik. Laut- und Flexionslehre. Göttingen 1907 (Grammatiken der althochdeutschen Dialekte. 1); Althochdeutsche Grammatik I. Laut- und Formenlehre. Hrsg. von Wilhelm Braune. 15. Auflage, bearb. von Ingo Reiffenstein. Tübingen 2004 (Sammlung kurzer Grammatiken germanischer Dialekte. A: Hauptreihe 5/1); Wilhelm Braune, Frank Heidermanns: Althochdeutsche Grammatik I. Laut- und Formenlehre. 16. Auflage. Berlin, Boston 2018 (Sammlung kurzer Grammatiken germanischer Dialekte. A: Hauptreihe 5.1).

[13] In zahlreichen semasiologischen und vor allem onomasiologischen Einzelstudien sowie im Althochdeutschen Wörterbuch (AWB: Althochdeutsches Wörterbuch. Auf Grund der von Elias v. Steinmeyer hinterlassenen Sammlungen im Auftrag der Sächsischen Akademie der Wissenschaften zu Leipzig bearbeitet und hrsg. von Elisabeth Karg-Gasterstädt und Theodor Frings. Berlin 1952ff.).

Bild war auch die Grundlage der sprach- und literaturgeschichtlichen Interpretation.[14]

3. Die Glossenedition von Steinmeyer und Sievers

Die vier umfangreichen Bände der Edition der althochdeutschen Glossen von Elias Steinmeyer und Eduard Sievers zeigen folgende Gliederung:

Band I: Glossen zu biblischen Schriften, 1879 (XIV, 821 Seiten),
Band II: Glossen zu nichtbiblischen Schriften, 1882 (XII, 778 Seiten),
Band III: Sachlich geordnete Glossare, 1895 (XII, 723 Seiten),
Band IV: Alphabetisch geordnete Glossare. Adespota. Nachträge zu Band I–III. Handschriftenverzeichnis, 1898 (XV, 790 Seiten).

Erst im Jahre 1922 folgte Band V: Ergänzungen und Untersuchungen, in dem neben den umfangreicheren Untersuchungen Ergänzungen zu Band I–IV (S. 2–49), das Verzeichnis der dafür benutzten Handschriften (S. 50–87) und Berichtigungen und Nachträge zu Band I–IV (S. 87–107) geboten sowie die *Altdeutschen Gespräche* ediert werden (S. 517–524).

Im Vorwort zu Band I „gestattet sich" E. Steinmeyer, „wenigstens für einige puncte die principien, von denen ich mich leiten ließ, kurz zu skizzieren", da „gegen die art der bearbeitung, wie ich nicht zweifle, manigfacher tadel, begründeter und unbegründeter, erhoben werden wird" (S. VIII). Das erste Ordnungskriterium ist für Steinmeyer der glossierte Text beziehungsweise das glossierte Glossar, wie schon seine Bandeinteilung verdeutlicht. In Band I bringt er als Nummer I zunächst eine synoptische Edition der drei Handschriften des *Abrogans*-Glossars, dann zwei weitere alphabetische Bibelglossare (Nr. II und III) sowie ab Nummer IV die Glossen zu den einzelnen biblischen Büchern, zum Beispiel Nr. IV bis XXII verschiedene Sammlungen von Glossen zum Buch Genesis. Wenn diese Glossen jeweils in mehreren Handschriften parallel überliefert sind, werden sie gemeinsam unter einer Nummer ediert, so zum Beispiel unter Nummer XXVIII die Genesis-Glossen der 18 Handschriften des Mondseer

[14] Maßgeblich zur Literaturgeschichte vor allem Gustav Ehrismann: Geschichte der deutschen Literatur bis zum Ausgang des Mittelalters. I. Die althochdeutsche Literatur. 2. durchgearbeitete Auflage. München 1932 (Handbuch des Deutschen an Höheren Schulen. 6, I.); Helmut de Boor: Die deutsche Literatur von Karl dem Großen bis zum Beginn der höfischen Dichtung. 770–1170. Neunte Auflage bearbeitet von Herbert Kolb. München 1979 (Geschichte der deutschen Literatur von den Anfängen bis zur Gegenwart. 1); zur Sprachgeschichte Georg Baesecke: Vor- und Frühgeschichte des deutschen Schrifttums. II. Frühgeschichte des deutschen Schrifttums. 1. Lieferung Halle/S. 1950. 2. Lieferung. Hrsg. von Ingeborg Schröbler. Halle/S. 1953; Adolf Bach: Geschichte der deutschen Sprache. Neunte, durchgesehene Auflage. Heidelberg 1970; Wolfgang Haubrichs: Geschichte der deutschen Literatur von den Anfängen bis zum Beginn der Neuzeit. Bd. 1,1. Die Anfänge: Versuche volkssprachiger Schriftlichkeit im frühen Mittelalter. 2., durchgesehene Auflage. Tübingen 1995.

Bibelglossars. Analog ist der zweite Band mit den Glossen zu den alphabetisch nach Autoren angeordneten nichtbiblischen Werken angelegt, wo etwa unter den (weitergezählten) Nummern DXXVIII bis DXXXV Glossen zu Arators Werken ediert sind, unter Nummer DXXVIII zum Beispiel eine in zwei Handschriften überlieferte Glossierung. In Band III bringt Nummer DCCCCXXXVIIIa2 zum Beispiel das alphabetisch angelegte Buch XI des *Summarium Heinrici* nach fünf Handschriften. Dieses Editionsverfahren ist platzsparend, weil bei paralleler Überlieferung das jeweilige Lemma nur einmal angegeben wird. Zudem vermittelt es auch einen unmittelbaren Zugang zur Gesamtüberlieferung einer Glossierung. Insgesamt ist die Anlage sehr durchdacht, wenn auch durchaus nicht unkompliziert. Selbst die Position der Glossen (interlinear, marginal oder im Kontext) ist oft nur in Verbindung mit der Handschriftenbeschreibung in Band IV erschließbar.

Das monumentale Werk stellt nach seinem schieren Umfang und seiner komplexen Organisation, der philologischen Sorgfalt und der editorischen Ausdauer eine überragende Leistung in der germanistischen Editionsgeschichte dar, die auch heute noch in jedem Glossenforscher Bewunderung und größten Respekt hervorruft.

Die einzelnen deutschen Glossen werden in ihrer handschriftlichen Lesung sehr genau wiedergegeben, doch ist der handschriftliche Gesamtbefund der Textglossierung und der Glossare in dieser Edition nicht wirklich nachvollziehbar, was Steinmeyer auch explizit nicht angestrebt hat. Stefanie Stricker[15] hat aufgezeigt, welche Folgen im Sinne der sprachhistorischen Fehleinschätzung der Glossenüberlieferung diese Edition gehabt hat. Durch die Konzentration allein auf die lateinisch-deutschen Eintragungen und den Ausschluss der zahlenmäßig bei weitem überwiegenden rein lateinischen Eintragungen suggerierte diese Darstellungsart ein Bemühen der Glossatoren um durchgehende Verdeutschung des Lateinischen. Die alleinige Wiedergabe des lateinischen Lemmas unter Auslassung des weiteren Kontextes erschwerte zudem oftmals die Bedeutungsermittlung.

4. Neuere Editionen der althochdeutschen Glossen

In der an E. Steinmeyer und E. Sievers anknüpfenden Forschung ist die Diskrepanz zwischen handschriftlichem Befund und Minimaledition von lateinischem und volkssprachigem Glossenwort als unzulängliches Editionsverfahren erkannt worden. In der Folge wurde ein aufwändiges Editionsverfahren entwickelt, das lateinisch-lateinische Glossierungen wie auch zur volkssprachigen

[15] Stefanie Stricker: Zur Edition althochdeutscher Glossen. Der handschriftliche Befund und seine sprachhistorischen Folgen. In: Edition und Sprachgeschichte. Baseler Fachtagung 2.–4. März 2005. Hrsg. von Michael Stolz in Verbindung mit Robert Schöller und Gabriel Viehhauser. Tübingen 2007 (Beihefte zu editio. 26), S. 43–72.

Glosse gehörende längere lateinische Textpassagen einschließt und eine möglichst genaue und handschriftennahe Wiedergabe der Eintragungen anstrebt. Alle neueren Glosseneditionen kommen durch diese sehr viel genauere Darstellung des handschriftlichen Befundes zu einem angemesseneren funktionalen Verständnis der althochdeutschen Glossierung. Dabei ist auch die eigentliche Rolle des Deutschen neben dem dominierenden Lateinischen deutlicher sichtbar geworden.

4.1. Sachglossare

Im Bereich der Glossare hat Reiner Hildebrandt[16] in den Jahren 1974 und 1982 zu der als *Summarium Heinrici* bezeichneten großen Wissensenzyklopädie eine zweibändige Edition vorgelegt, die den vollständigen Glossartext für die meisten der damals bekannten Handschriften umfasst. Nicht aufgenommen hat R. Hildebrandt solche Textzeugen, bei denen es sich nach seiner Einschätzung „nicht um echte Textrepräsentanten handelte“.[17] Davon betroffen ist eine Reihe von Textzeugen, die bereits E. Steinmeyer und E. Sievers in ihre Edition aufgenommen hatten. Leitmotiv für R. Hildebrandt war die Herstellung einer textkritischen Ausgabe des Textes. Das bedeutet, dass seine Ausgabe aus dem lateinischen Haupttext unter Einschluss der volkssprachigen Glossen (in seinem Text durch Fettsatz markiert), einem Apparat des lateinischen Textes und einem der volkssprachigen Glossen besteht. In den Haupttext ist jeweils die Wortform aufgenommen worden, die R. Hildebrandt als beste und dem Verfasser am nächsten stehende Form bewertete. Dieses Verfahren führte nicht allein zur Aufnahme von Belegen beständig wechselnder Handschriften im Haupttext, sondern auch zum Abdruck konstruierter Formen. R. Hildebrandt versucht auf diese Weise, den Archetyp des Textes durch Aufnahme ihm adäquat erscheinender Formen nachzubilden. Damit ist eine Textfassung erzeugt worden, die so nie existiert hat. Erst die Variantenapparate weisen die tatsächlich überlieferten Formen aus.

Editionsgeschichtlich zeigt die Edition R. Hildebrandts damit gegenüber der *Summarium*-Edition von E. Steinmeyer und E. Sievers einen Fortschritt durch die vollständige Wiedergabe des lateinischen Glossartextes. Mit der Darbietung der konstruierten Textfassung des *Summarium Heinrici* und seiner Glossen geht

16 Reiner Hildebrandt: Summarium Heinrici. I. Textkritische Ausgabe der ersten Fassung Buch I–X. Berlin, New York 1974 (Quellen und Forschungen zur Sprach- und Kulturgeschichte der germanischen Völker. Neue Folge 61); Reiner Hildebrandt: Summarium Heinrici. II. Textkritische Ausgabe der zweiten Fassung Buch I–VI sowie des Buches XI in Kurz- und Langfassung. Berlin, New York 1982 (Quellen und Forschungen zur Sprach- und Kulturgeschichte der germanischen Völker. Neue Folge 78); Reiner Hildebrandt, Klaus Ridder: Summarium Heinrici. III. Wortschatz. Register der deutschen Glossen und ihrer lateinischen Bezugswörter auf der Grundlage der Gesamtüberlieferung. Berlin, New York 1995 (Quellen und Forschungen zur Sprach- und Kulturgeschichte der germanischen Völker. Neue Folge 109).

17 Summarum Heinrici 1982 (Anm. 16), S. XL.

R. Hildebrandt aber hinter diese Edition zurück und greift auf ein längst überholtes Verfahren zurück, das eine dem mutmaßlichen Archetyp nahekommende Textfassung anstrebt.

Die Einbeziehung des lateinischen Textes beherzigen in der Folge alle Editoren weiterer *Summarium*-Überlieferungen:

Werner Wegstein: Studien zum ‚Summarium Heinrici'. Die Darmstädter Handschrift 6. Werkentstehung, Textüberlieferung, Edition, Texte und Textgeschichte. Tübingen 1985 (Würzburger Forschungen. 9);

Stefanie Stricker: Basel ÖBU. B IX 31. Studien zur Überlieferung des Summarium Heinrici. Langfassung Buch XI. Göttingen 1989 (Studien zum Althochdeutschen. 13);

Ulrike Thies: Graphematisch-phonematische Untersuchungen der Glossen einer Kölner Summarium-Heinrici-Handschrift. Mit Edition der Glossen. Göttingen 1989 (Studien zum Althochdeutschen. 14);

Stefanie Stricker: Die Summarium-Heinrici-Glossen der Handschrift Basel ÖBU. B X 18. Göttingen 1990 (Studien zum Althochdeutschen. 15).

Für andere spätalthochdeutsche Glossare wie die *Glossae Salomonis* und die *Versus de volucribus* stehen vergleichbare Editionen bis heute aus.

4.2. Textglossare

Für Textglossare, deren Stichwörter aus einem zugrundeliegenden Werktext stammen und die dazu dienen, diesen besser erschließen zu können, liegt seit 2001 eine Monographie von Claudia Wich-Reif vor. Diese stellt alle Textglossarüberlieferungen zusammen (170 Handschriften) und ediert die Textglossare der Handschriften St. Gallen, Stiftsbibliothek 292 und Karlsruhe, Badische Landesbibliothek St. Peter perg. 87:

Claudia Wich-Reif: Studien zur Textglossarüberlieferung. Mit Untersuchungen zu den Handschriften St. Gallen, Stiftsbibliothek 292 und Karlsruhe, Badische Landesbibliothek St. Peter perg. 87. Heidelberg 2001 (Germanistische Bibliothek. 8).

4.3. Textglossierungen

Im Bereich der Textglossierungen sind seit der zweiten Hälfte des 20. Jahrhunderts zahlreiche Editionen einzelner Handschriften erschienen, die dem handschriftlichen Befund größere Aufmerksamkeit widmen. Dazu gehören

Peter Pauly: Die althochdeutschen Glossen der Handschriften Pommersfelden 2671 und Antwerpen 17.4. Untersuchungen zu ihrem Lautstand. Mit einer Abbildung und einer Karte. Bonn 1968 (Rheinisches Archiv. 67);

Henning von Gadow: Die althochdeutschen Aratorglossen der Handschrift Trier 1464. Mit einer Abbildung. München 1974 (Münstersche Mittelalter-Schriften. 17);

Irmgard Frank: Die althochdeutschen Glossen der Handschrift Leipzig Rep. II. 6. Berlin, New York 1974 (Arbeiten zur Frühmittelalterforschung. 7);

Heinrich Tiefenbach: Althochdeutsche Aratorglossen. Paris lat. 8318. Gotha Membr. II 115. Göttingen 1977 (Abhandlungen der Akademie der Wissenschaften in Göttingen. Philologisch-Historische Klasse. Dritte Folge 107);

Birgit Kölling: Kiel UB. Cod. MS. K.B. 145. Studien zu den althochdeutschen Glossen. Göttingen 1983 (Studien zum Althochdeutschen. 1).

4.4. Glossierungen einzelner Autoren oder Werke

Zudem sind Editionen zur Glossierung einzelner Autoren oder einzelner Werke entstanden, wofür folgende Beispiele stehen können:

Klaus Siewert: Die althochdeutsche Horazglossierung. Göttingen 1986 (Studien zum Althochdeutschen. 8);

Wolfgang Schulte: Die althochdeutsche Glossierung der Dialoge Gregors des Großen. Göttingen 1993 (Studien zum Althochdeutschen. 22);

Dorothee Ertmer: Studien zur althochdeutschen und altsächsischen Juvencusglossierung. Göttingen 1994 (Studien zum Althochdeutschen. 26);

Ulrike Thies: Die volkssprachige Glossierung der Vita Martini des Sulpicius Severus. Göttingen 1994 (Studien zum Althochdeutschen. 27).

4.5. Glossierungen an einem Ort

Schließlich sind Editionen entstanden, die sich auf die Glossierung an einem Ort richten:

Elvira Glaser: Frühe Griffelglossierung aus Freising. Ein Beitrag zu den Anfängen althochdeutscher Schriftlichkeit. Göttingen 1996 (Studien zum Althochdeutschen. 30);

Claudine Moulin-Fankhänel: Würzburger Althochdeutsch. Studien zur Bibeltextglossierung. Habilitationsschrift Bamberg 1999;

Oliver Ernst: Die Griffelglossierung in Freisinger Handschriften des frühen 9. Jahrhunderts. Heidelberg 2007 (Germanistische Bibliothek. 29);

Oliver Ernst, Andreas Nievergelt, Markus Schiegg: Althochdeutsche Griffel-, Feder- und Farbstiftglossen aus Freising. Clm 6293, Clm 6308, Clm 6383, Clm 21525, Lingua Historica Germanica. Berlin, Boston 2019 (Studien und Quellen zur Geschichte der deutschen Sprache und Literatur. 21).

4.6. Griffelglossierungen

Die letzten Titel zeigen, dass nicht selten die Eintragung der Glossen mit einem Griffel hervorgehoben wird. Bei dieser Eintragungsweise werden die Glossen mit dem Schreibinstrument in das Pergament eingeritzt oder eingedrückt, aber nicht mit Tinte aufgetragen. Griffelglossen, die zur frühen und originären Überlieferung des Althochdeutschen gehören und schon deshalb einen hohen Wert für die Sprachgeschichte haben, sind als solche schon lange bekannt. In ihrer Masse sind sie aber im wahrsten Sinne „übersehen“ und damit auch weitgehend vernachlässigt worden. Erst durch die jüngeren Forschungen, so von Elvira Glaser, Oliver Ernst, Claudine Moulin und insbesondere Andreas Nievergelt, haben die Verfahren zur Sichtbarmachung, zur Identifizierung und Edition einen Stand erreicht, der verlässliche Ergebnisse hervorbringt. Die Eintragung mit dem Griffel fordert eine Spezifizierung der Editionsverfahren, da diese Glossen, anders als Federglossen, mit bloßem Auge bei normalem Tageslicht nicht oder kaum erkennbar sind und die ganz oder nur zum Teil identifizierbaren Zeichen häufig möglichst genau visualisiert und hinsichtlich ihrer Position beschrieben werden müssen. Beispiele für weitere Editionen von Griffelglossen liefern:

Hartwig Mayer: Die althochdeutschen Griffelglossen der Handschrift Ottob. Lat. 3295 (Biblioteca Vaticana). Edition und Untersuchung. Bern, Frankfurt/M. 1982 (Kanadische Studien zur deutschen Sprache und Literatur. 27);

Hartwig Mayer: Die althochdeutschen Griffelglossen der Handschrift Salzburg St. Peter a VII 2. Göttingen 1994 (Studien zum Althochdeutschen. 28);

Andreas Nievergelt: Die Glossierung der Handschrift Clm 18547b. Ein Beitrag zur Funktionalität der mittelalterlichen Griffelglossierung. Heidelberg 2007 (Germanistische Bibliothek. 28);

Andreas Nievergelt: Irrgänger, Teufelskinder und unkeusche Spiele. Althochdeutsche Griffelglossen zu Isidor von Sevilla „De ecclesiasticis officiis" (1). In: Zeitschrift für deutsche Philologie 128, 2009, S. 321–345;

Elvira Glaser, Oliver Ernst: Freisinger Glossenhandschriften. In: Die althochdeutsche und altsächsische Glossographie. Ein Handbuch, II. Hrsg. von Rolf Bergmann und Stefanie Stricker. Berlin, New York 2009, S. 1353–1383;

Andreas Nievergelt: Pfiff und Gesang. Althochdeutsche Griffelglossen zu Isidor von Sevilla „De ecclesiasticis officiis" (2). In: Zeitschrift für deutsche Philologie 129, 2010, S. 1–48;

Andreas Nievergelt: Zur gegenwärtigen Quellen- und Editionslage der althochdeutschen Glossen. In: Sprachwissenschaft 36, 2011, S. 307–358;

Andreas Nievergelt: Nachträge zu den althochdeutschen Glossen. In: Sprachwissenschaft 37, 2012, S. 375–421;

Andreas Nievergelt: „Sie wussten auch ohne Dinte zu schreiben und zu zeichnen" – Griffeleintragungen in St. Galler Handschriften. In: Schaukasten Stiftsbibliothek St. Gallen. Abschiedsgabe für Stiftsbibliothekar Ernst Tremp. Hrsg. von Franziska Schnoor, Karl Schmuki und Silvio Frigg. St. Gallen 2013, S. 58–65;

Andreas Nievergelt: Nachträge zu den althochdeutschen Glossen. In: Sprachwissenschaft 38, 2013, S. 383–425;

Andreas Nievergelt: Nachträge zu den althochdeutschen und altsächsischen Glossen (2014/15). In: Sprachwissenschaft 40, 2015, S. 289–340;

Andreas Nievergelt, Chris De Wulf: De griffelglossen in het handschrift Parijs, BnF lat. 9389. In: Amsterdamer Beiträge zur älteren Germanistik 74, 2015, S. 76–109;

Andreas Nievergelt: Nachträge zu den althochdeutschen und altsächsischen Glossen (2015/16). In: Sprachwissenschaft 42, 2017, S. 121–176;

Andreas Nievergelt: Althochdeutsch in Runenschrift. Geheimschriftliche volkssprachige Griffelglossen. Aktualisierte und erweiterte Auflage. Stuttgart 2019 (Zeitschrift für deutsches Altertum und deutsche Literatur. Beihefte 11, 2);

Andreas Nievergelt: Nachträge zu den althochdeutschen und altsächsischen Glossen (2017–2019). In: Sprachwissenschaft 44, 2019, S. 331–361.

Andreas Nievergelt nennt in seinen Artikeln in der Zeitschrift *Sprachwissenschaft* („Nachträge zu den althochdeutschen und altsächsischen Glossen“) jeweils die neu entdeckten Glossenhandschriften sowie die neu entdeckten Glossen aus bereits bekannten Handschriften und ediert jeweils etliche der Neufunde.

Bestandsaufnahmen zu den Griffelglossen geben Elvira Glaser und Andreas Nievergelt auch in folgender Literatur:

Elvira Glaser und Andreas Nievergelt: Althochdeutsche Griffelglossen: Forschungsstand und Neufunde. In: Entstehung des Deutschen. Festschrift für Heinrich Tiefenbach. Hrsg. von Albrecht Greule. Heidelberg 2004 (Jenaer Germanistische Forschungen. Neue Folge 17), S. 119–132;

Elvira Glaser und Andreas Nievergelt: Griffelglossen. In: Die althochdeutsche und altsächsische Glossographie. Ein Handbuch, I. Hrsg. von Rolf Bergmann und Stefanie Stricker. Berlin, New York 2009, S. 202–229.

4.7. Projektvorhaben

Andreas Nievergelt, der erfahrenste Forscher auf dem Gebiet der Griffelglossierung, hat in den vergangenen Jahren viele weitere Griffelglossenhandschriften entdeckt.[18] Derzeit (März 2022) sind über 8800 Griffelglossen aus über 235 Handschriften bekannt, von denen knapp die Hälfte ediert zugänglich ist. Zu dem Gesamtbestand an Griffelglossen gibt es (federführend von Claudia Wich-Reif, Bonn) Vorüberlegungen zu einem Projekt, das den bekannten Bestand an altdeutschen Griffelglossen nach einheitlichen Parametern erschließen, digital edieren und sprachwissenschaftlich annotieren will. Wichtiger Bestandteil werden dabei angesichts der Besonderheiten der Griffelglossen visualisierende Techniken. Ziel ist es, den bisher ‚unsichtbaren‘, aufgrund seines Alters und seiner Qualität herausragenden Bestandteil der ältesten Überlieferung des Deutschen für die Wissenschaft sichtbar zu machen.

5. Neue Editionen der Interlinearversionen

Die althochdeutschen Interlinearversionen bestehen aus einzelnen interlinearen Glossen, unterscheiden sich aber von der mehr oder weniger sporadischen Textglossierung durch ihren durchgehenden Charakter; ein selbstständiger Übersetzungstext ist aber dennoch nicht intendiert und auch nicht gegeben.[19] Die

18 Die jüngste Bestandsaufnahme: Andreas Nievergelt: Nachträge zu den althochdeutschen und altsächsischen Glossen (2017–2019). In: Sprachwissenschaft 44, 2019, S. 331–361.

19 Dazu ausführlich Lothar Voetz: Durchgehende Textglossierung oder Übersetzungstext: Die Interlinearversionen. In: Die althochdeutsche und altsächsische Glossographie. Ein Handbuch. Hrsg. von Rolf Bergmann und Stefanie Stricker. Bd. 1. Berlin, New York 2009, S. 887–926; vgl. auch Nikolaus Henkel: Die althochdeutschen Interlinearversi-

althochdeutschen Interlinearversionen können gewissermaßen als die Stiefkinder der Editionsgeschichte betrachtet werden. E. von Steinmeyer ordnet in seinen ‚kleineren althochdeutschen Sprachdenkmälern' fünf Überlieferungen als Interlinearversionen ein: die *Benediktinerregel*, das *Carmen ad deum*, die fragmentarischen altalemannischen und rheinfränkischen Psalmenübersetzungen und das *Trierer Capitulare*, wovon die *Benediktinerregel* nicht gerade zu den kleineren Denkmälern gehört, während er die *Murbacher Hymnen* ausschloss, „da von ihnen Sonderausgaben vorhanden sind".[20] Das *Carmen ad deum* ist freilich nicht als Interlinearversion überliefert, sondern als fortlaufend geschriebener lateinisch-althochdeutscher gemischter Text, für dessen Vorlage eine interlineare Eintragung des Althochdeutschen angenommen wird. Für das nur neuzeitlich überlieferte *Trierer Capitulare* wird auch mit der Möglichkeit gerechnet, dass die zugrundeliegende mittelalterliche Überlieferung eine selbstständige Übersetzung war.[21] Die überlieferten Interlinearversionen werden bei Steinmeyer sämtlich in zweispaltiger Form ediert, was von der handschriftlichen Überlieferung gravierend abweicht. Seine Begründung überzeugt nicht: „[...] zwischenzeiliger Druck wäre schwierig und unschön gewesen und hätte der Übersichtlichkeit beider Teile geschadet" (S. V). Der Gedanke, dem handschriftlichen Layout komme eine eigene Aussage zu und es sei deswegen wiederzugeben, lag ihm offensichtlich fern. Wo eine Neuedition einer Interlinearversion vorliegt, die die handschriftliche Anlage genau berücksichtigt, wird ein angemesseneres funktionales Verständnis der Interlinearversion als solcher erreicht. Das zeigt die Neuausgabe der Interlinearversion der *Benediktinerregel* durch Achim Masser besonders deutlich.

onen. Zum sprach- und literarhistorischen Zeugniswert einer Quellengruppe. In: Wolfram-Studien 14, 1996, S. 46–72; Ernst Hellgardt: Einige altenglische, althoch- und altniederdeutsche Interlinearversionen des Psalters im Vergleich. In: Mittelalterliche volkssprachige Glossen. Internationale Fachkonferenz des Zentrums für Mittelalterstudien der Otto-Friedrich-Universität Bamberg 2. bis 4. August 1999. Hrsg. von Rolf Bergmann, Elvira Glaser und Claudine Moulin-Fankhänel. Heidelberg 2001 (Germanistische Bibliothek. 13), S. 261–296; Stephan Müller: Die Schrift zwischen den Zeilen. Philologischer Befund und theoretische Aspekte einer deutschen ‚Zwischen-Schrift' am Beispiel der Windberger Interlinearversion zum Psalter. In: Volkssprachig-lateinische Mischtexte und Textensembles in der althochdeutschen, altsächsischen und altenglischen Überlieferung. Mediävistisches Kolloquium des Zentrums für Mittelalterstudien der Otto-Friedrich-Universität Bamberg am 16. und 17. November 2001. Hrsg. von Rolf Bergmann. Heidelberg 2003 (Germanistische Bibliothek. 17), S. 315–329.

20 Sprachdenkmäler [3]1971 (Anm. 2), S. IV.

21 Ruth Schmidt-Wiegand und Falko Klaes: ‚Trierer Capitulare'. In: Althochdeutsche und altsächsische Literatur. Hrsg. von Rolf Bergmann. Berlin, Boston 2013, S. 467–469, hier S. 468.

5.1. *Benediktinerregel*

Überlieferung: St. Gallen, Stiftsbibliothek (StB), Codex 916
http://paderborner-repertorium.de/17050
www.e-codices.unifr.ch/de/list/one/csg/0916

Die Edition von Achim Masser,[22] die einleitend auch die Editionsgeschichte darstellt, bietet die althochdeutsche Interlinearglossierung des lateinischen Regeltextes wie die Handschrift in der überzeiligen Position. Sie ist seiten- und zeilengetreu und beachtet darüber hinaus auch die Spatien innerhalb von längeren Wortformen, die von A. Masser als an der Gliederung in Sprechsilben orientiert verstanden werden. Insgesamt wirkt diese Edition einem fehlgehenden Verständnis der althochdeutschen Bestandteile als eines linearen Textes entgegen, sie verweist demgegenüber deutlich auf eine zur linearen Lektüre des lateinischen Textes quer stehende vertikale Leserichtung von jeder einzelnen lateinischen Wortform zur darüberstehenden althochdeutschen.[23]

5.2. *Murbacher Hymnen*

Überlieferung: Oxford, Bodleian Library, MS Jun. 25
http://paderborner-repertorium.de/17901

Die Interlinearversion der *Murbacher Hymnen*[24] schloss E. Steinmeyer, wie bereits gesagt, aus den kleineren Sprachdenkmälern aus, weil eine separate Ausgabe von Eduard Sievers[25] existierte, in der allerdings „der deutsche text der klareren übersicht wegen vom Lateinischen getrennt“[26] erscheint und damit eigentlich erst zum Text gemacht wird. Demgegenüber beurteilt Lothar Voetz[27] das

[22] Die lateinisch-althochdeutsche Benediktinerregel Stiftsbibliothek St. Gallen Cod. 916. Hrsg. von Achim Masser. Göttingen 1997 (Studien zum Althochdeutschen. 34); vgl. auch Regula Benedicti des Cod. 915 der Stiftsbibliothek von St. Gallen. Die Korrekturvorlage der lateinisch-althochdeutschen Benediktinerregel. Hrsg. von Achim Masser. Göttingen 2000 (Studien zum Althochdeutschen. 37); Achim Masser: Kommentar zur lateinisch-althochdeutschen Benediktinerregel des Cod. 916 der Stiftsbibliothek St. Gallen. Untersuchungen – Philologische Anmerkungen – Stellennachweis – Register und Anhang. Göttingen 2002 (Studien zum Althochdeutschen. 42); Achim Masser: ‚Benediktinerregel‘, Althochdeutsche Interlinearversion. In: Bergmann 2013 (Anm. 21), S. 49–54.

[23] Vgl. auch Achim Masser: Der Übersetzer der althochdeutschen Benediktinerregel. In: Entstehung des Deutschen. Festschrift für Heinrich Tiefenbach. Hrsg. von Albrecht Greule, Eckhard Meineke und Christiane Thim-Mabrey. Heidelberg 2004, S. 287–302.

[24] Vgl. Lothar Voetz: ‚Murbacher Hymnen (Interlinearversion)‘. In: Bergmann 2013 (Anm. 21), S. 272–288; zuletzt Michael Stolz: Bodleian Library, MS. Junius 25. The Poetics of the Murbach Hymns. In: Oxford German Studies 46, 2017, S. 200–205.

[25] Die Murbacher Hymnen. Hrsg. von Eduard Sievers. Halle/S. 1874 (Nachdruck Hildesheim, New York 1975. Nachdruck mit einer Einführung von Evelyn Scherabon Firchow. New York, London 1972).

[26] Murbacher Hymnen 1874 (Anm. 25), S. IV.

[27] Voetz 2013 (Anm. 24), S. 275.

Ganze als „eine kodikologisch planmäßig angelegte und als Werkeinheit konzipierte lat.-ahd. Interlinearversion".[28] Die Editionsgeschichte und die Konsequenzen irreführender Editionen hat Lothar Voetz ausführlich dargestellt[29] und die Fortschritte in der handschriftennäheren Wiedergabe in den neueren Editionen von Chiara Simbolotti[30] und Ute Siewerts[31] gewürdigt.

5.3. Rheinfränkische und altalemannische Psalmen

‚Fragmente einer rheinfränkischen Interlinearversion der Cantica'
Überlieferung: Paris, Bibliothèque Nationale de France (BNF), Ms. néerlandais 107
http://paderborner-repertorium.de/15439

‚Fragmente einer altalemannischen Interlinearversion der Psalmen'
Überlieferung: Dillingen an der Donau, Studienbibliothek, XV Fragm. 3
München, Bayerische Staatsbibliothek (BSB), Cgm 5248/1
http://paderborner-repertorium.de/3702

Von beiden nur in Fragmenten erhaltenen althochdeutschen Interlinearversionen der Psalmen[32] gibt es bis heute keine angemessene Edition. Die als Bilingue zweispaltig angelegten Editionen in E. Steinmeyers kleineren Sprachdenkmälern sind zwar im Einzelnen zuverlässig, vermitteln aber keine Vorstellung von den handschriftlichen Gegebenheiten.[33] Aufgrund einer besonders missverständlichen älteren Teiledition der altalemannischen Psalmen hat sich durch Kopie ohne Handschriftenbenutzung bis in neueste Zeit ein Teil der Interlinearversion als eigener Text in Anthologien gewissermaßen verselbstständigt.[34]

---

28 Zu diesem Ansatz insgesamt Hellgardt 2001 (Anm. 19), S. 262.

29 Voetz 2013 (Anm. 24), S. 278–282; Voetz 2009 (Anm. 19), S. 887–926.

30 Chiara Simbolotti: Gli ‚Inni di Murbach'. Edizione critica, commento e glossario (Ms. Junius 25). Alessandria 2009.

31 Ute Siewerts: Qualität und Funktion althochdeutscher Übersetzungen am Beispiel der Murbacher Hymnen. Berlin 2010 (Berliner Sprachwissenschaftliche Studien. 17).

32 Zu Fragmenten altsächsischer Interlinearversionen vgl. Heinrich Tiefenbach: Psalter: ‚Lublin/Wittenberger Fragmente einer altsächsischen Interlinearversion'. In: Bergmann 2013 (Anm. 21), S. 410–412; Heinrich Tiefenbach: Psalter: ‚Paderborner Fragment einer altsächsischen Interlinearversion'. In: Bergmann 2013 (Anm. 21), S. 412f. – Zu den altmittelfränkischen und altniederfränkischen Psalmenfragmenten, die nur in neuzeitlichen Abschriften und Drucken erhalten sind, für die eine ursprüngliche interlineare handschriftliche Überlieferung angenommen wird, vgl. Thomas Klein: Psalter: ‚Fragment einer altmittelfränkischen und altniederfränkischen Interlinearversion'. In: Bergmann 2013 (Anm. 21), S. 396–401.

33 Lothar Voetz: Psalter: ‚Fragmente einer altalemannischen Interlinearversion'. In: Bergmann 2013 (Anm. 21), S. 384–395; Lothar Voetz: Psalter: ‚Fragmente einer rheinfränkischen Interlinearversion der Cantica'. In: Bergmann 2013 (Anm. 21), S. 401–408; vgl. auch Voetz 2009 (Anm. 19), S. 906f.

34 Zu den Einzelheiten Lothar Voetz: Psalter: ‚Fragmente einer altalemannischen Interlinearversion'. In: Bergmann 2013 (Anm. 21), S. 384–395, hier S. 388f.

5.4. *St. Pauler Lukasglossen* und *St. Galler Johannesglossen*

‚St. Pauler Interlinearversion zu Lc 1,64–2,51‘ (sog. *St. Pauler Lukasglossen*)
Überlieferung: St. Paul im Lavanttal, StB, Cod. 1/8
http://paderborner-repertorium.de/17808

‚St. Galler Interlinearversion zu Joh. 19,38‘
Überlieferung: St. Gallen, Kantonsbibliothek, Vadianische Sammlung Ms. 70a
http://paderborner-repertorium.de/7141

Zwei schon in der Glossensammlung von Steinmeyer und Sievers edierte althochdeutsche Überlieferungen sind erst in neuerer Zeit als Interlinearversionen erkannt und entsprechend ediert worden,[35] zum einen eine umfangreichere Interlinearversion zum Anfang des Lukas-Evangeliums in einem in St. Paul befindlichen Fragment,[36] zum andern eine kurze Interlinearversion zu einer Stelle des Johannes-Evangeliums in einem St. Galler Fragment.[37] Insbesondere für die Lukas-Übersetzung erbrachte die genau an den handschriftlichen Gegebenheiten orientierte Edition von Lothar Voetz[38] einen wesentlichen Fortschritt im Verständnis dieser früher häufig missverstandenen Überlieferung.

6. Neue Editionen zweisprachiger Texte

6.1. *Exhortatio ad plebem christianam*

Die gesamte althochdeutsche Überlieferung ist in die lateinische Schriftlichkeit des Frühmittelalters eingebettet. Selbst kleinere rein volkssprachige Denkmäler wie das *Hildebrandslied* oder das *Muspilli* stehen in Handschriften lateinischer Texte. Eine enge Beziehung beider Sprachen ist in der Glossenüberlieferung und in den Interlinearversionen gegeben (vgl. dazu Kapitel 3, 4 und 5), ebenso in den zweisprachigen Texten Notkers des Deutschen (vgl. dazu Kapitel 8); aber auch in den Handschriften von Otfrids von Weißenburg althochdeutscher Evangeliendichtung ist das Lateinische präsent (vgl. dazu Kapitel 7). Zwei größere Überlieferungskomplexe – althochdeutscher Isidor und althochdeutscher Tatian – sind durch Nebeneinanderstellung von lateinischem und althochdeutschem Text in den Handschriften charakterisiert und stellen damit besondere editorische Aufgaben.

35 Voetz (Anm. 19), S. 887–926, hier S. 898–903.

36 Lothar Voetz: ‚St. Galler Interlinearversion zu Lc 1,64–2,51‘. In: Bergmann 2013 (Anm. 21), S. 351–357.

37 Lothar Voetz: ‚St. Galler Interlinearversion zu Joh. 19,38‘. In: Bergmann 2013 (Anm. 21), S. 93–100.

38 Lothar Voetz: Die St. Pauler Lukasglossen. Untersuchungen – Edition – Faksimile. Studien zu den Anfängen althochdeutscher Textglossierung. Mit 4 farbigen Abbildungen. Göttingen 1985 (Studien zum Althochdeutschen. 7).

Die grundsätzliche Problematik derartiger Bilinguen-Überlieferung[39] ist inzwischen sehr deutlich an einem der von Steinmeyer edierten kleineren Sprachdenkmäler erkennbar geworden, nachdem ihm Achim Masser eine eigene Studie mit neuer Edition gewidmet hat.[40] Die kurze lateinische *Exhortatio ad plebem christianam*,[41] eine mahnende Ansprache an die Gemeinde, ist in zwei Handschriften mit einer danebenstehenden althochdeutschen Übersetzung überliefert:

A = Kassel, Universitätsbibliothek, Landesbibliothek und Murhardsche Bibliothek der Stadt Kassel, 4° Ms. Theol. 24, f. 13^{v}–15^{r}
http://paderborner-repertorium.de/15869
https://orka.bibliothek.uni-kassel.de/viewer/image/1296741392003/28/
B = München, BSB, Clm 6244, f. 144^{v}–146^{r}
http://paderborner-repertorium.de/15563
http://daten.digitale-sammlungen.de/bsb00054485/image_293

In Handschrift A stehen lateinischer und althochdeutscher Text in zwei Spalten auf derselben Seite, wobei „augenscheinlich darauf geachtet wurde, lateinischen und deutschen Text satz- oder phrasenweise aufeinander auszurichten.“[42] Da der deutsche Text häufig etwas länger ist, wird im lateinischen Text gelegentlich eine Zeile leer gelassen, zum Beispiel entsprechen sich lateinische Zeilen 1–3 und deutsche Zeilen 1–4 (vgl. das Digitalisat). In Handschrift B stehen lateinischer und deutscher Text auf eigenen Seiten nebeneinander, lateinisch auf den verso-Seiten 144^{v} und 145^{v}, deutsch auf den recto-Seiten 145^{r} und 146^{r}. „Der lateinische Text ist phraseologisch gegliedert, der deutsche nicht und grundsätzlich auch nicht auf das lateinische Gegenüber ausgerichtet.“[43] Diese handschriftlichen Gegebenheiten berücksichtigt Masser in seiner Edition,[44] Steinmeyer hingegen hatte in seinen kleineren Sprachdenkmälern die beiden althochdeutschen Fassungen ohne Berücksichtigung der Zeilenverhältnisse spaltenweise nebeneinander gesetzt und eine Version des lateinischen Textes darunter platziert, was mit der handschriftlichen Realität nichts mehr zu tun hat.

An diesem Beispiel einer Bilinguen-Überlieferung lassen sich die Kategorien Seite, Spalte und Zeile gewinnen, unter denen das Layout derartiger Codices zu beschreiben und die Anlage einer Edition zu beurteilen ist.

---

39 Vgl. dazu den zeitlich weit ausgreifenden Artikel von Nikolaus Henkel: Synoptische Kopräsenz zweisprachiger Textensembles im deutschen Mittelalter. Überlegungen zu Funktion und Gebrauch. In: Bergmann 2003 (Anm. 19), S. 1–36.

40 Achim Masser: Zweisprachige Ausgaben. In: Bergmann 2003 (Anm. 19), S. 37–60.

41 Achim Masser: ‚Exhortatio ad plebem christianam‘. In: Bergmann 2013 (Anm. 21), S. 83–85.

42 Ebd., S. 50.

43 Ebd., S. 51.

44 Ebd., S. 43–45, 46–49.

6.2. Althochdeutsche Übersetzung von Isidor von Sevilla *De fide catholica* und *Mondseer Fragmente*

Althochdeutsche Übersetzung von Isidor von Sevilla *De fide catholica*
Überlieferung:
Isidor von Sevilla *De fide catholica:* Paris, BNF, Ms. lat. 2326
Mondseer Fragmente: Wien, Österreichische Nationalbibliothek (ÖNB), Cod. 3093*
Hannover, Niedersächsische Landesbibliothek, Ms. I 20b
Wien, ÖNB, Cod. 2997, hinterer Innendeckel
http://paderborner-repertorium.de/15941
http://paderborner-repertorium.de/11565
https://gallica.bnf.fr/ark:/12148/btv1b84260348

Größere Teile einer althochdeutschen Übersetzung von Isidors von Sevilla Traktat *De fide catholica*[45] sind in der Pariser Handschrift in zweispaltiger lateinisch-althochdeutscher Anordnung überliefert, der Anfang des Traktats auch in den Fragmenten des Wiener Codex 3093*, hier allerdings in zweiseitiger Parallelüberlieferung, wobei auf den verso-Seiten der lateinische und auf den recto-Seiten der althochdeutsche Text steht. Die aus Mondsee stammenden Fragmente sowie die weiteren Bruchstücke in Hannover und Wien enthalten außerdem Teile weiterer lateinischer Texte und ihrer althochdeutschen Übersetzungen in zweiseitiger Parallelanordnung. In der Pariser Handschrift stehen lateinische und deutsche Zeilen inhaltlich parallel; da die deutsche Spalte etwas breiter ist als die lateinische, kommt es nicht zu einem Mehrbedarf an deutschen Textzeilen. Über die Zeilenverhältnisse in den *Mondseer Fragmenten* sagt Elke Krotz,[46] dass „durch Auflockerung der Zeilenfüllung beziehungsweise Satzbeginn mit einer nach links ausgerückten Initiale auf gleicher Zeilenhöhe die beiden Fassungen immer wieder parallel zueinander geführt werden.“

Die ältere Edition von George Allison Hench ist zweiseitig angelegt,[47] ohne Berücksichtigung der handschriftlichen Zeilen; die auf die Isidor-Übersetzung beschränkte Edition von Hans Eggers, die explizit als „Lesetext“ bezeichnet wird (S. V), verteilt den Text ebenfalls auf zwei Seiten, gibt aber die Zeilenum-

[45] Elke Krotz: Isidor von Sevilla ‚De fide catholica‘, Althochdeutsche Übersetzung und ‚Mon(d)seer Fragmente‘. In: Bergmann 2013 (Anm. 21), S. 204–213; Elke Krotz: Auf den Spuren des althochdeutschen Isidor – Studien zur Pariser Handschrift, den Monseer Fragmenten und zum Codex Junius 25. Mit einer Neuedition des Glossars Jc. Heidelberg 2002 (Beiträge zur älteren Literaturgeschichte).

[46] Elke Krotz: *Hear saget fona gotspelle.* Zur äußeren und inneren Kohärenz einer lateinisch-althochdeutschen Sammelhandschrift. In: Bergmann 2003 (Anm. 19), S. 175–186, hier S. 176.

[47] The Monsee fragments. Newly collated text with introduction, notes, grammatical treatise and exhaustive glossary, and a photolithographic facsimile. Ed. by George Allison Hench. Strassburg 1890; Der ahd. Isidor. Facsimile-Ausgabe des Pariser Codex nebst critischem Texte der Pariser und Monseer Bruchstücke. Hrsg. von George Allison Hench. Straßburg 1893 (Quellen und Forschungen zur Sprach- und Culturgeschichte der germanischen Völker. 72).

brüche des lateinischen und des deutschen Textes durch senkrechte Striche an.[48] Ein Wiener Projekt einer Neuausgabe der *Mondseer Fragmente* ist bislang noch nicht im Druck erschienen.[49]

6.3. Die althochdeutsche Übersetzung der Evangelienharmonie des Tatian

Überlieferung:
St. Gallen, StB, 56
http://paderborner-repertorium.de/16961
www.e-codices.unifr.ch/de/list/one/csg/0056

Auf den ersten Blick wirkte die lange Zeit maßgebliche Ausgabe der zweispaltig geschriebenen lateinisch-althochdeutschen Tatianbilingue[50] in Cod. 56 der Stiftsbibliothek St. Gallen durch Eduard Sievers[51] in ihrer zweispaltigen Anlage überlieferungsnah. Besonders markant erscheint die jeweils parallele Anordnung der lateinischen und althochdeutschen Textblöcke. Sie entspricht so aber gerade nicht der Handschrift. Vor allem bleibt bei E. Sievers völlig unberücksichtigt, was Achim Masser über das Verhältnis der lateinischen und althochdeutschen Zeilen beobachtet und in seiner Neuedition berücksichtigt hat.[52]

Wo E. Sievers einen nach seiner Spaltenbreite umbrochenen fortlaufenden lateinischen und althochdeutschen Text bietet, hat die Handschrift hingegen eine genaue zeilenweise Parallelität, insofern in jeder linken lateinischen Zeile genauso viel Text steht wie in der rechten althochdeutschen Zeile übersetzt ist. Dass dies bei der Anlage der Handschrift so geplant war, ergibt sich aus den Stellen, an denen zunächst mehr lateinischer Text eingetragen wurde, als in der rechten Spalte an althochdeutschem Äquivalent Platz fand, und an denen deshalb die sozusagen überschießenden lateinischen Textelemente nachträglich radiert wurden.

Bei dem Verständnis und der editorischen Berücksichtigung der Anlage der Handschrift geht es nun nicht einfach nur um philologische Genauigkeit, obwohl diese für sich schon ein relevantes Editionsprinzip ist. Es geht vielmehr auch um die Bedingungen der weiteren linguistischen Analyse der Übersetzung. Für die

48 Vollständiger lateinischer und althochdeutscher Text nach der Pariser Handschrift und den Monseer Fragmenten. Neu hrsg. von Hans Eggers. Tübingen 1964 (Altdeutsche Textbibliothek. 63).

49 www.univie.ac.at/germanistik/projekt/monseer-fragmente (alle hier und im Folgenden genannten Internet-Links wurden zuletzt am 3.6.2022 abgerufen).

50 Achim Masser: ‚Tatian'. In: Bergmann 2013 (Anm. 21), S. 459–466.

51 Tatian. lateinisch und altdeutsch. Mit ausführlichem Glossar hrsg. von Eduard Sievers. Paderborn 1872, 2. neubearb. Ausgabe 1892, Nachdruck 1966.

52 Die lateinisch-althochdeutsche Tatianbilingue St. Gallen Stiftsbibliothek Cod. 56. Hrsg. von Achim Masser unter Mitarbeit von Elisabeth De Felip-Jaud. Göttingen 1994 (Studien zum Althochdeutschen. 25).

relevante syntaktische Frage der Satzglied- oder Wortstellung bildet die parallele Zeilenanordnung der lateinischen und althochdeutschen Äquivalente sozusagen die primäre Ursache von Positionen. Erst wenn diese Bedingung berücksichtigt wird, kann nach weiteren Faktoren für die Position von Wortformen gesucht werden. Darauf hat A. Masser nachdrücklich aufmerksam gemacht: „So lässt sich [...] zweifelsfrei deutlich machen, daß die Syntax der althochdeutschen Tatianübersetzung von diesem den Schreibern auferlegten Zwang einer exakten zeilenmäßigen Ausrichtung von deutschem Text und lateinischem Text nicht unbeeinflußt geblieben ist."[53]

7. Die neue Edition der Evangeliendichtung Otfrids von Weißenburg

Otfrid von Weißenburg[54] verfasste seine Evangelienharmonie, eine die vier Evangelien kompilierende Darstellung des Lebens und Wirkens Jesu, wohl zwischen 863 und 871. Das Werk, eine der ersten Endreimdichtungen althochdeutscher Zeit, ist in mehreren Handschriften überliefert, was für die Überlieferung des Althochdeutschen grundsätzlich als Sonderfall anzusehen ist.

Überlieferung:
V = Wien, ÖNB, Cod. 2687 (Weißenburg, letztes Drittel 9. Jh.; teilautographische Fassung des Werkes)
www.handschriftencensus.de/6494
http://data.onb.ac.at/rec/AC13949565 A
P = Heidelberg, Universitätsbibliothek, Cpl 52 (Weißenburg, letztes Drittel 9. Jh.; ca. 870)
www.handschriftencensus.de/4958
https://digi.ub.uni-heidelberg.de/diglit/cpl52/
F = München, BSB, Cgm 14 (Freising, zwischen 902 und 906)
www.handschriftencensus.de/5100
http://daten.digitale-sammlungen.de/bsb00094618/image_5
D = Codex discissus (Fulda, um 975):
Wolfenbüttel, Herzog August Bibliothek, Cod. 131.1 Extravagantes;
www.handschriftencensus.de/5301
Bonn, Universitätsbibliothek, Cod. S 499;
www.handschriftencensus.de/5301
Krakau, Biblioteka Jagiellońska, Berol. mgq 504 [früher Berlin, Staatsbibliothek Ms. germ. 4° 504]
www.handschriftencensus.de/5301
http://diglib.hab.de/mss/131–1-extrav/start.htm
Hinzu kommen zwei neuzeitliche Abschriften:
Wien, Schottenkloster, Cod. 733 (Hübl 605) (von 1560 durch Achill Pirmin Gasser)

53 Masser 1997 (Anm. 22), S. 10, Anm. 5.

54 Werner Schröder (†), Heiko Hartmann: Otfrid von Weißenburg. In: Bergmann 2013 (Anm. 21), S. 322–345.

www.handschriftencensus.de/16024
Göttweig, StB, Cod. 913 (rot)/813 (schwarz) (früher G 29) (18. Jh., in Göttweig nicht auffindbar)[55]
www.handschriftencensus.de/24572

Die Rezeption von Otfrids Werk begann im späten 15. und 16. Jahrhundert.[56] Die durch den Reformator Matthias Flacius[57] (1520–1575) erarbeitete und im Jahre 1571 in Basel im Druck erschienene Erstausgabe des *Evangelienbuchs* ist Zeugnis einer ersten Phase frühneuzeitlicher Beschäftigung mit diesem Text.[58]

Die Wiener Handschrift V (Vindobonensis 2687), „die von O. eigenhändig corrigierte [erste] Reinschrift seines Werkes",[59] das „Hand- und Arbeitsexemplar Otfrids",[60] ist als authentisch anzusehen. Sie bietet den ältesten der vier erhaltenen Textzeugen, der tausende von Korrekturen, aber auch kurze Textpassagen

55 Johann Kelle: Otfrids von Weissenburg Evangelienbuch. Bd. 1: Text, Einleitung, Grammatik, Metrik, Kommentar. Regensburg 1856; Bd. 2: Die Formen- und Lautlehre der Sprache Otfrids. Regensburg 1869; Bd. 3: Glossar der Sprache Otfrids. Regensburg 1881. Nachdruck Aalen 1963.

56 Hans Butzmann: Otfrid von Weissenburg im 16. und 17. Jahrhundert. In: Festschrift Hermann Heimpel. Bd. 1. Göttingen 1971, S. 607–617 (wiederabgedruckt in: Hans Butzmann: Kleinere Schriften. Graz 1973, S. 140–148); Matthias Kirchhoff: Otfrids von Weißenburg ‚Evangelienbuch' als frühneuzeitlicher Lehrstoff? Beobachtungen zur Otfrid-Rezeption im Tübingen des 16. und 17. Jahrhunderts. In: Zeitschrift für deutsches Altertum 139, 2010, S. 350–364; Ernst Hellgardt: … nulli suo tempore secundus. Zur Otfridrezeption bei Johannes Trithemius und im 16. Jahrhundert. In: Sprache – Literatur – Kultur. Studien zu ihrer Geschichte im deutschen Süden und Westen. Wolfgang Kleiber zu seinem 60. Geburtstag gewidmet. Hrsg. von Albrecht Greule und Uwe Ruberg. Wiesbaden, Stuttgart 1989, S. 355–375; Ernst Hellgardt: … der alten Teutschen spraach und gottsforcht zuerlernen. Über Voraussetzungen und Ziele der Otfridausgabe des Matthias Flacius Illyricus (Basel 1571). In: Festschrift für Walter Haug und Burghart Wachinger. Hrsg. von Johannes Janota u. a. 2 Bände. Tübingen 1992, hier Bd. 1, S. 267–286; Ernst Hellgardt: Die Rezeption Otfrids von Weissenburg von Johannes Trithemius bis zur neunten Centurie (1494–1565). In: Catalogus und Centurien: Interdisziplinäre Studien zu Matthias Flacius und den Magdeburger Centurien. Hrsg. von Martina Hartmann und Arno Mentzel-Reuter. Tübingen 2008, S. 65–75.

57 Matthias Flacius: Otfridi Evangeliorvm liber: ueterum Germanorum grammaticae, poeseos, theologiae, praeclarum monimentum. = Evangelien Buch, in altfrenckischen reimen, durch Otfriden von Weissenburg, Münch zu S. Gallen vor sibenhundert jaren beschriben: Jetz aber mit gunst des gestrengen ehrenvesten herrn Adolphen Herman Riedesel / Erbmarschalk zu Hessen / der alten Teutschen spraach und gottsforcht zuerlenen / in truck verfertiget. Petri, Basel 1571.

58 Norbert Kössinger: Otfrids ‚Evangelienbuch' in der frühen Neuzeit. Studien zu den Anfängen der deutschen Philologie. Tübingen 2009, S. 17, 162.

59 Otfrid (Kelle) 1856 (Anm. 55), S. 161.

60 Otfrid von Weißenburg: Evangelienbuch. Bd. 1: Edition nach dem Wiener Codex 2687. Hrsg. und bearbeitet von Wolfgang Kleiber unter Mitarbeit von Rita Heuser. Teil 1: Text. Tübingen 2004; Teil 2: Einleitung und Apparat. Mit Beiträgen von Wolfgang Haubrichs, Norbert Kössinger, Otto Mazal, Norbert H. Ott und Michael Klaper. Tübingen 2004 (Otfrid von Weißenburg: Evangelienbuch. Hrsg. von Wolfgang Kleiber und Ernst Hellgardt 1/1–2), S. VIII.

und Marginalien enthält, die Otfrid eigenhändig eingetragen zu haben scheint.[61] Diese teilautographe Handschrift könnte als Vorlage für die den Approbationsschreiben beigefügten Widmungsexemplare gedient haben. Sie gewährt Einblicke in die Arbeit des Autors Otfrid und in seinen Schreibprozess. Die Handschrift spiegelt das *Evangelienbuch* in seiner Genese, zwischen Schreiben und Überschreiben.[62] Insgesamt stellt sie einen seltenen Glücksfall in der Überlieferung mittelalterlicher deutschsprachiger Texte dar.

Handschrift P ist kurz nach Fertigstellung von Handschrift V von den Haupthänden von V und auf der Basis von V abgeschrieben worden.[63] Sie weist aber keine Korrekturen Otfrids auf. „Die Handschrift P enthält in einzelnen Punkten eine konsequente Weiterführung des Textes von V".[64] Wegen ihrer Fehler und Auslassungen qualifiziert Wolfgang Kleiber die Textstufe von P unter der Verlässlichkeit von V.[65] Auch die Handschriften D und F beruhen auf V.

Ausgaben: Nach mehreren Ausgaben mit aus heutiger Sicht allein historischem Wert[66] (so von Johann Schilter;[67] Eberhard Gottlieb Graff[68]) lieferte Johann Kelle[69] 1856 die erste wissenschaftlichen Anforderungen gerecht werdende Ausgabe von Otfrids Evangeliendichtung, die er selbst durch die hohe Fehlerhaftigkeit der bisherigen Ausgaben rechtfertigte.[70] Diese Ausgabe ist aber weder

---

61 Dazu Heiko Hartmann: Otfrids Korrekturen. Zur inhaltlichen und theologischen Tendenz der autographen Überarbeitung des Evangelienbuches in der Wiener Handschrift (V). In: Wolfram-Studien 22, in Verb. mit Susanne Köbele und Klaus Ridder hrsg. von Eckart Conrad Lutz. Berlin 2012 (Veröffentlichungen der Wolfram von Eschenbach-Gesellschaft), S. 63–77.

62 Stephanie Seidl: Hand-Schriften. Die Neuausgabe von Otfrids liber evangeliorum nach dem teilautographen Wiener Codex 2687. (Rezension über: Wolfgang Kleiber/Rita Heuser [Hrsg.]: Otfrid von Weißenburg: Evangelienbuch. Band I: Edition nach dem Wiener Codex 2687. Teil 1: Text, Teil 2: Einleitung und Apparat. Tübingen: Max Niemeyer 2004.). In: IASL online [29.6.2005] www.iaslonline.de/index.php?vorgang_id=1222.

63 Wolfgang Kleiber: Otfrid von Weißenburg. Untersuchungen zur handschriftlichen Überlieferung und Studien zum Aufbau des Evangelienbuches. Bern, München 1971, S. 40–76; Zusammenfassung: S. 80–84.

64 Wolfgang Kleiber: Zur Otfridedition. In: Probleme der Edition althochdeutscher Texte. Hrsg. von Rolf Bergmann. Mit 17 Abbildungen. Göttingen 1993 (Studien zum Althochdeutschen. 19), S. 83–102, hier S. 85.

65 Kleiber 1993 (Anm. 64), S. 85; Kleiber 1971 (Anm. 63).

66 Dazu im Einzelnen Otfrid (Kelle) 1856 (Anm. 55), S. 99–136. – Zur Editionsgeschichte vgl. Otfrid von Weißenburg: ‚Evangelienbuch', aus dem Althochdeutschen übertragen und mit einer Einführung, Anmerkungen und einer Auswahlbibliographie versehen von Heiko Hartmann. Bd. 1: Widmungsbriefe, Liber primus. Herne 2005; Bd. 2: Liber secundus, Liber tertius, Studien (I). Herne 2014.

67 Thesaurus antiquitatum Teutonicarum, ecclesiasticarum, civilium, letterariarum. 1. Monumenta Ecclesiastica Christiana Veterum Francorum & Alemannorum. Hrsg. von Johann Schilter. Ulm: Daniel Bartholomæus 1728.

68 Krist. Das älteste von Otfrid im neunten Jahrhundert verfaßte, hochdeutsche Gedicht, nach den drei gleichzeitigen zu Wien, München und Heidelberg befindlichen Handschriften kritisch hrsg. von E. G. Graff. Königsberg 1831.

69 Otfrid (Kelle) 1856–1881 (Anm. 55).

70 Otfrid (Kelle) 1856 (Anm. 55), S. 132–135 (Auflistung der Fehler bei E. G. Graff).

vollständig noch handschriftennah. Noch im 19. Jahrhundert folgten die Ausgaben von Paul Piper[71] (1878) und Oskar Erdmann[72] (1882). Auf O. Erdmanns Edition fußt auch die zweisprachige Textauswahl von Gisela Vollmann-Profe.[73]

Die Ausgabe Paul Pipers basiert auf Handschrift P, da er die „Lesarten der Heidelberger Handschrift als die correkteren"[74] erkannt zu haben meinte und er diese Handschrift auch als „von Otfrid geschrieben" ansah.[75]

Oskar Erdmanns Ausgabe von Otfrids *Evangelienbuch* liegt – als ältester, einzig vollständiger und teilautographer Textzeuge – die Wiener Handschrift V (2687) als Leithandschrift zugrunde. Der autographe Status der Handschrift findet allerdings kaum Berücksichtigung: Die von Otfrids Hand stammenden Korrekturen werden allenfalls ausnahmsweise im Apparat (durch Kursivsatz) ausgewiesen. Die teils vom Verfasser, teils von anderer Hand stammenden Marginalien werden vom Haupttext getrennt in den Quellenapparat gesetzt und, sofern sie als autograph gelten, wiederum durch Kursivsatz gekennzeichnet. Die Textbezüge der Marginaleinträge werden nicht immer richtig angegeben.[76]

Oskar Erdmanns Ausgabe weicht trotz der erklärten Absicht, „den authentischen Otfridtext zu geben",[77] weit von der ursprünglichen Handschriftengestalt ab. Zu den Veränderungen gehört, dass er eine neuhochdeutsche Interpunktion einführt, Eigennamen grundsätzlich groß schreibt sowie Abbreviaturen ohne Hinweis im Apparat auflöst. Die von Otfrid im Widmungsbrief an Liutbert eigens motivierte Graphie ⟨uu⟩ wird durchgehend durch ⟨w⟩ ersetzt. Durch diese Eingriffe präsentiert O. Erdmann die Handschrift V in einer Textfassung, die gerade nicht überliefert wird und von Otfrid wohl auch kaum so intendiert ist. Damit geht insbesondere auch der Einblick in die Genese dieser Textfassung verloren.

Die drei Großausgaben von J. Kelle, P. Piper und O. Erdmann erwiesen sich unter verschiedenen Aspekten als revisionsbedürftig, so wegen ihrer textlichen Unvollständigkeit und insbesondere ihrer Überlieferungsferne und Verdunkelung der Textgenese. Sie verfolgen jeweils das Ziel, eine Leithandschrift in den Mittelpunkt zu rücken. Keine der Ausgaben enthält den heute bekannten Otfrid-Text. Ernst Hellgardt fasst den Stand im Editionsbericht des Handschriftencen-

71 Otfrids Evangelienbuch. Hrsg. von Paul Piper. I. Einleitung und Text (nach P). Paderborn 1878, 2. erw. Ausgabe Freiburg/Br., Tübingen 1882; II. Glossar und Abriss der Grammatik. Freiburg/Br., Tübingen 1884, Freiburg/Br. ²1887.

72 Otfrids Evangelienbuch. Textabdruck mit Quellenangaben und Wörterbuch. Hrsg. von Oskar Erdmann. Halle/S. 1882 (Text nach V); 2. Auflage 1934 besorgt von Edward Schröder; 3. Auflage 1957; 4. Auflage 1961; 5. Auflage 1965; 6. Auflage besorgt von Ludwig Wolff. Tübingen 1973 (Altdeutsche Textbibliothek. 49).

73 Otfrid von Weißenburg: Evangelienbuch. Auswahl. Ahd./Nhd. Hrsg., übersetzt und kommentiert von Gisela Vollmann-Profe. Stuttgart 1987 (RUB. 8384).

74 Otfrid (Piper) 1878 (Anm. 71), S. V.

75 Otfrid (Piper) 1878 (Anm. 71), S. VI.

76 Seidl 2005 (Anm. 62).

77 Otfrid (Erdmann) 1882 (Anm. 72), S. LXXV.

sus entsprechend folgendermaßen zusammen: „Neue paläographische, textgeschichtliche und historisch-exegetische Forschungsergebnisse fordern eine ‚nova recensio'".[78]

Wolfgang Kleiber nennt insbesondere folgende Gründe für eine Neuausgabe:

a) Keine der bisher vorliegenden Ausgaben enthält den gesamten Otfridtext. Das gilt insbesondere für die jetzt bekannten Bruchstücke des Discissus.
b) Keine der bisher vorliegenden Ausgaben erfüllt die Forderung nach handschriftennaher Präsentation aller text- und formkonstitutiven Merkmale der Überlieferung in den Handschriften V und P. Das betrifft insbesondere die Positionierung der Marginalien und die Initialen.
c) Eine Neukollationierung der Handschriften V, P, D und F hat eine unerwartet hohe Zahl von Besserungen in den Textdetails ergeben.

Daraus leitet sich die Zielsetzung der Neuausgabe von Wolfgang Kleiber und Ernst Hellgardt ab, nämlich die diplomatisch getreue Wiedergabe des von Otfrid approbierten Haupttextes V (Wien) sowie der beiden Handschriften P (Heidelberg) und D (Bonn, Berlin/Krakau, Wolfenbüttel) vor dem Hintergrund der Überlieferungsgeschichte und damit die Überwindung des überholten Prinzips der Edition einer Leithandschrift.

Band I widmet sich der Edition von V, dem Wiener Codex 2687 (mit den Teilen 1 und 2).[79] Mit Band II folgen die Heidelberger Handschrift P (Codex Pal. Lat. 52) und der Codex discissus, Handschrift D (Bonn, Berlin/Krakau, Wolfenbüttel).[80] Die Otfrid-Überlieferung F, der Freisinger Cgm 14, wurde im Jahr 2000 von Karin Pivernetz[81] neu herausgegeben und bleibt aus diesem Grund in der neuen Gesamtausgabe unberücksichtigt. Die Einzeledition des Cgm 14 rechtfertigt sich insbesondere durch die sprachliche Sonderstellung dieser einzigen bairischen Überlieferung. Ernst Hellgardt plant (unter Mitarbeit von Elke Krotz und Norbert Kössinger) schließlich noch einen Quellenband. Mit diesen Bänden liegt eine umfassende Neuausgabe des liber evangeliorum vor, die auf der Neuautopsie der Überlieferung (V, P, F, D) beruht und sich EDV-gestützt präsentiert. „Neu ist vor allem die eingehende Berücksichtigung zahlreicher bisher überse-

---

78 Ernst Hellgardt: Editionsbericht: www.handschriftencensus.de/editionsbericht/E_Hellgardt1.html.

79 Otfrid (Kleiber/Hellgardt) 2004 (Anm. 60).

80 Otfrid von Weißenburg: Evangelienbuch. Bd. II: Edition der Heidelberger Handschrift P (Codex Pal. Lat. 52) und der Handschrift D (Codex Discissus: Bonn, Berlin/Krakau, Wolfenbüttel), Teil 1: Texte (P/D). Hrsg. von Wolfgang Kleiber und Ernst Hellgardt. Tübingen 2006; Teil 2: Einleitung und Apparat. Mit Beiträgen von Norbert Kössinger, Armin Schlechter, Christine Sauer, Wolfgang Kleiber, Michael Klaper, Wolfgang Milde, Karl-Heinz Mottausch. Hrsg. von Wolfgang Kleiber unter Mitarbeit von Rita Heuser. Tübingen 2010.

81 Karin Pivernetz: Otfrid von Weißenburg. Das „Evangelienbuch" in der Überlieferung der Freisinger Handschrift (Bayerische Staatsbibliothek München, cgm. 14). Edition und Untersuchungen. I: Edition. II: Untersuchungen. Göppingen 2000 (Göppinger Arbeiten zur Germanistik. 671).

hener paläographischer (z. T. autographer) Textmerkmale".[82] Neu ist schließlich auch die präzise Verifizierung eines Teils der autographen Kommentare Otfrids. Durch die separate Edition der Handschriften wird insbesondere der Individualität der Überlieferungen Rechnung getragen. Diese neueste und umfassendste Großausgabe trägt den neuen paläographischen, textgeschichtlichen und historisch-exegetischen Forschungsergebnissen und Entdeckungen Rechnung.

Oberstes Ziel von Band I ist die möglichst genaue Wiedergabe des Handexemplars Otfrids (Vindobonensis 2687), und zwar vom Urexemplar bis zum fertig korrigierten Endexemplar. Es sind alle Korrekturen beachtet worden, um auch Vorstufen der Endfassung sichtbar zu machen. Damit wird die Entstehungsgeschichte des Textes transparent. Der kritische Apparat listet alle Lesarten der Handschriften V, P, D, ausgewählte auch von Handschrift F. Gemäß dieser Zielsetzung bietet die Edition von V eine sehr originalnahe Textwiedergabe. Es handelt sich um einen diplomatischen Abdruck, bei dem auf Eingriffe aller Art und Normalisierungen verzichtet wird. So wird die originäre Interpunktion belassen. Insbesondere werden auch die Abbreviaturen, die Initialen und ihr Verwendungssystem, die Auszeichnungsschriften, die Platzierung der Marginaleinträge, die diakritischen Zeichen nach Platzierung, Größe, Gestalt handschriftennah nachgeahmt oder beschrieben. Nur die Worttrennung folgt zugunsten der Leserfreundlichkeit modernen Richtlinien.[83]

Der Handschriftenseite entspricht eine Seite in der Edition, so dass auch die Vorstellung einer Handschriftenseite vermittelt wird. Auch die handschriftliche Blattzählung ist übernommen worden. Die autographen Textbestandteile im Haupttext wie auf dem Rand sind durchgehend durch Kursivierung kenntlich gemacht. „Der Apparat will einen Einblick verschaffen in die Genese des vom Autor selbst [...] revidierten Handexemplars. Ausgangspunkt bildet zunächst die noch nicht korrigierte Text-Urform, deren Werden bis hin zur von Otfrid autorisierten End-Form im Spiegel der Korrekturen beschrieben wird" (I, 2, S. 165). Das Ergebnis ist ein sehr originalgetreuer Textabdruck, den Hans Ulrich Schmid als „faksimiloide Nachahmung" einer Handschrift bezeichnet.[84]

Teilband I, 2 enthält den Apparat sowie eine sehr ausführliche und von mehreren Autoren getragene „Einleitung" (S. 1–162: Wolfgang Haubrichs: „Otfrid von Weißenburg – Umrisse eines ‚Lebens'"; Norbert Kössinger: „Das Evangelienbuch: Rezeption, Edition und Recensio nova"; „Zur Kodikologie und Kunstgeschichte"; „Schrift und Schreiber"; „Vielfalt einzelner Zeichen", „Akzent- und Zeichensystem"), in der die Handschrift V, der in ihr überlieferte liber evange-

[82] Hellgardt: Editionsbericht (wie Anm. 78).

[83] Genaue Angaben bei Hans Ulrich Schmid: Besprechung von: Otfrid von Weißenburg, Evangelienbuch. Bd. I: Edition nach dem Wiener Codex 2687. Teil 1: Text, Teil 2: Einleitung und Apparat von Wolfgang Kleiber, Ernst Hellgardt, Rita Heuser, Wolfgang Haubrichs, Norbert Kössinger, Otto Mazal, Norbert H. Ott, Michael Klaper. In: Zeitschrift für deutsches Altertum und deutsche Literatur 134, 2005, Heft 3, S. 374–380.

[84] Schmid 2005 (Anm. 83), S. 380.

liorum und sein Verfasser unter unterschiedlichen Aspekten und Fragestellungen ausführlich vorgestellt und diskutiert werden. Stephanie Seidl hält als besonderes Verdienst der Neuausgabe fest, dass sie die Hand-Schrift(en) „aus ganz unterschiedlichen Blickrichtungen nachzuzeichnen vermag".[85]

Mit den jüngsten Ausgaben von Wolfgang Kleiber und Ernst Hellgardt sowie Karin Pivernetz sind alle Otfrid-Handschriften handschriftennah nach einem derzeit aktuellen und modernen Verfahren ediert.

Neben der Großausgabe für wissenschaftliche Zwecke[86] ist auch eine Kleinausgabe für Studienzwecke angedacht, die sich an der Reihe der Altdeutschen Textbibliothek orientiert (die derzeit jüngste Otfrid-Ausgabe der Reihe hat Ludwig Wolff 1973 besorgt).[87] Seit 1972 liegt eine Faksimilierung von Handschrift V vor.[88]

8. Neue Editionen der Werke Notkers III. von St. Gallen

Notker und sein Werk: Notker III. (auch Notker Labeo oder Teutonicus genannt) von St. Gallen[89] (um 950–28.6.1022) war Mönch und Magister im Benediktinerkloster St. Gallen. Als hochgelehrte Persönlichkeit und Rektor der St. Galler Klosterschule übersetzte und kommentierte er für den klösterlichen Schulunterricht lateinische Schulautoren und biblisch-theologische Schriften.

Das didaktische Programm seiner Schriften legt Notker in seinem Brief an Bischof Hugo von Sitten[90] dar: Da die Klosterschüler die kirchlichen Bücher nicht ausreichend verstehen könnten und er wünsche, dass sie Zugang zu diesen Büchern hätten, unternehme er das ungewöhnliche Unterfangen der Übertragung lateinischer Texte in ‚unsere' Sprache und versuche, das rhetorisch Ausgedrückte mittels ausgewählter Schriften von Aristoteles, Cicero oder anderer Artes-Schriftsteller zu verdeutlichen. Notker hat die lateinischen Originaltexte für seine Klosterschüler umgearbeitet und aufbereitet. Zum besseren Verständnis fügte

---

85 Seidl 2005 (Anm. 62), Abschnitt 28.

86 Zu den verwendeten Ausgaben des Leipziger Althochdeutschen Wörterbuchs vgl.: http://awb.saw-leipzig.de, → Abkürzungsverzeichnis.

87 Otfrid (Wolff) 1973 (Anm. 72).

88 Otfrid von Weißenburg: Evangelienharmonie. Vollständige Faksimile-Ausgabe des Codex Vindobonensis 2687 der Österreichischen Nationalbibliothek. Einführung: Hans Butzmann. Graz 1972 (Codices Selecti. 30); siehe auch Wolfgang Milde: Faksimileausgabe und Edition des Codex Discissus (D) von Otfrids Evangelienbuch. In: Bergmann 1993 (Anm. 64), S. 103–109.

89 Sonja Glauch: Notker III. von St. Gallen. In: Bergmann 2013 (Anm. 21), S. 293–315; Stefan Sonderegger: Notker III. von St. Gallen. In: Die deutsche Literatur des Mittelalters. Verfasserlexikon. Begründet von Wolfgang Stammler, fortgeführt von Karl Langosch. Zweite, völlig neu bearbeitete Auflage unter Mitarbeit zahlreicher Fachgelehrter hrsg. von Kurt Ruh, Gundolf Keil, Werner Schröder, Burghart Wachinger und Franz Josef Worstbrock. I–XIV. Berlin, New York 1978–2008, Bd. 6, Sp. 1212–1236.

90 Notker 7 (King/Tax) 1996 (Anm. 103), S. 347–349.

er eigene und weitere mittelalterliche Kommentare hinzu. Seine Übersetzungen erfolgen immer wieder aus dem Textzusammenhang heraus.[91] Diese Methode der kommentierten Übersetzung lateinischer Texte ins Althochdeutsche hat Notker auf zentrale Werke des zeitgenössischen Schullektürekanons angewendet, darunter Boethius, *De consolatione philosophiae*; Martianus Capella, *De nuptiis Philologiae et Mercurii*; Aristoteles/Boethius, *Categoriae*; Aristoteles/Boethius, *Peri hermeneias* und den *Psalter*. Hinzu kommen zahlreiche lateinische Lehrschriften zu Bereichen der septem artes liberales. Notkers Schaffen umfasst das Curriculum frühmittelalterlicher monastischer Bildung. Die Unterweisung des klerikalen Nachwuchses dient der christlichen Bildung, bedient sich dafür aber der antik-weltlichen Wissensbestände der septem artes liberales.[92] Notker war sich, wie aus dem Brief an Bischof Hugo von Sitten hervorgeht, bewusst, dass er mit seinen Übersetzungen und Kommentierungen lateinischer Literatur etwas Neuartiges unternahm. So war er auch der erste mittelalterliche Kommentator von Aristoteles.

Etliche von Notkers rein lateinischen wie lateinisch-althochdeutschen Werken sind nicht erhalten. Mit Blick auf die Volkssprache sind aber zentrale Werke der septem artes liberales überliefert. So liegt eine althochdeutsche Rhetorik vor, für die Dialektik und Philosophie die Übersetzung von Boethius' *De consolatione philosophiae*, der *Categoriae* des Aristoteles/Boethius sowie ein lateinisch-althochdeutscher Doppeltext *De syllogismis*. Die Arithmetik wird abgedeckt durch die Schrift *De institutione arithmeticae* des Boethius, die Musik durch den durchgehend althochdeutschen Text *De musica* und als eine Art Zusammenfassung der Sieben Freien Künste die Übersetzung von *De nuptiis Philologiae et Mercurii* des Martianus Capella. Krönung und Abschluss des Notker'schen Übersetzungswerkes bildet der *Psalter*. Er ist sein Hauptwerk, vollständig erhalten allein in der St. Galler Handschrift. Die Überlieferung ist insgesamt reich, aber größtenteils nur in Einzelblättern erhalten.

Die Sprache Notkers zeigt das Spätalthochdeutsche im Übergang vom 10. zum 11. Jahrhundert in lexikalisch reicher Ausgestaltung (über 8000 Wörter des Althochdeutschen begegnen bei ihm) und in einer Aufzeichnung, die ein nach rhythmischen Gesichtspunkten ausgerichtetes Akzentuierungssystem aufweist.

Überlieferung:

Althochdeutsche Übersetzung von Boethius, *De consolatione philosophiae*
St. Gallen, StB, 825, p. 4–271, 1. Hälfte 11. Jh. (um 1025);
Zürich, Zentralbibliothek (ZB), C 121, f. 49^v–51^v (nur Buch III, m. 9), 1. Hälfte 11. Jh., aus St. Gallen;

[91] Stefan Sonderegger: Althochdeutsche Sprache und Literatur. Eine Einführung in das älteste Deutsch. Darstellung und Grammatik. Dritte, durchgesehene und wesentlich erweiterte Auflage. Berlin, New York 2003 (de Gruyter Studienbuch), S. 135–141.

[92] Zur genauen Einteilung von Notkers Schriften auf die Sachgebiete der septem artes liberales vgl. Stefan Sonderegger 2003 (Anm. 91), S. 136.

St. Gallen, StB, 877, p. 303 [frühere, inkorrekte Zählung 203], linker Rand, 9. Jh. = Notker III. von St. Gallen: *De consolatione philosophiae*, 1. Vers]
www.handschriftencensus.de/werke/5702

Althochdeutsche Übersetzung von Martianus Capella, *De nuptiis Philologiae et Mercurii*, Buch I–II
St. Gallen, StB, 872, p. 2–170, 11. Jh.
www.handschriftencensus.de/15435

Althochdeutsche Übersetzung von Boethius' Bearbeitung der *Categoriae* des Aristoteles
St. Gallen, StB, 818, p. 3–143, 11. Jh.
St. Gallen, StB, 825, p. 275–338, um 1025 (unvollst.)
www.handschriftencensus.de/werke/5700

Althochdeutsche Übersetzung von Boethius' Bearbeitung der Schrift *De Interpretatione* des Aristoteles
St. Gallen, StB, 818, p. 143–246, 11. Jh.
www.handschriftencensus.de/15433

Althochdeutsche Übersetzung des *Psalters*[93]
– Ursprüngliche St. Galler Fassung und weitere St. Galler Psalterglossierung:
St. Gallen, StB, 21, Mitte 12. Jh. (= R, aus Einsiedeln, wahrscheinlich dort geschrieben, seit dem 17. Jh. in St. Gallen; einzige vollständige, jedoch bereits überarbeitete Abschrift);
St. Galler Codex S aus der Mitte des 11. Jh.s; nach dem 17. Jh. verloren;
Fragmente von 11 (?) Hss. des 11. bis 13. Jh.s (Übersicht bei Notker 8 [Tax] 1979 [Anm. 103], S. XVI–XIX; Tax 1983 [ebd.], S. 609–610).
– Wiener Notker:
Wien, ÖNB, Cod. 2681, f. 1–103^{v}, 108–212^{r}, 213–232^{r} (nur Ps 1–50 und 101–150 mit Cantica und katechetischen Texten erhalten) sowie weitere Bruchstücke in München, Nürnberg und Urbana/Ill. eines ursprünglich dreibändigen Psalterexemplars, Ende 11./Anfang 12. Jh., wohl Wessobrunn.[94]
– Münchener Notker, eine Umarbeitung des 14. Jh.s.:
München, BSB, Cgm 12 (unvollst., Psalm 1–134,2).
www.handschriftencensus.de/werke/275

Lehrschriften:
De arte rhetorica (lat. mit ahd. Begriffsübersetzungen, Beispielsätzen und Beispielversen)
Brüssel, Bibliothèque Royale Albert 1er (BR), cod. 10615–10729, f. 58^{r}a–60^{r}b, 12. Jh.; München, BSB, Clm 4621, f. 56^{r}–75^{r}, 11. Jh., aus Benediktbeuern;

93 Zur Überlieferung der Psalmenübersetzung und der wichtigsten Ausgaben vergleiche man die Angaben im Handschriftencensus: www.handschriftencensus.de/werke/275.

94 Zur Überlieferungskonstellation zuletzt Ernst Hellgardt: Die spätahd. ‚Wessobrunner Predigten' im Überlieferungsverbund mit dem ‚Wiener Notker'. In: Zeitschrift für deutsche Philologie 130, 2011, S. 33–72.

Berlin, Staatsbibliothek zu Berlin – Preußischer Kulturbesitz (SBBPK), Ms. lat. 8° 429, f. 19v–46r, 15. Jh., indirekte Abschrift von clm 4621 (zur Hs. Anna A. Grotans: Notker's De rhetorica in Early Modern Bavaria. In: Oxford German Studies 25, 1996, S. 46–89); Zürich, ZB, C 121, f. 59r–72ar (Auszüge), 11. Jh., aus St. Gallen.
Zu zwei verlorenen Hss. im Kloster St. Symphorian in Metz und in der Zisterzienser-Abtei von Pontigny siehe Notker 7A (King/Tax) 2003 (Anm. 103), S. LIIf. und CVI.
www.handschriftencensus.de/werke/5701

De partibus logicae (lat. mit ahd. Sprichwörtern als Beispielen)
Zürich, ZB, C 121, f. 51v–54v, 11. Jh., aus St. Gallen;
Brüssel, BR, cod. 10615–10729, f. 64va–65ra, 12. Jh.;
Wien, ÖNB, Cod. 275, f. 91v (unvollst.), 11. Jh.;
St. Gallen, StB, 242, p. 267–268 (unvollst.), 11. Jh.;
München, BSB, Clm 4621, f. 75r/v (unvollst. und rein lat.), 11. Jh., aus Benediktbeuern;
Berlin, SBBPK, Ms. lat. 8° 429, f. 46r–47v, 15. Jh., indirekte Abschrift von clm 4621 (zur Hs. Anna A. Grotans: Notker's De rhetorica in Early Modern Bavaria. In: Oxford German Studies 25, 1996, S. 46–89);
Paris, BNF, lat. 10444, f. 61r (Exzerpt), 11./12. Jh.;
Berlin, SBBPK, Phillipps 1786, f. 2v (Exzerpt), 11. Jh.;
St. Gallen, StB, 111, p. 352 = ‚St. Galler Sprichwörter' (drei ahd., zwei davon aus Notkers *De partibus logicae*), 9. Jh.
www.handschriftencensus.de/werke/5708

De syllogismis (lat.-ahd.)
Zürich, ZB, C 121 (462), f. 28r–49r, 11. Jh. (aus St. Gallen).
www.handschriftencensus.de/15438

De definitione (lat., teilweise ahd. übersetzt und erklärt)
Wien, ÖNB, Cod. 275, f. 92r/v, 11. Jh.;
Zürich, ZB, C 121, f. 55v, 11. Jh., aus St. Gallen, überliefert die ersten fünf Worte am Ende einer kurzen lat. Abhandlung mit dem Titel ‚Quis sit dialecticus' (54v–55v).
www.handschriftencensus.de/werke/5703

Computus (ahd.)
Isny, Fürstl. Quadt zu Wykradt und Isnysches Archiv, Klosterarchiv Isny (Bestand C in Büschel 554/1), 1. Hälfte 11. Jh. (Fragm.).
www.handschriftencensus.de/18903

De musica (ahd.)
St. Gallen, StB, 242, p. 10–16, 11. Jh. (ohne Kap. 1);
München, BSB, Clm 18937, f. 295v–297v, 11. Jh., aus Tegernsee (nur Kap. 1);
Leipzig, UB, Ms. 1493, f. 60a–61, 11./12. Jh., aus Merseburg (Kap. 1 und 5);
München, BSB, Clm 27300, f. 75, 11. Jh., aus Regensburg (Teil von Kap. 5);
Wolfenbüttel, Herzog August Bibliothek (HAB), Cod. Guelf. 72 Gudianus latinus, f. 48v, 2. Viertel 11. Jh., aus Augsburg (nur Kap. 5).
www.handschriftencensus.de/werke/5707

Ausgaben: Die editio princeps[95] der Aristotelischen Schriften wurde 1837 von Eberhard Gottlieb Graff[96] herausgegeben. E. G. Graff brachte den althochdeutschen Text in zusammenhängende Sätze und ergänzte den lateinischen Text am Ende jeder Seite. Durch diese von der handschriftlichen Überlieferung abweichende Darstellung wurde Notkers Intention, seinen Schülern die lateinischen Passagen direkt durch die althochdeutschen Übersetzungen zu verdeutlichen, völlig verstellt. Auch die von Notker zusammengestellten lateinischen Kommentare ließ E. G. Graff weg. Diese Edition entsprach schnell nicht mehr den modernen Ansprüchen.

Die erste Gesamtausgabe nach den Handschriften und unter Einbezug des lateinischen Textes hat Heinrich Hattemer[97] mit den Bänden II und III seiner „Denkmahle des Mittelalters“ 1844 bis 1849 unternommen. H. Hattemer edierte das Werk erstmalig in der bis heute üblichen Form, d. h. er druckte Notkers lateinisch/althochdeutsche Mischsprache genauso ab, wie sie in den Handschriften überliefert ist. Dabei änderte er weder die Wortfolge der lateinischen Vorlage, noch ließ er Notkers selbst zusammengestellte Kommentare weg, wie es noch E. G. Graff in seiner Erstausgabe getan hatte. Elias von Steinmeyer[98] und Paul Piper[99] veröffentlichten in den Jahren 1874 und 1881 zwei ausführliche Handschriftenkollationen zu der damals schon vergriffenen Ausgabe von Hattemer.

Die lange Zeit maßgebliche Edition, auf deren Seitenzählung sich die Notker-Lexikographie bezieht, legte Paul Piper[100] 1882 und 1883 vor. Programmatisch

[95] Zur Editionsgeschichte von Notkers Werk seit dem Humanismus vgl. Bernhard Hertenstein: Joachim von Watt (Vadianus), Bartholomäus Schobinger, Melchior Goldast. Die Beschäftigung mit dem Althochdeutschen von St. Gallen in Humanismus und Frühbarock. Berlin, New York 1975 (Das Althochdeutsche von St. Gallen. 3), S. 201–269; Sonderegger 2003 (Anm. 91); Stefan Sonderegger: Schatzkammer deutscher Sprachdenkmäler. Die Stiftsbibliothek St. Gallen als Quelle germanistischer Handschriftenerschliessung vom Humanismus bis zur Gegenwart. St. Gallen 1982, Reg. S. 221; Ernst Hellgardt: Notker Teutonicus. Überlegungen zum Stand der Forschung. In: Beiträge zur Geschichte der deutschen Sprache und Literatur (PBB) 108, 1986, S. 190–205 und PBB 109, 1987, S. 202–221.

[96] Althochdeutsche, dem Anfange des 11ten Jahrhunderts angehörige, Übersetzung und Erläuterung der aristotelischen Abhandlungen: κατηγοριαι und περι ερμενειασ. Zum ersten Male hrsg. von Eberhard Gottlieb Graff. Berlin 1837 (Abhandlungen der hist.-philos. Kl. der Preußischen Akademie der Wissenschaften, Jahrgang 1835).

[97] Denkmahle des Mittelalters. St. Gallens altteutsche Sprachschätze. Hrsg. von Heinrich Hattemer. 3 Bde. St. Gallen 1844–1849, unveränderter Nachdruck Graz 1970; dazu auch Elias von Steinmeyer: Sangallensia. In: Zeitschrift für deutsches Altertum 17, 1874, S. 431–504 und 18, 1875, S. 160.

[98] Steinmeyer 1874 (Anm. 97), S. 498–504; 18, 1875, S. 160.

[99] Paul Piper: Aus Sanct Galler Handschriften. III. In: Zeitschrift für deutsche Philologie 13, 1881, S. 305–337, 445–479, hier S. 331–337.

[100] Die Schriften Notkers und seiner Schule. Hrsg. von Paul Piper. 3 Bde. Freiburg/Br., Tübingen 1882/1883 (Germanischer Bücherschatz. 8–10), neue Ausgabe Freiburg/Br., Leipzig 1895.

für diese große Notker-Ausgabe wurde die Annahme, dass sich aus den Sprachformen der St. Galler Werke zeigen ließe, dass sie alle von einem Autor, nämlich Notker, stammten. Diese Annahme führte dazu, dass Paul Piper seiner Notker-Ausgabe den Titel „Die Schriften Notkers und seiner Schule" gab.

Etwa 50 Jahre später folgt von 1933 bis 1955 die textlich normalisierte Ausgabe mit unvollständigen lateinischen Kommentarstellen von Edward H. Sehrt und Taylor Starck.[101] In dieser Notker-Ausgabe wurden die aristotelischen Schriften nicht ediert. Die Neuausgabe stieß wegen ihrer Unvollständigkeit wie ihrer Normalisierungen schnell auf Kritik. Es wurde der Ruf nach einem diplomatischen Abdruck laut.[102]

Erst ihre Schüler, die nordamerikanischen Gelehrten James C. King (Washington D. C.) und Petrus W. Tax[103] (Chapel Hill, North Carolina), haben mit

---

[101] Notkers des Deutschen Werke. Hrsg. von Edward H. Sehrt und Taylor Starck. Bd. I, 1–3 Boethius. Halle/S. 1933–1934 (Altdeutsche Textbibliothek. 32–34); Bd. II Marcianus Capella. Halle/S. 1935 (Altdeutsche Textbibliothek. 37); Bd. III, 1–3 Der Psalter nebst Cantica und katechetischen Stücken. Halle/S. 1952, 1954, 1955 (Altdeutsche Textbibliothek. 40, 42, 43); dazu auch Notker-Wortschatz. Das gesamte Material zusammengetragen von Edward H. Sehrt und Taylor Starck. Bearbeitet und hrsg. von Edward H. Sehrt und Wolfram K. Legner. Halle/S. 1955; Notker-Glossar. Ein Althochdeutsch-Lateinisch-Neuhochdeutsches Wörterbuch zu Notkers des Deutschen Schriften von Edward H. Sehrt. Tübingen 1962.

[102] Ernst Hellgardt: Besprechung von: Notker der Deutsche von St. Gallen. De interpretatione. Boethius' Bearbeitung von Aristoteles' Schrift peri hermeneias. Konkordanzen, Wortlisten und Abdruck des Textes nach dem Codex Sangallensis 818. Hg. von Evelyn Scherabon Firchow; Notker der Deutsche von St. Gallen. Categoriae. Boethius' Bearbeitung von Aristoteles' Schrift kategoriai. Konkordanzen, Wortlisten und Abdruck der Texte nach den Codices Sangallenses 818 und 825. Hg. von Evelyn Scherabon Firchow unter Mitarbeit von Richard Hotchkiss. In: Zeitschrift für deutsches Altertum 126, 1997, S. 340–347, hier S. 345.

[103] Die Werke Notkers des Deutschen [im Folgenden: Notker]. Neue Ausgabe. Hrsg. von James C. King [J. K.] und P. W. Tax [P. T.]. Tübingen 1972–2009 (Altdeutsche Textbibliothek [ATB]); im Einzelnen: – Übersetzung von Boethius, *De consolatione philosophiae:* Notker der Deutsche, Boethius ‚De consolatione Philosophiae' Buch I/II. Hrsg. von P. T. Tübingen 1986 (Notker. 1; ATB. 94); Notker der Deutsche, Boethius ‚De consolatione Philosophiae' Buch III. Hrsg. von P. T. Tübingen 1988 (Notker. 2; ATB. 100); Notker der Deutsche, Boethius ‚De consolatione Philosophiae' Buch IV/V. Hrsg. von P. T. Tübingen 1990 (Notker. 3; ATB. 101); Notker der Deutsche, Notker latinus zu Boethius, ‚De consolatione Philosophiae' Buch I/II. Hrsg. von P. T. Tübingen 2008 (Notker. 1A; ATB. 120); Notker der Deutsche, Notker latinus zu Boethius, ‚De consolatione Philosophiae' Buch III. Hrsg. von P. T. Tübingen 2008 (Notker. 2A; ATB. 121); Notker der Deutsche, Notker latinus zu Boethius, ‚De consolatione Philosophiae' Buch IV/V. Hrsg. von P. T. Tübingen 2009 (Notker. 3A; ATB. 122). – Übersetzung von Martianus Capella, *De nuptiis Philologiae et Mercurii:* Notker der Deutsche, Martianus Capella, ‚De nuptiis Philologiae et Mercurii'. Hrsg. von J. K. Tübingen 1979 (Notker. 4; ATB. 87); Notker der Deutsche, Notker latinus zum Martianus Capella. Hrsg. von J. K. Tübingen 1986 (Notker. 4A; ATB. 98). – Übersetzung von Boethius' Bearbeitung der *Categoriae* des Aristoteles: Notker der Deutsche, Boethius' Bearbeitung der ‚Categoriae' des Aristoteles. Hrsg. von J. K. Tübingen 1972 (Notker. 5; ATB. 73). – Übersetzung von Boethius' Bearbeitung der Schrift *De Interpretatione:* Notker der Deutsche,

ihrer 1972 begonnenen und 2009 erfolgreich abgeschlossenen Edition große Verdienste um eine wissenschaftlich bleibende Neuausgabe der lateinisch-althochdeutschen, rein lateinischen und aus dem Lateinischen kommentiert übersetzten Werke erworben.

James C. King übernimmt die Ausgabe der bei E. H. Sehrt und T. Starck fehlenden aristotelischen Schriften (*De interpretatione* und *De categoriis*) sowie von Martianus Capella, *De nuptiis Philologiae et Mercurii*, die in den Jahren 1972 und 1975 sowie 1979 bzw. 1986 in der Altdeutschen Textbibliothek in modifiziert diplomatischen Textabdrucken erscheinen.[104] J. C. King liefert einen kritischen Text, in dem er allerdings die jeweils besten Lesarten aus den Handschriften auswählte und alle Abweichungen in den kritischen Apparat setzte.

1996 folgte dann gemeinsam mit Petrus W. Tax noch die Ausgabe von Notkers kleineren Schriften.[105] Die weiteren Ausgaben verantwortete allein Petrus W. Tax, so in den Jahren 1979, 1981 und 1983 die Psalmen[106] sowie 1986, 1988 und 1990 Boethius' *De consolatione Philosophiae.*[107] 2013 befasst sich P. W. Tax[108] mit den ältesten Glossen in den Handschriften von Martianus Capellas *De nuptiis philologiae et mercurii*, 2016 folgt schließlich noch seine Edition des Münchener Psalters aus dem 14. Jahrhundert.[109]

Diese neue kritische und modifiziert diplomatische Textwiedergabe zeichnet sich insbesondere durch eine vollständige Sammlung der Quellentexte, des Notker latinus,[110] aus. In Planung ist noch ein Sonderband mit Nachträgen und Berichtigungen, Registern aller Bibelstellen und Zitate, eventuell einer Notker-Bibliographie und/oder einem Forschungsbericht.

Boethius' Bearbeitung von Aristoteles' Schrift ‚De Interpretatione'. Hrsg. von J. K. Tübingen 1975 (Notker. 6; ATB. 81). Die kleineren Schriften: Notker der Deutsche, Die kleineren Schriften. Hrsg. von J. K und P. T. Tübingen 1996 (Notker. 7; ATB. 109); Notker der Deutsche, Notker latinus zu den kleineren Schriften. Hrsg. von J. K und P. T. Tübingen 2003 (Notker. 7A; ATB. 117). – Psalter: Notker der Deutsche, Der Psalter. Psalm 1–50. Hrsg. von P. T. Tübingen 1979 (Notker. 8; ATB. 84); Notker der Deutsche, Der Psalter. Psalm 51–100. Hrsg. von P. T. Tübingen 1981 (Notker. 9; ATB. 91); Notker der Deutsche, Der Psalter. Psalm 101–150, die Cantica und die katechetischen Texte. Hrsg. von P. T. Tübingen 1983 (Notker. 10; ATB. 93) – Notker latinus. Die Quellen zu den Psalmen. Psalm 1–50. Hrsg. von P. T. Tübingen 1972 (Notker. 8A; ATB. 74); Notker latinus. Die Quellen zu den Psalmen. Psalm 51–100. Hrsg. von P. T. Tübingen 1973 (Notker. 9A; ATB. 75); Notker latinus. Die Quellen zu den Psalmen. Psalm 101–150, den Cantica und den katechetischen Texten (mit einem Anhang zum Wiener Notker). Hrsg. von P. T. Tübingen 1975 (Notker. 10A; ATB. 80).

104 Notker 5, 6, 4 und 1 (Anm. 103).

105 Notker 7 (Anm. 103).

106 Notker 8–10 (Anm. 103).

107 Notker 1–3 (Anm. 103).

108 Petrus W. Tax: Die ältesten Glossen in den Handschriften von Martianus Capellas ‚De nuptiis philologiae et mercurii'. Ein neuer Frühling auch für die Notker-Forschung? In: Zeitschrift für deutsches Altertum 142, 2013, S. 281–293.

109 Der Münchener Psalter aus dem 14. Jahrhundert. Eine Bearbeitung von Notkers Psalter. Hrsg. von Petrus W. Tax. Berlin 2016 (Texte des späten Mittelalters und der frühen Neuzeit. 52).

110 Notker 1A, 2A, 4A, 7A–10A (Anm. 103).

Die Ausgabe von J. C. King und P. W. Tax modernisiert die Ausgabe ihrer akademischen Lehrer Edward H. Sehrt und Taylor Starck im Sinne eines „modifiziert“ diplomatischen Abdrucks und bringt sie auf den neuesten Stand der Forschung. Dazu gehört, dass alle Texte an den Handschriften selbst überprüft werden. Die Frage nach den lateinischen Quellen von Notkers Erweiterungen wird in eigenen Bänden als Notker latinus ergänzt. Die neue Edition beachtet folgende Punkte:

1) Es gibt keine Normierungen, sondern einen möglichst diplomatischen Abdruck.
2) Die lateinischen Originaltexte werden kursiviert dargestellt, nicht Notkers lateinische Zusätze.
3) Bei der Interpunktion werden die kleine Pause und die große Pause am Satzende unterschieden.
4) Ligaturen werden im Text stillschweigend aufgelöst, aber in der Einleitung besprochen.
5) Das Langschaft-*s* wird ersetzt.
6) Der Bindestrich wird für Silbentrennung am Zeilenende und zur Verbindung von Wortteilen, die in der Handschrift mit Zwischenraum geschrieben sind, aber zweifellos zusammengehören, genutzt.
7) Zusätze des Herausgebers erscheinen neben und nicht in dem Text.

Die Ausgabe der Bände des Notker latinus zur *Consolatio Philosophiae* beschließt 2009 die Ausgabe der Werke Notkers des Deutschen. Sie versammelt das Quellen- und Kommentarmaterial, das Notker bei seiner Bearbeitung der Schriften zur Verfügung gehabt haben kann (vgl. Notker 1A [Anm. 103], S. XXIX). Durch weiterführende Erklärungen und Querverweise sowie die Einarbeitung der Forschungsliteratur geht das Werk über ein Quellenverzeichnis hinaus.

Über alle drei Bände hinweg wird ein genaues Bild der Arbeitsmaterialien sichtbar, mit denen Notker von Zeile zu Zeile umging und die ihm darüber hinaus in der St. Galler Bibliothek oder durch sein eigenes Wissen (‚in seinem Kopf‘) zur Verfügung standen. Auf diese Weise entsteht ein klar umrissenes Bild der Voraussetzungen, Bedingungen und Leistungen der Arbeit Notkers.[111]

Diese erstmals hinsichtlich der Texte wie der Quellen vollständige Ausgabe wird in der Folge erneut kritisiert. Der modifiziert diplomatische Abdruck zeige eine „nicht weit genug gehende Handschriftennähe“.[112]

Es folgt eine weitere Notkeredition, die den Anspruch eines kompromisslos diplomatischen Textabdruckes einlösen will. Diese jüngste Notker-Ausgabe hat Evelyn Scherabon Firchow von 1995 bis 2009 unternommen, und zwar 1995

---

[111] Christine Hehle: Besprechung von: Notker der Deutsche, Notker latinus zu Boethius, ‚De consolatione Philosophiae‘ by Petrus W. Tax. In: Zeitschrift für deutsches Altertum 138, 2009, S. 518–523.

[112] Hellgardt 1997 (Anm. 102), S. 341.

und 1996 die aristotelischen Schriften *De interpretatione*[113] und *Categoriae*,[114] 1999 Martianus Capellas *De nuptiis Philologiae et Mercurii*,[115] 2003 Boethius' Schrift *De consolatione Philosophiae*[116] und 2009 den Wiener Notker des Vindobonensis 2681.[117] Sie erhebt den Anspruch, erstmals vollständig diplomatische Textabdrucke mit Konkordanzen und Wortlisten vorzulegen.[118] Mit dieser Neuausgabe verbindet die Herausgeberin die Hoffnung, dass ihre Ausgaben der Notker'schen Werke bei der Erstellung eines vollständigen Notker-Wörterbuches und einer Notker-Grammatik nützliche Hilfe leisten werde.[119] Diese neueste Ausgabe ist 2008 um einen althochdeutschen und lateinischen Wortindex zu den aristotelischen Schriften, zu den Werken von Martianus Capella und Boethius[120] ergänzt worden. Im Jahr 2000 ist zudem eine ausführliche Bibliographie erschienen,[121] zu der Ernst Hellgardt und Norbert Kössinger 2004 ein Handschriften-

[113] Notker der Deutsche von St. Gallen. De interpretatione. Boethius' Bearbeitung von Aristoteles' Schrift „peri hermeneias". Konkordanzen, Wortlisten und Abdruck des Textes nach dem Codex Sangallensis 818. Hrsg. von Evelyn Scherabon Firchow. Berlin, New York 1995.

[114] Notker der Deutsche von St. Gallen. Categoriae. Boethius' Bearbeitung von Aristoteles' Schrift „kategoriai". Konkordanzen, Wortlisten und Abdruck der Texte nach den Codices Sangallenses 818 und 825. Hrsg. von Evelyn Scherabon Firchow unter Mitarbeit von Richard Hotchkiss. 2 Bände. Berlin, New York 1996.

[115] Notker der Deutsche von St. Gallen: Martianus Capellas „De nuptiis Philologiae et Mercurii". Textabdruck, Konkordanzen und Wortlisten nach dem Codex Sangallensis 872. Hrsg. von Evelyn S. Firchow in Zusammenarbeit mit Richard Hotchkiss und Rick Treece. 2 Bände. Hildesheim 1999.

[116] Notker der Deutsche von St. Gallen: Lateinischer Text und althochdeutsche Übersetzung der Tröstung der Philosophie (De consolatione Philosophiae) von Anicius Manlius Severinus Boethius. Diplomatische Textausgabe, Konkordanzen und Wortlisten nach den Codices Sangallensis 825 und 844, Codex Turicensis C121 und Codex Vindobonensis 242. Hrsg. von Evelyn Scherabon Firchow in Zusammenarbeit mit Richard Hotchkiss und Rick Treece. 3 Bände. Hildesheim 2003.

[117] Der Codex Vindobonensis 2681 aus dem bayerischen Kloster Wessobrunn um 1100. Diplomatische Textausgabe der Wiener Notker Psalmen, Cantica, Wessobrunner Predigten und katechetischen Denkmäler. Mit Konkordanzen und Wortlisten auf einer CD. Hrsg. von Evelyn Scherabon Firchow unter Mitarbeit von Richard Hotchkiss. Hildesheim, Zürich, New York 2009.

[118] Dazu auch Hellgardt 1997 (Anm. 102), S. 342.

[119] Zu den verwendeten Ausgaben des Leipziger Althochdeutschen Wörterbuchs vgl. oben Anm. 86.

[120] Notker der Deutsche von St. Gallen: Althochdeutscher und lateinischer Wortindex zu den Übersetzungen von Aristoteles' De interpretatione und Categoriae, Martianus Capellas De nuptiis Philologiae et Mercurii und Boethius' De consolatione Philosophiae. Vollständig nach den Handschriften und Fragmenten diplomatisch hrsg. von Evelyn Scherabon Firchow unter Mitarbeit von Sabine Heidi Walther und Richard Louis Hotchkiss. Bd. 1: Lateinischer Wortindex. Bd. 2: Althochdeutscher Wortindex. Hildesheim, Zürich, New York 2008 (Alpha-Omega, Reihe B, Bd. XX) mit CD-ROM.

[121] Notker der Deutsche von St. Gallen (950–1022). Ausführliche Bibliographie. Hrsg. von Evelyn Scherabon Firchow. Göttingen 2000.

und Sachregister ergänzt haben.[122] Notkers Kommentarquellen, die J. C. King und P. W. Tax in den „Notker latinus“-Bänden erschlossen haben, bleiben in dieser Edition hingegen unberücksichtigt.

Der von Evelyn Scherabon Firchow präsentierte Text basiert gemäß ihrer Angabe[123] nicht auf den vorhergehenden Textausgaben, sondern folgt genau den Handschriften. Handschriftengetreu übernommen sind auch die Initialen, markierten Großbuchstaben wie auch die handschriftlichen Interpunktionszeichen. Für diese Ausgabe wird zudem erstmals EDV-Technik genutzt.

Textliche Verbesserungen, „die in der Handschrift deutlich als solche gekennzeichnet sind“,[124] wurden in die Transkription aufgenommen. „Auch wenn die ursprünglichen Buchstaben bei einer Rasur noch erkennbar waren, wurden sie nicht in die Transkription übernommen“.[125] Das Ziel der Texttranskription war, „den Text in der Gestalt wiederzugeben, wie er in der endgültigen Fassung gelesen worden ist“.[126]

Nicht angezeigt werden wegen der Schwierigkeit ihrer klaren Identifizierung die Wechsel von Schreiberhänden. Für Rasuren bzw. Palimpseste in der Handschrift wird allein auf den kritischen Apparat von James C. Kings Textausgabe verwiesen.

Die beiden Handschriften der *Categoriae*, St. Gallen 818 und 825, werden „zum ersten Mal diplomatisch nach dem Wortlaut der beiden Handschriften synoptisch gegenübergestellt abgedruckt“.[127] Nachteil dieser Darstellung ist, dass dadurch „die Anlage der Handschrift CSg 825 leider teilweise zerstört“[128] wird. Es ging der Editorin aber vor allem darum, „dem Leser die beiden Handschriftenversionen zum Vergleich nebeneinander anzubieten“.[129]

Das Ziel einer streng diplomatischen Textwiedergabe scheint am eigenen Anspruch gescheitert zu sein. Ernst Hellgardt bemerkt bei einer anhand von Stichproben durchgeführten Überprüfung der Transkription hinsichtlich ihrer Genauigkeit und Richtlinienkonsequenz eine stattliche Anzahl an eindeutigen Fehlern. Er resümiert: „Man sieht allein an diesem Problem deutlich, wie das Ideal einer ‚kritikfreien‘, streng diplomatischen Textwiedergabe zur Fiktion werden kann“[130] und „wohl als ein kaum erreichbares Ziel eingeschätzt werden muss“.[131]

---

[122] Ernst Hellgardt, Norbert Kössinger: Notker der Deutsche. Handschriften- und Sachregister zur Bibliographie von Evelyn Scherabon-Firchow. In: Zeitschrift für deutsches Altertum 133, 2004, S. 363–380.

[123] Notker (Firchow) 1995 (Anm. 113), S. XI.

[124] Ebd., S. XIf.

[125] Ebd., S. XII.

[126] Ebd.

[127] Notker (Firchow) 1996 (Anm. 114), S. XV.

[128] Ebd., S. XV.

[129] Ebd.

[130] Hellgardt 1997 (Anm. 102), S. 345.

[131] Ebd.

Ernst Hellgardt plädiert dafür, nicht noch eine weitere sprachwissenschaftlichen Anliegen genügende Notker-Ausgabe anzugehen, sondern eine Ausgabe, die „dem klaren Verständnis dessen dienlich sein sollte, was die Werke Notkers in ihrer Zeit bewirken wollten".[132] Er denkt dabei an eine Lese- und Studienausgabe, in der das Sachverständnis des Textes in den Mittelpunkt rückt und entsprechend die lateinischen Grundtexte, die Notker übersetzt, hervorgehoben würden und nicht das Althochdeutsche.[133]

Aus der Schule Ernst Hellgardts stammt dann auch ein erstmals im Jahr 2001 programmatisch vorgestelltes Editionskonzept[134] seines Schülers Harald Saller[135] am Beispiel der lateinisch-althochdeutschen Schrift *De interpretatione* des Aristoteles in der übersetzend-kommentierenden Bearbeitung Notkers.

H. Sallers Teilausgabe entwirft das Konzept für eine „leserfreundliche Notker-Ausgabe", die für den akademischen Unterricht gedacht ist, der mit interdisziplinärer Bildungsvermittlung über das rein Philologische hinausgeht. Wie Stefan Sonderegger[136] 2006 in seiner Besprechung bemerkt, ist eine solche Leseausgabe allerdings „kaum in nützlicher Frist für das umfangreiche Gesamtwerk Notkers" zu verwirklichen. Bis heute blieb es bei einem Konzept; es folgten keine weiteren Teileditionen.

Ernst Hellgardt[137] bezeichnet die Geschichte der Notker-Edition aus der Perspektive der Fachkritik als eine „historia calamitatum". Die von ihm favorisierte Leseausgabe scheint auf längere Sicht kaum umsetzbar. Es zeigt sich aber, dass es weitere Anstöße für die künftige Notker-Forschung und Notker-Edition gibt.

Insbesondere mit der bis heute genutzten Ausgabe der Schriften Notkers von Paul Piper und ergänzend der Ausgabe von Edward H. Sehrt und Taylor Starck, die beide auch Grundlage für das Leipziger Althochdeutsche Wörterbuch[138] sind, und den von Petrus W. Tax verantworteten Bänden zum Notker latinus basiert die Notker-Forschung auf herausragenden Editionen, auch wenn die Geschichte der Notker-Edition damit offensichtlich noch nicht zu ihrem Abschluss gekommen ist.

---

[132] Ebd.

[133] Ebd., S. 345–347.

[134] Im Rahmen des Mediävistischen Kolloquiums des Zentrums für Mittelalterstudien an der Universität Bamberg: Harald Saller: „Zur neuen Notker-Edition". In: Bergmann 2003 (Anm. 19), S. 283–296.

[135] Harald Saller: Ein neues Editionskonzept für die Schriften Notkers des Deutschen anhand von De interpretatione. Frankfurt/M. 2003 (Kultur, Wissenschaft, Literatur. Beiträge zur Mittelalterforschung. 4).

[136] Stefan Sonderegger: Besprechung von: Harald Saller, Ein neues Editionskonzept für die Schriften Notkers des Deutschen anhand von De interpretatione. 2003. In: Arbitrium: Zeitschrift für Rezensionen zur germanistischen Literaturwissenschaft 23, 2006, S. 258–260, hier S. 260.

[137] Hellgardt 1997 (Anm. 102), S. 340.

[138] Vgl. das Quellenverzeichnis, wie oben Anm. 86.

9. Von Steinmeyer und Sievers zurück zu den Handschriften

Wenn die neuere Editionsgeschichte der althochdeutschen Überlieferung pauschal mit der Devise „Von Steinmeyer und Sievers zurück zu den Handschriften“ charakterisiert werden kann, so ist damit keineswegs gemeint, Elias Steinmeyer, Eduard Sievers und andere Editoren des 19. Jahrhunderts hätten sich nicht um eine genaue und zuverlässige Wiedergabe handschriftlicher Textbefunde bemüht. Steinmeyer verzichtete ganz explizit auf Konjekturen. „Zurück zu den Handschriften“ meint vielmehr eine für neuere Editionen kennzeichnende Beachtung der gesamten handschriftlichen Gegebenheiten, insbesondere des Layouts im weitesten Sinne. Dahinter steht die Überzeugung, dass mittelalterliche Schreiber bei der Gestaltung der Handschriftenseiten funktionale Aspekte berücksichtigten, wenn sie ein- oder zweispaltig schrieben, Zeilen füllten oder leer ließen, über- oder unterzeilig Eintragungen vornahmen, Ränder benutzten usw. Erst die Betrachtung aller dieser Details und ihre Interpretation der Überlieferungsumstände haben zu einem besseren Verständnis der Überlieferung geführt, das ältere Editionen schlicht verstellt hatten.

Andrea Hofmeister-Winter

Anton Emanuel Schönbachs Ausgabe der *Altdeutschen Predigten* (1886–1891)

Die folgende Spurensuche widmet sich einem Forscher, der sich mit seiner facettenreichen Persönlichkeit nachhaltig in die Geschichte unseres Faches eingeschrieben hat. Zeugnis von einem Leben für die Wissenschaft legen einerseits seine überaus zahlreichen Publikationen ab, aber auch ein umfangreicher wissenschaftlicher Nachlass, dessen größerer Teil an seiner ehemaligen Wirkungsstätte, dem Grazer Institut für Germanistik, aufbewahrt wird und von der Verfasserin dieses Beitrags dank ihres Heimvorteils in die folgenden Ausführungen einbezogen werden konnte.

Aus literaturwissenschaftlicher Perspektive verbindet sich der Name Schönbach zuallererst mit seiner dreibändigen Ausgabe *Altdeutscher Predigten* (1886–1891) – sie soll exemplarisch für sein Lebenswerk im Zentrum des Beitrags stehen, in dem es neben einer Verortung und Befundung eines Forschers und Editors aus Leidenschaft auch um die Konzeption und Befindlichkeit unseres Faches bzw. um das Selbstverständnis seiner Vertreter in der zweiten Hälfte des 19. Jahrhunderts gehen wird.

Zunächst seien in aller Kürze die biographischen Eckdaten in Erinnerung gerufen:[1] Der aus Nordböhmen gebürtige Anton Emanuel Schönbach, Jahrgang 1848, wandte sich wegen einer starken Gehbehinderung infolge einer durchgemachten Typhuserkrankung früh der Beschäftigung mit Büchern zu. Er absolvierte seine Schulausbildung in Wien und nahm dort 1867 zunächst das Studium der Geschichte und der klassischen Philologie auf, ließ sich aber bald durch den frisch berufenen (und selbst noch sehr jungen) Wilhelm Scherer für die Germanistik begeistern. Durch ihn erfuhr der ehrgeizige und überdurchschnittlich begabte Schönbach intensive Förderung, so dass er innerhalb kürzester Zeit mit allen akademischen Würden geradezu überhäuft wurde: Das Doktorat wurde ihm 1871 ohne Vorlage einer Dissertationsschrift verliehen, anschließend empfahl

[1] Zu Leben und Werk siehe die Monographie von Margarete Heidelinde Sollinger: Anton Emanuel Schönbach (1848–1911). Sein Leben und Wirken als Gelehrter und Publizist. Diss. [Masch.] Wien 1969. Ein Katalog zu Schönbachs wissenschaftlichem Teilnachlass wurde erarbeitet von Margarete Payer: Anton E. Schönbach im Institut für Germanistik an der Karl-Franzens-Universität in Graz. Graz 2000 [ungedruckt]. Den aktuellen Forschungsstand über Person und Werk des Forschers referiert Margarete Payer: Anton Emanuel Schönbach (1848–1911). Ein Leben für Wissenschaft und Bildung. In: Kunst und Geisteswissenschaften aus Graz. Werk und Wirken überregional bedeutsamer Künstler und Gelehrter vom 15. Jahrhundert bis zur Jahrtausendwende. Hrsg. von Karl Acham. Wien, Köln, Weimar 2009 (Kunst und Wissenschaft aus Graz. 2), S. 531–543.

https://doi.org/10.1515/9783110786422-014

ihn sein Doktorvater umgehend nach Berlin ins Mekka der Germanistik, wo er im Studienjahr 1871/72 bei Karl Müllenhoff die von Karl Lachmann vorgeprägten philologischen Kernkompetenzen erwerben sollte.

Aus der Korrespondenz seiner beiden Lehrer geht hervor, dass sie den ‚Shootingstar' bereits als Ordinarius sahen, es war nur mehr eine Frage, an welcher Universität. Die beiden einflussreichen Förderer ermöglichten Schönbach eine Blitzkarriere:[2] Kaum aus Berlin zurückgekehrt, habilitierte er sich am 30. Oktober 1872 mit einer Ausgabe der *Reimprosa von der hl. Caecilia*[3] und wurde sofort zum Vertreter der Lehrkanzel in Wien bestellt, die nach Scherers Berufung nach Straßburg soeben vakant geworden war. Nach kurzem ‚Heimspiel' konnte er knapp 25-jährig den Ort für seine nächste Karrierestufe gleichsam frei wählen (zur Wahl standen Straßburg, Würzburg und Graz), und so ließ er sich vom Ministerium bereits zu Beginn des Sommersemesters 1873 nach Graz versetzen, wo er zuerst als außerordentlicher Professor und von 1876 bis zu seinem Tod 1911 als ordentlicher Professor für Deutsche Sprache und Literatur wirkte. Im Lauf seiner langen Amtszeit – sein 35-jähriges Ordinariat ist bis heute an der Grazer Germanistik unübertroffen – war er immer wieder im Gespräch für andere Lehrstühle (in Greifswald, Prag, München, Wien), aber einen Wechsel scheint er nicht ernsthaft angestrebt zu haben.

In Graz wirkte Schönbach universitätspolitisch nachhaltig und durchaus segensreich: Gleich zu Beginn seiner Amtszeit setzte er die Gründung des ersten Seminars für deutsche Philologie in der Österreichisch-ungarischen Monarchie durch und darf damit zu Recht als der eigentliche Gründervater des Grazer Germanistikinstituts bezeichnet werden.[4] Die Etablierung der Lehramtsausbildung an der Universität zog einen erhöhten Personalbedarf nach sich, was 1892 zur Einrichtung eines zweiten Lehrstuhls für Neuere deutsche Literatur führte, wodurch Graz beim Ausbau des Faches wiederum ganz vorne mit dabei war. Auch Schönbachs Engagement für die Förderung des wissenschaftlichen Nachwuchses trug reiche Früchte: 30 Dissertationen sind bibliographisch erfasst und im Grazer Universitätsarchiv erhalten, durchwegs auf einem hohen Niveau, wie die beiden Wissenschaftshistoriker Hans-Harald Müller und Myriam Isabell

2 Siehe den Briefwechsel zwischen Karl Müllenhoff und Wilhelm Scherer. Hrsg. von Albert Leitzmann. Mit einer Einführung von Edward Schröder. Berlin, Leipzig 1937 (Das Literatur-Archiv. 5), Nr. 226 (Scherer an Müllenhoff, 6. September 1872) und 227 (Müllenhoff an Scherer, 10. September 1872).

3 Anton Schönbach: Sant Cecilia. In: Zeitschrift für deutsches Altertum 16, 1873, S. 165–223.

4 Vgl. Vom Seminar für deutsche Philologie, Universität Graz, zum Institut für Germanistik, Karl-Franzens-Universität Graz. Forschung am Institut für Germanistik. Lebensläufe und Werkverzeichnisse. Aktueller Personalstand und laufende Projekte. Katalog zur Ausstellung an der Universitätsbibliothek Graz. Hrsg. von Beatrix Müller-Kampel und Reinhard Müller. Graz 1993, S. 6.

Richter in einem Vortrag über ihre Forschungsergebnisse zur Geschichte der Grazer Germanistik bescheinigten,[5] sowie vier Habilitationen.

Dass es selbst für einen hochbegabten Jung-Philologen nicht leicht war, den hohen Erwartungen gerecht zu werden, die so früh an ihn gestellt wurden, zeigt eine Episode, die ebenfalls im Briefwechsel zwischen Schönbachs Lehrern Niederschlag gefunden hat: Im Juni 1873, also gleich zu Beginn seines Extraordinariats in Graz, übersandte er seinem Berliner Mentor das Manuskript zur Herausgabe der Christophorus-Legende,[6] über welches Müllenhoff geradezu entsetzt war, weil es „wieder äußerst flüchtig gearbeitet“[7] war. Dennoch entzog er seinem Schützling nicht das Wohlwollen, im Gegenteil: Er erteilte ihm ein „Exercitium“ in Form eines gestrengen Briefs, das Schönbach zeit seines Lebens nicht zu vergessen gelobte.[8] Darin erlegte er Schönbach explizit ein vorübergehendes Editionsverbot auf: Er solle erst am *Ambraser Iwein* gründlich üben und sein Ergebnis mit jenem von Lachmann abgleichen, sich also im Selbststudium am Stammvater der Textkritik schulen.

Obwohl sich Schönbach aufgrund seines Berliner Studienaufenthalts in gewisser Weise als Lachmann-Schüler der dritten Generation fühlte, hatte er in seinem späteren Forscherleben selten Gelegenheit, das Gelernte vollumfänglich einzusetzen. Das lag daran, dass sich jene Texte, mit deren Herausgabe sich Schönbach befasste, für eine textkritische Behandlung nach dem Vorbild Lachmanns weniger eigneten. Sein Kommilitone Elias Steinmeyer mutmaßte in seinem Nachruf auf den gleichaltrigen Studienkollegen aus der gemeinsamen Berliner Zeit, Schönbach habe sich bewusst eher auf solche Texte verlegt, um seine Schwäche auf dem Gebiet der Konjekturalkritik zu verbergen.[9] Jedoch könnte auch ein anderer Grund namhaft gemacht werden: Zu Schönbachs Kummer waren nach dem kometenhaften Aufstieg der ‚germanischen Philologie‘ in der ersten Hälfte des 19. Jahrhunderts durch Karl Lachmann und seine Kollegen der ersten Stunde die Bibliotheken systematisch durchkämmt und mit sicherem Kennerblick überall die ‚besten Stücke‘ der höfischen Blütezeit bereits geborgen

5 Gastvortrag in Graz am 18. Juni 2019 zum Thema „Pflanzstätte des Geistes“ – „feel good“. Zur Geschichte der germanistischen Seminare in Graz. Siehe dazu auch ihre Publikation: Hans-Harald Müller, Myriam Isabell Richter: Praktizierte Germanistik. Die Berichte des Seminars für deutsche Philologie der Universität Graz 1873–1918. Unter Mitarbeit von Margarete Payer. Stuttgart 2013 (Beiträge zur Geschichte der Germanistik. 5).

6 Anton Schönbach: Sanct Christophorus. In: Zeitschrift für deutsches Altertum 17, 1874, S. 85–141. (Dieser Arbeit folgte Jahre später ebenfalls in der ZfdA die Herausgabe einer weiteren Überlieferung dieser Legende, unter gleichem Titel in: Zeitschrift für deutsches Altertum 26, 1882, S. 20–84.)

7 Briefwechsel Müllenhoff/Scherer (Anm. 2), Nr. 246 (Müllenhoff an Scherer, 15. September 1873).

8 Vgl. ebd., Nr. 247 (Müllenhoff an Scherer, 6. Dezember 1873) und 248 (Müllenhoff an Scherer, 24. Dezember 1873).

9 Elias von Steinmeyer in seinem Nachruf auf Schönbach in: Biographisches Jahrbuch und deutscher Nekrolog 16, 1914, S. 256–261, hier S. 258f.

worden, so dass den nachfolgenden Generationen überwiegend die verschmähten Reste einer vermeintlichen Epoche des Niedergangs aufzulesen blieben. Sensationsfunde gelangen zunehmend seltener. Die Frustration eines (zu) spät Geborenen bringt Schönbach 1877 unverblümt zum Ausdruck, wenn er seine Serie der ‚Mittheilungen aus altdeutschen Handschriften' mit folgenden Worten einleitet:

> Einem wüstliegenden Ackerfelde möchte man die deutsche Litteratur in Oesterreich während des 15. Jahrhunderts vergleichen, kahl und öde, nur dass in einzelnen feuchten Furchen Büschel Unkrauts dicksaftig sich zusammendrängen. Findet man nun hie und da einen spät aufgeschossenen fruchtbaren Halm, so lohnt es, ihn auszuheben [sic!], ist auch die Aehre kümmerlich und das Korn übel gerathen.[10]

Dennoch: Die Goldgräberstimmung der germanistischen Gründerzeit hielt ungebrochen an und es gab noch viel zu tun, und so fand auch Schönbach eine Nische für seine Forschungen, nämlich auf dem Gebiet der geistlichen Prosa: Der bedeutendste Teil seines (vielfältigen) Lebenswerks gilt zweifellos Legenden, Erbauungsschriften, Segen und vor allem der üppigen Predigtüberlieferung.

Schönbach war ein eifriger Sammler: Wenn er von sich behauptet, er habe im Lauf seines Lebens „Tausende von Handschriften"[11] benützt, ist das gewiss keine maßlose Übertreibung. Schon 1875 begann er mit dem Sammeln aller erreichbaren Informationen über Predigthandschriften, bereiste Archive, schrieb zahllose Stücke eigenhändig ab und trug so im Lauf der Jahre das Material für sein Opus magnum zusammen, die 3-bändige Ausgabe der *Altdeutschen Predigten*, die er innerhalb von drei Jahrzehnten, zwischen 1878 und 1908, publizierte. Kleinere Sammlungen brachte er zuvor und zwischendurch nach und nach in Druck, z. B. ‚Predigtbruchstücke' in sechs Tranchen in der *Zeitschrift für deutsches Altertum.*[12] Die umfangreichsten Sammlungen behielt er jedoch für den großen Wurf zurück.

Schönbach war freilich nicht als Erster und schon gar nicht als Einziger an diesem Thema interessiert: 1847 hatte z. B. Wilhelm Wackernagel seine Edition, eine Auswahl von altdeutschen Predigten, als unmittelbar vor dem Erscheinen stehend angekündigt, sein bereits weit gediehenes Publikationsprojekt jedoch aufgrund von Meinungsverschiedenheiten mit dem Verleger letztlich nicht zu Ende gebracht. Das besorgte erst fast 30 Jahre später Max Rieger, unterstützt

---

10 Anton E. Schönbach: Mittheilungen aus altdeutschen Handschriften. 1. Stück: Über Andreas Kurzmann. Wien 1878, S. 3. Die ‚kümmerlich geratene Ähre', nach der sich Schönbach hier mit wenig Begeisterung bückt, ist das *Soliloquium Mariae cum Jesu* eines nicht zuletzt dank dieser abschätzigen Beurteilung bis heute in der Literaturgeschichtsschreibung wenig bekannten Zisterziensermönchs namens Andreas Kurzmann aus der Steiermark (um 1400).

11 Zitiert nach Sollinger 1969 (Anm. 1), S. 71.

12 Anton Schönbach: Predigtbruchstücke. In: Zeitschrift für deutsches Altertum 19, 1876, S. 181–208; 20, 1876, 217–250; 22, 1878, S. 235–237; 24, 1880, S. 128–131; 25, 1881, S. 288–290; 27, 1883, S. 305–307.

von Karl Weinhold, indem er das Werk posthum herausgab: eine Teiledition der Basler Predigt-Handschrift des Johannes Tauler, St. Georgener Predigten u. a. zusammen mit einem ersten Versuch einer Geschichte der Predigt im deutschsprachigen Raum von der Christianisierung bis zu Johann Geiler von Kaysersberg, also bis zum Vorabend der Reformation.[13] In seiner Rezension[14] über die posthum erschienene Textauswahl Wackernagels lobte Schönbach die Leistung Riegers, meinte jedoch, es sei noch zu früh für eine Geschichte der altdeutschen Predigt, denn noch seien viele kleine altdeutsche Predigtsammlungen (von denen man bereits Kenntnis habe) und manche große nicht erschlossen, und er nannte als Desiderat allen voran die St. Pauler Predigt-Handschrift,[15] die von Heinrich Hoffmann bereits 1840 in den Altdeutschen Blättern in einer Kurznotiz samt Textprobe bekannt gemacht worden war.[16]

Das war der Stand im Jänner 1876. Schönbach hatte zu diesem Zeitpunkt bereits den Plan gefasst, diese Lücke in der Materialbasis zu schließen und die St. Pauler Predigten herauszugeben. Zwischen dem 16. und 26. Mai desselben Jahres fertigte er eine Transkription inkl. Kollationierung der gesamten Handschrift an, fein säuberlich auf blauem Konzeptpapier im Folio-Format. Das 157 Seiten umfassende Manuskript wird noch heute zusammen mit anderen Stücken aus seinem Nachlass am Grazer Institut für Germanistik aufbewahrt.[17]

Dann durchkreuzte eine Verlagsankündigung jäh Schönbachs Pläne: Sein ehemaliger Mitarbeiter am Grazer Institut für deutsche Philologie, Adalbert Jeitteles, präsentierte im Innsbrucker Universitätsverlag eine Ausgabe der St. Pauler Predigten. Jeitteles war bereits ein paar Jahre früher, nämlich 1868, anlässlich eines Besuchs im Kärntner Stift St. Paul im Lavanttal zufällig mit der Predigthandschrift in Kontakt gekommen. Auf sein Ersuchen hin war sie ihm 1870 nach Graz an die Bibliothek geschickt worden, damit er sie dort bequem abschreiben konnte. Als er 1876 im *Anzeiger für deutsches Altertum* einer Rezension von Steinmeyer den beiläufigen Hinweis entnahm, dass auch Schönbach eine Edition vorbereite, habe er sich einen Ruck gegeben und die Ausgabe möglichst rasch

---

13 Vgl. Altdeutsche Predigten und Gebete aus Handschriften. Gesammelt und zur Herausgabe vorbereitet von Wilhelm Wackernagel. Basel 1876, S. VII. – Weitere Editionen aus der frühen Phase der philologischen Predigtforschung, die bereits vor Schönbach zur Verfügung standen, listet Regina D. Schiewer: Die deutsche Predigt um 1200. Ein Handbuch. Berlin, New York 2008, S. 8 und 16 (bes. Anm. 89).

14 Anton Schönbach: Altdeutsche Predigten und Gebete aus Handschriften mit Abhandlungen und einem Anhang von Wilhelm Wackernagel. In: Zeitschrift für deutsche Philologie 7, 1876, S. 466–479.

15 St. Paul im Lavanttal, Stiftsbibliothek, Cod. 109/3.

16 Heinrich Hoffmann: Sonn- und feiertägliche Predigten zu St. Paul. In: Altdeutsche Blätter 2, 1840, S. 159–189.

17 Nachlass Anton Schönbach (Institut für Germanistik, Universität Graz), Signatur: 1/I/1/8/8; Beschreibung bei Payer [Katalog] 2000 (Anm. 1), Teilband ‚Wissenschaftliche Arbeiten', S. 29f.

zur Vollendung gebracht, wie er im Vorwort des Bändchens freimütig (aber, wie sich herausstellen sollte, verhängnisvoll undiplomatisch) bekennt.[18]

Der gebürtige Wiener Adalbert Jeitteles[19] (1831–1908) besuchte das Gymnasium und ab 1851 die Universität in Olmütz, wechselte dann nach Wien, wo er bei Karajan und Hahn studierte, absolvierte das Lehramt, ohne die Lehramtsprüfung vollständig abzulegen, und trat 1855 in den Schuldienst ein. Dieser scheint ihm nicht die Erfüllung gebracht zu haben, jedenfalls bemühte er sich um eine Bibliotheksstelle als wissenschaftliche Hilfskraft und diente sich ab 1859 in diesem Bereich von ganz unten hoch: als Amanuensis in Wien, ab 1867 als Skriptor an der Universitätsbibliothek Graz. Hier habilitierte er sich 1868 neben seiner bibliothekarischen Tätigkeit als 37-Jähriger für das Fach der deutschen Sprache im Umfang der gotisch-hochdeutschen Lautgruppe mit einer Ausnahmegenehmigung ‚ohne Doktordiplom'. Der Grund für das eilig verkürzte Habilitationsverfahren scheint in der bevorstehenden Versetzung Karl Tomascheks nach Wien gelegen zu sein. Für die Dauer der Vakanz des germanistischen Lehrstuhls wurde jemand gebraucht, der den Unterricht aufrechterhalten konnte. So wirkte Jeitteles mehrere Semester als Privatdozent für deutsche Philologie an der Universität Graz. Möglicherweise machte er sich insgeheim sogar Hoffnungen auf die Grazer Professur, aber diese ging 1868 an Richard Heinzel und 1873 an den jungen Schönbach. Jeitteles stieg unterdessen 1872 zum Bibliothekskustos auf und wurde noch neben Schönbach am frisch gegründeten germanistischen Seminar gelegentlich mit Lehraufträgen betraut; dass er im Sommersemester 1873 und im Wintersemester 1873/74 auf die Ausübung seiner Lehrbefugnis verzichtete, muss nichts mit seinem Verhältnis zu Schönbach zu tun haben, es lag offiziell an Arbeitsüberlastung[20] bzw. an ernsten gesundheitlichen Problemen.[21] 1874 wechselte Jeitteles als Bibliotheksleiter nach Innsbruck, als der er bis zu seiner Pensionierung 1881 wirkte.

Wenn es schon offenkundig keinen direkten kollegialen Austausch zwischen den beiden Forschern gegeben hat, ist es jedenfalls als strategischer Fehler beider zu bezeichnen, dass sie sich die Rechte an ihrem Editionsvorhaben nicht rechtzeitig deutlich genug in einer der Fachzeitschriften gesichert hatten: Als wichtiger Umschlagplatz für derartige Informationen hätte sich z. B. der 1876 von Elias Steinmeyer als Beilage zur *Zeitschrift für deutsches Altertum* eingeführte *Anzeiger für deutsches Altertum* geeignet, wo Neufunde aus den Archiven bekannt gemacht und frisch erschienene Publikationen vorgestellt zu werden pflegten. Die offizielle wissenschaftliche Kommunikation lief im 19. Jahrhun-

---

18 Altdeutsche Predigten aus dem Benedictinerstifte St. Paul in Kärnten. Hrsg. von Adalbert Jeitteles. Innsbruck 1878 (Altdeutsche Handschriften aus Oesterreich. 1), S. VIII.

19 Vgl. Erich Leitner: Die neuere deutsche Philologie an der Universität Graz 1851–1954. Ein Beitrag zur Geschichte der Germanistik in Graz. Graz 1973 (Publikationen aus dem Archiv der Universität Graz. 1), S. 68–72.

20 Vgl. ebd., S. 69f.

21 Jeitteles im Vorwort zu seiner Edition (Anm. 18), S. VIII.

dert in erster Linie über Fachzeitschriften, und es wurde von den Mitgliedern der Scientific community offenbar erwartet, dass sie sich mittels dieses Mediums auf dem Laufenden hielten. Die Zeitschrift fungierte in jener Zeit also gewissermaßen als Clearingstelle für Editionsvorhaben, wie dies heute die Marburger Redaktion des Handschriftencensus in der Nachfolge der Arbeitsstelle ‚Deutsche Texte des Mittelalters' der Berlin-Brandenburgischen Akademie der Wissenschaften sowie der ‚Deutschen Kommission' der Bayerischen Akademie der Wissenschaften tut.[22]

Um die Herausgabe der St. Pauler Predigten entwickelte sich in der Folge eine regelrechte Fehde zwischen Schönbach und Jeitteles: Schönbach zog sein Editionsvorhaben empört zurück, nahm aber für seine Rezension eine äußerst gründliche „collation der ‚ausgabe' des herrn J. mit der hs."[23] vor. In der Rara-Sammlung der Universitätsbibliothek Graz wird Schönbachs Privatexemplar aufbewahrt, in welches er sich vorsorglich Zwischenblätter einbinden ließ, um die Korrekturen dieser „dilettantenarbeit"[24] akribisch notieren zu können.

Seine 40-seitige Rezension über Jeitteles' St. Pauler Predigten – Steinmeyer bezeichnet sie in einem Brief an Scherer als „furchtbare Vermöbelung"[25] – ist durch und durch polemisch und wirft kein vorteilhaftes Licht auf Schönbachs Charakter, aber darum geht es hier nicht in erster Linie, sondern um die Anforderungen an eine perfekte Predigtedition gemäß Schönbachs Vorstellungen. Wie eine solche auszusehen hätte, kann man aus seiner Rezension ‚ex negativo' ableiten, denn er lässt an dieser Arbeit kein gutes Haar. So heißt es etwa gleich eingangs, als er die Buchhändleranzeige gelesen habe, sei für ihn augenblicklich klar gewesen, dass es nur eine schlechte Arbeit werden könne. Er spricht von maßloser Selbstüberschätzung des Kollegen, dem es an allen dafür nötigen Kompetenzen fehle, angefangen von der kodikologischen und paläographischen Beschreibung des Überlieferungszeugen über die literarhistorische Kontextuali-

---

22 Vgl. Astrid Breith: Der Editionsbericht – Melde- und Schnittstelle für Editionsvorhaben zu mittelalterlichen deutschen Texten. In: Zeitschrift für deutsches Altertum 139, 2010, S. 132f.

23 Anton Schönbach [Rez. zu Jeitteles: Altdeutsche Predigten aus dem Benedictinerstifte St. Paul in Kärnten]. In: Anzeiger für deutsches Altertum 5, 1879, S. 1–40, hier S. 11. Offenbar ließ sich Schönbach zu diesem Zweck die Handschrift eigens noch einmal schicken, denn seine eigenhändige Abschrift geht nicht derart ins Detail (Rubrizierungen, Revisionen und Glossen sind darin nicht wiedergegeben).

24 Schönbach 1879 (Anm. 23), S. 9.

25 Wilhelm Scherer/Elias von Steinmeyer: Briefwechsel 1872–1886. In Verbindung mit Ulrich Pretzel hrsg. von Horst Brunner und Joachim Helbig. Göppingen 1982 (Göppinger Arbeiten zur Germanistik. 365), Nr. 223 (Postkarte an Scherer am 10. Juli 1878). Dass Steinmeyer diese Rezension überhaupt veröffentlichte, mag erstaunen, zumal er darin selbst ins Schussfeld gerät: Jeitteles hatte im Vorwort zu seiner Ausgabe angegeben, Steinmeyer 1873 mündlich über sein Vorhaben in Kenntnis gesetzt zu haben; vgl. Jeitteles 1878 (Anm. 18), S. VIII. Daher sieht sich Steinmeyer als Redakteur des *Anzeigers* veranlasst, in Schönbachs Text in einer eigens eingefügten Fußnote jede Schuld an der Verwicklung von sich zu weisen; vgl. Schönbach 1879 (Anm. 23), S. 3.

sierung der Sammlung bis hin zur Textgestaltung der Edition und zur Qualität der kommentierenden Anmerkungen.[26]

Man braucht kein Psychologe zu sein, um zu erkennen, dass es sich dabei nicht so sehr um einen wissenschaftlichen Methodenstreit als vielmehr um einen Statuskampf handelt. Ein tieferer Grund für die Feindseligkeit könnte Jeitteles' wissenschaftliche Vita sein: Zwar hatte auch Schönbach keine Dissertationsschrift vorgelegt, aber er war immerhin promoviert, und was die Habilitation anbelangte, war ihm wohl das Schnellverfahren, in dem Jeitteles sich nur für ein Teilgebiet des Faches qualifizierte, ein Dorn im Auge. Obwohl keine unmittelbare Konkurrenzsituation gegeben war, verraten abschätzige Bemerkungen über Jeitteles' Berufsstand nur allzu deutlich den Standesdünkel des frisch gebackenen, um 17 Jahre jüngeren Ordinarius gegenüber dem Bibliothekar. Dazu kommt der sog. Schulenstreit: Jeitteles hatte noch vor Pfeiffers Zeit in Wien studiert, kann also nicht direkt als dessen Schüler gelten, aber da er 1872 in Pfeiffers *Germania* einen Beitrag über mitteldeutsche Predigten publiziert hatte, war er möglicherweise als Anhänger der Gegenpartei zur Lachmann-Schule stigmatisiert.[27]

Was wirft Schönbach Jeitteles konkret vor? Er nimmt ihm zunächst übel, dass er nicht im Zuge systematischer Beschäftigung mit der Predigtliteratur, sondern durch Zufall auf die Handschrift gestoßen sei und sich deren Bearbeitung vorgenommen habe, ohne für diesen Forschungsbereich speziell ausgewiesen zu sein.[28] Weiters wirft er ihm vor, versteckte Hinweise auf sein eigenes Editionsvorhaben im *Anzeiger für deutsches Altertum* im Jahr 1876 (absichtlich) ignoriert zu haben.[29]

---

26 Schönbach 1879 (Anm. 23), S. 2f.

27 Adalbert Jeitteles: Mitteldeutsche Predigten. In: Germania 17, 1872, S. 335–354. Die *Germania. Vierteljahrsschrift für deutsche Alterthumskunde* war 1856 von Franz Pfeiffer als Gegenorgan zu Moriz Haupts *Zeitschrift für deutsches Altertum* gegründet worden. Vgl. Peter Wiesinger: Die Entwicklung der Germanistik in Wien im 19. Jahrhundert. In: Zur Geschichte und Problematik der Nationalphilologien in Europa: 150 Jahre Erste Germanistenversammlung in Frankfurt am Main (1846–1996). Hrsg. von Frank Fürbeth u. a. Tübingen 1999, S. 443–468, hier S. 453. In einem Brief an Scherer vom 16. November 1880 berichtet Steinmeyer, dass auch Schönbach eine Petition an das österreichische Ministerium unterzeichnet habe, der *Germania* die Förderung zu entziehen, um die Konkurrenz zur *Zeitschrift für deutsches Altertum* auszuhungern; vgl. Briefwechsel Scherer/Steinmeyer (Anm. 25), Nr. 295.

28 Immerhin hatte Jeitteles zuvor bereits eine kleinere Predigtüberlieferung bearbeitet (vgl. Anm. 27).

29 Vgl. Schönbach 1879 (Anm. 23), S. 2. Schönbach hatte in einer umfänglichen Rezension über Tischendorfs Ausgabe der Evangelia Apocrypha im Anzeiger für deutsches Altertum 2, 1876, Heft 2 (Juni), lediglich beiläufig angedeutet, dass er über eine Abschrift der St. Pauler Predigten verfüge (S. 169) und wie er in seiner Edition mit der Interpunktion zu verfahren gedenke (S. 202). Und zu Steinmeyers Rezension über Wackernagels *Altdeutsche Predigten* hatte Schönbach dem Kollegen eine Liste mit Predigten aus der St. Pauler Hs. zur Verfügung gestellt, wofür ihm jener dankt: „die textangaben der SPauler predigten (citiert nach seiten der hs.) verdanke ich Schönbachs

Inhaltlich prangert er Jeitteles' Datierung an, die um ein ganzes Jahrhundert verfehlt sei,[30] konstatiert einen Mangel an Sorgfalt in Bezug auf die Lesung bzw. Wiedergabetreue der Handschrift[31] sowie „unvorsichtigkeit in der aufnahme von zusätzen der correktoren“,[32] moniert stehen gebliebene Schreiberfehler und hält andererseits zahlreiche Emendationen für überflüssig. Die Mängellisten erstrecken sich jeweils über viele Seiten. An der Einrichtung der Edition tadelt er, dass die Seitengrenzen der Handschrift nicht markiert wurden und dass paläographische Anmerkungen nicht standardisiert und zu breit ausformuliert seien (diese Mängel sind aus heutiger Sicht am ehesten nachvollziehbar, aber keine ernste Katastrophe).

Mit übertriebener Schärfe beurteilt er schließlich das Wörterverzeichnis, welches Jeitteles bewusst schmal gehalten hatte: „Das Wörterverzeichniss enthält bloss jene Wörter und Wortformen, die in den mhd. Wörterbüchern fehlen oder schwach belegt sind.“[33] Schönbach stellt eine über acht Seiten lange Liste mit Wörtern auf, die er im Glossar vermisst. – Es sei erwähnt, dass Hermann Paul in einer Bekanntmachung der Edition in der *Jenaer Litteraturzeitung*[34] gerade diese Liste der Hapax legomena lobend hervorgehoben und als neuen Standard für Erstveröffentlichungen von mittelhochdeutschen Texten gewünscht hatte und dass Matthias Lexer einen Großteil dieser Wortliste umgehend mitsamt Jeitteles' Übersetzungsvorschlägen in die Nachträge zu seinem *Mittelhochdeutschen Handwörterbuch* aufnahm.[35]

Als unverzeihliches Defizit empfindet Schönbach, dass Jeitteles die Quellen zu den einzelnen Predigten nicht lückenlos recherchiert hat: „hier wie in den

freundlicher mitteilung, der dieselben demnächst in den QF herausgeben wird.“ Steinmeyer in: Anzeiger für deutsches Altertum 2, 1876, Heft 3–4 (Dezember), S. 227.

30 Vgl. Schönbach 1879 (Anm. 23), S. 5f.

31 Was Schönbach damit meint, konnte von mir lediglich stichprobenartig anhand eines Fotos der Doppelseite pag. 4 und 5 der St. Pauler Handschrift im Vergleich zur entsprechenden Passage in Schönbachs Transkription und zu Jeitteles' Textabdruck überprüft werden: Die Vorwürfe beziehen sich nämlich z. B. auf die Interpunktion, die Normalisierung der Groß- und Kleinschreibung, die nicht ganz konsequente Handhabung der Getrennt- und Zusammenschreibung und die Wiedergabe von Superskripten; andererseits lösen beide Editoren die Abbreviaturen ohne Kennzeichnung auf, beide normalisieren z. B. die Verbform *heizzen* zu *heizen* (zweimal auf pag. 5), aber nur Jeitteles weist im Apparat auf die originale Schreibung hin.

32 Vgl. Schönbach 1879 (Anm. 23), S. 10.

33 Jeitteles 1878 (Anm. 18), S. X.

34 Hermann Paul: Altdeutsche Handschriften aus Oesterreich [...] In: Jenaer Litteraturzeitung 5, 1878, S. 291f.; es handelt sich hierbei eher um eine Ankündigung als um eine Buchbesprechung.

35 Matthias Lexer: Mittelhochdeutsches Handwörterbuch. Bd. 3: VF/-Z. Nachträge. Leipzig 1878. Vgl. Adalbert Jeitteles: Die Sanct-Pauler Predigten und Herr Anton Schönbach. Abwehr einer Recension über das Werk „Altdeutsche Predigten aus dem Benedictinerstifte St. Paul in Kärnten.“ (Innsbruck, Wagner, 1878.) Zugleich ein Beitrag zur literarischen Kritik unserer Tage. Innsbruck 1881, S. 136. Diese Entgegnung wurde im selben Jahr in zwei Teilen als Beilage zu Germania 26 distribuiert.

anmerkungen zeigt sich die völlige unvertrautheit des herrn J. mit der theologischen litteratur des 10 und 11 jhs., ja mit theologischen dingen überhaupt."[36] Das Gebiet der Bibel- und Kirchenväterschriften war nämlich Schönbachs eigenes Spezialgebiet, hier galt er selber als Koryphäe, das war in der philologischen Forschungslandschaft gleichsam sein Alleinstellungsmerkmal. In Summe spricht Schönbach Jeitteles die Berechtigung zur Erstellung einer wissenschaftlichen Edition ab, obwohl der Kollege im Bereich der deutschen Grammatik ausgewiesen und als Bibliothekar geschult im Umgang mit mittelalterlichen Handschriften war.[37]

Der solcherart geschmähte Jeitteles brauchte eine Weile, um diese geballte Ladung an Vorwürfen zu verdauen und systematisch aufzuarbeiten, doch zwei Jahre später replizierte er mit einer rund 150-seitigen Monographie auf das vernichtende Urteil:[38] In seiner Apologie bleibt er seinem Kontrahenten nichts schuldig. Punkt für Punkt geht er auf die Vorwürfe ein und kann sie großteils erfolgreich abwehren, wie z. B. den Einwand gegen seine Datierung: Jeitteles hatte die Handschrift ins späte 13. Jahrhundert datiert, Schönbach „in die ersten decennien des 13 jhs.",[39] der Schriftstil schien ihm aber noch dem 12. Jahrhundert anzugehören; Jeitteles führt drei namhafte Expertenmeinungen an, die seine Einschätzung bestätigen.[40]

Schönbach ließ sich auf diese umfassende Replik noch zu einer allerletzten „Erklärung" herab, in der er im Wesentlichen nur seine Datierung relativierte, und beschloss dann, dieses „schale[ ] und confuse[ ] machwerk[ ]"[41] keines weiteren Wortes mehr zu würdigen.

Wer so strenge Maßstäbe aufstellt und sich derart scharfer Worte bedient, muss sich gefallen lassen, selbst daran gemessen zu werden: Ob Schönbach diesen hohen Ansprüchen wirklich gerecht wurde, lässt sich an seiner eigenen (Jahrzehnte später herausgebrachten) dreibändigen Ausgabe der *Altdeutschen Predigten*[42] prüfen. Die Genese dieser Edition gestaltete sich kompliziert, da sie nicht in einem Guss publiziert wurde, sondern von Band zu Band konzeptuelle Änderungen erfuhr, was auf Seiten der Rezipient/innen teilweise für Irritationen sorgte. Aufschlussreich ist jedenfalls die Lektüre der Vorworte.

---

36 Schönbach 1879 (Anm. 23), S. 24.

37 Ein von Schönbach auf S. 3 seiner destruktiven Rezension für die Zeitschrift für deutsches Altertum angekündigter ‚positiver' Beitrag mit Ergänzungen aus seiner eigenen Forschung zur literarhistorischen Stellung der St. Pauler Predigten sowie Erklärungen und Anmerkungen ist anscheinend nicht umgesetzt worden.

38 Jeitteles 1881 (Anm. 35).

39 Schönbach 1879 (Anm. 23), S. 6.

40 Laut Handschriftencensus gilt heute als Datierung „2. Viertel 13. Jh." Vgl. www.handschriftencensus.de/1357.

41 Anton Schönbach: Erklärung. In: Anzeiger für deutsches Altertum 7, 1881, S. 327–329, hier S. 329.

42 Anton Schönbach: Altdeutsche Predigten. Bd. I–III. Graz 1886, 1888, 1891.

Am Beginn von Band I (1886) stellt Schönbach sein Vorhaben vor: Seit 11 Jahren (also seit seiner frühen Grazer Zeit) habe er sich mit dem Studium der altdeutschen Predigten befasst und im Lauf der Jahre bereits mehrere kleine Sammlungen und Bruchstücke veröffentlicht und dabei erkannt, dass diese in einen ausgedehnten Überlieferungszusammenhang gehören. Der Leipziger Predigtsammlung Cod. 760 schien ihm eine zentrale Rolle zuzukommen. (Hermann Leyser hatte daraus 1838 eine Auswahl von 36 Stücken veröffentlicht, zwei weitere waren 1840 im 2. Band der *Altdeutschen Blätter* von Haupt und Hoffmann abgedruckt worden.)[43] Er selbst habe 1876 den gesamten Codex (203 Bll.) händisch abgeschrieben; weitere größere und kleinere ungedruckte deutsche Predigtsammlungen aus dem 13. und der 1. Hälfte des 14. Jahrhunderts folgten, die er alle zu edieren beabsichtige. Band I solle die Leipziger Sammlung präsentieren abzüglich der bereits publizierten Stücke, weil diese Publikationen ohnehin zugänglich seien. Zu seiner Editionsmethode erklärt Schönbach, es sei sein Bestreben, „ein verlässliches abbild der überlieferung"[44] zu bieten:

> Eine kritische herstellung des textes, in dem sinne wie sie bei altdeutschen dichtungen unternommen wird und wie sie auch bei diesem prosawerk erwartet werden konnte, von dem einzelne teile in mehreren handschriften überliefert sind, ist unmöglich. Die vorhandenen fassungen sind zu verschieden von einander [...] wie hätte ich nur die lautgebung regeln sollen? [...] ich hätte besten falles ein scheinbild von gesetz und einheit entworfen, das zwar meiner persönlichen überzeugung entsprochen haben würde, das ich aber niemals zu wissenschaftlicher gewißheit erheben konnte. darum habe ich auf das wagniß verzichtet, habe nicht einmal die bei unseren ausgaben üblichen längenzeichen eingesetzt, und in meinem texte die handschrift widergegeben, so weit es irgend möglich war.[45]

Im Detail unterscheiden sich die Editionsgrundsätze nicht wesentlich von denen Jeitteles': Abbreviaturen werden ohne Kennzeichnung aufgelöst, die Graphie wird ‚in ihrer Buntheit belassen', der Wortlaut wird nur dort geändert,

> wo der sinn und zusammenhang es geboten, und dabei ist manches als berechtigte eigentümlichkeit stehen geblieben, was einem oder dem andern leser besserungsbedürftig scheinen wird. das überlieferte ist natürlich bei allen änderungen unter dem texte mitgeteilt.[46]

Es werden die üblichen graphischen Standardisierungsmaßnahmen durchgeführt: die Ersetzung von Schaft-*s* durch typographisches *s*, *i-/j*-Ausgleich, *w* vor Konsonanten zu *wu* ergänzt etc. und eine moderne Interpunktion eingeführt. Schön-

---

43 Hermann Leyser: Deutsche Predigten des XIII. und XIV. Jahrhunderts. Quedlinburg 1838 (Bibliothek der gesammten deutschen National-Literatur von der ältesten bis auf die neuere Zeit. Abt. 1: 11,2); Hoffmann von Fallersleben: Sonn- und festtägliche Predigten zu St. Paul. In: Altdeutsche Blätter 2, 1840, S. 159f.

44 Altdeutsche Predigten I (Anm. 42), S. XIII.

45 Ebd., S. VIIIf.

46 Vgl. ebd., S. XIII.

bach betont, welch große Sorgfalt und Mühe er aufgewandt habe: Nach zweifacher Kollationierung habe er zuletzt sogar die Druckfahnen noch einmal mit der Handschrift verglichen. Der Variantenapparat enthalte die Abweichungen der Parallelüberlieferungen a und B, ausgenommen rein lautliche Differenzen. Diese sollen im zweiten Band folgen, der den Untersuchungen gewidmet sei. Den besonderen Schwerpunkt verlagert er auf die Anmerkungen. Diese „bemühen sich, außer den pflichtmäßigen nachweisen der Bibel- und Vätercitate, noch die quellen der predigten überhaupt aufzuzeigen“.[47] Das Wörterverzeichnis solle zwei Funktionen erfüllen, nämlich Verständnishilfe für ein zu erwartendes Publikum aus theologischen Kreisen bieten (das habe der Verlag gewünscht); für ein Fachpublikum sollen insbesondere „seltene gebrauchsweisen und fügungen, wenig oder gar nicht belegte wörter“[48] gelistet werden, welches Auswahlkriterium zweifellos sehr an Jeitteles erinnert. Ein ausführlicheres Sachregister als gewohnt könne weitere Anmerkungen aufnehmen und durch reichliche Querverweise die Benützung erleichtern. Als zusätzliche Serviceleistung wird ein Verzeichnis der ‚Bibel- und Väterstellen‘ angekündigt, um das Auffinden von Parallelstellen zu erleichtern. (Dieses Verzeichnis ist quasi als Vorleistung für Band II anzusehen, wo die Auswertung erfolgen solle.) Schließlich wird in Hinblick auf Band II angekündigt: Dieser solle auch die Quellennachweise zu den von Leyser herausgebrachten Stücken nachliefern, dann aber v. a. umfassende Untersuchungen zu Lautstand, Stil und Quellen der Leipziger Sammlung umfassen.

Die Fachwelt wartete offenbar schon gespannt auf Schönbachs lange angekündigte Predigtausgabe. Zu Band I liegen mehrere Rezensionen vor, sie stammen u. a. aus der Feder von Elias von Steinmeyer und Edward Schröder:[49] Steinmeyer zeigt sich erfreut, dass der Abdruck der Leipziger Predigtsammlung nunmehr „vortrefflich ausgestattet und mit der Gewähr treuester Wiedergabe“[50] vorliege. Er hebt v. a. die Anmerkungen (die Quellenangaben aus der patristischen Literatur) hervor: Es sei eine Novität, die lateinischen Kirchenschriftsteller nun auch zur homiletischen Prosa in Beziehung zu setzen, denn das sei bisher nur für geistliche Poesie geschehen und daher ein „beträchtliche[r] Fortschritt in der geschichtlichen Erkenntnis des deutschen Predigtwesens“,[51] weshalb man alle künftigen Herausgeber von Predigten darauf verpflichten solle. Ungünstig findet er die Trennung von Material und Untersuchung, denn so könne man die Leistung des Herausgebers (noch) nicht feststellen und würdigen. Da Schönbach die getreue Wiedergabe des Leipziger Codex zum Hauptprinzip erhoben habe, seien

[47] Ebd., S. XIV.
[48] Ebd., S. XV.
[49] Elias Steinmeyer: [Rez. zu Altdeutsche Predigten I]. In: Göttingische gelehrte Anzeigen 2, 1886, S. 605–612; Edward Schröder: [Rez. zu Altdeutsche Predigten I]. In: Anzeiger für deutsches Altertum 13, 1887, S. 146–152; weitere Rezensionen (zu allen drei Bänden) listet Sollinger 1969 (Anm. 1), S. 286.
[50] Steinmeyer 1886 (Anm. 49), S. 605.
[51] Ebd., S. 606.

im Fall von mehrfach überlieferten Predigten die Abweichungen zwar im Apparat verzeichnet, aber weil ihnen für die Textherstellung keinerlei Bedeutung zukomme,[52] sei ihr Wert fraglich und die so erstellte Edition jedenfalls keine kritische.[53] Um als eine solche gelten zu können, sollte wenigstens der Wortlaut der jeweiligen Handschrift eindeutig rekonstruierbar sein, was aber nicht der Fall sei. Daher wäre eine Synopse besser gewesen.[54] Statt eines „litteralen Abdruck[s]"[55] wäre eine Normalisierung der Schreibung unbedingt vorzuziehen gewesen, und auch die Emendation sachlogischer Mängel wäre Aufgabe des Herausgebers gewesen – beides ratsame Maßnahmen schon wegen des zu erwartenden theologischen Interessentenkreises. Andererseits habe Schönbach manch offensichtliche Schreiberfehler nicht, anderes dafür oft unnötigerweise emendiert.[56] – Im Grunde handelt es sich bei den aufgezählten Mängeln um genau dieselben, die Schönbach einst Jeitteles vorgeworfen hat, nur dass sie in einem sachlicheren Ton formuliert sind und damit eine Rezension ergeben, die insgesamt sehr wohlwollend auf das Geleistete und entsprechend erwartungsvoll auf die noch kommenden Bände blickt.

Skeptischer gibt sich Edward Schröder, der – wie aus seinem Briefwechsel mit Gustav Roethe deutlich hervorgeht – von Schönbachs philologischen Fähigkeiten keine hohe Meinung hat:[57] Zwar würdigt auch er prinzipiell die Mühe, die mit der Abschrift und Kollationierung der umfangreichen Handschrift verbunden ist, bedauert jedoch zum einen gleichfalls die „kritische[] enthaltsamkeit des herausgebers" und meint zum andern, dass „die sorgfalt, mit der er die hs. sammt allen ihren auswüchsen und unarten widergibt, [...] entschieden zu weit" gehe.[58] Wie schon Steinmeyer stößt auch er im Bereich der ‚unabdingbaren' Emendationen auf manche Fehlentscheidungen, andererseits auf überflüssige Konjekturen sowie auf Mängel im Wörterverzeichnis, wo Fehlinterpretationen in der Tat noch viel deutlicher sichtbar werden, doch muss man die aufgelisteten Fehler

52 Zumindest auf dem Stand des ersten Bandes; Steinmeyer geht aber davon aus, dass der Herausgeber diesen ‚Rohstoff' in den Untersuchungen auswerten werde.

53 Vgl. auch Steinmeyer 1914 (Anm. 9), S. 259: „Auch der erste der drei Bände seiner ‚Altdeutschen Predigten' kann nicht den Namen einer kritischen Ausgabe beanspruchen, weil er, mit der Wiedergabe des Lipsiensis sich begnügend, die Varianten der sonstigen Kodizes, ohne sie für die Textgestaltung auszunutzen, nur unter dem Strich verzeichnet."

54 Vgl. Steinmeyer 1886 (Anm. 49), S. 608.

55 Ebd., S. 609.

56 Ebd., S. 609–612.

57 Vgl. Regesten zum Briefwechsel zwischen Gustav Roethe und Edward Schröder. Zwei Teilbände. Bearbeitet von Dorothea Ruprecht und Karl Stackmann. Göttingen 2000 (Abhandlungen der Akademie der Wissenschaften in Göttingen. Phil.-hist. Klasse, 3. Folge. 237), z. B. Nr. 1362 (16. April 1893: „Zur textkritischen Behandlung erweist er sich hier wie überall unfähig, und die grammatische und lexicalische Klugscheisserei; die ganze wenig fördernde Gelehrsamkeit in den Anmerkungen enthüllt die bedenklichsten Lücken in den Elementen.") oder Nr. 1382 (16. Mai 1893: „die Predigten, die er herausgibt, versteht er großteils nicht!").

58 Schröder 1887 (Anm. 49), S. 147.

fairerweise in Relation zum Gesamtumfang des Bandes betrachten. Uneingeschränkt Respekt zollt auch er Schönbach für die mit größter Sorgfalt verzeichneten Quellennachweise (Bibelstellen und patristischen Zitate) in den Anmerkungen.

Laut eigenen Aussagen war Schönbach während der Vorbereitung seiner in Band I angekündigten Untersuchungen für den Druck(!) zur Erkenntnis gelangt, dass seine Quellenforschung auf das gesamte verfügbare Predigtmaterial bis in die zweite Hälfte des 13. Jahrhunderts (also die gesamte Zeit vor Berthold von Regensburg) ausgedehnt werden müsse, „damit dann den einzelnen sammlungen ihr platz in der geschichtlichen entwicklung angewiesen werden könne“.[59] Da er aber nicht gut über Texte schreiben konnte, die noch gar nicht veröffentlicht waren, musste er das Gesamtkonzept des Editionsprojekts ändern. Demnach sollten zuerst die noch ungedruckten Quellen vorgezogen werden, und zwar wegen der Materialmenge in zwei weiteren Textbänden: Band II sollte die Oberaltacher Sammlung aufnehmen und Band III die Predigten des Priester Konrad.[60] Danach sollte ein vierter Band mit den gesamten Untersuchungen den Abschluss bilden.

Obwohl Schröder und Steinmeyer in ihren wohlmeinenden Rezensionen Bedenken gegen Schönbachs Editionsgrundsätze geäußert und die kritische Bearbeitung der Texte intensiviert sehen wollten, hält Schönbach an den in Band I aufgestellten Editionsprinzipien fest und verspricht, die Gründe dafür im vierten Band darzulegen.[61] Eine Änderung gibt es jedoch bei den Anmerkungen: Diese nehmen nun in Relation zum Text noch mehr Raum ein, weil Schönbach ab jetzt die mutmaßlichen lateinischen Quellen mit abdruckt, um den direkten Vergleich zu erleichtern – eine Maßnahme, die sogar Schröder Respekt abnötigt.[62] Dass aber das Glossar für den II. Band entfällt mit der Begründung, dass die Bedeutung der deutschen Texte ohnehin sehr gut aus den in den Anmerkungen abgedruckten lateinischen Quellen zu erschließen sei, kann Schröder nicht für alle Adressatenkreise gutheißen. Im Gegenteil: Solche Wörterverzeichnisse von neuen, erstmals edierten Texten seien eine wichtige Überbrückungsmaßnahme, bis ein neues Mittelhochdeutsches Wörterbuch vorliege.[63] Schröders wachsende Un-

59 Altdeutsche Predigten II (Anm. 42), S. V.

60 Die Materialbasis für diesen Band stellte ihm Johann Schmidt aus Wien zur Verfügung, der eine Ausgabe der Predigten des Bruder Konrad vom Bodensee schon weitgehend fertiggestellt hatte. Als er von Schönbachs Unternehmen erfuhr, zog er sein Vorhaben bereitwillig zurück und überließ dem Grazer Ordinarius seine Abschrift, die jener noch einmal kollationierte und überarbeitete. Für seine „selbstlose und opfervolle hingebung an die wissenschaft“ dankt ihm Schönbach im Vorwort; vgl. Altdeutsche Predigten III (Anm. 42), S. VI.

61 Vgl. Altdeutsche Predigten II (Anm. 42), S. IX.

62 Vgl. Schröder: [Rez. zu Altdeutsche Predigten II]. In: Anzeiger für deutsches Altertum 15, 1889, S. 202–207, hier 203.

63 Ebd., S. 206; vgl. Hermann Pauls Forderung in Zusammenhang mit Jeitteles' Predigtausgabe (Anm. 34).

zufriedenheit mit dem gesamten Editionsprojekt lässt sich daran ablesen, dass er sich zum III. Band der Serie nicht mehr äußerte.

Selbst nachdem Schönbach 1891 auch Band III vollendet hatte, zögerte er offenbar immer noch, den lange aufgeschobenen Untersuchungsband zu verfassen. Stattdessen publizierte er in seinem letzten Lebensjahrzehnt eine Serie von acht Predigtstudien[64] im Umfang von über 1100 Seiten (davon sieben zu Berthold von Regensburg) – Steinmeyer würdigt diese Arbeiten in seinem Nachruf als Höhepunkt von Schönbachs wissenschaftlicher Tätigkeit.[65] Der krönende vierte Band seiner *Altdeutschen Predigten* ist leider nie in Druck gegangen[66] und es finden sich im Teilnachlass des Grazer Germanistikinstituts dazu auch keine Vorarbeiten.

Steinmeyers Nachruf fasst treffend zusammen, wie die Zeitgenossen ihren Fachkollegen Anton Schönbach einschätzten: Was man an ihm aufrichtig bewunderte, war seine für einen Germanisten ungewöhnlich gründliche Kenntnis der klassischen und der patristischen Autoren. Steinmeyer weiß über seinen Studienkollegen aus der Berliner Zeit zu berichten, dass er alle 222 Bände der *Patrologia Latina* genauestens studiert und sich so das nötige Wissen für die Quellennachweise in seiner Predigtausgabe erworben habe.[67] Aber Grammatik und Metrik seien zeitlebens seine Schwäche geblieben und auch Konjekturalkritik sei seine Sache nicht gewesen, wie Steinmeyer es auf den Punkt bringt.[68]

Was Schönbach ferner auszeichnete und was die Zeitgenossen häufig mit Eitelkeit und Geltungssucht in Zusammenhang brachten, war ein „schier unerschöpfliches Mitteilungsbedürfnis",[69] wie Steinmeyer es im Nachruf elegant umschreibt; in einem Brief an Priebsch hatte er es einmal als „krankhafte Vielschreiberei"[70] bezeichnet. Überblickt man die imposante Publikationsliste von Schönbach, gewinnt man den Eindruck, dass er sein stets schon hohes Arbeitstempo im Lauf seines Lebens immer weiter gesteigert hat. Wie sehr Eile die Qualität beeinflussen kann, liegt auf der Hand, und daher musste er sich nicht nur so manche Zurückweisung von Zeitschriftenherausgebern gefallen lassen,[71]

---

64 Anton Schönbach: Studien zur Geschichte der altdeutschen Predigt. Stück I–VIII. Wien 1896–1908 (Sitzungsberichte der Kaiserlichen Akademie der Wissenschaften. Phil.-hist. Klasse. 135, 142, 147, 151, 152, 153, 154, 155).

65 Steinmeyer 1914 (Anm. 9), S. 261.

66 Dies, obwohl Schönbach im Vorwort zum III. Band noch einmal beteuert, dass die Untersuchungen zu den Texten aus Bd. I–III so gut wie fertig seien und dass er hoffe, dass der vierte Band über die „entwicklung der altdeutschen predigt vor Berthold von Regensburg […] in nicht allzuferner frist" erscheinen werde. Altdeutsche Predigten III (Anm. 42), S. VIII.

67 Steinmeyer 1914 (Anm. 9), S. 260.

68 Ebd., S. 259.

69 Ebd., S. 257.

70 Robert Priebsch – Elias von Steinmeyer: Briefwechsel. Ausgewählt und eingeleitet von August Closs. Berlin 1979, Nr. 96 (14. November 1901).

71 Hinweise darauf geben mehrere Briefe von Müllenhoff an Scherer (Anm. 7 und 8) sowie ebd. Nr. 217 (13. Juni 1872 zu Schönbachs Edition der *Sant Cecilia*) oder ein Brief von Schröder an Roethe (Anm. 57), Nr. 1141 (6. Juli 1892).

sondern auch herbe Kritik von seinen Rezensenten einstecken. Darüber war er aber dank seines unerschütterlichen Selbstbewusstseins und ebensolchen Ansehens, das er (zumindest offiziell) unter seinen Fachkollegen genoss, erhaben.

Was jedoch abgesehen von der unvollendeten Predigtausgabe vom reichen Schaffen Schönbachs die Zeiten bis heute überdauert hat, ist eine ansehnliche Zahl von Publikationen (meist kleinerer) mittelalterlicher Vers- und Prosatexte, darunter auch wirkliche Entdeckungen wie die *Vorauer Novelle* und ihre lateinische Vorlage, Teile der *Kaiserchronik*, der *Tobiassegen* und Reimpaardichtungen des steirischen Zisterziensermönchs Andreas Kurzmann, die ohne seinen leidenschaftlichen Einsatz vielleicht noch lange unerschlossen geblieben wären.

Martin Schubert

Gustav Roethe als Editor

Die Ausgabe Reinmars von Zweter und die *Deutschen Texte des Mittelalters*

Gustav Roethe (1859–1926)[1] muss – selbst gemessen an den Standards preußischer Ordinarien der wilhelminischen Zeit – als schwieriger Charakter gelten. Er war wissenschaftlich penibel und fordernd, politisch reaktionär und deutschnational, schwierig im persönlichen Umgang; misogyn und antisemitisch: ein ausgesprochener Gegner des Parlamentarismus, der Weimarer Republik und des seit der Jahrhundertwende aufkommenden Frauenstudiums. Die anspruchsvolle persönliche Haltung zeigte sich im universitären Betrieb nicht nur an Aushängen des Inhalts „Faule haben zu meinen Vorlesungen keinen Zutritt“,[2] sondern auch in der strengen Bestenauslese – Zugang zum Seminar erhielt nur, wem der Professor in einer Eingangsprüfung vor dem Semester solide Latein- und Griechischkenntnisse attestierte.[3] So wurde eine „alte Garde“ von Schülern ausgebildet, die langfristig ans Seminar gebunden blieben.[4] Die alte Garde bestand nur aus Männern – den Zugang zu Roethes Kollegs erreichten die Berliner Studentinnen erst 1913 über eine Petition an die Fakultät, also fünf Jahre nach der Öffnung des Frauenstudiums; in seine Seminare hat er wohl weiterhin keine Frauen aufgenommen.[5]

Roethe hat seinem Fach, der Altgermanistik, zwei Meilensteine hinterlassen: seine epochale Ausgabe Reinmars von Zweter (1887) und die Gründung der Editionsreihe *Deutsche Texte des Mittelalters* (1904), die er mit Erich Schmidt und

1 Siehe zum Folgenden vor allem: Dorothea Ruprecht: Roethe, Gustav. In: Internationales Germanistenlexikon 1800–1950. Hrsg. von Christoph König unter Mitarbeit von Birgit Wägenbaur u. a. Bd. 3: R–Z. Berlin, New York 2003, S. 1506–1509; Jörg Judersleben: Philologie als Nationalpädagogik. Gustav Roethe zwischen Wissenschaft und Politik. Frankfurt/M. u. a. 2000 (Berliner Beiträge zur Wissenschaftsgeschichte. 3).

2 Victor Klemperer: Berliner Gelehrtenköpfe. Roethe – Paulsen. In: Der Zeitgeist. Beiblatt zum Berliner Tageblatt vom 18.3.1907, zit. nach Judersleben 2000 (Anm. 1), S. 23.

3 Judersleben 2000 (Anm. 1), S. 262.

4 Vgl. den Vers „Wir halten unsre Stellung, wir dienen treu und schlicht: / Es stirbt die alte Garde, doch promoviert sie nicht.“ Verse von Konrad Liß; zit. nach Judersleben 2000 (Anm. 1), S. 130.

5 Siehe Judersleben 2000 (Anm. 1), S. 260f.

https://doi.org/10.1515/9783110786422-015

Konrad Burdach initiiert hat. In seinem wissenschaftlichen Schaffen[6] sind diese beiden Punkte unschwer als Höhepunkte zu identifizieren.

1. Biographie eines Altgermanisten

Gustav Roethe wurde 1859 in Graudenz (heute Grudziądz in Kulawien-Pommern) in eine Familie von Druckereibesitzern und Zeitungsherausgebern geboren. Sein Studium der Klassischen und Deutschen Philologie absolvierte er in Göttingen, Leipzig und Berlin. In Berlin (ab Wintersemester 1880/1881) lernte er Karl Müllenhoff und Wilhelm Scherer kennen; seither wird er zur Gruppe der Lachmannianer gerechnet. Die Leipziger Promotion bei Friedrich Zarncke 1881 mit dem Titel „Reinmars von Zweter Herkunft und Aufenthalt in Oesterreich unter Leopold VII" (gedruckt 1883) ging in die Göttinger Habilitationsschrift ein, in die große Reinmar-Monographie (1886, 1887 gedruckt).[7] Die Verfertigung der Habilitation, mit der damit verbundenen undeutlichen beruflichen Perspektive, war für Roethe eine große Last.[8]

Nach zwei Jahren als Privatdozent wurde Roethe 1888 außerordentlicher Professor in Göttingen und wieder zwei Jahre später ordentlicher Professor für Deutsche Sprache und Literatur (1890, in Nachfolge Wilhelm Müllers). Erst mit dem Ruf konnte Roethe Dorothea von Koenen, die Tochter eines Göttinger Geologie-Professors, heiraten.[9] Sie hatten sieben Kinder; den Erstgeborenen nannten sie Otfrid.

Im Jahr 1902 nahm Roethe einen Ruf an die Friedrich-Wilhelms-Universität Berlin an (in Nachfolge Karl Weinholds) und bekleidete die Professur für deutsche Philologie fast ein Vierteljahrhundert lang. Er forschte und lehrte immer wieder auch zu neugermanistischen Themen, etwa während er parallel auch den

---

6 Siehe die Listen von Veröffentlichungen: Bibliographie Gustav Roethes. Bearbeitet von Ulrich Pretzel. In: Julius Petersen: Gustav Roethe. Ansprache bei der Trauerfeier des Ostbundes am 10. Oktober 1926 in der Neuen Aula der Universität Berlin. Mit einem bibliographischen Anhang. Leipzig o. J. [1927], S. 47–84, hier S. 48–76; Ruprecht 2003 (Anm. 1), S. 1507f.; Judersleben 2000 (Anm. 1), S. 317–320; die Liste der Vorlesungen bei Pretzel, S. 76–84.

7 Gustav Roethe: Reinmars von Zweter Aufenthalt in Oesterreich unter Leopold VII. Diss. Leipzig (Teildruck). Hirschfeld 1883; Die Gedichte Reinmars von Zweter. Hrsg. von Gustav Roethe. Leipzig 1887 (Nachdruck Amsterdam 1967).

8 Siehe Judersleben 2000 (Anm. 1), S. 21: „Diese Habilitation wurde von Roethe eingestandenermaßen als große Last empfunden, unter der er [...] buchstäblich zusammenzubrechen fürchtete." Ebd. Anm. 48 als Beleg Verweis auf einen Brief an Konrad Burdach vom 2.7.1883.

9 „Das gehalt nicht gerade glänzend, aber zum heiraten Gott sei dank ausreichend. Hurrah!" Brief Roethes an Konrad Burdach vom 26.3.1888 (Berlin-Brandenburgische Akademie der Wissenschaften, Literaturarchiv, Nachlass Burdach), zit. nach Judersleben 2000 (Anm. 1), S. 22.

Lehrstuhl von Erich Schmidt vertrat (1913–1921). Mehrfach wurde er als einer der großen Generalisten des Fachs bezeichnet.[10]

Im Ersten Weltkrieg trat Roethe, mit 55 Jahren, als Landsturmoffizier in die Armee ein und war von 1915 bis 1916 als Hauptmann der Garde-Landwehr Bahnhofskommandant in Frankreich, was ihn unter anderem zu einer Studie über Goethes *Campagne in Frankreich* anregte.[11] Seine Kriegsbegeisterung ist an seinen öffentlichen Reden abzulesen, die auch im Druck erschienen.[12] Als Roethe erfuhr, dass der langjährige Leiter des Berliner Handschriftenarchivs, Fritz Behrend, vom Kriegsdienst freigestellt werden sollte, schrieb er eine wütende Stellungnahme an die Akademie mit der Aufforderung, den entsprechenden Antrag zurückzuziehen und den Mitarbeiter einrücken zu lassen.[13] Es heißt, dass Roethe mit dem Eisernen Kreuz ausgezeichnet wurde.[14]

---

10 Vgl. Karl Stackmann: Art. Roethe, Gustav. In: Literaturlexikon. Autoren und Werke deutsche Sprache. Hrsg. von Walther Killy. Gütersloh, München 1991, Bd. 9, S. 503: Roethe „widersetzte sich vehement jegl[ichem] Spezialistentum in seiner Wissenschaft. Wie es der auf Wilhelm Scherer zurückgehenden Tradition entsprach, bildeten für R[oethe] Ältere u[nd] Neuere Germanistik, Sprach- u[nd] Literaturgeschichte eine Einheit." Vgl. dazu Petersen 1927 (Anm. 6), S. 20f.: „Als ein Erbe des heroischen Zeitalters wahrte er die Grenzen, die der deutschen Philologie von ihren Begründern gesetzt waren. Aber innerhalb dieser Grenzen wollte er keine Scheidewand anerkennen. Es gab für ihn ebensowenig eine Trennung zwischen Grammatik und Literaturgeschichte als zwischen älterem und neuerem Gebiet; es gab für ihn nur die Nationalwissenschaft der einen deutschen Philologie, für deren Ungeteiltheit er sich mit wahrem Heroismus einsetzte." Hervorhebung wie im Original; dort S. 21 auch der Vergleich mit Wilhelm Scherer.

11 Siehe Gustav Roethe: Goethes Campagne in Frankreich 1792. Eine philologische Untersuchung aus dem Weltkriege. Berlin 1919. Gewidmet ist der Band dem Andenken der Söhne Edward Schröders und von acht „jungen Freunden [...], denen das hohe Glück beschieden war, in ungetrübtem Glauben an ihr Volk [...] den schönen Tod für König und Vaterland zu sterben". Zu Roethes Lesart von Goethes Werk siehe Peter Müller: Mobilisierung der Wissenschaft. Über die Zusammenführung von Germanistik und Politik bei Gustav Roethe. In: Zeitschrift für Germanistik 9, 1988, S. 558–571, hier S. 564–566.

12 Siehe z. B. Gustav Roethe: Wir Deutschen und der Krieg. Rede am 3. September 1914. Berlin 1914 (Deutsche Reden in schwerer Zeit). Vgl. Kurt Sontheimer: Die Haltung der deutschen Universitäten zur Weimarer Republik. In: Nationalsozialismus und die deutsche Universität. Berlin 1966, S. 24–42, hier S. 27 mit Beispielen aus Roethes Reden, in denen sich „militante[] reaktionäre[] Gesinnung" (S. 30) äußere.

13 Siehe Judersleben 2000 (Anm. 1), S. 244, Anm. 946; Martin J. Schubert: Die ‚Deutschen Texte des Mittelalters' und das ‚Handschriftenarchiv' seit 1904. Zur Institutionsgeschichte. In: Deutsche Texte des Mittelalters zwischen Handschriftennähe und Rekonstruktion. Berliner Fachtagung 1.–3. April 2004. Hrsg. von dems. Tübingen 2005 (Beihefte zu editio. 23), S. 297–310, hier S. 301, Anm. 22; dort auch zu Hinweisen, dass Behrend wohl nicht den Urheber dieser Initiative erfahren hat.

14 Dass Roethe mit dem Eisernen Kreuz ausgezeichnet worden sei, meldet Robert Petsch: Gustav Roethe. In: Hamburgischer Correspondent vom 24.9.1926; Ruprecht 2003 (Anm. 1), S. 1507, berichtet nichts davon. Die hier zitierten Zeitungsartikel finden sich im Pressearchiv des Leibniz-Informationszentrums Wirtschaft (https://pm20.zbw.eu, alle hier und im Folgenden genannten Internet-Links wurden zuletzt am 3.6.2022 abgerufen).

Dass mit dem Friedensschluss Roethes westpreußische Heimat 1919 an Polen fiel, muss ihn stark getroffen haben.[15] Seine in Reden dokumentierten politischen Stellungnahmen zeigen, dass Roethe in geänderten Zeitläuften vollends zum Reaktionär geworden ist.[16] Als Mitglied der Deutschnationalen Volkspartei wird er Vorsitzender des „Reichsausschusses deutschnationaler Hochschullehrer" (1919–1926). Sein Schüler Arthur Hübner erwähnt Jahre später, nämlich 1937: „Heute darf man es ja sagen: er war auf seine Weise auch am Kapp-Putsch beteiligt."[17] Roethe habe 1920 eine flammende Rede an die Truppen des Generals von Lüttwitz in Döberitz gehalten, einen Tag, bevor diese beim konterrevolutionären Putschversuch gegen die Weimarer Republik in Berlin einmarschierten.

Roethes wissenschaftliches Œuvre[18] bearbeitet breite Bereiche der mittelhochdeutschen und mittelniederdeutschen Literatur sowie Teile der deutschen Romantik und der Goethe-Forschung. Grundständige Monographien hat er nach der Habilitation nicht mehr verfasst, er war aber äußerst rege in den kleineren Formen und in der Wissenschaftsorganisation. Weit über 100 Artikel schrieb er für die Allgemeine Deutsche Biographie (ADB).[19] Selbst edierte er, nach seiner Habilitation, vor allem Werke Goethes in der Weimarer Ausgabe;[20] die medi-

---

15 Vgl. die Nachrufe: [ohne Namen:] Gustav Roethe †. In: Deutsche Allgemeine Zeitung (Berlin), 21.9.1926 und Conrad Borchling: Gustav Roethe. In: Hamburger Nachrichten vom 26.9.1926. Siehe Gustav Roethe: Das geraubte deutsche Westpreußen. Langensalza 1926 (Friedrich Mann's Pädagogisches Magazin. 1054, V. Reihe Grenzlande. 1), worin Roethe der als ungerechte Annexion empfundenen Abtretung Westpreußens mit dem Verweis auf überlegene Volkstugenden der Deutschen zu begegnen sucht.

16 Siehe Müller 1988 (Anm. 11), S. 558–571, und dessen These, dass Roethe „der Exponent einer Germanistik war, die aktiv an der ideellen Diskreditierung der Weimarer Republik beteiligt war, die weltanschaulich antidemokratischem Denken Vorschub geleistet und die Germanistik in diesem Sinne instrumentalisiert hat" (S. 559). Vgl. Gerhart Lohse: Held und Heldentum. Ein Beitrag zur Persönlichkeit und Wirkungsgeschichte des Berliner Germanisten Gustav Roethe (1859–1926). In: Literatur und Theater im Wilhelminischen Zeitalter. Hrsg. von Hans-Peter Bayerdörfer, Karl Otto Conrady und Helmut Schanze. Tübingen 1978. Reprint Berlin, Boston 2015, S. 399–423, der sich perplex über die Mischung aus wissenschaftlichem Dekorum und inhaltlicher Agitation in Roethes Schriften äußert (S. 406).

17 Arthur Hübner: Gustav Roethe als wissenschaftlicher Organisator. Rede am Grimm-Tage der Gesellschaft für deutsche Philologie. 9. Januar 1937. In: ders.: Kleine Schriften zur deutschen Philologie. Hrsg. von Hermann Kunisch und Ulrich Pretzel. Berlin 1940, S. 52–64, hier S. 63. Hübners Hinweis wird auch zitiert bei Müller 1988 (Anm. 11), S. 569f., Anm. 24.

18 Siehe oben Anm. 6.

19 118 bei Pretzel 1927 (Anm. 6), S. 72–75, Ruprecht 2003 (Anm. 1), S. 1508 und Lohse 1978 (Anm. 16), S. 408; 117 bei https://de.wikisource.org/wiki/Kategorie:ADB:Autor:Gustav_Roethe; „nicht weniger als 120" bei Ulrich Pretzel: Der Germanist Gustav Roethe aus Graudenz. In: Westpreußen-Jahrbuch 16, 1966, S. 122–124, hier S. 123. Die Wikisource-Seite zählt zwei Nachträge separat, es fehlen aber gegen Pretzel 1927 Heinrich Schnur, Seifried und Florian von Stockhausen; 118 ist also richtig.

20 Siehe die Liste bei Ruprecht 2003 (Anm. 1), S. 1508.

ävistischen Editionen in der Reihe *Deutsche Texte des Mittelalters* überließ er seinen Schülern.

35 Jahre lang war Roethe Herausgeber der *Zeitschrift für deutsches Altertum* (1891–1926), gemeinsam mit Edward Schröder, der seit 1887 mit Roethes Schwester Gertrud verheiratet war. Er war Mitglied der Königlichen Gesellschaft der Wissenschaften zu Göttingen (ab 1893) sowie der Preußischen Akademie der Wissenschaften (ab 1903), der Bayerischen und der Österreichischen Akademien der Wissenschaften (beides ab 1919). In den letzten Lebensjahren war er zudem Präsident der Goethe-Gesellschaft (1922–1926). Roethes großer Einfluss auf das Fach zeigt sich in seinen Schülern, also der ‚alten Garde' und ihrem Umkreis; zu diesen zählten unter anderen Georg Baesecke, Conrad Borchling, Arthur Hübner, Richard Kienast, Ulrich Pretzel, Friedrich Ranke, Wolfgang Stammler und Werner Ziesemer.[21]

2. Die Ausgabe Reinmars von Zweter 1887

Roethes Ausgabe Reinmars von Zweter brachte, in Einleitung und Kommentar, erstmals das gesamte Wissen zum Sangspruch zusammen und bezeugt eine stupende Kenntnis der mittelalterlichen Lyrik, die in zuvor nicht dagewesener Eindringtiefe ausgelotet wurde. Die Arbeit bietet „bis heute die umfangreichste und in vielem noch immer uneingeholte Summendarstellung zur Gattung Sangspruch".[22] Sie bildet „eines der bedeutendsten altgermanistischen Werke des 19. Jahrhunderts".[23] Diese „epochale und für die Erforschung der Gattung insgesamt wegweisende"[24] Arbeit wurde laut Helmut Tervooren „zu einer frühen (zu frühen) ‚Summe' der Forschung […], da sie mit Material und Analysen Wertungen verband, die in ihrem Geist und ihrer Ästhetik der Gründerzeit verpflichtet waren"[25] und die teils bis heute nachwirken. Dazu gehören die vom

---

21 Siehe die umfassendere Liste bei Ruprecht 2003 (Anm. 1), S. 1507. Dass Ulrich Pretzels Berufung auf das „Weltbild" Gustav Roethes noch 1958 zu einer Leserbriefdebatte in der Wochenzeitung *Die Zeit* führte, wird umfassend vorgestellt bei Kai König: Der Ärger der Ertappten. Eine Leserzuschrift Albert Malte Wagners an DIE ZEIT löste 1958 eine vergangenheitspolitische Kontroverse über die Germanistik aus. https://literaturkritik.de/public/artikel.php?art_id=1395&ausgabe=51 vom 22.5.2020. Vgl. die spätere Eloge bei Pretzel 1966 (Anm. 19).

22 Holger Runow: Vergessene Lyrik? Zur Wahrnehmung der ‚zweiten' lyrischen Gattung des deutschen Mittelalters. In: Vergessene Texte des Mittelalters. Hrsg. von Nathanael Busch und Björn Reich. Stuttgart 2014, S. 267–281, 294–296, hier S. 271. Vgl. Holger Runow: Sangspruchdichtung als Gattung (statt einer Einleitung). In: Sangspruch/Spruchsang. Ein Handbuch. Hrsg. von Dorothea Klein, Jens Haustein und Horst Brunner. In Verbindung mit Holger Runow. Berlin, Boston 2019, S. 1–19, hier S. 5.

23 Horst Brunner in diesem Band, S. 89.

24 Martin Schubert: Reinmar von Zweter. In: D. Klein u. a. 2019 (Anm. 22), S. 357–367, hier S. 366.

25 Helmut Tervooren: Sangspruchdichtung. 2. Auflage. Stuttgart, Weimar 2001 (Sammlung Metzler. 293), S. 3.

ersten Satz seines Textes an[26] durchgesetzte Abwertung seines Forschungsgegenstandes durch die permanente Ausrichtung an Walther, die Reserviertheit gegenüber den Errungenschaften des Œuvres und der streng dichotomische Aufbau des zur Beurteilung genutzten Wertesystems (‚Klassik' gegen ‚Epigonentum'; ‚eigentlich lyrische Poesie' gegen ‚bloße Didaxe'; adlige, lyrische Minnedichtung gegen bürgerliche lehrhafte Sangspruchdichtung usw.).[27]

Den Kern dieses Werks bildet die erste, bis heute unersetzte kritische Ausgabe der Werke Reinmars von Zweter; dazu zählen der unter diesem Namen überlieferte Leich, die altüberlieferten Sangsprüche (vor allem im sog. *Frau-Ehren-Ton*) sowie spätere Sangsprüche und Meisterlieder, die dem Autor oder Tonautor zugeordnet sind. Das angewendete Editionsverfahren wird von Roethe nicht erläutert, kann aber aus Text, Apparat und Kommentar gut erschlossen werden.[28] Die – ebenfalls im ersten Satz – verkündete Absicht, die Gedichte „in möglichst reiner Gestalt" darzubieten,[29] deutet an, dass Roethe sich eine Rekonstruktion archetypischer Textzustände vorgenommen hat, wie es nach seiner Prägung durch Lachmann und dessen Nachfolger auch zu erwarten war.[30]

Grundlage von Roethes Textarbeit ist eine überaus gründliche Recensio der kompletten vorhandenen Überlieferung; er erstellt genaue Beschreibungen und setzt sich eingehend mit den Schreibvorgängen auseinander. Neben den eher volatilen Formen der Streuüberlieferung und Kleinsammlungen identifiziert Roethe eine thematisch geordnete Sammlung der Sangsprüche als ein schriftlich gebundenes Autorkorpus, das noch auf Reinmars Lebzeiten zurückgehen könnte und das in Handschrift D (Heidelberg, UB, cpg 350) erhalten ist. Rezeptionszeugnisse dieser Sammlung liegen unter anderem im Reinmar-Korpus der Großen Heidelberger Liederhandschrift C (Heidelberg, UB, cpg 848) vor. Da diese Sammlung mit über 150 Strophen in altüberlieferter Reihenfolge auf eine exklusive schriftbasierte Überlieferung weist (eine ‚Ursammlung'), ist es folgerichtig, dass Roethe seine genealogischen Überlegungen vor allem auf diese Handschriftengruppe bezieht. Die andere Einheit, zu der Roethe genealogische Überlegungen anstellt, ist die Überlieferung des Leichs, der mit einer Länge von rund 230 Versen ebenfalls auf schriftbasierte Beharrungskräfte verweist.

---

26 Roethe 1887 (Anm. 7), S. V über Reinmar von Zweter: „Es ist kein Dichter ersten Ranges […]" Auch Runow 2014 (Anm. 22), S. 274, zitiert diesen „denkwürdigen Satz".

27 Siehe Runow 2014 (Anm. 22), S. 272f.; vgl. Tervooren 2001 (Anm. 25), S. 3.

28 Siehe zum Folgenden ausführlicher Martin J. Schubert: Third maker under Jove. Edition als Produktion am Beispiel Gustav Roethes. In: Produktion und Kontext. Beiträge der Internationalen Fachtagung der Arbeitsgemeinschaft für germanistische Edition im Constantijn Huygens Instituut, Den Haag, 4. bis 7. März 1998. Hrsg. von H. T. M. van Vliet. Tübingen 1999 (Beihefte zu editio. 13), S. 13–22.

29 Roethe 1887 (Anm. 7), S. V.

30 Petersen 1927 (Anm. 6), S. 17, sieht im Reinmar-Text gar „die klassische Herstellung eines Textes, die sich den berühmten Editionen der Lachmann und Haupt ebenbürtig zur Seite stellen durfte".

Roethes Darstellungen zu diesen beiden Themen ähneln sich insofern, dass er vorgängige Überlieferungsschritte erschließt, die analoge Auswirkungen auf seinen editorischen Handlungsspielraum haben. Zur Leichüberlieferung bietet er ein Stemma (siehe Abb. 1). In diesem sind die Wiener Leichhandschrift (W), die Große Heidelberger Liederhandschrift (C) und die Sammelhandschriften k^1, k^2 und l[31] in Relation zueinander gebracht und an erschlossene Vorstufen (X, Y, Z) angebunden.

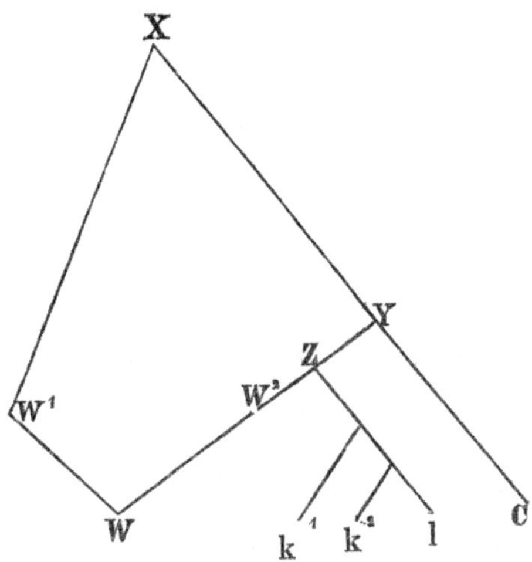

Abb. 1: Stemma der Überlieferung von Reinmars Leich; Roethe 1887 (Anm. 7), S. 150

Das Stemma besagt im Wesentlichen, dass Ckl enger zusammengehören und W von dieser Gruppe etwas distanziert ist. Die Folge der Vorstufen, also die oberen Etagen des Stemmas, hat Roethe aufgrund seiner Einschätzung der vorgefundenen Textrelationen, vor allem der als fehlerhaft eingestuften Verwandtschaften, erstellt. Das Besondere des Stemmas ist, dass die Handschrift W als eine Kontamination eingestuft wird, die neben dem Vulgatzweig (Ckl, rechts) über einen weiteren Zweig (links) auf das verlorene Original zurückgreift.[32] Mit dem Text in W ist Roethe dennoch unzufrieden; die Mischung der Vorlagen erscheint ihm „sonderbar willkürlich und inconsequent".[33] Was aus dieser Einschätzung für seine editorische Arbeit folgt, wird im Folgenden erwogen.

31 W: Wien, ÖNB, Cod. 2701; k^1: Heidelberg, UB; Cpg 341; k^2: Genf-Cologny, Bibliotheca Bodmeriana, Cod. Bodmer 72; l: Wien, ÖNB, Cod. 2677.

32 Siehe ausführlicher zu diesem Stemma Martin J. Schubert: Die Form von Reinmars Leich. In: Amsterdamer Beiträge für ältere Germanistik 41, 1995, S. 85–141, hier S. 110–115.

33 Roethe 1887 (Anm. 7), S. 149.

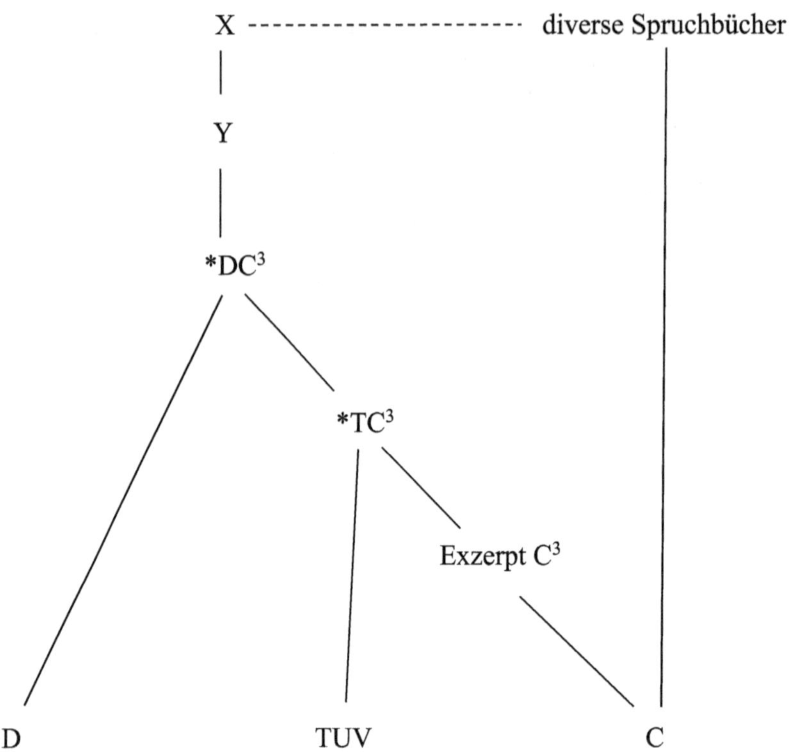

Abb. 2: Stemma der Überlieferung von Reinmars Sangspruchsammlung nach Roethe; eigene Darstellung

Zur Überlieferung der Sangspruchsammlung zeichnet Roethe kein Stemma, er gibt aber im Text Erläuterungen,[34] die es ermöglichen, eine graphische Darstellung zu erschließen (siehe Abb. 2). Neben den erwähnten Handschriften D und C sind vor allem die Fragmente TUV ausgewertet,[35] welche übereinstimmende Strophenreihenfolge mit D zeigen und also auf die gleiche Ursammlung zurückgehen dürften. Innerhalb der Autorsammlung in C hat Roethe mehrere Vorlagen isoliert. Hinter einem Teil vermutet er ältere Spruchbücher, die nah an der alten Autorsammlung („X") standen. Eine spätere erweiterte Autorsammlung („Y") ist gemeinsame Vorlage aller Handschriften, welche die alte Strophenfolge aufweisen (D, T, U, V und das Exzerpt C^3). Die hier genannte Vorlage

[34] Ebd., S. 114–119; 141–144.

[35] T, ‚Schönrainer Handschrift': Fragmente in Wolfenbüttel, HAB, Cod. 326 Novissimi 8°; Kassel, Universitätsbibliothek/LMB, 2° Ms. poet. et roman. $30_{[3+4]}$; Basel, Universitätsbibliothek, Cod. N I 1, 73c.d; Büdingen, Privatbesitz der Familie Isenburg, Handschriften-Fragment 54c und 56A; U: Berlin, SBB-PK, Mgf 923 Nr. 19; V: Halle/S., Universitäts- und Landesbibliothek, Yg 4° 69.

C[3] bezeichnet eine Strophengruppe in C, deren Reihenfolge ein Exzerpt der aus D bekannten Reihung zeigt. Aufgrund seiner Textanalysen erkennt Roethe in der verbindenden gemeinsamen Vorlage (hier: *DC[3]) einen „bereits höchst fehlerhafte[n] Archetypus“.[36] Ein großer Teil der Überlieferung – und die gesamte Überlieferung der Ursammlung – gehe auf diesen fehlerhaften Archetyp zurück.

Für seine Einschätzungen gebraucht Roethe einen engen Fehlerbegriff, bei dem selbst Abweichungen von der Alternation als Fehler gewertet werden.[37] Die Feststellung eines „fehlerhaften Archetypus“ berechtigt den Editor dazu, gegen diesen vorzugehen und eine Textgestalt herzustellen, die jenseits des Archetyps liegt, also das Ziel textkritischen Vorgehens eigentlich überschreitet.

Die Stemmata zur Leich- und zur Sangspruchüberlieferung ähneln sich in bestimmten Hinsichten. In beiden wird die gesamte Überlieferung einem Zweig zugeordnet, der für fehlerhaft gehalten wird. Wichtige Handschriften (W beim Leich, C beim Sangspruch) werden als kompiliert eingestuft und repräsentieren teils den fehlerhaften Zweig, teils aber eine andere, bessere Überlieferung. Das aber öffnet dem Editor die Option, sich bei diesen Handschriften frei zu bedienen: Singuläre Lesarten könnten eigene Fehler der Handschrift, aber auch Rudimente der besseren Vorlage sein. Der Editor kann also auswählen, was ihm für seinen Text passend scheint, ohne durch die stemmatischen Verhältnisse eingeschränkt zu werden.

Die Form der Texte wird von Roethe normalisiert und in der „mhd. Hof- und Schriftsprache“[38] der Wörterbücher geboten. Bei der Setzung der mittelhochdeutschen Lexer-Normalformen werden allerdings auch die typisch mitteldeutschen Formen, die einen guten Teil der Überlieferung prägen, getilgt. Dass damit Reime verloren gehen, weist darauf hin, dass zumindest ein Teil der aufgenommenen Strophen ursprünglich auf Mitteldeutsch verfasst war.[39]

Roethe stuft die meisten Handschriften als korrupt ein. Dies kann man als Grund dafür ansehen, dass er weder bei Eingriffen gegen die Handschriften zurückhaltend ist[40] noch eine Handschrift als maßgeblich voranstellt. Handschrift D dient fast vollständig als Vorlage für die thematische Anordnung der Sangsprüche; die Herstellung des jeweiligen Textes aber verläuft auf Strophenebene durch Auswahl aus den vorgefundenen Lesarten sowie durch Divination.

In die Texte greift Roethe ein, um grammatische und inhaltliche Fehler zu beheben sowie die von ihm hergestellte Form des *Frau-Ehren-Tons*[41] systematisch herzustellen. Festzustellen ist dabei, dass Roethe eine relativ strenge Vorstellung von Alternation durchgesetzt hat. Dabei entstehen kontrahierte Wortformen wie etwa *kuphr, dazs* für *daz si* oder *nustz* für *nu ist ez*,[42] die nicht

36 Roethe 1887 (Anm. 7), S. 115.
37 Siehe Schubert 1999 (Anm. 28), S. 20.
38 Roethe 1887 (Anm. 7), S. 12.
39 Siehe zu Strophe 279,1 Schubert 1999 (Anm. 28), S. 17.
40 Vgl. ebd. (Anm. 28), S. 15.
41 Siehe das Schema bei Roethe 1887 (Anm. 7), S. 172.
42 Strophe 84,1; 54,7; 113,6.

überliefert sind – und die übrigens im Rahmen meistersingerlicher Schulordnungen sogar strafwürdig gewesen wären.[43] Die metrischen Eingriffe bleiben in der Edition unmarkiert. Auch von den sinnändernden Konjekturen ist nur ein Teil durch Kursivierung markiert.[44] Der textkritische Apparat repräsentiert die sinntragenden Varianten. Die Edition bietet zwar wegen der vorhandenen Kursivierungen die Optik eines Textes, in dem Eingriffe ersichtlich sind, doch ist ein beträchtlicher Teil der Eingriffe unkenntlich.

Bei den mehrfach überlieferten Strophen nutzt Roethe ein Verfahren, das ich als ‚Lesarten-Pastiche' bezeichnen möchte. Durch Rekombination verschiedener Versbruchstücke erzeugt er idealen Text; im Extremfall wird ein Vers aus vier Bruchstücken dreier Handschriften kombiniert. Der entstehende Vers ist streng alternierend und trägt eine deutliche Cäsur an der gewünschten Stelle; keines der beiden Merkmale findet sich in einer der beteiligten Handschriften.[45] Es zeigt sich eine deutliche Distanz zwischen dem historisch Belegten und dem vorgelegten idealen Text – trotz der engen Bindung an die Überlieferung hat Roethes Art der Edition also durchaus auch eine kreative Komponente.[46]

3. Die *Deutschen Texte des Mittelalters* ab 1904

Mit seinem Eintritt in die Preußische Akademie der Wissenschaften (1903) entfaltete Roethe eine aufsehenerregende Tätigkeit.[47] Im gleichen Jahr wurde die ‚Deutsche Kommission' gegründet, in rascher Folge wurden das Handschriftenarchiv (HSA)[48] und die Editionsreihe *Deutsche Texte des Mittelalters* (DTM) etabliert, die Fortarbeit am Grimm'schen Wörterbuch und die Erforschung der deutschen Dialekte wurden intensiviert.[49] Das Handschriftenarchiv sah eine umfassende Registrierung deutschsprachiger mittelalterlicher Handschriften vor, die

[43] Die Schulordnung und das Gemerkbuch der Augsburger Meistersinger. Hrsg. von Horst Brunner u. a. Tübingen 1991 (Studia Augustana), S. 30: *Jtem wellicher ain wort / das Zwo silben bedarf / auf ain Silben bringt / als dstat / dmaur / oder dergleichen / der hat versungen ain Silben.* Vgl. Christoph März: *Der silben zall, der chunsten grunt.* Die gezählte Silbe in Sangspruch und Meistersang. In: Neue Forschungen zur mittelhochdeutschen Sangspruchdichtung. Hrsg. von Horst Brunner und Helmut Tervooren. Berlin 2000 (Zeitschrift für deutsche Philologie. 119, Sonderheft), S. 73–84, hier S. 73.

[44] Siehe Schubert 1999 (Anm. 28), S. 15. Ebd. S. 21 zu Roethes Tendenz, eigene Konjekturen zu markieren, aber ältere Konjekturen unmarkiert aufzunehmen.

[45] Strophe 52,6; siehe die Verssynopse bei Schubert 1999 (Anm. 28), S. 16.

[46] Vgl. Schubert 1999 (Anm. 28), S. 14.

[47] Siehe im Einzelnen Judersleben 2000 (Anm. 1), S. 225–258.

[48] Vgl. Hübner 1940 (Anm. 17), S. 55: „Dieser Plan ist Roethes größte, mutigste und eigenste Idee."

[49] Siehe Karl Stackmann: Der Takt, die besonderen Neigungen und Überlegungen des Herausgebers. Zur Erinnerung an Roethes Konzept für die ‚Deutschen Texte des Mittelalters'. In: Deutsche Texte des Mittelalters 2005 (Anm. 13), S. 7–20; zur Institutionengeschichte Schubert 2005 (Anm. 13), weitere Literatur ebd. S. 297f., Anm. 5.

nach textlichen und materiellen Merkmalen ausgewertet wurden. Bis 1945 wurden rund 19000 detaillierte Beschreibungen erstellt, die bis heute in der Berlin-Brandenburgischen Akademie der Wissenschaften, der Nachfolgeorganisation, aufbewahrt und sukzessive digitalisiert werden.[50]

Die DTM wurden als „Roethes glücklichstes editorisches Projekt“[51] bezeichnet. Seine federführende Rolle bei der Editionsreihe ist deutlich erkennbar: Er verfasste 1904 die ersten Richtlinien[52] und betreute, in den 22 Jahren bis zu seinem Tod, alle erscheinenden 30 Bände.[53] Die Linie, an der sich die Reihe orientierte, wurde bereits in einer akademieinternen Denkschrift 1903/1904 angekündigt: Sie solle „in erheblichem Umfang für schnelle Publikation sprachlich und literarisch wichtiger ungedruckter Texte des Mittelalters und der frühneuhochdeutschen Zeit“ sorgen; das Ziel sei „die zuverlässige Wiedergabe guter Handschriften mit den unentbehrlichen Berichtigungen, Ergänzungen und Erklärungen“.[54] Hier wird also das Editionsziel (die Handschriftenwiedergabe) nebst den Auswahlkriterien benannt (der sprach- und literaturgeschichtlichen Wichtigkeit). Die Abdrucke sollen aber nicht schlichte Transkriptionen bleiben, sondern über den Terminus der „Berichtigungen“ wird der editorische Eingriff gegen die Überlieferung bereits gerechtfertigt. Mit den gewünschten Begleittexten, den „Ergänzungen und Erklärungen“, wird auf Einleitungen, Verständnishilfen und Register verwiesen, die fortan einen wesentlichen Bestandteil der Reihe bilden werden. Roethe setzte den formalen Rahmen für die Reihe bewusst locker.[55] Mit dem Begriff der „Wiedergabe guter Handschriften“ wurden kritische Ausgaben ausdrücklich zurückgestellt.

Im Vorwort zum ersten Band der Reihe wurde die Schleunigkeit des Erscheinens als ein Beweggrund dafür angeführt: „Schon im Interesse des schnellen Fortganges dieser Publikationen hat die Preußische Akademie der Wissenschaften von kritischen Ausgaben grundsätzlich abgesehen.“[56] Die Abwendung von kritischen Ausgaben wird also nur als pragmatischer Schritt dargestellt,

---

50 Siehe www.bbaw.de/forschung/dtm/HSA/startseite-hsa.html.

51 Judersleben 2000 (Anm. 1), S. 245. Vgl. Hübner 1940 (Anm. 17), S. 55: „Roethes glückhafteste Schöpfung [...], man darf wohl sagen, sein liebstes Kind.“

52 Gustav Roethe: Die ‚Deutschen Texte des Mittelalters‘ [...]. In: Friedrich von Schwaben aus der Stuttgarter Handschrift hrsg. von Max Hermann Jellinek. Berlin 1904 (Deutsche Texte des Mittelalters. 1), S. V–VII.

53 In der Liste bei Ruprecht 2003 (Anm. 1), S. 1508, werden Bd. 1–25 und 27–31 angegeben; Bd. 26 erschien verzögert erst nach Roethes Tod: Der Saelden Hort. Alemannisches Gedicht vom Leben Jesu, Johannes des Täufers und der Magdalena. Aus der Wiener und Karlsruher Handschrift hrsg. von Heinrich Adrian. Berlin 1927 (Deutsche Texte des Mittelalters. 26).

54 Denkschrift „für unsere Herren Mitarbeiter“, Separatdruck. Archiv der Berlin-Brandenburgischen Akademie der Wissenschaften, Bestand der Preußischen Akademie der Wissenschaften (1812–1945), II-VIII-16, 24, S. 4 (beide Zitate).

55 Siehe Stackmann 2005 (Anm. 49), S. 12–14.

56 Roethe 1904 (Anm. 52), S. VI.

nicht als grundständige Kritik an der Möglichkeit der Herstellung von Urtexten. Die Prinzipien der angestrebten Leithandschriftenedition werden recht knapp zusammengefasst: „Es soll durchweg eine möglichst gute und alte Handschrift wiedergegeben werden.“[57] Wie dieses „gut“ zu definieren sei, bleibt den Editoren (und dem Reihenherausgeber) überlassen; hierzu wurden in der Folge Argumente wie die angenommene Nähe zum Urtext, zur ursprünglichen Sprachregion sowie die Anzahl als problematisch empfundener Lesarten benannt. Die übrige Überlieferung kann herangezogen werden, etwa um Eingriffe zu begründen, doch bleibt freigestellt, in welchem Umfang Lesarten beigebracht werden.[58] Wegen der Freiheiten, die sich durch den Verzicht auf eine Gesamtkollation für die Editoren boten, sah Hans Fromm in der Eröffnung der Reihe einen wesentlichen Einschnitt in die Methodengeschichte des Fachs.[59]

Bei aller Zuwendung zur Einzelhandschrift wird deutlich betont, dass die Reihe anderes als eine schlichte Transkription verlangt:

> Ein konsequent genauer Abdruck, der der Handschrift in allen Fehlern, Auslassungen, Abkürzungen und Unarten folgte, hätte der Lesbarkeit des Textes zuweilen ernstlich geschadet. Ihr gewisse Zugeständnisse zu machen, empfahl sich der Akademie um so mehr, als auch der peinlichste Handschriftenabdruck immer noch in gemessener Entfernung vom Original bleibt, es nie ganz ersetzen kann.[60]

Hiermit wird der Editionstext gewissermaßen von zwei Seiten umringt. Auf der Seite der Rezeption wird über die Lesbarkeit argumentiert, also über die Zugänglichkeit des erstellten Texts für diejenigen, die ihn nutzen wollen. Auf der Seite der Repräsentation, nämlich des Verhältnisses von Handschrift und Edition, wird die Uneinholbarkeit des Originals betont, also die ohnehin notwendige Distanz im Transformationsprozess, der dann sogleich auch ‚Berichtigungen‘ umfassen kann. Gerade heutzutage, wo fortgeschrittene Techniken der Faksimilierung und Digitalisierung dazu verleiten, immer weniger mit editorischer Subjektivität zu rechnen, sollte man sich diese Stellungnahme ins Gedächtnis rufen.

Jörg Judersleben hat, in seiner Monografie zu Roethes wissenschaftlichem Werk, das DTM-Konzept aus dem Kontrast zur Lachmann'schen Methode heraus beschrieben; er findet,

---

57 Ebd.

58 Ebd., S. VII: „Es ist erwünscht, daß der Herausgeber sich bei seinen Besserungen, soweit tunlich, an andere gute Handschriften anschließe. Aus ihnen darf er auch sonst textgeschichtlich interessante Varianten mitteilen, soweit ihm das geboten scheint: doch entspräche eine vollständige Kollation nicht den Absichten der Akademie.“

59 Hans Fromm: Zur Geschichte der Textkritik und Edition mittelhochdeutscher Texte. In: Beiträge zur Methodengeschichte der neueren Philologien. Hrsg. von Robert Harsch-Niemeyer. Tübingen 1995, S. 63–90, hier S. 77–79. Vgl. Stackmann 2005 (Anm. 49), S. 15f.

60 Roethe 1904 (Anm. 52), S. VI.

daß Lachmanns Methode durch Roethes Alternative überboten wurde. Da die vollständige *recensio* eben nicht in dessen Absicht lag, konnte sich ein flexibler Bearbeiter ohne Skrupel auf den Wortlaut von Korrektoren stützen, konnte er ferner einander angeglichene Lesarten in die Textcorpora einarbeiten und hatte weiterhin die Möglichkeit, selbständig Emendationen und Konjekturen vorzunehmen. [...] Es läßt sich anschließen, daß das Verfahren durch den Verzicht auf die Beschwörung der Urform und ihres Meisters eine philologische Mythe verabschiedete.[61]

In Teilen entspricht diese Beschreibung ja dem, was Roethe unter anderen Voraussetzungen in seiner Reinmar-Edition ausgeführt hat. Juderslebens Wahrnehmung der DTM, die nach einer expliziten Absetzung vom Althergebrachten und ein wenig nach von der Leine gelassenen Editoren klingt, blieb nicht unwidersprochen. In ihrer Rezension haben Dorothea Ruprecht und Karl Stackmann zwar eingeräumt, dass Roethe vom Rekonstruktionismus abwich, aber betont, dass er in den Editionen der Reihe die Vorstufe für kritische Editionen gesehen habe.[62] Allerdings muss man auch erwägen, ob die von Roethe vorgetragene Argumentation mehr als legitimatorischen Charakter hatte. Keiner der Bände aus den letzten 118 Jahren wurde explizit als Vorstufe einer späteren kritischen Edition wiederaufgegriffen.[63] Schaut man genau auf die Formulierung, mit der Roethe das Konzept im ersten Band der DTM in die Öffentlichkeit brachte, dann zeigt sich auch hier eine zweiteilige Argumentation:

Wie saubere Handschriftenabdrücke die beste Vorarbeit bilden für spätere philologisch erschöpfende Editionen, so haben sie zugleich ihren dauernden selbständigen Wert, insofern sie annähernd die Gestalt veranschaulichen, in der die Werke des Mittelalters wirklich gelesen worden sind.[64]

Der Aspekt der Grundlage für später anzufertigende Editionen wird benannt; er bildet aber vor allem einen Verweis und Vergleich. Hervorgehoben wird der eigenständige Wert des Handschriftenabdrucks, der über die Nähe zur Handschrift und damit zum individuellen Textzeugen als Zeitzeugen begründet wird. Die Form, wie ein Werk „wirklich" gelesen wurde, hat im Lauf des 20. Jahrhunderts immer mehr Beachtung gefunden, nicht erst seit den Ansätzen der

---

[61] Judersleben 2000 (Anm. 1), S. 245f.

[62] Dorothea Ruprecht, Karl Stackmann: Rezension zu Jörg Judersleben: Philologie als Nationalpädagogik. Gustav Roethe zwischen Wissenschaft und Politik (Berliner Beiträge zur Wissenschaftsgeschichte 3). Frankfurt/M. u. a. 2000. In: Zeitschrift für deutsches Altertum 130, 2001, S. 486–491, hier S. 489.

[63] Spätere Neueditionen greifen natürlich auf die erschienenen Bände zurück. Doch ist die Neuausgabe der St. Georgener Predigten nicht als Fortschreibung des alten Projekts erklärt, sondern als erneute Leithandschriftenedition nach einer anderen Handschrift aufgrund neuer Erkenntnisse über die Handschriftenverhältnisse. Siehe: Der sogenannte St. Georgener Prediger. Aus der Freiburger und der Karlsruher Handschrift hrsg. von Karl Rieder. Berlin 1908 (Deutsche Texte des Mittelalters. 10); Die St. Georgener Predigten. Hrsg. von Regina D. Schiewer und Kurt Otto Seidel. Berlin 2010 (Deutsche Texte des Mittelalters. 90), S. IX.

[64] Roethe 1904 (Anm. 52), S. VI.

‚New Philology'. Roethe hat mit seiner Formulierung den Bereich eines strikten Rekonstruktionismus, der mit Lachmanns Namen verbunden wurde,[65] verlassen, den er in seiner Reinmar-Edition noch deutlich anstrebte. Mit seiner Editionsreihe trat er zwar aus dieser Tradition heraus, doch ohne sich deutlich davon loszusagen.

4. Nachleben

Roethe starb am 17. September 1926 während eines Urlaubs in Bad Gastein an den Folgen eines Herzschlags.[66] Die in den Zeitungen erscheinenden Nachrufe waren zum Teil ungewöhnlich explizit.[67] Auch positiv gestimmte, wie der des Kollegen und Scherer-Schülers Robert Petsch,[68] gingen ausführlich auf den streitbaren Charakter Roethes ein:

> Derselbe Mann, der im öffentlichen Kampf so schroff sein konnte, war als Mensch unerbittlich nur gegen Gemeinheit und Niedrigkeit; im vertraulichen Gespräch wußte er an politischen, wissenschaftlichen und menschlichen Gegnern das Wertvolle herauszuheben [...][69]

Auf Persönlichkeitsmerkmale und Charakterzüge verweisen die meisten Nachrufe. Ein anonymer Altstudent skizzierte seinen ehemaligen Lehrer so:

---

65 Vgl. Hübner 1940 (Anm. 17), S. 56, zum Plan der DTM: „Der Gedanke war zeitgemäß und mutig, besonders für einen Lachmannianer, wie Roethe es seiner wissenschaftlichen Überzeugung nach war und immer geblieben ist."

66 Das Grab auf dem Friedhof der Berliner Luisengemeinde ist nach wie vor vorhanden; vgl. Judersleben 2000 (Anm. 1), S. 9.

67 Vgl. neben der hier nötigen Verkürzung den ausführlichen Bericht im Kapitel „Auf den Tod eines Germanisten" bei Judersleben 2000 (Anm. 1), S. 9–18.

68 Petsch dürfte sich nicht im Klaren gewesen sein, was Roethe im Einzelnen von ihm hielt – der z. B. in einem Brief an Schröder vom 3.1.1908 die Mitteilung, Petsch werde für ein Ordinariat in Heidelberg vorgesehen, mit einem „horribile dictu" versah; siehe Regesten zum Briefwechsel zwischen Gustav Roethe und Edward Schröder. Bearbeitet von Dorothea Ruprecht und Karl Stackmann. Göttingen 2000 (Abhandlungen der Akademie der Wissenschaften in Göttingen. Philolog.-hist. Klasse. 3. Folge, Nr. 237), Nr. 3597.

69 Robert Petsch: Gustav Roethe. In: Hamburgischer Correspondent vom 24.9.1926. Petsch nutzt ebd. eine Reihe der üblichen exkulpierenden Strategien, indem er etwa anführt, dass der Deutschnationale doch die französische Kultur schätzte; der „‚Antisemit' [...] rühmte mir noch in einer unserer letzten Unterredungen zu Weimar die ‚wahrhaft adeligen Züge' in der Persönlichkeit Heinrich Heines [...]"; die Misogynie habe sich nicht gegen Einzelpersonen gerichtet, sondern sei eine althergebrachte Eigenheit usw. Ähnlich bei Julius Petersen: Gustav Roethe. In: Hamburgischer Correspondent vom 8.7.1927: „Auch die berühmt gewordene Abneigung gegen das Frauenstudium mag in der Anhänglichkeit an das Althergebrachte wurzeln; die liebgewordenen Erinnerungen an die eigene Studentenzeit haben sicher mitgewirkt, die Gewöhnung an das veränderte Bild im Auditorium zu erschweren." Vgl. Petersen 1927 (Anm. 6), S. 13.

> Man bewunderte die Liebe des Lehrers zum Detail, man wunderte sich aber, daß der deutsche Geist von einem seiner bedeutendsten Träger durch soviel i-Punkte und philologische Spitzfindigkeiten verbarrikadiert wurde. [... Zum Frauenstudium:] Roethe allein schloß die Frauen von seinen Vorlesungen und Uebungen aus, und er tat es so bissig und reaktionär und ohne Sinn und Verstand, daß er sehr schnell zur komischen Figur wurde.[70]

Die politischen Einstellungen Roethes und seine Art, diese zu vertreten, werden auf diese Weise gekennzeichnet:

> Es hieß, diesen Toten und seine immer mit so viel Akzent vorgetragene Ueberzeugung verunehren, wollte man verschweigen, daß man im lebhaftesten Widerspruch gegen ihn gestanden hat. [... Er verfügte über eine] eigentümlich konstruierte Denkungsart, die man auch angesichts seines Ablebens[ ] nur als agitatorisch und demagogisch bezeichnen kann. [...] Eine Persönlichkeit wie er mußte allen, die nach dem schweren Kriegserlebnis den Wiederaufbau Deutschlands begehrten und ihn nur im Sinne freiheitlicher Fortentwicklung und in friedlichem Beieinander aller Volksschichten und Konfessionen für möglich hielten, als eine Gefahr gelten.[71]

Was dem Verstorbenen hinterhergerufen wurde, ist durchaus gemischt. Alle Feststellungen, die mit dem Charakter Roethes zu tun haben, sind entweder kritisch oder exkulpatorisch; offenbar waren die Phänomene so vorrangig, dass sie auch bei gutem Willen nicht übergangen werden konnten. Sehr einhellig wird die wissenschaftliche Exzellenz gelobt, die bleibenden Leistungen in verschiedenen Bereichen der Germanistik. Von bleibendem Wert für die Altgermanistik erwiesen sich Roethes Reinmar-Ausgabe und seine Editionsreihe.

Die Reinmar-Ausgabe ist ein Meilenstein, sie ist in ihrem Editionsteil bislang unersetzt und kann, in Kenntnis der zugrundeliegenden Arbeitsweise, getrost weiter genutzt werden. Roethe erstellt sehr sorgfältig einen Text; in Teilen geht er allerdings dabei auch über den erschließbaren Archetyp hinaus. Deutlich ist beabsichtigt, einen idealen Text zu erstellen, auf den die Überlieferung hinweist, auch wenn sie ihn nicht enthält. Dass Roethe dieses Prinzip sein Leben lang weiter verfolgt hat, belegt eine Rede von 1923, in der er das Ziel der Philologie erläutert:

> [...] wie der Porträtmaler, der Bildhauer seiner Pflicht zur Treue völlig genügt, ohne jedes Wärzchen nachzupinseln, jedes Zufallsbläschen nachzumeißeln, so sucht die philologische Kunst die Wahrheit, nicht die Wirklichkeit.[72]

Hinter der Wirklichkeit, also etwa der materiellen Realität eines Textzeugen, steht noch eine transzendente Wahrheit, also eines idealen Texts, die der Editor herzustellen hat, indem er die Pickel der Überlieferung mit kundiger Hand übergeht. Der frühe Roethe hat bereits dieses Ziel verfolgt und dafür die hergebrachte Methodik der Textkritik zu nutzen gewusst.

---

70 [ohne Namen:] Gustav Roethe. In: Vorwärts (Berlin) vom 19.9.1926.

71 Fritz Engel: Gustav Roethe †. In: Berliner Tageblatt vom 19.9.1926.

72 Gustav Roethe: Wege der deutschen Philologie. In: ders.: Deutsche Reden. Hrsg. von Julius Petersen. Leipzig o. J. [1927], S. 439–456, hier S. 447.

Mit der Editionsreihe *Deutsche Texte des Mittelalters* hat sich Roethe von der Konzentration auf aufwendige textkritische Verfahren frei gemacht und eine pragmatische Methode der Texterstellung befördert. In der Betreuung der Reihe, die jedenfalls einen Schwerpunkt seiner Tätigkeit seit 1904 bildete, hat er durch Zufügung eigener Konjekturen Spuren seiner editorischen Einstellung hinterlassen;[73] es wäre eine umfangreiche Forschungsaufgabe, diesen Meinungsäußerungen gezielt nachzugehen und zu prüfen, inwieweit er den divinatorischen Griff über den erschließbaren Archetyp hinaus auch hier einfließen ließ.

Die Reihe wird bis heute weitergeführt und wurde in ihren Prinzipien nur modifiziert. Die Leithandschriftenedition ist nach wie vor ein gängiges Modell, mit dem sowohl eine gründliche Dokumentation der Überlieferungslage als auch die Option zu Besserungen als korrupt empfundener Einzelstellen verbunden sind. Die Einschätzung, was als ‚Fehler' empfunden wird und was Eingriffe gegen die Überlieferung rechtfertigt, muss dabei von Werk zu Werk, von Gattung zu Gattung, von Handschrift zu Handschrift jeweils neu verhandelt werden. Darin zeigt sich dann nicht nur die editorische Subjektivität, sondern auch, dass die Begriffe von Fehler und Text ständig weiterentwickelt werden müssen.

[73] Vgl. zu dieser Arbeit den Nekrolog von Petersen 1927 (Anm. 6), S. 26f.: „Das große Unternehmen der ‚Deutschen Texte des Mittelalters', das die preußische Akademie herausgibt, ist sein Werk. Mehr [!] als dreißig Bände hat er in stiller Mitarbeit geprüft, viele Hunderttausende von Versen durchgefeilt und emendiert, ohne daß sein Name anders genannt würde, als durch ein leicht zu übersehendes *R,* mit dem er in den Lesarten die Verantwortung für eine Textbesserung auf sich nahm. Wer dankt ihm diese ungeheure Arbeit? Die Nachwelt wird es ihm danken, denn sie wird erst erkennen, wie durch dieses gewaltige Unternehmen die deutsche Literaturgeschichte des Mittelalters auf eine neue Grundlage gestellt ist." Hervorhebung im Original durch Antiqua. Vgl. Roethes Klagen zu dieser Arbeitslast bei Stackmann 2005 (Anm. 49), S. 13f.

Lydia Wegener

Wiederbeginn ohne Neuaufbruch

Philipp Strauchs erstes Heft der *Schriften aus der Gottesfreund-Literatur*

1. Einführung: Philipp Strauch und die ‚Gottesfreundfrage'

Als Philipp Strauch im Jahr 1927 das erste von drei Heften der *Schriften aus der Gottesfreund-Literatur* herausgibt[1] – der zweite Band wird kurz darauf, der dritte zwei Jahre später folgen –,[2] steht diese Edition von *Sieben bisher unveröffentlichte[n] Traktaten und Lektionen* keineswegs im Zeichen eines Neuaufbruchs hinsichtlich der Erforschung jenes komplexen, vielfach miteinander verknüpften Schriftenkorpus aus der Straßburger Johanniterkomturei ‚Zum Grünen Wörth', das bis heute unter der Sammelbezeichnung ‚Gottesfreundliteratur' bekannt ist.[3] Vielmehr greift der emeritierte Germanist und „Kenner der mittelalterlichen Mystik"[4] Strauch, der zwischen 1895 und 1921 ein Ordinariat an der Universität Halle bekleidet und seit 1902 das dortige Seminar für deutsche Philologie gelei-

---

[1] Sieben bisher unveröffentlichte Traktate und Lektionen. Hrsg. von Philipp Strauch. Halle/S. 1927 (Schriften aus der Gottesfreund-Literatur. 1. Heft).

[2] Merswins Vier anfangende Jahre. Des Gottesfreundes Fünfmannenbuch (Die sogenannten Autographa). Hrsg. von Philipp Strauch. Halle/S. 1927 (Schriften aus der Gottesfreund-Literatur. 2. Heft); Merswins Neun-Felsen-Buch (Das sogenannte Autograph). Hrsg. von Philipp Strauch. Halle/S. 1929 (Schriften aus der Gottesfreund-Literatur. 3. Heft).

[3] Vgl. Christiane Krusenbaum-Verheugen: Figuren der Referenz. Untersuchungen zu Überlieferung und Komposition der ‚Gottesfreundliteratur' in der Straßburger Johanniterkomturei zum ‚Grünen Wörth'. Tübingen, Basel 2013 (Bibliotheca Germanica. 58), S. 1, bes. Anm. 1. Zur Notwendigkeit, den seit dem 19. und frühen 20. Jahrhundert etablierten Fachterminus ‚Gottesfreund' und die dazugehörigen Komposita kritisch zu reflektieren, siehe Johanna Thali: Gottes Frúnde. Zur Semantik der Gottesfreundschaft in deutschsprachigen Handschriften des Klosters Engelberg. In: Friends of God. Vernacular Literature and Religious Elites in the Rhineland and the Low Countries (1300–1500). Hrsg. von Wybren Scheepsma, Gijs van Vliet und Geert Warnar. Rom 2018 (Temi e Testi. 171), S. 199–239, hier S. 238f.

[4] Eintrag zu Philipp Strauch im Catalogus Professorum Halensis: https://www.catalogus-professorum-halensis.de/strauchphilipp.html (alle hier und im Folgenden genannten Internet-Links wurden zuletzt am 3.6.2022 abgerufen).

https://doi.org/10.1515/9783110786422-016

tet hatte,[5] mit seiner Edition eine zum Erliegen gekommene Forschungsdebatte auf, die vor allem in den drei Jahrzehnten zwischen 1879 und 1909 mit großer Heftigkeit ausgetragen worden war[6] und an der sich Strauch mit mehreren Publikationen intensiv beteiligt hatte. Es handelt sich um die – von Strauch selbst so genannte – ‚Gottesfreundfrage',[7] in deren Zentrum zwei in den Memorialbüchern[8] des ‚Grünen Wörth' ausgesprochen präsente Figuren stehen: zum einen der aus einer Straßburger Patrizierfamilie stammende, überaus wohlhabende Kaufmann und Bankier Rulman Merswin (1307–1382), der die Klosteranlage mitsamt den umliegenden Gütern im Jahr 1367 von der Benediktinerabtei Altorf für eine „immense Summe"[9] erworben hatte, sie umfassend instand setzen ließ und nach mehrjährigen Verhandlungen 1371 als Schenkung dem Johanniterorden übergab;[10] zum anderen der historisch nicht nachweisbare, in der ‚Gottesfreundliteratur' jedoch stets als enger Vertrauter Rulman Merswins und *spiritus rector* des ‚Grünen Wörth' inszenierte ‚Gottesfreund im Oberland', dem in den Me-

5 Vgl. Albrecht Classen: Strauch, Philipp (September 23, 1852, Hamburg – September 20, 1934, Halle/Saale), German Medievalist. In: Handbook of Medieval Studies: Terms – Methods – Trends. Hrsg. von Albrecht Classen. Berlin, New York 2010, S. 2671–2675, hier S. 2671.

6 Siehe dazu unten.

7 Philipp Strauch: Zur Gottesfreund-Frage. I. Das Neunfelsenbuch. In: Zeitschrift für deutsche Philologie 34, 1902, S. 235–311; ders.: Zur Gottesfreund-Frage. II. Zu Merswins Bannerbüchlein. In: Zeitschrift für deutsche Philologie 41, 1909, S. 18–31.

8 Siehe zu den Memorialbüchern u. a. Krusenbaum-Verheugen 2013 (Anm. 3), S. 45–230; Richard Fasching: Büchererwerb und -produktion im ‚Grünen Wörth'. Ein Beitrag zur Bibliotheksgeschichte der Straßburger Johanniterkommende. In: Friends of God (Anm. 3), S. 163–198, hier S. 175–190; Stephan Lauper: Das ‚Briefbuch' der Strassburger Johanniterkommende Zum Grünen Wörth. Wiesbaden 2021 (Scrinium Friburgense. 53), S. 13.

9 Karl Borchardt: Wirtschaft und Ordensreformen im späten Mittelalter: Das Beispiel der Johanniter in Straßburg (mit Ausblick auf Breslau). In: Die Ritterorden in der europäischen Wirtschaft des Mittelalters. Hrsg. von Roman Czaja und Jürgen Sarnowsky. Torún 2003 (Ordines militares; Colloquia Torunensia Historica. 12), S. 35–53, hier S. 37.

10 Siehe zu Rulman Merswin und seiner Initiierung der Johanniterkomturei ‚Zum Grünen Wörth' Borchardt 2003 (Anm. 9), bes. S. 36–40; Barbara Fleith: *Remotus a tumultu civitatis*? Die Johanniterkommende ‚zum Grünen Wörth' im 15. Jahrhundert. In: Schreiben und Lesen in der Stadt. Literaturbetrieb im spätmittelalterlichen Straßburg. Hrsg. von Stephen Mossman, Nigel F. Palmer und Felix Heinzer. Berlin, Boston 2012, S. 411–467, bes. S. 414–430; Richard F. Fasching: Die ‚Vierzig Myrrhenbüschel vom Leiden Christi'. Bd. 1. Wiesbaden 2020 (Scrinium Friburgense. 47/1), S. 123. Siehe zur Gesamtsituation der Johanniter im deutschen Großpriorat, dessen „wohlhabendste[] und personell am stärksten besetzte[] Kommende" der ‚Grüne Wörth' war, auch Walter G. Rödel: Reformbestrebungen im Johanniterorden in der Zeit zwischen dem Fall Akkons und dem Verlust von Rhodos (1291–1522). In: Reformbemühungen und Observanzbestrebungen im spätmittelalterlichen Ordenswesen. Hrsg. von Kaspar Elm. Berlin 1989 (Berliner historische Studien. 14. Ordensstudien. 6), S. 109–129, hier S. 120–128 (Zitat S. 125).

morialbüchern der Status eines Mitstifters zuerkannt wird.[11] Sowohl Merswin als auch der durchgängig mit dem determinierenden Appellativ – nie mit einem Eigennamen – bezeichnete ‚Gottesfreund (im Oberland)'[12] werden in der ‚Gottesfreundliteratur' als Verfasser der Viten, lehrhaften Traktate, Mirakelerzählungen und Briefe geltend gemacht. Zudem treten beide in den narrativen Texten mehrfach als Protagonisten auf.[13]

Die ‚Gottesfreundfrage' kreist um zwei auf Rulman Merswin und den ‚Gottesfreund' bezogene Problemkreise. Der erste betrifft den historischen Status des ‚Gottesfreundes im Oberland', den Heinrich Seuse Denifle seit 1879 in einer Reihe von akribisch recherchierten und dramaturgisch meisterhaft komponierten Publikationen massiv bestritten hatte.[14] In Denifles ebenso detaillierter wie polemischer Analyse der ‚Gottesfreundliteratur' mutiert die „geheimnißvolle Persönlichkeit"[15] des ‚Gottesfreundes', deren Wiederentdeckung dem Straßburger

[11] Vgl. Albrecht Dröse: Geißelung und Gelassenheit. Inszenierungen der Gottesfreundschaft im *bůch von den zwey menschen.* In: Freundschaftszeichen. Gesten, Gaben und Symbole von Freundschaft im Mittelalter. Hrsg. von Marina Münkler, Antje Sablotny und Matthias Standke. Heidelberg 2015, S. 285–304, hier S. 287.

[12] In dieser Hinsicht erinnert der ‚Gottesfreund' an die Figur des ‚Dieners der Ewigen Weisheit' in der Heinrich Seuse zugeschriebenen *Vita.* Vgl. Susanne Bernhardt: Figur im Vollzug. Narrative Strukturen im religiösen Selbstentwurf der *Vita* Heinrich Seuses. Tübingen 2016 (Bibliotheca Germanica. 64), S. 107. Tatsächlich lässt sich verschiedentlich ein Einfluss der Seuse-*Vita* auf die ‚Gottesfreundliteratur' nachweisen. Dies ist insofern naheliegend, als die älteste erhaltene Handschrift von Seuses *Exemplar* (welches u. a. die *Vita* enthält) vermutlich im ‚Grünen Wörth' hergestellt wurde. Vgl. Martina Wehrli-Johns: Das ‚Exemplar' – eine Reformschrift der Dominikanerobservanz? Untersuchungen zum Johannesmotiv im ‚Horologium' und in der ‚Vita' Heinrich Seuses. In: Predigt im Kontext. Internationales Symposium am Fachbereich Germanistik der Freien Universität Berlin vom 5.–8. Dezember 1996. Hrsg. von Volker Mertens, Hans-Jochen Schiewer und Wolfram Schneider-Lastin. Tübingen 2013, S. 347–376, hier S. 366–373.

[13] An erster Stelle sind hier die beiden in das *Briefbuch* eingebundenen ‚Autografen' – Merswins *Büchlein von den vier Jahren des anfangenden Lebens* und das dem ‚Gottesfreund' zugeschriebene *Fünfmannenbuch* – zu nennen, die Strauch im zweiten Heft der *Schriften aus der Gottesfreund-Literatur* herausgegeben hat (siehe Anm. 2). Nach einem sorgfältigen paläografischen Vergleich der ‚Autografen' kommt Stephan Lauper zu dem Schluss, dass der Schreiber beider Texte wahrscheinlich Rulman Merswin gewesen ist, der sich jedoch variierender Schriftarten bedient hat. Siehe dazu Lauper 2021 (Anm. 8), S. 39–41.

[14] Vgl. Heinrich Seuse Denifle: Taulers Bekehrung kritisch untersucht. Straßburg 1879 (Quellen und Forschungen zur Sprach- und Culturgeschichte der germanischen Völker. 36); ders.: Die Dichtungen des Gottesfreundes im Oberlande. In: Zeitschrift für deutsches Altertum und deutsche Literatur 24, 1880, S. 280–324; ders.: Die Dichtungen Rulman Merswins. Ebd., S. 463–540; ders.: Die Dichtungen Rulman Merswins. In: Zeitschrift für deutsches Altertum und deutsche Literatur 25, 1881, S. 101–122. In diesen Publikationen baut Denifle einen Spannungsbogen auf, der zunächst die theologische und literarische Kompetenz des ‚Gottesfreundes' infrage stellt, um diesen dann durch eine aufwändige Argumentation schließlich selbst als Fiktion zu erweisen.

[15] Jakob Baechtold: Gottesfreund. In: Allgemeine Deutsche Biographie 9, 1879, S. 456–460, hier S. 456.

Forscher Carl/Charles Schmidt zu verdanken war[16] und die vermeintlich „so anregenden und entscheidenden Einfluß auf Johannes Tauler, Rulman Merswin und manche andere zur damaligen Mystik und Ascese geneigte Persönlichkeiten ausgeübt"[17] hatte, zu einer ebenso plumpen wie perfiden Erfindung Rulman Merswins.[18] Dieses ‚Betrugsparadigma' sollte fortan die Forschung zur ‚Gottesfreundliteratur' beherrschen und bis in das 21. Jahrhundert hinein jeden darüber hinausgehenden oder in eine andere Richtung weisenden Forschungsansatz entweder verhindern oder dessen Konzeption zumindest entscheidend beeinflussen.[19] Zwar wurde Denifles These zunächst nicht widerstandslos akzeptiert – zu ihren entschiedensten Gegnern gehörte Wilhelm Preger, der weiterhin auf der historischen Existenz des ‚Gottesfreundes' beharrte,[20] aber auch Carl Schmidt und Auguste Jundt äußerten sich in je unterschiedlicher Weise kritisch –,[21] gleichwohl konnte sich sein ‚Betrugsparadigma' durchsetzen.

16 Vgl. Carl Schmidt: Die Gottesfreunde im vierzehnten Jahrhundert. Historische Nachrichten und Urkunden. Jena 1854; ders.: Nicolaus von Basel. Leben und ausgewählte Schriften. Wien 1866; Nicolaus von Basel: Bericht von der Bekehrung Taulers. Hrsg. von Carl Schmidt. Straßburg 1875. Die Identifikation des ‚Gottesfreundes im Oberland' mit dem wegen ketzerischer Lehren verbrannten Laien Nicolaus von Basel stieß frühzeitig auf Ablehnung. Vgl. Baechtold 1879 (Anm. 15), S. 456f.

17 Alois Lütolf: Besuch eines Cardinals beim ‚Gottesfreund im Oberland'. In: Theologische Quartalschrift 58, 1876, Heft 4, S. 580–592, hier S. 580.

18 Denifle wird nicht müde, Merswins angebliche intellektuelle, moralische und literarische Minderwertigkeit zu betonen. Zitiert seien hier nur zwei Sätze aus seinem abschließenden Resümee: „Merswins tactik war fein berechnet, wenn gleich die ausführung oft ziemlich plump ausfiel"; „Merswin hat seine ganze umgebung betrogen und zum besten gehabt. damit ist alles gesagt." Denifle 1881 (Anm. 14), S. 109 und 116.

19 So spricht Janota noch im Jahr 2004 davon, dass die „Mystifikationen um den Gottesfreund vom Oberland abstrus und zugleich einfältig anmuten" mögen. Allerdings relativiert er diese Aussage dahingehend, dass die literarische Konstruktion den „Wahrheits- und Verbindlichkeitsanspruch" der in der ‚Gottesfreundliteratur' entfalteten Spiritualität absichere. Vgl. Johannes Janota: Orientierung durch volkssprachige Schriftlichkeit (1280/90–1380/90). Tübingen 2004 (Geschichte der deutschen Literatur von den Anfängen bis zum Beginn der Neuzeit. Hrsg. von Joachim Heinzle. Bd. III: Vom späten Mittelalter zum Beginn der Neuzeit. Teil 1), S. 140. Auch die perspektivenreiche Monografie von Krusenbaum-Verheugen bleibt durch die Leitfrage bestimmt, „inwiefern die Kategorie der ‚Fälschung' dem zeitgenössischen Verständnis und der Funktion des Textcorpus entspricht, d. h., welches Konzept von Autorschaft, Original und Authentizität für die ‚Gottesfreundliteratur' konstitutiv ist". Siehe Krusenbaum-Verheugen 2013 (Anm. 3), S. 29.

20 Vgl. Wilhelm Preger: Rulman Merswin. In: Real-Encyklopädie für protestantische Theologie und Kirche 13, 1884, S. 102–105, bes. S. 105; ders.: Geschichte der deutschen Mystik im Mittelalter. Nach den Quellen untersucht und dargestellt. III. Teil: Tauler. Der Gottesfreund im Oberlande. Merswin. Leipzig 1893, S. 245–336.

21 Vgl. Charles Schmidt: Précis de l'histoire de l'église d'occident pendant le moyen âge. Paris 1885, S. 300, Anm. 49; S. 304, Anm. 53. Während Schmidt an der Existenz des ‚Gottesfreundes' festhält, adaptiert Jundt zwar Denifles These, nimmt statt eines ‚Betruges' jedoch eine Persönlichkeitsspaltung Merswins an. Siehe Auguste Jundt: Rulman Merswin et l'ami de dieu de l'Oberland. Un problème de psychologie religieuse. Paris 1890, bes. S. 93–117.

Von dessen Dominanz zeugt auch der zweite Problemkreis der ‚Gottesfreundfrage', der aus der Auseinandersetzung Karl Rieders mit Denifles Publikationen hervorgegangen ist. Er betrifft nicht das ‚Betrugsparadigma' als solches – dass die Schriften des ‚Gottesfreundes' „reine Dichtungen"[22] sind, erkennt Rieder ohne jede Einschränkung an –, jedoch den Verursacher des Täuschungsmanövers. Während Denifle die Verantwortung ausschließlich bei Rulman Merswin sieht, welcher die ebenso arglosen wie begriffsstutzigen Einwohner des ‚Grünen Wörth' gezielt in die Irre geführt habe,[23] transponiert Rieder das ‚Betrugsparadigma' auf Rulman Merswins Sekretär Nikolaus von Löwen,[24] der jedoch nicht allein, sondern im Auftrag der anderen Johanniter des ‚Grünen Wörth' gehandelt habe.[25] Nach Merswins Tod habe Nikolaus die gesamte ‚Gottesfreundliteratur' konzipiert, indem er entweder bereits vorhandene Texte durch „geschickte Interpolation" mit den beiden Stifterfiguren in Beziehung gesetzt oder aber neue Schriften verfasst bzw. aus vorgängigen Quellen kompiliert habe.[26]

Während die Diskussionen um den ersten Problemkreis – die Historizität des ‚Gottesfreundes' – zeitlich in die beiden Jahrzehnte vor der Jahrhundertwende fallen,[27] bestimmt die Debatte um den zweiten Problemkreis – den Verfasser bzw. Kompilator der ‚Gottesfreundliteratur' – das erste Jahrzehnt nach der Jahrhundertwende.[28] Von zentraler Bedeutung ist Rieders 1905 erschienene Schrift zum ‚Gottesfreund vom Oberland',[29] die bis zu der ebenso umfassenden wie grundlegenden Studie von Christiane Krusenbaum-Verheugen im Jahr 2013[30] die letzte Monografie zum Überlieferungskomplex der ‚Gottesfreundliteratur' bleiben sollte.

In beide Diskussionen hat Strauch sich eingeschaltet, wobei seinen Forschungsbeiträgen jeweils unterschiedliches Gewicht zukommt. Hinsichtlich der Historizitätsfrage schließt er sich nachdrücklich – und mit teilweise wortgleichen Formulierungen – den Forschungsergebnissen Denifles an, dessen Thesen er modifiziert und ergänzt, ohne jedoch das von Denifle bereits bearbeitete Terrain zu verlassen. Neben seiner affirmativen Rezension zu Denifles 1879 erschiene-

22 Karl Rieder: Zur Frage der Gottesfreunde I. In: Zeitschrift für die Geschichte des Oberrheins 56, N. F. 17, 1902, S. 205–216, hier S. 205.

23 Vgl. Denifle 1881 (Anm. 14), S. 106: „Aus all dem wird klar dass die bewohner des Grünenwörth zum teil einfältige leute, zum teil flüchtig im denken waren."

24 Vgl. Rieder 1902 (Anm. 22); ders.: Zur Frage der Gottesfreunde II. In: Zeitschrift für Geschichte des Oberrheins 56, N. F. 17, 1902, S. 480–496; ders.: Der Gottesfreund vom Oberland. Eine Erfindung des Straßburger Johanniterbruders Nikolaus von Löwen. Innsbruck 1905.

25 Vgl. Rieder 1902 (Anm. 22), S. 207, 209.

26 Vgl. ebd., S. 215f. (Zitat S. 215).

27 Ausgangspunkt ist Denifles Studie *Taulers Bekehrung* aus dem Jahr 1879 (Anm. 14).

28 Ausgangspunkt sind Rieders Aufsätze *Zur Frage der Gottesfreunde* I und II aus dem Jahr 1902 (Anm. 22, 24).

29 Vgl. Rieder 1905 (Anm. 24).

30 Vgl. Krusenbaum-Verheugen 2013 (Anm. 3).

ner Studie *Taulers Bekehrung kritisch untersucht*,[31] mit der dieser die ‚Gottesfreundfrage' ins Leben gerufen hatte, ist hier vor allem Strauchs 1885 publizierter Beitrag zu Rulman Merswin in der *Allgemeinen Deutschen Biographie* zu nennen.[32] Hinsichtlich der Verfasserfrage, zu der Denifle († 1905) selbst keine Position mehr bezogen hatte, avanciert Strauch nach der Jahrhundertwende zum entschiedenen – und entscheidenden – Gegner Rieders. Bedeutsam ist hier zunächst sein 1906 in der *Realencyklopädie für protestantische Theologie und Kirche* publizierter Aufsatz *Rulman Merswin und die Gottesfreunde*[33] – eine durch Denifles ‚Betrugsparadigma' geprägte Rekapitulation des bisherigen Forschungsstandes zur ‚Gottesfreundliteratur', die bereits die Unhaltbarkeit von Rieders These postuliert, deren ausführliche Widerlegung jedoch für einen in naher Zukunft („demnächst") erscheinenden Beitrag aufspart.[34] Bei diesem handelt es sich um eine 1907 veröffentlichte, 36 Seiten umfassende Rezension zu Rieders bereits erwähnter Monografie, in der Strauch ausführlich darlegt, dass Rieders Verlagerung des ‚Betrugsparadigmas' auf Nikolaus von Löwen nicht tragfähig ist.[35] Gestützt auf eine minutiöse Überprüfung von Rieders Forschungsergebnissen anhand der erhaltenen Memorialbücher erhebt Strauch den generellen Vorwurf, dass Rieder das zu Beweisende bereits voraussetze. Dementsprechend ziele seine Handschriftenanalyse von vornherein auf das gewünschte Ergebnis ab: „Rieder geht eben immer von seiner vorgefassten meinung über Nikolaus von Löwen aus und construiert schwierigkeiten in die überlieferung hinein, die tatsächlich nicht bestehen."[36] Letztlich mündet Strauchs Rezension in eine vernichtende Kritik von Rieders Monografie: „Das ergebnis meiner langen auseinandersetzung mit Rieder ist ein rein negatives."[37]

Nach dem Schlagabtausch zwischen Rieder und Strauch – auf Strauchs Verriss hatte Rieder zwei Jahre später, also 1909, mit einer ‚Antikritik' reagiert,[38] in der er seinem wissenschaftlichen Opponenten vorwirft, „die Sachlage für den Uneingeweihten nur noch verwickelter" gemacht zu haben, ohne diese Verworrenheit durch eigene nachvollziehbare Thesen zur ‚Gottesfreundfrage' aufzulö-

[31] Philipp Strauch: Taulers Bekehrung (Rezension). In: Anzeiger für deutsches Altertum und deutsche Literatur 6, 1880, S. 203–215.

[32] Philipp Strauch: Merswin. In: Allgemeine Deutsche Biographie 21, 1885, S. 459–468.

[33] Philipp Strauch: Rulman Merswin und die Gottesfreunde. In: Realencyklopädie für protestantische Theologie und Kirche 17, 1906, S. 203–227.

[34] Ebd., S. 226f.

[35] Vgl. Philipp Strauch: Der Gottesfreund vom Oberland (Rezension). In: Zeitschrift für deutsche Philologie 39, 1907, S. 101–136.

[36] Ebd., S. 112. Vgl. auch S. 113f., 123, 129, 133, 135.

[37] Ebd., S. 135.

[38] So bezeichnet Strauch Rieders Reaktion auf seine Kritik. Vgl. Sieben Traktate 1927 (Anm. 1), S. VIII. Es handelt sich um eine Rezension Rieders zu Karl Bihlmeyers Seuse-Ausgabe, die sich jedoch hauptsächlich mit Strauchs Argumenten auseinandersetzt und diese zu entkräften sucht. Vgl. Karl Rieder: K. Bihlmeyer, Heinrich Seuse (Rezension). In: Göttingische gelehrte Anzeigen 171, 1909, Bd. 1, S. 450–500 (zu Strauch: S. 450–482). Im Folgenden wird Rieders Rezension als ‚Antikritik' aufgeführt.

sen[39] – kommt die Diskussion um die ‚Gottesfreundliteratur' zum Stillstand, ohne hinsichtlich der Verfasserfrage zu einem konsensfähigen Ergebnis gelangt zu sein. Denifles ‚Betrugsparadigma' allerdings, dem sich ja sowohl Strauch als auch Rieder angeschlossen hatten, wird nicht mehr infrage gestellt.

Als sich Strauch knapp zwei Jahrzehnte nach dem Auslaufen der Forschungsdebatte dazu entschließt, die *Sieben bisher unveröffentlichte[n] Traktate und Lektionen* als erstes Heft der *Schriften aus der Gottesfreund-Literatur* zu publizieren, erfüllt er damit eine Ankündigung aus seiner Rezension zu Rieders Monografie.[40] Die Entscheidung für eine Veröffentlichung innerhalb der *Altdeutschen Textbibliothek* (ATB) dürfte allein aufgrund der Ansässigkeit des Max Niemeyer Verlages in Halle nahegelegen haben. Von größerer Relevanz war vermutlich jedoch, dass die Leitung der Editionsreihe nach dem Tod ihres Begründers Hermann Paul (1921) dem Amtsnachfolger Strauchs in Halle, Georg Baesecke, übertragen worden war.[41] Mit Baesecke aber erhielt die ATB eine verstärkt kulturgeschichtliche Ausrichtung, die zu einer Erweiterung des ursprünglich als ‚Klassikerbibliothek' angelegten Editionsprogramms führte und die Aufnahme von Prosatexten des späten Mittelalters – also von Texten, „die wenig im Seminar gelesen werden" – ermöglichte.[42] Die Publikation der *Schriften aus der Gottesfreund-Literatur* trägt dieser Neuprofilierung Rechnung und formt sie zugleich mit. Nicht zuletzt dürfte die Aufnahme in die bereits seit 1881 bestehende,[43] sich innerhalb der mediävistischen Germanistik erfolgreich behauptende Editionsreihe[44] Strauchs Anliegen Rechnung getragen haben, die nur unbefriedigend gelöste ‚Gottesfreundfrage' an eine jüngere Forschergeneration weiterzuvermitteln.

Strauch zielt nämlich, wie bereits zu Beginn dieses Beitrages angemerkt, nicht darauf, die zum Erliegen gekommene Diskussion um die ‚Gottesfreundliteratur' durch das Setzen neuer Forschungsimpulse in eine andere, möglicherweise produktivere Richtung zu führen. Aus seiner Einleitung zum ersten Heft der *Schriften aus der Gottesfreund-Literatur* kristallisieren sich vielmehr zwei Motive für sein neuerliches Engagement heraus: zum einen das Anliegen, seine eigene Auseinandersetzung mit der ‚Gottesfreundfrage' zu einem Abschluss zu bringen; zum anderen das Bedürfnis, eine zuverlässige Basis für die zukünftige

---

39 Vgl. Rieder 1909 (Anm. 38), S. 454 (dort auch das Zitat).

40 Vgl. Strauch 1907 (Anm. 35), S. 136. Hinsichtlich der noch nicht edierten Traktate aus der ‚Gottesfreundliteratur' erklärt Strauch hier, dass er diese „gelegentlich herauszugeben" gedenke.

41 Vgl. Christian Kiening: Die Altdeutsche Textbibliothek. In: Deutsche Texte des Mittelalters zwischen Handschriftennähe und Rekonstruktion. Hrsg. von Martin Schubert. Tübingen 2005 (Beihefte zu editio. 23), S. 67–93, hier S. 81.

42 Vgl. ebd., S. 78, 82. Das Zitat befindet sich auf S. 93.

43 Der erste Band der ATB, die Walther-Ausgabe, erschien zwar mit der Jahreszahl ‚1882'. Dabei handelt es sich jedoch um eine Vordatierung. Vgl. Kiening 2005 (Anm. 41), S. 74.

44 Vgl. ebd., S. 79f.

Klärung ihres zweiten Aspekts, der Verfasserfrage, zu schaffen. Ein Moment persönlicher Resignation angesichts der umstrittenen Problematik tritt hier ebenso zutage wie die Zuversicht, dass eine erneute Analyse der handschriftlichen Überlieferung doch noch zur endgültigen Bestätigung von Merswins alleiniger Urheberschaft des fingierten ‚Gottesfreundes' führen wird. Diese Fixierung auf die Verfasserfrage demonstriert die Macht des von Denifle etablierten ‚Betrugsparadigmas', das die Komplexität der ‚Gottesfreundliteratur' auf ein philologisches ‚Whodunit' mit zwei Tatverdächtigen – Rulman Merswin und Nikolaus von Löwen – reduziert und über Jahrzehnte hinweg eine Neuorientierung der Forschung verhindert hat. Eine konsequente Lösung vom ‚Betrugsparadigma' zugunsten einer unvoreingenommenen Auseinandersetzung mit der Literatur des ‚Grünen Wörth' ist erst in jüngster Zeit in die Wege geleitet worden.[45]

Die folgenden Ausführungen werden sich auf das erste Heft der *Schriften aus der Gottesfreund-Literatur* konzentrieren, mit dem Philipp Strauch die ‚Gottesfreundfrage' im Anschluss an seine früheren Forschungen erstmals wieder aufgreift. Sie gliedern sich in zwei Teile. Der erste Teil (2.1.) analysiert vor dem Hintergrund der bereits umrissenen Debatte Strauchs Einleitung, der die oben erwähnte Spannung von Resignation und Zuversicht inhärent ist. Er untergliedert sich entsprechend der Konzeption der Einleitung in drei Abschnitte (2.1.1.–2.1.3.). Der zweite Teil (2.2.) befasst sich mit der Edition als solcher. Er geht auf die Reihenfolge der edierten Traktate ein (2.2.1.), erschließt Strauchs von ihm nicht gesondert dargelegte Editionskriterien (2.2.2.), erörtert seine Gestaltung der Anmerkungen (2.2.3.) und bietet abschließend auf der Basis eines Vergleichs zwi-

45 Exemplarisch für die Anerkennung der schriftstellerischen Tätigkeit Rulman Merswins seien hier die Forschungsbeiträge von Stephan Lauper, Claudia Lingscheid und Stephen Mossman genannt. Vgl. Lauper 2021 (Anm. 8); Claudia Lingscheid: Das ‚Buch von den neun Felsen'. Überlieferung und Textgeschichte mit einer kritischen Edition der oberdeutschen Kurzfassung. Berlin, Boston 2019 (Kulturtopographie des alemannischen Raums. 10); Stephen Mossman: Die historiographischen Werke des Johanniters Nikolaus von Löwen und die Identitätsstiftung durch Geschichtsschreibung im spätmittelalterlichen Straßburg. In: Bücher und Identitäten. Literarische Reproduktionskulturen der Vormoderne. Überstorfer Colloquium 2016. Hrsg. von Nicole Eichenberger, Eckart Conrad Lutz und Christine Putzo. Wiesbaden 2020, S. 121–152. Mit der Anerkennung Merswins geht zudem eine grundsätzliche Neubewertung des Nikolaus von Löwen einher, der – so Mossman (wie oben, S. 125) – „selber eine beachtliche literarische Schaffensphase erlebte". Bei der Konzeption der Memorialbücher des ‚Grünen Wörth', in denen Merswins Œuvre bewahrt ist, war Nikolaus nach heutigem Kenntnisstand die federführende Persönlichkeit. Er „sammelte die im Grünen Wörth überlieferten Texte Merswins und des Gottesfreundes im Oberland sowie die neuen, von Nikolaus selbst oder anderen Brüdern des Konvents verfassten historiographischen Texte, versah sie mit Kommentaren, ordnete sie nach ihrem Inhalt und liess Memorialbücher zur Sicherung des Gedenkens an Merswin und zur Festigung seiner Stiftung erstellen" (Lauper 2021 [Anm. 8], S. 102). Merswins literarische Figur des ‚Gottesfreundes' wurde dabei von Nikolaus zu einem „historisch existierenden Akteur" aufgewertet. Siehe Mossman (wie oben), S. 123.

schen den edierten Traktaten und ihrer handschriftlichen Grundlage – dem *Großen Deutschen Memorial*[46] – eine Liste mit Korrigenda (Anhang).

2. Sieben bisher unveröffentlichte Traktate und Lektionen

2.1. Nur für ‚Eingeweihte': Strauchs Einleitung

Strauchs dichtgedrängte Einleitung – sie besteht aus einer knappen Rekapitulation und Reevaluation der ‚Gottesfreundfrage' (S. V–IX), einer Inhaltsangabe zum *Großen Deutschen Memorial* (S. IXf.) und einem inhaltlichen Überblick über die sieben edierten Traktate (S. X–XXI) – verzichtet bewusst darauf, die ‚Gottesfreundfrage' in ihrer gesamten Breite darzustellen. Damit ist sie für ‚Nichteingeweihte' – so die Formulierung Rieders in seiner gegen Strauch gerichteten ‚Antikritik' von 1909[47] – nur mühsam nachvollziehbar. Zwar suggeriert gerade ihre Kürze zunächst eine leichte Rezipierbarkeit, wirklich verstehen lässt sie sich jedoch nur vor dem Hintergrund der Diskussionen um die ‚Gottesfreundfrage'. Damit richtet sie sich an einen wissenschaftlichen Rezipientenkreis, der mit dem Entstehungskontext der ‚Gottesfreundliteratur', ihren – teils rein literarischen, teils historisch nachweisbaren – Protagonisten und den mit ihnen verbundenen Forschungsdebatten entweder bereits vertraut ist oder zumindest die Bereitschaft zur eigenständigen Einarbeitung in die vielschichtige Problematik hat. Für Studierende, die sich über Inhalt, Form, Überlieferung und Funktion der ‚Gottesfreundliteratur' informieren wollen, ist Strauchs Einleitung ungeeignet (und wohl auch nicht vorgesehen). Das Fehlen eines Literaturverzeichnisses sowie anderer Erschließungshilfen – z. B. eines Glossars – erschwert den Zugang zur Edition und den hinter ihr stehenden Diskussionen zusätzlich.

2.1.1. *in medias res:* Philipp Strauchs Rekapitulation und Reevaluation der ‚Gottesfreundfrage'

Die Ausrichtung der Einleitung auf einen ebenso informierten wie begrenzten Leserkreis tritt am deutlichsten in Strauchs geraffter Rekapitulation und Reevaluation der ‚Gottesfreundfrage' zutage. Sie beginnt *in medias res,* indem sie direkt im Eingangssatz den ‚Stillstand' der Forschung zum „mysteriösen Gottesfreund aus dem Oberland" konstatiert und diese Stagnation mit der Unzulänglichkeit der bisher unternommenen Versuche einer ‚Problemlösung' begründet.[48] Um die Erstarrung der Diskussion zu illustrieren, verweist Strauch in einer begleitenden Anmerkung auf die fünf Jahre zuvor erschienene Monografie von

---

46 Straßburg, Bibliothèque Nationale et Universitaire, Ms. 739 (olim L als. 96a).

47 Rieder 1909 (Anm. 38), S. 454. Siehe auch oben bei Anm. 38f.

48 Vgl. Sieben Traktate 1927 (Anm. 1), S. V.

Chiquot, die „nach keiner Seite hin neue Gesichtspunkte“ gebracht habe.[49] Anschließend skizziert Strauch die beiden Aspekte der ‚Gottesfreundfrage‘ und bezieht zu ihnen Stellung. Hinsichtlich des ersten Problemkreises, den er in einem einzigen Satz abhandelt, schließt er sich – wie auch schon knapp fünfzig Jahre zuvor – ohne Einschränkung Denifles These von der Fiktionalität des ‚Gottesfreundes‘ an, die er zum Forschungskonsens erklärt.[50] Allerdings konzediert Strauch, ohne dies hier näher zu erläutern,[51] dass die Formung der literarischen Figur partiell auf historischen Vorbildern beruhen könnte.

Seine etwas umfassenderen Bemerkungen zum zweiten Problemkreis, der Entstehung der ‚Gottesfreundliteratur‘, leitet Strauch mit einer Frage ein: „Wer aber ist ihr geistiger Urheber?“[52] Damit lenkt er die Aufmerksamkeit auf den ungelösten, aus Denifles ‚Betrugsparadigma‘ erwachsenen Forschungskonflikt, der aus Strauchs Perspektive nach wie vor den eigentlichen Kern und zugleich den gordischen Knoten der ‚Gottesfreundfrage‘ darstellt.

Strauchs Stellungnahme zur Verfasserfrage lässt sich in mehrere Aspekte unterteilen: a) in seine Positionierung hinsichtlich Denifle und Rieder; b) in seinen Entschluss, die ‚Gottesfreundfrage‘ selbst nicht mehr weiterzuverfolgen, c) in sein Bestreben, die notwendigen Materialien für zukünftige Forschungen zur Verfügung zu stellen.

In Bezug auf den ersten Aspekt (a) schließt Strauch an seine früheren Forschungen an. Er übernimmt das ‚Betrugsparadigma‘ Denifles, wendet sich jedoch gegen dessen harsches moralisches Verdikt über Rulman Merswin, da ein solches Urteil „den zeitlichen und literarischen Verhältnissen“ nicht angemessen sei.[53] Schon in seinen früheren Beiträgen hatte Strauch den Begriff des ‚Betruges‘ abgelehnt und durch ‚Täuschung‘ ersetzt.[54] Diese Abschwächung hatte ihn einst jedoch nicht daran gehindert, Merswin im Anschluss an Denifle nicht nur

---

49 Ebd., S. V, Anm. 1. Vgl. S. A. Chiquot: Histoire ou Légende? Jean Tauler et le ‚Meisters Buoch‘. Straßburg, Paris 1922. Chiquot rollt die Debatte um den historischen Bezug und die Verfasserschaft des *Meisterbuchs* noch einmal auf, indem er die verschiedenen Forschungspositionen Revue passieren lässt. In seiner *Conclusion* (S. 191–198) schließt er sich Denifle an.

50 Sieben Traktate 1927 (Anm. 1), S. V: „Daß die Persönlichkeit selbst, auch dann, wenn für sie geschichtliche Vorbilder in Einzelzügen Verwendung gefunden haben, auf einer Fiktion beruht, darüber sind sich jetzt wohl alle einig.“

51 In einem seiner früheren Beiträge nennt Strauch als mögliche – wenn auch nicht konkret nachweisbare – Vorbilder für den ‚Gottesfreund‘ den Franziskanertertiar Heinrich von Linz sowie den flämischen Theologen Jan van Ruusbroec. Vgl. Strauch 1906 (Anm. 33), S. 222f. Die Frage, ob der ‚Gottesfreund‘ historische Vorbilder hat, wird bis heute diskutiert. Vgl. u. a. Dröse 2015 (Anm. 11), S. 287f., Anm. 11.

52 Sieben Traktate 1927 (Anm. 1), S. V.

53 Ebd., S. Vf. (Zitat S. VI). Bereits vier Jahrzehnte zuvor hatte Strauch die Abfassung der ‚Gottesfreundliteratur‘ durch Merswin mit „dem auflösenden und zersetzenden Grundcharakter des 14. Jahrhunderts“ erklärt, „der insbesondere auch in dem damaligen religiösen Leben zu Tage tritt“. Siehe Strauch 1885 (Anm. 32), S. 467.

54 Vgl. Strauch 1885 (Anm. 32), S. 467; Strauch 1906 (Anm. 33), S. 222.

mangelnde literarische Qualität und einen begrenzten Bildungshorizont,[55] sondern ungeachtet seines „warmfühlenden Herzen[s]“[56] charakterliche Defizite vorzuwerfen.[57] Dass Strauch es nun bei dem Hinweis auf seine von Denifle abweichende Bewertung Merswins belässt, mildert seine früheren Äußerungen daher ab, ohne einen grundsätzlich neuen Weg einzuschlagen. In der Sache lässt er Denifles ‚Betrugsparadigma‘ – und damit die Überzeugung von der alleinigen Verantwortung Merswins für die Fiktion des ‚Gottesfreundes‘ – jedenfalls unangetastet. Dass Strauch die literarische Figur des ‚Gottesfreundes‘ als eine „jedenfalls höchst eigenartige[] Schöpfung“[58] bezeichnet, weist ebenfalls auf seine früheren, an Denifle angelehnten Forschungsbeiträge zurück. Bereits 1885 hatte er die Fiktion trotz der Abwertung von Merswins schriftstellerischem Talent als „höchst originell und interessant“[59] bezeichnet. Im Hintergrund dieser nur vermeintlich positiven Aussage steht erneut Denifles ‚Betrugsparadigma‘. Denn aus Strauchs Perspektive verdient Merswin aus einem einzigen Grund wissenschaftliches Interesse: weil es ihm gelungen sei, seine Täuschung so überzeugend zu Ende zu führen, dass sie über fünfhundert Jahre hinweg Bestand hatte.[60]

Der These Rieders, dass die ‚Gottesfreundliteratur‘ auf Merswins Sekretär Nikolaus von Löwen zurückzuführen sei, steht Strauch nach wie vor ablehnend gegenüber. Von seiner ursprünglich harschen Kritik an Rieders Monografie findet sich in seiner Einleitung jedoch – mit Ausnahme eines kryptischen Verweises auf seine 1907 erschienene Rezension[61] – nichts mehr. Stattdessen gesteht Strauch im Rückgriff auf seine früheren Publikationen die Möglichkeit zu, dass Merswin seinen Mitarbeiter zur Durchsetzung der ‚Mystifikation‘ des ‚Gottesfreundes‘ „als ziemlich willenloses Werkzeug“ instrumentalisiert habe, so dass Nikolaus aufgrund dieser Fügsamkeit durchaus ein gewisses Maß an Verantwortung zuzuschreiben sei.[62] Bereits 1906 hatte Strauch Nikolaus in einer Art ‚Einfühlung‘ in dessen Persönlichkeit bescheinigt, „bei großer Herzenseinfalt geistig ungeschult, von Charakter unschlüssig und leicht zu beeinflussen“[63] gewesen zu sein. Aufgrund dieser ‚kindlichen Ergebenheit‘ gegenüber Merswin[64] sei er ein unabsichtlicher Förderer von dessen Umtrieben gewesen.

55 Strauch 1885 (Anm. 32), S. 461: „Freilich sein breiter, weitschweifiger, geschwätziger, an Wiederholungen reicher Stil läßt hier bald die Unterschiede und Verschiedenheit der Verfasser [Strauch bezieht sich auf einen Vergleich mit Ruusbroec] erkennen. In jedem Worte seiner Schriften zeigt sich M[erswin] als ungelehrter, ungeübter Laie. Nirgends begegnen wir auch nur einem Schimmer von Gelehrsamkeit, nirgends Citaten, nirgends systematisch geordneten Gedanken.“

56 Strauch 1885 (Anm. 32), S. 467; Strauch 1906 (Anm. 33), S. 221.

57 Merswin sei „pekuniär interessiert und rechthaberisch“ (Strauch 1906 [Anm. 33], S. 219), dazu „überspannt“ (ebd., S. 221) und „im Verkehr mit den mystischen Kreisen“ zu einem „Asket und Schwärmer“ (ebd., S. 222) geworden.

58 Sieben Traktate 1927 (Anm. 1), S. V.

59 Strauch 1885 (Anm. 32), S. 467.

60 Vgl. ebd., S. 461, 467; Strauch 1906 (Anm. 33), S. 222.

61 Siehe dazu unten, Anm. 72.

62 Sieben Traktate 1927 (Anm. 1), S. VI.

63 Strauch 1906 (Anm. 33), S. 226.

64 Vgl. ebd., S. 225.

Als Beleg für Nikolaus' ebenso unselbständige wie unfreiwillige Rolle bei der Etablierung des ,Gottesfreundes' als Mitstifter und geistige Autorität des ,Grünen Wörth' zieht Strauch wie schon in seiner älteren Publikation den auf das Jahr 1371 datierten achtzehnten Brief im *Briefbuch* der Straßburger Johanniterkommende heran,[65] in dem sich Merswins Sekretär ratsuchend an den ,Gottesfreund' wendet.[66] In einer raumgreifenden Anmerkung – sie nimmt die Seiten VI und VII der Einleitung fast vollständig ein – sucht Strauch den Nachweis zu erbringen, dass Nikolaus' Brief im Vergleich zu den Merswin und dem ,Gottesfreund' zugeschriebenen Texten ein eigenes stilistisches Profil aufweise. Allerdings könne von einer literarischen Qualität keine Rede sein, denn es handele sich um „ein äußerst weitschweifiges und redseliges Machwerk".[67] Insbesondere zeige sich auch in Nikolaus' Brief „Merswins Neigung zu Wortschwall, formelhaften Wendungen, Wortwiederholungen".[68] Während die konstatierten Eigentümlichkeiten von Nikolaus' Schreibstil auf die ,Authentizität' des Briefes verweisen sollen – und damit zugleich als Indiz für Nikolaus' Glauben an die Existenz des ,Gottesfreundes' in Anspruch genommen werden[69] –, dienen die festgestellten Gemeinsamkeiten mit Merswins Ausdrucksweise[70] dazu, Nikolaus' Unselbständigkeit zu untermauern.

Mit dem zweiten Aspekt (b) in Strauchs Stellungnahme zur Verfasserfrage kommt deren resignatives Moment zum Tragen. Nachdem Strauch erklärt hat, auf ein erneutes Aufrollen der Problematik zu verzichten,[71] verweist er ohne Nennung von Titel und Publikationsdatum auf seine drei essentiellen Forschungsbeiträge aus den Jahren 1885, 1906 und 1907 zurück,[72] zu denen er

[65] Vgl. ebd.

[66] Es handelt sich um den einzigen der im *Briefbuch* überlieferten zweiundzwanzig Briefe, der an den ,Gottesfreund' gerichtet ist. Alle anderen Briefe werden dem ,Gottesfreund' zugeschrieben und richten sich in ihrer Mehrzahl an den Komtur Heinrich von Wolfach. Weitere Adressaten sind Rulman Merswin, Nikolaus von Löwen, weitere Brüder des Klosters und – als einziger nicht dem ,Grünen Wörth' angehörender Empfänger – der Augustinereremit Johannes von Schaftholzheim. Eine Inhaltsübersicht zum *Briefbuch* bietet Lauper 2021 (Anm. 8), S. 390f. Der Brief des Nikolaus ist ediert ebd., S. 314–320.

[67] Sieben Traktate 1927 (Anm. 1), S. VI, Anm. 1.

[68] Ebd.

[69] Explizit formuliert hat Strauch dieses ,Hereinfallen' des Nikolaus auf Merswins Täuschung in seinem 1906 erschienenen Beitrag. Vgl. Strauch 1906 (Anm. 33), S. 225.

[70] Als Beleg führt Strauch einige ,Redefloskeln' auf, die Merswin und Nikolaus gemeinsam sind. Zudem weist er auf die Vorliebe beider für die Kopplung synonymer Begriffe hin. Allerdings bevorzuge Nikolaus grundsätzlich Zweigliedrigkeit, während Merswin insbesondere attributiv verwendete Adjektive in enervierender Weise aneinanderreihe. Vgl. Sieben Traktate 1927 (Anm. 1), S. VI, Anm. 1.

[71] Vgl. Sieben Traktate 1927 (Anm. 1), S. VIIf.

[72] Strauch beschränkt sich auf die Bezeichnung des Publikationsorganes (inklusive Jahrgang und Seitenzahlen) und überlässt weitere Recherchen zu Titel, Erscheinungsdatum, Inhalt und Kontext dem Leser (Sieben Traktate 1927 [Anm. 1], S. VIII): „Ich muß auch heute noch im wesentlichen meine Ausführungen in der Allgemeinen deutschen Bio-

nichts Wesentliches hinzuzufügen habe. Die Entscheidung, „ob Rieders Hypothese glaubhafter erscheint",[73] wolle er daher dem Leser überlassen. Zwar habe er erwogen, auf Rieders ‚Antikritik' zu reagieren, halte dies jedoch angesichts des unveränderten Erkenntnisstandes für ‚unfruchtbar'. Gleichwohl betrachtet Strauch die Auseinandersetzung mit seinem wissenschaftlichen Opponenten nicht als erledigt. Er bringt allerdings deutlich zum Ausdruck, dass er selbst sich zu einer Weiterführung der Kontroverse außerstande sieht. Vielmehr sei dies die Aufgabe einer „jüngeren Kraft".[74] Als Voraussetzung nennt Strauch eine – unter den „gegenwärtigen Verhältnissen"[75] allerdings schwierig zu organisierende – neuerliche Überprüfung der Straßburger Memorialbücher, „namentlich auch in paläographischer Hinsicht".[76] Die Verengung von Strauchs Horizont auf die Verfasserfrage tritt hier einmal mehr deutlich zutage, hatte sich seine Konfrontation mit Rieder doch in wesentlichen Teilen um paläografische Fragen gedreht.[77]

Strauchs Motivation für die Herausgabe der *Sieben bisher unveröffentlichte[n] Traktate und Lektionen* besteht dementsprechend nicht in der Einführung neuer Forschungsperspektiven. Vielmehr klingt in seinen Äußerungen der Wunsch an, die Auseinandersetzung mit der ‚Gottesfreundliteratur' zu einem persönlichen Abschluss zu bringen. In seinen Worten:

> Und so möchte ich meinerseits mich auf einen Beitrag zur Gottesfreundfrage beschränken, der lediglich das Material vervollständigen soll, indem ich aus meiner vor langen Jahren genommenen Abschrift des Großen Memorials der Straßburger Johanniter hier die Stücke zum Abdruck bringe, die, weil von geringerer inhaltlicher Bedeutung, bisher noch nicht veröffentlicht wurden. Erst dann liegt die unter Merswins und des Gottesfreundes Namen gehende literarische Tätigkeit abgeschlossen vor, wenn auch leider recht zerstreut.[78]

---

graphie 21, 459–468, in der Realencyklopädie für protestantische Theologie und Kirche 17, 203–226 und in der Zeitschrift für deutsche Philologie 39, 101–136 aufrecht halten." Siehe zu diesen Beiträgen die Ausführungen oben bei den Anmerkungen 32, 33 und 35.

73 Sieben Traktate 1927 (Anm. 1), S. VIII.

74 Ebd.

75 Ebd. Strauchs Bemerkung zur politischen Situation dürfte sich auf den Friedensvertrag von Versailles beziehen. Dieser stellt rückwirkend fest, dass das Reichsland Elsass-Lothringen mit der Landeshauptstadt Straßburg „von dem Tage des Waffenstillstands, vom 11. November 1918, an wieder unter die französische Staatshoheit getreten" ist. Vgl. Der Friedensvertrag von Versailles nebst Schlußprotokoll und Rheinlandstatut sowie Mantelnote und deutsche Ausführungsbestimmungen. Neue durchgesehene Ausgabe in der durch das Londoner Protokoll vom 30. August 1924 revidierten Fassung. Berlin 1925, S. 48, Art. 51.

76 Sieben Traktate 1927 (Anm. 1), S. VIII.

77 Gleich zu Beginn seiner Rezension zu Rieders Monografie konstatiert Strauch, dass dessen paläografische Analysen als Grundstein seiner Thesen unhaltbar seien. Vgl. Strauch 1907 (Anm. 35), S. 101.

78 Sieben Traktate 1927 (Anm. 1), S. VIII.

Die Ausgabe basiert also auf jenen Transkriptionen, die Strauch im Zuge seiner früheren Beschäftigung mit der ‚Gottesfreundliteratur' angefertigt hat. Ihre Aufbereitung für die wissenschaftliche Öffentlichkeit dient zur Füllung einer editorischen Lücke, deren Relevanz jedoch von Strauch selbst minimiert wird, indem er den Texten eine relative Gehaltlosigkeit zuschreibt. Die Frage, nach welchen Kriterien sich diese ‚geringere inhaltliche Bedeutung' bemisst, lässt Strauch offen. Vermutlich spielen für seine Abqualifizierung jedoch folgende Gründe eine Rolle: Zum ersten sind die sieben kurzen Prosaschriften mit nur einer Ausnahme, dem *Bůch von eime eiginwilligen weltwisen*,[79] unikal im *Großen Deutschen Memorial* überliefert. Es handelt sich hier also um reine Hausliteratur des ‚Grünen Wörth' ohne feststellbare Ausstrahlung nach außen. Zweitens repräsentieren die Traktate aus Strauchs Perspektive in stilistischer und inhaltlicher Hinsicht jenen epigonenhaften Dilettantismus, den er für Merswins literarisches Schaffen als charakteristisch ansieht.[80] Drittens werden die Traktate im *Großen Deutschen Memorial* – mit Ausnahme der *Nützlichen Lehre an eine Jungfrau*[81] – zwar entweder dem ‚Gottesfreund' oder Rulman Merswin zugeschrieben. In ihnen selbst finden die beiden *heimelichen gesellen*[82] jedoch keine Erwähnung. Daher erscheinen sie weniger spezifisch auf den ‚Grünen Wörth' bezogen als die verschiedenen Stifterviten, deren inhaltliche Varianz einer der Ausgangspunkte für die Etablierung von Denifles ‚Betrugsparadigma' gewesen ist.[83] Ein weiterer Grund für Strauchs Abwertung dürfte darin liegen, dass die edierten Traktate anders als das *Fünfmannenbuch*, die *Vier Jahre* und das *Neunfelsenbuch*[84] nicht als ‚Autografen' überliefert sind und daher zumindest in paläografischer Hinsicht nichts zur Klärung der Verfasserfrage beitragen können.

79 So der Titel in der Rubrikentafel des *Großen Deutschen Memorials* (Anm. 46), fol. 8r. Dieser Traktat ist auch in einer auf das Jahr 1433 datierten Handschrift überliefert: Dillingen, Studienbibliothek, Cod. XV 125, fol. 89r–104v. Vgl. Krusenbaum-Verheugen 2013 (Anm. 3), S. 240; Fasching 2018 (Anm. 8), S. 177, Anm. 56. Siehe auch https://handschriftencensus.de/7300. Strauch scheint nur aufgrund des Kataloges von Hänel Kenntnis von dieser Abschrift gehabt zu haben. Siehe Sieben Traktate 1927 (Anm. 1), S. XIV, Anm. 1. Vgl. Gustav Hänel: Catalogi librorum manuscriptorum qui bibliothecis Galliae, Helvetiae, Belgii [...] asservantur. Leipzig 1830, Sp. 469.

80 Vgl. oben, Anm. 55.

81 Es handelt sich um Traktat VII in Strauchs Edition. Laut Rubrik stammt die *Nútzliche letze* von dem Beichtvater einer *erberen iungfrowen*. Dieser Geistliche sei zugleich ein Vertrauter Rulman Merswins gewesen. Vgl. Großes Deutsches Memorial (Anm. 46), fol. 272r.

82 Mit dieser Bezeichnung wird in der ‚Gottesfreundliteratur' regelmäßig die Exklusivität der Beziehung zwischen Rulman Merswin und dem ‚Gottesfreund' zum Ausdruck gebracht.

83 Vgl. Denifle 1879 (Anm. 14), bes. S. 14–18.

84 Siehe zum *Fünfmannenbuch* und den *Vier Jahren* oben, Anm. 13. Das ‚Autograf' des *Neunfelsenbuches* diente Strauch als Editionsgrundlage für das dritte Heft der *Schriften aus der Gottesfreund-Literatur* (Anm. 2). Mit Strauchs Edition sowie seinen Schlussfolgerungen hinsichtlich des Verhältnisses von Langfassung und Kurzfassung des *Neunfelsenbuches* setzt sich ausführlich Lingscheid 2019 (Anm. 45) auseinander.

Strauchs Bemerkung, dass die ‚Gottesfreundliteratur' mit seiner Edition zwar vollständig, jedoch „leider recht zerstreut" vorliege,[85] verweist auf ein Problem, das erst in der jüngsten Forschung zu den Memorialbüchern des ‚Grünen Wörth' in seiner ganzen Tragweite erfasst worden ist. Denn die identitätsstiftende, -bewahrende und -bestätigende Funktion der ‚Gottesfreundliteratur' innerhalb der „administrativen, legitimatorischen und memorialen Zusammenhänge[] der Komturei"[86] ist an die Komposition der Handschriften gebunden, die ein auf den jeweiligen Adressatenkreis[87] abgestimmtes Arrangement von Texten und begleitenden Paratexten enthalten. Die Bedeutung der Einzeltexte für die Johanniterkommende entfaltet sich also im Codex- bzw. Corpuszusammenhang. Zu Recht stellt Krusenbaum-Verheugen daher fest, dass „das einzeltextzentrierte und daher verfälschende Bild der vorhandenen Editionen"[88] revisionsbedürftig sei. Dieser Erkenntnis trägt die unlängst publizierte Neuedition des *Briefbuchs* durch Stephan Lauper, die erstmals alle in der Handschrift enthaltenen Texte – also auch die beiden ‚Autografen' – berücksichtigt, Rechnung.[89] Allerdings hatte bereits Rieder als Anhang zu seiner Monografie[90] eine Teiledition der Memorialbücher im Codexzusammenhang geboten, dies jedoch in einer durch die Übertragung des ‚Betrugsparadigmas' auf Nikolaus von Löwen bestimmten, schon von Strauch heftig kritisierten Weise.[91] Vom *Großen Deutschen Memorial*[92] – aus dem die von Strauch edierten sieben Traktate und Lektionen stammen – finden sich in Rieders Monografie nur der Eingangsteil (fol. 1^r–9^r) und einige weitere Auszüge.[93] Jedoch äußert Rieder in seiner 1909 publizierten ‚Antikritik' die Hoffnung, dass „sich die Deutsche Kommission [der Preußischen Akademie der Wissenschaften] entschließt, wie es wünschenswert wäre, den vollständigen Text des ‚Großen Deutschen Memorials', das die sog. Gottesfreundtraktate enthält, in die Sammlung der deutschen Texte des Mittelalters aufzunehmen und so einmal

85 Siehe das Zitat oben bei Anm. 78.

86 Krusenbaum-Verheugen 2013 (Anm. 3), S. 30.

87 Zwar richtet sich die ‚Gottesfreundliteratur' in erster Linie an die Gemeinschaft des ‚Grünen Wörth'. Diese differenziert sich jedoch nicht nur in Kleriker und Laien, sondern in eine Vielzahl verschiedener Personen und Personengruppen (Komtur, Prior, Priesterbrüder, Professbrüder ohne Priesterweihe, dienende Laienbrüder und -schwestern, Oblaten, Diakone, Sakristane, Krankenpfleger und -pflegerinnen des angegliederten Spitals; laikale Pfleger, Rentenpfründner). Siehe Fasching 2020 (Anm. 10), S. 124. Vgl. ferner die differenzierte Analyse der sozialen Struktur des ‚Grünen Wörth' in Fleith 2012 (Anm. 10), bes. S. 430–465.

88 Krusenbaum-Verheugen 2013 (Anm. 3), S. 41.

89 Siehe Lauper 2021 (Anm. 8). Die Edition des *Briefbuchs* befindet sich auf S. 159–387.

90 Vgl. Rieder 1905 (Anm. 24), S. 1*–243*.

91 Rieder unterscheidet auf der Basis seiner fragwürdigen Forschungsergebnisse zu den ‚Fälschungen' des Nikolaus von Löwen verschiedene Entstehungsstufen der Memoriale, die er durch unterschiedliche Schriftgrößen sowie durch Sperrdruck optisch kenntlich zu machen sucht. Vgl. Rieder 1905 (Anm. 24), S. 2*. Zu Strauchs Kritik siehe ders. 1907 (Anm. 35), S. 136. Vgl. auch Mossman 2020 (Anm. 45), S. 124f.

92 Zur Signatur vgl. Anm. 46.

93 Vgl. Rieder 1905 (Anm. 24), S. 3*–47*.

mit den Texten zur Gottesfreundfrage reine Arbeit zu machen".[94] Dieser Wunsch sollte sich allerdings nicht erfüllen, so dass das *Große Deutsche Memorial* bis heute nicht im Codexzusammenhang erschlossen, sondern nur in einer Reihe von älteren Einzeleditionen zugänglich ist.[95]

Mit der Bekundung seines Bestrebens, die Materialien für zukünftige Forschungen bereitzustellen, kommt der dritte Aspekt (c) in Strauchs Stellungnahme zur Verfasserfrage zum Tragen. Strauch kündigt nämlich ein zweites Heft der *Schriften aus der Gottesfreund-Literatur* an, welches Carl Schmidts unzuverlässige Edition der beiden ‚Autografen' des *Briefbuchs* durch eine handschriftennahe Neuausgabe ersetzen soll.[96] Strauchs Hinweis auf die Notwendigkeit einer exakten Wiedergabe, „um sich über Schreibung und dialektische Nuancen in den beiden sog. Originalen ein Urteil bilden zu können",[97] verweist erneut auf die Verfasserfrage. Denn im Anschluss an Denifles ‚Betrugsparadigma' hatte Strauch bereits 1885 die These unterstützt, dass Merswin nicht nur den Dialekt des – als eigenhändige Niederschrift des ‚Gottesfreundes' präsentierten – *Fünfmannenbuches* gefälscht,[98] sondern dieses „mit verstellter Hand"[99] selbst niedergeschrieben habe. Rieder dagegen hatte sich zwar im Gegensatz zu Preger der Ansicht angeschlossen, dass beide ‚Autografen' auf denselben Schreiber zurückgehen. Diesen identifizierte er allerdings seiner Transposition des ‚Betrugsparadigmas' entsprechend mit Nikolaus von Löwen.[100] Mit seiner angekündigten – tatsächlich noch im selben Jahr realisierten – Neuausgabe[101] möchte Strauch offenkundig dazu stimulieren, die Verfasserfrage nochmals in Angriff zu nehmen.

---

94 Rieder 1909 (Anm. 38), S. 454.

95 Eine Zusammenstellung aller Editionen in der Reihenfolge des *Großen Deutschen Memorials* findet sich auf der folgenden von Stephan Lauper betreuten Plattform: Die Handschriften der Straßburger Johanniterkommende ‚Zum Grünen Wörth' – *digital*: https://homeweb.unifr.ch/LauperSt/Pub/. Die edierten Texte sind dort teilweise als Digitalisat aufrufbar.

96 Vgl. Sieben Traktate (Anm. 1), S. VIIIf. Siehe zu den beiden ‚Autografen' des *Briefbuchs* oben, Anm. 13.

97 Sieben Traktate (Anm. 1), S. IX.

98 Siehe zu Merswins ‚Dialektfälschung' Denifle: Die Dichtungen Rulman Merswins 1880 (Anm. 14), S. 527–540; Strauch 1885 (Anm. 32), S. 467; Strauch 1906 (Anm. 33), S. 222. Lauper schlägt dagegen vor, Merswins Imitation einer alemannisch-schwäbischen Mundart als „gezielte Verstellung eines Dialekts" zu bezeichnen. Siehe Lauper 2021 (Anm. 8), S. 61.

99 Strauch 1885 (Anm. 32), S. 466. Die jüngsten paläografischen Untersuchungen deuten darauf hin, dass das ‚Autograf' des *Fünfmannenbuches* tatsächlich von Rulman Merswin stammt. Siehe oben, Anm. 13.

100 Vgl. Rieder 1905 (Anm. 24), S. 189–192. Dagegen konstatiert Preger nach seinem Vergleich der beiden ‚Autografen' im Briefbuch: „Es ist unmöglich, in beiderlei Schrift dieselbe Hand zu erkennen." Vgl. Preger 1893 (Anm. 20), S. 246. Dies entspricht seiner Ablehnung von Denifles ‚Betrugsparadigma'. Siehe dazu auch oben bei Anm. 20.

101 Merswins Vier anfangende Jahre 1927 (Anm. 2).

Eine Neuedition des ebenfalls als ‚Autograf' erhaltenen *Neunfelsenbuches* erklärt Strauch mit dem Hinweis auf einen seiner früheren Beiträge zur ‚Gottesfreundfrage' für überflüssig. Denn dort habe er bereits „eine Kollation von Schmidts Ausgabe der Neun Felsen mitgeteilt".[102]

2.1.2. Subtile Manipulationen: Strauchs Inhaltsangabe zum *Großen Deutschen Memorial*

Auf Strauchs Rekapitulation und Reevaluation der ‚Gottesfreundfrage' folgt eine isolierte, also nicht in eine umfassende Handschriftenbeschreibung eingebundene Inhaltsangabe zum *Großen Deutschen Memorial*.[103] Der repräsentative Charakter dieser sorgfältig konzipierten, mit einem ‚heraldischen Schmuckprogramm'[104] ausgestatteten Pergamenthandschrift, die zu den drei für alle Konventsmitglieder zugänglichen ‚Urkundenbüchern' des ‚Grünen Wörth' zählt,[105] bleibt unerwähnt. Strauchs Verzicht darauf, das *Große Deutsche Memorial* seiner Bedeutung für die Johanniterkommende entsprechend einzuführen, um sich

---

102 Sieben Traktate 1927 (Anm. 1), S. IX. Der Hinweis bezieht sich auf Strauchs dem *Neunfelsenbuch* gewidmeten Aufsatz ‚Zur Gottesfreund-Frage I' (Strauch 1902 [Anm. 7]). Hier bietet Strauch auf den Seiten 267–269 eine Auflistung von semantischen und orthografischen Varianten zwischen Merswins ‚Autograf', Schmidts Edition (Das Buch von den neun Felsen von dem Strassburger Bürger Rulman Merswin. 1352. Nach des Verfassers Autograph hrsg. von Dr. Carl Schmidt. Leipzig 1859) und der weiteren handschriftlichen Überlieferung. Hinsichtlich der Notwendigkeit einer revidierten Ausgabe des *Neunfelsenbuch*-‚Autografs' ändert Strauch wenig später jedoch seine Ansicht. Im Vorwort zum dritten Heft der *Schriften aus der Gottesfreund-Literatur*, das die Neuedition des *Neunfelsenbuches* enthält, begründet er seinen Entschluss allerdings nicht mit der mangelhaften Qualität der Ausgabe Schmidts. Vielmehr führt er als Gründe an, dass ihm der Wunsch nach einer Neuausgabe mehrfach zugetragen worden sei, dass Schmidts Edition auf dem Buchmarkt vergriffen sei und dass er überzeugt sei, durch die Bereitstellung aller drei ‚Autografen' „das Gottesfreund-Problem wirklich fördern zu können". Siehe Merswins Neun-Felsen-Buch 1929 (Anm. 2), S. III (ohne Paginierung).

103 Zur Signatur vgl. Anm. 46. Das Inhaltsverzeichnis befindet sich auf S. IXf. in Strauchs Edition.

104 Vgl. Krusenbaum-Verheugen 2013 (Anm. 3), S. 51. Krusenbaum-Verheugen bietet S. 45–74 eine überaus detaillierte Handschriftenbeschreibung. Siehe ferner Christine Stöllinger-Löser: Geistliche Lehren und Erbauungsbücher. Rulman Merswin/Nikolaus von Löwen, ‚Memoriale' vom Grünenwörth. Handschrift Nr. 44.2.1. In: Katalog der deutschsprachigen illustrierten Handschriften des Mittelalters (KdiH). Begonnen von Hella Frühmorgen-Voss und Norbert H. Ott. Hrsg. von Ulrike Bodemann u. a. Bd. 6. München 2015. http://kdih.badw.de/datenbank/handschrift/44/2/1; zuletzt geändert am 30. 4. 2020.

105 Siehe zu den drei ‚Urkundenbüchern' (*Großes Deutsches Memorial*, *Kleines Deutsches Memorial* [verloren], *lateinisches Memorial* [in Teilen erhalten]) z. B. Christiane Krusenbaum-Verheugen: Briefe ohne Referenz. Die imaginäre Korrespondenz des Gottesfreundes aus dem Oberland. In: Friends of God 2018 (Anm. 3), S. 137–161, hier S. 141.

stattdessen auf eine dürre Auflistung der in ihm enthaltenen Texte zu beschränken, steht im Einklang mit seiner Abwertung Merswins als minderwertiger, nur durch den Erfolg seiner Fiktion der Beachtung überhaupt würdiger Autor. Zudem würde jeder Hinweis auf die aufwändige Gestaltung des *Großen Deutschen Memorials* Strauchs Feststellung widerstreiten, dass den von ihm edierten Traktaten nur eine verhältnismäßig geringe inhaltliche Relevanz zukomme. Strauchs Reduktion der Handschrift auf einen reinen Textspeicher inhäriert also in Hinblick auf potenzielle Nutzer seiner Edition durchaus ein manipulatives Moment.

Diese subtile Form der Beeinflussung trifft auch auf das Inhaltsverzeichnis als solches zu. Denn hier handelt es sich nur auf den ersten Blick um eine vollständige und neutrale Auflistung der im *Großen Deutschen Memorial* enthaltenen Texte.[106] Tatsächlich beschränkt sich die Inhaltsangabe auf jene 23 mystischen Erzählungen und Traktate, die zwar den Kernbestand des *Memorials* ausmachen, in der Handschrift jedoch durch zahlreiche Einleitungen, Rubrikentafeln und Kommentare kontextualisiert und in ihrer Bedeutung für die Spiritualität und Memorialkultur des ‚Grünen Wörth' erschlossen werden.[107] So ignoriert Strauch unter anderem den umfangreichen Einleitungsteil des *Großen Deutschen Memorials* (fol. 1^r^–9^r^), der die Anfänge der Johanniterkommende programmatisch im zwölften Jahrhundert – mit einer Stiftung des Marschalls Wernher ‚von Hüneburg' – ansiedelt, die Bedeutsamkeit der Handschrift als Bewahrerin der Werke Merswins und des ‚Gottesfreundes' hervorhebt und in ihren Inhalt einführt.[108] Ein Vergleich von Strauchs Blattangaben mit dem *Großen Deutschen Memorial* zeigt zudem, dass er die meist ausführlichen Rubriken zu den Traktaten nicht miterfasst, wenn diese bereits auf der Seite vor dem eigentlichen Traktat beginnen. Das *Bůch von einre geistlichen leitern*[109] etwa befindet sich inklusive einleitender Rubrik auf fol. 77^r–81^v. Strauch jedoch gibt an: „77^b–81^b". Als textkonstitutive Elemente, die über Herkunft und Inhalt der Trak-

[106] Jeder Eintrag enthält Blattangabe und Titel des jeweiligen Textes sowie einen Hinweis auf die moderne Edition, z. B. „Bl. 46^a–61^b Von den beiden Klausnerinnen Ursula (1273–1346) und Adelheid: Jundt, Les Amis de Dieu S. 363–392". Wenn es sich um einen der sieben Traktate innerhalb der vorliegenden Edition handelt, gibt Strauch ebenfalls einen entsprechenden Hinweis, z. B. „Bl. 81^b–87^a Das Fünklein in der Seele, s. unten Nr. II".

[107] Vgl. Lauper 2021 (Anm. 8), S. 105. Nach Lauper handelt es sich um insgesamt 24 mystische Erzählungen, Traktate und Gebete. Den vierundzwanzigsten Text, ein *Reimgebet über das Leiden Jesu Christi*, führt Strauch nicht auf. Das Gebet ist ediert in Lauper, S. 404–407.

[108] Siehe zur nachträglich ergänzten Gründungsgeschichte des ‚Grünen Wörth' auf den zunächst unbeschriebenen Eingangsblättern des *Großen Deutschen Memorials* Mossman 2020 (Anm. 45), bes. S. 131f. Mossman weist darauf hin, dass die Bezeichnung des ersten Stifters – des Marschalls Wernher – als ‚Wernher von Hüneburg' auf der Verwechslung mit einem späteren Geschlecht beruht. Siehe ebd., S. 130.

[109] So der Titel in der Rubrikentafel des *Großen Deutschen Memorials*, fol. 8^r.

tate informieren und durch ihre enge Verbindung mit der einleitenden Rubrikentafel die Orientierung im Codex erleichtern,[110] treten die Rubriken offenkundig nicht in Strauchs Blickfeld.

Diese Vernachlässigung der Paratexte führt zumindest an einer Stelle zu einer irreführenden Blattangabe. Der Eintrag lautet:

> Bl. 122a –130a Merswins Auszug aus Ruysbroek […].
> Bl. 130a–192a Merswins Neun Felsen 1352 […].[111]

Damit wird suggeriert, dass das *Neunfelsenbuch* auf fol. 130r unmittelbar an den zuvor genannten Merswin-Text anschließt. Dies ist jedoch nicht der Fall. Zwar endet der Ruusbroec-Auszug auf fol. 130r, das untere Seitendrittel bleibt jedoch leer. Auf fol. 130v beginnt ein vom Redaktor des *Großen Deutschen Memorials* nachträglich hinzugefügter und daher in der Rubrikentafel nur summarisch erfasster Textteil,[112] nämlich die drei *materien* (*Neunfelsenbuch*, *Zweimannenbuch*, *Meisterbuch*). Diese umfassende Ergänzung wird auf fol. 130v zunächst in einem ausführlichen, in roter Tinte geschriebenen Vorwort begründet, an dessen Ende der Redaktor außerdem die Einführung einer Kapitelzählung ankündigt.[113] Erst die letzten Zeilen der Seite beziehen sich auf das *Neunfelsenbuch*. Sie bieten jedoch noch nicht den eigentlichen Traktat, sondern leiten ein detailliertes Inhaltsverzeichnis ein (fol. 130v–131v), auf das eine Vorbemerkung des Redaktors zur Entstehung des *Neunfelsenbuches* folgt (fol. 131v). In ihr weist er auf die inhaltlichen, stilistischen sowie chronologischen Übereinstimmungen des Textes mit Rulman Merswins *Vier Jahren* hin, um die Zuschreibung an Merswin als Verfasser zu rechtfertigen.[114] Erst auf fol. 132r beginnt das *Bůch von den nún veilsen*.[115] Von dieser Komplexität vermittelt Strauchs Eintrag nichts. Überhaupt suggeriert seine Inhaltsangabe, dass das *Große Deutsche Memorial* nichts weiter als eine plane Aneinanderreihung geistlicher Prosatexte ist.

---

110 Die Rubriken vor den einzelnen Traktaten orientieren sich sprachlich und inhaltlich an der Rubrikentafel (fol. 8r–9v), bieten aber in vielen Fällen zusätzliche Informationen. Eine Synopse von Rubrikentafel und texteinleitenden Rubriken im *Großen Deutschen Memorial* bietet Lauper 2021 (Anm. 8), S. 395–402.

111 Sieben Traktate (Anm. 1), S. X.

112 Vgl. Großes Deutsches Memorial, fol. 9r (versehen mit der römischen Zahl XVII). Siehe zur sukzessiven Entstehung der Handschrift Krusenbaum-Verheugen 2013 (Anm. 3), S. 70–73; Fasching 2018 (Anm. 8), S. 176–185.

113 Diese ersetzt die Traktatnummerierung, welche die Abfolge der ursprünglich zusammengestellten sechzehn Traktate strukturiert, die in der Rubrikentafel einzeln aufgeführt werden.

114 Dies dürfte ein Hinweis darauf sein, dass der Redaktor der Handschrift – nach heutigem Forschungsstand Nikolaus von Löwen – das ‚Autograf' des *Neunfelsenbuches* nicht gekannt hat. Bis zu seiner Wiederentdeckung im Jahr 1708 befand es sich in der Johanniterkommende in Schlettstadt. Vgl. Lingscheid 2019 (Anm. 45), S. 237f. Die Niederschrift des *Neunfelsenbuches* stimmt im Schriftduktus mit Merswins *Vier-Jahre*-‚Autograf' überein. Vgl. Lauper 2021 (Anm. 8), S. 37f.

115 So der Titel im summarischen Hinweis auf die drei *materien* am Ende der Rubrikentafel, fol. 9r. Vgl. auch Anm. 112.

Zudem ist Strauchs Textauflistung keineswegs vollkommen sachlicher Natur. Vielmehr offenbart sich in dem weiter oben zitierten Eintrag eine unterschwellige Wirksamkeit von Denifles ‚Betrugsparadigma'. Denn nahezu alle Traktatbezeichnungen in Strauchs Inhaltsangabe orientieren sich an den Einträgen der Rubrikentafel bzw. an den traktateinleitenden Rubriken des *Großen Deutschen Memorials*.[116] Eine signifikante Ausnahme gibt es jedoch, nämlich Strauchs Eintrag „Merswins Auszug auf Ruysbroek". In der Handschrift hat dieser ‚Auszug' – es handelt sich um eine Kompilation von Exzerpten aus den ersten beiden Büchern des *Brulocht* Jans van Ruusbroec[117] – einen inhaltsbezogenen Titel: *das bůch von der fúrkommenen gnoden vnd von der verdienlichen gnoden.*[118] Dass Strauch nur hier dezidiert auf Merswins Aneignung einer vorgängigen Quelle hinweist, obgleich auch dessen andere Traktate auf Prätexten basieren,[119] dürfte vor allem auf die ausführliche Erläuterung des *Großen Deutschen Memorials* zum Zustandekommen des *Gnadenbüchleins* zurückzuführen sein. Laut dem entsprechenden Eintrag in der Rubrikentafel hat Merswin dieses Werk aufgrund eines göttlichen Schreibbefehls während seines todbringenden Leidens verfasst. Auf Gottes Geheiß habe er seine schriftstellerische Leistung anschließend jedoch verschleiert, indem er die Autorschaft des *Bůchs* Jan van Ruusbroec zuerkannte:

> *Vnd er endorfte es ouch ime selber nút zů legen, er solte es in das brunlǒf bůchelin schriben vnd die ere gotte geben, vnd das werg zů legen Brůder Johanse von Rúsebrůch, dem lieben heiligen walt priestere in brobant, do mitte ouch dise selbe materie an gefangen vnd begriffen ist.*[120]

Erst kurz vor seinem Dahinscheiden habe Merswin den Johannitern die wahren Verhältnisse offenbart:

---

[116] Vgl. beispielsweise Strauchs Traktatbezeichnung *Von einem eigenwilligen Weltweisen und einem Waldpriester 1338* (Sieben Traktate 1927 [Anm. 1], S. IX). In der Rubrikentafel (fol. 8r) lautet der Eintrag: *Jtem das bůch von eime eiginwilligen weltwisen manne, der von eime heiligen waltpriester gewiset wart uf demůtige gehorsami.* Die von Strauch genannte Jahreszahl stammt aus dem Schlussteil des Traktats. Vgl. Sieben Traktate, Traktat V, S. 60 (Großes Deutsches Memorial, fol. 96r).

[117] Vgl. Georg Steer: Merswin, Rulman. In: Die deutsche Literatur des Mittelalters. Verfasserlexikon. Zweite, völlig neu bearbeitete Auflage unter Mitarbeit zahlreicher Fachgelehrter hrsg. von Kurt Ruh, Gundolf Keil, Werner Schröder, Burghart Wachinger und Franz Josef Worstbrock. Bd. 6. Berlin 1987, Sp. 420–442, hier Sp. 429.

[118] So der Titel in der Rubrikentafel des *Großen Deutschen Memorials*, fol. 8v.

[119] Diese sind bis heute allerdings nur unvollständig nachgewiesen. Vielfach bleibt daher unklar, welcher literarische Status Merswins Texten zukommt. Die Quelle des *Bannerbüchleins* – eine Tauler zugeschriebene *Passionscollacie* aus den Kreisen der Brüder vom gemeinsamen Leben (Hildesheim, Dombibliothek, Hs. 724b, fol. 110v–115r) – hatte Strauch selbst ausfindig gemacht. Vgl. Strauch 1909 (Anm. 7), bes. S. 18–20 und 24.

[120] Großes Deutsches Memorial, fol. 8v (moderne Interpunktion).

Dis veriach der liebe Růleman merswin in sinre hindersten krangheit ŏffenliche vor ettelichen brůderen vnd enwolte doch vormoles kein solich gnodenrich werg us rehter grundeloser demůtikeit von ime selber me veriehen.[121]

Bereits Denifle hatte diesen vermeintlichen geistigen Diebstahl Merswins zur Stützung seines ‚Betrugsparadigmas' herangezogen.[122] Auch für Strauch stellte insbesondere das *Gnadenbüchlein* unter Beweis, dass Merswin „nicht immer zwischen Fremdem und Eigenem genau zu scheiden wußte oder richtiger in der Art der Darstellung sich gelegentlich den Schein gab, als rühre alles von ihm her".[123] Seine Empörung über Merswins unrechtmäßige Vereinnahmung der Ruusbroec-Schrift und die damit einhergehende Anmaßung resoniert in dem zitierten Eintrag, der die zeitgenössische Titelgebung ignoriert und sich stattdessen auf die Nennung des ‚wahren' Verfassers beschränkt.[124]

Tatsächlich war Merswin weit davon entfernt, sich als eigenständiger Autor der *Brulocht*-Kompilation auszugeben. Vielmehr verweist er gleich zu deren Beginn ausdrücklich auf Ruusbroecs Traktat als Quelle.[125] Erst der Redaktor des *Großen Deutschen Memorials* – nach heutigem Kenntnisstand Nikolaus von Löwen[126] – ‚korrigiert' diese Angabe zugunsten einer ursprünglichen Verfasserschaft Merswins.[127]

Abschließend sei noch darauf hingewiesen, dass Strauchs Bezeichnungen der Traktate innerhalb der Edition leicht variieren. So lautet die Angabe zum *Klosterfrauentraktat* in der Inhaltsangabe zum *Großen Deutschen Memorial*: *Von zweier bayrischen Klosterfrauen, Margarete und Katharina (1302–1355), Leben.*[128] Im Inhaltsverzeichnis zur Edition steht davon abweichend: *Von zweier bairischen Klosterfrauen Leben (Margret und Katherine) 1378.*[129] Die unterschiedlichen Jahreszahlen resultieren aus differierenden Bezugspunkten im *Gro-*

[121] Ebd., fol. 8ᵛ/9ʳ.

[122] Vgl. Denifle: Die Dichtungen Rulman Merswins 1880 (Anm. 14), S. 509, Anm. 2.

[123] Strauch 1885 (Anm. 32), S. 461.

[124] Dementsprechend verwendet Strauch für das *bůch von der fúrkommenen gnoden vnd von der verdienlichen gnoden* das Kürzel „R = Ruy[s]broek-Excerpt". Siehe das Abkürzungsverzeichnis in: Sieben Traktate (Anm. 1), S. 96.

[125] Großes Deutsches Memorial, fol. 122ʳ: *Dis ist gar eine gewore fruhtbere nútze lere genummen usser dem anefange des brutlouf bůchelins, das ein lieber heiliger waltpriester in brobant schreip, heisset brůder Johans von Rúsebrůch vnd sante es her us in oberlant den gottes frúnden des jubel iores do men zalete von gottes gebúrte dritzehundert vnd fünftzig ior.*

[126] Vgl. oben, Anm. 45.

[127] Siehe dazu bereits Wolfgang Eichler: Jan van Ruusbroecs ‚Brulocht' in oberdeutscher Überlieferung. Untersuchungen und kritische Textausgabe. München 1969 (Münchener Texte und Untersuchungen zur deutschen Literatur des Mittelalters. 22), S. 37f.

[128] Sieben Traktate 1927 (Anm. 1), S. IX.

[129] Davon leicht verschieden ist die Überschrift zur Inhaltsangabe des Traktats, S. X: *Von zweier bayrischen Klosterfrauen Leben, Margret und Katherine 1378.* Die Überschrift zum edierten Traktat (ebd., S. 1) ist dagegen mit der Angabe im Inhaltsverzeichnis identisch.

ßen Deutschen Memorial. Die Lebensdaten der beiden Klosterfrauen hat Strauch aus dem Inhalt des Traktats erschlossen. Beide Protagonistinnen waren laut Traktatanfang bei ihrem Klostereintritt im Jahr 1315 dreizehn Jahre alt und verbrachten laut Traktatschluss bis zu ihrem Tod vierzig Jahre im Kloster.[130] Die Jahreszahl 1378 bezieht sich dagegen auf die einleitende Rubrik,[131] derzufolge Rulman Merswin den ihm vom ‚Gottesfreund im Oberland' zugesandten Text in dieser Zeit für die Johanniter des ‚Grünen Wörth' in eine Wachstafel übertragen habe.

2.1.3. „Gelegentliche hübsche Gedanken": Strauchs inhaltlicher Überblick über die sieben Traktate und Lektionen

Auf Strauchs Inhaltsangabe zum *Großen Deutschen Memorial* folgt ein inhaltlicher Überblick über die sieben von ihm edierten Traktate, den er mit Bemerkungen zur literarischen Qualität der Texte anreichert.[132] Zwar nennt Strauch seine Bewertungskriterien nicht explizit; aus seinen Ausführungen lässt sich jedoch erschließen, dass er das Niveau der Texte umso höher einschätzt, je mehr sie sich von den typisierten, bereits von Denifle als ‚schablonenhaft'[133] geschmähten Erzählmustern der ‚Gottesfreundliteratur' entfernen und stattdessen didaktische Elemente aus der spekulativen Mystik integrieren. Beispielhaft ist etwa Strauchs Kommentar zum Traktat *Das Fünklein in der Seele*:

> II ist von anderem Charakter als I; weder in der Überschrift noch gegen Schluß ist der Gottesfreund erwähnt. Das Problem ist tiefer erfaßt; gelegentliche hübsche Gedanken, die wortreich und sich wiederholend zum Ausdruck gebracht sind. Die Kennzeichen des Merswinschen Stiles verleugnen sich nicht, aber eine gehaltvolle Vorlage, die Tauleränhnliches Gepräge trägt, schimmert durch.[134]

Obgleich Strauch dem Traktat eine vergleichsweise hohe Qualität attestiert, stuft er die literarische Tätigkeit Merswins zugleich herab, indem er ihm unterstellt, einen – von Strauch vermuteten, jedoch nicht nachgewiesenen – taulernahen Prätext lediglich mit seinen charakteristischen Stilmitteln überformt zu haben.[135]

---

[130] Vgl. Sieben Traktate 1927 (Anm. 1), Traktat I, S. 1 und 20f.

[131] Ebd., S. 1.

[132] Ebd., S. X–XXI.

[133] Vgl. Denifle: Die Dichtungen Rulman Merswins 1880 (Anm. 14), S. 476, 481, 483, 495 u. ö. Strauch übernimmt diese Begrifflichkeit. Vgl. ders. 1885 (Anm. 32), S. 464, 465; ders. 1906 (Anm. 33), S. 215.

[134] Sieben Traktate 1927 (Anm. 1), S. XIII. Die römischen Zahlen beziehen sich auf Strauchs Nummerierung der Traktate. Mit ‚I' ist der weiter oben bereits erwähnte *Klosterfrauentraktat* gemeint.

[135] Sowohl Denifle als auch Strauch halten Merswin generell für literarisch zu inkompetent, um eigenständig Texte zu verfassen. Dieses Vorurteil hat insbesondere Konsequenzen für Strauchs Vergleich zwischen der Langfassung und der Kurzfassung des *Neunfelsenbuches*. Strauch beurteilt die in Merswins ‚Autograf' erhaltene Reinschrift der Langfassung aufgrund stilistischer Kriterien als eine Aufschwellung der älteren Kurz-

Strauch zufolge haben Merswins Eingriffe den ursprünglichen Bedeutungsgehalt seiner Quelle also zwar verdeckt, jedoch nicht zerstört. Aufschlussreich ist Strauchs Formulierung, dass „gelegentliche hübsche Gedanken“ durch Merswin „wortreich und sich wiederholend zum Ausdruck gebracht“ seien. Strauch schließt damit an seine früheren Beiträge zur ‚Gottesfreundliteratur‘ an, in denen er in Übereinstimmung mit Denifle deren ‚Gedankenarmut‘ kritisiert hatte, die durch den Rückgriff auf bereits vorhandene mystische Traktate kaschiert werde.[136] Dieser aus einem intellektuellen Defizit resultierende Aneignungsprozess korrespondiere mit Merswins „geschwätzige[m], an Wiederholungen reiche[m] Stil“.[137] Die inhaltlichen und rhetorischen Übereinstimmungen zwischen Merswins Schriften und den Traktaten, die in den Memorialbüchern dem ‚Gottesfreund im Oberland‘ zugewiesen werden, waren für Denifle ein wesentliches Argument zur Stützung seines ‚Betrugsparadigmas‘.

Dass Strauch den zurückliegenden Forschungsdiskussionen verhaftet bleibt, offenbart sich auch in seiner Feststellung, dass die ‚Gottesfreundliteratur‘ „den laienhaften Verfasser nicht verleugnen“[138] könne. Konkret bezieht er sich auf den *Dialog eines Klosterbruders mit einem jungen Priester namens Walther* sowie auf den *Klosterfrauentraktat*. Beide Texte würden, ohne dass Strauch dies näher erläutert, unwissentlich gegen die „klösterlichen Gepflogenheiten“[139] verstoßen. Damit verkennt Strauch allerdings das Desinteresse beider Schriften an einer Widerspiegelung realweltlicher Gegebenheiten. Vielmehr geht es in ihnen in je unterschiedlicher Weise darum, eine als Zweierbeziehung konzipierte *amicitia spiritualis* mit der *vita communis* einer klösterlichen Gemeinschaft zu vermitteln. Eingebunden ist diese Problematik in das textübergreifende literarische Konzept der ‚Gottesfreundschaft‘, das die beiden omnipräsenten Stifterfiguren exemplarisch verwirklichen und das in den zahlreichen Einzeltexten in Variationen durchgespielt wird.

---

fassung. Siehe dazu Strauch 1902 (Anm. 7), bes. S. 236, 261, 269–285. Strauchs Edition der Langfassung (Merswins Neun-Felsen-Buch 1929 [Anm. 2]) setzt diese Verhältnisbestimmung voraus. Vgl. ebd., S. VIII, XV. Erst jüngst konnte Claudia Lingscheid anhand eines Vergleichs der Fassungsvarianten nachweisen, dass die Langfassung der vorgängige Text ist. Damit rückt Merswins Autorschaft für die Langfassung zumindest in den Bereich des Möglichen. Vgl. Lingscheid 2019 (Anm. 45), bes. S. 187–241.

[136] Vgl. Strauch 1885 (Anm. 32), S. 464.

[137] Vgl. das ausführlichere Zitat oben, Anm. 55.

[138] Sieben Traktate 1927 (Anm. 1), S. XIX. Siehe auch das Zitat oben, Anm. 55.

[139] Sieben Traktate 1927 (Anm. 1), S. XIX.

2.2. Die Traktatedition

2.2.1. Zur Reihenfolge der Traktate

Obgleich alle Texte aus dem *Großen Deutschen Memorial* stammen, spiegelt die Edition ihre strukturierte Anordnung innerhalb der Handschrift nur unvollständig wider.[140] Das liegt vor allem daran, dass sich die Traktatauswahl auf noch nicht publiziertes Material beschränkt. Daher stehen in der Edition Traktate unmittelbar hintereinander, die im *Großen Deutschen Memorial* durch andere Texte voneinander separiert sind. Dass die Traktatreihenfolge die Konzeption des Codex nur teilweise repräsentiert, liegt außerdem an zwei weiteren Entscheidungen Strauchs. Zum einen nummeriert er die Traktate mit römischen Ziffern von I bis VII. Diese Zählung erleichtert zwar die Orientierung innerhalb der Edition, ist jedoch nicht mit der Bezifferung der Traktate im *Großen Deutschen Memorial* deckungsgleich. Hier sind zumindest die sechzehn Traktate des ersten Teiles – von denen der Redaktor die ersten zwölf dem ‚Gottesfreund im Oberland', die letzten vier Rulman Merswin zuschreibt[141] – in der Rubrikentafel mit einer marginalen römischen Zählung versehen.[142] Diese Zählung wiederholt sich von fol. 10^r bis 130^r in der Kopfzeile jeder *recto*-Seite,[143] bevor mit den drei *materien* eine Kapitelzählung einsetzt.[144] Traktat I in Strauchs Edition – *Von zweier bairischen Klosterfrauen Leben (Margret und Katherine)* – ist im *Großen Deutschen Memorial* Traktat IV.[145] Zum anderen behält Strauch die Reihenfolge der Traktate im Codex nicht durchgängig bei, sondern zieht den *Dialog eines Klosterbruders mit einem jungen Priester namens Walther* vor. Die folgende Übersicht zeigt die Differenzen zwischen Handschrift und Edition hinsichtlich der Traktatanordnung:

Traktatbezeichnung (nach Strauchs Inhaltsverzeichnis zur Edition)	Römische Zählung und Seitenangabe in Strauchs Edition	Römische Zählung und Blattangabe im *Großen Deutschen Memorial*
Von zweier bairischen Klosterfrauen Leben (Margret und Katherine) 1378	I (S. 1–21)	IIII (fol. 61^v–69^v)
Das Fünklein in der Seele	II (S. 21–35)	VII (fol. 81^v–87^r)

[140] Siehe zur Struktur des *Großen Deutschen Memorials* ansatzweise Janota 2004 (Anm. 19), S. 134–139. Eine detaillierte Analyse der komplexen Gesamtkonzeption steht noch aus.

[141] Vgl. Großes Deutsches Memorial, fol. 8^v.

[142] Vgl. ebd., fol. 8^r–9^r.

[143] Zudem steht sie marginal am Anfang des jeweiligen Traktats.

[144] Siehe dazu auch oben bei Anm. 113.

[145] Vgl. Großes Deutsches Memorial, fol. 62^r–69^r (jeweils auf der *recto*-Seite; Schreibung: IIII).

Lektion an einen jungen Ordensbruder 1345	III (S. 35–41)	VIII (fol. 87ʳ–89ʳ)
Von einem eigenwilligen Weltweisen und einem Waldpriester 1338	IV (S. 42–60)	IX (fol. 89ʳ–96ʳ)
Dialog eines Klosterbruders mit einem jungen Priester namens Walther 1347	V (S. 60–84)	Ohne Zählung (fol. 262ᵛ–272ʳ)
Die sieben Werke des Erbarmens	VI (S. 85–92)	XV (fol. 119ʳ–122ʳ)
Nützliche Lehre an eine Jungfrau, mit vorangehendem Gebet	VII (S. 93–96)	Ohne Zählung (fol. 272ʳ–273ʳ)

Im Unterschied zu den nummerierten Traktaten im *Großen Deutschen Memorial* gehören die beiden Traktate ohne Zählung nicht der ursprünglichen Zusammenstellung von sechzehn Prosatexten an, sondern entstammen einer Sammlung von vier weiteren Kurztexten, die auf die drei *materien* folgt.[146] Durch Strauchs Umstellung wird der originäre Zusammenhang der drei Textgruppen (sechzehn Traktate, drei *materien*, vier weitere Kurztexte), der auf eine sukzessive Erstellung des Codex schließen lässt,[147] aufgelöst, denn der *Dialog eines Klosterbruders*, der zu der zuletzt hinzugefügten Gruppe gehört und unmittelbar vor der *Nützlichen Lehre an eine Jungfrau* steht, wird in Strauchs Edition den Traktaten der ersten Gruppe zugeordnet. Eine Begründung für seine Umstellung gibt Strauch nicht. Zu vermuten ist allerdings, dass er die thematische Verbindung zwischen den Traktaten II bis V (nach seiner Zählung) herausstreichen möchte. Denn in ihnen geht es jeweils um das Mentorenverhältnis zwischen einem vollkommenen ‚Gottesfreund' und einem zu unterweisenden Aspiranten.

Strauchs Entscheidungen hinsichtlich der Traktatreihenfolge sind in Hinblick auf die Übersichtlichkeit seiner Edition durchaus nachvollziehbar. Die Einbindung der Traktate in den vielschichtigen ‚Makrotext'[148] des *Großen Deutschen Memorials* lässt sich aus ihr jedoch nicht erschließen.

2.2.2. Zur typografischen Gestaltung der Edition und zu Strauchs Editionskriterien

Strauch legt seine Editionskriterien nicht gesondert dar; daher müssen sie durch einen Vergleich seines Editionstextes mit dem *Großen Deutschen Memorial* erschlossen werden. Die folgenden Bemerkungen beziehen sich zunächst (a) auf die typografische Gestaltung der Edition, danach (b) auf den Editionstext und abschließend (c) auf den Apparat.

---

[146] Vgl. Fasching 2018 (Anm. 8), S. 176–185. Siehe zu den drei *materien* auch oben bei Anm. 112.

[147] Vgl. oben, Anm. 112.

[148] Diesen Begriff verwendet Lauper 2021 (Anm. 8) für das *Briefbuch*. Er gilt jedoch ebenso für das *Große Deutsche Memorial*.

(a) In typografischer Hinsicht ist die Edition sehr übersichtlich aufbereitet. Über jedem Traktat steht zunächst ein neuhochdeutscher Titel in Fettdruck. Darunter folgt die jeweilige Rubrik, die durch Einrückung und eine Leerzeile vom eigentlichen Traktat abgesetzt wird. Der Editionstext ist durchgängig – inklusive der Rubriken – mit einer Zeilenzählung versehen. Die Blattangaben stehen in runden Klammern im Text.[149] Da die Traktate in der Handschrift stets mitten auf der Seite beginnen, befindet sich die erste Angabe in der Regel nicht am Traktatbeginn, sondern beim ersten Seiten- bzw. Blattumbruch. Eine Ausnahme stellen die beiden Traktate dar, die nicht zur ursprünglichen Textsammlung gehören (*Dialog eines Klosterbruders*, *Nützliche Lehre an eine Jungfrau*). Hier werden die Blattzahlen bereits zu Beginn der Rubrik eingefügt.[150] Die von Strauch eingeführte römische Zählung steht – ähnlich der Zählung im *Großen Deutschen Memorial* – jeweils in der Kopfzeile.

(b) Der Editionstext ist abgesehen von einigen generellen Vereinheitlichungen sowie einer Reihe von Textbesserungen handschriftengetreu; als Textgrundlage dient das *Große Deutsche Memorial*.[151] Dass der edierte Text trotz dieser – dem Konzept der ATB entsprechenden[152] – Handschriftennähe über die im Apparat nachgewiesenen Emendationen hinaus eine größere Anzahl von meist orthografischen, manchmal auch semantischen Abweichungen gegenüber der Vorlage aufweist, dürfte auf Transkriptionsfehler Strauchs zurückzuführen sein. Nach seiner eigenen Auskunft beruht die Edition ja auf einer vor langer Zeit angefertigten Abschrift des *Großen Deutschen Memorials*.[153] Deren erneuter Abgleich mit dem Straßburger Codex war Strauch sowohl aus Altersgründen als auch aufgrund der aktuellen politischen Situation nicht möglich. Dieser Verzicht auf eine der Drucklegung vorausgehende Transkriptionskontrolle macht sich – wie die folgenden Ausführungen zeigen werden – bei der Textkonstitution und den Apparateinträgen in mehrfacher Hinsicht bemerkbar.

Groß- und Kleinschreibung sind dahingehend vereinheitlicht, dass Eigennamen und Orte stets großgeschrieben werden, während Satzanfänge – außer zur Einleitung einer Rubrik, am Traktatanfang und am Beginn von Absätzen – durchgängig kleingeschrieben sind. Dies stellt eine deutliche Abweichung von der Schreibung der Traktate im *Großen Deutschen Memorial* dar, in dem Majuskeln regelmäßig zur Markierung von Satzanfängen dienen. Leicht reguliert werden Zusammen- und Getrenntschreibung. Dies betrifft vor allem Komposita, deren Bestandteile im *Großen Deutschen Memorial* häufig auseinandergeschrie-

[149] Hier ist in der Edition an zwei Stellen ein Fehler unterlaufen. Zum einen fehlt auf S. 39, Z. 15 die Angabe des Seitenumbruchs. Richtig wäre: *so* (88[b]) *das nuwent.* Zum anderen wird auf S. 57, Z. 4 die falsche Blattzählung (96[a]) eingefügt. Richtig wäre: *frölichen* (95[a]) *geberden.*

[150] Vgl. Sieben Traktate 1927 (Anm. 1), S. 60 (*Dialog eines Klosterbruders*, fol. 262[v]) und S. 93 (*Nützliche Lehre an eine Jungfrau*, fol. 272[r]).

[151] Zur Signatur siehe oben, Anm. 46.

[152] Vgl. Kiening 2005 (Anm. 41), S. 86.

[153] Vgl. oben bei Anm. 78.

ben werden. So korrigiert Strauch beispielsweise *closter frowen* zu *closterfrowen*, *minnē turst* zu *minnenturst* oder *hertze liebe* zu *hertzeliebe*.[154] Im Falle von Verben mit vorangehender Partikel wie *us sprechen* oder *ane vohen*[155] behält Strauch die Getrenntschreibung der Handschrift bei. Abbreviaturen – auch *dz* (= *daz*) und *wz* (= *waz*) – werden grundsätzlich aufgelöst; außerdem sind zur besseren Lesbarkeit u/v-Ausgleich und i/j-Ausgleich durchgeführt. Die Interpunktion orientiert sich an modernen syntaktischen Kriterien.

Fehlende Nasalstriche werden von Strauch zweimal stillschweigend ergänzt;[156] Gleiches gilt für einen ausgelassenen *er*-Haken.[157] Allerdings verfährt Strauch nicht ganz einheitlich. So korrigiert er an anderer Stelle *mensche* zu *menschen* und macht dazu einen entsprechenden Apparateintrag.[158] Mehrfach setzt er den fehlenden Nasal in eine runde Klammer, um auf seine Ergänzung hinzuweisen.[159] Zweimal korrigiert Strauch Dittografien ohne Kennzeichnung seines Eingriffs.[160]

Korrigierende Hinzufügungen zum Text setzt Strauch in runde Klammern. Dabei kann es sich um einzelne Buchstaben[161] ebenso handeln wie um längere Wortbestandteile[162] oder um komplette Wörter.[163] Nur ausnahmsweise macht er stattdessen einen Apparateintrag.[164] Nicht in allen Fällen erscheinen Strauchs Zusätze sinnvoll. Dies betrifft zunächst eine Passage aus dem *Klosterfrauentraktat*. Im Gespräch darüber, ob die beiden Protagonistinnen nach der Auffindung eines übernatürlichen Zeichens durch ihre Mitschwestern diesen ihr Gnadenleben offenbaren sollen, rät ihnen der gemeinsame Beichtvater:

> *duhte es úch gůt sin und gebe es úch got zů tůnde, sider das sú doch befunden hant von den roten rosenschappellen, so were mir liep, das ir in durch der gemeinde besserunge* (64[b]) *(und) der frowen heimeliche und in bihte wis dar von sagen soltent, wie es úch* [...] *ergangen ist* [...].[165]

---

154 Sieben Traktate 1927 (Anm. 1), S. 1, Z. 1f.; S. 88, Z. 3; S. 93, Z. 15.

155 Ebd., S. 85, Z. 9f.; ebd., Z. 20f.

156 Ebd., S. 10, Z. 34: *mangelen* (fol. 65[v], Z. 13: *magelen*); S. 14, Z. 28: *anders* (fol. 67[r], Z. 23: *aders*).

157 Ebd., S. 19, Z. 17: *unsers* (fol. 69[r], Z. 8: *vnſs*).

158 Ebd., S. 43, Z. 27 (zu fol. 90[r], Z. 3).

159 Ebd., S. 68, Z. 9: *rette(n)t* (fol. 265[v], Z. 17: *rettet*); S. 81, Z. 1: *habe(n)* (fol. 270[v], Z. 9: *habe*); S. 81, Z. 16: *min(n)e* (fol. 270[v], Z. 21: *mine*).

160 Ebd., S. 17, Z. 18: *ouch* (fol. 68[r], Z. 27: *ouch ouch*); S. 52, Z. 19: *lidender* (fol. 93[r], Z. 25: *lidender lidender*).

161 Ebd., z. B. S. 24, Z. 36: *sinneliche(r)*; S. 42, Z. 1: e*(i)ginwilligen*; S. 45, Z. 25: *solt(u)*.

162 Ebd., z. B. S. 11, Z. 33f.: „*alse do vor in dem anefan(ge) geschriben stot*". In der Handschrift ist dem Schreiber hier aufgrund eines Zeilenumbruchs ein Fehler unterlaufen: *alse do vor in dem anefan-/geschriben stot* (fol. 66[r], Z. 5f.). Siehe z. B. auch S. 45, Z. 24: *har(te)*.

163 Ebd., z. B. S. 25, Z. 1: (*wurt*); S. 29, Z. 27: (*ist*); S. 31, Z. 28: (*mőge*).

164 Ebd., S. 47, Z. 17: „*und in diser wise*". Der Apparateintrag lautet: 17 *dise*. Siehe in der Hs. fol. 91[r], Z. 36.

165 Ebd., S. 8, Z. 2–8. Vgl. Großes Deutsches Memorial, fol. 64[r], Z. 40–fol. 64[v], Z. 3.

Zwar scheint hier die Syntax gestört zu sein; Strauchs ergänzendes ‚und' trägt jedoch nichts zu einer besseren Verständlichkeit bei.[166] Problematisch sind außerdem die folgenden beiden Zusätze Strauchs:

1. *und ich bitte úch, das ir den tot unsers herren (an mir eren) wellent.* Hier wirkt die Ergänzung textverfälschend, denn in der Handschrift steht: *Vnd ich bitte úch das ir den tot vnsers herren wellent eren.*[167]
2. *und (von) dirre heiligen frőlichen wunnen schribet uns sancte Bernhart.* Hier beruht der Einschub auf einer Verlesung Strauchs. Die Handschrift hat: *Von dirre heiligen* [...].[168]

Beachtenswert ist außerdem ein Einschub Strauchs, der sich auf die rigiden Selbstkasteiungspraktiken der beiden Klosterfrauen bezieht. Die entsprechende Passage berichtet, dass sie sich so heftig geißeln, *das in das blůt umb und umb úber (und) abe flos.*[169] Das ergänzende ‚und' revidiert Strauch an späterer Stelle in einem Apparateintrag.[170]

Überflüssige Textbestandteile – sowohl Einzelbuchstaben als auch ganze Wörter – setzt Strauch in eckige Klammern.[171] Zumindest an einer Stelle dürfte das als ‚entbehrlich' markierte Wort für das angemessene Verständnis der Aussage jedoch unabdingbar sein. Die Passage gehört zur Belehrung eines ‚eigenwilligen Weltweisen' durch einen ‚Waldpriester' und lautet in Strauchs Edition:

> [...] *und rehte in aller wise alse got vormoles in din selbes eiginwilliger sinnelicher vernunft [din] ist gesin, alse můst du dich nů umbe keren und můst dich nů ime rehte alzů mole wider umbe zů eigin geben mit gantzeme willen untze in den tot* [...].[172]

Inhalt der Passage ist die mit der Aufgabe des Eigenwillens einhergehende Umkehr von geistlichen ‚Besitzverhältnissen': Gott als vom Menschen erschaffene und daher in seiner Imagination als ‚Eigentum' verfügbare Vorstellung muss losgelassen werden zugunsten einer Selbstübereignung an den ‚wirklichen', d. h. außerhalb jeder menschlichen Verfügbarkeit stehenden Gott. Das prädikativ verwendete Possessivpronomen *dîn* bringt das verkehrte, letztlich auf menschlicher Selbstüberhebung beruhende ‚Besitzverhältnis' zum Ausdruck.

---

166 Plausibler erschiene mir: *so were mir liep, das ir [] durch der gemeinde besserunge (64^{b}) de[n] frowen heimeliche und in bihte wis dar von sagen soltent.*

167 Sieben Traktate 1927 (Anm. 1), S. 9, Z. 29f. Großes Deutsches Memorial, fol. 65^{r}, Z. 16f.

168 Sieben Traktate 1927 (Anm. 1), S. 74, Z. 10f. Großes Deutsches Memorial, fol. 267^{v}, Z. 42f.

169 Sieben Traktate 1927 (Anm. 1), S. 12, Z. 33. Großes Deutsches Memorial, fol. 66^{r}, Z. 41.

170 Sieben Traktate 1927 (Anm. 1), S. 19. Zu der Stelle *das in das blůt umb und umbe úber abe flos* (Z. 26f.; Großes Deutsches Memorial, fol. 69^{r}, Z. 16f.) merkt er an: „27 *úber abe*, vgl. *12, 33*, wo der Einschub von *unde* [!] wohl voreilig war."

171 Sieben Traktate 1927 (Anm. 1), z. B. S. 82, Z. 2: *erhitze[n]t*; S. 25, Z. 14: *[sich]*; S. 27, Z. 1: *[alse sú]*.

172 Ebd., S. 48, Z. 3–8.

Innerhalb des *Dialogs eines Klosterbruders mit einem jungen Priester namens Walther* scheint der Text an mehreren Stellen unvollständig oder zumindest elliptisch zu sein, ohne dass Strauch darauf eingeht. Es handelt sich um folgende drei Passagen:

1. *und in disen selben gedencken wart, do viel ime in und gedohte in ime selber.*[173] Vollständig müsste der Satzbeginn lauten: *und do er in disen* [...].
2. *und in disen selben gedencken wart, do viel diseme selben súndigen brůder ein grosser ruwe in.*[174] Hier gilt das Gleiche.
3. *an stette wart, do umbving der alte heilige brůder den jungen súndigen brůder.*[175] Hier bleibt die Bedeutung des Satzanfangs unklar.

Zum Schluss sei noch angemerkt, dass durch einen Apparateintrag dokumentierte Eingriffe im Editionstext nicht typografisch markiert sind. Nur an einer Stelle wird ein Überlieferungsfehler durch Kursivierung hervorgehoben.[176]

(c) Strauchs Apparat ist sehr reduziert. Wie im Editionstext sind Abbreviaturen auch hier aufgelöst.[177] Hinsichtlich der Apparateinträge fällt ihre Inkonsequenz auf. So bleibt unklar, warum Korrekturen in der Handschrift nur sporadisch dokumentiert werden.[178] In den meisten Fällen finden sie keine Erwähnung.[179] Missverständlich ist der Eintrag: „nach *und*: *in* oder *m̀* getilgt."[180] Denn anders als suggeriert wird, handelt es sich nicht um eine Korrektur in der Handschrift, sondern um die von Strauch vorgenommene Tilgung eines von ihm als überflüssig erachteten Wortes.[181] Diskutabel ist zudem ein weiterer auf eine Textbesserung bezogener Eintrag. Er lautet: „*ein gemahel, l* nachträglich hineingebessert, vorher *gemahen*?"[182] An der entsprechenden Stelle ist jedoch nur der unbe-

[173] Sieben Traktate 1927 (Anm. 1), S. 61, Z. 21f. Großes Deutsches Memorial, fol. 263ʳ, Z. 11f.

[174] Sieben Traktate 1927 (Anm. 1), S. 61, Z. 28–30. Großes Deutsches Memorial, fol. 263ʳ, Z. 17–19.

[175] Sieben Traktate 1927 (Anm. 1), S. 62, Z. 22f. Großes Deutsches Memorial, fol. 263ᵛ, Z. 1–3.

[176] Sieben Traktate 1927 (Anm. 1), S. 48, Z. 21–23: [...] *das ir noch nie berůret wurdent an den ŏberen kreften noch* trift *dem úbernatúrlichen liehte des heiligen geistes* [Kursivierung hier recte]. Vgl. Großes Deutsches Memorial, fol. 91ᵛ, Z. 28f. Strauchs Apparateintrag lautet: „22 *trift*] die Überlieferung scheint mir verderbt." Laut Lexer, Bd. 2, Sp. 1513, bedeutet das stf. *trift* u. a. ‚Tun, Treiben, Art und Weise, Lebensweise'.

[177] Vgl. den Eintrag zu S. 80, Z. 24: *kumme*. Die Handschrift hat *kūme* (fol. 270ʳ, Z. 38); Strauch korrigiert im Editionstext zu *kummen*.

[178] Sieben Traktate 1927 (Anm. 1), S. 28, Apparateintrag zu Zeile 19 (Hinweis auf eine Streichung); S. 62, Apparateintrag zu Zeile 19 (Hinweis auf einen ausradierten Buchstaben).

[179] Dies betrifft Streichungen, Randnachträge, nachträglich ergänzte Buchstaben und Wortergänzungen über oder unter der Zeile.

[180] Sieben Traktate 1927 (Anm. 1), Eintrag zu S. 20, Z. 34. Vgl. Großes Deutsches Memorial, fol. 69ᵛ, Z. 11.

[181] Es dürfte sich um das Personalpronomen *in* handeln. An anderen Stellen setzt Strauch überflüssigen Text in eckige Klammern. Siehe oben bei Anm. 171.

[182] Sieben Traktate 1927 (Anm. 1), Eintrag zu S. 78, Z. 20. Vgl. Großes Deutsches Memorial, fol. 269ᵛ, Z. 14.

stimmte Artikel nachträglich über der Zeile ergänzt. Danach steht *gemaheli*, ohne dass ein Eingriff des Schreibers erkennbar ist.

Zu den Rubriken wird im Apparat jeweils angemerkt: „die Überschrift rot". Im ersten Apparateintrag zur *Nützlichen Lehre an eine Jungfrau* erfolgt ein zusätzlicher Hinweis auf die blaue Lombarde zu Beginn der Rubrik.[183] Auf weitere textstrukturierende Merkmale im *Großen Deutschen Memorial* geht Strauch nicht ein.[184] Vereinzelt enthält der Apparat Worterläuterungen;[185] diese befinden sich jedoch größtenteils in den Anmerkungen. Häufiger entscheidet sich Strauch bei möglichen Überlieferungsfehlern gegen einen Texteingriff und formuliert stattdessen im Apparat einen Korrekturvorschlag, z. B. „lies *got*?";[186] „lies *unbehőrliche*?".[187] Nicht jeder dieser Einträge – auf deren detaillierte Diskussion hier verzichtet werden soll – erscheint unbedingt notwendig.[188]

Abgesehen von wenigen stillschweigenden Eingriffen in den Editionstext und durch runde oder eckige Klammern gekennzeichnete Korrekturen weist Strauch Änderungen gegen den überlieferten Text durch Apparateinträge nach. Wie das folgende Beispiel zeigt, lässt sich über diese Eingriffe vereinzelt diskutieren: Zu Beginn des Traktats *Von einem eigenwilligen Weltweisen und einem Waldpriester* wird der für die ‚Gottesfreundliteratur' charakteristische Imperativ der Unterwerfung unter einen geistlich vollkommenen Menschen formuliert. Alle Bekehrungswilligen sind daher dazu aufgerufen, *das sú alles ir leben und alle ire űbungen ordent und wúrckent in gehorsame usser gotte und usser einre gőttelichen personen, der sú getrúwen mőgent an gottes stat.*[189] Im *Großen Deutschen Memorial* wird der abschließende Relativsatz – wie Strauch im Apparat nachweist – mit *dem* eingeleitet (*dem sú getrúwen mőgent*).[190] Ein solcher Wechsel

---

183 Sieben Traktate 1927 (Anm. 1), Eintrag zu S. 93, Z. 1: „die Überschrift rot, die Initale [!] *D* blau."

184 Dies betrifft die roten Lombarden, die jeweils den Traktatbeginn markieren, aber auch innerhalb der Texte als Gliederungselemente eingesetzt werden – beispielsweise um den Beginn eines ‚Textes im Text' zu kennzeichnen (so im Traktat *Das Fünklein in der Seele*, in dem der *altvatter* seine Unterweisung schriftlich niederlegt und dem *jungen brůder* vorliest; vgl. Großes Deutsches Memorial, fol. 82v, Z. 23) oder um Zählungen hervorzuheben (so im Traktat *Die sieben Werke des Erbarmens*; vgl. Großes Deutsches Memorial, fol. 119r–122r). Ebenso unerwähnt bleibt die Markierung von Inquitformeln durch rote Unterstreichung bzw. rote Schreibung (u. a. im Traktat *Das Fünklein in der Seele*; vgl. Großes Deutsches Memorial, fol. 82rv). Auch auf die Traktatzählung der Handschrift erfolgt kein Hinweis. Vgl. dazu oben ab Anm. 140.

185 Sieben Traktate 1927 (Anm. 1), Eintrag zu S. 35, Z. 8: „*lere* ‚lerne'"; Eintrag zu S. 80, Z. 38: „*der* = *dar*"; Eintrag zu S. 81, Z. 8: „*westunge* = *wüestunge*".

186 Sieben Traktate 1927 (Anm. 1), Eintrag zu S. 59, Z. 17. In der Hs. steht (fol. 95v, Z. 33): *die wort sint durch gůt beschehen.*

187 Sieben Traktate 1927 (Anm. 1), Eintrag zu S. 95, Z. 21. In der Hs. steht (fol. 273r, Z. 5): „*vnbekőrliche ding*".

188 Als Beispiel sei nur Strauchs Eintrag zu S. 42, Z. 25 genannt: „lies *ordenent*?" Im Text steht die gängige kontrahierte Form *ordent*. Vgl. Großes Deutsches Memorial, fol. 89v, Z. 16.

189 Sieben Traktate 1927 (Anm. 1), S. 42, Z. 24–27.

190 Großes Deutsches Memorial, fol. 89v, Z. 17.

zwischen grammatischem und natürlichem Geschlecht, den Strauch hier zugunsten des grammatischen Geschlechts nivelliert, kann im Sinne einer genderbezogenen Ausrichtung des Gehorsamstopos durchaus intendiert sein.[191]

Ein Kuriosum ist eine ganze Reihe von Apparateinträgen, die scheinbar auf Texteingriffe hinweisen, tatsächlich aber ins Leere laufen, weil der ‚korrigierte' Editionstext mit dem handschriftlich überlieferten Text identisch ist. Insgesamt gibt es acht dieser Apparateinträge, die einen im *Großen Deutschen Memorial* gar nicht vorhandenen Fehler dokumentieren:

1. Editionstext (S. 39, Z. 33f.): *in wol geordenter langmuͤtikeit.*
   Apparateintrag: *geordenten* (zu Z. 34).
   Großes Deutsches Memorial (fol. 88v, Z. 15f.): *in wol geordenter langmuͤtikeit.*
2. Editionstext (S. 42, Z. 21): *mit einre froͤlichen lidigen fridelichen conscientzien.*
   Apparateintrag: *eime.*
   Großes Deutsches Memorial (fol. 89v, Z. 13): *mit einre froͤlichen lidigē fridelichen conscientzien.*
3. Editionstext (S. 43, Z. 4): *und sumet und irret sich selber.*
   Apparateintrag: *sinnet.*
   Großes Deutsches Memorial (fol. 89v, Z. 25f.): *vn̄ sumet vn̄ irret sich selber.*[192]
4. Editionstext (S. 44, Z. 9–11): *so getorste ich dir wol geroten, das du ettewas wises goͤtteliches rotes fúrbasser nuͦ me suͦchtest danne du noch gehebet hest.*
   Apparateintrag: *nuͦ me*] *niuͦne* (zu Z. 10).
   Großes Deutsches Memorial (fol. 90r, Z. 20): *fúrbasser nuͦme suͦchtest.*[193]
5. Editionstext (S. 52, Z. 30f.): *und wurst du ouch dis in dir gewar.*
   Apparateintrag: *dis*] *dir* (zu Z. 30).
   Großes Deutsches Memorial (fol. 93r, Z. 34): *Vnd wurst du ouch dis in dir gewar.*[194]
6. Editionstext (S. 60, Z. 20): *ist es nútzlich und guͦt, das men volge.*
   Apparateintrag: *das*] *des.*
   Großes Deutsches Memorial (fol. 96r, Z. 23f.): *ist es nútzlich vnd guͦt das men volge.*

---

[191] Zwar kommen in der ‚Gottesfreundliteratur' auch weibliche Figuren vor, die eine ratgebende Funktion ausüben, so etwa im Traktat *Von den beiden Klausnerinnen Ursula und Adelheid* (aufgeführt in Strauchs Inhaltsverzeichnis zum *Großen Deutschen Memorial*, S. IX). Ein Mentorenverhältnis, bei dem sich der Anfänger im geistlichen Leben dem Vollkommenen *an gottes statt* unterwirft, scheint jedoch auf die männlichen Figuren ausgerichtet zu sein.

[192] Hier sieht *sumet* abgesehen vom fehlenden i-Strich tatsächlich wie *sinnet* aus. Wahrscheinlich hat Strauch angenommen, dass der weit ausgezogene obere Bogen des Schaft-ſ den i-Strich verdeckt. Tatsächlich zeigt das zwei Zeilen oberhalb von *sumet* stehende Substantiv Plural *sinnen* jedoch, dass der Schreiber den i-Strich hier trotz des ausladenden ſ setzt, auch wenn er ihn nach rechts verschieben muss – möglicherweise, um Verwechslungen zwischen den Morphemen *sum* und *sinn* zu vermeiden.

[193] Strauchs Verlesung dürfte daraus resultieren, dass das Superskript nach rechts verschoben ist, da über dem ‹u› aufgrund der Unterlänge eines direkt darüber stehenden ‹g› kein Platz mehr war.

[194] Hier scheint ein ursprüngliches *dir* nachträglich zu *dis* korrigiert worden zu sein.

7. Editionstext (S. 73, Z. 30f.): *mit weler ůbunge sú kummen moͤge.*
   Apparateintrag: *kumme* (zu Z. 30).
   Großes Deutsches Memorial (fol. 267^{v}, Z. 28f.): *mit weler ůbūge sú kūmen moͤge.*
8. Editionstext (S. 93, Z. 9): *den selben bihter.*
   Apparateintrag: *selber.*
   Großes Deutsches Memorial (fol. 272^{r}, Z. 17): *den selben bihter.*

Vermutlich resultieren diese überflüssigen Apparateinträge aus Transkriptionsfehlern in Strauchs Abschrift des *Großen Deutschen Memorials.*

2.2.3. Zu Strauchs Anmerkungen

Bereits in der Einleitung erläutert Strauch die Zielsetzung seiner Anmerkungen. Sie „wollen auf den Zusammenhang der einzelnen Stücke mit den übrigen Gottesfreundschriften, soweit es Sprache und Stil betrifft, hinweisen".[195] Diese Fokussierung lässt den Einfluss von Denifles ‚Betrugsparadigma' erkennen, das im Wesentlichen auf den frappanten Übereinstimmungen zwischen den ‚Gottesfreundschriften' basiert. Sie waren für Denifle ausschlaggebend, um die Texte in ihrer Gesamtheit Rulman Merswin zuzuschreiben und den ‚Gottesfreund im Oberland' als ‚Mystifikation' zu erweisen.

Aufgrund seiner klaren Struktur[196] und seiner Knappheit wirkt der Anmerkungsteil auf den ersten Blick sehr übersichtlich. Dies täuscht jedoch, da er von den Nutzern der Edition tatsächlich erhebliche Entschlüsselungsarbeit verlangt. Insbesondere gilt dies für die Verweise auf inhaltliche, stilistische und sprachliche Parallelen mit anderen ‚Gottesfreundschriften', denn Strauch verwendet für die ‚Gottesfreundliteratur' grundsätzlich Kürzel, die zwar unter ‚Abkürzungen für die einzelnen Schriften' aufgeführt sind,[197] sich aber nur teilweise wirklich auf Einzelschriften beziehen (z. B. ‚B = Bannerbüchlein'). Für manche Texte wird dagegen eine Gesamtpublikation angegeben (z. B. ‚NvB = Nicolaus von Basel, ed. Schmidt'), so dass der Nutzer selbst herausfinden muss, um welche Schrift es sich handelt. Die folgenden beiden Beispiele verdeutlichen die Problematik.

> In einer Passage des *Klosterfrauentraktats* findet sich der Begriff *kleinoͤter.* Strauchs Anmerkung dazu lautet: „3,18 *kleinoͤter* auch NvB 101,22, s. Schmidt, Hist. Wb. der elsäss. Mundart 197^{b}; Zeitschrift f. deutsche Philologie 32, 426 zu V. 242."[198] Die Angabe zu ‚NvB' bezieht sich auf den Traktat *Von den zwei fünfzehnjährigen Knaben* in Schmidts Publikation.[199] Die beiden anderen Hinweise rekurrieren auf Schmidts *Historisches Wörterbuch der elsässischen Mundart* (Lemma ‚Kleinot, Kleinöter, Kleinat, Klei-

195 Sieben Traktate 1927 (Anm. 1), S. VIII.

196 Die Anmerkungen sind auf sieben kurze Blöcke verteilt, von denen jeder einem der edierten Traktate zugeordnet ist.

197 Vgl. Sieben Traktate 1927 (Anm. 1), S. 96.

198 Ebd., S. 97.

199 Die Zeilenzählung stammt von Strauch.

net')[200] und auf Albert Leitzmanns Belege zur elsässischen Form *kleinæter* in seinen *Bemerkungen zu Kisteners Jakobsbrüdern*.[201]
Ebenfalls im *Klosterfrauentraktat* findet sich der Begriff *mannespersone*. Strauchs Anmerkung dazu lautet: „4,3 *mannespersone* auch GF 39,1." Das Kürzel ‚GF' steht für Schmidts Monografie *Die Gottesfreunde im vierzehnten Jahrhundert*. Die angegebene Stelle bezieht sich auf das vierte Kapitel des *Pflegermemorials*, das Schmidt allerdings nur *Memorial* nennt.[202]

Abgesehen von den zahlreichen Hinweisen auf gleichlautende Passagen in anderen ‚Gottesfreundschriften' beinhalten die Anmerkungen Worterklärungen,[203] den Nachweis von Bibelstellen und Autoritätenzitaten,[204] aus textinternen Angaben errechnete Datierungen[205] sowie vereinzelte Forschungshinweise.[206] Insgesamt bleibt ihr Informationsgehalt jedoch sehr reduziert. Von einem Stellenkommentar, der die inhaltliche Komplexität der ‚Gottesfreundliteratur' im Kontext der religiösen Literatur des 14. Jahrhunderts erschließt und auch ‚Uneingeweihten' einen Zugang zum Schrifttum des ‚Grünen Wörth' eröffnet,[207] sind Strauchs Anmerkungen jedenfalls weit entfernt.

Trotz einer Reihe von Nachlässigkeiten eignet sich Strauchs Editionstext bis heute als Grundlage für eine inhaltliche Auseinandersetzung mit den sieben Traktaten. Die weiteren Bestandteile der Edition sind allerdings nur noch von historischem Interesse.

---

200 Historisches Wörterbuch der elsässischen Mundart. Mit besonderer Berücksichtigung der früh-neuhochdeutschen Periode. Aus dem Nachlasse von Charles Schmidt. Straßburg 1901, S. 197, Sp. b.

201 In: Zeitschrift für deutsche Philologie 32, 1900, S. 422–430, hier S. 426.

202 Vgl. Schmidt 1854 (Anm. 16), S. 34 („Auszüge aus dem Memorial"). Dass es sich um das *Pflegermemorial* handelt, geht u. a. aus der Publikation von Christiane Krusenbaum-Verheugen hervor. Vgl. dies. 2013 (Anm. 3), S. 143f.

203 Sieben Traktate 1927 (Anm. 1), z. B. S. 98: „5,19: *gehalten* ‚aufbewahrt'."

204 Strauch gibt auch an, wenn ein Zitat nicht auffindbar ist. Siehe z. B. den Eintrag zu S. 76, Z. 31 (Sieben Traktate 1927 [Anm. 1], S. 103).

205 Sieben Traktate 1927 (Anm. 1), z. B. S. 97: „3,7 1332." Im Traktat findet sich an der entsprechenden Stelle die Angabe, dass die beiden Klosterfrauen ihr Gnadenleben bis zum dreißigsten Lebensjahr verborgen halten. Da sie laut Traktatanfang im Jahr 1315 mit dreizehn Jahren in den Orden eingetreten sind, ergibt sich die Datierung 1332. Siehe auch oben bei Anm. 130.

206 Siehe z. B. die Anmerkung zu S. 2, Z. 34 (Sieben Traktate 1927 [Anm. 1], S. 97): „Über die Sechs- und Siebenzahl der Werke des Erbarmens s. die Anm. zu Nr. VI und Banz, Christus und die minnende Seele S. 123." Da Strauchs Edition keine Bibliografie enthält, ist die Vervollständigung des Literaturhinweises dem Nutzer überlassen. Vgl. Romuald Banz: Christus und die Minnende Seele. Zwei spätmittelhochdeutsche mystische Gedichte. Im Anhang ein Prosadisput verwandten Inhaltes. Untersuchungen und Texte. Breslau 1908, S. 123.

207 Ein solcher Kommentar müsste vor allem die diskursiven Bezüge der ‚Gottesfreundliteratur' zu anderen religiösen Schriften herausarbeiten, ohne ihr zu unterstellen, realweltliche Gegebenheiten widerspiegeln zu wollen. Siehe auch oben bei Anm. 139.

Anhang: Korrigenda zu Strauchs Edition

Erfasst sind im Folgenden alle festgestellten Abweichungen zwischen Strauchs Editionstext und dem *Großen Deutschen Memorial*, sofern sie weder auf generelle Eingriffe Strauchs – wie etwa den u/v-Ausgleich – zurückzuführen noch im Apparat dokumentiert sind. Auch die bereits weiter oben genannten stillschweigenden Korrekturen Strauchs im Editionstext werden nicht noch einmal aufgeführt.

Aufgrund der stellenweise stark verblassten Tinte im *Großen Deutschen Memorial* war ein Vergleich einiger Textpassagen nur eingeschränkt möglich. Dies betrifft vor allem die Blätter 63^{v} bis 65^{r} im *Klosterfrauentraktat*.

Schaft-ſ wird generell als rundes ‹s› wiedergegeben. Hochgestellte Ziffern bezeichnen die Position eines Wortes, wenn dieses in einer Zeile mehrfach vorkommt.

I. Von zweier bairischen Klosterfrauen Leben (Margret und Katherine) 1378

Strauch	Großes Deutsches Memorial
S. 1, Z. 9: *jor.*	fol. 61^{v}, Z. 16: *iore.*
S. 1, Z. 20: *sie.*	fol. 61^{v}, Z. 28: *sú.*
S. 1, Z. 22: *hettent, dar abe.*	fol. 61^{v}, Z. 29–31: *hettent . also das si sü gar gerne zů e wiben gehebet hettēt dar abe.*
S. 2, Z. 2: *ernste.*	fol. 61^{v}, Z. 37: *erneste.*
S. 2, Z. 8: *wer.*	fol. 61^{v}, Z. 42: *were.*
S. 2, Z. 29: *also*[1].	fol. 62^{r}, Z. 19f.: *alse.*
S. 2, Z. 31: *ringent.*	fol. 62^{r}, Z. 22: *vingent.*
S. 2, Z. 33: *túgenden.*	fol. 62^{r}, Z. 24: *túgende.*
S. 3, Z. 2: *elle.*	fol. 62^{r}, Z. 31: *alle.*
S. 3, Z. 11: *und*[1].	fol. 62^{r}, Z. 39: *vnde.*
S. 4, Z. 17: *umbe.*	fol. 62^{v}, Z. 40: *vmb.*
S. 4, Z. 39: *ob.*	fol. 63^{r}, Z. 17: *obe.*
S. 5, Z. 24: *út.*	fol. 63^{r}, Z. 39: *n't* (= *nút*).
S. 9, Z. 4: *male.*	fol. 64^{v}, Z. 35: *mole.*
S. 10, Z. 1: *heiliger.*	fol. 65^{r}, Z. 27: *heilige.*
S. 10, Z. 9f.: *und und* (Strauchs Dittogr.)	fol. 65^{r}, Z. 34: *vnd.*
S. 11, Z. 25: *muͤter.*	fol. 65^{v}, Z. 40f.: *muͤtere.*
S. 11, Z. 25: *si.*	fol. 65^{v}, Z. 41: *sü.*
S. 11, Z. 26: *vasten.*	fol. 65^{v}, Z. 42: *fasten.*
S. 14, Z. 20: *glouben.*	fol. 67^{r}, Z. 16: *gelouben.*
S. 14, Z. 24: *sossen.*	fol. 67^{r}, Z. 20: *sossent.*
S. 14, Z. 31: *closter.*	fol. 67^{r}, Z. 25f.: *clostere.*
S. 15, Z. 24: *voul.*	fol. 67^{v}, Z. 11: *foul.*
S. 16, Z. 31: *nement.*	fol. 68^{r}, Z. 5: *nēmēt* (= *nemment*).
S. 17, Z. 14: *namen.*	fol. 68^{r}, Z. 25: *nāmē* (= *nammen*).
S. 17, Z. 33: *zúgend.*	fol. 68^{r}, Z. 41: *zúgent.*
S. 18, Z. 14: *grose.*	fol. 68^{v}, Z. 15: *grosse.*

S. 20, Z. 16: *und*.	fol. 69^{r}, Z. 38: *vnde*.
S. 20, Z. 18: *muͤsten*.	fol. 69^{r}, Z. 41: *muͤstent*.

II. Das Fünklein in der Seele

S. 23, Z. 35: *und*.	fol. 82^{v}, Z. 27: *vnde*.
S. 27, Z. 7: *also*.	fol. 84^{r}, Z. 5: *alse*.
S. 27, Z. 29: *denne*.	fol. 84^{r}, Z. 22: *danne*.
S. 29, Z. 10: *mite*.	fol. 84^{v}, Z. 27f.: *mitte*.
S. 29, Z. 39: *Christus*.	fol. 85^{r}, Z. 8: *cristus*.
S. 31, Z. 7: *nach*.	fol. 85^{v}, Z. 3: *noch*.
S. 31, Z. 29: *als*.	fol. 85^{v}, Z. 21: *alse*.
S. 33, Z. 31: *daz*.	fol. 86^{r}, Z. 42: *das*.

III. Lektion an einen jungen Ordensbruder 1345

S. 37, Z. 6f.: *ist es*.	fol. 87^{v}, Z. 13: *ist*.
S. 37, Z. 17: *sú dir*.	fol. 87^{v}, Z. 22: *dir sú*.
S. 38, Z. 20: *nam*.	fol. 88^{r}, Z. 15: *nāmen*.
S. 39, Z. 31: *vohende*.	fol. 88^{v}, Z. 14: *vohen*.
S. 40, Z. 4: *alo* (Strauchs Schreibfehler).	fol. 88^{v}, Z. 22: *also*.
S. 40, Z. 4: *selber*.	fol. 88^{v}, Z. 22: *selbes*.

IV. Von einem eigenwilligen Weltweisen und einem Waldpriester 1338

S. 42, Z. 20: *fruchtberliche*.	fol. 89^{v}, Z. 12: *fruhtberliche*.
S. 42, Z. 38: *gehorsam*.	fol. 89^{v}, Z. 18: *geharsam*.
S. 43, Z. 29: *mensch*.	fol. 90^{r}, Z. 4: *mensche*.
S. 44, Z. 5: *wanne*.	fol. 90^{r}, Z. 15: *wenne*.
S. 44, Z. 15: *im*.	fol. 90^{r}, Z. 24: *ime*.
S. 44, Z. 22: *im*.	fol. 90^{r}, Z. 30: *ime*^{1}.
S. 44, Z. 23: *im*.	fol. 90^{r}, Z. 30: *ime*^{2}.
S. 44, Z. 33: *fragender*.	fol. 90^{r}, Z. 39: *frogender*.
S. 45, Z. 10: *nit*.	fol. 90^{v}, Z. 7: *nút*.
S. 45, Z. 27: *kumen*.	fol. 90^{v}, Z. 20: *kūmen* (= *kummen*).
S. 47, Z. 1: *alse hohe ich*.	fol. 91^{r}, Z. 21: *alse hohe alse ich*.
S. 48, Z. 1: *und*.	fol. 91^{v}, Z. 11: *vnde*.
S. 48, Z. 32: *eigenwillige*.	fol. 91^{v}, Z. 37: *eiginwillige*.
S. 49, Z. 10: *nement*.	fol. 92^{r}, Z. 6: *nēment* (= *nemment*).
S. 50, Z. 13: *unwúrdig*.	fol. 92^{r}, Z. 41: *vnwirdig*.
S. 50, Z. 15: *froͤmde*.	fol. 92^{r}, Z. 42f.: *froͤmede*.
S. 50, Z. 16: *eigenwillige*.	fol. 92^{r}, Z. 43: *eiginwillige*.
S. 50, Z. 33: *ut*.	fol. 92^{v}, Z. 14: *út*.
S. 50, Z. 37: *lebene*.	fol. 92^{v}, Z. 18: *lebende*.
S. 51, Z. 18: *eigenwilligen*.	fol. 92^{v}, Z. 35: *eiginwilligen*.
S. 56, Z. 25: *usse*.	fol. 94^{v}, Z. 29: *usser*.
S. 57, Z. 4: *arbeit*.	fol. 95^{r}, Z. 1: *erbeit*.
S. 57, Z. 10: *nu*.	fol. 95^{r}, Z. 6: *Nů*.
S. 57, Z. 14: *hilfet*.	fol. 95^{r}, Z. 9: *hilffet*.
S. 57, Z. 19: *kommende*.	fol. 95^{r}, Z. 13: *kūmende* (= *kummende*).

S. 57, Z. 30: *helfe.*	fol. 95^{r}, Z. 22: *helffe.*
S. 59, Z. 27f.: *alse hohe ich.*	fol. 95^{v}, Z. 42: *alse hohe alse ich.*
S. 59, Z. 31: *und.*	fol. 96^{r}, Z. 2: *vnde.*
S. 60, Z. 6: *uwerme.*	fol. 96^{r}, Z. 12: *urwerme.*
S. 60, Z. 23: *manigfaltigen.*	fol. 96^{r}, Z. 26: *manigualtigē.*

V. Dialog eines Klosterbruders mit einem jungen Priester namens Walther 1347

S. 62, Z. 3: *sinem.*	fol. 263^{r}, Z. 29: *sime.*
S. 62, Z. 22: *brůder.*	fol. 263^{v}, Z. 2: *brůde* (Fehler in Hs.).
S. 62, Z. 28: *zu.*	fol. 263^{v}, Z. 7: *zů.*
S. 62, Z. 35: *dinem.*	fol. 263^{v}, Z. 13: *dime.*
S. 63, Z. 21: *um.*	fol. 263^{v}, Z. 32: *vmb.*
S. 64, Z. 1: *minnenklichste.*	fol. 264^{r}, Z. 5: *mīnenklicheste.*
S. 64, Z. 25: *duncket.*	fol. 264^{r}, Z. 25: *dunket.*
S. 64, Z. 28: *so.*	fol. 264^{r}, Z. 28: *Do.*
S. 66, Z. 30: *do.*	fol. 265^{r}, Z. 11: *so.*
S. 69, Z. 3: *ein wenig.*	fol. 266^{r}, Z. 1f.: *gar ein wenig.*
S. 69, Z. 32: *also.*	fol. 266^{r}, Z. 27: *alse.*
S. 71, Z. 19: *gobe.*	fol. 266^{v}, Z. 42: *gobe ist.*
S. 71, Z. 28: *und*^{1}.	fol. 267^{r}, Z. 6: *oder.*
S. 72, Z. 14: *mite.*	fol. 267^{r}, Z. 25: *mitte.*
S. 72, Z. 37: *dage.*	fol. 267^{v}, Z. 1f.: *tage.*
S. 73, Z. 10: *ob.*	fol. 267^{v}, Z. 11: *obe.*
S. 74, Z. 11: *und.*	fol. 267^{v}, Z. 43: *vnde.*
S. 74, Z. 19: *wo ich bin.*	fol. 268^{r}, Z. 8: *wo bi ich.*
S. 74, Z. 20: *ein.*	fol. 268^{r}, Z. 8: *eine.*
S. 74, Z. 26: *irrtům.*	fol. 268^{r}, Z. 14: *irretům.*
S. 75, Z. 5: *ze.*	fol. 268^{r}, Z. 30: *zů.*
S. 75, Z. 14: *uf.*	fol. 268^{r}, Z. 38: *uffe.*
S. 75, Z. 16: *hitziger.*	fol. 268^{r}, Z. 39f.: *hitzige.*
S. 76, Z. 4: *ire.*	fol. 268^{v}, Z. 18: *ir*^{2}.
S. 76, Z. 29: *Salemon.*	fol. 268^{v}, Z. 41: *salomon.*
S. 78, Z. 35f.: *mannigvaltiger.*	fol. 269^{v}, Z. 26f.: *manigualtiger.*
S. 82, Z. 38: *minnet.*	fol. 270^{v}, Z. 28: *mīnēt* (= *minnent*).
S. 83, Z. 3: *gegen.*	fol. 271^{r}, Z. 32: *gegene.*
S. 83, Z. 26: *me.*	fol. 271^{v}, Z. 8: *mē* (= *men*).
S. 84, Z. 14: *als.*	fol. 271^{v}, Z. 32: *alse.*

VI. Die sieben Werke des Erbarmens

S. 85, Z. 11: *sprúchen.*	fol. 119^{v}, Z. 1: *sprúche.*
S. 86, Z. 3: *man.*	fol. 119^{v}, Z. 19: *men.*
S. 86, Z. 13: *man.*	fol. 119^{v}, Z. 26: *men.*
S. 86, Z. 15: *stúcken.*	fol. 119^{v}, Z. 27: *stricken.*
S. 86, Z. 17: *nuͤsset.*	fol. 119^{v}, Z. 29: *nússet.*
S. 87, Z. 29: *den.*	fol. 120^{r}, Z. 25: *der.*
S. 87, Z. 33: *wurt.*	fol. 120^{r}, Z. 28: *wurt ouch.*
S. 87, Z. 37: *vor.*	fol. 120^{r}, Z. 31: *von.*

S. 88, Z. 23: *túrstige.*	fol. 120^{v}, Z. 6: *dúrstige.*
S. 90, Z. 7: *wahs ouch.*	fol. 121^{r}, Z. 8f.: *wahs ouch du.*
S. 91, Z. 14: *ieglicher.*	fol. 121^{r}, Z. 42: *iegelicher.*
S. 91, Z. 16: *hat.*	fol. 121^{r}, Z. 43: *het.*
S. 91, Z. 29: *uns.*	fol. 121^{v}, Z. 11: *us.*
S. 92, Z. 24: *wercke.*	fol. 121^{v}, Z. 36: *werke.*

VII. Nützliche Lehre an eine Jungfrau mit vorangehendem Gebet

S. 93, Z. 6: *innerlicher.*	fol. 272^{r}, Z. 14: *inrierlicher.*
S. 95, Z. 28: *mines.*	fol. 273^{r}, Z. 10: *mins.*

Elisabeth Lienert

Victor Junks Ausgabe von Rudolfs von Ems *Alexander* (1928/29)

1. Biobibliographisches: Victor Junk (nicht nur) als Altgermanist und Editor

Die germanistische Mediävistik verdankt Victor Junk (1875–1948)[1] in erster Linie zwei grundlegende Editionen von Werken Rudolfs von Ems, mit denen das Fach noch immer arbeitet: *Willehalm von Orlens* (1905)[2] und *Alexander* (1928/29)[3]. Hinzu kommt eine Reihe von Untersuchungen aus der Zeit zwischen

[1] Zusammenfassend zur Person und zu beruflichen Positionen Junks vgl. insbesondere die Artikel im Österreichischen Biographischen Lexikon. Hrsg. von Leo Santifaller u. a. Bd. 3. Graz, Köln 1965, S. 152f. (online: https://www.biographien.ac.at/oebl/oebl_J/Junk_Viktor_1875_1948.xml [alle hier und im Folgenden genannten Internet-Links wurden zuletzt am 3.6.2022 abgerufen]) und im Oesterreichischen Musiklexikon (Uwe Harten: Art. Junk, Victor. In: Oesterreichisches Musiklexikon online, begr. von Rudolf Flotzinger, hrsg. von Barbara Boisits [letzte inhaltliche Änderung: 25.4.2003], https://dx.doi.org/10.1553/0x0001d357); Robert Teichl: Art. Junk, Viktor. In: Österreicher der Gegenwart. Lexikon schöpferischer und schaffender Zeitgenossen. Hrsg. vom Österreich-Institut. Wien 1951, S. 375; Felix Czeike: Art. Junk, Viktor. In: Historisches Lexikon Wien. Bd. 3. Wien 1994, S. 402; vgl. ferner etwa Das Jahrbuch der Wiener Gesellschaft. Biographische Beiträge zur Wiener Zeitgeschichte. Hrsg. von Franz Planer. Wien 1929, S. 293; Franz Schalk: Briefe und Betrachtungen. Mit einem Lebensabriss von Victor Junk. Veröffentlicht von Lili Schalk. Wien 1935. – Vollständigste Zusammenstellung der Schriften, Kompositionen, Vorträge: Victor Junk – Bibliographie. In: Hans Pfitzner und Wien. Sein Briefwechsel mit Victor Junk und andere Dokumente. Hrsg. von Elisabeth Wamlek-Junk. Tutzing 1986 (Publikationen des Instituts für Österreichische Musikdokumentation. 13), S. 237–250.

[2] Rudolfs von Ems Willehalm von Orlens. Hrsg. aus dem Wasserburger Codex der Fürstlich Fürstenbergischen Hofbibliothek in Donaueschingen von Victor Junk. Berlin 1905 (Deutsche Texte des Mittelalters. 2) (Nachdruck Dublin, Zürich 1967); der Text wurde 2017 zusammen mit einer neuen Übersetzung wiederabgedruckt: Rudolf von Ems. Willehalm von Orlens. Eingeleitet und übersetzt von Gisela Vollmann-Profe. Unter redaktioneller Mitarbeit von Jenny Huber. Berlin, Münster [u. a.] 2017 (Regensburger Studien zur Literatur und Kultur des Mittelalters. 3); eine Neuausgabe plant Florian Kragl (Erlangen).

[3] Rudolf von Ems: Alexander. Ein höfischer Versroman des 13. Jahrhunderts. Hrsg. von Victor Junk. 2 Bde. Leipzig 1928/29 (Bibliothek des Litterarischen Vereins in Stuttgart. 272/274) [online: https://titus.uni-frankfurt.de/texte/etcs/germ/mhd/a_rudolf/a_rud.htm] (Nachdruck Darmstadt 1970); eine Neuausgabe bereite ich im Rahmen des von der Deutschen Forschungsgemeinschaft geförderten Projekts „Rudolf von Ems, ‚Alexander'. Edition, Übersetzung, Kommentar" vor.

https://doi.org/10.1515/9783110786422-017

1902 und 1912.[4] Gleichwohl ist Junk in der Geschichte der Altgermanistik schon in professioneller Hinsicht ein Außenseiter – im Internationalen Germanistenlexikon[5] ist er nicht einmal verzeichnet. In Wien als Germanist ausgebildet, 1899 zum Dr. phil. promoviert, 1906 habilitiert, 1926 außerordentlicher Professor, war Victor Junk hauptamtlich – von 1900 bis zur Pensionierung 1945 – bei der Österreichischen Akademie der Wissenschaften in Wien tätig, als Aktuar zunächst der Philosophisch-historischen Klasse, später der gesamten Akademie. Daneben wirkte der musikalisch Hochbegabte als Komponist, Dirigent und Vorstandsmitglied verschiedener musikalischer Gesellschaften. Als Forscher wandte sich Junk teils schon vor dem Erscheinen der *Alexander*-Ausgabe 1928/29, vollends in den 1930er Jahren schwerpunktmäßig der Tanz- und Volksliedforschung zu, unter anderem mit Untersuchungen zum *Prinz-Eugen*-Lied und einem für die Tanzwissenschaft offenbar grundlegenden „Handbuch des Tanzes";[6] zeitweise leitete Junk das Österreichische Volksliedunternehmen.[7]

4 Zur germanistischen Mediävistik vgl. – neben den genannten Editionen (Anm. 2, 3) und Vorarbeiten (Anm. 13) – vor allem: Victor Junk: Untersuchungen zum Reimgebrauch Rudolfs von Ems. In: Beiträge zur Geschichte der deutschen Sprache und Literatur 27, 1902, S. 446–503; ders.: Die Epigonen des höfischen Epos. Auswahl aus deutschen Dichtungen des 13. Jahrhunderts. Berlin 1906, 2. Auflage 2013 (Sammlung Göschen. 289) (Nachdruck Berlin 1922); ders.: Ein neues Bruchstück aus Rudolfs von Ems Weltchronik. Wien 1906 (Sitzungsberichte der Akademie der Wissenschaften in Wien, Philosophisch-historische Klasse. 153); ders.: Tannhäuser in Sage und Dichtung. München 1911; ders.: Gralsage und Graldichtung des Mittelalters. Wien 1911, 2. Auflage 1912 (Sit- zungsberichte der Akademie der Wissenschaften in Wien, Philosophisch-historische Klasse. 168); weitere Titel in Wamlek-Junk 1986 (Anm. 1), S. 237–250, passim (gegenüber den musikwissenschaftlichen und musikkritischen Veröffentlichungen in fast verschwindender Minderzahl).

5 Internationales Germanistenlexikon 1800–1950. Hrsg. von Christoph König. Bearbeitet von Birgit Wägenbaur. 3 Bde. Berlin 2003. Online 2011: https://doi.org/10.1515/9783110908053.

6 Vgl. Victor Junk: Das Lied vom Prinz Eugen – eine bayerische Schöpfung. Ein Beitrag zur Geschichte des süddeutschen Volkstanzes. In: Akademie zur wissenschaftlichen Erforschung und zur Pflege des Deutschtums 3, 1934, S. 297–350; ders.: Der altbayerische Marskertanz als Urtypus der Melodie des Prinz-Eugen-Liedes. In: Anzeiger der Akademie der Wissenschaften in Wien, Philosophisch-historische Klasse 18, 1934, S. 154–161; ders.: Handbuch des Tanzes. Stuttgart 1930 (Nachdruck Hildesheim 1977); vgl. unter vielen anderen auch: Victor Junk: Die taktwechselnden Volkstänze. Deutsches oder tschechisches Kulturgut? Leipzig 1938 (Schriftenreihe des Staatlichen Instituts für Deutsche Musikforschung. 3).

7 1938 bis 1946 laut den in Anm. 1 genannten Handbuchartikeln; 1938 bis 1939 laut Irmgard Schartner: Victor Junk. Autoritärer Leiter des „Ostmärkischen Volksliedunternehmens" vom 30. September 1938 bis September 1939. In: Jahrbuch des Österreichischen Volksliedwerkes 50, 2001, S. 124–136; dort auch Hinweise zu Junks nationalen, zunehmend nationalsozialistischen Positionen und den Differenzen zu der mehr an Volksliedpflege als -forschung interessierten Partei; ein knapper Verweis auf nationalsozialistische Verstrickungen Junks in anderem Kontext auch in: Johannes Feichtinger: The Biologische Versuchsanstalt in Historical Context. In: Vivarium: Experimental, Quantitative, and Theoretical Biology at Vienna's Biologische Versuchsanstalt. Hrsg. von Gerd B. Müller. Cambridge 2017, S. 66f.

Als Editor arbeitete Victor Junk pragmatisch, verschrieb sich keiner Schule und war offenbar (wohl auch deswegen, weil er nicht um altgermanistische Professuren konkurrierte) nicht in Schulstreitigkeiten verwickelt. Im Gegenteil vertreten seine beiden Rudolf-Ausgaben zwei grundverschiedene Editionsverfahren: Die 1905 als zweiter Band der *Deutschen Texte des Mittelalters* (DTM) veröffentlichte Ausgabe des *Willehalm von Orlens* folgt den Grundsätzen der Reihe: Es handelt sich um einen bereinigten Handschriftenabdruck des Wasserburger Codex (heute Karlsruhe, Badische Landesbibliothek, Cod. Donaueschingen 74, 2. Viertel 14. Jahrhundert[8]) unter Heranziehung zweier weiterer Textzeugen für Ergänzungen und Emendationen,[9] mit genauer Dokumentation des Umgangs mit dem handschriftlichen Text. Angesichts der weitverzweigten Überlieferung des *Willehalm von Orlens* (heute sind 47 Textzeugen bekannt[10]) sollte offenbar schnell überhaupt ein Text zur Verfügung gestellt werden; Junk hat nach eigenem Bekunden von den alten Handschriften die für ihn zugänglichste gewählt.[11] Trotz der Bindung an die Handschrift rechtfertigt Junk sich aber immer wieder mit dem „Dichter",[12] der als Bezugsgröße eine entscheidende Rolle spielt: Die *Willehalm-von-Orlens*-Ausgabe ist handschriftennah und im Grunde dennoch nicht bzw. nur aus pragmatischen Gründen überlieferungsorientiert.

Ganz anders verfährt Junk in der Ausgabe des *Alexander*, von der Österreichischen Akademie der Wissenschaften gefördert, über mehr als zwei Jahrzehnte hinweg entstanden (Vorarbeiten und erste Textproben wurden bereits 1904 publiziert),[13] in zwei Bänden 1928 und 1929 in der *Bibliothek des Litterarischen Vereins in Stuttgart* erschienen: Bei wesentlich schlechterer – d. h. äußerst schmaler, später, autorferner – Überlieferung (siehe 2.) versucht Junk, in einer, wie er es nennt, „kritischen"[14] Ausgabe einen Autortext zu rekonstruieren. Die unterschiedlichen Editionsverfahren resultieren also nicht aus unterschiedlichen methodischen Grundsätzen, sondern aus der Überlieferungslage: Wo es eine einigermaßen autornahe Handschrift gibt, wird auf diese zurückgegriffen, wo nicht, wird rekonstruierend versucht, Autornähe zu erreichen.

---

8 Vgl. Handschriftencensus (www.handschriftencensus.de/1849 [N. N., März 2020]); Junk nahm noch Entstehung Ende des 13. Jahrhunderts an (Willehalm von Orlens 1905 [Anm. 2], S. XVIII).

9 Zur Begründung der Auswahl siehe Willehalm von Orlens 1905 (Anm. 2), bes. S. XIII–XVI.

10 Vgl. www.handschriftencensus.de/werke/323.

11 Willehalm von Orlens 1905 (Anm. 2), S. XIII.

12 Willehalm von Orlens 1905 (Anm. 2), S. XIV, XV, XLII.

13 Victor Junk: Die Überlieferung von Rudolfs von Ems Alexander. Mit Textproben aus den Anfängen der erhaltenen Bücher. In: Beiträge zur Geschichte der deutschen Sprache und Literatur 29, 1904, S. 369–469; vgl. auch Junk 1902 (Anm. 4); Victor Junk: Bericht über die mit Subvention der phil.-hist. Klasse der Akademie der Wissenschaften durchgeführten Vorarbeiten zu einer kritischen Ausgabe von Rudolfs von Ems „Alexander". In: Anzeiger der phil.-hist. Klasse der Akademie der Wissenschaften 8, 1924, S. 1–15.

14 Junk 1924 (Anm. 13).

2. *Alexander.* Überlieferungslage, Stemma, Prinzipien der Rekonstruktion eines Autortextes

Die Überlieferungslage des *Alexander* ist denkbar unbefriedigend. Erhalten sind nur ein kurzes Fragment von 200 Reimpaarversen aus dem 13. Jahrhundert und zwei längere (aber unvollständige und fehlerhafte) Handschriften aus der Mitte des 15. Jahrhunderts:

K (Junk h, da das Fragment aus dem Besitz Hoffmanns von Fallersleben stammt): Kraków, Biblioteka Jagiellońska, Berol. Ms. germ. qu. 647 (Ende 13. Jahrhundert, alemannisch, v. 14389–14588);[15]

M: München, Bayerische Staatsbibliothek, Cgm 203 (1. Hälfte 15. Jahrhundert, elsässisch, aus dem Umfeld der Werkstatt von 1418 oder der Werkstatt Diebold Laubers, v. 1–21643 mit Lücken; in nahtlosem Anschluss *Alexander*-,Schluss' nach der Reimversion des *Buchs der Könige*, 728 Verse);[16]

B: Brüssel, Koninklijke Bibliotheek van België – Bibliothèque royale de Belgique (KBR), Ms. 18232 (um 1430–40/1425–28?, elsässisch, aus der Werkstatt Diebold Laubers, v. 1–21623 mit Lücken).[17]

Den beiden umfänglicheren Handschriften fehlt der Schluss. Da sie an annähernd vergleichbarer Stelle abbrechen (M mit v. 21643, B mit v. 21623), wird vermutet, dass Rudolf selbst den *Alexander* unvollendet hinterlassen hat;[18] die unvollständigen und unregelmäßigen Akrosticha ab Buch II stützen die Annahme, eine konsequente Überarbeitung sei unterblieben.[19] Für einen ,echten', nicht nur überlieferungsbedingten Torso spricht auch der notdürftige Ersatz-,Schluss' in M. M und B sind sehr nahe verwandt; sie haben gemeinsame Auslassungen und andere gemeinsame Fehler. Es gibt aber auch unterschiedliche Lücken[20] in

---

15 Kurzbeschreibung und Literatur siehe www.handschriftencensus.de/1287. Für die Neuausgabe passen wir die Sigle der Benennung der anderen Textzeugen nach den aktuellen Bibliotheksorten an. – Versangaben in Klammern beziehen sich grundsätzlich auf Junks Ausgabe: Alexander (Anm. 3).

16 Kurzbeschreibung und Literatur siehe www.handschriftencensus.de/5119; vgl. bes. Lieselotte E. Saurma-Jeltsch: Spätformen mittelalterlicher Buchherstellung. Bilderhandschriften aus der Werkstatt Diebold Laubers in Hagenau. Bd. 2. Wiesbaden 2001, S. 90 (Nr. I.60); Christophe Thierry: L',,atelier de 1418", l'atelier alsacien de Diebold Lauber et les manuscrits B et M de l',Alexander' de Rudolf von Ems. In: Alexandre le Grand à la lumière des manuscrits et des premiers imprimés en Europe (xiie–xvie siècle). Hrsg. von Catherine Gaullier-Bougassas. Turnhout 2015 (Alexander redivivus. 7), S. 361–388.

17 Kurzbeschreibung und Literatur siehe www.handschriftencensus.de/7451; vgl. bes. Saurma-Jeltsch 2001 (Anm. 16), S. 15f. (Nr. I.11); Thierry 2015 (Anm. 16).

18 Junk 1904 (Anm. 13), S. 370; Alexander (Anm. 3), Bd. II, S. 749.

19 Alexander (Anm. 3), Bd. II, S. 754f.

20 Junk 1904 (Anm. 13), S. 401f.

M und B; das schließt aus, dass eine Handschrift die Abschrift der anderen ist.[21] Daher setzt Junk in seinem Stemma[22] eine gemeinsame, vom Archetyp verschiedene Vorlage X der beiden Handschriften an, außerdem nicht erhaltene Vorstufen m und b zu M und B; K (Junk h) sieht er als „vielleicht aus dem archetypus direct geflossen"[23] und nicht als Vorlage von M und/oder B. Dass das nahezu fehlerfreie[24] Fragment K nahe am Autortext zu sehen ist, dürfte ebenso unstrittig sein wie die enge Verwandtschaft von M und B. Vor- und Zwischenstufen dagegen sind überwiegend hypothetisch; ein Stemma ist bei derart spärlicher Überlieferung wenig aussagekräftig.

K bietet – Junks Einschätzung ist zuzustimmen – einen „geradezu ideal korrekten" Text,[25] aber eben nur für 200 Verse (von denen v. 14570 fast unleserlich ist), also weniger als 1 % des Textes. Der Textbestand von M und B, über 21000 Verse, weist den Sprachstand des 15. Jahrhunderts und zahlreiche Lücken und Fehler auf. Die enge Verwandtschaft der beiden annähernd vollständigen Handschriften verschlechtert die Überlieferungslage weiter; für die nicht seltenen gemeinsamen Fehler gibt es nicht einmal eine Handhabe für überlieferungsgestützte Emendationen, der Editor ist auf Konjekturen angewiesen.

Seine Editionsmethode reflektiert Junk nur knapp – wohl angesichts dessen, dass in der Entstehungszeit der Ausgabe Rekonstruktionsphilologie keiner Rechtfertigung bedurfte; auch die Rezensionen[26] stellen Junks Verfahren nur im Detail, nicht aber grundsätzlich in Frage. In der Ausgabe selbst und bereits in der umfänglichen Abhandlung von 1904[27] thematisiert Junk zwar etliche Detailprobleme (die Lücken, fehlende und fehlerhafte Akrosticha, Details von Rudolfs metrischen Gepflogenheiten und der für Rudolf vorauszusetzenden sprachlichen

---

[21] Zum Verhältnis der Handschriften zueinander vgl. bes. Junk 1904 (Anm. 13), S. 400–414, zum Verhältnis von M und B bes. S. 400–405.

[22] Junk 1904 (Anm. 13), S. 411; vereinfacht (ohne Unterscheidung von Original und Archetyp) Alexander (Anm. 3), Bd. II, S. 750; detaillierte Begründungen Junk 1904 (Anm. 13), S. 400–414.

[23] Junk 1904 (Anm. 13), S. 413.

[24] Junk 1904 (Anm. 13), S. 407–409, vermutet eine K, M und B gemeinsame Lücke vor v. 14579: Bessus' misstrauische Frage zur Unterredung zwischen Darius und Patron bleibe unbeantwortet. Dies erscheint mir nicht zwingend – mittelalterliches Erzählen ist nicht ‚lückenlos'.

[25] Alexander (Anm. 3), Bd. II, S. 749.

[26] Edward Schröder: [Kurzanzeige zu:] Rudolf von Ems Alexander, ein höfischer versroman des 13. Jahrhunderts, zum ersten male herausgegeben von Victor Junk. erster teil: buch 1–3 […]. In: Anzeiger für deutsches Altertum 48, 1929, S. 59f.; Edward Schröder: [Rezension zu:] Rudolf von Ems Alexander, ein höfischer versroman des 13. Jahrhunderts, zum ersten male herausgegeben von Victor Junk […]. In: Anzeiger für deutsches Altertum 49, 1930, S. 14–23; Albert Leitzmann: Zum Alexander Rudolfs von Ems. In: Beiträge zur Geschichte der deutschen Sprache und Literatur 54, 1930, S. 294–305; vgl. bes. auch Carl von Kraus: Text und Entstehung von Rudolfs Alexander. München 1940 (Sitzungsberichte der Bayerischen Akademie der Wissenschaften, Philosophisch-historische Abteilung 1940. Heft 8).

[27] Junk 1904 (Anm. 13).

Formen), nicht aber die grundsätzliche Problematik der Rekonstruktion und der Herstellung eines Komposittexts.

Maßstab für die „kritische“[28] Ausgabe ist immer der Dichter, die Überlieferung nur Mittel zum Zweck. Junk begründet das durchaus emphatisch: „[...] ich für mein Teil habe vom schaffenden Künstler eine viel zu hohe Meinung als daß ich das uns mehr oder minder zufällig Ueberlieferte für sein einziges geistiges Gut nehmen möchte.“[29] Im Vordergrund der Reflexionen stehen dabei – neben dem Textbestand, der wie selbstverständlich aus den beiden umfänglicheren Handschriften zusammengesetzt wird (B wird ausdrücklich „zur ergänzung der vielen lücken des Münchener codex“[30] herangezogen) – Sprachstand, Metrik, Stil. Der Fehlerbegriff wird von Junk nicht reflektiert. Dass eindeutige semantische und syntaktische Störungen zu bessern sind, wird offenbar vorausgesetzt und gar nicht thematisiert. Dass ein Sprachstand des 13. Jahrhunderts hergestellt, Sprachformen des 15. beseitigt werden, ist wie selbstverständlich verzeichnet.[31] Für Rudolf postuliert Junk – sachlich sicher nicht zu Unrecht, methodisch freilich problematisch – „[s]prachliche Glätte und Einheitlichkeit [...] im höchsten Grade“,[32] argumentiert aber zirkulär: Glätte und Einheitlichkeit müssen ja erst durch den Herausgeber hergestellt werden, dessen Aufgabe es sei, „sie in einem einwandfreien Text anschaulich zu machen.“[33] Konsequent zu Ende gedacht (oder gar umgesetzt) wird dieses Postulat der Einheitlichkeit und der Glätte aber keineswegs: Was die ‚Einheitlichkeit‘ betrifft, traut Junk Rudolf (mit Recht) sprachlich „Doppelformen“[34] zu und geht davon aus, dass die im Reim erforderlichen Beschränkungen nicht zwingend auch auf das Versinnere zu übertragen sind.[35] Was die ‚Glätte‘ und die Metrik betrifft, plädiert der Herausgeber – in Abweichung von der deutlichen Tendenz der Erzähltexte des fortschreitenden 13. Jahrhunderts zu annähernd regelmäßiger Alternation – nachdrücklich für expressive beschwerte Hebungen, gegen zweisilbigen Auftakt, zweisilbige Kadenz und zweisilbige Senkung; für die Tilgung des Hiats in der überwiegenden Mehrzahl der Fälle beruft Junk sich auf Lachmann.[36]

---

28 Siehe Anm. 14.
29 Alexander (Anm. 3), Bd. II, S. 752.
30 Junk 1904 (Anm. 13), S. 370.
31 Alexander (Anm. 3), Bd. II, S. 750f.
32 Ebd., S. 751.
33 Ebd., S. 751.
34 Ebd., S. 751.
35 Ebd., S. 751f.
36 Ebd., S. 756f.

3. Junks Editionspraxis: Textbestand und Editionsbeispiele

Angesichts der Überlieferungslage des *Alexander* kann sich der Editor für den Textbestand keiner einzigen Handschrift anvertrauen: K bewahrt nur 200 Verse; die beiden annähernd vollständigen Handschriften haben kleinere und größere (in Junks Apparat angemessen dokumentierte) Lücken, B deutlich mehr als M. Ohne Ergänzungen und Weglassungen nimmt Junk nur die 200 Verse von K auf (v. 14389–14588). Bei Lücken in M oder B greift er auf die jeweils andere Handschrift zurück: für fehlende Einzelverse im Reimpaar in zahlreichen Fällen über den ganzen Text hinweg; insbesondere wird für eine wegen Blattverlust in M fehlende längere Passage von 118 Versen im ersten Buch auf B zurückgegriffen (v. 647–764). Grundsätzlich zielt die Edition offenbar auf Vollständigkeit: Wo Verse in nur einer Handschrift überliefert sind, werden in aller Regel nicht Plusverse dieser, sondern Fehlverse der anderen Handschrift angenommen; als (mehr oder weniger ‚richtig' bewahrter) Bestandteil des Rudolf-Textes gilt (vom ‚Schluss' in M abgesehen) offenbar zunächst einmal alles, was in einer der Handschriften überliefert ist. In den allermeisten Fällen sind in der Tat Fehlverse offensichtlich: wo Reimpaare unvollständig sind; wo ohne die Verse der anderen Handschrift inhaltliche oder syntaktische Störungen bestehen. In einigen Fällen ließe sich streiten, ob ergänzte B-Verse wirklich notwendig und sinnvoll sind: Das Reimpaar v. 4793f. (nur B; die Begründung dafür, dass es recht sei, Gott dankbar zu sein, da alles Glück von ihm abhänge) ist semantisch nicht zwingend erforderlich; auch Metrik und Syntax wären durch sein Fehlen nicht gestört. Vergleichbares dürfte für die Passage v. 9634–9637 (nur B) gelten: Die dort enthaltenen Details zu einem Überraschungsangriff sind entbehrlich; trotz der Einzelverse zu Beginn und Ende der Passage stimmen die Reime, und auch die Syntax ist einwandfrei. Bei einer Leithandschriftenedition nach M bestünde wohl an derartigen Stellen keine zwingende Notwendigkeit, die B-Verse zu ergänzen. Junk lässt dagegen in aller Regel nur Einzelverse weg (und nur Verse, die lediglich in einer der Handschriften enthalten sind),[37] vor allem Flickverse, mit denen anscheinend durch den Wegfall eines Verses gestörte Reimpaare notdürftig wiederhergestellt wurden, vgl. z. B. v. 18075f.: Talistria berichtet von einer Zeremonie, zu der sich die Amazonen alljährlich begeben *durch unsers rehtes gebot. / Jupiter unser got* (so Junk nach B, mit der Emendation *unser* nach M statt *wiſer* B) werde da angebetet. In M fehlt v. 18075 *durch unsers rehtes gebot*; das Reimpaar lautet: *Jvppiter vnſer got / Wurt vúr wor one ſpot* – der letzte der beiden Verse, offenbar nur zur Vervollständigung des Reimpaars bestimmt, ist angesichts des folgenden *Wurt von vns do gebettet an* (Junk: *wirt von uns dâ gebetet an*, v. 18077) sicher falsch und entfällt in Junks Ausgabe.

---

[37] Nach v. 7890, 14011, 15110, 21312 jeweils einen Vers aus B, nach v. 10536, 18076, 18824, 21496 jeweils einen Vers aus M, nach v. 17962 zwei Verse aus M.

Ein Vers, der in MB fehlt, wird gar von Junk selbst gedichtet: Neue Truppen auf persischer Seite greifen die Makedonen an und bringen diese in Bedrängnis (*die von Babilônje / nâch disen rotten drungen*, v. 12416f.); Junk ergänzt: *dô wurden sie betwungen* (v. 12418), so dass die Makedonen zurückweichen und die Perser sich voreilig über den Sieg freuen. Das Reimwort *betwungen* liegt nahe; sinngemäß ist der Vers sachgerecht, hat aber keine Handhabe in der Überlieferung.

An Nach-, fast Neudichtung grenzt die Gestaltung metrisch abweichender Passagen zu Beginn des VI. Buchs. Den Musiker und Tanzforscher Junk spürt man bei der Tanzleich-ähnlichen Passage v. 20573–20620, hier ein kleiner Auszug:

M (Kürzel aufgelöst)	*B (Kürzel aufgelöst)*
AN ſelden ſtat die beſte kunſt gar	**A**N ſelden ſtat die beſte kunſt
Was ieman kan von ſelden ʒwar	Wie ieman kan uff ſelden gunſt
Der wolte *[sic]* gunſt vnd rat	Der welte gunſt den got des g[…]
Dem got das gan das er ſie hat	Das er ſú hat obe er ſin begunſt des ie ge[…]
Obe ſin begunſt des ie gewan	Des ie gewan
Das er irn rat mit der vernunft wendet an	Das er in rat
	Mit der vernunft da wendet an
Wie er beiage der welte pris	Wie er beiage der welte pris
in ſiner ʒit	Jn ſiner ʒyt vnd ſo betage das er das ris
Vnd ſo betage das er das ris	
Das ſelde git	Das ſelbe git ʒů rehte drage
ʒů rechte trage vnd ir amis werde	Vnde ir amis werde an ſtrit
One ſtrit	*[…]*
[…]	

Junk

An sælden stât
diu beste kunst,
swaz iemen kan,
von sælden gât
der welte gunst,
dem Got des gan
daz er sî hât,
ob der begunst
des ie gewan
daz er ir rât
mit der vernunst
dâ wendet an,
Wie er bejage
der welte prîs
in sîner zît
und sô betage
daz er daz rîs
daz sælde gît,

ze rehte trage
und ir âmîs
werd âne strît
[...]

Beide Handschriften überliefern tendenziell paargereimte Langzeilen, teilweise abwechselnd mit Kurzversen, streckenweise (M) auch mit Kreuzreimen; besonders der Anfang in M ist zudem verderbt. Junk stellt Kurzverse her (Reimschema in der ganzen Passage v. 20573–20620 viermal abc, viermal def, dreimal ghi, jj, viermal klm, nn; hier ist nur ein Teil zitiert). Rhythmisch ist diese Lösung, wie Jan Cölln attestiert, „genial[]“.[38] Cölln versucht sich gleichwohl an einer Edition nach M als Leithandschrift mit zäsurierten, binnengereimten Langzeilen kreuzgereimt im Wechsel mit Kurzversen.[39] Ästhetisch befriedigender ist Junks Text; ob er Rudolfs Text näherkommt, können wir nicht wissen, ja – da Rudolf nicht als Lyriker nachgewiesen ist – nicht einmal vermuten.

Auch im Detail bindet sich Junk häufig nicht an die Überlieferung. Dies gilt punktuell selbst für die in allen drei Handschriften gemeinsam überlieferte Passage von 10 Versen (v. 14579–14588):

K (Kürzel aufgelöst)
Do der kvnic · vnd ſin ſchar
kamen ze herbergen gar[40]
vnd ſich daz her nider lie
do der ſelbe tac zergie
zů dem kvnige gie zehant
Artabazvs der wigant
der kvnic weinende ſprach
do er den wiſen vivrſten ſac⟨h⟩
nv iſt dez zit daz ich dir
danke · daz dv haſt an mir

M (Kürzel aufgelöst)
Do der kúnig vnd ſine ſchar
Kament ʒů herbergen gar
Vnd ſich das her nider lie
Do der ſelbe ʒorn ʒergie
Ʒů dem kúnige gie ʒů hant
Artabaʒus der wigant
Der kúnige weinende ſprach
Do er den wiſen fúrſten ſach
Nů iſt es ʒit das ich dir
Dancke das du haſt an mir

B (Kürzel aufgelöst)
DO der kúnig vnd ſin ſchar
Koment ʒů herbergen dar
Vnde ſich das her nider lie
Do der ſelbe tag ʒergie
Ʒů dem kúnige gie ʒů hant
Artabaſus der wigant
Der kúnig weinde vnd[e] ſprach
Do er den wiſen fúrſten ſach

38 Jan Cölln: Der Klang der *selde*. Formenartistik als Vorleselyrik im ‚Alexander‘ Rudolfs von Ems. In: Zeitschrift für deutsches Altertum 147, 2018, S. 198–235, hier S. 217.

39 Cölln 2018 (Anm. 38), S. 217–219. Auf die problematische Normalisierung (Längenzeichen, aber statt des langen Umlauts *sælde selde* mit kurzem *e*) sei nur kurz hingewiesen.

40 *g* in *gar* scheint in K aus *d* korrigiert (oder umgekehrt).

Nů iſt des ʒit das ich dir
Des dancke das du an mir

Editorisch ist diese weitgehend unproblematisch (ein Abdruck des Junk-Textes erübrigt sich hier). Junk orientiert sich in erster Linie an K, auch morphologisch, etwa für das nicht-flektierte Possessivpronomen (*sîn schar*, v. 14579). Trotzdem weicht er – ohne jede Not, aus moderner Wahrnehmung willkürlich – in Kleinigkeiten von K ab, trotz der Korrektheit, die er dem Text des Fragments attestiert: In v. 14587 steht mit M *es*, wo *des* KB ebenso möglich gewesen wäre; in v. 14580 setzt Junk – wohl aus metrischen Gründen – gegen alle drei Textzeugen *kam* statt *kâmen* und erzeugt dabei eine Inkongruenz zum pluralischen Subjekt.

Wo Junk nur die erheblich schlechteren jüngeren Handschriften zur Verfügung hat, wechselt er, oft innerhalb einer kurzen Passage, manchmal sogar innerhalb eines Verses, zwischen den Handschriften, um den nach seinem Urteil sachlich sinnvollsten und sprachlich angemessensten Text herzustellen (einige wenige von zahllosen Beispielen für Montage aus M und B: v. 2162: *an den aller* [*aller* B; M hat *alten*] *witze* [M: *witzen*; B hat *welte*] *kraft*; v. 2427f.: *daz dû* [M; B hat *Das do du*] *von* [M; B hat *vor*] *vorhten stürbest* [*stúrbest* B; M hat *stirbest*] / *und âne* [M; B hat *On alle,* ohne *und*] *wer verdürbest* [*verdúrbest* B; M hat *verdirbest*]; für v. 15929–15935 folgt Junk insgesamt B [M hat zwei nichtssagende Flickverse v. 15390, 15935], für v. 15933 *swaz hœren sol ze Persîâ* mit *ze* [normalisiert] statt *in* B aber M). In sehr vielen Fällen ist ihm dies gelungen, doch bleibt ein Unbehagen, da der dadurch entstandene Text in dieser Form nicht überliefert, sondern vom Herausgeber nach dessen Gutdünken hergestellt ist.

Besonders da, wo nur eine Handschrift zur Verfügung steht, konjiziert Junk bedenkenlos – hier einige Beispiele aus einem Teil des nur in B überlieferten ‚Verführungsgesprächs‘ zwischen Nektanabus und Olympias:

B (Kürzel aufgelöst)		*Junk*
Ein [*Ju liest* Sú] got der vil gnoden tůt	688	„sich! got der vil genâden tuot,
Der wil dir noch by geligen		der wil dir noch bî gelign,
[…]		*[…]*
Wan er dir nů by gelit	692	swenne er dir nû bî gelît
So můſtu ſiges ſin gewert		sô muostû siges sin *[sic!]* gewert
Dar noch als es din hercʒe gert		dar nâch als es dîn herze gert,
Der wil dich werhaft machen	695	der wil dich berhaft machen,
Mit goͤttelichen ſachen		mit gotlîchen sachen
Wil er dar ʒů demuͤtigen ſich		wil er dar zuo diemüeten sich
Das er wil berhaft machen dich		daz er wil berhaft machen dich.“ –
Meiſter min wie heiſſet er		„meister mîn, wie heizet er?“ –
Das wil ich ſagen ſprach der	700	„daz wil ich sagen dir“, sprach der
Der riche man alle ʒyt		„der rîche Amôn, der alle zit
Den lúten gůtes richeit git		den liuten guotes rîcheit gît.“

In v. 688 ist Junks Eingriff *sich! got* irreführend; es geht ja nicht um ‚den‘ Gott, sondern – gerade aus der Perspektive des ‚Heiden‘ Nektanabus – um einen von vielen Göttern; ‚richtig' ist B: *Ein got.* In v. 692 scheint mir die handschriftliche Lesart *werhaft* sinnvoll, Junks Eingriff *berhaft* unnötig (obwohl *werhaft* leicht als Fehler oder Scheibvariante deutbar wäre): Indem der angebliche Gott Olympias schwängert, macht er sie ‚wehrhaft' in der zuvor kampfmetaphorisch geschilderten Auseinandersetzung (vgl. *siges* v. 693) mit ihrem Ehemann, der sie wegen Unfruchtbarkeit zu verstoßen droht; die (in diesem Fall nicht durch eines der Rudolf-typischen Sprachspiele bedingte, sondern schlicht nur redundante) Wiederholung zu *berhaft* v. 698 entfällt. In v. 700 fügt Junk den Dativ *dir* hinzu, syntaktisch glatter, aber wohl nicht zwingend erforderlich. V. 701 *Der riche man* ist dagegen offensichtlich fehlerhaft: Angekündigt ist eine Antwort auf Olympias' Frage nach dem Namen des Gottes; die Namensnennung fehlt im überlieferten Text, wird später aber vorausgesetzt. Insofern ist die Ergänzung des Namens nötig; das Längenzeichen *Amôn* ist gerechtfertigt wegen Reimbindung zu *lôn* an anderen Stellen; die Ergänzung von *der* mit Umformung zum Relativsatz dagegen liegt zwar nahe, ist aber nicht zwingend notwendig. Die Beispiele ließen sich beliebig vermehren.

Kurz hingewiesen sei noch auf zwei Sonderprobleme: die Rekonstruktion von Akrosticha (insbesondere des Eingangsakrostichons) und die Schreibung von Eigennamen.

Das Eingangs-Akrostichon *RÛODOLF* stellt Junk gegen beide Handschriften her:

M (Kürzel aufgelöst)		*B (Kürzel aufgelöst)*
RJche ſelde hoher ſin	1	**R**Jche ſelde vnd hohen ſin
Hohe kvnſt iſt achte nicht	5	Hoher kunſt ich ahte nicht *[in B v. 6]*
Arthabunge rechter kunſt	9	Orthabevnge rechter kvnſt
Der kunſt geleite ſelden treit	13	Der kunſt geleite ſ⟨e⟩lden treit
Mjcke *[Ju liest* Meſcke*]* er go̊t ouch die geſchicht	17	Oft erg⟨er⟩t ouch die geſchiht
Lo̊belich vnd ouch gůt gedicht	21	Lo̊belich vnd gůt getihte
Glorieret ſelde kunſt ire krafft	25	Florieret ſelde kunſt ire kraft

	Junk
1	**R**îchiu sælde, hôher sin
5	**Û**f hôhe kunst ist ahte niht,
9	**O**rthabunge rehter kunst
13	**D**er kunst geleite sælde treit.
17	**O**fte ergât ouch diu geschiht
21	**L**obelich guot getihte
25	**F**lorieret sældekunst ir kraft,

B hat gar kein Akrostichon, nur für ***R*** V. 1 ist eine Initiale gesetzt. M hebt (mit Ausnahme von v. 5) die Anfänge jedes vierten Verses durch Initialen hervor, hat also Initialen an der passenden Stelle. Von sieben Initialen sind aber nur drei (v. 1 ***R***; 13 ***D***; 21 ***L***) ‚richtig'; in vier Fällen wählt Junk gegen M die Lesart von B oder greift ein: V. 5 ist M syntaktisch fehlerhaft; die Lesart von B wäre sachlich und syntaktisch nicht zu beanstanden, das Akrostichon erfordert indes statt der überlieferungsgestützten Emendation die Konjektur ***Û****f hôhe kunst* [...]. V. 17 würde man, jedenfalls mit M als Leithandschrift, ohne Akrostichon zu *Dicke* eingreifen, Junk orientiert sich wegen des Akrostichons an B *Oft*, entsprechend für die Schreibung v. 9 ***O****rthabunge* statt ***A****rthabunge* und den Wortlaut v. 25 ***F****lorieret* B statt ***G****lorieret* M. Dennoch dürfte die Existenz von Akrosticha in alten Handschriften anderer Rudolf-Texte die Eingriffe rechtfertigen.

Bei der Rekonstruktion von Eigennamen verfährt Junk unterschiedlich: Mittelhochdeutsche Dichternamen (*Wirent von Grâvenberc*, v. 3192, *wirich von Grafenberg* M; *Vrîdanc*, v. 3235 u. ö., *frigedang* M, *frygedang* B) und biblische Namen (z. B. *Gog*/*Mâgog*, v. 13045, *ogmogog* M, *og*/*magog* B) löst er stärker vom überlieferten Wortlaut in Richtung auf die bekannten Namenformen. Bei den antiken Namen leitet Junk seine Form zumeist aus einer der handschriftlich überlieferten Formen ab – nach welchen Kriterien (insbesondere auch für die Längenzeichen) wird nicht deutlich, den Quellen folgt er jedenfalls nicht konsequent, hier einige Beispiele: *Dêmêtrîus* (v. 18885) erscheint nach M *demetrius* und der Quelle Curtius[41] (B hat *demetricus*); *Pêkulâus* (v. 18886) folgt M *peculaus* (abweichend von B *po⟨t⟩ulaus* und von Curtius' *Peucolaus*); *Nîkanor* und *Apôbêtus* (v. 18889) sind ähnlich, aber nicht ganz wie in M (*Niconar*, *apobecus*; B ist verderbt), weitgehend, aber nicht ganz übereinstimmend mit Curtius (Nicanor, Aphobetus); *Idîoxenus* (v. 18890) folgt zur Abwechslung B (*idioxenus*; M ist verderbt), abweichend von Curtius' Dioxenus; *Jôzêus* und *Arzêpolis* (v. 18891) stimmen weder genau mit den Handschriften (M: *Jo⟨c/t⟩eus*, *acepolis*; B: *Joreitis*, *a⟨t/c⟩epolis*) noch mit Curtius (Iolaus, Archepolis) überein; *Amintas* ist geschrieben wie in den Handschriften (Curtius: Amyntas).

Die Rezensionen[42] kritisieren entsprechend dem damaligen *state of the art* nicht die Ausrichtung auf den Autor, nicht die Herstellung eines Komposittexts, nicht die Intransparenz der Ausgabe, sondern die Punkte, wo ihnen das Ziel eines auch sprachlich und metrisch autornahen Textes verfehlt scheint: Eingriffe gegen die Handschriften, wo diese das bewahren, was, abweichend von Junk, als „echter"[43] eingeschätzt wird;[44] Junks Vorliebe für Apokoinu-Konstruktionen;[45] die Herstellung einer Rudolfs „wohllautende[r], ruhig und ebenmäßig dahinfließende[r] glätte"[46] nicht gemäßen Metrik. Junk „mute [...] Rudolf [...] eine

41 Q. Curtius Rufus: Geschichte Alexanders des Grossen. Lateinisch und Deutsch. Hrsg. von Konrad Müller und Herbert Schönfeld. München 1954 (Sammlung Tusculum); vgl. jeweils die Namensformen in: Lexikon der antiken Gestalten in den deutschen Texten des Mittelalters. Hrsg. von Manfred Kern und Alfred Ebenbauer [...]. Berlin, New York 2003.

42 Siehe Anm. 26.

43 Leitzmann 1930 (Anm. 26), S. 304.

44 Zahlreiche Besserungsvorschläge (teils mit der, teils gegen die Überlieferung) bei Schröder 1930 (Anm. 26), S. 17–23; Leitzmann 1930 (Anm. 26), S. 302–305; von Kraus 1940 (Anm. 26), S. 4–45.

45 Leitzmann 1930 (Anm. 26), S. 302.

46 Ebd.

archaische prosodie zu, [...] und während er ihm gewaltsam und ohne jede nötigung der überlieferung eine unzahl beschwerter hebungen aufbürdet, hält er ihm ängstlich jede zweisilbige Senkung fern."[47] Zudem sei er „beständig auf der jagd nach hiaten: er scheint dem wahne zu huldigen, als ob man auch einem epischen dichter des 13. jh.s keinen Hiat zutrauen dürfe. das gegenteil ist der fall [...]".[48] Für Junks Eigenarten der metrischen Regulierung (Bevorzugung oder Herstellung beschwerter Hebungen, Vermeidung von zweisilbigem Auftakt, zweisilbiger Senkung und zweisilbiger Kadenz, Vermeidung des Hiats durch Elision auch auf Kosten regelmäßiger Alternation) liefert praktisch jede Seite der Edition Beispiele in Fülle, hier nur einige wenige (die genannten Rezensionen verzeichnen etliche weitere): V. 8 steht *ob* (statt *Obe* MB) zur Vermeidung eines zweisilbigen Auftakts, v. 19 *geschehn* (statt *geschehen* B) zur Vermeidung der zweisilbigen Kadenz, v. 14563 *undr* (statt *vnder* MB) zur Vermeidung eines dreisilbigen Takts; v. 82 *der wîs Aristôtiles* (gegen *wiſe* MB) demonstriert die Beseitigung des Hiats durch Elision auf Kosten regelmäßiger Alternation, v. 3178 *uns hât der wân dran gelogn* (neben der künstlich durch Synkope hergestellten einsilbigen Kadenz) die Herstellung einer beschwerten Hebung gegen beide Handschriften (*dar an* MB). Als Beispiel für vollkommen unnötige Eingriffe gegen die Überlieferung sei hier nur eine der bereits von Leitzmann notierten Stellen genannt: v. 11299 setzt Junk gegen beide Handschriften bzw. in Besserung von B (*Das ſtande es iſt vnritterlich*) *dest ande! ez ist unritterlich*, wo M einen sinnvollen und naheliegenden Text bietet: *Das iſt wor es iſt vnritterlich.* Einige Eingriffe sind inhaltlich schlichtweg falsch (z. B. v. 15621 *bœste* statt sinnvoll *beſte* MB). Die geplante Neuausgabe (siehe Anm. 3) wird in zahllosen weiteren Fällen überlieferungsnäher verfahren.

4. Würdigung und Ausblick auf die Neuausgabe

Kritik an Junk ist wohlfeil: Häufig (nach heutigen Maßstäben sicher allzu häufig und willkürlich) entscheidet er sich gegen die Überlieferung. Sein Text ist mangels Kursivierung von Abweichungen im Text und aufgrund der Überfrachtung des Apparats durch rein graphische Abweichungen nicht transparent. Teils werden problematische und/oder inkonsequente Normalisierungsentscheidungen getroffen. Die Metrik wird restriktiv, eigenwillig und nicht ohne Inkonsequenzen gestaltet; z. B. wird auslautendes unbetontes *-e* in vielen Fällen ohne ersichtlichen Grund gegenüber den Handschriften teils bewahrt, teils getilgt, teils ergänzt. Es gibt neben den bereits genannten problematischen Eingriffen eine Reihe von kleineren Fehlern, etwa Lesefehler (z. B. v. 2467 *die* statt *sie*/*ſú* MB), fehlende Lesarten (z. B. v. 93 *mich* B statt *noch*; v. 14494 ist das in K überlie-

[47] Schröder 1930 (Anm. 26), S. 16.

[48] Ebd. Plädiert wird u. a. für das Ergänzen von unbetontem *-e* oder sogar von Füllwörtern im Interesse regelmäßigerer Alternation.

ferte – und sinnvoll auch in den Text aufzunehmende – *ie* nicht einmal im Apparat aufgeführt), fehlerhafte Angaben im Apparat (z. B. entspricht v. 88 – normalisiert – genau M, Junks Apparat ist in Bezug auf M ganz falsch), Grammatik- und Normalisierungsfehler (z. B. v. 3333 *es* statt normalisiert *ez* im Nominativ; v. 4730 und 6669 *âz* Sg. statt *az*, Ablautreihe V; gelegentlich fehlende Längenzeichen; vereinzelte Unstimmigkeiten im Modus- und Tempus-Gebrauch).[49]

Die grundsätzlichen Probleme von Junks *Alexander*-Edition sind offensichtlich, jedoch ohne dass es eine sinnvolle Alternative gäbe: Weder bietet sich ein autornaher Textzeuge als Grundlage einer echten Leithandschriftenedition an, noch reicht die Überlieferungsgrundlage für eine ‚kritische' Edition im Lachmann'schen Sinn aus. In der Summe jedoch hat Junk die editorische Aufgabe unter den Prämissen einer miserablen Überlieferung und gewollter Annäherung an Rudolf gut gelöst. Gerade bei den verderbten Stellen bleiben Junks Eingriffe vielfach überzeugend und alternativlos auch für die Neuedition. Vieles von dem, was wir bemängeln, ist zeitbedingt, insbesondere das Nicht-Kursivieren von Abweichungen von der Überlieferung.

Die neue *Alexander*-Edition wird anders angelegt sein: mit Übersetzung, Kommentar, literarhistorischer Einführung. Revision des Junk'schen Textes ist unumgänglich, mit größerer Handschriftennähe, wo möglich. Diese Handschriftennähe hat jedoch deutliche Grenzen: Handschriftenabdrucke sind in so gelagerten Fällen nur als Beigabe der Transkriptionen zu einer Edition sinnvoll, nicht als Editionsersatz. Bei bereinigten Abdrucken von fehlerhaften Handschriften des 15. Jahrhunderts stehen zu bleiben, wäre für einen fast noch ‚klassischen' Text des 13. Jahrhunderts schwerlich eine Alternative – die berechtigte Kritik an der Ausgabe des Ambraser *Ereck*[50] ließe sich insoweit durchaus auf den *Alexander* übertragen. Insofern bleibt auch für eine Neuedition, so unbefriedigend das methodisch ist, nur die reflektierte Rekonstruktion eines möglichst autornahen Texts in Rudolf-nahem Sprachstand. Ein gemäßigtes Leithandschriftenprinzip ist heute gleichwohl editorisch geboten – angesichts der viel umfänglicheren Lücken in B bedeutet das notgedrungen Entscheidung für M, angesichts der Lücken und Fehler von M freilich ohne dass man sich sklavisch an M binden darf. Auch der neue *Alexander* muss angesichts lückenhafter Textzeugen not-

49 Dabei hat Junk insgesamt recht sorgfältig gearbeitet und viel Zeit und Mühe auch auf die Textzeugen verwandt. Nach eigenem Bekunden – vgl. Junk 1904 (Anm. 13), S. 370, Anm. 1, S. 381, 371 – hat er M in Wien benutzen können, aber gleichwohl für große Teile – v. 3392–3447, 3533 bis Schluss – auf die Abschrift Zingerles von 1878 zurückgegriffen, freilich nicht ohne diese zu prüfen; B hat er bei einem mehrwöchigen Aufenthalt in Brüssel kollationiert.

50 Vgl. Hartmann von Aue: Ereck. Textgeschichtliche Ausgabe mit Abdruck sämtlicher Fragmente und der Bruchstücke des mitteldeutschen ‚Erek'. Hrsg. von Andreas Hammer, Victor Millet und Timo Reuvekamp-Felber. Berlin, Boston 2017; kritische Rezensionen: Sonja Glauch, in: Beiträge zur Geschichte der deutschen Sprache und Literatur 141, 2019, S. 112–127; Stephan Müller, in: Arbitrium 36, 2018, S. 302–311.

wendig ein Komposittext sein, bei der Besserung von Fehlern teilweise auch gegen die Überlieferung konjizieren und die Sprachgestalt in den Sprachstand um die Mitte des 13. Jahrhunderts ‚zurückübersetzen', also normalisieren, auch morphologisch und – wenn auch sehr viel behutsamer als Junk – metrisch. Wo das Editionsinteresse nicht auf die Bearbeitung als Text des 15. Jahrhunderts gerichtet ist, sondern auf den Text des Rudolf von Ems, wäre es ein Unding, diesen Text in der Sprache Diebold Laubers bzw. der Werkstatt von 1418 zu präsentieren und zu lesen. Allerdings ist man heute nicht mehr so zuversichtlich, dass man tatsächlich Rudolfs Sprachgebrauch, Stil, Metrik rekonstruieren kann – und wird deswegen in unzähligen Einzelfällen doch mehr bei der Überlieferung bleiben. Für den Textbestand ist über M hinaus auf B zurückzugreifen, wo Reimpaare herzustellen und sachlich oder syntaktisch offensichtliche Lücken zu schließen sind. Ob auch die semantisch und syntaktisch entbehrlichen B-Verse, die Junk aufgenommen hat, beibehalten werden, ist noch nicht entschieden; insofern sind auch Änderungen in Junks Verszählung möglich. Angesichts der vielen offensichtlichen Fehler wird man sich M auch für die nicht offensichtlich fehlerhaften, aber unbefriedigenden Lesarten nicht bedingungslos anvertrauen, sondern – wenn auch zurückhaltender als Junk – für eindeutig ‚bessere' Lesarten zu B wechseln.

All das bedeutet freilich, dass man bei einem derartigen Überlieferungsbefund (wie er ähnlich etwa auch für Eilharts von Oberg *Tristrant* und Konrads von Würzburg *Partonopier* festzustellen ist) weiterhin in erster Linie auf das philologische *iudicium* der Herausgeber angewiesen ist – und ob das heute objektivierbarer ist als vor knapp hundert Jahren, darf bezweifelt werden. Die Verfahren digitaler Stilometrie sind nicht ausgefeilt genug, um Feinheiten eines Autorstils zu erfassen, auf die man sich für rein metrisch oder stilistisch begründete Eingriffe berufen könnte. Was man heute für ‚Rudolf-Stil' hält,[51] beruht weitgehend auf den Ausgaben, nicht auf dem Befund der Handschriften. Metrik und Stil der Texte, wie Handschriften sie überliefern, sind noch kaum erforscht. Die Frage der morphologischen Normalisierung hat sich durch die umfassende Dokumentation in den zwei Bänden der neuen *Mittelhochdeutschen Grammatik* zur Flexionsmorphologie[52] verkompliziert: Fast alles scheint möglich, wenn auch nicht alles im 13. Jahrhundert. Orientierung an der Morphologie und Metrik ‚alter' Rudolf-Handschriften wäre angesagt – aber für den *Alexander* sind das nur 200 Verse, und inwieweit ein Rückgriff auf ‚alte' Handschriften von Rudolf-Werken anderer Gattungszugehörigkeit und Datierung sinnvoll ist, sei dahingestellt. Vieles wird nur graduell anders sein können als in Junks Ausgabe (insbesondere in

[51] Vgl. zuletzt Maximilian Benz: Rudolfs Stil. In: Rudolf von Ems. Beiträge zu Autor, Werk und Überlieferung. Hrsg. von Elke Krotz, Norbert Kössinger, Henrike Manuwald und Stephan Müller. Stuttgart 2020 (Zeitschrift für deutsches Altertum Beihefte. 29), S. 49–62.

[52] Thomas Klein, Hans-Joachim Solms und Klaus-Peter Wegera: Mittelhochdeutsche Grammatik. Teil II: Flexionsmorphologie. 2 Bde. Berlin, Boston 2018.

Sachen Überlieferungsnähe und Normalisierung), grundsätzlich anders freilich die Transparenz (auch mittels Kursivierungen im Text) beim Dokumentieren dessen, was tatsächlich überliefert ist und was nur rekonstruiert.

Simone Loleit

Edieren mit Blick auf die Beteiligung des Publikums

Ludwig Tiecks *Minnelieder aus dem Schwäbischen Zeitalter* (1803)

> Indem ich las und über das Gelesene sann, entwickelten sich auch in meiner Phantasie neue Vorstellungen, Zusätze, Aenderungen drängten sich mir unwillkürlich auf, und ehe ich noch gewiß war, ob es erlaubt sei, das bunte Geflechte eines fremden Geistes noch mit andern Farben und Bändern zu bereichern oder zu verderben, war in heitern Stunden die Arbeit schon vollendet.[1]

Äußert sich hier Ludwig Tieck zur Entstehung seiner *Minnelieder*-Ausgabe? Nein – und diese ging dem Herausgeber auch offensichtlich nicht so leicht und flüssig von der Hand wie dem (Rahmen-)Erzähler der 1835 erschienenen Märchen-Novelle *Das alte Buch und die Reise ins Blaue hinein* die Herausgabe der ihm auf sonderbarem Wege übermittelten alten Geschichte. Wie Tieck am 30. Mai 1803 in einem Brief an A. W. Schlegel schreibt, habe „er seit länger als 2 Jahren nichts andres getrieben",[2] als die altdeutschen Dichter zu lesen, und den „Codex der Maneße […] so durchstudirt, daß Du künftig bei der Vergleichung erst mehr einsehn wirst, wie sehr".[3] Tieck bittet Schlegel, bei der weiteren Durchsicht der Minnelieder „gar nichts in meinem Manuskript zu verändern, als

---

1 Ludwig Tieck: Das alte Buch und die Reise ins Blaue hinein. Eine Märchen-Novelle. In: ders.: Das alte Buch und die Reise ins Blaue hinein. Novellen. Hrsg. von der Aufbau Verlagsgruppe. Mit einem Nachwort von Lothar Müller. München 2007 (Bibliotheca Anna Amalia), S. 5–137, hier S. 11.

2 Ludwig Tieck und die Brüder Schlegel: Briefe. Auf der Grundlage der von Henry Lüdeke besorgten Edition neu herausgegeben und kommentiert von Edgar Lohner. München 1972, S. 133.

3 Ebd. Tieck bezieht sich jeweils nicht auf den Codex selbst, sondern auf Bodmers/Breitingers *Sammlung* (vgl. Anm. 5): Sammlung von Minnesingern aus dem schwæbischen Zeitpuncte. CXL Dichter enthaltend. Durch Ruedger Manessen weiland des Rathes der Uralten Zyrich. Aus der Handschrift der Koeniglich-Franzoesischen Bibliothek hrsg. von Johann Jakob Bodmer und Johann Jacob Breitinger. Erster Theil. Zürich 1758, Zweiter Theil. Zürich 1759 (Exemplar der UB Heidelberg, G 4899::1–2 RES; Digitalisat verfügbar unter: https://digi.ub.uni-heidelberg.de/diglit/bodmer1758bd1 und 1759bd2) (im Folgenden ‚Bodmer/Breitinger I' und ‚II' [alle hier und im Folgenden genannten Internet-Links wurden zuletzt am 24. 4. 2022 abgerufen]).

https://doi.org/10.1515/9783110786422-018

wo du einen offenbaren Schreibfehler siehst".[4] Schlegel, der bereits 26 Nummern der Tieck'schen „Bearbeitung der Minnelieder mit den Originalen"[5] vorgenommen und dazu Verbesserungsvorschläge gemacht hat,[6] lässt sich darauf jedoch nicht ein. Als Hauptargument führt er an: „und endlich habe ich nach unsern gegenseitigen Erklärungen gar kein Kriterium für das, was ein offenbarer Schreibfehler ist, und muß also auch stehen lassen, was ich dafür halte."[7] Dieser Einwand scheint nicht ganz unberechtigt, hat Tieck doch am 30. Mai geschrieben: „Fehler sind gewiß darinn, diese sind kaum zu vermeiden, indessen halte dich nur überzeugt, daß die meisten Abweichungen vorsätzliche sind."[8]

Die Personalunion Tiecks als Autor, Übersetzer und Editor lässt es naheliegend erscheinen, ihm in dieser Rolle auch für die *Minnelieder*-Ausgabe die Inanspruchnahme poetischer Lizenzen zuzuschreiben. So schreibt Petra McGillen:

> That reading itself was the subject of Tieck's project helps to explain the poetic licence he took with his medieval translations, and it helps to account for the ease with which he switched between editorial and authorial roles. He not only modified the minnesongs to increase their aesthetic effectiveness, but he also added a poem that he had written himself, later entitled ‚Der Minnesinger', as the final ‚minnesong' of the anthology.[9]

Ruth Istocks Hinweis auf „das Schwankende, jeder stilistischen Eindeutigkeit Bare der Tieckschen Übersetzersprache"[10] in den *Minneliedern* kann jedoch zum Anlass genommen werden, zwischen dem Herausgeber und dem Dichter Tieck zu trennen. Einen Anhaltspunkt hierfür bietet auch Tiecks in der Vorrede ausgesprochene Mahnung, die vorgelegten Lieder könnten

> nur auf eine bescheidene und züchtige Weise genossen werden, nur ein wiederholtes und bedachtsames Lesen kann sie eindringlich und wohlgefällig machen, und nichts ist wohl so untauglich, als eben sie, jenes unbestimmte Schmachten der Langeweile durch seltsame und mannigfaltige Vorstellungen zu reizen[11].

Die rhetorische Kategorie des *decorum* soll im Rezeptionsakt beherzigt werden („auf eine bescheidene und züchtige Weise"), was die idealtypische Haltung Tiecks gegenüber den von ihm herausgegebenen Liedern mitbeschreiben dürfte.

---

[4] Ebd., S. 134.

[5] Ebd., S. 130 (Schlegels Brief an Tieck vom 28. Mai 1803); auch hier ist mit den „Originalen" Bodmers/Breitingers *Sammlung* gemeint; vgl. oben Anm. 3.

[6] Vgl. ebd.

[7] Ebd., S. 135 (Schlegels Brief an Tieck vom 2. Juni 1803).

[8] Ebd., S. 133.

[9] Petra McGillen: The Romantic Editor as Modern Media Practitioner. The Poetics of Reading in Ludwig Tieck's *Minnelieder* Anthology. In: German Life and Letters 70, 2017, Heft 1, S. 57–78, hier S. 76.

[10] Ruth Istock: Die Wiedergewinnung mittelhochdeutscher Lyrik in den Übersetzungen deutscher Romantiker. Ein Beitrag zur romantischen Poetik. Diss. phil. [masch.] Mainz 1961, S. 120, Anm. 1.

[11] Minnelieder aus dem Schwäbischen Zeitalter. Neu bearbeitet und hrsg. von Ludewig Tieck. Berlin 1803 (im Folgenden ‚Tieck'), S. xixf.

Zwar lassen sich in Tiecks Ausgabe, die auf den ersten Blick mehr wie eine mal wörtliche(re) Übersetzung, mal freie Nachdichtung wirkt, allerhand „neue Vorstellungen, Zusätze, Aenderungen“[12] aufzeigen. Diese sollen im Folgenden jedoch als editorische Entscheidungen diskutiert werden. Tiecks *Minnelieder*-Ausgabe wird daher im Rahmen dieses Beitrags durchweg als Edition aufgefasst. Damit soll nicht in Abrede gestellt werden, dass die Präsentation der Lieder auch als Übersetzung zu verstehen ist.[13] Aufgrund des Vorhabens, Tieck als Editor in den Blick zu nehmen und seine *Minnelieder*-Ausgabe als Edition zu würdigen, ist es jedoch sinnvoll, durchgehend einen editionswissenschaftlichen Fokus anzulegen. Fragen zur Auswahl und Anordnung der Lieder bleiben dabei gänzlich ausgeklammert. Untersucht wird nur das, was in einer modernen Edition in die Rubrik ‚Editionsprinzipien und Einrichtung der Ausgabe‘ fallen würde. Auch wenn Tieck strenggenommen keine Editionsprinzipien formuliert hat, so finden sich doch Ansätze dazu in seiner Vorrede. Auf diese wird in der folgenden Untersuchung dementsprechend Bezug genommen. Es wird anhand einer exemplarischen Auswahl von Liedern im Vergleich mit dem Abdruck der Texte in Bodmers/Breitingers *Sammlung* herausgearbeitet, in welcher Weise die in der Vorrede ausgeführten Grundsätze bei der Einrichtung der Texte umgesetzt werden. Da Tieck ohne textkritischen Apparat arbeitet und Editionstext und Übersetzung in eins fallen lässt sowie Besserungen (Konjekturen), die er stillschweigend vornimmt, nicht dokumentiert, gleicht das Herausfiltern etwaiger editorischer Eingriffe Tiecks in die Texte nahezu einer Detektivarbeit. Mittel des Übersetzens und Nachdichtens gehören intrinsisch zu Tiecks (publikumswirksamem) Verfahren und verdecken die angewendeten textkritischen Schritte und editorischen Eingriffe.

Vorangeschickt sei noch folgender Hinweis zur Zitierweise: Da sich Tiecks Edition auf die von Bodmer und Breitinger herausgegebene *Sammlung von Minnesingern aus dem schwæbischen Zeitpuncte*[14] (1758/59) stützt, werden die Be-

---

[12] Tieck 2007 (Anm. 1), S. 11.

[13] Die grundsätzliche Schwierigkeit einer Einordnung mag an dieser Auswahl von Zitaten aus der Forschung deutlich werden: McGillen 2017 (Anm. 9), S. 58, spricht von Tiecks „double role as an editor and translator“; laut Brüggemann habe man es bei den *Minneliedern* „nicht mit einer nach streng wissenschaftlichen Prinzipien ausgerichteten Edition […], sondern mit einer Uebersetzung, die möglichst eng an das Original sich anschließen und dabei doch jedem Gebildeten verständlich sein sollte“, zu tun; Joseph Brüggemann: Ludwig Tieck als Übersetzer mittelhochdeutscher Dichtung. Eine Kritik. Trier 1908 (Königliches Kaiser-Wilhelms-Gymnasium mit Realgymnasium zu Trier; Wissenschaftliche Beilage zum Jahresbericht 1907/08), S. 4; Istock 1961 (Anm. 10), S. 110, hält, in kritischer Auseinandersetzung mit Brüggemanns Übersetzungsbegriff, fest: „Tieck wollte überhaupt nicht übersetzen im streng philologischen Sinn, er wollte retten, bewahren, beschwören […]“; Gradinger bemerkt, dass Tiecks Edition nicht eindeutig als wissenschaftlich-kritische Textwiedergabe oder Übersetzung einzuordnen sei, da sie „weder einen authentischen Text noch eine Übersetzung“ biete; Manfred Gradinger: Die Minnesang- und Waltherforschung von Bodmer bis Uhland. Diss. phil. [masch.] München 1970, S. 46.

[14] Bodmer/Breitinger I und II.

legstellen aus Tiecks *Minneliedern* zumeist der entsprechenden Stelle in der *Sammlung* der Schweizer gegenübergestellt oder zumindest, zur leichteren Auffindbarkeit, die Seiten angegeben. Des Weiteren wurde ein Abgleich mit der (von Tieck nicht, aber eben von Bodmer/Breitinger) eingesehenen Manessischen Liederhandschrift[15] vorgenommen und, wo es sinnvoll schien, Blatt und Zählung im jeweiligen Autoren-Corpus angegeben. Hinzugefügt sind häufig auch Kurzhinweise auf Standardeditionen,[16] die zudem auch vergleichend in die Überlegungen zu editorischen Entscheidungen Tiecks einbezogen werden. Strophen- und Versangaben orientieren sich, ebenso wie die Zitation des Anfangsverses, grundsätzlich, soweit nicht anders angegeben, an Tiecks Edition.

1. Original und ‚Täuschung'?

> Wenn es keine Täuschung ist, daß wir in einem Zeitalter leben, in welchem die Liebe zum Schönen und das Verständniß desselben von neuem erwacht, und sich in mannichfaltigen verschiedenen Gestalten zeigt, so ist es die Pflicht eines jeden, diesen Trieb anzuerkennen, und so viel es in seinen Kräften steht zu befördern und deutlicher zu entwickeln.[17]

Im Eingangssatz seiner Vorrede zu den *Minneliedern aus dem Schwäbischen Zeitalter* verbindet Tieck eine topische *causa scribendi* mit einem Aufruf zum Lesen. Die „Pflicht eines jeden"[18] betrifft Autor und Leserschaft, so dass nicht nur die Herausgabe, sondern auch die Lektüre der *Minnelieder* einem zugleich rückwärtsgewandten und visionären Programm folgen soll: nämlich die altdeutsche Poesie zu erneuern und damit einen Weg in das ‚Land' der ‚Einen Poesie'

---

[15] Große Heidelberger Liederhandschrift (Codex Manesse). Universitätsbibliothek Heidelberg. Cod. Pal. Germ. 848 (Online-Ressource: https://digi.ub.uni-heidelberg.de/diglit/cpg848) (im Folgenden ‚C'), Strophenzählung erfolgt nach: Die große Heidelberger Liederhandschrift (Codex Manesse). In getreuem Textabdruck hrsg. von Fridrich Pfaff. Titelausgabe der 2., verbesserten und ergänzten Auflage bearbeitet von Hellmut Salowsky. Heidelberg 1995.

[16] Deutsche Liederdichter des 13. Jahrhunderts. Hrsg. von Carl von Kraus. Bd. I: Text. 2. Auflage, durchgesehen von Gisela Kornrumpf. Tübingen 1978 (im Folgenden ‚KLD'); Des Minnesangs Frühling. Unter Benutzung der Ausgaben von Karl Lachmann und Moriz Haupt, Friedrich Vogt und Carl von Kraus bearbeitet von Hugo Moser und Helmut Tervooren. Bd. I: Texte. 38., erneut revidierte Auflage. Mit einem Anhang: Das Budapester und Kremsmünsterer Fragment. Stuttgart 1988 (im Folgenden ‚MFMT (MF)'); Walther von der Vogelweide. Leich, Lieder, Sangsprüche. 15., veränd. und um Fassungseditionen erw. Auflage. Aufgrund der 14., von Christoph Cormeau neu bearb. Auflage neu hrsg. von Thomas Bein. Edition der Melodien von Horst Brunner. Berlin, Boston 2013 (im Folgenden ‚Bein (L)'); Die Schweizer Minnesänger. Mit Einleitung und Anmerkungen hrsg. von Karl Bartsch. Frauenfeld 1886 (Bibliothek älterer Schriftwerke der deutschen Schweiz. 6) (im Folgenden ‚SMS').

[17] Tieck, S. i.

[18] Ebd.

zu bahnen.[19] Dabei erscheint von besonderem Interesse, dass, wie sich in der Vorrede herauskristallisiert, diese Verpflichtung der Leserschaft zur aktiven Mitwirkung auch den hermeneutischen Akt der Texterschließung einbegreift:

> Das Wichtigste schien mir, nichts an dem eigentlichen Character der Gedichte und ihrer Sprache zu verändern, daher durfte keine Form des Verses verletzt werden, dies war aber zu vermeiden nicht möglich, wenn man nicht manche der alten Worte so ließ, wie sie ursprünglich gebraucht waren. In der neuern Sprache verliehren alle diese Gedichte zu viel, daher ist es keine unbillige Forderung, wenn der Herausgeber verlangt, daß ihm die Leser auf halbem Wege entgegen kommen sollen, so wie er ihnen halb entgegen geht.[20]

Das Ensemble von Vorrede[21] und Textteil entspricht dem von Bodmers/Breitingers *Sammlung* her bekannten Konzept. Insofern Tiecks Auswahledition mit Liedern Kaiser Heinrichs beginnt und mit denen des Kanzlers endet, erfüllt sie durchaus die Erwartungen eines wissenschaftlich vorgebildeten und über Bodmers Ausgabe bereits mit der Manessischen Liederhandschrift vertrauten Publikums. Das auch von Tieck an den Anfang gestellte erste Lied des Kaiser-Heinrich-Corpus mutet, wenn man das mittelhochdeutsche Original kennt, in Tiecks modernisierender Fassung fremd und vertraut zugleich an: „Ich grüße mit Gesange die süssen, / Die ich vermeiden nicht will und nicht mag".[22] Da Tieck eben nicht primär auf ein gelehrtes Publikum zielte, sondern vielmehr ein breites literarisch interessiertes Laienpublikum ansprechen wollte,[23] kommt diesen Versen die Aufgabe zu, den Erstkontakt mit dem Minnesang zu eröffnen. Unter dem Eindruck der Tieck'schen Vorrede ließe sich die besungene ‚Süße', also die geliebte Minnedame, als Poesie deuten; das erste Lied könnte somit als poetologisches Gedicht interpretiert werden, in dem die Vorstellung einer Überzeitlichkeit der Poesie, die die voneinander entfernten Epochen miteinander verbindet, zum Tragen kommt. Der Beginn der zweiten Strophe: „Mir sind die Reich' und Land' unterthan / Wenne ich bei der Minniglichen bin",[24] erinnert an Tiecks Formulierung in der Vorrede: „und alle Werke der verschiedensten Künstler […] als Theile Einer Poesie, Einer Kunst anzuschauen, und auf diesem Wege ein

---

19 Vgl. ebd., S. i–ii; siehe zu Bezügen zu Schlegels Idee der ‚progressiven Universalpoesie' Gisela Brinker-Gabler: Poetisch-wissenschaftliche Mittelalter-Rezeption. Ludwig Tiecks Erneuerung altdeutscher Literatur. Kümmerle 1980 (Göppinger Arbeiten zur Germanistik. 309), S. 103 und S. 106f.; Stefan Scherer: Populäre Künstlichkeit. Tiecks *Minnelieder*-Anthologie im Kontext der Popularisierungsdebatte um 1800. In: Rezeptionskulturen. Fünfhundert Jahre literarischer Mittelalterrezeption zwischen Kanon und Populärkultur. Hrsg. von Mathias Herweg und Stefan Keppler-Tasaki. Berlin, Boston 2012 (Trends in Medieval Philology. 27), S. 89–111, hier S. 92.

20 Tieck, S. xxvi–xxvii.

21 Gradinger 1970 (Anm. 13), S. 38: „Die Vorrede wurde erst nach Drucklegung des Textes verfertigt."

22 Tieck, S. 1, Nr. 1, Str. 1, V. 1; vgl. Bodmer/Breitinger I, S. 1a; Hs. C, Bl. 6va [C 1]; MFMT 9,1 (MF 4,17).

23 Vgl. Tieck, S. xxv.

24 Ebd., S. 1, Str. 2, V. 1f.

heiliges unbekanntes Land zu ahnden und endlich zu entdecken, […] dem alle Gedichte als Bürger und Einwohner zugehören."[25] Tieck, für den die Beibehaltung der Klanglichkeit der Lieder oberste Priorität hatte, mag es zudem entgegengekommen sein, dass das Wort ‚Gesang' direkt im ersten Vers des ersten Liedes der Manessischen Liederhandschrift steht. Dem „reimenden Dichter"[26] erkennt er in der Vorrede eine „unerklärliche Liebe zu den Tönen"[27] zu. Dieses Konzept manifestiert sich somit im ersten Lied der Ausgabe in nahezu mustergültiger Weise.

Eine Zusammenschau der Vorrede und des ersten Lieds des Textteils kann auch bei der Formulierung „keine Täuschung"[28] ansetzen. Da Tieck und Schlegel in einem stetigen gedanklichen Austausch standen, liegt es nahe, für die Bedeutungsklärung von ‚Täuschung' Schlegels Vorlesung *Ueber das Verhältnis der schönen Kunst zur Natur; über Täuschung und Wahrscheinlichkeit; über Styl und Manier* heranzuziehen. Dort äußert er sich zum mimetischen Konzept von Kunst:

> Da es der beste Beweis ist, etwas sey gut nachgemacht, wenn man die vorgestellte Sache für die wirkliche halten kann, so fließt aus dem grob verstandenen Grundsatze der Nachahmung natürlich her: daß man sich in der Kunst die Täuschung zum Ziel setzen müsse, und daß alles, was die Täuschung stört, fehlerhaft sey.[29]

Schlegel ‚veredelt' diesen „Grundsatz der Täuschung",[30] der dem „Wesen ächter Kunst"[31] fremd sei, zu einem Begriff von „Nachahmung",[32] der auf Innerliches, nicht Äußerliches ziele;[33] grundlegend hierfür sei ein Verständnis der „Natur […] nicht als eine Masse von Hervorbringungen, sondern als das Hervorbringende selbst".[34] Aus diesem Gedanken heraus ließe sich Tiecks *Minnelieder*-Ausgabe als Versuch begreifen, den Minnesang erneut hervorzubringen, und zwar unter aktiver Mitwirkung der Lesenden: „Tiecks Minnelieder […] zwangen den Leser bei allem Entgegenkommen zur Teilnahme am Bemühen um das Verständnis des Textes".[35] Mit Hilfe einer Offenlegung seiner Editionsprinzipien und gezielter Lese- und Rezeptionsinstruktionen bemüht er sich, einem Laienpublikum den Weg zum richtigen Verständnis der Texte zu bahnen. McGillen

25 Ebd., S. i–ii.

26 Ebd., S. xiii.

27 Ebd., S. xiv.

28 Ebd., S. i.

29 August Wilhelm Schlegel: Ueber das Verhältnis der schönen Kunst zur Natur; über Täuschung und Wahrscheinlichkeit; über Styl und Manier. Aus Vorlesungen, gehalten in Berlin im Jahre 1802. In: ders.: Kritische Schriften. Zweiter Theil. Reprint der Ausgabe Berlin: G. Reimer, 1828. Berlin, Boston 2018, S. 310–336, hier S. 313.

30 Ebd., S. 314.

31 Ebd.

32 Ebd., S. 322.

33 Vgl. ebd.

34 Ebd.

35 Istock 1961 (Anm. 10), S. 118.

analysiert die von Istock als „gleichzeitige Anziehung und Abstoßung des Lesers“[36] bezeichnete Strategie der Rezeptionslenkung genauer:

> Tieck blends two seemingly contradictory modes of reading. On the one hand, he facilitates what can be termed an empathetic, affect-driven, and immersive mode of reading. [...] On the other hand, Tieck consciously builds moments of resistance into his medieval translations, requiring the reader to slow down, remain attentive, and read the poems several times.[37]

McGillen bezieht die von Tieck in der Vorrede verwendete Labyrinth-Metapher[38] nicht nur auf die durch die Reime hervorgerufene ‚Verwicklung‘ der Texte in sich selbst,[39] sondern geht davon aus, dass die Sammlung als Ganzes eine ‚labyrinthische‘, nicht-lineare Lektürehaltung einfordere. Angestrebt werde ein vergleichendes und wiederholtes Lesen, das zu einer permanenten Sinnanreicherung des einzelnen Lieds und seiner Wechselbeziehungen zu anderen Liedern der Sammlung führe.[40] Hierzu passe auch das, im Vergleich mit der Anthologietradition des späten 18. Jahrhunderts eher ungewöhnliche, Fehlen eines Inhaltsverzeichnisses:[41] „Consultation as a targeted mode of access would be the very opposite of twofold, labyrinthian reading.“[42]

Um zum Stichwort ‚Täuschung‘ zurückzukehren: Dieses trifft insbesondere auf die sprachliche Gestalt der von Tieck herausgebrachten Lieder zu, die Lautlichkeit und Wortlaut des Originals teils übernimmt, teils an die moderne Sprache anpasst, teils übersetzend davon abweicht. Wie Istock feststellt, „konnte die Umschrift als *Fiktion* erscheinen, die nur den ersten Schritt der Annäherung erleichtern sollte.“[43] Dass den Lesenden dabei, wie McGillen bemerkt, kein Widerstand auf der Ebene der „word-to-sound translation, yet just enough resistance at the level of word-to-meaning translation“[44] begegnen sollte, erscheint relevant, da Tieck dem Lesepublikum den Minnesang als Klangkunst vermitteln wollte und somit auf die Erhaltung der Metrik und insbesondere des Reims äußersten Wert legte. Dabei behielt er, soweit möglich, die Reimwörter in ihrer altertümlichen bzw. in modernisierter Lautung bei und ersetzte sie nur, wenn es sich nicht anders einrichten ließ, durch andere.[45] Hierfür musste er z. T. nicht unerhebliche, auch sinnverändernde, Umgestaltungen gegenüber dem Wortlaut des Originals in Kauf nehmen. Um dies in Grenzen zu halten, war es erforder-

---

36 Ebd., S. 120, Anm. 1.
37 McGillen 2017 (Anm. 9), S. 59.
38 Tieck, S. xiv: „In diesem lieblichen labyrinthischen Wesen [...] schwebt die Seele des Gedichtes.“ Ebd., S. xvii: „aus dem Labyrinth ihrer Reime“.
39 Vgl. ebd., S. xvii.
40 Vgl. McGillen 2017 (Anm. 9), S. 59 und 73.
41 Vgl. ebd., S. 74.
42 Ebd.
43 Istock 1961 (Anm. 10), S. 119; Hervorhebung im Original durch Sperrdruck.
44 McGillen 2017 (Anm. 9), S. 72.
45 Vgl Tieck, S. xxvi–xxvii; vgl. Gradinger 1970 (Anm. 13), S. 46f.

lich, darauf zu vertrauen, dass die Leserinnen und Leser genügend „sprachliche[s] Einfühlungsvermögen[.]“[46] besaßen, also z. B. selbständig ein Gespür für ‚false friends‘ entwickelten und sich daran machten, die Wortbedeutungen zu erschließen. Volker Mertens konstatiert: Tieck „geht davon aus, daß die Rezipienten schon damit rechnen, daß die zeitgenössische Wortbedeutung nicht unbefragt angenommen werden darf, sondern ihr Sprachvermögen aktivieren und ‚aus der Analogie‘ den Sinn ‚errathen‘“.[47]

2. Exemplarische Überlegungen zu editorischen Facetten der Tieck'schen Bearbeitungsprinzipien am Beispiel des Lieds *Mich kränket, daß so mancher sprechet*

Es wird immer wieder festgehalten, dass das auf Popularisierung[48] zielende Projekt Tiecks ein entscheidender Schritt zur Verbreitung des Minnesangs außerhalb der Gelehrtenzirkel war. Gleichwohl ist sowohl in den zeitgenössischen Reaktionen wie auch in der späteren Forschung auffällig, dass dieses anregende und innovative Konzept – bei allem Lob für seinen wegbereitenden Erfolg – gerade in fachwissenschaftlichen Kreisen Unbehagen hervorrief und mit einer gewissen Skepsis betrachtet wurde. Neben aller Kritik im Einzelnen scheint es insbesondere um das Prinzip des ‚halben Wegs‘[49] zu gehen. Brüggemann spricht offen an, dass er hierin eine Zumutung sieht: „Die am nämlichen Orte [d. h. dem Vorwort] aufgestellte Forderung, daß der Leser dem Herausgeber auf halbem Wege entgegenkomme, erscheint unbillig; denn der Herausgeber bietet dem Publikum seine Arbeit an und kann nicht verlangen, daß dieses eine halbgare Kost hinunterwürge“.[50]

Tatsächlich entzieht sich Tiecks Ausgabe aufgrund des Prinzips des ‚halben Wegs‘ in Teilen einer fachwissenschaftlichen Beurteilung. Inwieweit nämlich der intendierte Effekt, dass ein mit dem Mittelhochdeutschen und der mittelalterlichen Dichtung und Kultur wenig oder gar nicht vertrautes Lesepublikum sich mittels der Tieck'schen ‚Anpassungen‘ dem Original annähern sollte, eingetreten ist, lässt sich wissenschaftlich nicht nachweisen und dürfte auch subjektiv unterschiedlich ausgefallen sein. Auch der überprüfende Abgleich der Edition/Bearbeitung mit dem Text der Handschrift – bzw. in diesem Fall primär von Bodmers/Breitingers *Sammlung* – unter Berücksichtigung von Tiecks Editions-

46 Ebd., S. 59.

47 Volker Mertens: Minnesangs zweiter Frühling. Von Bodmer zu Tieck. In: ‚wort unde wîse – singen unde sagen‘. Festschrift für Ulrich Müller zum 65. Geburtstag. Hrsg. von Ingrid Bennewitz. Göppingen 2007 (Göppinger Arbeiten zur Germanistik. 741), S. 159–180, hier S. 162; vgl. Tieck, S. xxvii.

48 Siehe hierzu weiterführend Scherer 2012 (Anm. 19).

49 Vgl. Tieck, S. xxvii.

50 Brüggemann 1908 (Anm. 13), S. 21.

bzw. Bearbeitungsprinzipien birgt einige Hürden. Dies soll im Folgenden am Beispiel des Lieds Nr. 49 (Burkart [Burkhard] von Hohenfels: „Mich kränket, daß so mancher sprechet“)[51] verdeutlicht werden, unter Hinzuziehung der jeweiligen Strophen in Bodmers/Breitingers *Sammlung*.

Tiecks *Minnelieder*	Bodmers *Minnesinger*
Mich kränket, daß so mancher sprechet	*Mich muet das so manger sprichet*
Der mich muß im Jammer schauen:	*Sor mich muos in iamer schovven*
Wer thät dir dies Ungemach?	*Wer tet dir dis ungemach*
Uebel sie sich an dir rächet;	*Uibel si sich an dir richet*
Hast Du das von Deiner Frauen	*Hast du das von diner vrovven*
Der Dein Mund nur Preiß zusprach?	*Der din munt ie zbeste sprach*
Kann die deine Freude zehren?	*Kan diu dine frœide zern*
Nun hast du doch Mannes Bilde,	*Nu hast du doh mannes bilde*
Wie ist dir Mannes Muth so wilde,	*Wie ist dir mannes muot so vvilde*
Kannst Du Dich eines Weibes nicht erwehren?	*Maht du dich eins vvibes niht ervvern*
Wie möcht ich mit dir doch streiten	*Wie mœht ich mit der gestriten*
Die so gar gewaltigleiche	*Diu so gar gevvaltekliche Sitzet uf mi-*
Sitzet auf meines Herzens Thurm?	*nes herzen turn*
Der ist vest an allen Seiten,	*Der ist vest an allen siten*
So ist sie schön und ehrenreiche,	*So ist si schœne und erenriche*
Wie hebe ich an einen Sturm,	*Wie gehebe ich eine sturn Das ich sie*
Daß ich sie heruntertriebe?	*getribe drabe*
Mit Geschoß, Sturmleitern manchen	*Eben hœhe katzen mangen*
Mag ich sie da nicht erlangen,	*Mugent ir da niht erlangen*
Ich weiß, daß sie oben bliebe.	*La sin selbe tete selbe habe*
Sie ist auf meines Herzens Veste	*Si ist uf mines herzen veste Gevvaltig*
Gewaltig Königinne,	*kiuniginne*
Daß sie's allein haben will:	*Das sis eine haben vvil Si vertribet al*
Sie vertreibet all die Gäste	*die geste*
Die hinladen meine Sinne,	*Die dar ladent mine sinne Ouch der*
Auch der Kurzeweile viel,	*kurzevvile spil*
Mit ihrer Zucht sie fügen kann,	*Mit ir zuht sie fuegen kan*
Daß mein Muth sich so versenket	*Das min muot so gar veraffet*
Daß er anders gar nicht denket	*Das er anders niht en schaffet*
Als daß er sie schauet an.	*Wan das er si kapfet an*

Von dem in der Handschrift (C 69–73) fünfstrophigen Lied, von dem Bodmer auch alle Strophen abdruckt,[52] wählt Tieck nur die ersten drei Strophen (C 69–71) aus. Die Liedeinheit musste Tieck, wie auch sonst, „aus Bodmers ungegliederten Strophenkonglomeraten“[53] rekonstruieren. Tiecks Klage, der Manessische

---

51 Tieck, S. 64f.; vgl. Bodmer/Breitinger I, S. 89a; Hs. C, Bl. 112vb [C 69–71]; KLD 6 XVI; LDM: http://www.ldm-digital.de/show.php?au=Burk&hs=C&lid=1736.

52 Die obenstehende Synopse bildet nur die auch von Tieck aufgenommenen Strophen ab.

53 Mertens 2007 (Anm. 47), S. 161.

Codex sei „an den meisten Stellen nur mit Schwierigkeit zu lesen, auch ist die Abtheilung der Strofen oft so verworren oder unrichtig“,[54] dürfte hauptsächlich der Präsentation in Bodmers/Breitingers *Sammlung* geschuldet sein.[55] Tieck gebührt das „Verdienst, den Text Bodmers und Breitingers durch Interpunktion übersichtlicher und verständlicher gemacht zu haben. [...] Der Herausgeber veranschaulicht Metrik und Reim durch ein geglücktes Druckbild, das das ganze Gedicht in den meisten Fällen adäquat wiedergibt.“[56]

Das Weglassen der vierten und fünften Strophe ist eine editorische Entscheidung Tiecks; die Zusammengehörigkeit der Strophen über Metrik und Reim wird er sicher erkannt haben. Bodmers/Breitingers Darstellung der Strophen eines Tons in jeweils unterschiedlich vielen Zeilen mag anfänglich etwas irritierend sein. Bei genauerer Betrachtung zeigt sich jedoch, dass die Reimpunkte der Handschrift durch die Großschreibung des ersten Buchstabens des Folgeverses wiedergegeben werden bzw., wenn zwei durch Reimpunkte markierte Einheiten in einer Zeile zusammengelegt werden, jeweils zusätzlich durch ein größeres Spatium. Durch diese Zusammenlegungen kommt es in Bodmers/Breitingers Abdruck der oben zitierten Strophen zu der Schwankung zwischen 7 und 10 Zeilen (nicht Versen) pro Strophe.

Ein Abgleich mit der Handschrift zeigt, dass Bodmer und Breitinger den handschriftlichen Text weitgehend fehlerfrei wiedergeben. Wie in der *Sammlung* üblich, wurden Kürzel (z. B. Nasalstrich, *dc* etc.) aufgelöst sowie kleinere Normalisierungen[57] und die Leseverständlichkeit erhöhende Änderungen in der Getrennt- und Zusammenschreibung vorgenommen.[58] Lesefehler Bodmers/Breitingers[59] konnte Tieck, da er keinen Zugriff auf den *Codex Manesse* hatte,[60] allerdings nicht sicher von Fehlern in der Handschrift unterscheiden.[61]

Bei Eingriffen Tiecks in den Text ist oft nicht eindeutig zu klären, ob er gebessert (konjiziert) oder zur Bewahrung von Klanglichkeit, Metrik und Reim Veränderungen vorgenommen hat.

---

54 Tieck, S. xxv.

55 Vgl. McGillen 2017 (Anm. 9), S. 66.

56 Gradinger 1970 (Anm. 13), S. 49.

57 Z. B. wird *v* als *u* wiedergegeben, übergeschriebenes *e* oder *o* hinter den Vokal gesetzt etc. Die Wiedergabe von übergestelltem *i* über *u* erfolgt häufig durch *ú*, in dieser Strophe aber durch Voranstellung (*diu*, Str. 1, V. 7, *kiuniginne*, Str. 3, V. 2). Die Nachstellung bei *Uibel* (Str. 1, V. 4) dürfte der Großschreibung des *u* zur Markierung des Versanfangs geschuldet sein.

58 Z. B. in Str. 1 *ie zbeste* (Bodmer/Breitinger) statt *iez beste* (Hs. C).

59 Einen Lesefehler Bodmers korrigiert Tieck in Str. 2, V. 6: *eine sturn* (Bodmer/Breitinger), *einen sturn* (Hs. C), „einen Sturm“ (Tieck). Wie an Str. 3, V. 6 gezeigt werden kann, sind Lesefehler Bodmers z. T. unerkannt von Tieck übernommen worden: *der kurzevvile* (Bodmer), *dvr kurzewile* (Hs. C), „der Kurzeweile“ (Tieck).

60 „Der Kodex lag damals in Paris und war dem Herausgeber der ‚Minnelieder‘ daher nicht direkt zugänglich. Er hat sich auch nicht, wie es Bodmer tat, bemüht, die Handschrift einzusehen“ (Gradinger 1970 [Anm. 13], S. 39).

61 Siehe hierzu ausführlicher in Abschnitt 4 „Der ‚unsichtbare‘ Editor“.

- Z. B. erfolgt die Ersetzung von *Sor* (kontrahiertes *so er*) durch „Der" (Str. 1, V. 2) möglicherweise aus metrischen Gründen, weil die korrekte Wiedergabe mit ‚wenn er' eine überzählige Silbe produziert hätte; zudem bleibt „Der" klanglich dichter am Original.
- Bei der Änderung des Artikels *der* zum Personalpronomen „dir" (Str. 2, V. 1) könnte es sich aber um eine Konjektur handeln, deren Motivation allerdings im Unklaren bleibt. Die Anredeformen in der ersten Strophe richten sich nämlich an den männlichen Sprecher, über die Dame wird durchweg, auch in der zweiten und dritten Strophe aus der Perspektive des Ich, in dritter Person geredet.

Zudem wird der Terminus Konjektur im Folgenden stets unter dem Vorbehalt verwendet, dass Tieck (mutmaßliche) Besserungen, die er an dem mittelhochdeutschen Text vorgenommen hat, nicht kenntlich gemacht hat. Zudem werden diese Besserungen im Laufe des Arbeitsprozesses wohl viel häufiger stattgefunden haben, als im publizierten Text dann überhaupt sichtbar wird.

Wie Istock am Beispiel von Lied Nr. 142 (Walther von der Vogelweide: „Wenn die Blumen aus dem Grase dringen")[62] aufzeigt, arbeitet Tieck auch mit rezeptionslenkenden Mitteln. Im Falle des Walther-Lieds bedeute dies, dass die erste Strophe leicht verständlich dargeboten wird, während in der zweiten Strophe ‚unklare' Stellen die Lesenden auf die Fremdheit des Textes aufmerksam werden lassen.[63] Gradinger geht bezüglich der eng am Original bleibenden Formulierung „Ummesehende ein wenig unter Stunden" (Str. 2, V. 5) sogar davon aus, „daß der Leser ohne Kenntnis des Mittelhochdeutschen den Sinn nicht verstehen konnte."[64] Dies dürfte allerdings vom jeweiligen Sprachgefühl abhängig sein.

Für Lied Nr. 49 ist festzuhalten, dass Tieck die besonders schwierigen Stellen in Übersetzung anbietet. Aufgrund der erheblichen sprachlichen und rhetorischen Hürden, die die zweite und dritte Strophe bieten, erscheint diese Vorgehensweise auch naheliegend. „Strophen II und III entwerfen eine Szenerie, in der das Ich ohne Aussicht auf Erfolg das eigene, von der Dame eroberte Herz belagern muss. Außergewöhnlich ist hier die belagerungstechnische Fachsprache (II,8)."[65] Tiecks Wiedergabe des Verses *Eben hœhe katzen mangen*, „Mit Geschoß, Sturmleitern manchen" (Str. 2, V. 8), entspricht einer eher freien Übersetzung, die den Inhalt richtig trifft, aber die dreifache Aufzählung (Steigerung) *ebenhôhe, katzen, mangen* (‚Belagerungsturm', ‚Rammbock', ‚Steinschleuder')[66] durch zwei Elemente ersetzt. Grund hierfür dürfte die Reimworterhaltung sein, wobei aus dem im Mittelhochdeutschen reinen allerdings ein unreiner Reim wird: *mangen* : *erlangen*/„manchen" : „erlangen".[67] Worterklärungen, wie sie

[62] Tieck, S. 193f.; vgl. Bodmer/Breitinger I, Sp. 116a; Hs. C, Bl. 131vb [C 161]; Bein, Ton 23, Fassung nach C (L 45,37).

[63] Vgl. Istock 1961 (Anm. 10), S. 119f., Anm. 1.

[64] Gradinger 1970 (Anm. 13), S. 47.

[65] Liedkommentar von Markus Stock zur LDM-Edition (Anm. 51).

[66] Ebd.

[67] Siehe Gradinger 1970 (Anm. 13), S. 48, zu unreinen Reimen (Assonanzen) in Tiecks Edition.

z. B. in der LDM-Edition im Rahmen des Apparats als Lese- und Verständnishilfen angeboten werden,[68] integriert Tieck in den Text. Dabei gibt er mit „Geschoß“ sinngemäß *mangen* wieder; auf keinen der beiden anderen Fachausdrücke passt nämlich diese Bedeutung. Hieraus erhellt sich auch, dass nicht unzureichendes Textverständnis ursächlich für die Ersetzung des Substantivs *mangen* durch das Indefinitpronomen „manchen“ gewesen sein wird. Nur am Rande sei angemerkt, dass die archaisierende postnominale Stellung nicht nur für nhd. „manch“, sondern auch für mhd. *manec* ungewöhnlich erscheint. Tiecks Formulierung ist also offensichtlich in einem künstlichen Zwischenzustand zwischen den Sprachständen angesiedelt.[69] Dies betrifft ähnlich auch das von Brüggemann getadelte Suffix „-leich“: „Gänzlich ungehörig sind für unser Gefühl Ml. 49, II. gewaltigleiche, 184, I. herzigleiche.“[70] Was aus sprachgeschichtlicher Sicht tatsächlich problematisch erscheinen muss,[71] ist konzeptuell gleichwohl schlüssig. Wie Istock festhält, ist die Sprache der Tieck'schen Minnelieder „nicht eine verstandesmäßige Konstruktion, nicht *Erfindung*, sondern eine Art Transponierung des Klangkörpers in die neue, durch den Lautwandel bedingte Tonart.“[72]

In diesem Zusammenhang von Interesse erscheinen folgende Beobachtungen, die Mertens anhand verschiedener Bearbeitungsstadien der Tieck'schen *Minnelieder* macht:

> Tieck beschäftigte sich gründlich mit Bodmers Sammlung, wie eine handschriftliche Vorform der ‚Minnelieder‘ in dem Berliner Autograph Ms. germ oct. 283 zeigt. Sie enthält 73 Lieder (im Vergleich zu 221 der Ausgabe), davon 13, die nicht in den Druck kamen [...]. Für die Ausgabe hat Tieck die Lieder weiter bearbeitet, hat sie geschmeidiger gemacht, aber nicht immer im Sinn größerer Annäherung an die Sprache seiner Zeit, sondern er bleibt mitunter auch näher am Mittelhochdeutschen. Die Runge übergebenen Minnelieder zeigen wieder eine andere Stufe der Bearbeitung und schließlich sind die Lieder Ulrichs von Lichtenstein, die Tieck in seine Ausgabe des ‚Frauendiensts‘ übernommen hat, noch einmal im Sinn größerer Handschriftennähe verändert.[73]

Dies entspricht einer Suchbewegung nach einer adäquaten Repräsentationsform der Originalsprache, die – um der Verständlichkeit willen – allerdings nicht mit

---

68 „*ebenhœhe* stF. ‚Belagerungsturm‘ [...]. *katze* swF. ‚bewegliches Schutzdach für Belagerer; Rammbock‘ [...]. *mange* swF. ‚Kriegsmaschine zum Steineschleudern‘“, LDM-Edition (Anm. 51).

69 Brinker-Gabler 1980 (Anm. 19), S. 129, bezeichnet diesen Zwischenzustand durchaus kritisch als „eine Mischsprache, die nie existierte“; Istock 1961 (Anm. 10), S. 109, spricht Tiecks Kunstsprache „einen eigentümlich unwirklichen, fremdartigen und zauberhaften Charakter, fern von der Alltagswirklichkeit der Prosa, fern auch von jedem lyrischen Zeitstil“ zu.

70 Brüggemann 1908 (Anm. 13), S. 24.

71 Brinker-Gabler 1980 (Anm. 19), S. 140, kritisiert, dass Tiecks Bearbeitungen „eine falsche Auffassung von der [mittelhochdeutschen] Sprache“ vermittelten.

72 Istock 1961 (Anm. 10), S. 114; Hervorhebung im Original durch Sperrdruck.

73 Mertens 2007 (Anm. 47), S. 161.

dieser identisch sein kann. Nur selten kommt es zu einer vollständigen lautlich-klanglichen und semantischen Deckung der mittelhochdeutschen Wörter und ihrer Wiedergabe in Tiecks Ausgabe, fast immer bleibt es bei einer Annäherung: Klammert man die Artikel, Pronomina, Konjunktionen, Präpositionen etc. aus, so gibt es in der ersten Strophe die folgenden Wörter, die zwar nicht von der Graphie her, aber lautlich, grammatisch und semantisch mit dem Original übereinstimmen: „Jammer"/*iamer* (V. 2), „Uebel"/*Uibel* (V. 4), „Munt"/*munt* (V. 6), „Kann"/*Kan* (V. 7), „Freude"/*frœide* (V. 7) und „Mannes"/*mannes* (V. 8f.). Besonderes Augenmerk legt Tieck in der Vorrede allerdings auf Wörter, die einen Bedeutungswandel vom Mittel- zum Neuhochdeutschen erfahren haben.[74] Ein gutes Beispiel hierfür sind die Verse: „Nun hast du doch Mannes Bilde, / Wie ist dir Mannes Muth so wilde" (V. 8f.). Die Wörter „Bilde", „Muth" und „wilde" sind für eine mediävistisch vorgebildete Leserschaft, trotz der bei „Muth" durchgeführten Monophthongierung, unschwer als mittelhochdeutsche Einsprengsel zu erkennen. Mit dem Mittelhochdeutschen unvertraute Leserinnen und Leser werden jedoch auch darauf hingelenkt: Tieck hat „Bilde" und „Muth" nämlich durch die Beibehaltung der pränominalen Genitivstellung („Mannes") besonders markiert. Bei „Bilde" und „wilde" wird, vor allem wohl um der weiblichen Kadenz willen, die mittelhochdeutsche Endung bewahrt. Neben diesen Indikatoren ist es zudem die Übernahme der veralteten Phraseologie,[75] die ein Laienpublikum darauf aufmerksam machen müsste, dass hier ein hermeneutischer Übersetzungsakt erforderlich ist.

> Was Tiecks Übersetzungsstil erlebnismäßig vermittelte, war die Erkenntnis, daß die Sprache der Gegenwart wohl auch die der Vergangenheit in sich beschließt [...]. Zehn Jahre später verlangte Schleiermacher von einer Übersetzersprache, sie solle ahnen lassen, daß sie ‚zu einer fremden Ähnlichkeit hinübergebogen sei'.[76]

Dieser Befund Istocks lässt sich an folgendem Beispiel verdeutlichen: Die Klanglichkeit der ersten Strophe von Lied Nr. 49 wird im mhd. Text (nach Bodmers/Breitingers Abdruck) von der auf *m* anlautenden Alliteration bestimmt, die die Wörter und Wortverbünde *Mich muet*, *manger*, *mich muos*, (*ungemach*), *munt*, *mannes*, *mannes muot* und *Maht* miteinander verbindet. Der über Wortwiederholung und Assonanz deutlich markierte Parallelismus *Mich muet – mich muos* ist eng vernetzt mit der Nominalphrase *mannes muot*; *muot* gleicht dabei vom Konsonantengerüst her *muet*, vom Vokalklang her *muos*. Hier stellt sich die Frage, warum Tieck dieses lautlich-semantische Netzwerk durch die, zudem nicht zwingend notwendig erscheinende, Übersetzung von *muet* durch „kränket" zerstört haben mag. Zwar lässt sich hierauf keine objektivierbare Antwort geben, man kann aber versuchen, den Effekt, den diese editorische Entscheidung im

---

[74] Vgl. Tieck, S. xxvii.

[75] Brüggemann 1908 (Anm. 13), S. 30f. listet Str. 1, V. 8 unter den von Tieck seiner Meinung nach unzulässigerweise verwendeten „Ausgestorbene[n] resp. veraltete[n] Redewendungen" auf.

[76] Istock 1961 (Anm. 10), S. 116f.

Rezeptionsakt zeitigt, zu analysieren und einen zeitgenössischen Rezeptionshorizont zu rekonstruieren: Mit „kränket" wird die Bedeutung von mhd. *muet* richtig wiedergegeben, aber auf eine bestimmte Bedeutungsnuance fixiert. Die Wiedergabe durch nhd. ‚müht' würde eher in Richtung von ‚bedrückt, quält, bekümmert' lenken, was der mhd. Wortbedeutung entspricht und im Sinnzusammenhang des Lieds auch eine sinnvolle Übersetzung wäre.[77] Bezieht man die Vorrede ein, so gewinnt es den Anschein, dass Tieck mit „kränket" sogar eine falsche Fährte legt. Bei seiner Auflistung von Wörtern, die einen Bedeutungswandel erfahren haben, erwähnt er nämlich: „So steht *schwachen* immer für schwach machen, *kranken* und *kränken* für krank machen".[78] Nach gründlicher Lektüre der Vorrede läge somit der Schluss nahe, dass „kränket" eine lediglich graphemische Anpassung des mhd. *krenket* ist. Die daraus resultierende Übersetzung ‚mich macht krank' wäre im Liedzusammenhang auch sinnvoll. Festzuhalten bleibt, dass durch die Ersetzung von *muet* durch „kränket" eine hermeneutische Doppelwegstruktur geschaffen wird: Die eine Bedeutungsrichtung weist ins Mittelhochdeutsche, also in die Vergangenheit der deutschen Sprache, die andere ins Gegenwartsdeutsche. Tiecks an den Schluss seiner Auflistung von Beispielwörtern mit Bedeutungswandel gesetzte lapidare Bemerkung, dies werde „keinen Leser irre machen",[79] greift die Labyrinthmetapher auf. Als implizite Bedeutung ließe sich insofern herauslesen, dass dies die Lesenden sogar in einem positiven Sinne „irre" machen soll – nicht i. S. von ‚verrückt', wohl aber i. S. von ‚umherschweifend'.[80]

Das lautlich weniger originalgetreue Wort „kränket" hat also gegenüber ‚müh(e)t' den Vorteil, dass die durch die Vorrede vorbereiteten Leserinnen und Leser gleich beim zweiten Wort des Lieds an das Prinzip der Bedeutungsermittlung per Analogiebildung erinnert werden. Das „Primat der Form"[81] wird insofern gewahrt, als die Endreime nicht davon betroffen sind.

Grundsätzlich hat sich Tieck in den Minneliedern vielerorts um die Aufrechterhaltung der Alliterationen bemüht, wie an folgender kleinen Auswahl verdeutlicht werden kann:

- *Svvas ie kein man zer vverlte vvunne enphangen hat / Das ist ein vviht ich vvas gevvert* – „Was je ein Mann in der Welt Wonne empfangen hat / Das ist gering, ich ward gewährt"[82] (abgesehen von *vviht* wurden alle auf *w* anlautenden Wörter in modernisierter Form übernommen)

---

[77] Vgl. entsprechend auch die Worterklärung in der LDM-Edition (Anm. 51).

[78] Tieck, S. xxvii; Hervorhebung im Original durch Sperrdruck.

[79] Tieck, S. xxvii.

[80] Vgl. den Nachweis dieser Wortbedeutung im Deutschen Wörterbuch von Jacob und Wilhelm Grimm. Bd. 10: H–Juzen. Nachdruck der Ausgabe Leipzig 1877, München 1984, Sp. 2159, wo in Abschnitt 1) Belege vom Althochdeutschen über die Sprache der Luther-Bibel bis hin zu Werken der Goethezeit gegeben werden.

[81] Brinker-Gabler 1980 (Anm. 19), S. 128.

[82] Tieck, S. 37, Nr. 27 (König Wenzel von Böhmen: „Aus hoher Abentheuer eine süsse Würdigkeit"), Str. 3, V. 4f.; Bodmer/Breitinger I, S. 2a.

– *losen lieben lip* – „losen, lieben Leib“[83]
– *Des vvar so vvil ich ir ze dienste minú iar vertriben / Und vveis doch vvol das min gevverb niht endes hat* – „Das ist wahr, so will ich ihr zum Dienste meine Jahr vertreiben, / Und weiß doch wohl, daß mein Gewerb kein Ende hat“[84]

Zu der partiellen Aufrechterhaltung der über Alliteration vernetzten Wörter, wie sie bei der ersten Strophe von Lied Nr. 49 vorliegt, gibt es eine interessante Parallele in Lied Nr. 17 (Markgraf Otto von Brandenburg mit dem Pfeile: „Uns kommt wieder ein lichter Meye“):

Uns kumt aber ein liehter meie / Der machet manig herze fruot / Er bringet bluomen mangerleye / Wer gesach ie suesser bluot / Vogelin dœne sint manigvalt / Wol geloubet stet der vvalt / Des vvirt vil truric herze balt. „Uns kommt wieder ein lichter Meye / Der giebt manchem Herzen Muth, / Er bringet Blumen mancherleie, / Wer sah jemals süßre Blut? / Vögelein-Töne sind mannigfalt / Wohl gelaubet steht der Wald, / Manch traurig Herz wird froh gestalt.“[85]

Tieck unterbricht hier die *m*-Reihe *meie, machet manig*, weil er zu mhd. *fruot* (‚munter‘) auf der Einzelwortebene kein semantisch passendes lautliches Pendant finden kann. Er greift daher zu der Wendung „giebt [...] Muth“, wodurch er die *m*-Alliteration an Wörter mit Endreimstellung („Meye“, „Muth“) bindet. Durch die Ersetzung von *vil* durch „manch“ im Schlussvers wird aus der von *mach-/man-* zu *mang-* sich verdichtenden Assonanz (*machet manig, mangerleye*) durchgehend „manch-“ („manchem“, „mancherleie“, „Manch“). Ursächlich für diese Texteingriffe ist hier die Aufrechterhaltung der Reimendung „-uth“ (mhd. *-uot*).[86]

Eine Konstruktion, die ebenfalls der an der Eingangsstrophe von Lied Nr. 49 beobachteten ähnelt, findet sich in Lied Nr. 44 (Friedrich von Husen [Hausen]: *Ich muß mit Rechte sein unfroh, seit sie sprach als ich bei ihr was*),[87] Str. 4, V. 1f. Auch hier sind im Mittelhochdeutschen die Wörter *Mich muet* und *muos*

[83] Tieck, S. 37, Str. 4, V. 3; Bodmer/Breitinger I, S. 2a, vgl. ähnlich in Tieck, S. 39, Nr. 28 (König Wenzel von Böhmen: „Da nun der Winter hat die Blumen eingethan“), Str. 3, V. 3, Bodmer/Breitinger I, S. 2b.

[84] Tieck, S. 56, Nr. 43 (Walther von Mezze: „Wer da Minne pfliget wo er’s doch nimmer kann vollbringen“), Str. 3, V. 3f.; Bodmer/Breitinger I, S. 166a.

[85] Tieck, S. 20, Str. 1; Bodmer/Breitinger I, S. 4a.

[86] Es bedürfte einer gründlicheren Sichtung der gesamten Sammlung auf Tiecks Umgang mit Alliterationen hin, um zu soliden Ergebnissen zu kommen. Es deutet sich jedoch an, dass Tieck Wörter wie „lose“, „Leib“ (Tieck, Nr. 27, siehe Anm. 82) und „Gewerb“ (Nr. 43, siehe Anm. 84) nicht nur aufrechterhält, weil sie durch Alliteration mit anderen Wörtern vernetzt sind, sondern auch, weil sie dazu anregen, nach einer vergangenen Wortbedeutung zu suchen. Auch die Ersetzung von *fruot* durch „Muth“ (Nr. 17, siehe Anm. 85) passt gut in dieses Konzept. Das durch „giebt“ (siehe Anm. 85) ersetzte *machet* bietet, ähnlich wie das durch „kränket“ (siehe Anm. 51) ersetzte *muet*, keine größeren Verständnishürden und erschien Tieck womöglich aus diesem Grund leichter austauschbar.

[87] Tieck, S. 56f.; Bodmer/Breitinger I, S. 91b; Hs. C, Bl. 117ra [C 1–4]; MFMT 10,1 (MF 42,1).

über Alliteration vernetzt: *Mich muet das ich der lieben bin so verre komen / Des muos ich vvunt Beliben dest mir ungesunt* (Bodmer/Breitinger). Auffällig ist der lautlich-grammatikalische Chiasmus: *Mich muet das – des muos ich.* Die *d*-Alliterationen treffen aufeinander, die Mittelwörter *muet* und *muos* sind über Alliteration, die Außenwörter *Mich* und *ich* über Assonanz verbunden. Tieck bildet dies weitgehend nach, ersetzt aber, wie bei Lied Nr. 49, *Mich muet* durch „Mich kränkt“: „Mich kränkt, daß ich der Lieben bin so ferne kommen, des muß ich wund / Beleiben, das ist mir ungesund“. Die Alliteration der Mittelwörter ist also aufgegeben.

Mit dem Schlussvers der zweiten Strophe von Lied Nr. 49 „Ich weiß, daß sie oben bliebe“ entfernt sich Tieck nicht nur weit vom Originalwortlaut *La sin selbe tete selbe habe*, sondern verändert auch die Bedeutung. Von Kraus ediert: *lâ sîn: selbe tœte, selbe habe,*[88] was Brüggemann sinngemäß wiedergibt mit „Laß sein, du hast es selbst getan, nun nimm es auch hin, also etwa: du hast dir die Suppe eingebrockt, nun löffle sie auch aus!“[89] Die mitunter in der Forschung, besonders der älteren, aufkeimenden Zweifel an der Qualität von Tiecks Mittelhochdeutschkenntnissen[90] werden durch solche Stellen genährt. Brüggemann kommentiert Tiecks Wiedergabe des zitierten Verses mit den Worten „Offenbar nicht verstanden!“[91] An der Stelle lässt sich exemplarisch zeigen, wie schwierig eine solche Etikettierung ist. Oberste Priorität hatte für Tieck die Erhaltung von Metrik und Reim. Die Reimwörter *drabe* und *habe* sind im Neuhochdeutschen nicht sinnvoll nachzubilden. Mit der Verschiebung von *triebe* in die Reimstellung („heruntertriebe“) ediert Tieck einerseits wortbewahrend und andererseits mit Blick auf mögliche Reimwörter. Mit „Ich weiß, daß sie oben bliebe“ findet Tieck eine metrisch akzeptable Lösung, die die Bedeutung des mittelhochdeutschen Verses zwar nicht exakt wiedergibt, aber die schelmisch-spöttische Pointiertheit doch ganz gut nachbildet. Ob Tieck die Stelle ‚richtig‘ verstanden hat, kann nicht mehr geklärt werden. Es kann nur überprüft werden, inwieweit der vorgelegte Text seinen Editions- bzw. Bearbeitungsprinzipien entspricht – dies ist hier sicherlich der Fall.

3. Exemplarische Betrachtungen zu Strophenform und Reim

Das Lied Nr. 44 (Friedrich von Husen: „Ich muß mit Rechte sein unfroh, seit sie sprach als ich bei ihr was“)[92] ist ein eindrückliches Beispiel für Tiecks Fähigkeit, die metrische Dynamik und Gesanglichkeit der Lieder herauszuarbeiten.

88 KLD 6 XVI.

89 Brüggemann 1908 (Anm. 13), S. 42.

90 Ebd., S. 39: „Hat der Übersetzer überall den Urtext richtig verstanden, hat er ihn korrekt wiedergegeben?“ Vgl. ähnlich ebd. S. 40. Weniger scharf formuliert und wohlwollender Istock 1961 (Anm. 10), S. 110: „Tieck hat sich durch viele unverstandene Stellen mit Geschick hindurchlaviert“.

91 Brüggemann 1908 (Anm. 13), S. 42.

92 Siehe Anm. 87.

I (Tieck)

Ich muß mit Rechte sein unfroh, seit sie sprach als ich bei ihr was:
        Ich möchte heissen Aeneas
Und sollte aber des wohl sicher sein, sie würde nimmer meine Dido:
        Das sprach sie do,
        Mir immer fremde bleibt ihr Leib,
Sie hat jedoch des Herzens mich beraubet gar für alle Weib.
[...]

I (Bodmer/Breitinger)

Ich muos von schulden sin unfro
Sit si iah do ich bi ir vvas
Ich mohte heissen eneas
Und solte aber des vvol sicher sin
Si vvurde niemer min tido
Wie sprach si do Aleine frœmdet mich ir lip
Si hat ie doch des herzen mich beroubet gar fúr ellú vvip
[...]

IV (Tieck)

Mich kränkt, daß ich der Lieben bin so ferne kommen, des muß ich wund
        Beleiben, das ist mir ungesund,
Auch sollte mir wohl helfen das, daß ich ihr stets war unterthan,
        Seit ich's begann
        So konnte ich nie den treuen Muth
Abwenden rechte ganz von ihr, denn sie das Beste gerne thut.

IV (Bodmer/Breitinger)

Mich muet das ich der lieben bin so verre komen
Des muos ich vvunt Beliben dest mir ungesunt
Ouch solte mir vvol helfen das
Das ich ir ie vvas undertan
Sit ichs began so enkunde ich nie den steten muot
Bevvenden rehte gar von ir vvan si das beste gerne tuot

Bodmer/Breitinger haben jeweils im (nach der Unterteilung Tiecks) ersten und dritten Vers, trotz fehlender Reimpunkte in der Handschrift, einen Versanfang markiert. Den vierten und fünften Vers der vierten Strophe (Zählung nach Tieck) hat er zusammengelegt, obwohl sie in der Handschrift durch einen Reimpunkt getrennt sind. Interessanterweise kommt die von Tieck rekonstruierte Strophenform der C-Fassung des Lieds von der Versunterteilung her näher als Bodmers/Breitingers Abdruck. Tieck interpretiert die Strophenform als Wechsel von Lang- und Kurzzeilen und veranschaulicht die dadurch entstehende Dynamik durch Einrückung der Kurzzeilen. Er gelangt damit zu einer Lösung, wie sie später auch Schweikle in seiner Friedrich-von-Hausen-Edition wählt. Klein schreibt zu den unterschiedlichen Deutungsmöglichkeiten:

Die Interpretation der Form ist umstritten. Mit MF deutet Heinen [...] die in B überlieferten Strophen als Periodenstrophe mit dem metrischen Schema: 4ma 4mb 4mb 4mx 4mx 4ma 2ma 4mc 4mx 4mc. Dagegen spricht aber nicht nur das Fehlen der Reimpunkte nach *mich* (1,6), *zît* (2,1), *lîp* (4,4) und *schiet* (5,4), sondern auch die für den Minnesang des 12. Jh.s ungewöhnliche Häufung von Waisen. Wahrscheinlicher ist eine Kombination aus paargereimten Lang- und Kurzzeilen: 4m/ma 4ma 4m/4mb 2mb 4mc 4m/4mc (so auch Schweikle [...]). Die in B zusätzlich gesetzten Reimpunkte können als Hervorhebung der Binnenzäsur in der Langzeile verstanden werden.[93]

Schweikle verweist darauf, „daß der a-Reim zwischen V. 1 und 3 in drei Strophen (*2*, *4*, *5*) konsonantisch unrein ist, daß also diese Reimposition nur ornamental, nicht funktional gesetzt ist, es sich also um einen Mittenreim (Assonanz) handelt."[94]

Tieck dürfte die Entscheidung für den Wechsel von Kurz- und Langzeilen vergleichsweise leicht gefallen sein, da er häufiger Verse als Langzeilen zu interpretieren scheint als andere Herausgeber. Um hier zu gesicherten Ergebnissen zu gelangen, bedürfte es, ähnlich wie zu den Alliterationen, einer gründlicheren Untersuchung. Beispielhaft können folgende zwei Lieder, aus denen jeweils die erste Strophe zitiert wird, stehen:

Nr. 55 (Der tugendhafte Schreiber: „Der Heide Leide ist verschwunden man höret Preiß")[95]
Der Heide Leide ist verschwunden, man höret Preiß
Von mannichem süßem Vogelsang,
Viel Kleide beide grün gelb roth und weiß
Der Meye ihnen giebt, des habe er Dank
Nun will ein Weib nicht trösten mich,
Wie der Summer mannichen Kummer wenden kann doch freut mein Herze selten sich.

Nr. 57 (Otto von Turne: „Mein Muth den Falken thut geleich")[96]
Mein Muth den Falken thut geleich
Die durch ihre adeliche Art
Aufsteigen zu der Sonne,

93 Minnesang. Mittelhochdeutsche Liebeslieder. Eine Auswahl. Mhd./Nhd. Hrsg., übersetzt und kommentiert von Dorothea Klein. Stuttgart 2010, S. 354.

94 Friedrich von Hausen: Lieder. Mhd./Nhd. Text, Übersetzung und Kommentar von Günther Schweikle. Stuttgart 1984, S. 134; Hervorhebung im Original durch Fettsatz. Die vierte C-Strophe, zu der es keine Parallelüberlieferung in B gibt, kann in der Edition in *Minnesangs Frühling* zudem nur durch Konjekturen in die Form der Periodenstrophe gebracht werden: *Mich müet, daz ich der lieben* quam */ sô verre* hin. *des muoz ich wunt* (MFMT X,1, Str. IV, V. 1f.).

95 Tieck, S. 71f., hier S. 71, Str. 1; vgl. Bodmer/Breitinger II, S. 103b; Hs. C, Bl. 306[va–b] [C 36–38]; KLD 53,IX und LDM: http://www.ldm-digital.de/show.php?au=Schreiber&hs=C&lid=2243.

96 Tieck, S. 73f., hier S. 73; Bodmer/Breitinger I, S. 191a; Hs. C, Bl. 195[a] [C 15–17]; SMS, XXX.3 (= Her Otte zum Turne II.).

So hohen Flugs ist er nun reich,
Nie schöner Bild auf Erden ward
Als meiner Augen Wonne
Die mag ich schauen und ansehen,
Und wollte das der Kayser gern ihm möcht' ein Schad' von ihr geschehen.

Tieck interpretiert in beiden Fällen den als Waisenterzine gestalteten Abgesang als paargereimte Kurz- und Langzeile. Neben der optischen Hervorhebung der Langzeile durch Einrückung der vorangehenden Zeilen fallen bei Nr. 55 auch die durch größere Spatien veranschaulichten Binnenreime (Schlagreime) in V. 1, 3 und 6 auf.

Auf das Phänomen Binnenreime verweist Tieck bereits in seiner Vorrede: „[...] so wie auch noch in einigen Canzonen eine Erinnerung von den spielenden Reimen bleibt, welche sich in die Mitte eines längeren Verses stellen".[97] Bei der Einrichtung der Texte widmet er den Binnenreimen große Aufmerksamkeit und interpretiert die von Bodmer durch Großschreibungen markierten Reimpunkte nicht automatisch als Endreime:

- In Nr. 6 (Graf Conrad von Kirchberg, „Höret, wie die freie Nachtigall")[98] interpretiert Tieck die Durchreimungen im Aufgesang (Str. 1: „Nachtigall"/„Schall", „schmal"/„Ueberall", Str. 2: „minniglich"/„ich", „dich"/„sich") als Mittenreime und bewahrt auch den Auf- und Abgesang verbindenden Mittenreim im vierten und fünften Vers (Str. 1: „Ueberall"/„Thal"; Str. 2: „sich"/„ich").[99] Von Bodmers Druckbild ausgehend wäre im Aufgesang eher von Inreimen in V. 1 und 3 auszugehen gewesen, was einen Wechsel zwischen drei- und vierhebigen Versen bedeutet hätte. Tieck interpretiert den Aufgesang durchgehend fünfhebig. Wie er in der Vorrede schreibt, habe er sich „immer die Melodie der Lieder deutlich zu machen gesucht, und sie nach meiner Vorstellung abgetheilt";[100] dies lässt sich an diesem Beispiel gut nachvollziehen.

Interessant sind auch Stellen, an denen er die mhd. Reimwörter nicht ins Gegenwartsdeutsche übernehmen kann und sie durch Wörter mit anderer Reimendung ersetzt, z. B.:

- *Welh ein kleit Treit*/„Welch Gewand hant":[101] Tieck bildet hier nicht nur den Schlagreim nach, sondern bewahrt auch den Sinn.
- *Ein lachen machen – Der sachen krachen*/„Ein Lachen machen" – „Im Streben beben":[102] Während er beim ersten Schlagreim die altertümliche idiomatische Wendung ins Gegenwartsdeutsche übernimmt, findet er für den zweiten eine freie Übersetzung, die den Reim nachbildet, aber nicht die Durchreimung bewahrt.

---

97 Tieck, S. xxi.
98 Tieck, S. 9; vgl. Bodmer/Breitinger I, S. 13b; Hs. C, Bl. 24vb [C 10–11]; KLD 33,III; LDM: http://www.ldm-digital.de/show.php?au=Kirchb&hs=C&lid=2332.
99 KLD und LDM interpretieren die Strophenform ebenso wie Tieck.
100 Tieck, S. xxvi.
101 Tieck, S. 66f., hier S. 66, Nr. 50 (Werner von Tuifen [Wernher von Teufen]: „Lieben kind sind fröhlich froh entgegen dem lieben Sommertag"), Str. 1, V. 4; Bodmer/Breitinger I, S. 44a.
102 Tieck, Nr. 55 (Anm. 95), Str. 3, V. 1 und 3; Bodmer/Breitinger I, S. 103b.

Wie das folgende Beispiel zeigt, können Änderungen am Reim teilweise auch als Konjekturen (im oben erläuterten Sinne) interpretiert werden:

- *hœchste frœide*/„höchster Schein“:[103] Die zweite Strophe des Lieds Nr. 67 weist neben den in allen Strophen vorliegenden Zäsurreimen in V. 1/3 (Str. 1: *min* : *din*, Str. 2: *clar* : *iar*, Str. 3: *gedank* : *blank*) noch einen Binnenreim in V. 1 auf (*clar*/*gar*), Tieck ediert aus nicht zu klärenden Gründen nur die erste und zweite Strophe und bessert das Reimschema in Str. 1, indem er den Binnenreim („mein“/„Schein“) einfügt.

4. Der ‚unsichtbare' Editor

Da Tieck seiner Edition aus programmatischen Gründen weder einen Apparat beifügt noch eine zweisprachige Ausgabe veranstaltet, bleibt er in der Rolle des Editors quasi unsichtbar. Für ein wissenschaftlich vorgebildetes bzw. laienphilologisch ambitioniertes zeitgenössisches Publikum war der Abgleich mit Bodmers Ausgabe möglich, im Zuge der weiteren Rezeption und Erforschung dann auch der Vergleich mit anderen Editionen sowie die Überprüfung an der Handschrift in Form von Transkriptionen, Faksimiles oder mittlerweile Digitalisaten. Besonders am Beispiel der Frage, wo Konjekturen vorliegen (könnten), lässt sich die Schwierigkeit, ein angemessenes Bild von Tieck als wissenschaftlichem Editor zu gewinnen, verdeutlichen.

Überall, wo eindeutig ist, dass Tieck um des Reimes willen ändern musste, handelt es sich nicht um Konjekturen. Dies gilt z. B. für die erste Strophe des oben zitierten Lieds Nr. 55,[104] in dem Tieck die Reimwörter *da* und *bla* (‚blau‘) gegen „Preiß“ und „weiß“ austauscht. Anders verhält es sich mit dem ersten Satz des Lieds *Der heide leide ist vvorden bar* (Bodmer/Breitinger). Da das Lied in Hs. C unikal überliefert ist,[105] kann nur die ‚Richtigkeit‘ des Wortlauts der C-Fassung als Richtschnur für etwaige Eingriffe gelten. Die in KLD und LDM vorgenommene Konjektur *Diu heide* erscheint notwendig, denn *Der heide* als Genitivattribut zu *leide* funktioniert im Satzzusammenhang nicht, da *Der heide leide* eine Nominalphrase wäre, dem Satz dann aber ein Genitivobjekt zu *ist worden bar* (‚ist frei von etwas geworden‘)[106] fehlen würde. Tieck ändert aufgrund der Notwendigkeit, mhd. *bar* zu übersetzen, die gesamte syntaktische Konstruktion und kann, da er bewusst archaische Endungen beibehält, die Phrase „Der Heide Leide“, abgesehen von der Großschreibung, unverändert stehen lassen. Hierdurch bewahrt er, was für die Reimstruktur des Lieds von Bedeutung ist, den Schlagreim. Mit der Mischung aus reiner Wortübernahme und Überset-

[103] Tieck, S. 86, Nr. 67 (Christian von Lupin [Christan von Luppin]: „Da nun mein höchster Schein an dir staht“), Str. 1, V. 1; Bodmer/Breitinger II, S. 17a.

[104] Tieck, Nr. 55 (Anm. 95).

[105] Vgl. Manuel Brauns Liedkommentar in LDM (Anm. 95).

[106] Vgl. hierzu ebd. den Eintrag im textkritischen Apparat.

zung gibt Tieck den Anfangssatz des Lieds sinngemäß richtig wieder. Es ist demnach davon auszugehen, dass Tieck der Fehler in der handschriftlichen Fassung aufgefallen sein dürfte. Die direkt auf den mhd. Text bezogene Konjektur *Diu heide* wäre bei Tieck dann allerdings nur eine Art gedankliche Vorstufe, die aufgrund der zur Erhaltung des Schlagreims und der Beibehaltung der metrischen Struktur notwendigen Anpassungen keinen direkten Niederschlag in der endgültigen Fassung findet.

Interessant sind auch Stellen, an denen Tieck durch seine spezielle Methode die Entscheidung, bessernd einzugreifen, von vornherein abgenommen wurde: Ein Beispiel hierfür ist der erste Vers der zweiten Strophe des Lieds Nr. 54 (Der tugendhafte Schreiber: *Es ist in den Wald gesungen*[107]). Tieck braucht die Verbform *tougt* nur an den nhd. Lautstand anzupassen („taugt"). Hieraus lässt sich nicht erkennen, ob ihm die Form *tougt* als grammatisch problematisch aufgefallen ist. Eine Konjektur wäre hier zudem nicht zwingend: „KLD bessert zu *touc*; es kann sich bei *tŏg(e)t* jedoch auch um die reguläre Präsensform zum swV. *tougen* handeln, das sich ab dem 13. Jh. entwickelt".[108]

Aufgrund der Auswirkungen des Lautwandels, besonders der nhd. Diphthongierung, auf die Präteritalformen einiger starker Verben verändert Tieck, um den Reim zu bewahren, mitunter das Tempus, wie z. B. im einstrophigen Lied Nr. 62 (Otto von Turne: „Von Leide scheide Fraue mich"),[109] Str. 1, V. 21: *Dü minne sneit Mir sorgen kleit*/„Die Minne schneidt mir ein Sorgenkleid". Hier wäre also bei der Änderung der Präteritalform *sneit* in die Präsensform „schneidt" eher nicht von einer Konjektur auszugehen.[110] Interessant erscheint in diesem Zusammenhang auch die Verbform *belibe*, mit der Tieck sich sowohl in Nr. 62 (s. o.), V. 8 als auch in Nr. 63 (Christian von Lupin [Christan von Luppin], „Ich freue mich zu dem Meyen nie etewas")[111] auseinandersetzen musste: *Mœht aber mir ir hulde vverden / Ich belibe uf der erden / Alhie Got lies ich dort die vverden* / „Wenn mir aber ihre Hulde werde / Ich bliebe auf der Erde allhie, Gott ließ ich dort die werthe." (Nr. 63, Str. 3, V. 5f.) In Nr. 62 (Str. 2, V. 2) interpretiert er *belibe* als Präsensform („beleibe"), in Nr. 63 als Präteritum Konjunktiv („bliebe"). In beiden Fällen spielt der Reim keine Rolle für die Entscheidung Tiecks.

107 Tieck, S. 70f., hier S. 70; Bodmer/Breitinger II, S. 103a-b; Hs. C, Bl. 306va [C 32–35], C 33 fehlt bei Bodmer/Breitinger und Tieck; KLD 53 VIII; LDM: http://www.ldm-digital.de/show.php?au=Schreiber&hs=C&lid=2242.

108 Ebd. im textkritischen Apparat der LDM-Edition.

109 Tieck, S. 80–81, hier S. 81; Bodmer/Breitinger I, S. 192a-b, hier S. 192b.

110 Allerdings könnte der Wechsel zwischen Präsens und Präteritum in der mhd. Liedfassung Tieck auch als problematisch erschienen sein. Als weitere Alternative denkbar wäre, dass das Lesepublikum in „schneidt" das mhd. Präteritum, gemäß des Konzepts des ‚halben Wegs', erahnen sollte. Bemerkenswert an V. 15f. ist zudem die mit einer Sinnänderung einhergehende Wiedergabe der pränominalen Genitivkonstruktion *sorgen kleit* durch das Kompositum „Sorgenkleid": Während sich im Mhd. der nachfolgende Relativsatz auf *sorgen* bezieht, ist das Relativum in Tiecks Fassung „-kleid".

111 Tieck, S. 82; Bodmer/Breitinger II, S. 16a–b; Hs. C, Bl. 227ra [C 1–3]; KLD 31 I; LDM: http://www.ldm-digital.de/show.php?au=Luppin&hs=C&lid=2191.

Diese Verbform stellt auch Editoren, die den mhd. Text normalisiert wiedergeben, also Längenzeichen einfügen, vor ein Entscheidungsproblem. So ediert Köhler in dem zuletzt genannten Lied (Tieck, Nr. 63) *belibe* als *belîbe* (Präsens), wohingegen Marshall – in Analogie zu *lies* – *belibe* (Prät. Konj.) für wahrscheinlich hält.[112]

Die zuletzt diskutierte Stelle in der LDM-Edition ist ein typisches Beispiel für das von einem fachwissenschaftlichen Publikum gewohnte ‚vertikale Lesen',[113] indem parallel zur Edition des handschriftlichen Textes in den untenstehenden überlieferungs- und textkritischen Apparaten u. a. Lesarten aus der Handschrift, Eingriffe älterer Editionen etc. eingesehen werden können. Hierin liegt, wie bereits gesagt, ein zentraler Unterschied zur Tieck'schen Ausgabe, die nur den Lesetext bietet.[114] Wenn Tieck an einigen Stellen davon ausgegangen ist, dass die ihm einzig vorliegende Ausgabe Bodmers/Breitingers entweder Lesefehler oder Eingriffe gegenüber der Handschrift aufwies, so konnte er dies nicht überprüfen; er hätte es aber ohnedies nicht dokumentiert.[115]

Neben bessernden Eingriffen, die Tieck durchgeführt hat bzw. zu haben scheint, wurden in der Forschung auch Stellen diskutiert, an denen er nicht konjiziert hat, dies aber womöglich hätte tun sollen. Laut Brüggemann zeige sich Tieck „im Punkte der Textkritik [...] nicht von der besten Seite; was er richtig verbessert hat, waren leichte Sachen".[116] Brüggemanns Auflistung von Stellen,

---

112 Vgl. Sophie Marshall in LDM im textkritischen Apparat (Anm. 111).

113 Vgl. McGillen 2017 (Anm. 9), S. 72.

114 Vgl. ebd.

115 Zur Veranschaulichung dieser insgesamt unklaren Gemengelange dürften einige wenige Beispiele genügen: In Nr. 54 (siehe Anm. 107), Str. 3, V. 4 ist *vor* (Bodmer, Hs. C) zu „für" gebessert; die Konjektur zu *vür* wird auch in KLD/LDM vorgenommen. Ähnlich unstrittig (vgl. Brüggemann 1908 [Anm. 13], S. 46) ist die Konjektur in Nr. 6 (siehe Anm. 98), Str. 2, V. 6: *Das lach dienen minen lip* (Bodmer/Breitinger), „Laß verdienen meinen Leib" (Tieck), *des lach dienen minen lib* (Hs. C). In Nr. 64 (Christian von Lupin [Christan von Luppin], „Ich will nun nicht mehr trauern") (Tieck, S. 82–84; Bodmer/Breitinger II, S. 16b; Hs. C, Bl. 226ra [C 4–6]; vgl. KLD 31 II und LDM: http://www.ldm-digital.de/show.php?au=Luppin&hs=C&lid=2192), Str. 3, V. 10 braucht Tieck auf Basis von Bodmers/Breitingers Edition nicht zu bessern: *kume* (Bodmer/Breitinger), „kaum" (Tieck), *kúme* (Hs. C). Bodmer/Breitinger dürften hier, wie später KLD („kûme") und LDM („k*u*me"), gebessert haben; ein Lese-/Abschreibfehler erscheint hier eher unwahrscheinlich. In Nr. 71 (Der Thüring [Düring], „In ehretragender Blüthe ich meine Fraue fand") (Tieck, S. 89–91, hier S. 90; Bodmer/Breitinger II, S. 20a; Hs. C, Bl. 230rb [C 5–7]), Str. 3, V. 7 bessert Tieck *Ein herze tuos* in „Ihr Herze thu's". Diese Konjektur wäre auf Basis der Handschrift allerdings nicht nötig gewesen, denn Bodmer/Breitinger haben, wohl durch einen Abschreibefehler, die Interjektion *ei* als *Ein* transkribiert. Um eine Konjektur könnte es sich auch in demselben Lied, Str. 3, V. 8f. handeln: *in muos Ich sol* (Bodmer/Breitinger), „Ich muß / Ich soll" (Tieck), *in můs. ich sol* (Hs. C). Hinzu kommt, dass man auch in Tiecks Ausgabe zwischen Druckfehlern und Konjekturen unterscheiden müsste, z. B. die Wiedergabe von *Wil dú reine sueze aleine* (Bodmer/Breitinger) durch „Will die Seine Süsse alleine" (Tieck) in Nr. 55 (siehe Anm. 95), Str. 2, V. 6 eher einem Druckfehler geschuldet sein dürfte.

116 Brüggemann 1908 (Anm. 13), S. 46.

an denen Tieck seiner Auffassung nach zwingend hätte bessern müssen, ist aufschlussreich, weil sie zeigt, in welchem Maße derartige Beurteilungen von der jeweiligen Textinterpretation und den editionswissenschaftlichen Parametern abhängig sind. Zu Nr. 143 (Walther von der Vogelweide: *Sie wunder wohl gemachet Weib*[117]), Str. 3, V. 5[118] merkt Brüggemann an: „*ob ichs getar von sünden sagen.* Tieck übersetzt nach diesem Text wörtlich: wann ich es darf von Sünden sagen. Das gibt keinen Sinn. Es ist *vor sünden* zu verbessern; also: wenn ich es sagen darf, ohne mich zu versündigen."[119] Brüggemann urteilt hier offensichtlich auf Basis der Tradition der Lachmann-Edition, also vor dem Hintergrund eines hauptsächlich an der Liedfassung in Hs. A orientierten, mit Konjekturen versehenen Textes. Nimmt man Beins synoptische Edition des Lieds nach der A- und C-Fassung zum Ausgangspunkt, ist die Perspektive auf Tiecks editorische Entscheidung wiederum eine andere:

„Wann ich es darf von Sünden sagen" (Tieck)
Ob ichs getar von súnden sagen (Bodmer/Breitinger)
ob ichz vor sünden tar gesagen (L 54,1, 2. Auflage 1843/Lachmann,[120] Str. 2, V. 5)
Obe ichz vor sünden tar gesagen (L 54,1, 14. Auflage/Cormeau,[121] Ton 30, Str. 3, V. 5)
Obe ich vor sunden tar gesagen (Bein, Ton 30, Fassung nach A, Str. 2, V. 5)
Ob ichs getar von sünden sagen (L 54,1/Bein, Ton 30, Fassung nach C, Str. 4, V. 5)

Tiecks dicht am Wortlaut der C-Fassung bleibende Wiedergabe des Verses lässt sich (ebenso wie Beins editorische Entscheidung) rechtfertigen, wenn für „von" eine modale Bedeutung angenommen und die Wendung „von sünden" als Ellipse aufgefasst wird; die Variante wäre dann nicht als Fehler einzustufen. Das Beispiel soll vorrangig verdeutlichen, dass die wissenschaftliche Rezeptionsperspektive auf Tiecks Arbeitsweise immer auch durch die aktuell gültigen editionswissenschaftlichen Paradigmen und die jeweiligen Standardeditionen vorgefiltert ist.

Dass Tieck – allen um des Reims und der Klanglichkeit willen vorgenommenen, teils erheblichen Änderungen zum Trotz – nicht vorschnell bessernd eingreift, kann an einer Textstelle verdeutlicht werden, an der er durch einen Lesefehler Bodmers/Breitingers mit einer Art semantischer Hürde konfrontiert wurde. In Nr. 77 (Heinrich von Herzbolt [sic! Hetzbold] von Weissensee, „Das

117 Tieck, S. 194–196, hier S. 195; Bodmer/Breitinger I, S. 118b–119a; Hs. C, Bl. 133ra [C 192–196]; Bein, Ton 30, Fassung nach C (L 53,25).

118 Str. 3 entspricht, weil Tieck nur vier Strophen des Lieds ediert, der vierten Strophe der C-Fassung (C 195; L 53,35).

119 Brüggemann 1908 (Anm. 13), S. 46; Hervorhebungen im Original durch Sperrdruck.

120 Die Gedichte Walthers von der Vogelweide. 2. Ausg. Hrsg. von Karl Lachmann. Berlin 1843.

121 Walther von der Vogelweide: Leich, Lieder, Sangsprüche. 14., völlig neu bearb. Auflage der Ausgabe Karl Lachmanns mit Beiträgen von Thomas Bein und Horst Brunner hrsg. von Christoph Cormeau. Berlin, New York 1996.

muß mir allen Muth bezwingen")[122] überträgt Tieck Str. 2, V. 3f. wie folgt: „Mich kränkt ihr Entfremden, Schöne / Muß ich immer ihr gestehen". Dies erscheint von Bodmers/Breitingers Vorlage ausgehend durchaus sinnvoll, denn dort steht: *Ich tob an ir frœmde schœne / Der muos ich ir iemer iehen.* Durch den Lesefehler ist der Text komplizierter als in der Handschrift, wo *lob* statt *tob* steht. Brüggemann hält die unterlassene Besserung für kritikabel: „Tieck hat hier wohl *tob* stehen gelassen [...]. Es brauchte nur das *t* in *l* verwandelt zu werden, so war der Schaden geheilt: *ich lobe ihre seltene Schönheit*".[123] Es ist allerdings fraglich, ob dies aus textkritischer Sicht wirklich eine angemessene Entscheidung gewesen wäre: Festzuhalten ist, dass die fehlerhafte Wiedergabe der Handschrift durch Bodmer/Breitinger zwar zu einer sinnverändernden, aber nicht zu einer sinnentstellenden ‚Variante' geführt hat. Falls Tieck die Möglichkeit erwogen haben sollte, dass in der Handschrift *lob* und nicht *tob* gestanden haben könnte, hätte er natürlich entsprechend bessern können. Ohne Einsichtsmöglichkeit in die Handschrift hätte er sich damit aber – der Terminus passt hier natürlich nur begrenzt – dann gegen die *lectio difficilior* entschieden.[124]

Interessant im Vergleich mit dem vorangehenden, weil es hier auch im Wesentlichen um den Austausch eines Buchstabens geht, ist Lied Nr. 145 (Walther von der Vogelweide: „Viel minnigliche Minn' ein Wort!"),[125] Str. 1, V. 7f.: „Es war nie Schloß so mannigfalt / Das vor dir bestünde du liebe Meisterinne, schließ auf, sie ist gegen dich zu kalt." Abgesehen vom letzten Wort bleibt Tieck hier dicht an Bodmers Vorlage: *Es vvart nie slos so manicvalt / Das vor dir gestuende du liebe meisterinne / Slius uf sist vvider dich ze balt.* Gradinger merkt hierzu an: „Tieck hielt wohl ‚balt' für eine Verschreibung von ‚kalt'. Bei seiner Übertragung ergibt sich also genau der entgegengesetzte Sinn. Es muß richtig heißen: Sie ist dir gegenüber zu kühn, geht auf dein Verlagen zu schnell ein."[126] Demgegenüber ist zunächst festzuhalten, dass Tieck, wie an anderen Stellen belegbar, die Wortbedeutungen von mhd. *balt* (‚kühn, getrost'[127]) sehr wohl kannte: In Nr. 17 (Markgraf Otto von Brandenburg mit dem Pfeile, „Uns kommt wieder ein lichter Meye")[128], Str. 1, V. 7 übersetzt Tieck (zugleich reimbewahrend) *Des vvirt vil trurig herze balt* mit „Manch traurig Herz wird froh gestalt";

[122] Tieck, S. 96f., hier S. 96; Bodmer/Breitinger II, S. 19a–b, hier Sp. b; Hs. C, Bl. 229[ra–b] [C 22–24]; KLD 20 VIII.

[123] Brüggemann 1908 (Anm. 13), S. 46.

[124] Zum Umgang mit semantisch komplizierten Stellen schreibt Tieck in der Vorrede: „Einige dunkle Stellen habe ich willkührlich genommen und andre vorsätzlich verändert" (Tieck, S. xxvi).

[125] Tieck, S. 197f., hier S. 198; Bodmer/Breitinger I, S. 119a; Hs. C, Bl. 133[ra–b] [C 196–201], Tieck nimmt nur die Strophen C 197–199 auf; L 54,37; Bein, Ton 31, Fassung nach C (beginnt mit L 55,26).

[126] Gradinger 1970 (Anm. 13), S. 47f.

[127] Vgl. Mittelhochdeutsches Wörterbuch. Mit Benutzung des Nachlasses von Georg Friedrich Benecke ausgearbeitet von Wilhelm Müller und Friedrich Zarncke. Bd. 1. Leipzig 1854, Sp. 83a.

[128] Tieck, S. 20f., hier S. 20; Bodmer/Breitinger I, S. 4a.

in Nr. 41 (Walther von Mezze, „Was hilft mir, daß ich zu fremden Freuden fahr“),[129] Str. 2, V. 12 erhält er den Reim, indem er das moderne Homonym „bald“ einsetzt und die Übersetzung „kühn“ voranstellt: *O vve so dunke ich si ze balt* – „Weh, dünk ich ihr zu kühne bald“. Auf den Behelf „kühne bald“ hätte Tieck auch in Nr. 145 zurückgreifen können. Die Wiedergabe von *balt* durch „kalt“ erscheint zudem nicht ganz so abwegig, wie Gradinger es darstellt. Im *Deutschen Wörterbuch* der Grimms finden sich Belege für die Doppelformel „kühn und kalt“ bzw. „kalt und kühn“ aus dem 18. bis ins frühe 19. Jh.;[130] da für mhd. *balt* kein lautlich und semantisch adäquates Pendant im Neuhochdeutschen vorhanden ist, erscheint das Ausweichen auf „kalt“ innerhalb von Tiecks Methode durchaus sinnvoll: Der Reimklang wird gewahrt, metrische Überfüllung vermieden; zudem ist über die im poetischen Sprachgebrauch vorhandene Assoziation von „kalt“ mit „kühn“, wenn auch auf Umwegen, der Originalwortsinn aufspürbar. Dies wäre also nahezu eine Art mustergültige Anregung zum labyrinthischen Lesen, bei dem sich der Rezeptionsakt zwischen den verschiedenen Sprachständen und Literaturen bewegt und die alte Sprache in der neuen zu entdecken ist.

Die Frage, ob es sich bei Tiecks Arbeitsweise um die eines Editors, Übersetzers bzw. freien Nachdichters handelt, kann durch die hier vorgelegten exemplarischen Analysen nicht abschließend beantwortet werden. Letztlich lässt sich die *Minnelieder*-Ausgabe wohl jeder dieser Kategorien – Edition, Übersetzung, freie Nachdichtung – nur mit Abstrichen zuordnen. Gezeigt werden konnte, dass Tiecks editorischer Arbeit an den durch Bodmers/Breitingers *Sammlung* vermittelten mhd. Texten durchaus Ernsthaftigkeit zuerkannt werden kann. Tiecks Interesse an einer Breitenwirkung der Ausgabe verbunden mit seinem universalpoetischen Anspruch und der Vorrangstellung der Klanglichkeit erfordern den Einsatz bestimmter Mittel (Übersetzung, Nachdichtung), die mit den textkritischen Verfahren, wie sie später besonders die Lachmann-Schule ausgebildet hat, nicht vereinbar wären. Sicherlich nicht nur mit Blick auf die bessere Lesbarkeit seiner Ausgabe verzichtete Tieck auf eine Dokumentation seiner Änderungen mit Hilfe eines textkritischen Apparats: Die enorme Zahl an Änderungen hätte einen solchen Apparat regelrecht ad absurdum geführt. Zudem ist der von ihm vorgelegte Text aus sprachlicher Sicht ein Kunstprodukt, das die Rezipientinnen und Rezipienten dazu anregen soll, sich dem Minnesang erahnend anzunähern. Tiecks Ausgabe ist somit auch ein Kunstprojekt. Der Text, zu dem die Lesenden mittels seiner Ausgabe gelangen sollten, ist wohl nicht der mittelhochdeutsche Text der Lieder, sondern eine zeitlosere Gestalt derselben. Editorische Arbeitstechniken spielten für die Erschließung und Aufbereitung der Texte durchaus eine Rolle, sind in der publizierten Fassung aber weitgehend unsichtbar und

---

[129] Tieck, S. 52f., hier S. 53; Bodmer/Breitinger I, S. 165a–b, hier S. 165a.

[130] Vgl. Deutsches Wörterbuch von Jacob und Wilhelm Grimm. Bd. 11: K–Kyrie. Nachdruck der Ausgabe Leipzig 1873. München 1984, Sp. 83 und 2577.

selbst unter vergleichender Zugrundelegung der mittelhochdeutschen Texte in der von Bodmer/Breitinger herausgegebenen *Sammlung* und in der Manessischen Liederhandschrift zumeist nur schwer und mit kleineren oder größeren Unsicherheiten ermittelbar. Gleichwohl zeigen sich, selbst bei einer nur stichprobenartigen Auswahl, wiederkehrende Pattern, die auch mit den von Tieck in der Vorrede vorgestellten Prinzipien harmonieren. Inwiefern es sich hierbei um zufällige Übereinstimmungen oder tatsächlich um regelmäßige Muster handelt, müsste durch eine Untersuchung auf einer breiteren Belegbasis festgestellt werden. In jedem Fall konnten durch die vorangegangenen Analysen Einblicke in die Komplexität der von Tieck getroffenen Entscheidungen bei der Einrichtung und Bearbeitung der Texte gegeben werden.

Judith Lange

Karl Weinhold: Ein *Mittelhochdeutsches Lesebuch* für den Schulunterricht

In der Geschichte der Altgermanistik ist der Name Karl Weinholds vor allem mit sprachgeschichtlichen und volkskundlichen Forschungsbereichen verknüpft. Seine Bedeutung für die germanistische Mediävistik zeigt sich neben seiner Funktion als Begründer der heute noch bestehenden germanistischen Seminare in Kiel und Krakau besonders auch in seinen herausragenden sprachwissenschaftlichen Forschungen und Publikationen zur Syntax, zur Grammatik der mittelhochdeutschen Dialekte sowie zur Lexikologie. Schon von Weinholds Zeitgenossen gewürdigt wurden seine beiden großen volkskundlichen Studien *Die deutschen Frauen in dem Mittelalter. Ein Beitrag zu den Hausalterthümern der Germanen* (Wien 1851) und *Altnordisches Leben* (Berlin 1856).[1] Die Beschäftigung mit der deutschen Sprache und speziell den Mundarten war für Weinhold von höchstem kulturellem und gesellschaftlichem Wert: „Das Erforschen der Volksmundarten ist darum keine Gelehrtengrille oder kein Kuriositätensammeln, sondern es ist eine Pflicht für jeden, der Theil nimmt an dem Volke, dessen Glied er ist, es ist eine Rundschau, aus der man zur Selbstschau eingeht."[2] Dass er sich daneben auch als Editor um die Herausgabe altgermanistischer Texte bemühte, ist weniger präsent. Genannt seien Weinholds Editionen, die sich alt- und mittelhochdeutschen Texten widmen:[3]

---

1 Vgl. zu Weinholds Stellung als Verfechter des historischen Prinzips bei der Normierung der deutschen Rechtschreibung Sylwia Firyn: Beiträge zur jüngeren und jüngsten Geschichte der deutschen Sprache. Frankfurt/M., Berlin u. a. 2011 (Schriften zur diachronen und synchronen Linguistik. 1). Eine vollständige Liste der Weinhold'schen Publikationen, die seine fachliche Ausrichtung auf die Sprachwissenschaft und ‚Volkskunde' sichtbar werden lässt, finden sich unter http://d-nb.info/gnd/118806521 (alle hier und im Folgenden genannten Internet-Links wurden zuletzt am 24.4.2022 abgerufen).

2 Karl Weinhold: Aufforderung zum Stoffsammeln für eine Bearbeitung der deutsch-schlesischen Mundart. Reichenbach 1847, S. 1. Wojciech Kunicki deutet Weinhold mit Bezug auf Schlesien als „eine der ersten Manifestationen einer Verbundenheit der Germanistik mit dem ‚Volk' in dessen regionaler Ausprägung." Wojciech Kunicki: Karl Weinholds Breslauer Episoden I. In: Sichten – Belegen – Vermitteln. Hrsg. von Iwona Bartoszewicz, Marek Hałub, Anna Małgorzewicz und Tomasz Małyszek. Wrocław 2017 (Wydawnictwo Uniwersytetu Wrocławskiego), S. 41–55, hier S. 48.

3 Daneben edierte K. Weinhold Gedichte Karl von Holteis (1857), Goethes *Tasso* (1889 in Bd. I.10 der Sophien-Ausgabe), den dramatischen Nachlass Jakob Michael Reinhold Lenz' (1884) sowie dessen Trauerspiel *Die sizilianische Vesper* (1887) und dessen Gedichte (1891).

https://doi.org/10.1515/9783110786422-019

Weihnacht-Spiele und Lieder aus Süddeutschland und Schlesien. Mit Einleitung und Erläuterung. Mit Musikbeilage. Graz 1853 (Nachdruck der Neuausgabe Wien 1875: Vaduz 1987).

Über die Bruchstücke eines fränkischen Gesprächbüchleins. Wien 1872.

Die altdeutschen Bruchstücke des Tractats des Bischof Isidorus von Sevilla de fide catholica contra Judaeos. Nach der Pariser und Wiener Hs. mit Abhandlungen und Glossar. Paderborn 1874 (Bibliothek der ältesten deutschen Litteratur-Denkmäler. 6).

Lamprecht von Regensburg: Sankt Francisken Leben und Tochter Syon. Nebst Glossar zum ersten Mal herausgegeben. Paderborn 1880.

Im Gegensatz zu den späteren, durchaus wohlwollend aufgenommenen Ausgaben der Texte des Friedrich Lenz scheinen die Editionen mittelhochdeutscher Texte des kaum an der textkritischen Methode interessierten Weinhold[4] weniger positiv bewertet worden zu sein. Friedrich von der Leyen urteilt in seinem Nachruf: „[G]erade auf dem Gebiet der Textkritik hatte er [d.i. Weinhold, Anm. JL] nichts Hervorragendes geleistet – seine wenigen Ausgaben althochdeutscher und mittelhochdeutscher Texte gehören nicht zu seinen besten Arbeiten.“[5] Gewogen besprochen wurde hingegen Weinholds *Mittelhochdeutsches Lesebuch* und der damit verbundene Versuch, die ‚deutsche Kultur‘ stärker im Lehrplan an österreichischen Gymnasien zu verankern. Weinholds erste Anstellungen als Professor für deutsche Sprache und Literatur und die Konzipierung des *Mittelhochdeutschen Lesebuchs* fällt in die Zeit der österreichischen Bildungs- und Gymnasialreform, mit der eine Neuetablierung großer germanistischer Seminare an den österreichischen Universitäten Wien, Krakau und Prag sowie eine großangelegte Umstrukturierung des Deutschunterrichts an österreichischen Gymnasien einherging.[6] Weinhold äußert sich zur Neustrukturierung 1850 in seinen *Bemerkungen über den Unterricht in der deutschen Sprache und Literatur auf den österreichischen Gymnasien:*

> Die in Oesterreich bisher vom Staate ganz vernachlässigte deutsche Philologie hat die gebührende Anerkennung gefunden, indem für sie in Wien, Prag und Krakau ordentliche Lehrstühle errichtet wurden. Der Entwurf der Organisation der Gymnasien und Real-

---

4 So hatte Weinhold etwa an der die Germanistik eine Zeit lang dominierenden Fehde um Karl Lachmann und die *Nibelungen* keinen Anteil.

5 Friedrich von der Leyen: Weinhold, Karl. In: Biographisches Jahrbuch und Deutscher Nekrolog. Bd. VI. Hrsg. von Anton Bettelheim. Berlin 1904, S. 47–51, hier S. 48.

6 Vgl. zur österreichischen Bildungsreform die umfangreichen Darstellungen österreichischer Bildungsgeschichte in Helmut Engelbrecht: Geschichte des österreichischen Bildungswesens. Erziehung und Unterricht auf dem Boden Österreichs. 3. Von der frühen Aufklärung bis zum Vormärz. Wien 1984; ders.: Geschichte des österreichischen Bildungswesens. Erziehung und Unterricht auf dem Boden Österreichs. 4. Von 1848 bis zum Ende der Monarchie. Wien 1986 sowie: Zur Geschichte des österreichischen Bildungswesens. Probleme und Perspektiven der Forschung. Hrsg. von Elmar Lechner. Wien 1992.

> schulen in Oesterreich zeigt sodann, wie bemüht man ist, auch auf den Schulen den deutschen Unterricht zu heben, und die Sorgfalt dieser Bemühungen verpflichtet alle, denen deutsche Bildung am Herzen liegt, zu Danke. [...] Der Zug, der durch den ganzen Plan für den deutschen Unterricht hindurchgeht, das Theoretisiren und leere Schematisiren auszuschliessen, verdient die höchste Anerkennung [...][7]

Abweichend vom offiziellen *Entwurf der Organisation für Gymnasien und Realschulen in Oesterreich*[8] [EOGR] – der zumindest Weinholds Interpretation nach keine Unterrichtung der mhd. Grammatik vorsieht[9] – und entgegen der Vorschläge Theodor von Karajans und Julius Mützells setzt sich Weinhold für die eingehende Lehre von mittelhochdeutscher Grammatik und gleichzeitiger ausgiebiger Textlektüre ein. Für seine Auffassung findet er deutliche Worte:

> Die Meinung, dass man durch Vorlesen und leichte Bemerkungen zum Verständnisse des mittelhochdeutschen gelange, verräth Unbekanntschaft mit unserer älteren Sprache. Wenn man in dem Programm von Breier in Oldenburg (über die Stellung des altdeutschen auf höheren Bürgerschulen, 1846) die Bemerkung liest: ‚ein gut vorgelesenes altdeutsches Gedicht wird von jedem gebildeten Deutschen unserer Tage verstanden', so bleibt dem Germanisten nichts übrig, als sich stumm zu verbeugen und den Rücken zu drehen. Mit blossen Erklärungen unter dem Texte, wie die Henneberger'schen, ist aber auch nichts gethan. Denn abgesehen, dass sie, wenn nicht probehaltig, das Verständniss nur erschweren, sind sie ohne grammaticalischen Unterricht nur Leitern zu höchster Oberflächlichkeit. Das mittelhochdeutsche muss grammaticalisch gelehrt werden, aber nicht todt und dürr, nicht bloss das, was ist, sondern auch das Warum des Seins muss dargestellt werden; die Grammatik muss, wenn auch gedrängt, so doch gründlich sein, und sie muss sich zugleich an der Lectüre erfrischen. Ich kann Karajan unmöglich beistimmen, der nur Grammatik und kein Lesen will.[10]

---

7 Karl Weinhold: Bemerkungen über den Unterricht in der deutschen Sprache und Literatur auf den österreichischen Gymnasien. In: Zeitschrift für die österreichischen Gymnasien 1, 1850, S. 345–350. Zitiert nach dem Wiederabdruck in: Eine Wissenschaft etabliert sich. 1810–1870. Mit einer Einführung hrsg. von Johannes Janota. Tübingen 1980, S. 315–320, hier S. 317.

8 Entwurf der Organisation der Gymnasien und Realschulen in Oesterreich. Hrsg. vom Ministerium für Cultus und Unterricht. Wien 1849 [im Folgenden: EOGR]. Online verfügbar unter: http://mdz-nbn-resolving.de/urn:nbn:de:bvb:12-bsb10679180-2.

9 Im EOGR fällt der Begriff ‚Grammatik' im Zusammenhang mit den älteren deutschen Sprachstufen tatsächlich nicht, allerdings mag diese wohl in der Formulierung „historisch erweiterte Kenntniss der Sprache" (EOGR 1849 [Anm. 8], S. 28) mitzudenken sein. In Bezug auf den weiteren Spracherwerb heißt es weiter „[d]ie den verschiedenen am Gymnasium zu lehrenden Sprachen gemeinsamen Regeln der Grammatik sind durchgängig in dem Unterrichte der Muttersprache und an der Muttersprache zu entwickeln; es soll daher der grammatische Unterricht über die Muttersprache dem über die lateinische Sprache in der Regel wenigstens um ein Semester voran sein." Ebd., S. 29.

10 Weinhold 1850 (Anm. 7), S. 317f.

An diesen Ansprüchen Weinholds muss sich das ebenfalls 1850 erstmals erschienene *Mittelhochdeutsche Lesebuch*[11] des Autors messen lassen. Im Folgenden wird nach einem kurzen Überblick zur Vita Weinholds und einer gründlichen Analyse des sammelnden Vorgehens Weinholds (auf Basis der ersten drei, vom Herausgeber selbst überarbeiteten Auflagen des Lesebuchs) sowie seines didaktischen Anspruchs auch ein Blick auf das ältere *Altdeutsche Lesebuch*[12] Wilhelm Wackernagels geworfen, von dessen ganz anderem Konzept sich Weinhold deutlich abhebt.

1. Akademischer Werdegang eines fachlichen Außenseiters

Als Sohn eines Pastors[13] studierte der am 26. Oktober 1823 in Reichenbach in Niederschlesien geborene Karl Gotthelf Jakob Weinhold[14] ab 1842 Evangelische Theologie und Philologie an der Schlesischen Friedrich-Wilhelms-Universität Breslau, wo er ein Schüler Theodor Jacobis war. Dieser war es auch, der ihn

[11] Karl Weinhold: Mittelhochdeutsches Lesebuch. Mit einer Laut- und Formenlehre des Mittelhochdeutschen und einem Wortverzeichnisse. Wien 1850. Ab der zweiten Auflage, Wien 1862, trägt das Lesebuch den Titel: Mittelhochdeutsches Lesebuch. Mit einer kurzen Grammatik des Mittelhochdeutschen und einem Glossar. Sowohl die Auflage von 1862 als auch von 1875 enthalten größere Umarbeitungen und im Falle der zweiten Auflage auch strukturelle Veränderungen; so fehlen in der Ausgabe von 1862 und dem Wiederabdruck 1868 die Anmerkungen unter den Texten. Die zweite Auflage wird im Folgenden nach dem Wiederabdruck von 1868 zitiert.

[12] Wilhelm Wackernagel: Altdeutsches Lesebuch (Deutsches Lesebuch. Erster Theil: Poesie und Prosa vom IV. bis zum XV. Jahrhundert). 2. Auflage. Basel 1839. Dass Weinhold mit der zweiten Ausgabe arbeitete, ergibt sich aus den im Lesebuch (1850) angegebenen Seitenzahlen.

[13] Die Angaben zur akademischen Laufbahn Weinholds folgen, sofern nicht anders vermerkt, Erich Leitner: Die neuere Deutsche Philologie an der Universität Graz 1851–1954. Ein Beitrag zur Geschichte der Germanistik in Österreich. Graz 1973, zu Weinhold S. 10–23. Vgl. zur Vita zudem Jelko Peters: Art. Weinhold. In: Internationales Germanistenlexikon 1800–1950. Bd. 1: A–G. Hrsg. und eingeleitet von Christoph König. Bearbeitet von Birgit Wägenbaur zusammen mit Andrea Frindt u. a. Berlin, New York 2003, S. 1999–2001; Constantin von Wurzbach: Weinhold, Karl. In: Biographisches Lexikon des Kaiserthums Oesterreich. Theil 54. Wien 1886, S. 45–48 (online unter: http://www.literature.at/alo?objid=11713); Gesellschaft für Deutsche Philologie in Berlin: Festgabe an Karl Weinhold. Ihrem Ehrenmitgliede zu seinem fünfzigjährigen Doktorjubiläum dargebracht (Festschriften der Gesellschaft für Deutsche Philologie. 12). Leipzig 1896 (online unter: https://dibiki.ub.uni-kiel.de/viewer/resolver?urn=urn:nbn:de:gbv:8:2-1951679); Wilhelm Creizenach, Friedrich Vogt u. a.: Beiträge zur Volkskunde. Festschrift Karl Weinhold zum 50jährigen Doktorjubiläum am 14. Januar 1896 dargebracht im Namen der Schlesischen Gesellschaft für Volkskunde (Germanistische Abhandlungen. 12). Breslau 1896 (online unter: https://dibiki.ub.uni-kiel.de/viewer/resolver?urn=urn:nbn:de:gbv:8:2–1649500).

[14] Das Digitalisat einer repräsentativen zeitgenössischen Lithografie Karl Weinholds aus dem Jahr 1860 von Adolf Dauthage findet sich online im Bildarchiv Austria: https://onb.digital/result/110C043C.

nachhaltig für die deutsche Sprachgeschichte und Grammatik begeistern konnte. 1845 wechselte er an die Friedrich-Wilhelms-Universität Berlin, wo er Vorlesungen Lachmanns hörte und den später noch so essentiellen und forschungsbestimmenden Kontakt zu Jacob Grimm, seinem „theuren Meister[ ]",[15] knüpfte. Die Promotion erlangte Weinhold ein Jahr später mit einer Dissertation mit dem Titel *Spicilegium formularum quas ex antiquissimis germanorum carminibus congessit* an der pietistischen Friedrichs-Universität Halle, wo er sich in den Jahren 1847–1849 mit einer unveröffentlichten Arbeit über das eddische Gedicht *Völuspá* auch habilitierte. Nach Abschluss der Habilitation kehrte Weinhold zunächst als Extraordinarius und Nachfolger Theodor Jacobis an seinen ersten Studienort, Breslau, zurück. Noch im gleichen Jahr begannen aber schon Verhandlungen mit der österreichischen Unterrichtsbehörde wegen einer Professur in Krakau, wohin er ein Jahr später, auf Empfehlung Moriz Haupts, zum ordentlichen Professor berufen wurde. Dass Weinhold sich trotz der erwünschten Professur in Krakau allerdings nie wohlgefühlt hatte, zeigt sich in einem Brief vom 19. Oktober 1850, in dem er an Friedrich Haase[16] von einer „Bürde" schreibt, die man sich „gefallen läßt, um sie bei erster Gelegenheit abzuwerfen".[17] Die Verhältnisse in Krakau waren um 1850 denkbar ungünstig für das Lehrfach deutsche Sprache und Literatur, da der systematische Unterricht der deutschen Sprache auch an den Schulen gerade erst eingeführt worden war. Leitner resümiert, im Studienjahr 1850 habe es keinen einzigen Studierenden gegeben, der „die Vorbildung zum Verständnis des historischen Teils der deutschen Sprache und Literatur gehabt hätte".[18] Daher wechselte der unzufriedene Weinhold bereits nach einem Jahr – in dem er unter anderem das *Mittelhochdeutsche Lesebuch* erarbeitete, welches 1850 in Erstauflage beim Verlag von Carl Gerold erschien[19] – 1851 an die Universität Graz, wo er dann zehn Jahre lehrte und forschte.[20] In dieser Zeit beschäftigte er sich maßgeblich mit der von Jakob Grimm vorgeschlagenen historisch motivierten Orthographienorm.[21] Gleichzeitig schärfte Weinhold mit seinen *Deutschen Frauen* sowie dem *Altnordischen Leben* sein

[15] So Weinhold etwa in einem Brief an J. Grimm vom 22. April 1856. Vollständig abgedruckt in: Briefe deutscher Philologen an Karl Weinhold. Hrsg. von der Litteraturarchiv-Gesellschaft Berlin. Berlin 1902 (Mittheilungen aus dem Litteraturarchive in Berlin), S. 62, Anm. 3.

[16] Friedrich Haase (1808–1867), Altphilologe und Professor in Breslau.

[17] Zitiert nach Leitner 1973 (Anm. 13), S. 12.

[18] Ebd.

[19] Vgl. zu Weinholds Zeit in Breslau und seiner Berufung nach Krakau Kunicki 2017 (Anm. 2) sowie ders.: Germanistische Forschung und Lehre an der königlichen Universität zu Breslau von 1811 bis 1918. Unter besonderer Berücksichtigung der Studien zur neueren deutschen Literatur- und Kulturgeschichte. Leipzig 2019.

[20] Vgl. zu Weinholds Grazer Zeit u. a. Beatrix Müller-Kampel: Vom Seminar für deutsche Philologie Universität Graz zum Institut für Germanistik, Karl-Franzens-Universität Graz. Forschung am Institut für Germanistik. Lebensläufe und Werkverzeichnisse. Aktueller Personenstand und laufende Projekte. Graz 1994.

[21] Vgl. hierzu ausführlich Firyn 2011 (Anm. 1).

Profil als Volkskundler und sorgte für eine Etablierung der Volkskunde als Wissenschaftsdisziplin; ein Verdienst, das besonders in den späteren Festgaben an Weinhold seinen Nachhall findet, das ihn aber neben den großen Philologen und Textkritikern der Zeit auch zu einem fachlichen Außenseiter machte. So hebt Friedrich Vogt die besonderen Verdienste Weinholds hervor, dessen Bestrebung um die „germanische Volkskunde" „unvergängliche Frucht trug"; auch wenn für deren „Anbau" recht eigentlich erst Jahre später (1896) „Wind und Wetter [...] günstiger geworden" seien.[22] War die Grazer Zeit also unter Forschungsaspekten eine fruchtbare Zeit, bescheinigt Beatrix Müller-Kampel Weinholds Lehrtätigkeit in Graz nur mäßigen, „wechselhafte[n]" Erfolg.[23] Wie schon in Krakau übernahm Weinhold auch in Graz die neuinstallierte Lehrkanzel eines noch nicht etablierten Faches, was auch hier zu Hörermangel und daraus resultierenden abgesagten Vorlesungen (mit dem thematischen Schwerpunkt auf der älteren deutschen Sprache und Literatur sowie der deutschen Kulturgeschichte) führte. Erschwerend kam hinzu, dass es Graz an einer Lehramtsprüfungskommission mangelte und Studierenden so einzig das Doktorat als Studienabschluss offenstand.[24] Eine Doktorarbeit wurde aber in Weinholds gesamter Amtszeit in Graz nicht verfasst. Insgesamt tritt Weinhold in seiner Lebenszeit wenig als Hochschullehrer und Förderer in Erscheinung; als Weinholds einziger wirklich renommierter Schüler ist Matthias Lexer zu nennen, der zusammen mit zwei Kommilitonen gemeinsam an Weinholds Arbeit an den *Weihnacht-Spielen und Liedern aus Süddeutschland und Schlesien* mitgearbeitet hatte und der mit seinem *Mittelhochdeutschen Handwörterbuch* ein bis heute unerlässliches Hilfsmittel für die germanistische Mediävistik besorgte. 1861 wechselte Weinhold von Graz ins Herzogtum Holstein an die Christian-Albrechts-Universität Kiel, womit er sein langgehegtes Ziel erreichte, in professoraler Anstellung wieder nach Deutschland zurückzukehren. In Kiel begründete er das germanistische Seminar und diente der Universität zur Zeit des Deutsch-Französischen Krieges und der Deutschen Reichsgründung (1870/1871 und 1871/1872) als Rektor. Nach 15 Jahren kehrte Weinhold als Nachfolger von Heinrich Rückert in seine schlesische Heimat, nach Breslau, zurück, wo er ebenfalls ein erstes germanistisches Seminar etablieren konnte und in den Jahren 1879/1880 als Rektor fungierte. Seine letzten Berufs- und Lebensjahre verbrachte Weinhold in Berlin. Als hochangesehenes Mitglied der Königlich Preußischen Akademie der Wissenschaften[25] befasste

22 Friedrich Vogt im Vorwort (o. S.) zu Creizenach/Vogt 1896 (Anm. 13).

23 Beatrix Müller-Kampel: Zur Geschichte des Instituts für Germanistik. Online: https://static.uni-graz.at/fileadmin/gewi-institute/Germanistik/Geschichte_des_Instituts_f%C3%BCr_Germanistik.pdf.

24 Vgl. Leitner 1973 (Anm. 13), S. 14f.

25 Hier ruht auch der Nachlass Weinholds. Die Sammlung Weinhold füllt 2 lfm des Archivs der heutigen Berlin-Brandenburgischen Akademie der Wissenschaften und enthält neben persönlichen Unterlagen (vorwiegend Ernennungsurkunden) eine umfangreiche Autographensammlung. Ich danke an dieser Stelle Helena Schubert, die den Nachlass für mich auf Hinweise zu Korrespondenzen zwischen Weinhold und dem Ministerium für Cultus und Unterricht durchforstet hat.

sich Weinhold mit Syntax und Lexikologie des Mittelhochdeutschen. Er setzte sich für ein Wörterbuch der älteren deutschen Rechtssprache ein und wurde 1896 Mitglied der Gründungskommission des Deutschen Rechtswörterbuchs. Im gleichen Jahr wurde er in die American Academy of Arts and Sciences gewählt. Bereits seit 1878 war er auswärtiges Mitglied der Bayerischen Akademie der Wissenschaften und bis zu seinem Tod am 15. August 1901[26] war er Herausgeber der Zeitschrift des von ihm begründeten Vereins für Volkskunde. Gerade die letzten Jahre in Berlin dürften für Weinhold Erfüllung bereitgehalten haben, denn war er mit seinen Forschungen zwischen den großen Philologen der Generation nach Jakob Grimm mit seiner volkskundlichen und oft in die Geschichtswissenschaften reichenden Forschung eher Außenseiter, gewann die Volkskunde als Wissenschaftsdisziplin im ausgehenden 19. Jahrhundert zunehmend an Aufschwung und Weinhold wurde als ihr Wegbereiter geehrt. Weinholds Renommee, aber auch sein Status als wissenschaftlicher Außenseiter zeigen sich in zu Weinholds Lebenszeit verfassten Gelehrtenbiographien über ihn, in seinen zahlreichen Korrespondenzen mit Fachkollegen – darunter Jacob und Wilhelm Grimm, Matthias Lexer und Theodor von Karajan – sowie in den Nachrufen und Festgaben anlässlich seines Todes. Constantin von Wurzbach nennt Weinhold einen der „hervorragendsten Germanisten der Gegenwart, der ebenso gründlich auf dem Gebiete der sprachlichen Theorie, als lebensfrisch und anziehend auf culturhistorischem Gebiete schreibt“ und der „mit gründlicher Forschung anziehende Darstellung zu verbinden versteht“.[27] Ernst Kuhn bezeichnet ihn in seinem Nachruf als „Germanisten von heutzutage seltener Vielseitigkeit“.[28] Aufschlussreich in Bezug auf das wissenschaftliche Vorgehen Weinholds sind die Worte Friedrich Vogts in seinem Nachruf auf den verstorbenen Kollegen, die bei allem kollegialem und freundschaftlichem Respekt auch, so meine ich, leise Kritik beinhalten:

> Mit Karl Weinhold ist einer der letzten aus dem leben geschieden, die noch aus Jakob Grimms und Lachmans munde die wegweisung für ihre germanistischen studien empfingen, der letzte der noch in Grimms geist und art das gesamtgebiet der germanischen philologie beherrschte und bebaute. [...] Er war kein mann der philologischen klein- und feinarbeit. Die bis zum haarspalten scharfe textkritische und metrische beobachtung eines Lachmann, die bis zum klügeln tiefgründige altertums- und sagenforschung eines Müllenhoff, der bis in die dunkelsten ecken jedes litterarhistorischen problems dringende spürsinn eines Zarncke waren ihm fremd. Es war ihm nicht bedürfnis den ergriffenen gegenstand jedesmal völlig auszuschöpfen und den fragen, die an ihm hängen, auf den letzten grund zu gehen. Aber eine gewaltige arbeitskraft und ein klarer ordnender ver-

[26] Der Nachruf Ernst Kuhns auf Karl Weinhold nennt den 15. Oktober 1901 als Todestag. Vgl. Ernst Kuhn: Nekrolog auf Karl Weinhold. In: Sitzungsberichte der philosophisch-philologischen und der historischen Classe der k. b. Akademie der Wissenschaften zu München. Jahrgang 1902. München 1903, S. 81.

[27] Von Wurzbach 1886 (Anm. 13), S. 46f.

[28] Kuhn 1903 (Anm. 26), S. 81.

> stand ermöglichte es ihm, grosse stoffmassen schnell zu bewältigen, sie klar und sicher zu disponieren. Dabei war seine forschung durchaus solid und bei aller vielseitigkeit fehlte ihr doch nicht die innere einheit.[29]

Ganz ähnlich beschreibt Friedrich von der Leyen die Forschungsarbeit Weinholds:

> [E]r wandelte durchaus in den Bahnen Jakob Grimms, dessen Universalität war ihm das leuchtende Vorbild. Die Generation nach Jakob Grimm aber war eine Generation von Spezialisten; die einen erschöpften ihre Kräfte in leidenschaftlichen Kämpfen für und gegen Karl Lachmann, ihnen war die Philologie im engeren Sinne die eigentliche Wissenschaft, die anderen vertieften sich in sprachliche Forschungen, wieder andere suchten der Literaturgeschichte neue Gesichtspunkte mitzuteilen, ihr neue Ziele zu weisen und sie vor allem in die Bahnen der Philologie zu lenken; denen um Müllenhoff war deutsche Altertumskunde das höchste Ideal, und gerade die Volkskunde, gerade die Erforschung der äußeren Kultur standen ziemlich unbeachtet beiseite.[30]

Weinholds wenig ausgeprägtes Interesse an philologisch-editionswissenschaftlichen Fragestellungen zeigt sich gleichfalls auch in seiner Arbeit als Hochschullehrer: seine Vorlesungen waren stets auf die Kulturwissenschaften ausgerichtet und an aktuellen Debatten um die Textkritik beteiligte er sich weder in seinen Forschungen, noch vermittelte er die Methode in seinen Seminaren. In allen Nachrufen finden jedoch die Vielseitigkeit Weinholds und sein Bemühen um die ‚deutsche Volkskunde' besondere Betonung – eine Vielseitigkeit, die Weinhold in seiner Zeit zum Ausnahmewissenschaftler macht, war doch die Forschung in der Nachfolge auf Jacob Grimms Universalgelehrtheit zumeist auf Spezialisierung ausgerichtet. Einher ging mit der gepriesenen Spannweite der Forschungsgebiete aber ein reges Interesse daran, die ‚deutsche Kultur' und (um mit den Worten des 19. und frühen 20. Jahrhunderts zu sprechen) die deutsche ‚Art' nicht nur zu erforschen, sondern auch breiterem Publikum nahezubringen. In diesem Kontext muss auch die Herausgabe des mittelhochdeutschen Lesebuchs gesehen werden, das Weinholds Beitrag dazu darstellt, eben jene ‚deutsche Kultur' auch an österreichischen Schulen und damit in den Köpfen der Schüler zu verankern.[31]

---

29 Friedrich Vogt: Karl Weinhold. In: Zeitschrift für deutsche Philologie 34, 1902, S. 137–162, hier S. 137.

30 Von der Leyen 1904 (Anm. 5), S. 47f.

31 In ähnlichem Licht sind auch Weinholds Vorschläge für die deutsche Rechtschreibung zu sehen, die Weinhold der österreichischen Regierung vorlegte und die von der Leyen als „weniger glücklich" einschätzt, da sie „zwecklose Archaismen [empfahl] […] und […] die tatsächlichen Bedürfnisse [verkannten]." Von der Leyen 1904 (Anm. 5), S. 49.

2. Das *Mittelhochdeutsche Lesebuch* und seine Ausgaben 1850–1875

2.1. Aufbau und Inhalt des Lesebuchs

Als einzige „äussere[] Veranlassung“ nennt Weinhold in seinem Vorwort von 1850 die Bestimmung, „dem deutschen Unterrichte auf den Obergymnasien der deutschen Länder Oesterreichs zu dienen, [das Werk] hofft jedoch auch den Schulen anderer deutscher Gaue nützlich zu sein, wo man es nicht verschmäht, der Muttersprache eine höhere Beachtung zu schenken.“[32] Bestimmt ist das Lesebuch nach Vorgabe des EOGR[33] zur Benutzung in der untersten Klasse des Obergymnasiums (Jahrgangsstufe 9), wobei Weinhold anmerkt, er selbst halte die Beschäftigung mit mittelhochdeutschen Texten erst ab der dritten Klasse (Unterprima, Jahrgangsstufe 11) für angeraten.[34]

Den Kern des Lesebuchs bilden die „Lesestücke“, denen jeweils eine kurze literarhistorische Einführung vorangestellt ist. Daneben wird das Schulbuch in allen Auflagen durch einen (mehrfach überarbeiteten) Grammatikteil und ein sich anschließendes (ebenfalls mehrfach überarbeitetes) Glossar komplettiert. Für die Auswahl der Texte der ersten Auflage führt Weinhold im Vorwort an, dass er aufgrund der wenigen Wochen, die ihm Zeit für die Arbeit blieb, nur auf jenes zurückgreifen konnte, das seine eigene „lückenhafte Büchersammlung in der Eile“ hergab.[35] Zugrunde lag dabei von Anfang an das Ziel, „Lesestücke zu wählen, welche kurz und doch in sich abgeschlossen, von den Hauptrichtungen der deutschen Literatur des 12. und 13. Jahrhunderts ein möglichst genaues Bild gäben“[36] und die „den Eindruck des ganzen mach[en] und in ihren Theilen nicht

---

[32] Lesebuch 1850 (Anm. 11), S. III.

[33] EOGR (Anm. 8), S. 28.

[34] Vgl. ebd. Weinhold bezieht sich im Lesebuch auf seine Abhandlung Bemerkungen über den Unterricht in der deutschen Sprache und Literatur auf den österreichischen Gymnasien (Weinhold 1850 [Anm. 7]). Ebd. (S. 319) beschreibt Weinhold seinen Gegenentwurf zum Lehrplan: „Der Organisationsentwurf weist ihm [dem Mittelhochdeutschen, JL] die erste Classe zu, Karajan und Mützell protestiren dagegen und ich schliesse mich ihnen an. Ich würde den Unterricht im deutschen für das Obergymnasium so verteilen: In der ersten Classe werde Geschichte der älteren Literatur gelehrt, und zwar werde die Heldensage besonders sorgfältig behandelt. [...] In der zweiten Classe gehe man bis zur neueren Zeit vor, und um diess möglich zu machen, theile man in der ersten Classe, statt einer, zwei Stunden dem literaturgeschichtlichen Unterrichte zu. [...] In die dritte Classe verlege man nun den Unterricht im mittelhochdeutschen, denn jetzt sind die Schüler reif genug, um für die historische Betrachtung der Sprache und für den Geist der mittelalterlichen Poesie vollen Sinn zu haben.“

[35] Lesebuch 1850 (Anm. 11), S. IV. Die Lesestücke sind allesamt älteren Ausgaben entnommen, wobei Weinhold erst ab der zweiten Ausgabe von 1862 seine Quellen (jeweils über dem Lesetext stehend) konsequent benennt. Der Rückgriff auf die eigene Bibliothek ist erforderlich, da Weinhold nach seinem beruflichen Wechsel von Breslau nach Krakau keine umfangreiche Bibliothek mehr zur Verfügung stand. Da sich das germanistische Seminar in Krakau erst im Aufbau befand, verfügte es noch über keine entsprechenden Buchbestände.

[36] Weinhold 1850 (Anm. 7), S. 318.

bloss Bissen, sondern wirklich Fleisch und Brot g[eben], die Stücke müssen sodann so gewählt sein, dass sie den deutschen Sinn des Schülers beleben.“[37]

Als Hauptrichtungen mittelalterlicher Literatur, die das Schulbuch repräsentieren soll und die den Unterkapiteln ihre Namen verleihen, benennt Weinhold die Kategorien ‚Volksthümliches Epos‘, ‚Höfisches Epos‘ – von ihm auch ‚Kunstepos‘ genannt –, ‚lyrische Dichtung‘ sowie ‚Spruchdichtung‘ und ‚Prosa‘. An Lesetexten finden sich unter der Rubrik ‚Volksthümliches Epos‘ Auszüge aus dem *Nibelungenlied*, die durch prosaische Skizzen miteinander verbunden sind, sowie Partien aus dem *Reinhard Fuchs*. Textteile aus dem *Iwein* Hartmanns von Aue repräsentieren das höfische Epos. Walther von der Vogelweide und Neidhart sind mit acht und drei Liedern als exemplarische Beispiele lyrischer Dichter vertreten[38] und die Spruchdichtung wird durch Texte aus Freidanks Bescheidenheit abgedeckt. Zuletzt gibt Weinhold in seiner Erstausgabe ‚Proben mittelhochdeutscher Prosa‘[39] in Form der Predigt *In ascensione domini* sowie des Kapitels *Von der grozen geischelfart* aus der Chronik Jakobs von Königshofen. Mit dieser Textauswahl entspricht Weinhold dem EOGR; dieser fordert für das Obergymnasium

> historisch erweiterte Kenntniss der Sprache; historische und ästhetische Kenntniss des Bedeutendsten aus der Nationalliteratur; daraus sich entwickelnde Charakteristik der Hauptgattungen der prosaischen und poetischen Kunstformen.[40]

Die Textauswahl in den Auflagen von 1862 und 1875 ist im Vergleich zur Erstauflage deutlich erweitert und verändert. Ab 1862 ist das Kapitel ‚Volksthümliches Epos‘ um Auszüge aus dem *Kudrunlied*[41] ergänzt und das höfische Epos wird nun neben dem *Iwein* auch durch Auszüge aus dem *Tristan* Gottfrieds von Straßburg sowie dem *Parzival* Wolframs von Eschenbach repräsentiert. Ganz neu hinzu kommen die Kapitel ‚Kleine Erzählungen‘ (*Das Märe vom Schretel und Eisbär*) sowie ‚Reimkronik‘ (bzw. ab 1875 ‚Geistliche Poesie‘), welches Auszüge aus Otackers *Reimchronik* bietet, und ‚Geistliche erzählende Dichtung‘ (Konrads von Würzburg *Silvesterlegende*). Der lehrhaften Poesie Freidanks werden Texte des Strickers[42] sowie Auszüge aus Boners *Edelstein* zur Seite gestellt. Den in der zweiten Auflage von 1862 ebenfalls unter ‚Lehrhafte

37 Ebd.

38 Walther wird repräsentiert durch: 1.) *Ir sult sprechen willekomen*, 2.) *Muget ir schouwen waz dem meien*, 3.) *Diu welt was gelf, rot unde blâ*, 4.) *Swer verholne sorge trage*, 5.) *Bin ich dir unmaere*, 6.) *Ich saz ûf einem steine*, 7.) *Ich hôrte ein wazzer diezen*, 8.) *Junc man, in welher aht dû bist*. Neidhart ist vertreten mit 1.) *Komen ist ein wünneclicher meie*, 2.) *Uf dem berge und in dem tal* und 3.) *Der walt*.

39 Vgl. Lesebuch 1850 (Anm. 11), S. VIII.

40 EOGR (Anm. 8), S. 28.

41 Ab der dritten Auflage ist der Auszug aus dem *Kudrunlied* um die ‚Schlacht auf dem Wülpenberg‘ gekürzt, dafür wird die Liedauswahl Walthers und Neidharts um jeweils ein Lied ergänzt.

42 In der dritten Auflage tauscht Weinhold seine dritte, unbetitelte Strickerfabel (*Der unfruchtbare Baum*) gegen die vom *Kater als Freier*.

Poesie' eingeordneten Abschnitten aus Lamprechts von Regensburg *Tochter Syon* werden ab der Auflage von 1875 ein eigenes Kapitel, ‚Allegorisch-mystische Poesie', gewidmet. Auch das Kapitel zur mittelhochdeutschen Prosa wird verändert und erweitert: An die Stelle des Geißelfahrtberichts Jacobs von Königshofen tritt *Die Große Geißelfahrt* aus der Straßburgischen Chronik Fritsche Closeners,[43] und hinzu kommt ein Auszug aus dem *Spiegel aller deutschen Leute* (hier *Spiegel deutscher Leute*). Interessant ist, dass die in der Erstauflage abgedruckten Walther-Lieder *Swer verholne sorge trage* und *Bin ich dir unmaere* ab 1862 aufgrund einer Anordnung des Ministeriums für Kultur und Unterricht aus dem Jahre 1854 „aus pädagogisch-didaktischen Rücksichten"[44] aus dem Textkonvolut gestrichen sind. Offenbar waren die auf uns eher unschuldig wirkenden Lieder der positiven Minne-Bejahung aus Sicht des Ministeriums für Schüler, allemal der Unterprima, nicht geeignet. Ergänzt werden stattdessen Lieder Reinmars von Zweter.

In der ersten und dann wieder ab der dritten Auflage von 1875 werden alle Textauszüge von einem ausführlichen Kommentar- und Worterläuterungsapparat flankiert. Dieser von Weinhold zum Zwecke des Selbststudiums und zur Erleichterung der Texterarbeitung im Unterricht erstellte Apparat bietet schon in der Ausgabe von 1850 alles, was eine moderne, benutzerfreundliche Edition auszeichnet. Nimmt man etwa eine heutige Ausgabe der *Deutschen Texte des Mittelalters* zur Hand, wird man auf einen ebensolchen ausführlichen Erläuterungsapparat treffen, der der Texterschließung und dem Textverständnis behilflich sein will, aber dennoch genügend Raum für eigene Interpretationen zulässt.

Auch das von Weinhold eingeführte Glossar findet sich in heutigen Editionen durchaus häufig, wenn es auch anderen Zwecken dienen mag. Weinhold war nicht primär daran gelegen, den Wortschatz bestimmter Texte oder Dichter sichtbar zu machen. Vielmehr dient das Glossar im *Mittelhochdeutschen Lesebuch* didaktischen Zwecken: als kleines, nur auf die abgedruckten Texte zugeschnittenes Wörterbuch, das den Gebrauch eines weiteren, umfangreichen Wörterbuchs im Unterricht verzichtbar macht. Derselbe Nutzen ist für die ebenfalls beigefügte Form- und Lautlehre zu veranschlagen, die mit der zweiten Auflage eine intensive Umarbeitung mit deutlicher Straffung erfuhr. Einem heute im universitären Unterricht verwendeten Grammatik-Reader ähnlich, bietet die Kurzgrammatik neben den wichtigsten Entwicklungsschritten auf dem Weg zum Mittelhochdeutschen einen Einblick in die mittelhochdeutschen Verbklassen und ihre Konjugation sowie die Deklination der Substantive und Adjektive.

---

43 Weinhold schreibt im Vorwort zur 2. Auflage (1868, S. IV) zu diesem Austausch: „In dem prosaischen Theile blieb die Predigt und die Schilderung der großen Geiselfahrt, leztere nur nach Closeners Text gebeßert und vervollständigt [...]."

44 Lesebuch 1862 (Anm. 11), S. IV.

2.2. Editorische Prinzipien

Nahezu alle Lesestücke entstammen älteren Ausgaben, die Weinhold mehr oder weniger stark überarbeitete; einzig die Auszüge aus der *Tochter Syon* Bruder Lamprechts von Regensburg gehen auf eine „eigenhändige[...] Abschrift der Handschrift in der gräfl. Nostitz'schen Bibliothek zu Jobris bei Jauer in Schlesien“[45] zurück. Aus Karl Lachmanns Ausgaben stammen die Auszüge aus dem *Nibelungenlied*, aus dem *Iwein* und *Parzival* sowie die Lieder Walthers von der Vogelweide. Die Lieder Neidharts sind – wie auch der nur in der Erstausgabe enthaltene Auszug aus der Chronik Jakobs von Königshofen und die Predigt *In ascensione domini* – dem *Altdeutschen Lesebuch* Wackernagels entnommen. Ab der zweiten Auflage (publiziert 1862) legt Weinhold für die lyrischen Texte Moriz Haupts 1858 erschienene Neuausgabe zugrunde. Die Auszüge aus dem *Reinhart Fuchs* entstammen der Ausgabe Jacob Grimms, die Ausschnitte aus Freidanks *Bescheidenheit* der Edition Wilhelm Grimms. Auf Ausgaben von der Hagens gehen die Auszüge aus dem *Tristan* sowie aus dem *Kudrunlied* zurück.[46] Mitunter nutzt Weinhold zwei Ausgaben, um Besserungen an den Texten vorzunehmen. So führt er für den *Tristan* neben der Ausgabe von der Hagens auch diejenige Hans Ferdinand Maßmanns an. So sind im Lesetext des *Tristan* weder eigene Eingriffe in den Text von der Hagens noch Übernahmen aus der Ausgabe Maßmanns nachgewiesen.

---

45 Lesebuch 1862 (Anm. 11), S. 180. Heute liegt die Handschrift unter der Signatur mgo 403 in der Staatsbibliothek Berlin.

46 Abgedruckte Ausgaben in der Reihenfolge ihres Erscheinens im Lesebuch ab 1862: Der Nibelunge Noth und die Klage. Hrsg. von Karl Lachmann. Berlin ^{2}1841; Gudrun. Aus der Wiener Handschrift. In: Der Helden Buch in der Ursprache. Erster Theil. Hrsg. von Friedrich Heinrich von der Hagen und Alois Primisser. Berlin 1820, S. 1–88; Reinhard Fuchs. Hrsg. von Jacob Grimm. Berlin 1834; Gottfrieds von Straßburg Werke. Hrsg. von Friedrich Heinrich von der Hagen. 2 Bde. Breslau 1823; Tristan und Isolt. Hrsg. von Hans Ferdinand Maßmann. Leipzig 1843; Wolfram von Eschenbach: Parzival. Hrsg. von Karl Lachmann. Berlin ^{2}1854; Iwein, eine Erzälung von Hartmann von Aue. Mit Anmerkungen von G. F. Benecke und K. Lachmann. Hrsg. von Karl Lachmann. Berlin ^{2}1843; Wilhelm Wackernagel: Schretel und wasserbär. In: Zeitschrift für deutsches Alterthum 6, 1848, S. 174–186; Konrad von Würzburg: Silvester. Hrsg. von Wilhelm Grimm. Göttingen 1841; Die Gedichte Walters von der Vogelweide. Hrsg. von Karl Lachmann. Berlin ^{3}1853; Neithart von Reuenthal. Hrsg. von Moriz Haupt. Leipzig 1858 [ersetzt ab 1862 Wackernagels Altdeutsches Lesebuch 1839 (Anm. 12)]; Die Lieder Reinmars von Zweter stammen aus: Minnesinger. Deutsche Liederdichter des zwölften, dreizehnten und vierzehnten Jahrhunderts [...]. Zweiter Theil. Hrsg. von Friedrich Heinrich von der Hagen. Leipzig 1838, S. 175–221; Vridanks Bescheidenheit. Hrsg. von Wilhelm Grimm. Göttingen ^{2}1860; Der Edelstein von Ulrich Boner. Hrsg. von Franz Pfeiffer. Leipzig 1844; Karl August Hahn: Kleinere Gedichte von dem Stricker. Quedlinburg 1839 [ab 1875 zum Stricker noch: Altdeutsche Wälder. Dritter Band. Hrsg. durch die Brüder Grimm. Frankfurt/M. 1816]; Wilhelm Wackernagel: Predigten, nach zwei handschriften von Grieshabers predigtsammlung. In: Zeitschrift für deutsches Alterthum 7, 1849, S. 140–159; Straßburgische Chronik von Fritsche Closener. Hrsg. von A. W. Strobel und Alb. Schott. Stuttgart 1842; Der Spiegel deutscher Leute. Textabdruck der Innsbrucker Handschrift. Hrsg. von Julius Ficker. Innsbruck 1859.

Die Einrichtung der Texte erfolgt weitestgehend unabhängig von der zugrundeliegenden Ausgabe. Weinhold ändert mitunter den Zeilenfall und führt zum Teil neue Verszählungen ein; beides betrifft vor allem die abgedruckten Gedichte. Zudem entscheidet sich der Herausgeber durchgängig für den Abdruck von Schaft-s[47] und ergänzt Zirkumflexe, wo diese in den genutzten Textausgaben fehlen.

Zu seinem editorischen Vorgehen, seinen editorischen Prinzipien und zu vorgenommenen Änderungen äußert sich Karl Weinhold weder im Lesebuch noch in anderen, von ihm bestellten Textausgaben. Er erwähnt im Vorwort des Lesebuchs lediglich, in der Tradition Karl Lachmanns und – besonders im Bereich der Grammatik – Jacob Grimms sowie Theodor Jacobis zu stehen. Einzig in Bezug auf die *Nibelungen* präzisiert Weinhold:

> Die kritische Behandlung der mitgetheilten Stücke weicht von der Recension Lachmanns in der Masse, nicht aber im Principe ab, und ich hoffe, dass meine noch strengere Ausscheidung nirgends etwas zurückwies, das ein unwiderlegliches Recht des Bestehens für sich hätte.[48]

Eine Überprüfung seiner kritischen Arbeit oder auch nur der Nachvollzug des von Weinhold eingeräumten „noch strengere[n]“ Vorgehens ist allerdings ohne weiteres kaum möglich, da der Herausgeber weder Angaben über zugrundeliegende Handschriften macht,[49] noch Abweichungen vom Text der Handschriften oder von der Ausgabe Lachmanns auszeichnet – auf einen textkritischen Apparat, der in wissenschaftlichen Ausgaben, aber auch anderen Lesebüchern der Zeit durchaus zum Standard gehört, verzichtet Weinhold. Aufschluss darüber, was Weinhold gegenüber Lachmann bzw. späterer Überarbeitung im Rahmen seiner kritischen Bearbeitung als unecht ausschied, ist nur durch einen Vergleich mit Lachmanns Ausgabe von 1841 (Erstauflage 1826) herauszufinden, die Weinhold zur weiteren Vertiefung des Stoffes explizit empfiehlt; alle anderen Ausgaben seien indes zu verschmähen.[50]

Dass Weinhold im Falle der *Nibelungen* die Textteile eigenständig auf Basis eines aus den Handschriften erstellten Stemmas edierte, erscheint, trotz seiner diesbezüglichen Andeutungen, eher unwahrscheinlich. Es ist vielmehr davon

47 Obwohl Weinhold grundsätzlich ein Verfechter der Antiqua war und sich im Antiqua-Fraktur-Streit eindeutig positionierte, behielt er, wie auch Jacob Grimm, zunächst das Schaft-s bei; beide Germanisten verzichteten auf seinen Einsatz erst in späteren Publikationen zugunsten des runden s.

48 Lesebuch 1850 (Anm. 11), S. IV.

49 Ein Indiz dafür, dass Weinhold seine Vorlagen tatsächlich mit den diesen zugrundeliegenden Handschriften verglichen haben könnte, sind Stellen, an denen er mit den Handschriften gegen Entscheidungen der Editoren seiner Vorlagen entschied. So ersetzt Weinhold in seinem Nibelungenauszug in V. 272,4 (*die mit ſô grozen êren hie zen Burgonden ſint*) etwa eine von Lachmann gesetzte Crux ([…] † *zen Burgonden sint*) gegen das handschriftliche *hie*. Ebenso gut hätte Weinhold jedoch das *hie* auch schlicht dem Apparat Lachmanns entnehmen können.

50 Lesebuch 1850 (Anm. 11), S. 5.

auszugehen, dass er Lachmanns Text (La) modifizierte – ein Verfahren, das typisch für Weinholds Arbeit am Lesebuch ist.

Ein Abgleich zwischen den von Weinhold abgedruckten Texten mit den angegebenen Quellen zeigt, dass es sich nicht um bloße Abdrucke der herangezogenen Ausgaben handelt. Ohne seine Änderungen kenntlich zu machen, verändert Weinhold den Text gegen seine Vorlagen. Maßgeblich betroffen ist die Interpunktion,[51] daneben finden sich vor allem Eingriffe, die sich auf das Metrum auswirken. Wo sich im Lesebuch (Lb) Abweichungen gegenüber den Originalausgaben finden, dienen diese fast immer der Herstellung des alternierenden Versmaßes:

Lb (1850) daz ſi deheinen wolde ze trûte niene han *[NL 47,3]*
La (1841) daz si deheinen wolde ze triutenne hân

Lb ernbôt ez froun Uoten und ir tohter sân *[NL 274,3]*
La ernbôt ez froun Uoten und ir tohter wol getân

Was sich hier am Beispiel der *Nibelungen* zeigt, bestätigen stichprobenartige Vergleiche des Lesebuchtextes mit der *Tristan*-Ausgabe von der Hagens. Es ist darüber hinaus festzustellen, dass Weinhold noch in der dritten Auflage weitere Eingriffe zur Verbesserung der Alternation in den Text vornimmt.

In wenigen Fällen bietet Weinhold andere Typen von Abweichungen. So liest Weinhold in V. 280,1 des Nibelungenlieds *morgenrôt*, während Lachmann getrennt *morgen rôt* bietet.

Lb Nu gie diu minneclîche alſô der morgenrôt
La Nu gie diu mineclîche alsô der morgen rôt

Weinhold kommentiert diese Stelle (vermutlich aufgrund des ungewöhnlich anmutenden maskulinen Genus) und begründet seine Entscheidung für Zusammenschreibung indirekt in Form einer Worterläuterung: „*morgenrôt*, im Geschlecht zwischen masc. und neutr. schwankend. *der morgenrôt* weist auf ein göttl. Wesen des Morgenrots, das auch aus dem Mannsnamen *Tagarôt* zu entnehmen ist."[52] An insgesamt sieben Stellen kompiliert Weinhold aus erzähllogischen Gründen „neue" Nibelungenstrophen, indem er Verse aus unterschiedlichen Strophen nach folgendem Beispiel zusammenfügt:

[51] Vgl. zu Weinholds generellem Interpunktionsgebrauch Firyn 2011 (Anm. 1), S. 33–60. Im Gegensatz zu Lachmann verwendet Weinhold besonders den Doppelpunkt sparsam und hält diesen, wie Firyn (ebd., S. 44, mit Verweis auf Weinhold: Über deutsche Rechtschreibung. In: Zeitschrift für österreichische Gymnasien [1852, Heft II], S. 93–128) zeigt, nur vor Aufzählungen (vor allem bei Anführung von Beispielen) sowie vor Anführungen wörtlicher und sinngemäßer Zitate sowie bestimmter Regeln. Weinholds Aufsatz ist online zugängig unter http://opacplus.bsb-muenchen.de/title/9511015/ft/bsb10617365?page=122.

[52] Lesebuch 1850 (Anm. 11), S. 7.

Si lie ſi ſunder ligen durch ir ungemach, 2303,1
dô gie diu küniginne dâ ſi Hagen ſach. 2304,1
„welt ir mir geben widere daz ir mir hapt genomen, 2304,3
ſo megt ir noch wol lebende heim zuo den Burgonden komen.[“][53]

Als weitere Beispiele für Weinholds Umgang mit seinen Vorlagen seien ein Lied Walthers, ein Lied Neidharts und ein Spruch Reinmars von Zweter herangezogen.

Bei Walthers *Ir sult sprechen willekomen* fällt die deutliche Nähe zu Lachmanns Textausgabe auf. Von den bereits angemerkten typographischen Sonderheiten abgesehen, dass sich Weinhold für Schaft-s statt rundem s entscheidet und den Zeilenfall etwas anders gestaltet, zeigen sich wenige Abweichungen. Über die Interpunktion hinausgehende Eingriffe in den Textbestand finden sich nur in V. 39 nach Weinholds Ausgabe. Weinhold kürzt den Vers, indem er das *e* in *komen* tilgt und *da ist* zu *dast* verkürzt; auch hier scheint Weinhold eine strenge Alternation im Sinne gehabt zu haben. In späteren Auflagen schließt sich Weinhold an dieser Stelle allerdings wieder den Lesarten Lachmanns an.

Stärker, aber ebenfalls maßgeblich auf die Interpunktion bezogen, greift Weinhold in die Texte Wackernagels ein, dessen Interpunktion ihm anscheinend überarbeitungswürdig erschien. Besonders Wackernagels Einsatz von Semikola ist von Änderungen betroffen, wie das Neidhart-Beispiel *Komen ist ein wünneclicher meie* zeigt:

Lb (1850), S. 89		*Altdeutsches Lesebuch (1839), Sp. 511f.*
Komen iſt ein wünneclicher meie:		Komen iſt ein wünneclicher meie:
des kunſt envreut ſich leider weder		des kunſt envreut ſich leider weder
[pfafe noch der leie:		[pfafe noch der leie:
[…]		*[…]*
Leit mit jâmer wont in Ôſterlande:	6	Leit mit jâmer wont in Ôſterlande:
jâ wurde er ſîner ſünden vrî, der		jâ wurde er ſîner ſünden vrî, der
[diſen kumber wande,		[diſen kumber wande;
der möhte nimer baz getuon.		der möhte nimer baz getuon.
[…]		*[…]*
ich hœr ein voglîn ſingen	15	ich hoer ein voglîn singen
In dem walde ſumerlîche wîſe.		In dem walde ſumerlîche wîſe.
diu nahtegal diu ſinget uns die		diu nahtegal diu ſinget uns die
[beſten wol zu prîſe		[beſten wol zu prîſe,
ze lobe dem meien al die naht:		ze lobe dem meien aldie naht;
[…]		*[…]*

In den späteren Ausgaben tritt Moriz Haupts Neidhart-Ausgabe von 1858 an die Stelle des *Altdeutschen Lesebuchs* Wackernagels; der Text erscheint nun metrisch stark geglättet.

53 Ebd., S. 42.

Am deutlichsten zeigt sich Weinholds Verfahren, in die Texte seiner Quellen einzugreifen, an den Texten Reinmars von Zweter, die aus von der Hagens *Minnesingern* [HMS] entnommen sind; so etwa in *Daz guot ist einem hôhen man*:

Lb (1868), S. 161
Daz „guot" iſt einem hôhen man
niht folleclich ein lop, als ichz ze rehte erkennen kan.
„erſt guot", dast guot; „er was guot," daz iſt mêr dan halp verlorn.
Swer guot ſî, der blîbe ouch guot!
die wîle er muge und tuge, ſô hab er êregernden muot.
wol angehaben und wider kêren, daz wære alſô guot verlorn.
Swen lîp noch guot enirret daz der lôſet
und alſô gar vergebnes muotes kôſet,
dem wil ſîn leben ſîn lop verſwachen.
an êren zuogrîfer iſt guot:
an êren abnemer der tuot
vil mange zît, des êre niht mac lachen.

HMS II (1838), S. 189f.
Daz guot iſt einem hohen man
niht volleklich ein lob, als ich'z ze rehte erkennen kan:
„erſt guot," daz iſt guot; „er waz guot," daz iſt mere, danne halp, verlorn.
Swer guot ſi, der belibe ouch guot,
die wile er muge unt tuge, ſo habt ere gernden muot;
wol an gehaben unt widerkeren, daz waer' alſe guot verkorn.
Swen lip, noch guot enirret, daz der loſet,
und alſo gar vergebens muotes koſet,
dem wil ſin leben ſin lop verſwachen.
an eren zuo grif der iſt guot:
an eren ab nemet der tuot
vil mange zit, des Ere niht mak lachen.

Zunächst einmal ergänzt Weinhold Zirkumflexe, um die Vokallängen sichtbar zu machen, und greift in die Graphie ein, indem er anstelle der bei von der Hagen abgedruckten *v* durchgängig *f* setzt. Weshalb Weinhold so verfährt, bleibt unklar. Einheitlichkeit innerhalb der eigenen Ausgabe kann kaum das Ziel gewesen sein, greift er doch weder bei Lachmann noch bei Haupt auf solche Weise in die Texte ein; so belässt Weinhold das Wort *fogelîn/vogelîn* etwa nach Haupt mit *f* und nach Lachmann mit *v*. Auch handelt es sich in diesen Fällen nicht um eine orthographische Normierung in Richtung eines in den Wörterbüchern der Zeit vorgegebenen normalisierten Mittelhochdeutschen, das etwa im Falle von *volleclîch* zwar eine Änderung des handschriftlichen/von der Hagen'schen *k* zu *c*, nicht jedoch *v* zu *f* fordern würde. Ihrem Sinne nach eindeutiger sind die übrigen Eingriffe: So markiert Weinhold die Auslautverhärtung graphisch, passt Getrennt- und Zusammenschreibungen an und glättet den von der Hagen'schen bzw. handschriftlichen Text metrisch durch Apokopen, Synkopen und Inklinationen. Mitunter finden sich stillschweigend ergänzte Wörter wie im Fall von Vers 5 des Liedes *Das guot ist einem hôhen man*: Dieser lautet bei von der Hagen *die wile er muge unt tuge, so habe eregernden muot*. Weinhold fügt ein *er* ein und ediert: [...], *so habe e r eregernden muot*. Durch von der Hagen in eckigen Klammern ergänzte Wörter werden entweder ohne Klammern in den Text integriert oder aber stillschweigend gestrichen. Grundsätzlich verzichtet Weinhold vor dem Hintergrund einer Leseausgabe für den Schulkontext auf die Übernahme oder das Einfügen erklärungsbedürftiger Zeichen, die editorische Entscheidungen kennzeichnen würden.

Wir stellen also einen recht freien Umgang mit den Vorlagen fest; der Editor arbeitet mit dem vorhandenen Material weiter, ohne dass eine Markierung der eigenen Zufügungen für nötig erachtet wird. Auch lassen sich am Textkonvolut des Lesebuchs keine reglementierten Editionsprinzipien festmachen; lediglich das konsequente Einfügen der Längenzeichen sowie der Einsatz des Schaft-s sind regelmäßig durchgeführt. Dass Weinhold einen imaginierten idealen Text ediert, lässt seine Berufung auf strengere Auslegung der Lachmann'schen Prinzipien fraglich erscheinen; Weinhold verschiebt den von Lachmann erhobenen Anspruch auf Echtheit auf metrische Perfektion. Dass ein Unterschied in der Behandlung der früheren Ausgaben festzustellen ist, könnte mit dem Status dieser Ausgaben zusammenhängen: Bei von der Hagen und Wackernagel scheint Weinhold größeren Willen zu Eingriffen zu verspüren als bei Lachmann oder bei Haupt; in den Neuauflagen des Lesebuchs werden ältere Ausgaben, wenn vorhanden, durch „bessere" neue Texteditionen ersetzt.

Mehr Aufschluss über Weinholds editorische Tätigkeit bietet ein Blick auf die Edition der *Tochter Syon*, die als einzige im Lesebuch tatsächlich genuin auf Weinhold zurückgeht. Als Quellen führt Weinhold die „Lobriser Handschrift f. 19. rw–21. rw. verglichen mit Zeithammers und der Giessener Handschrift"[54] an. Wie bei den Abdrucken aus Textausgaben verzichtet Weinhold aber auch hier sowohl auf einen Variantenapparat als auch auf eine Auszeichnung der Stellen, an denen er von der Lobriser Handschrift abweicht oder nach den beiden anderen Textzeugen emendiert. Das editorische Vorgehen Weinholds muss folglich im Vergleich zwischen Textabdruck und Handschriften nachträglich erschlossen werden.

Ms. germ. oct. 403, fol. 19ᵛ	*Lesebuch 1875, S. 152f.*
Leib vnde ſele habent tzwai ampt .	Lîp unt ſêle habent zwei amt
vnd ſint ain menſche / doch e n t ſ a m p t.	und sint ein menſche doch e n ſ a m t.
Ain ampt iſt ſein daz ander ir.	ein amt iſt ſîn, daz ander ir,
ſo iſt / ouch zwaierſlaht ir gir.	ſô iſt ouch zweier ſlaht ir gir.

---

[54] Lesebuch 1875 (Anm. 11), S. 152. Die Handschriften tragen heute die Signaturen Berlin, Staatsbibliothek, mgo 403 (olim Lobris, s. o. Anm. 45); Prag, Nationalmuseum, Cod. X I 13 (olim Besitz des Schulrats Gregor Zeithammer); Gießen, Universitätsbibliothek, Hs. 102.

Jch waen der leib iht **ander** aiſche /
denn daz ſanfte tvet dem flaiſche.
Waz daz ſei als ich wæne. /
daz iſt niemanne ſeltſæne.
Dem ot ie dehain gemach.
an / dem leibe geschach.
der werlde vnd ir wuͤnne.
nach men/ſchleichem chvnne.
Der gernt die levte al geleiche.
[…]
Deſ leibes gervnge.
wizzent alte vnd iunge.

ich waen der lîp iht **anders** eiſche
dan daz ſanfte tuot dem fleiſche.
waz daz ſî, als ich wæne,
daz iſt nieman ſeltſæne,
dem ot ie dehein gemach
an dem lîbe geſchach.
der werlde unt ir wünne
nâch menſchlichem künne
der gernt diu liute al gelîche:
[…]
Des lîbes gerunge
wizzen alt und junge.

Auch bei der Edition des Auszugs aus der *Tochter Syon* liegt der maßgebliche Fokus im gesamten Text auf einer geglätteten Metrik sowie der Überführung der bairischen Sprachform ins Normalmittelhochdeutsche; ebenso normiert wird die Verteilung von rundem und Schaft-s (vgl. V. 24). Daneben finden sich relativ wenige Korrekturen und Eingriffe. Anders als das Lesebuch enthält die 1880 erschienene Textausgabe der *Tochter Syon*[55] einen umfangreichen Variantenapparat, in dem Weinhold sowohl einen Teil seiner Emendationen als auch Varianten der übrigen Handschriften verzeichnet – die im obigen Auszug fett markierten Wörter sind im Variantenapparat der späteren Ausgabe allesamt vermerkt. Im Vergleich zwischen dem Lesebuch und der *Tochter-Syon*-Ausgabe ist zudem festzustellen, dass die Eingriffe metri causa in der akademischen Ausgabe deutlich verringert sind. So erhält Weinhold etwa das handschriftliche *vnde* in V. 1 sowie *niemanne* in V. 8. Weinholds im Lesebuch zutage tretende Fokussierung auf metrische Glätte könnte folglich im Kontext des Gebrauchs des Lesebuchs für den stark auf die Verslehre ausgerichteten Schulunterricht liegen.

Abschließend soll ein kurzer Vergleich zwischen Weinholds Lesebuch und dem *Altdeutschen Lesebuch* Wilhelm Wackernagels gezogen werden. Eine Gegenüberstellung der didaktischen Werke lohnt umso mehr, da Weinhold Wackernagels Werk als Textquelle nutzte. Es ist folglich von einer kritischen Auseinandersetzung Weinholds mit dem *Altdeutschen Lesebuch* auszugehen.

3. Das *Mittelhochdeutsche Lesebuch* als didaktischer Gegenentwurf zum *Altdeutschen Lesebuch* Wilhelm Wackernagels

Bei Wilhelm Wackernagels *Altdeutschem Lesebuch* handelt es sich um eine umfangreiche Textanthologie für den Hochschul- sowie Schulunterricht, deren Zweck Wackernagel in seinem Vorwort in Auseinandersetzung mit älteren Lesebüchern seines Bruders Philipp sowie Karl Lachmanns beschreibt:

55 Lamprecht von Regensburg: Sanct Francisken Leben und Tochter Syon. Zum ersten Mal hrsg. nebst Glossar von Karl Weinhold. Paderborn 1880.

> Keines [der älteren Lesebücher, Anm. JL] aber ist so eingerichtet, dass es in einer chronologisch geordneten Reihe von Beispielen die Entwicklung der deutschen Sprache und Litteratur, mithin auch die einzelnen Dichtungsarten und metrischen Formen in ihrer geschichtlichen Begründung dem Leser vor Augen führte, dass man aus ihm Litteraturgeschichte und historische Grammatik, Dichtkunst und Verskunst lehren, dass man es academischen Vorlesungen wie dem Schulunterrichte zum Grunde legen, und ein gemüthlicher Freund der Litteratur mit so grœsserem Vergnügen Blumen in ihm lesen könnte, weil er daneben auch Unkraut gewachsen sæhe.[56]

Diese einleitenden Worte machen bereits deutlich, dass Wackernagel mit seinem Lesebuch den großen Rundumschlag im Sinne hatte, was in seiner umfangreichen Textauswahl umso deutlicher wird. Im Fokus der Anthologie stehen die Lesetexte, die vom Herausgeber weder kommentiert noch durch eine Grammatik oder ein Wörterbuch begleitet werden. Wackernagel begründet dieses Vorgehen damit, dass er

> den mündlichen Erklærungen Anderer nicht vorgreifen noch meinen eignen vielleicht die Hälfte des alten Stoffes aufopfern [wollte]: denn gar zu gross durfte das Buch auch nicht werden. An Selbstunterricht habe ich überall am wenigsten gedacht; wer aber das Buch ganz für sich studieren will, dem kann ich nur rathen, immer die Grammatik in der Hand [...] anzufangen.[57]

Worum es Wackernagel ging, ist folglich vor allem die Darbietung von möglichst viel anspruchsvollem Lesestoff; die Aufbereitung desselben sah Wackernagel eindeutig in der Verantwortung des Lehrpersonals, wobei sowohl der Hochschul- als auch der Schulunterricht im Visier des Lesebuchs steht. Während Wackernagel eine möglichst breite Palette älterer Sprachstufen und eine vollständige Übersicht der mittelalterlichen Literatur darbieten will, spricht sich Weinhold vehement gegen die Aufnahme des Althochdeutschen (und Gotischen) in den Schulunterricht aus und arbeitet bei seiner Textauswahl generell stärker exemplarisch. Von Weinholds Wunsch, in den Schülern mit seinem Lesebuch eine Leidenschaft für die eigene Kultur und ihre älteren Sprachstufen zu erwecken und zu weiterem Selbststudium anzuregen, ist im *Altdeutschen Lesebuch* nicht viel zu finden.[58] Zudem lassen die hochschul- und schulpolitischen Umstände in Österreich der Jahre 1849/1850 vermuten, dass Weinhold auch ein anderes bzw. weniger im Mittelhochdeutschen geschultes Lehrpersonal im Blick hatte. Da

---

[56] Altdeutsches Lesebuch 1839 (Anm. 12), S. VII.

[57] Ebd., S. XV.

[58] Dass diese eine Einschätzung nicht auf das Gesamtwerk Wackernagels übertragen werden darf, beweist ein Blick in seine Ausgabe des *Armen Heinrich*, die Edward Schröder, der Wackernagel vor allem als guten Lehrer und Textinterpreten schätzt, als „das unübertroffene Muster einer Interpretation für Anfänger" bezeichnet. Edward Schröder: „Wackernagel". In: Allgemeine Deutsche Biographie. Bd. 40. Hrsg. von der Historischen Kommission bei der Bayerischen Akademie der Wissenschaften. Leipzig 1896, S. 460–465, hier S. 464. Hier zitiert nach der digitalen Volltext-Ausgabe https://de.wikisource.org/w/index.php?title=ADB:Wackernagel,_Wilhelm_(Germanist)&oldid=–.

sich der Unterricht des Mittelhochdeutschen im Schulunterricht im Zuge der Gymnasialreform gerade erst zu entwickeln begann und die Deutsche Philologie auch im Universitätswesen erst tiefer verankert wurde, sind die Kommentare sowie das Glossar und die Lautlehre sicherlich auch als Hilfestellung für Lehrende zu verstehen.

Weinhold entwickelt folglich (ob intendiert oder nicht, sei dahingestellt) mit seinem *Mittelhochdeutschen Lesebuch* einen didaktischen Gegenentwurf zu Wackernagels Lesebuch – das im Übrigen hinsichtlich einer Analyse des editorischen Vorgehens ebenfalls interessant sein dürfte[59] –, indem er das klassische Lesebuch in Richtung eines Lehrbuchs, das den Einbezug einer umfangreichen Grammatik und eines separaten Wörterbuchs unnötig macht, umgestaltet. In seinem Vorwort erläutert Weinhold diesbezüglich:

> Ich habe die Texte mit kurzen Anmerkungen begleitet, welche theils sachliche theils sprachliche Schwierigkeiten dem Schüler erleichtern sollen. Es war hier schwer ein rechtes Mass zu finden und hier wird künftiger Besserung noch manches zu thun übrig sein. In diesen Anmerkungen dem Lernenden übrigens eine Brücke zu bauen, auf der er leichtfertig über Grammatik und Worterforschung hinwegtanze, war nicht mein Ziel. Man mag bei gutem Gedächtniss der Schüler sie durch solche Mittel zu einer mechanischen Gewandheit führen können, wie man auf mechanische Weise mit allerlei fremden Zungen reden lernt; man meine aber nicht ein Verständniss der Sprache damit erreicht zu haben. Eine solche Anschauung von dem Sprachgeiste ist Atheismus. Ich habe in der beigegebenen Laut- und Formenlehre des Mittelhochdeutschen den Weg in die Sprache zu weisen gesucht, und hoffe dabei der allgemeinen Fasslichkeit ebenso wie der Wissenschaftlichkeit entsprochen zu haben.

Interessanterweise sind es gerade die Erläuterungen im Apparat unterhalb der Texte, die Weinhold in seiner zweiten Auflage tilgt, da sie „mehr als Kern alljährlich fortgeerbter Erklärungen, denn als Anregung und Anleitung zu weiterem Studium gedient zu haben scheinen“.[60] In der dritten Auflage sind die Anmerkungen jedoch wieder ergänzt und sogar noch erweitert. Es liegt daher die (unbeweisbare) Vermutung nahe, dass von Lehrer- und/oder Schülerseite der Wunsch danach geäußert wurde. Auch der im Archiv der Berlin-Brandenburgischen Akademie der Wissenschaften liegende Nachlass[61] konnte keinen weiteren Aufschluss über Weinholds diesbezügliche Entscheidung geben.

Abschließend festzuhalten ist, dass sich Karl Weinhold zwar nicht eigentlich als Editor im Sinne eines Textherstellers ausgezeichnet hat, seine Ausgabe des *Mittelhochdeutschen Lesebuchs* aber dennoch, mit Blick auf die Erläuterungsap-

59 Edward Schröder schreibt in seiner Wackernagel-Biographie, dieser habe sich „[n]irgends […] so als Schüler Lachmann's bewährt, wie in der kritischen Herrichtung der in reicher Fülle hier [d.i. im Althochdeutschen Lesebuch] vereinigten Proben altdeutscher Dicht- und Prosawerke, denen nicht selten erst durch W. der Platz angewiesen worden ist, den sie dann stillschweigend in der Litteraturgeschichte behalten haben.“ Schröder 1896 (Anm. 58), S. 464.

60 Lesebuch 1862 (Anm. 11), S. IV.

61 Vgl. Anm. 25.

parate und das Glossar, als Vorreiter moderner Ausgaben gelten darf. Zwar zeichnet sich Karl Weinhold mit seinem Lesebuch nicht durch innovative Editionsmethoden oder eine selbstständige Textherstellung aus, er muss aber als Herausgeber eines weiterentwickelten schulischen Lesebuchs gewürdigt werden, dessen Neuerungen heutzutage zum ‚guten Ton' einer Ausgabe mittelhochdeutscher Literatur gehören. Wissenschaftlichkeit steht im Lesebuch gleichberechtigt neben Fasslichkeit. Dass Weinhold beides erfolgreich zu einen sucht, zeigt sich sowohl in den die Lektüre begleitenden Anmerkungen/Kommentaren sowie im Aufbau des Grammatikteils.

Register

Stichwortverzeichnis

Das Stichwortverzeichnis beschränkt sich auf die Terminologie der Editionswissenschaften.

https://doi.org/10.1515/9783110786422-020

Personen- und Werkverzeichnis

Mittelalterliche Autor:innen und volkssprachige Werke. Die Texte sind unter der in der Forschung üblichen Bezeichnung geführt und, wo möglich, ihren Autoren beigeordnet; alt- und mittelhochdeutsche Bezeichnungen werden nur in Ausnahmen gesondert aufgenommen.

Handschriften

Editoren und Forschende der Neuzeit

Das Verzeichnis beschränkt sich auf wesentliche Forschende des 18. bis frühen 20. Jahrhunderts (bis ca. 1930). Nennungen in den Bibliographica sind nicht erfasst.

www.ingramcontent.com/pod-product-compliance
Lightning Source LLC
LaVergne TN
LVHW010851110826
845149LV00005B/1386

* 9 7 8 3 1 1 1 6 2 4 8 1 5 *